Rule of Law und institutioneller Wandel: Vertragsstabilität und Vertragsdurchsetzung in Osteuropa

Studien des Instituts für Ostrecht München

Begründet von Professor Dr. Reinhart Maurach
Herausgegeben von
Professor Dr. Friedrich-Christian Schroeder,
Dres. h. c., Regensburg

Band 84

PETER LANG

Herbert Küpper / Friedrich-Christian Schroeder (Hrsg.)

Rule of Law und institutioneller Wandel: Vertragsstabilität und Vertragsdurchsetzung in Osteuropa

PETER LANG

Bibliografische Information der Deutschen Nationalbibliothek
Die Deutsche Nationalbibliothek verzeichnet diese Publikation in der Deutschen Nationalbibliografie; detaillierte bibliografische Daten sind im Internet über http://dnb.d-nb.de abrufbar.

Die Studien in diesem Sammelband wurden im Rahmen des bayerischen Forschungsverbunds ForChange erstellt und durch das Bayerische Staatsministerium für Bildung und Kultur, Wissenschaft und Kunst gefördert.

ISBN 978-3-631-81993-7 (Print)
E-ISBN 978-3-631-84451-9 (E-PDF)
E-ISBN 978-3-631-84452-6 (EPUB)
E-ISBN 978-3-631-84453-3 (MOBI)
DOI 10.3726/b17936

Peter Lang – Berlin · Bern · Bruxelles · New York · Oxford · Warszawa · Wien

Diese Publikation wurde begutachtet.

www.peterlang.com

Vorwort

Im Rahmen des bayerischen Forschungsverbunds ForChange[1] warben das Institut für Ostrecht München (IOR) und der Arbeitsbereich Ökonomie des Instituts für Ost- und Südosteuropaforschung Regensburg (IOS) das interdisziplinäre Forschungsprojekt „Offenheit und institutioneller Wandel: Das Beispiel der Rule of Law“ ein. Als externer Projektpartner konnte das Forschungsinstitut für mittel- und osteuropäisches Wirtschaftsrecht der Wirtschaftsuniversität Wien (FOWI) gewonnen werden.

Ausgangspunkt dieses interdisziplinären Projekts ist eine wirtschaftswissenschaftliche Fragestellung. In letzter Zeit haben sich Ökonomen wieder verstärkt der Institutionenökonomie zugewandt, und Juristen erkennen zunehmend an, dass ihre Wissenschaft von der Ökonomie profitieren kann („ökonomische Analyse des Rechts“). Gemeinsam untersuchen die Juristen des IOR und des FOWI sowie die Ökonomen des IOS, ob eine außenwirtschaftliche Öffnung die Ausgestaltung rechtlicher Institutionen beeinflussen kann. Wir konzentrieren uns dabei auf die „Rule of Law“ im ökonomischen Sinne, v.a. auf den Aspekt der Stabilität und Durchsetzbarkeit geschlossener Verträge. Exemplarisch werden dabei einerseits Kaufverträge im Handelsverkehr (als den politischen Grundentscheidungen im Bereich der außenwirtschaftlichen Öffnung/Schließung besonders ausgesetzte Rechtsgeschäfte) und andererseits Arbeitsverträge (als überall besonders stark reglementierte Verträge, die sich zudem auf regulierten und mehr oder weniger abgeschotteten Märkten realisieren) untersucht.

Wir untersuchen mithilfe der Analyse komplexer Produktionsprozesse, die von Vertragssicherheit und -durchsetzbarkeit abhängen und ggf. Anreize für Verlagerungsprozesse bieten, die Anpassung von Institutionen des Rechts in Reaktion auf durch technologische Veränderung induzierte Globalisierungsprozesse im Kontext der Umwälzungen politischer Institutionen. Anders ausgedrückt: Wir fragen danach, ob die u.a. durch den technischen Fortschritt zustande kommenden grenzüberschreitenden Lieferketten zu einer Steigerung der Rule of Law im ökonomischen Sinn und auch zu einer Stärkung der Rechtsstaatlichkeit führen, oder ob umgekehrt die ökonomische Rule of Law und die Rechtsstaatlichkeit die Voraussetzung dafür bilden, dass sich eine Volkswirtschaft in diese Lieferketten einschalten kann. Als „Fallbeispiel“ wählen wir die postsozialistische Transformation in Osteuropa, weil dieser Totalumbau von Staat, Recht, Wirtschaft und Gesellschaft viele Probleme in besonders deutlicher Form aufwirft. Das Projekt soll verdeutlichen, wie institutionelle Anpassungen im Zuge der Globalisierung ablaufen: nämlich nicht rein mechanisch, sondern so, dass der Gesellschaft durchaus Freiheitsgrade zur Entscheidung bleiben und somit – nicht zuletzt politisch

1 Näher hierzu die Webseite des Verbunds www.forchange.de.

nutzbares – Steuerungspotenzial verbleibt. Wir wollen zudem aufzeigen, dass eine außenwirtschaftliche Öffnung sogar vergleichsweise kurzfristig auf die Rule of Law eines gegebenen Staates und seine Rechtsordnung wirken kann.

Im Rahmen dieses interdisziplinären Projekts werden sowohl rechts- als auch wirtschaftswissenschaftliche Teilprojekte behandelt. Die Rechtswissenschaften steuern zwei Teilprojekte bei. Das erste Teilprojekt beschäftigt sich mit dem Wandel von Vertragsfreiheit und Vertragsdurchsetzung im Übergang von der Plan- zur Marktwirtschaft, exemplifiziert am Außenhandelskaufvertrag. Anhand parallel aufgebauter Länderstudien werden Fragen wie der Wandel des Vertragsregimes im Zivilrecht, der Wegfall von Staatsmonopolen und Devisenbeschränkungen im Außenhandelsbereich, die Diversifizierungsmöglichkeiten für Wirtschaftsakteure z.B. durch die Wiedereinrichtung eines Gesellschaftsrechts, die Ersetzung einer staatlichen Planarbitrage durch an Rechtsnormen orientierte Gerichte und der Aufbau einer Infrastruktur zu der Durchsetzung von Gerichts- und Schiedsgerichtsurteilen untersucht, um ein umfassendes Bild von dem Aufbau einer echten Vertragsfreiheit und eines Vertrauens in Vertragsstabilität und -durchsetzung zu erhalten.

Das zweite rechtswissenschaftliche Teilprojekt leistet Vergleichbares für die rechtliche Regelung und Praxis in Bezug auf das Arbeitsverhältnis. Diese Untersuchung bildet die Gegenprobe zum ersten Teilprojekt. Während der Außenhandelskaufvertrag typisch für die besonders globalisierten Teile der Wirtschaft ist und somit für die rechtliche, politische und ökonomische Öffnung einer Volkswirtschaft steht, auch von dieser abhängt, ist der Arbeitsvertrag typischerweise eine besonders stark regulierte Materie und zudem in besonders starkem Maße von ausländischen Einflüssen abgeschottet, d.h. repräsentiert die rechtliche und ökonomische Abschirmung von den Auswirkungen der Globalisierung. Damit bilden der Außenhandelskaufvertrag einerseits und der Arbeitsvertrag andererseits die Endpunkte eines Kontinuums, auf dem die Wechselwirkung zwischen außenwirtschaftlicher Öffnung und Rule of Law/Rechtsstaatlichkeit angesiedelt ist. Ihr Vergleich ist daher aussagekräftig darüber, wie weit der Aufbau der Rule of Law und der Rechtsstaatlichkeit einerseits und die außenwirtschaftliche Öffnung und das Einbringen in weltweite ökonomische Prozesse andererseits tatsächlich gehen.

Dieser Band vereinigt Studien aus beiden rechtswissenschaftlichen Teilprojekten. Für den Außenhandelskaufvertrag haben wir Russland und Ungarn als typische Vertreter unterschiedlicher Entwicklungen ausgewählt. Die Sowjetunion als „Mutterrechtsordnung" der sozialistischen Rechtsfamilie vertrat die sozialistische Orthodoxie und schottete ihren Wirtschafts- und Rechtsraum sorgfältig gegenüber ausländischen Einwirkungen ab. Nach der Wende versuchte dann der Nachfolgestaat Russland eine radikale Öffnung und schaffte es in dem entstehenden Chaos nicht, ökonomischen Wohlstand und eine Rule of Law und Rechtsstaatlichkeit zu generieren, sodass sich das Land schließlich unter Putin wieder auf eine – aus der Zarenzeit und dem Sozialismus bekannte – staatliche Kontrolle der wirtschaftlichen Außenkontakte zurückzog, ohne jedoch die Marktwirtschaft und die Vertragsfreiheit komplett aufzugeben. Ungarn hingegen ist typisch für die ostmitteleuropäischen Volksrepubliken, die bereits zu sozialistischen Zeiten mit marktwirtschaftlichen und rechtsstaatlichen Elementen experimentierten, diese nach der Wende ausbauten und ab der Jahrtausendwende dann den Weg zurück in die staatliche Redistribution gingen, damit die Regierungen über ausreichend Mittel zur Fütterung ihres stets wachsenden Klientelsystems verfügen. Beim Arbeitsvertrag fiel die Wahl auf Ungarn und Polen. In Polen änderte sich normativ wenig, während Ungarn das Individualarbeitsrecht recht stark kontraktualisiert wurde. Auffallend ist, dass das Ergebnis in beiden Ländern ähnlich ist: ein recht rigides System, in dem Vertragsfreiheit und -durchsetzung nur teilweise wirken, das aber eine – wenn auch abnehmende – soziale Sicherheit garantiert und das anfällig für innenpolitische Instrumentalisierung ist.

Wir würden uns freuen, wenn die von uns aufgeworfenen Fragen zu einer weiter gehenden Diskussion in der deutschsprachigen, aber auch in den osteuropäischen Rechtswissenschaften führen.

Herbert Küpper

Inhaltsverzeichnis

STABILITÄT UND DURCHSETZUNG VON ARBEITSVERTRÄGEN:

List of Contributors

Mag.[a] Ingeborg Bauer-Mitterlehner
Forschungsinstitut für mittel- und osteuropäisches Wirtschaftsrecht der Wirtschaftsuniversität Wien

Prof. Dr. Dr. h.c. Herbert Küpper
Institut für Ostrecht München

Tina de Vries
Institut für Ostrecht München

STABILITÄT UND DURCHSETZUNG VON AUßENHANDELSVERTRÄGEN:

Mag.[a] Ingeborg Bauer-Mitterlehner*

Progressive Gesetze in konservativer Rechtskultur: Vertragsstabilität und Vertragsdurchsetzung bei Außenhandelsverträgen in der Russischen Föderation

Abstract: During the last 25 years, the Russian legislator has completely redesigned its entire legal system. Most laws are now based on the continental European model and comply with modern standards. Special laws and regulations governing entrepreneurial activity and foreign investment were gradually superseded by universal laws, in particular the big codifications of the 2000s. The legal framework has therefore been improved significantly compared to the Soviet era and to the economic and legal provisions of the transition period.

As part of a major civil law reform that began in 2008, significant improvements and fine-tunings were effected recently. The adaptation of the law of obligations and civil procedure laws to international practice is a major step forward, as it facilitates civil law transactions and the settlement of disputes arising thereof. It is yet to be seen how the new rules will actually be applied and interpreted in practice, the decisive word being left to the Russian courts.

Keywords: Russland, Vertragsrecht, Außenhandelsverträge, Gesellschaftsrecht

Einleitung

1 Die Entwicklung des russischen Rechtssystems

Immer wieder werden Zweifel an der Verlässlichkeit und der Rechtsstaatlichkeit des russischen Rechtssystems kundgetan. Trotz mittlerweile intensiver wirtschaftlicher Beziehungen mit dem Ausland gelten das russische Wirtschaftsumfeld und das russische Rechtssystem seit jeher als schwierig und teils nicht hinreichend verlässlich.[1] Während auf der einen Seite gewaltige Rechtsreformen umgesetzt wurden, sind auf der anderen Seite die aktuellen Probleme, insbesondere das Ausmaß der Korruption und die politische und wirtschaftliche Krise, in der sich das Land befindet, nicht von der Hand zu weisen. Gemäß den Aussagen von *Morščakova* in einem Interview mit der „Welt" sei das russische Rechtssystem nicht unabhängig und verdiene daher auch nicht die Bezeichnung „Rechtssystem".[2]

---

* Unter Mitarbeit von Theresa Dum im Rahmen einer Projektförderung der Wirtschaftsuniversität Wien.

1 Für viele: *Heeg*, Länderreport Russland, RIW 2014, S. 425.

2 *Quiring*, „Im gesamten russischen Staatsapparat herrscht Rechtsnihilismus", Welt.de 2014, http://www.welt.de/welt_print/politik/article5889147/Im-gesamten-russischen-Staatsapparat-herrscht-Rechtsnihilismus.html, Abruf per 19.12.2014.

Sowohl die Klarheit als auch die Vollziehbarkeit allgemein anerkannter Normen in Russland wurde in den letzten Jahren von einigen Autoren infrage gestellt. *Nußberger* und *Mommsen* sprechen von Rechtsnihilismus und Scheinkonstitutionalismus als kulturprägenden Ausdrucksformen der Wirklichkeit in der Russischen Föderation.[3] *Luchterhandt* argumentiert mit der völligen Missachtung von Kernelementen der Rechtstaatlichkeit,[4] und *Eckstein* beschreibt eine kulturelle Betriebsblindheit gegenüber Rechtsstaatsdefiziten.[5] Wie ist es also um die „Rule of Law" im größten Land der Erde tatsächlich bestellt? Diese Frage soll hier anhand eines praktischen Beispiels, des Außenhandelsvertrages, untersucht werden.

Der russische Weg von der zentral gelenkten Planwirtschaft zur Marktwirtschaft unterscheidet sich von vielen anderen osteuropäischen Ländern zunächst dadurch, dass die Einführung der Planwirtschaft und die damit verbundene Abkehr von der Marktwirtschaft in Russland und auf dem Gebiet der ehemaligen Sowjetunion im Wesentlichen bereits nach dem Ersten Weltkrieg ihren Anfang nahmen und somit eine Zeitspanne von rund 70 Jahren umfassten. Die komplette Verstaatlichung von Produktionsmitteln und die damit verbundene Planwirtschaft setzten in vielen anderen osteuropäischen Ländern im Wesentlichen erst nach dem Zweiten Weltkrieg ein, sodass ein Zurückgreifen auf vorkommunistische Traditionen und Rechtsinstitute, aber auch auf historische Kodizes, Gesetze und andere Rechtsnormen in Vergleich zu Russland leichter möglich war.

Außerdem waren die wirtschaftlichen und gesellschaftlichen Eigentumsstrukturen im zaristischen Russland um 1900 nicht mit jenen des Habsburgerreiches vergleichbar. Die auf dem Gebiet der früheren Donau-Monarchie entstandenen osteuropäischen Länder konnten i.d.R. eher auf die aus dieser Zeit stammenden Rechtsstrukturen wie etwa das österreichische Allgemeine Bürgerliche Gesetzbuch oder die grundbücherlichen Systeme der Donau-Monarchie zurückgreifen. Auch die Lösung der Frage der Aufteilung bzw. Zuteilung von Grund und Boden spielte in Russland eine wesentliche Rolle. Insbesondere das Bodenrecht blickt in Russland auf eine sehr bewegte Geschichte[6] zurück und war immer wieder Gegenstand politischer Auseinandersetzungen, die in Reformen mündeten. Nach der Aufhebung der Leibeigenschaft durch die Bauernbefreiung im Jahr 1861[7] waren

3 *Mommsen/Nußberger*, Das System Putin: Gelenkte Demokratie und politische Justiz in Russland, 2007, S. 15.

4 *Luchterhandt*, Das neue Terrorbekämpfungsgesetz Russlands vom 10. März 2006, WGO-MfOR 2006, S. 108.

5 *Eckstein*, Doktrin des öffentlichen Rechts in Russland, in: Festschrift für Peter Nobel zum 60. Geburtstag: Wirtschaftsrecht zu Beginn des 21. Jahrhunderts, 2005, S. 907.

6 Zur historischen Entwicklung siehe *Babenkova*, Die Grundstücksveräußerung nach deutschem und russischem Recht unter besonderer Berücksichtigung der Veräußerung an Ausländer, 2006, S. 41 ff.

7 Zu der rechtlichen Einordnung der russischen Gemeindeverfassung und dem gemeinschaftlichen Landbesitz vgl. *Litzinger*, Juristen und die Bauernfrage: Die Diskussion um das bäuerliche Grundeigentum in Russland von 1880 bis 1914, 2007, S. 15 ff.; zur

dies zunächst die Stolypinschen Reformen[8] von 1906 bis 1910, die die Umsetzung des Privateigentums bezweckten,[9] und dann wieder die Verstaatlichung des gesamten Bodens nach der Oktoberrevolution 1917.[10]

2 Die Übergangsphase zum Kommunismus

Das zaristische Russland wurde durch die Februarrevolution im Jahr 1917 beendet. Die darauf eingesetzte provisorische Regierung wurde durch die Bolschewiki im Zuge der Oktoberrevolution im selben Jahr gewaltsam abgesetzt. Nach Jahren des Bürgerkriegs als unmittelbare Folge der Oktoberrevolution wurde am 30. Dezember 1922 die Union der Sozialistischen Sowjetrepubliken (Sowjetunion, UdSSR)[11] als formale Föderation mit stark unitarischen Strukturen ausgerufen. Die UdSSR verfügte über 15 Teilrepubliken. Die größte Teilrepublik war die Russische Sozialistische Föderative Sowjetrepublik (RSFSR),[12] die mit einigen Ausnahmen das heutige Staatsgebiet Russlands umfasste. In der UdSSR wurden nicht nur das politische System, sondern auch das Wirtschafts- und das Rechtssystem grundlegend geändert. Die marxistische Theorie sah das Hauptproblem einer kapitalistischen Gesellschaft v.a. in der Konzentration der Produktionsmittel in den Händen einiger Weniger, die so aufgrund ihrer wirtschaftlich starken Stellung die Arbeiter ausbeuten konnten. Die logische Folge dieser Ausbeutung war die (bereits erfolgte) Revolution, die die gesellschaftlichen Verhältnisse komplett umdrehen sollte.

Nach der marxistischen Doktrin folgte auf die Revolution die sog. „Übergangsphase zum Kommunismus", die in der letzten Stufe zum „Paradies des Kommunismus" führen sollte. In dieser Übergangsphase war das Privateigentum noch in beschränktem Ausmaß vorhanden. Die Produktionsmittel gehörten aber grundsätzlich dem Staat, während die Bürger nur Konsumgüter im Eigentum halten konnten. Als Herrschaftssystem diente zunächst die sog. „Diktatur des Proletariats", mit zunehmender Beseitigung der Knappheit sollte diese jedoch überflüssig

---

Bauernbefreiung siehe *Lörzer*, Die Bauernbefreiung 1861 in Russland – wegweisende Reformen für den Modernisierungsprozess?, 2011, und *Leonard*, Agrarian Reform in Russia: The Road from Serfdom, 2011, S. 2f.

8 Die Ziele der Agrarreformen waren im Wesentlichen die Einführung des Rechts auf Privateigentum an Land für Kleinbauern und die Übertragung von Privatparzellen an diese. Zu diesem Zweck konnten die Bauern zu günstigen Bedingungen Eigentum am Ackerland erwerben, vgl. *Küpper*, Einführung in die Rechtsgeschichte Osteuropas, Studien des Instituts für Ostrecht München Bd. 54, 2005, S. 177f.; *Torke*, Einführung in die Geschichte Russlands, 1997, S. 184.

9 *Litzinger*, S. 7 m.w.N.

10 *Breig*, Eigentum und andere dingliche Rechte an Grundstücken in Russland unter besonderer Berücksichtigung der landwirtschaftlich genutzten Böden, 2009, S. 1.

11 Союз Советских Социалистических Республик (СССР).

12 Российская Советская Федеративная Социалистическая Республика (РСФСР).

werden und man sich ihrer entledigen.[13] Die Endstufe (die bekanntlich nicht mehr erreicht wurde) sah schließlich die Auflösung der gesamten Eigentumsordnung vor, alles sollte allen gehören. Während der Übergangsphase zum Kommunismus stand der sowjetische Staat aber vor dem Problem, dass er als Folge der raschen und umfassend erfolgten Verstaatlichung praktisch sämtliche Produktionsmittel besaß und er diese alleine aber nicht sinnvoll bewirtschaften konnte. Es mussten daher entsprechende Rechtsinstitute geschaffen werden, die ein effektives Wirtschaften im Rahmen der marxistischen Theorie erlaubten. Solche Rechtsfiguren waren z.B. die Schaffung von vertraglichen Beziehungen aufgrund eines Plans oder eines Verwaltungsakts oder die Überlassung von dem Staat gehörendem Grund und Boden zur unentgeltlichen unbefristeten Nutzung.

Die sowjetische Planwirtschaft war von verwaltungsrechtlichen, zentral gelenkten Strukturen geprägt. Die zentrale Steuerung des Wirtschaftsprozesses war ein wesentlicher Bestandteil des Wirtschaftssystems. Nachdem die in den 1920er-Jahren eingeführte Neue Ökonomische Politik nicht den gewünschten Erfolg brachte, wurde ab dem Jahr 1928 ein eigenes Komitee für Wirtschaftsplanung (Gosplan) eingerichtet und u.a. mit der Ausarbeitung und Überwachung der Fünfjahrespläne beauftragt.[14] Die sowjetischen Staatsunternehmen besaßen nur beschränkte Rechtsfähigkeit und kamen somit als direkte Handelspartner oder Investitionsobjekte für ausländische Unternehmen und Investoren gar nicht infrage. Außenhandelsbeziehungen wurden daher im Wesentlichen über eigene Außenhandelsorganisationen, die über das Außenhandelsmonopol verfügten, abgewickelt.

Privates Eigentum an Produktionsmitteln war im Sowjetstaat grundsätzlich nicht mehr vorgesehen. Die Verfassung der UdSSR aus dem Jahr 1936[15] setzte daher a priori voraus, dass sämtliche Produktionsmittel und auch Liegenschaften in der Sowjetunion Allgemeingut seien, weil sie im Staatseigentum standen. Jeder Staatsbürger der Sowjetunion war somit als Mitglied der sozialistischen Gesellschaft im ideologischen Sinne (nicht aber im rechtlichen Sinne) Miteigentümer dieses Staatsvermögens.[16]

Bis zum Ende der 1960er-Jahre waren die sowjetischen Wachstumsraten relativ hoch, bevor die Wirtschaft in den 1970er- und 1980er-Jahren einbrach.[17] In den 1970er-Jahren waren die Probleme dieses Wirtschaftssystems daher bereits anhand

---

13 *Ruloff*, Historische Sozialforschung, in *Scheuch/Sahner* (Hrsg.) Studienskripten zur Soziologie, 1985, S. 46.

14 *Hildermeier*, Geschichte der Sowjetunion 1917–1991, 1998, S. 368 ff.

15 Конституция СССР 1936 года, Известия ЦИК СССР и ВЦИК, № 283, 6 декабря 1936 года.

16 *Bilinsky*, Das sowjetische Wirtschaftsrecht, Band 19 der Studien des Instituts für Ostrecht München, 1968, S. 24.

17 *Speckmann*, Gorbatschow gab der Sowjet-Wirtschaft den Todesstoß, Welt.de 2011, https://www.welt.de/kultur/literarischewelt/article12449857/Gorbatschow-gab-der-Sowjet-Wirtschaft-den-Todesstoss.html, Abruf per 24.11.2016.

der Abweichungen vom Soll erkennbar und die daraus folgende Wirtschaftskrise absehbar.

3 Perestroika und Glasnost

Im Zuge der Öffnung der Sowjetunion in den späten 1980er-Jahren wurde als Folge der prekären wirtschaftlichen Lage eine grundlegende Reformierung der Wirtschaft und auch des Wirtschaftsrechts und der Zivilgesetzgebung in die Wege geleitet. Die Begriffe Glasnost (Transparenz) und Perestroika (Umstrukturierung) wurden zu Schlagwörtern für die politische Umgestaltung der Sowjetunion ab dem Jahre 1985, die durch den damaligen Generalsekretär des Zentralkomitees der KPdSU, *Gorbačëv*, initiiert wurde.[18] Der 1985 gewählte Generalsekretär der KPdSU trat für mehr Offenheit ein und lenkte die politische Ausrichtung auf ein Mehrparteiensystem hin. Glasnost wurde durch eine neue Reformpolitik umgesetzt, die darauf abzielte, das staatliche Handeln in der Sowjetunion für das Volk nachvollziehbarer und transparenter zu gestalten und mit weitreichenden Reformen eine funktionierende Demokratie zu erreichen.[19] Perestroika bezeichnet im Wesentlichen die ab 1986 von *Gorbačëv* initiierte Modernisierung des wirtschaftlichen, politischen und gesellschaftlichen Systems der Sowjetunion.[20] *Gorbačëv* gab der Bevölkerung durch Glasnost und Perestroika zunächst immer mehr das Gefühl von Freiheit und Demokratie. Rückwirkend werden die Reformen bzw. die Ergebnisse dieser Politik freilich weniger wohlwollend betrachtet.[21] *Martynenko* beschrieb den Wandel der Rechtswissenschaft in der Russischen Föderation nach dem Ende der Sowjetunion mit einem recht einfachen Satz: „Das Gesetz ist wie eine Deichsel, wohin du sie drehst, dorthin führt sie dich".[22] Damit soll nicht zuletzt das Phänomen beschrieben werden, wonach eine zunehmende Systematisierung der Gesetzgebung im Laufe des 19. und 20. Jahrhunderts nicht selten von behördlicher Willkür wieder relativiert wird.[23]

---

18 Einzusehen unter http://www.geschichte-lexikon.de/glasnost-perestroika.php, Abruf per 23.11.2016.

19 Einzusehen unter http://www.geschichte-lexikon.de/glasnost-perestroika.php, Abruf per 23.11.2016.

20 Einzusehen unter http://www.geschichte-lexikon.de/glasnost-perestroika.php, Abruf per 23.11.2016.

21 Für viele: *Goldmann*, What Went Wrong with Perestroika?, 1992.

22 *Geistlinger*, Die Rechtswissenschaft: institutionelle Strukturen und typische Züge ihrer Literatur, in *Luchterhandt* (Hrsg.), Rechtskultur in Russland: Tradition und Wandel, 2011, S. 349.

23 *Heller*, Dominante Prägungen der Rechtskultur in Russland: Der Blick des Historikers, in *Luchterhandt* (Hrsg.), Rechtskultur in Russland: Tradition und Wandel 2011, S. 37.

Exemplarisch seien einige der wichtigsten Reformgesetze aufgelistet:

- 1986: Gesetz über individuelle Arbeitstätigkeit:[24] Das Gesetz regelte erstmals den Umfang privater unternehmerischer Tätigkeit (dieser Rahmen war sehr eng gefasst) und erfasste nur die wirtschaftliche Tätigkeit außerhalb der hauptberuflichen Arbeit in der Freizeit.
- 1987: Gesetz über die Staatsunternehmen:[25] Den Betrieben sollten mehr Entscheidungsbefugnisse und Mitbestimmungsrechte bei der Festlegung der Produktionsmenge, des Produktionssortimentes, der Lohnzahlungen, der Kommunikation und der Vertragsbestimmungen mit den Abnehmern und Zulieferanten eingeräumt werden, dies selbstverständlich unter Einhaltung der staatlichen Steuerung und Kontrolle.[26]
- 1988: Gesetz über die Kooperativen:[27] Mit diesem Gesetz wurde die Gründung von unabhängigen Genossenschaften oder Kooperativen erlaubt.[28]
- 1989: Pachterlass:[29] Das Gesetz erlaubte die langfristige Pacht von Land und Betrieben.
- 1990: Gesetz über das Eigentum in der UdSSR:[30] Durch dieses Gesetz erfolgte die Anerkennung des Rechtes auf privates Eigentum und die Regelung der ersten, verhältnismäßig umfassenden Grundlage des Gesellschaftsrechts.[31] Durch das

24 Закон СССР от 19 ноября 1986 года „Об индивидуальной трудовой деятельности"; Ведомости Верховного Совета СССР, 1986 г., N 47, ст. 964; 1988 г., N 11, ст. 174. Diese und im Folgenden aufgelistete Fundstellen von historischen und aktuell geltenden Gesetzesquellen, untergesetzliche Rechtsquellen und Entscheidungen und sonstigen Kundmachungen von Gerichten sowie von wissenschaftlichen Kommentaren und anderer Sekundärliteratur ohne genaue Seitenangabe (in russischer Sprache) entstammen der juristischen Datenbank „Garant": http://internet.garant.ru. Die Gesetzesquellen werden der besseren Lesbarkeit halber in ihrer ursprünglichen Fassung, ohne Nennung aller aktuellen Ergänzungen und Änderungen, zitiert. Abruf zuletzt am 31.1.2017.

25 Закон СССР от 30 июня 1987 г. N 7284-XI „О государственном предприятии (объединении)"; Текст Закона опубликован в Ведомостях Верховного Совета СССР, 1987 г., N 26, ст. 385.

26 *Kordasch*, Privatisierung in Russland. Eine Gesellschaft auf der Suche nach effizienteren eigentumsrechtlichen Strukturen, 1997, S. 22.

27 Закон СССР от 26 мая 1988 г. N 8998-XI „О кооперации в СССР"; Текст Закона опубликован в Ведомостях Верховного Совета СССР, 1988, N 22, ст. 355.

28 *Stürmer*, Die Russische Privatisierung im Übergang von der Planwirtschaft zur Marktwirtschaft, 2008, S. 31.

29 Указ Президиума ВС СССР от 7 апреля 1989 г. N 10277-XI „Об аренде и арендных отношениях в СССР"; Текст Указа опубликован в Ведомостях Верховного Совета СССР от 12 апреля 1989 г. N 15 ст. 105.

30 Закон СССР „О собственности в СССР" от 6 марта 1990 г.; Текст Закона опубликован в Ведомостях Верховного Совета (ВС) СССР, 1990, N 11, ст. 164; Постановление ВС СССР от 6 марта 1990 г. N 1306-I „О введении в действие Закона СССР „О собственности в СССР".

31 *Wurch*, Die Geschichte der Aktiengesellschaft in der Sowjetunion vor dem Hintergrund wirtschafts- und gesellschaftspolitischer Entwicklungen, 1992, S. 17.

Eigentumsgesetz wurde das Eigentum natürlicher Personen, das Kollektiveigentum und das Staatseigentum auf einfachgesetzlicher Ebene gleichgestellt.[32]
- 1991: Gesetz über die Privatisierung staatlicher und munizipaler Unternehmen in der RSFSR,[33] das die primären Rechtsgrundlagen für die Unternehmensprivatisierung regelte.[34]

Die rechtliche und politische Umsetzung der Reformen gestaltete sich trotz wirtschaftlicher Notwendigkeit und Dringlichkeit schwierig. Einen Meilenstein der Reformen bildete die Schaffung einer rechtlichen Möglichkeit für die Gründung von Gemeinschaftsunternehmen mit sowjetischen Partnern (Joint Ventures). Um in dieser Phase der Wirtschaftskrise möglichst rasch eine Basis für ausländische Direktinvestitionen zu einzuführen, wurde per Verordnung (указ, Ukaz) für sowjetische Betriebe, Produktionseinheiten und andere wirtschaftliche Strukturen die Möglichkeit geschaffen, Gemeinschaftsunternehmen mit ausländischen Partnern zu gründen.[35] Dadurch wurde erstmals in der Geschichte der Sowjetunion die Gründung einer privatrechtlichen Gesellschaft durch ausländische Investoren und sowjetische Unternehmen möglich.[36] Diese auf der Grundlage einer Verordnung gegründeten Gemeinschaftsunternehmen waren juristische Personen sui generis.[37]

Die Gesetzgebung und Normsetzung der letzten Jahre der Sowjetunion war in Russland zudem von dem sog. „Krieg der Gesetze" als Ausfluss der damaligen Unabhängigkeitsbestrebungen der größten Teilrepublik der Sowjetunion, der RSFSR, geprägt: Der Oberste Sowjet der RSFSR beschloss zahlreiche Gesetze, die teilweise im direkten Widerspruch zur Unionsgesetzgebung standen. Nach der offiziellen Auflösung der Sowjetunion im Dezember 1991 und der Gründung der

---

32 *Tchekhoev*, Analyse der Privatisierung in der Russischen Föderation. Ziele, normative Grundlagen, Verfahren und Folgen, 2005, S. 21.

33 Закон РФ от 3 июля 1991 г. N 1531-I „О приватизации государственных и муниципальных предприятий в Российской Федерации"; Текст Закона опубликован в „Российской газете" от 19 июля 1991 г., в Ведомостях Съезда народных депутатов РСФСР и Верховного Совета РСФСР от 4 июля 1991 г., N 27, ст. 927.

34 Dies unter Berücksichtigung verschiedener Reformprogramme, wie dem Silaev-Programm oder dem Javlinskij-Allisson-Programm.

35 Die grundlegende Rechtsgrundlage schuf die sog. „Joint Venture"-Verordnung des Ministerrates der UdSSR vom 13.1.1987 No 49, Постановление Совет министров (СМ) СССР от 13 января 1987 г. N 49 „О порядке создания на территории СССР и деятельности совместных предприятий с участием советских организаций и фирм капиталистических и развивающихся стран"; Текст постановления опубликован в Собрании постановлений Правительства СССР, 1987 г., N 9, ст. 40. Текст приводится по Своду законов СССР, I полугодие 1989 г., том 9.

36 *Micheler/Bauer-Mitterlehner*, Rechtliche Rahmenbedingungen für die Durchführung von ausländischen Investitionen in der Russischen Föderation, Arbeitspapier des FOWI Nr. 96, 2002 S. 43.

37 *Heger*, Joint Ventures in der Sowjetunion, 1989, S. 23 f.

Gemeinschaft unabhängiger Staaten (GUS) übernahm die Russische Föderation (RF)[38] ab 1992 als größte ehemalige Sowjetrepublik die völkerrechtlichen Rechte und Pflichten der UdSSR.[39]

Die Sowjetunion hörte mit der Unterzeichnung des Vertrages über die Gründung der GUS am 8.12.1991 in Minsk[40] auf, zu existieren. Seither hat die RF ihre Rechtsordnung vollständig neu gestaltet. Die Sondergesetze und Verordnungen des Wirtschaftsprivatrechts der Übergangszeit mussten sukzessive durch allgemein geltende Gesetze abgelöst werden.

4 Die Russische Föderation

In den ersten Jahren der Russischen Föderation spielten die vielen gesetzesvertretenden Ukaze des russischen Präsidenten *El'cin* eine wesentliche und nicht unumstrittene Rolle in der Rechtslandschaft des jungen Staates: *El'cin* machte von dem in der Verfassung 1993[41] eingeräumten Recht des Präsidenten zum Erlass von Ukassen exzessiv Gebrauch.[42] Zu dieser v.a. aus grundrechtlicher Sicht nicht unproblematischen Praxis hielt das Verfassungsgericht der RF u.a. fest, dass angesichts der gesetzgeberischen Untätigkeit diese Ukaze in vielen Fällen erst die normativen Bedingungen für die Verwirklichung von Grundrechten wie etwa der unternehmerischen Betätigung schaffen würden.[43] Dieser Argumentation kommt angesichts des in der Phase der frühen Transformationsgesellschaft aufzufüllenden Rechtsvakuums sicher eine gewisse Berechtigung zu.[44] Die rechtlichen Normen aus der Sowjetzeit, wie etwa das russische Zivilgesetzbuch aus dem Jahr 1964, waren veraltet, und gesellschaftsrechtliche Normen, auf die man hätte zurückgreifen können, praktisch nicht vorhanden.

---

38 Art. 1 Punkt 2 der Verfassung der RF bestimmt, dass die Begriffe „Russische Föderation" und „Russland" äquivalent sind, siehe Конституция Российской Федерации (принята на всенародном голосовании 12 декабря 1993 г.), Статья 1.2, Российскяа газета (РГ) от 25 декабря 1993 г. N 237, deutsche Übersetzung von *Fincke*, http://www.constitution.ru/de/index.htm, letzter Abruf per 15.11.2016. Zu Art. 1 Punkt 2 Verfassung RF s. *Luchterhandt* in *Wieser* (Hrsg.), Handbuch der russischen Verfassung, 2014, Art. 1 Rn. 2–5.

39 *Seiffert*, Die Fortgeltung der völkerrechtlichen Verträge und Gesetze der untergegangenen Sowjetunion in der Russischen Föderation (RF), Wirtschaft und Recht in Osteuropa (WiRO) 1992, S. 137ff.

40 Соглашения о создании Содружества Независимых Государств» (СНГ), Российская газета от 10. декабря 1991.

41 Российская газета от 25. декабря 1993.

42 *Reitemeier*, Untergesetzliche Rechtsakte, in *Luchterhandt* (Hrsg.), Rechtskultur in Russland: Tradition und Wandel, 2011, S. 139f.

43 *Reitemeier*, S. 139f.

44 *Reitemeier*, S. 140.

In der RF wird die privatrechtliche Regelung des Wirtschaftsrechts somit nach rund sieben Jahrzehnten der sozialistischen Planwirtschaft eigentlich erst seit Perestroika und Glasnost in den späten 1980er-Jahren offiziell thematisiert. Die geltenden Normen der russischen Zivilgesetzgebung bestehen daher aus relativ neuen Gesetzen, die in den 1990er-Jahren sehr rasch eingeführt werden mussten, um den marktwirtschaftlichen Ansprüchen der Übergangsgesellschaft gerecht zu werden, sodass in den letzten 30 Jahren immer wieder umfangreiche Novellierungen und Anpassungen in Kraft gesetzt wurden.[45] Dennoch hat der Gesetzgeber versucht, bestehende Rechtstraditionen und Prinzipien, soweit dies sinnvoll erschien, beizubehalten. Das russische Recht entwickelt sich nach wie vor in hohem Tempo.[46] Die Zeit der großen Neukodifikationen ist allerdings vorbei, da das russische Rechtssystem in seiner Grundstruktur besteht, es handelt sich bei den neuen Gesetzen daher i.d.R. um Änderungen von und Ergänzungen zu bestehenden Gesetzen oder um Novellierungen.[47]

I Wandel des Vertragsrechts im Bereich des Außenhandels vom Sozialismus zum Postsozialismus

1 Rechtsgrundlagen des Vertragsrechts

a) Allgemeines

Die wichtigsten Rechtsgrundlagen für das Vertragsrecht, die wirtschaftlichen Rechtssubjekte und die Vertragsdurchsetzung finden sich in der Verfassung der RF, dem ersten und zweiten Teil des Zivilgesetzbuchs (ZGB),[48] dem Gesetz über

45 So wurden z.B. zum ersten Teil des Zivilgesetzbuchs alleine im Jahr 2016 neun Änderungen verabschiedet: Федеральный закон от 28 декабря 2016 г. N 497-ФЗ, Федеральный закон от 3 июля 2016 г. N 354-ФЗ, Федеральный закон от 3 июля 2016 г. N 333-ФЗ, Федеральный закон от 3 июля 2016 г. N 332-ФЗ, Федеральный закон от 3 июля 2016 г. N 315-ФЗ, Федеральный закон от 3 июля 2016 г. N 236-ФЗ,Федеральный закон от 23 мая 2016 г. N 146-ФЗ, Федеральный закон от 30 марта 2016 г. N 79-ФЗ,Федеральный закон от 31 января 2016 г. N 7-ФЗ.

46 *Wedde*, Länderreport Russische Föderation, RIW 2016 S. 352.

47 *Wedde*, 2016, S. 352.

48 Das ZGB wurde in vier Teilen zwischen 1994 und 2006 erlassen: Гражданский кодекс Российской Федерации часть первая от 30 ноября 1994 г. N 51-ФЗ, Текст части первой опубликован в „Российской газете" от 8 декабря 1994 г. N 238–239, в Собрании законодательства Российской Федерации от 5 декабря 1994 г. N 32 ст. 3301, часть вторая от 26 января 1996 г. N 14-ФЗ; текст части второй опубликован в „Российской газете" от 6, 7, 8 февраля 1996 г. N 23, 24, 25, в Собрании законодательства Российской Федерации от 29 января 1996 г. N 5 ст. 410, часть третья от 26 ноября 2001 г. N 146-ФЗ; Текст части третьей опубликован в „Российской газете" от 28 ноября 2001 г. N 233, в „Парламентской

Aktiengesellschaften (AktG)[49] und dem Gesetz über Gesellschaften mit beschränkter Haftung (GmbHG).[50]

Die Verfassung stellt das höchste Gesetz im Stufenbau der Rechtsordnung der RF dar.[51] Der Verfassung folgen unmittelbar die ratifizierten völkerrechtlichen Verträge der RF und die föderalen Verfassungsgesetze. Auf der nächsten Ebene folgen die föderalen Gesetze. In einzelnen Rechtsgebieten werden durch Kodifikationen weitere Abstufungen vorgenommen, die jedoch in der Verfassung nicht vorgesehen sind und in der Praxis häufig ignoriert werden. So erklärt sich z.B. das ZGB zum zivilrechtlichen Gesetz obersten Ranges.[52] Die Verfassung enthält eine Reihe von rechtsstaatlichen Garantien, die für das Unternehmens- und Vertragsrecht von Interesse sind: Art. 8 Punkt 2 der Verfassung regelt die Garantie für privates, staatliches und kommunales Eigentum sowie für andere Eigentumsformen (bzw. Art. 9 Abs. 2 Verfassung für das Grundeigentum). Das Grundrecht auf Eigentum wird in Art. 35 Verfassung und in Art. 36 Verfassung für das Grundeigentum normiert. Die Freiheit unternehmerischer Betätigung ist in Art. 34 geregelt und wird nur durch Monopol- und unlautere Wettbewerbsregelungen eingeschränkt. Die Vereinigungsfreiheit ist in Art. 30 garantiert.

Die privatrechtliche Grundlage des russischen Wirtschaftsverkehrs bildet das ZGB.[53] Der erste Teil trat im Wesentlichen am 1.1.1995 in Kraft und regelt neben den allgemeinen Bestimmungen und den grundlegenden Bestimmungen über die Zivilgesetzgebung und die Entstehung bürgerlicher Rechte und Pflichten ihre Ausübung und ihren Schutz, das Recht der natürlichen und juristischen Personen einschließlich gesellschaftsrechtlicher Regelungen,[54] die Objekte bürgerlicher Rechte,

---

газете“ от 28 ноября 2001 г. N 224, в Собрании законодательства Российской Федерации от 3 декабря 2001 г. N 49 ст. 4552 и часть четвертая от 18 декабря 2006 г. N 230-ФЗ; Текст части четвертой опубликован в „Российской газете“ от 22 декабря 2006 г. N 289, в „Парламентской газете“ от 21 декабря 2006 г. N 214–215, в Собрании законодательства Российской Федерации от 25 декабря 2006 г. N 52 (часть I) ст. 5496.

49 Aktiengesetz vom 26.12.1995, Федеральный закон от 26 декабря 1995 г. N 208-ФЗ „Об акционерных обществах“; Текст Федерального закона опубликован в „Российской газете“ от 29 декабря 1995 г. N 248, в Собрании законодательства Российской Федерации от 1 января 1996 г. N 1 ст. 1.

50 GmbH-Gesetz vom 8.2.1998, Федеральный закон от 8 февраля 1998 г. N 14-ФЗ „Об обществах с ограниченной ответственностью“; Текст Федерального закона опубликован в „Российской газете“ от 17 февраля 1998 г. N 30, в Собрании законодательства Российской Федерации от 16 февраля 1998 г. N 7 ст. 785.

51 *Schaich* in *Blankenagel* u.a., Rahmenbedingungen, in Institut für Ostrecht München (Hrsg.), Handbuch Wirtschaft und Recht in Osteuropa, Länderteil Russland, 2003, Rz. 213.

52 Zur Problematik der Anwendung der Bestimmungen des Aktienrechts und des ZGB siehe unten.

53 Übersetzung: *Solotych*, Das Zivilgesetzbuch der Russischen Föderation, 2. Aufl. 1997.

54 Zum Verhältnis zwischen ZGB und anderen gesellschaftsrechtlichen Normen siehe unten.

die Rechtsgeschäfte, das Sachenrecht sowie den allgemeinen Teil des Schuldrechts. Am 1.3.1996 trat der zweite Teil des ZGB in Kraft. Darin sind die einzelnen Schuldverhältnisse aus Vertrag, unerlaubter Handlung und unberechtigter Bereicherung geregelt. Art. 1041 bis 1054 ZGB regeln die einfache Gesellschaft und die stille Gesellschaft. Der dritte Teil enthält neben dem Erbrecht die Neuregelung des Internationalen Privatrechts[55] und trat mit 1.3.2002 in Kraft. Das Immaterialgüterrecht ist im 4. Teil des ZGB geregelt.

Das ZGB regelt explizit die Anwendung des Handelsbrauchs: Art. 5 ZGB definiert den Handelsbrauch als nicht durch die Gesetzgebung definierte Verhaltensregel, die sich in einem Bereich unternehmerischer Tätigkeit herausgebildet hat und dort breite Anwendung findet. Handelsbräuche gelten offenbar, soweit sie nicht zwingenden gesetzlichen Regeln widersprechen.[56]

Die allgemein anerkannten Prinzipien und Normen des Völkerrechts und die völkerrechtlichen Verträge der RF sind ohne spezielle Transformation Bestandteil des innerstaatlichen russischen Rechts. Weichen russische Gesetze inhaltlich von völkerrechtlichen Verträgen ab, so gilt die völkerrechtliche Regelung.[57] Die RF erachtet sich außerdem als Rechtsnachfolgerin der UdSSR an die von dieser geschlossenen Investitionsabkommen gebunden.[58] Mindeststandards enthält auch das Abkommen über Partnerschaft und Zusammenarbeit zwischen der EU und Russland.[59] Die Verhandlungen über ein neues Abkommen wurden offiziell auf dem EU-Russland-Gipfel im Juni 2008 eingeleitet, wegen der schwierigen Verhandlungen und der mangelnden Fortschritte in Bezug auf die Handels- und Investitionsbestimmungen im neuen Abkommen wurden die offiziellen Verhandlungsrunden aber im Jahr 2010 gestoppt.[60] Die bilateralen Gespräche wurden zunächst fortgesetzt, ab März 2014 aber als Folge der Ukraine-Krise vorerst auf Eis gelegt.[61]

---

55 Siehe hierzu *Solotych*, Neues russisches IPR, WiRO 2002, S. 41 ff.

56 Art. 5 Abs. 2 ZGB; siehe auch Art. 421, 431, 309, 478, 992 ZGB; vgl. *Solotych*, Zivilgesetzbuch, S. 24.

57 Art. 15 Abs. 4 Verfassung.

58 Für Deutschland gilt der Vertrag der BRD und der UdSSR über die Förderung und den gegenseitigen Schutz von Kapitalanlagen vom 13.6.1989, BGBl. 1990 II 342; für Österreich gilt das Abkommen zwischen der Republik Österreich und der UdSSR über die Förderung und den gegenseitigen Schutz von Investitionen vom 8.2.1990, BGBl. 387/1991 i.d.F. BGBl. 257/1994.

59 Соглашение о партнерстве и сотрудничестве Евросоюза и России. подписано в 1994 ; Текст опубликован в Собрании законодательства Российской Федерации 1998 г. N 16 ст. 1902.

60 Siehe https://www.wko.at/Content.Node/service/aussenwirtschaft/fhp/Handelsabkommen/Handelsabkommen_EU-Russland.html#heading_Neues_Abkommen__inklusive_Freihandelsabkommen_, Abruf per 21.11.2016.

61 Einzusehen unter https://www.wko.at/Content.Node/service/aussenwirtschaft/fhp/Handelsabkommen/Handelsabkommen_EU-Russland.html#heading_Neues_Abkommen__inklusive_Freihandelsabkommen_, Abruf per 21.11.2016.

Russische Gerichtsentscheidungen haben keine den Gerichtsentscheidungen des „common law" vergleichbare Bindungswirkung. Dennoch spielt die Spruchpraxis der ordentlichen Gerichte und der Wirtschafts- oder Arbitragegerichte, die für wirtschaftsrechtliche Zivil- und Verwaltungsstreitigkeiten zuständig sind, eine bedeutende Rolle in der Praxis.[62] Das Gleiche gilt für die Urteile des MKAS, des Internationalen Schiedsgerichts bei der Handels- und Industriekammer der RF,[63] dessen Zuständigkeit häufig zwischen russischen und ausländischen Partnern vereinbart wird. Das Oberste Gericht der RF und das im August 2014 aufgelöste Oberste Arbitragegericht der RF nahmen bis zum August 2014 immer wieder in besonderen Beschlüssen öffentlich zu Auslegungsfragen Stellung. In wichtigen Angelegenheiten erließen die beiden Höchstgerichte gemeinsame Beschlüsse. Der gemeinsame Beschluss Nr. 6/8 vom 1.7.1996 „Über Einzelfragen, die mit der Anwendung des Teils I des Zivilgesetzbuchs der Russischen Föderation verbunden sind"[64] klärte beispielsweise eine Reihe von zivilrechtlichen Zweifelsfragen. Im August 2014 wurde das Oberste Arbitragegericht der RF aufgelöst und seine Befugnisse auf das Oberste Gericht der RF übertragen.

Da das russische Zivilrecht im Vergleich zu den anderen hier behandelten osteuropäischen Ländern eine Reihe von Besonderheiten aufweist, soll zur Erleichterung des Verständnisses des russischen Vertragsrechts auf die Entwicklung des russischen Zivilrechts eingegangen werden.

b) Entwurf des Bürgerlichen Gesetzbuches für das Russische Kaiserreich (1905)

Um das Ende des 19. Jahrhunderts, in der Zeit, in der auch in Europa einige wichtige Kodifikationen des Zivilrechts durchgeführt wurden,[65] war die Rechtslehre in Russland auf Basis des römischen Rechts bereits hoch entwickelt. Das damals geltende Recht war im sogenannten „Svod Zakonov",[66] einer Sammlung von Einzelgesetzen, niedergeschrieben. Diese Gesetze waren aber zum Teil veraltet. Das damals geltende Recht konnte daher den neuen gesellschaftlichen Anforderungen nicht mehr gerecht werden. Im Jahr 1882 wurde schließlich eine Kommission mit der Erstellung eines neuen Zivilgesetzbuches beauftragt. Im Jahr 1905 legte diese Kommission den „Entwurf des Bürgerlichen Gesetzbuches für das Russische

---

62 Hierzu *Micheler/Bauer-Mitterlehner*, Allgemeines Verfahrensrecht in der Russischen Föderation, Arbeitspapier des FOWI Nr. 89, 2002.

63 Международный коммерческий арбитражный суд.

64 Вестник Высшего Арбитражного Суда Российской Федерации (Вестник ВАС РФ – Vestnik des Obersten Arbitragegerichts) 1996, Nr. 9.

65 So wurde z.B. das deutsche Bürgerliche Gesetzbuch (BGB) 1900 in Kraft gesetzt, das österreichische Allgemeine Bürgerliche Gesetzbuch (ABGB) war zu dieser Zeit schon einige Jahrzehnte in Kraft.

66 Свод законов Российской империи.

Kaiserreich“ vor. Aufgrund des Ausbruchs des Ersten Weltkrieges konnte dieser Entwurf aber nicht mehr umgesetzt werden. Nach der Revolution im Jahre 1917 wurde das Rechtssystem in Russland im Zuge der politischen und wirtschaftlichen Neuausrichtung grundlegend geändert.

c) Zivilgesetzbuch der RSFSR 1922

Bei der Neugestaltung des Zivilrechts in der Sowjetunion wurden neben den Prinzipien der marxistischen Doktrin auch die unterschiedlichen Bedürfnisse in den 15 sozialistischen Teilrepubliken der UdSSR berücksichtigt. Dies geschah in Form einer sowjetischen Grundsatzgesetzgebung, deren Ausgestaltung durch die einzelnen Sowjetrepubliken erfolgte, sodass im Ergebnis jede Sowjetrepublik ihr eigenes Zivilgesetzbuch hatte. Das erste russische Zivilgesetzbuch[67] der Sowjetzeit wurde im Jahr 1922 in Kraft gesetzt. Dieses Zivilgesetzbuch sah bereits verhältnismäßig umfangreiche Regelungen zur Aktiengesellschaft und auch rudimentäre Bestimmungen für die Gesellschaft mit beschränkter Haftung[68] vor.

d) Zivilgesetzbuch der RSFSR 1964

Im Jahr 1964 wurde das Zivilgesetzbuch aus dem Jahre 1922 durch eine modernisierte Fassung, das Zivilgesetzbuch der RSFSR von 1964 (das sog. „Brežnev-Zivilgesetzbuch“) ersetzt, die gar keine gesellschaftsrechtlichen Bestimmungen mehr vorsah. Damit existierte praktisch kein Gesellschaftsrecht mehr, und die Beziehungen zwischen den einzelnen Formen der Staatsbetriebe wurden zur Gänze verwaltungsrechtlich durch das Wirtschaftsrecht bestimmt.[69] Im Zivilgesetzbuch der RSFSR aus dem Jahr 1964[70] waren im Wesentlichen die staatlichen Betriebe und bestimmte staatliche Organisationen und Institutionen mit bestimmten Selbstständigkeitsmerkmalen (z.B. mit einer eigenen wirtschaftlichen Rechnungsführung oder mit einer selbstständigen Kostenrechnung) als juristische Personen definiert.[71] Als Grundsätze für juristische Personen normierten die Grundlagen der Zivilgesetzgebung und das Zivilgesetzbuch folgende Kriterien: eine eigene Organisationseinheit und eigenes Vermögen, die Fähigkeit, im eigenen Namen

---

67 Гражданский кодекс РСФСР 1922 года, СУ РСФСР 1922, № 71, ст. 904, Известия Всероссийский центральный исполнительный комитет (ВЦИК), № 256, 12 ноября 1922 года.

68 Die Strukturen ähnelten allerdings mehr einer deutschen Genossenschaft als einer GmbH: *Klemm,* Die Entwicklung des russischen Rechts der Kapitalgesellschaften, 1996, S. 663 f.

69 *Laptev,* Sowjetisches Wirtschaftsrecht, 2. Aufl. 1970, deutsche Übersetzung 1975, S. 45 ff.

70 Гражданский кодекс РСФСР от 11 июня 1964 г. (ГК РСФСР). Текст опубликован в Ведомостях Верховного Совета РСФСР от 18 июня 1964 г., N 24, ст. 406.

71 Art. 24 des Zivilgesetzbuchs der RSFSR.

bürgerlich-rechtliche Rechte und Pflichten zu erwerben, die Fähigkeit, als Kläger und Beklagter vor Gericht aufzutreten, und die selbstständige vermögensrechtliche Verantwortlichkeit.[72]

e) Grundlagen der Zivilgesetzgebung der UdSSR 1991

Im Zuge der in den späten 1980er-Jahren ansetzenden Transformationsbestrebungen wurde natürlich auch eine grundlegende Reformierung der Zivilgesetzgebung notwendig, und es wurde wiederum mit der Reformierung des Zivilrechts begonnen. Da es sich um eine grundlegende Novellierung handelte, mussten zunächst die sowjetischen Grundlagen überarbeitet werden. Im Mai 1991 wurden daher aufgrund der geänderten wirtschaftlichen und gesellschaftlichen Bedürfnisse, die durch die Perestroika geschaffen wurden, die neuen „Grundlagen der bürgerlichen Gesetzgebung der UdSSR und der Unionsrepubliken" verabschiedet, die im Jänner 1992 in Kraft treten sollten. Als Folge des Augustputsches im Jahre 1991 existierte die UdSSR zu diesem Zeitpunkt aber bereits nicht mehr. Die daraufhin geführte Diskussion, ob die Grundlagen für die RF, die Rechtsnachfolgerin der Sowjetunion war, in Kraft getreten waren, beendete schließlich ein Dekret des Obersten Sowjets der RF vom 14.07.1992,[73] das die „Grundlagen der bürgerlichen Gesetzgebung der UdSSR und der Unionsrepubliken" bis zur Annahme eines neuen Zivilgesetzbuches in Kraft setzte.

f) Neues ZGB der RF

Nach dem Zerfall der Sowjetunion löste das ZGB schließlich als neue Privatrechtskodifikation das Zivilgesetzbuch der RSFSR und die Grundlagen der Zivilgesetzgebung in der RF ab. In der Übergangszeit galten russische und sowjetische Vorschriften insofern weiter, als sie nicht den neuen Vorschriften des ZGB widersprachen.[74] Das ZGB wurde in vier Teilen erlassen: Der erste Teil (Allgemeiner Teil) trat überwiegend am 1. Januar 1995 in Kraft, der zweite (Einzelne Schuldverhältnisse) am 1. März 1996, der dritte (Erbrecht und Internationales Privatrecht) am 1. März 2002 und der vierte (Immaterialgüterrecht) am 1. Januar 2008. Die hier

---

72 Art. 23 des Zivilgesetzbuchs der RFSRF, dazu s. *Heger*, S. 24.

73 Постановление ВС РФ от 14 июля 1992 г. N 3301-1 „О регулировании гражданских правоотношений в период проведения экономической реформы"; Текст Постановления опубликован в „Российской газете" от 24 июля 1992 г., в Ведомостях Съезда народных депутатов Российской Федерации и Верховного Совета Российской Федерации от 30 июля 1992 г., N 30, ст. 1800.

74 Art. 4 des Einführungsgesetzes zum Ersten Teil des ZGB, Федеральный закон от 30 ноября 1994 г. N 52-ФЗ „О введении в действие части первой Гражданского кодекса Российской Федерации"; Текст закона опубликован в „Российской газете" от 8 декабря 1994 г. N 238–239, в Собрании законодательства Российской Федерации от 5 декабря 1994 г. N 32 ст. 3302.

relevanten Bestimmungen zu den Rechtssubjekten und Verträgen finden sich im ersten und zweiten Teil des ZGB.

Die Neukodifizierung des Zivilgesetzbuches gestaltete sich schwierig, da der russische Gesetzgeber einerseits versuchte, an die bisherige Zivilrechtstradition der Sowjetunion anzuschließen und in dieser bewährte Rechtsinstitute an die neuen Gegebenheiten anzupassen. Andererseits musste er bisher völlig ungebräuchliche und oft auch im Zuge der marxistischen Doktrin verneinte Grundsätze und zivilrechtliche Institute eingliedern. Der kommunistische Staat war schließlich durch die staatliche Regulierung aller Lebensbereiche geprägt. Der junge demokratische russische Staat mit einem marktwirtschaftlichen Wirtschaftssystem benötigte dagegen liberalere Regelungen, die es seinen Bürgern ermöglichten, ihre Rechtsverhältnisse im Rahmen der Vertragsfreiheit weitest gehend selbst zu gestalten. Es wurden deshalb zahlreiche Experten aus dem Ausland beigezogen. Starker Einfluss ging von den Niederlanden, Deutschland und den USA aus. Das niederländische Gesetzbuch als damals neueste zivilrechtliche Kodifizierung in Westeuropa hatte starke Vorbildwirkung. Da das ZGB in sehr kurzer Zeit entstand, waren Kompromisse und Unvollkommenheiten nicht vermeidbar.[75] Schließlich musste nach langer Zeit des Sozialismus schnell ein Gesetzbuch entstehen, welches die alten Gesetze ablösen und ein höheres Maß an Rechtssicherheit gewährleisten sollte.[76]

Außerdem wurde das Modellzivilgesetzbuch der GUS aus den Jahren 1994/1995/1996[77] berücksichtigt, das auf eine Vereinbarung des Rates der Regierungschefs der GUS-Mitgliedsstaaten aus dem Jahr 1994 zurückgeht.[78] Nach dem Zerfall der Sowjetunion wurden in einigen Nachfolgestaaten Verfahren initiiert, um weiterhin möglichst einheitliche (Modell-) Gesetze zu erarbeiten, wobei das Modellzivilgesetzbuch der GUS den Schwerpunkt bildete.[79] Das GUS-Modellgesetz wurde vom Wissenschaftlichen Beratungszentrum für Privatrecht der GUS in Moskau erarbeitet und als Empfehlung von der dazu vorgesehenen

---

75 *Shelestova*, Beiträge und Informationen zum Recht im postsowjetischen Raum, Max-Planck-Institut für ausländisches und internationales Privatrecht, Länderreferat Russland und weitere GUS-Staaten, 2014, www.mpipriv.de/gus, Abruf per 15.11.2016.

76 *Эрделевский*, О первых изменениях в Гражданском кодексе РФ. Хозяйство и право 2013 No. 3, 19.

77 Das Modell-Zivilgesetzbuch der GUS wurde in knapp drei Jahren redigiert und in drei Teilen am 29.10.1994, am 13.5.1995 und am 17.2.1996 verabschiedet, vgl. dazu *Knieper*, Entwicklungslinien des Zivilrechts in der GUS, 2002, http://www.cis-legal-reform.org/publication/articles-reports/entwicklungslinien-zivilrecht-gus.de.html, Abruf per 5.11.2015.

78 *Herrnfeld*, Zivil- und Unternehmensgesetzgebung in der Ukraine, in *Schroeder* (Hrsg.), Die neuen Kodifikationen in Russland², 1999, S. 132.

79 Dazu s. das Vortragsmanuskript von *Knieper*, Entwicklung der Zivilgesetzbücher in der GUS, in Ferrière, November 2007, http://www.cac-civillaw.uni-bremen.de/publikationen/knieper.entwicklung-zivilgesetzbuecher-gus.de.rtf, Abruf per 15.11.2016.

Interparlamentarischen Versammlung der GUS in St. Petersburg verabschiedet.[80] Etwa drei Fünftel der Artikel des Zivilgesetzbuchs der Russischen Föderativen Sowjetrepublik von 1964 sind nach Aussage von *A.L. Makowsky*[81] im GUS-Modellgesetz und im russischen ZGB erhalten geblieben.[82] Als weitere Kritikpunkte zum GUS-Modellgesetz nennt *Knieper* u.a. die Beibehaltung eines Teils von Eigentumsformen, die über die Person des Eigentümers definiert sind (z.B. Staat, Gemeinden, Private), die Beibehaltung besonderer Staatsunternehmen als juristische Personen, die Risikoverteilungen und scharfen Haftungsregeln zulasten von gewerblichen Unternehmern, den Aufbau und Inhalt des Obligationenrechts, insbesondere die Beibehaltung von Vertragstypen, die in Marktwirtschaften wenig Sinn machen, die Beibehaltung einer Gesetzgebungsmethode, allgemeine Grundsätze im ZGB zu verankern und auf (zukünftige) Spezialgesetze zu verweisen, die Einführung übertriebener Schriftform-, Beurkundungs- und Registrierungserfordernisse, aber auch die allgemeine Methodik des Gesetzes, z.B. sein behaupteter Vorrang vor anderen Gesetzen, und die vielen lehrbuchartigen Unterweisungen.[83] Diese Kritikpunkte treffen im Wesentlichen wohl auch auf das ZGB in seiner ursprünglichen Fassung zu.

g) *Aktuelle ZGB-Reform*

Der erste Teil (Allgemeiner Teil) des neuen russischen ZGB[84] stammt bereits aus dem Jahre 1994. Im Zuge einer groß angelegten Zivilrechtsreform, die im Jahr 2008 ihren Anfang nahm,[85] wurden in den letzten Jahren umfangreiche Änderungen

---

80 *Knieper*, Juristische Zusammenarbeit: Universalität und Kontext, http://www.cis-legal-reform.org/publication/articles-reports/juristische-zusammenarbeit-universalitaet-und-kontext.de.html, Abruf per 15.11.2016.

81 Vorsitzender des „Wissenschaftlichen Beratungszentrums für Privatrecht der GUS“, zitiert bei *Knieper*, Vortragsmanuskript: Entwicklung der Zivilgesetzbücher in der GUS, in Ferrière, November 2007, http://www.cac-civillaw.uni-bremen.de/publikationen/knieper.entwicklung-zivilgesetzbuecher-gus.de.rtf, Abruf per 15.11.2016.

82 *Knieper*, Juristische Zusammenarbeit: Universalität und Kontext, http://www.cis-legal-reform.org/publication/articles-reports/juristische-zusammenarbeit-universalitaet-und-kontext.de.html, Abruf per 15.11.2016.

83 *Knieper*, Vortragsmanuskript: Entwicklung der Zivilgesetzbücher in der GUS, in Ferrière, November 2007, http://www.cac-civillaw.uni-bremen.de/publikationen/knieper.entwicklung-zivilgesetzbuecher-gus.de.rtf, Abruf per 15.11.2016.

84 Гражданский кодекс Российской Федерации, часть первая от 30 ноября 1994 г. N 51-ФЗ; Текст части первой опубликован в „Российской газете“ от 8 декабря 1994 г. N 238–239, в Собрании законодательства Российской Федерации от 5 декабря 1994 г. N 32 ст. 3301; (часть вторая от 26 января 1996 г. N 14-ФЗ, часть третья от 26 ноября 2001 г. N 146-ФЗ и часть четвертая от 18 декабря 2006 г. N 230-ФЗ.

85 Basierend auf einem Ukaz des Präsidenten der RF *Dmitrij Medvedev*, Nr. 1108 vom 18. Juli 2008.

im Zivilrecht vorgenommen.[86] Insbesondere in den ersten beiden Teilen des ZGB waren einerseits noch viele sowjetische Elemente enthalten, die sich im Zuge der Rechtsfortentwicklung als nicht mehr zeitgemäß und überholungsbedürftig erwiesen. Andererseits fehlten explizite Regelungen von im Wirtschaftsrechtsverkehr üblichen Vertragsformen, die in der Praxis zwar immer wieder vereinbart, aber mangels expliziter Regelung von den Gerichten zuweilen für nichtig erklärt wurden. Das ZGB regelte vor der aktuellen Novellierung etwa die Vereinbarung von Bedingungen, die vorvertragliche Haftung, Garantien durch Nichtbanken oder die Haftung für Zusicherungen nicht eigens.[87] Die Vereinbarung von diesen Instituten war daher nach russischem Recht nicht vorgesehen, und sie wurden daher von den Gerichten mangels rechtlicher Regelung häufig nicht anerkannt, was die Ausgestaltung von Verträgen erschwerte[88] und die Rechtssicherheit erheblich beeinträchtigte. Die Normen der ersten beiden Teile spiegelten vielfach das Recht der Übergangsphase wider.[89] Aufgrund der ersten Erfahrungen mit der praktischen Anwendung fiel daher der Entschluss, das ZGB umfassend zu reformieren.[90] Dabei entschied man sich für die ‚große Variante', in deren Verlauf das ZGB umfassend überarbeitet werden sollte. Die Reform des ZGB war somit eine logische Folge des Prozesses, der mit dem Zusammenbruch der UdSSR eingeleitet wurde.[91] Um die Arbeiten besser bewerkstelligen zu können, wurde die Novelle in acht sog. „Blöcke" unterteilt.

Die Änderungen im ZGB betreffen u.a. die juristischen Personen. Am 2. April 2012 leitete Präsident *Medvedev* einen Gesetzesentwurf zur Novellierung der Zivilgesetzgebung[92] an die Staatsduma weiter, die ihn am 27. April 2012 in

---

86 Dazu *Shelestova*, Beiträge und Informationen zum Recht im postsowjetischen Raum, Max-Planck-Institut für ausländisches und internationales Privatrecht, Länderreferat Russland und weitere GUS-Staaten, 2014, www.mpiprivomde/gus, Abruf per 12.4.2016.

87 Über eine Zusicherung im Kaufvertrag kann der Verkäufer im Vorhinein die Haftung für bestimmte Eigenschaften oder Erfordernisse übernehmen, vgl. *Kluge*, Importierte Rechtssicherheit – Ursachen und Perspektiven der Nutzung ausländischen Rechts in Russland, russland analysen Nr. 310, 2016, pdf: http://www.laender-analysen.de/russland/pdf/RusslandAnalysen310.pdf, Abruf per 10.1.2017, S. 12.

88 *Kluge*, S. 11.

89 *Schramm*, Die große ZGB-Novelle – welche Änderungen sind zu beachten, Wissenschaftliche Beiträge des Ost Instituts Wismar, Ost Letter 1/2014, 2014, http://www.ostinstitut.de/de/pub/ost_letter/ost_letter_ausgabe_1_2014/reform_des_zgb, Abruf per 17.1.2017, S. 1.

90 „Концепция развития гражданского законодательства Российской Федерации" одобрена решением Совета при Президенте РФ по кодификации и совершенствованию гражданского законодательства от 07.10.2009.

91 *Степанов Д. И.*, Проект Гражданского кодекса: от патернализма по-советски к истинному частному праву, Закон 2012 No 5 с. 98.

92 Gesetzesentwurf № 47538-6 „О внесении изменений в части первую, вторую, третью и четвертую Гражданского кодекса Российской Федерации, а также в

erster Lesung bestätigte. Aufgrund eines Beschlusses der Staatsduma[93] wurde der fast 300 Seiten lange Gesetzesentwurf in mehrere Teilentwürfe unterteilt. Am 30.12.2012 wurde mit dem Gesetz[94] „Über die Änderungen der Kapitel 1, 2, 3 und 4 des Ersten Teils des ZGB" der erste Teilentwurf beschlossen und trat – mit einigen Ausnahmen – am 1.3.2013 in Kraft.[95] Die Änderungen in Bezug auf das Gesellschaftsrecht (4. Teil des 1. Buches) traten weitgehend zum 1.9.2014 in Kraft.[96] Zum 1.6.2015 traten die Änderungen in Kraft, die den allgemeinen Teil des Schuldrechts im ersten Teil des ZGB betreffen.[97]

2 Vertragsparteien und Vertragsobjekte

a) Diversifizierung der Rechtssubjekte

i Vorsowjetisches Gesellschaftsrecht

Die Geschichte des russischen Gesellschaftsrechts geht zurück auf Visionen *Peters des Großen*, der Handelskompanien nach westlichem Vorbild einführen wollte, um

отдельные законодательные акты Российской Федерации" – Über die Durchführung von Änderungen in Teil 1, 2 und 3 des Zivilgesetzbuchs der Russischen Föderation sowie in bestimmten anderen Akten der Gesetzgebung der Russischen Föderation.

93 Vom 16.11.2012, Nr. 1150-GD: Постановление Государственной Думы Федерального Собрания РФ от 16 ноября 2012 г. N 1150–6 ГД „О порядке рассмотрения проекта федерального закона N 47538–6 ,О внесении изменений в части первую, вторую, третью и четвертую Гражданского кодекса Российской Федерации, а также в отдельные законодательные акты Российской Федерации' "; Система Гарант: http://base.garant.ru/70275614/#ixzz4hz8FlUAB, Abruf per 14.1.2016.

94 Nr. 302-FZ; Федеральный закон от 30 декабря 2012 г. N 302-ФЗ „О внесении изменений в главы 1, 2, 3 и 4 части первой Гражданского кодекса Российской Федерации"; Текст Федерального закона опубликован на „Официальном интернет-портале правовой информации" (www.pravo.gov.ru) 31 декабря 2012 г., в „Российской газете" от 11 января 2013 г. N 3, в Собрании законодательства Российской Федерации от 31 декабря 2012 г. N 53 (часть I) ст. 7627.

95 Zivilrechtsreform in Russland – Annäherung an die internationale Praxis macht das russische Vertragsrecht attraktiver, https://cms.law/de/DEU/Publication/Zivilrechtsreform-in-Russland-Annaeherung-an-die-internationale-Praxis-macht-das-russische-Vertragsrecht-attraktiver, Abruf per 1.12.2016.

96 *Farian*, RIW News vom 13.11.2014, abrufbar über http://international.ruw.de/riw-news/nachrichten/Tagungsbericht-4.-Gesellschaftsrechtstag-Russland-23.10.2014-in-Muenchen-25197, Abruf per 1.12.2016.

97 *Galander*, Änderungen des russischen Zivilgesetzbuches zum Recht der Schuldverhältnisse zum 1. Juni 2015, Mitteilungen der deutsch-russischen Juristenvereinigung Nr. 60, 2015, S. 6.

die Handelstätigkeit zu erweitern.[98] Die Umsetzung dieses Vorhabens stieß allerdings auf erhebliche Schwierigkeiten,[99] und erst im Jahr 1757, rund 30 Jahre nach seinem Tod, kam es zur Gründung der ersten russischen Handelskompanie als Vorläuferin der heutigen Aktiengesellschaft.[100] Allmählich kam es auch zur Verankerung generell-abstrakter aktienrechtlicher Bestimmungen, 1836 sogar zu einem 56 Artikel umfassenden Aktiengesetz, welches überwiegend aber nur empfehlenden Charakter hatte.[101] Wichtig für die Weiterentwicklung des russischen Aktienrechts war auch die Weiterentwicklung der Statutar-Praxis, welche zuerst insb. von den Genehmigungsbehörden,[102] später auch zunehmend von der Judikatur des Dirigierenden Senats vorangetrieben wurde. In dieser Zeit bildeten sich wesentliche, auch das heutige russische Aktienrecht prägende Elemente heraus.[103] Zahlreiche Entwürfe, welche in der Folge meist aus Anlass von Missständen bei Gründungswellen erarbeitet wurden, wurden letztendlich nie verabschiedet.[104] Insbesondere der Reformentwurf 1899, der das Aktienrecht im Teilentwurf für das Schuldrecht einer das ganze Zivil- und Handelsrecht umfassenden Kodifikation behandelte, beeinflusste das heutige Kapitalgesellschaftsrecht – nachdem er zwischenzeitlich im Aktienrecht des sowjetischen Zivilgesetzbuchs 1923 im Rahmen der Neuen Ökonomischen Politik inhaltlich sogar grundsätzlich weitgehend übernommen worden war – maßgebend.[105] Weitere Gesetzesentwicklungen blieben für die Entwicklung des heutigen Gesellschaftsrechts bedeutungslos, bis schließlich in der Zeit der Perestroika eine Rückbesinnung auf das Aktienrecht erfolgte.[106]

ii Zentralisiertes Planungssystem

Die zentral gesteuerte Planwirtschaft der Sowjetunion funktionierte nach ganz anderen Regeln und Prinzipien als die Marktwirtschaft: Das erklärte Ziel der

98 *Lüdemann*, Das Recht der Aktiengesellschaft in Russland S. 21 ff.

99 Siehe dazu *Lüdemann*, S. 24 ff, der hier v.a. das fehlende Wissen über die rechtliche Verfassung der Handelskompagnien und Widerstände in der russischen Kaufmannschaft heraushebt.

100 Dabei handelte es sich um die „Russische in Konstantinopel Handel treibende Kompagnie“ (Российская в Константинополе Торгующая компания).

101 Siehe *Lüdemann*, S. 43 f, 46 f, 53, 58.

102 Besonders die ab 1850 stark zunehmende Zahl an Gründungsgesuchen führte auch zu einer zunehmenden Vereinheitlichung aufgrund der regelmäßigen Ausgabe von Mustersatzungen durch die Genehmigungsbehörden, in welchen sich die Vorgaben für eine Genehmigung widerspiegelten; vgl. *Lüdemann*, S. 59.

103 *Lüdemann*, S. 58 ff.

104 Siehe zu den wesentlichen Inhalten dieser Entwürfe *Lüdemann*, S. 71 ff.

105 *Kadlets/Prechtl*, Schutz der Minderheitsaktionäre in Russland, in *Bachner/Doralt/Winner* (Hrsg.), Schutz der Minderheitsaktionäre in Mittel- und Osteuropa, 2010, S. 517.

106 *Kadlets/Prechtl*, S. 518.

sowjetischen Führer war es, den „Kommunismus“ aufzubauen.[107] Jeder Staatsbürger der Sowjetunion war als Mitglied der sozialistischen Gesellschaft im ideologischen – nicht im rechtlichen – Sinne Miteigentümer des Staatsvermögens.[108] Unternehmen standen grundsätzlich[109] im Staatseigentum[110] und unterlagen der Wirtschaftsplanung durch die Fünfjahrespläne. Das zentralisierte oder direktive Planungssystem wurde bereits während der Phase des Fünfjahresplanes zwischen 1929 und 1932 geschaffen.[111] Aufgrund der zentralistischen Kommandowirtschaft waren den „kapitalistischen“ Gesellschaftsformen vergleichbare autonom handelnde Wirtschaftssubjekte nicht vorgesehen.[112] Die Wirtschaftssubjekte hatten z.B. nicht das Recht, sich ihre Partner im Hinblick auf die materiell-technische Versorgung frei zu wählen. Insofern gab es keinen freien „Markt“, und die wirtschaftlichen Verbindungen zwischen den Wirtschaftssubjekten wurden i.d.R. im Plan festgelegt. Versorgung und Absatz wurden durch direkte Verträge zwischen den Wirtschaftssubjekten im Rahmen der planwirtschaftlich vorgegebenen Limits und Auflagen verwirklicht.[113] Diese Wirtschaftsverträge sollten die im Plan festgelegten Wirtschaftsaufgaben konkretisieren und spezifizieren. Plan und Vertragssystem standen in enger Interdependenz.[114] Die Rechtswissenschaft passte sich den von den Praktikern geschaffenen Wirtschaftsrealitäten an und beschränkte sich auf die Verdeutlichung der Verwaltungstätigkeit.[115] Einen „Störfaktor“ in den planwirtschaftlichen Wirtschaftsbeziehungen schienen die „vermögensmäßigen“ Elemente darzustellen, insbesondere in den Beziehungen zwischen übergeordneten Organen und Betrieben. So musste etwa das entsprechende Ministerium oder die Industrievereinigung als übergeordnetes Organ die Mittel aus einer eigens dafür angelegten Reserve zur Verfügung stellen, um Verluste zu ersetzen, die aufgrund einer Änderung der Betriebspläne eintraten.[116] Dieses Verständnis von der Haftung der übergeordneten Organisation für den Betrieb wurde offensichtlich auch für das Mutter-Tochter-Verhältnis bei den Kapitalgesellschaften herangezogen.[117]

---

107 *Nove*, Das sowjetische Wirtschaftssystem, 1980, S. 19.
108 *Bilinsky*, S. 24.
109 Zum Problem des Kolchoseigentums vgl. *Bilinsky*, S. 31.
110 Auf die komplexe Organisation der zentralen Planwirtschaft und die Differenzierung der verschiedenen Formen und Rechtsträger (Union, Republiken, Kommunen, etc.) soll hier nicht näher eingegangen werden. Dazu *Braginsky*, The Soviet State as a Subject of Civil Law, 1988, S. 14 ff.
111 *Nove*, S. 17.
112 *Westen*, Sowjetunion, in Wirtschaftsrecht der osteuropäischen Staaten, 1991, S. 1f.
113 *Bilinsky*, S. 295.
114 *Bilinsky*, S. 301.
115 *Bilinsky*, S. 300.
116 *Laptev*, Sowjetisches Wirtschaftsrecht, S. 39.
117 Dazu siehe unten zur Regelung der Durchgriffshaftung.

iii Unternehmens- und Gesellschaftsrecht in der Sowjetunion

Das erste russische Zivilgesetzbuch aus dem Jahre 1922 sah neben der Aktiengesellschaft auch die Gesellschaften mit beschränkter Haftung[118] vor, die beide als Personengesellschaften behandelt wurden, für deren Verbindlichkeiten bei Vermögensmangel die Teilhaber „mit ihrem persönlichen Vermögen zu einem für alle Gesellschafter gleichen Vielfachen (z.B. Dreifachen, Fünffachen, Zehnfachen) der Höhe ihrer Einlagen hafteten."[119]

Während der Planwirtschaft war die Tätigkeit von Privatunternehmern in der Sowjetunion allerdings verboten.[120] Wirtschaftliche Tätigkeit konnte nur auf Grundlage von gesellschaftlichem (d.h. staatlichem oder genossenschaftlichem) Eigentum erfolgen.[121] Auch das Gesellschaftsrecht wurde mit Einführung des *Brežnev*-ZGB[122] abgeschafft.

iv Ausweitung der Rechtsfähigkeit durch die Möglichkeit von Joint-Venture-Gründungen

Das Zustandekommen von Unternehmertätigkeit ist Ausdruck des Übergangs von der Plan- zur Marktwirtschaft.[123] Aber erst seit der Wiedereinführung des privaten Unternehmertums, die unter *Gorbačëvs* „Politik der Perestroika" im Zuge einer breit angelegten Reform des sowjetischen Wirtschaftssystems ab dem Jahr 1985 begonnen wurde, war der Gesetzgeber bestrebt, Unternehmen mit eigener Rechtspersönlichkeit und Entscheidungsfreiheit auszustatten.[124]

Im Jahr 1986 wurde erstmals die sog. individuelle wirtschaftliche Arbeitstätigkeit[125] erlaubt, es konnten jedoch neben dem oder den Unternehmer(n) keine zusätzlichen (fremden) Arbeitskräfte beschäftigt werden. Im Jahr 1988 wurde aber das Gesetz über die Kooperativen[126] erlassen, das auch die Möglichkeit vorsah, fremde Arbeitskräfte einzustellen.

Die Reformen erfolgten zunächst häufig durch Verordnungen, die im Zuge der Wirtschaftsreformen zunächst die Rechtsgrundlagen für die Gründung und die

---

118 Товарищество.

119 Eine ähnliche Konstruktion fand sich in den „Grundlagen der Zivilgesetzgebung der UdSSR und der Republiken" aus dem Jahre 1991 und später in Art. 95 ZGB unter dem Begriff „Gesellschaften mit zusätzlicher Haftung": Общество с дополнительной ответственностью. Diese Bestimmung galt in der Praxis als quasi „totes Recht" und wurde im Zuge der Zivilrechtsreform aufgehoben.

120 *Laptev*, Rechtliche Regelung der Unternehmertätigkeit in Rußland, RIW 1994 S. 372 ff.

121 *Laptev*, Unternehmertätigkeit in Rußland, S. 372 ff.

122 Siehe oben.

123 *Laptev*, Unternehmertätigkeit in Rußland, S. 372.

124 *Laptev*, Unternehmertätigkeit in Rußland, S. 372.

125 Gesetz über die individuelle Arbeitstätigkeit, siehe oben Fn. 24.

126 Siehe oben Fn. 27.

Tätigkeit von Gemeinschaftsunternehmen mit ausländischen Investoren bildeten. Um rasch eine Basis für ausländische Direktinvestitionen zu schaffen, wurde in der Spätphase der Sowjetunion, im Wesentlichen per Verordnung, für sowjetische Betriebe, Produktionseinheiten und andere wirtschaftliche Strukturen die Möglichkeit geschaffen, Gemeinschaftsunternehmen (sog. „Joint Ventures") mit ausländischen Partnern zu gründen.[127] Exemplarisch sei hier nur die Verordnung des Ministerrates der UdSSR vom 13.1.1987 Nr. 49[128] („Joint-Venture-Verordnung") angeführt. Aufgrund des bestehenden Rechtsvakuums erscheint es zur Ermöglichung und Legalisierung des privaten Unternehmertums und der dringend benötigten ausländischen Direktinvestitionen im Zuge der Perestroika in den 1980er-Jahren durchaus berechtigt, diese Rechtsnormen auf Verordnungsbasis zu erlassen. Dadurch wurde erstmals in der Sowjetunion die Gründung einer Gesellschaft durch ausländische Investoren und sowjetische Unternehmen möglich.[129] Diese auf der Grundlage einer Verordnung gegründeten Gemeinschaftsunternehmen waren juristische Personen sui generis.[130]

Das Gesetz über das staatliche Unternehmen (die Vereinigung) vom 30.6.1987[131] regelte erstmals die inneren und äußeren Rechtspositionen der staatlichen Unternehmen durch ein Gesetz und stellte somit einen wesentlichen Schritt der Wirtschaftsreformen dar. Es lassen sich drei inhaltliche Schwerpunkte erkennen: die wirtschaftliche und finanzielle Autonomie und Eigenverantwortlichkeit der Staatsunternehmen, eine weitgehende Demokratisierung der internen Betriebsverfassung und eine rechtliche Absicherung der dem Unternehmen zugeordneten Kompetenzen einschließlich der Schaffung von Rechtsschutzmechanismen auch gegenüber staatlichen Eingriffen.[132] Im Ansatz zeigen sich schon beim Gesetz über die Staatsunternehmen Tendenzen zur Verlagerung der eigentumsrechtlichen Zuordnung vom Staat auf die staatlichen Unternehmen.[133]

---

127 Die grundlegende Rechtsgrundlage schuf die Verordnung des Ministerrates der UdSSR vom 13.1.1987 No 49, постановление Совета Министров СССР от 13 января 1987 года № 49 «О порядке создания на территории СССР и деятельности совместных предприятий с участием советских организаций и фирм капиталистических и развивающихся стран», Текст постановления опубликован в Собрании постановлений Правительства СССР, 1987 г., N 9, ст. 40.

128 „Ordnung über die Gründung und Tätigkeit von Gemeinschaftsunternehmen unter Teilnahme sowjetischer Organisationen und Firmen aus kapitalistischen Ländern und Entwicklungsländern", s. Fn. 108, Übersetzung siehe *Heger*, S. 195.

129 *Micheler/Bauer-Mitterlehner*, Rahmenbedingungen, S. 43.

130 *Heger*, S. 23 f.

131 Siehe oben Fn. 25.

132 *Westen*, S. 26.

133 *Westen*, S. 26.

Die unternehmerische Tätigkeit selbst wurde erstmals durch das Gesetz der RSFSR über Unternehmen und Unternehmertätigkeit vom 25.12.1990[134] geregelt. Art. 1 des Gesetzes definierte die Unternehmertätigkeit als selbstständige Tätigkeit von Bürgern und deren Vereinigungen, die die Erzielung von Gewinnen zum Zweck hat. Diese Tätigkeit wird auf eigenes Risiko und mit vermögensrechtlicher Verantwortung ausgeführt, die durch die organisatorisch-rechtliche Form des Unternehmens bestimmt ist.[135] In der ausklingenden Übergangsphase der Perestroika-Zeit spielten auch das Gesetz über die Registrierung juristischer Personen[136] (Registrierungsgesetz), das erstmals eine bundesweit einheitliche Form der Registrierung normierte, sowie das Gesetz über die Lizenzierung einzelner Tätigkeiten,[137] das erstmals einen abschließenden Katalog an lizenzpflichtigen Tätigkeiten vorsah, eine bedeutende Rolle.

v Kapitalgesellschaften der Übergangszeit

Die oben angeführte Joint-Venture-Verordnung kann als Beginn der Wiedereinführung des Gesellschaftsrechts in der UdSSR gesehen werden. Das Gesetz der RSFSR „Über ausländische Investitionen in der RSFSR" vom 4.7.1991[138] bildete ab dem 1.9.1991 die Rechtsgrundlage für die Gründung von Gemeinschaftsunternehmen mit ausländischer Beteiligung[139] und wurde im Jahr 1999 durch ein neues Gesetz der RF über ausländische Investitionen[140] abgelöst.

---

134 Закон РСФСР от 25 декабря 1990 года „О предприятиях и предпринимательской деятельности", Ведомости Съезда народных депутатов РСФСР и Верховного Совета РСФСР, 1990, N 30, ст. 418.

135 *Laptev*, Unternehmertätigkeit in Rußland, S. 372.

136 Федеральный закон от 8 августа 2001 г. N 129-ФЗ „О государственной регистрации юридических лиц и индивидуальных предпринимателей" Текст Федеральный закона опубликован в „Российской газете" от 10 августа 2001 г. N 153, в „Парламентской газете" от 14 августа 2001 г., N 152–153, в Собрании законодательства Российской Федерации от 13 августа 2001 г., N 33 (Часть I), ст. 3431.

137 Федеральный закон от 4 мая 2011 г. N 99-ФЗ „О лицензировании отдельных видов деятельности" Текст Федерального закона опубликован в „Российской газете" от 6 мая 2011 г. N 97, в Собрании законодательства Российской Федерации от 9 мая 2011 г. N 19 ст. 2716, в „Парламентской газете" от 13 мая 2011 г. N 23.

138 Закон РСФСР от 4 июля 1991 г. N 1545-I „Об иностранных инвестициях в РСФСР", Текст Закона опубликован в Ведомостях Съезда народных депутатов РСФСР и ВС РСФСР от 18 июля 1991 г., N 29, ст. 1008.

139 *Thiel*, Joint Ventures in der Russischen Föderation, 1995, S. 48 f.

140 Федеральный закон от 9 июля 1999 г. N 160-ФЗ „Об иностранных инвестициях в Российской Федерации", Текст Федерального закона опубликован в „Российской газете" от 14 июля 1999 г., в Собрании законодательства Российской Федерации от 12 июля 1999 г., N 28, ст. 3493.

In ihrer traditionellen Form traten die Kapitalgesellschaften erstmals wieder in der sowjetischen „Verordnung über Aktiengesellschaften und Gesellschaften mit beschränkter Haftung" in Erscheinung, die mit Beschluss Nr. 590 des Ministerrates der UdSSR vom 19. Juni 1990[141] bestätigt wurde. Mit dieser sog. Unionsverordnung Nr. 590 wurden somit die Rechtsformen der Aktiengesellschaft und der Gesellschaft mit beschränkter Haftung auf dem Gebiet der UdSSR erstmals wieder eingeführt.

Nicht nur auf Unionsebene, sondern auch auf Republiksebene wurde eifrig an den Reformen des Wirtschaftsrechts gearbeitet. Bald nach der Souveränitätserklärung der RSFSR am 12. Juni 1990[142] erfolgte auf Republiksebene die nächste Etappe der Reformgesetzgebung. Die Rechtswirkungen der oben angeführten Unionsverordnung 590 wurden im Zuge der Reformen der RSFSR bereits durch das am 25. Dezember 1990 verabschiedete Gesetz der RSFSR „Über Unternehmen und Unternehmertätigkeit"[143] praktisch mit dem 1.1.1991 wieder außer Kraft gesetzt. Dieses Gesetz setzte unter dem Einfluss der US-amerikanischen Gesetzgebung die Gesellschaften (Personengesellschaften) mit beschränkter Haftung den geschlossenen Aktiengesellschaften gleich.[144] Die erste gesetzliche Regelung des Gesellschaftsrechts in dieser Zeit erfolgte somit durch das Gesetz der RSFSR über Unternehmen und unternehmerische Tätigkeit vom 25.12.1990, das die Aktiengesellschaft und die GmbH als Rechtsform rudimentär regelte.

Auf Verordnungsebene erfuhr das Aktienrecht durch die Verordnung der RFSFR Nr. 601 „Über Aktiengesellschaften" vom 25.12.1990[145] eine etwas detailliertere Regelung. Die Bestimmungen wurden in der Folge durch zahlreiche untergesetzliche Vorschriften ergänzt. Auf der Ebene der RSFSR wurden die Kapitalgesellschaften somit durch die Verordnung Nr. 601 geregelt.[146] Die Regelungen dieser

---

141 Постановление СМ СССР от 19 июня 1990 г. N 590 „Об утверждении Положения об акционерных обществах и обществах с ограниченной ответственностью и Положения о ценных бумагах", Текст постановления опубликован в СП СССР, 1990 г., N 15, ст. 82, в Бюллетене нормативных актов министерств и ведомств СССР, 1991 г., N 2. Текст положения опубликован в Бюллетене нормативных актов министерств и ведомств СССР, 1991 г., N 3.

142 Декларация о государственном суверенитете Российской Советской Федеративной Социалистической Республики от 12 июня 1990 г., Текст Закона опубликован в „Ведомостях Съезда народных депутатов РСФСР и Верховного Совета РСФСР" от 14 июня 1990 г., N 2, ст. 22.

143 Закон РСФСР от 25 декабря 1990 г. N 445-I „О предприятиях и предпринимательской деятельности", Текст Закона опубликован в Ведомостях Съезда народных депутатов РСФСР от 27 декабря 1990 г., N 30, ст. 418.

144 *Suchanov*, S. 1.

145 Постановление СМ РСФСР от 25 декабря 1990 г. N 601 „Об утверждении ‚Положения об акционерных обществах' ", Текст постановления в Собрании постановлений Правительства РСФСР, 1991 г., N 6, ст. 92.

146 *Puseizer/Micheler/Kozak*, Die russische Aktiengesellschaft, Wien 1993.

Verordnung wurden jedoch bald für unzureichend befunden, sodass bereits im Jahre 1991 der Entwurf eines Aktiengesetzes im Obersten Sowjet der RSFSR behandelt wurde.[147]

Die oben angeführten gesellschaftsrechtlichen Regelungen aus den letzten Monaten der Sowjetzeit (sowohl auf Unions- wie auch auf Republiksebene) waren aber allesamt vergleichsweise rudimentär gehalten. Eine ausführlichere gesetzliche Regelung erfolgte erstmals in dem ersten Teil des (russischen) ZGB, im Gesetz über Aktiengesellschaften und im Gesetz über Gesellschaften mit beschränkter Haftung.[148]

vi Privatrechtliche Wirtschaftssubjekte

Das russische Unternehmensrecht sieht im Wesentlichen die folgenden Formen der privatrechtlichen Wirtschaftssubjekte vor:

Art. 23 ZGB regelt die Tätigkeit als Individualunternehmer. Der Begriff des Individualunternehmers ist wesentlich weiter als der deutsche und österreichische Unternehmensbegriff. Gemäß Art. 23 ZGB ist unternehmerisch tätig, wer auf eigenes Risiko eine auf Erzielung regelmäßiger Gewinne gerichtete Tätigkeit ausübt. Art und Umfang der Tätigkeit sind unerheblich. Bestimmte Tätigkeiten wie z.B. die des Anwalts[149] gelten jedoch nicht als unternehmerische Tätigkeit. In der Praxis werden Unternehmer nicht häufig als Individualunternehmer tätig, weil Ein-Personen-Gründungen von Kapitalgesellschaften explizit zulässig sind und so die persönliche unbeschränkte Haftung ausgeschlossen werden kann.[150]

Die einfache Gesellschaft[151] (Art. 1041 bis 1054 ZGB) ist der deutschen und österreichischen GbR vergleichbar. Sie gehört nicht zu den Wirtschaftsgesellschaften. Soll sie unternehmerische Tätigkeit ausüben, so ist es erforderlich, dass die Gesellschafter als Individualunternehmer registriert sind. Eine einfache Gesellschaft kann auch als stille Gesellschaft gestaltet werden.

Das ZGB enthält außerdem Regeln über die Vollgesellschaft oder offene Handelsgesellschaft[152] (Art. 64–81 ZGB) und die Kommanditgesellschaft oder Gesellschaft

---

147 Eine ausführliche Darstellung der Parlamentskontroversen findet sich bei *Holloch*, Das neue russische Wirtschaftsrecht, insbesondere das Gesellschaftsrecht, in *Schoeder* (Hrsg.), Die neuen Kodifikationen in Russland 1999, S. 70 f.

148 Siehe dazu unten.

149 Anwaltsgesetz vom 31.5.2002, Федеральный закон от 31 мая 2002 г. N 63-ФЗ „Об адвокатской деятельности и адвокатуре в Российской Федерации", Текст опубликован в „Российской газете" от 5 июня 2002 г. N 100, в „Парламентской газете" от 5 июня 2002 г. N 104, в Собрании законодательства Российской Федерации от 10 июня 2002 г. N 23 ст. 2102.

150 *Micheler/Bauer-Mitterlehner*, Rahmenbedingungen, S. 7 f.

151 Простое товарищество.

152 Полное товарищество.

auf Vertrauen[153] (Art. 82–86 ZGB). Beide Gesellschaften sind juristische Personen und unterscheiden sich dadurch von den ansonsten vergleichbaren deutschen und österreichischen Personengesellschaften.[154] Sie haben, weil eine Kapitalgesellschaft mit geringem Stamm- oder Grundkapital errichtet werden kann, keine praktische Bedeutung erlangt. Vorteilhafte steuerrechtliche Gestaltungsmöglichkeiten, die die deutschen und österreichischen Personengesellschaften bieten, scheiden aufgrund der Einordnung der Personengesellschaften als juristische Personen aus.[155]

Das ZGB regelte zunächst die folgenden Kapitalgesellschaften: die Gesellschaft mit beschränkter Haftung (obščestvo s ograničennoj otvetstvennost'ju, abgekürzt: OOO[156]), die Gesellschaft mit zusätzlicher Haftung (obščestvo s dopolnitel'noj otvetstvennost'ju, abgekürzt: ODO[157]), die offene (otkrytoe akcionernoe obščestvo, abgekürzt: OAO[158]) und die geschlossene Aktiengesellschaft (zakrytoe akcionernoe obščestvo, abgekürzt: ZAO[159]). Die GmbH ist in Art. 87–94 ZGB und seit 1998 auch im GmbHG, die Aktiengesellschaft ist in Art. 96–104 ZGB und seit 1996 auch im AktG geregelt. Die Regelungen des ZGB und des GmbHG entsprechen der kontinentaleuropäischen Tradition. Das AktG wurde zunächst stark vom US-amerikanischen Recht beeinflusst.

Bei der Gesellschaft mit zusätzlicher Haftung handelte es sich um eine Form der Gesellschaft mit beschränkter Haftung (GmbH), bei der die Haftung der Gesellschafter auf ein Mehrfaches ihrer Einlageverpflichtung erweitert wurde.[160] Dadurch sollte eine zusätzliche persönliche Bindung der Gesellschafter bewirkt werden. Nach Art. 95 ZGB galten die im ZGB für die OOO vorgesehenen Vorschriften sinngemäß für die ODO. Das GmbH-Gesetz regelte die ODO gar nicht. Es sah auch nicht vor, dass sich sein Regelungsbereich auf die ODO erstreckt, obwohl eine solche Bestimmung in dem Entwurf, der der Staatsduma zur ersten Lesung vorgelegt wurde, enthalten war.[161] In der Praxis wurde diese Rechtsform selten gewählt und im Zuge der ZGB-Reform schließlich abgeschafft.

---

153 Товарищество на вере.

154 *Schwarz*, Investieren in Russland, 1996 S. 25.

155 *Schwarz*, S. 27.

156 Общество с ограниченной ответственностью.

157 Общество с дополнительной ответственностью.

158 Открытое акционерное общество.

159 Закрытое акционерное общество.

160 Die ODO war geregelt in Art. 95 ZGB, der im Zuge der ZGB-Reform im Jahr 2014 aufgehoben wurde, Федеральный закон от 5 мая 2014 г. N 99-ФЗ „О внесении изменений в главу 4 части первой Гражданского кодекса Российской Федерации и о признании утратившими силу отдельных положений законодательных актов Российской Федерации"; Текст Федерального закона опубликован на „Официальном интернет-портале правовой информации" (www.pravo.gov.ru) 5 мая 2014 г., в „Российской газете" от 7 мая 2014 г. N 101, в Собрании законодательства Российской Федерации от 12 мая 2014 г. N 19 ст. 2304.

161 *Holloch*, S. 69.

Auch die AG existierte bis vor Kurzem in zwei Formen. Die geschlossene AG (Art. 7 Abs. 3 AktG) war nicht kapitalmarktfähig; es fand keine öffentliche Zeichnung der Aktien statt. Alle Aktien mussten von den Gründern oder einem sonstigen geschlossenen Personenkreis übernommen werden. Die geschlossene AG war eine Alternative zur GmbH, die früher als die GmbH durch ein Sondergesetz geregelt war. Die geschlossene AG durfte maximal 50 Aktionäre haben, bei Überschreitung musste sie in eine offene AG umgewandelt werden. Dabei handelte es sich um keine eigentliche Umwandlung. Es kam lediglich zur Satzungs- und Firmenänderung sowie erforderlichenfalls zu einer Kapitalerhöhung. Bei der offenen AG (Art. 7 Abs. 2 AktG) konnten die Aktien mittels öffentlicher Zeichnung ausgegeben und frei verkauft werden. Die Anzahl der Aktionäre war nicht beschränkt. Seit der ZGB-Novelle im Jahr 2014[162] gibt es nur mehr die Gesellschaft mit beschränkter Haftung und die Aktiengesellschaft.

Die beliebtesten Gesellschaftsformen sind die Gesellschaft mit beschränkter Haftung und die Aktiengesellschaft. Die GmbH wird definiert als eine Kapitalgesellschaft, deren Stammkapital in Anteile aufgeteilt ist und deren Gesellschafter nicht mit ihrem persönlichen Vermögen für die Schulden der Gesellschaft haften.[163] Die Anzahl der Gesellschafter ist auf 50 beschränkt.[164] Die AG wird in Art. 2 AktG[165] definiert als eine „kommerzielle Organisation, deren Kapital in eine bestimmte Zahl von Aktien aufgeteilt ist, welche die Vermögensrechte der Gesellschafter (Aktionäre) im Verhältnis zur Gesellschaft bescheinigen."

Einige der in der Literatur häufig kritisieren „Kinderkrankheiten" der gesellschaftsrechtlichen Regelungen wurden mittlerweile durch Novellierungen beseitigt. So wurde z.B. das zwingende Austrittsrecht der Gesellschafter einer GmbH schon bald als reformbedürftig empfunden.[166] Mit dem Föderalen Gesetz vom 30. Dezember 2008 Nr. 312-FZ[167] „Über die Vornahme von Änderungen im ersten Teil des Zivilgesetzbuches der Russischen Föderation und in anderen Rechtsakten der Russischen Föderation"[168] nahm der Gesetzgeber neben anderen

162 Федеральный закон от 5 мая 2014 г. N 99-ФЗ, siehe oben Fn. 154.

163 Art. 2 Abs. 1 GmbHG, Art. 87 Abs. 1 ZGB.

164 Art. 7 Abs. 3 GmbHG; Abs. 4 Verordnung des Plenums des Obersten Gerichts und des Obersten Arbitragegerichts der RF Nr. 90/14 vom 9.12.1999, Vestnik des Obersten Arbitragegerichts 2000, Nr. 2; Постановление Пленума Верховного Суда РФ и Пленума Высшего Арбитражного Суда РФ от 9 декабря 1999 г. N 90/14 „О некоторых вопросах применения Федерального закона ‚Об обществах с ограниченной ответственностью'"; Текст постановления опубликован в „Вестнике Высшего Арбитражного Суда Российской Федерации", 2000 г., N 2.

165 Dazu s. auch Art. 96 ZGB.

166 *Могилевский С.Д.*, Общество с ограниченной ответственностью: законодательство и практика его применения 2010 с. 4.

167 FZ: Föderales Gesetz, russ. Федеральный закон.

168 Федеральный закон от 30 декабря 2008 г. N 312-ФЗ „О внесении изменений в часть первую Гражданского кодекса Российской Федерации и отдельные законодательные акты Российской Федерации"; Текст Федерального закона

Novellierungen wesentliche Änderungen im GmbH-Recht vor. Die Novelle trat teilweise am 1. Juli 2009, teilweise am 1. Jänner 2010 in Kraft. Es wurden beinahe alle einschlägigen Bestimmungen im ZGB sowie 35 von 59 Artikeln des russischen GmbHG novelliert.[169]

Bis zu dieser Novelle war jeder Gesellschafter einer GmbH berechtigt, zu jedem beliebigen Zeitpunkt aus der Gesellschaft auszutreten.[170] Die Anteile des austretenden Gesellschafters gingen auf die Gesellschaft über. Der austretende Gesellschafter hatte Anspruch auf Auszahlung des wirklichen Wertes seines Anteils binnen sechs Monaten nach Ende des Finanzjahres, in dem der Austritt erklärt wurde. Dieses Austrittsrecht konnte auch gegen den Willen der Mitgesellschafter ausgeübt werden.[171] Das AktG wurde im Jahr 2001[172] umfassend novelliert, wobei insbesondere die Rechte der Minderheitsaktionäre gestärkt wurden.[173] Im Jahre 2002 wurde insbesondere die Ausschüttung von Dividenden novelliert.[174]

vii Rechtsfähigkeit juristischer Personen

Kapital- und Personengesellschaften sind als juristische Personen nach Art. 49 ZGB rechtsfähig. Die Rechtsfähigkeit der Gesellschaft ist nicht durch den Unternehmensgegenstand beschränkt. Sie besitzt die Rechtsfähigkeit für jede erlaubte Tätigkeit[175] und kann auch Rechtsgeschäfte abschließen, die außerhalb des satzungsmäßigen Unternehmensgegenstandes liegen. Die Rechtsfähigkeit einer

---

опубликован в „Российской газете“ от 31 декабря 2008 г. N 267, в „Парламентской газете“ от 20 января 2009 г. N 2–3, в Собрании законодательства Российской Федерации от 5 января 2009 г. N 1 ст. 20.

169 *Hanson*, Gestaltungsmöglichkeiten im reformierten russischen GmbH-Recht, WiRO 2011, S. 97; *Schmitt/Melnikov*, Gesellschaftsrecht, WiRO-Handbuch, RUS D.I., 2011.

170 Art. 8 Abs. 1 GmbH; Art. 26 GmbHG; Art. 94 ZGB; Abs. 16 Verordnung des Plenums des Obersten Arbitragegerichts Nr. 90/14 vom 9.12.1999.

171 Für viele: *Suchanov*, S. 10 f, und *Arzinger/Galander*, Russisches Wirtschaftsrecht, 2. Aufl. 2002, S. 88 f.

172 Федеральный закон от 7 августа 2001 г. N 120-ФЗ „О внесении изменений и дополнений в Федеральный закон ‚Об акционерных обществах‘ “; Текст Федерального закона опубликован в „Российской газете“ от 9 августа 2001 г. N 151, в „Парламентской газете“ от 14 августа 2001 г. N 152–153, в Собрании законодательства Российской Федерации от 13 августа 2001 г. N 33 (Часть I) ст. 3423.

173 *Schmitt/Vogt*, Stärkung der Rechte von Aktionären – Reform des russischen Aktiengesetzes, RIW 2002, S. 762.

174 Федеральный закон от 31 октября 2002 г. N 134-ФЗ „О внесении изменений и дополнения в Федеральный закон ‚Об акционерных обществах‘ “; Текст Федерального закона опубликован в „Российской газете“ от 6 ноября 2002 г. N 212, в „Парламентской газете“ от 11 ноября 2002 г. N 213, в Собрании законодательства Российской Федерации от 11 ноября 2002 г. N 45 ст. 4436.

175 Art. 49 i.V.m. Art. 50 ZGB.

juristischen Person beginnt mit der Registrierung[176] und endet mit Eintragung der Vollendung ihrer Liquidation in das staatliche Register.[177]

viii Durchgriffshaftung (Piercing the Corporate Veil)

Auffallend ist, dass die Durchgriffshaftung im russischen Recht sehr umfassend und weitreichend geregelt ist. Diese Haftung wurde durch die ZGB-Novelle 2014 noch verschärft: Eine Muttergesellschaft haftet solidarisch mit der Tochter für Geschäfte, die die Tochter in Ausführung ihrer Anweisungen geschlossen hat.[178] Seit der ZGB-Novelle 2014 haftet die Muttergesellschaft auch, wenn sie der Handlung der Tochtergesellschaft lediglich zugestimmt hat. Gegenüber den anderen Gesellschaftern der Tochtergesellschaft haftet die Mutter subsidiär für den durch ihre Weisungen zugefügten Schaden. Die Haftung setzt Verschulden voraus.[179] Für Tochteraktiengesellschaften ist das Verschulden näher definiert. Der Schaden gilt dann als durch die beherrschende Gesellschaft schuldhaft verursacht, wenn sie die ihr zustehenden Rechte und Möglichkeiten in dem Wissen, dass sie damit die Tochtergesellschaft schädigt, ausgeübt hat.[180] Im Fall der Insolvenz der Tochtergesellschaft haftet die Muttergesellschaft ebenfalls subsidiär, wenn sie die Insolvenz verschuldet hat.[181]

ix Registrierung

Alle Personen, die in Russland unternehmerisch tätig werden, müssen ihre Registrierung veranlassen.[182] Natürliche Personen, die ohne Gründung einer juristischen

---

176 Art. 49 Abs. 3 i.V.m. Art. 51 Z 2 ZGB.

177 Art. 49 Z 3 i.V.m. Art. 63 Z 8 ZGB

178 Art. 6 Abs. 3 GmbHG; Art. 6 Abs. 3 AktG; Art. 105 Abs. 2 Abs. 2 ZGB.

179 Art. 6 Abs. 3 Abs. 4, Art. 3 Abs. 3 GmbHG; Art. 6 Abs. 3, Abs. 4 Satz 1 AktG.

180 Art. 6 Abs. 3, Abs. 4 Satz 2, Art. 3 Abs. 3 AktG.

181 Art. 6 Abs. 3 Abs. 3 GmbHG; Art. 3 Abs. 3 AktG; Abs. 12 Verordnung des Obersten Arbitragegerichts und des Obersten Gerichts Nr. 4/8 vom 2.4.1997, Vestnik des Obersten Arbitragegerichts 1997, Nr. 6; Постановление Пленума Верховного Суда Российской Федерации и Пленума Высшего Арбитражного Суда Российской Федерации от 2 апреля 1997 года N 4/8 „О некоторых вопросах применения Федерального закона ‚Об акционерных обществах'"; Текст постановления опубликован в „Российской газете" от 23 апреля 1997 г., в Вестнике Высшего Арбитражного Суда Российской Федерации, 1997, N 6, в Специальном выпуске издания Госкомимущества России „Панорама приватизации"., журнале „Инвест – курьер", май 1997, в журнале „Экспресс-Закон", апрель 1998 г., N 16, в специальном приложении к „Вестнику Высшего Арбитражного Суда Российской Федерации", 2001 г., N 1.

182 Art. 171 Strafgesetzbuch der RF vom 13.7.1996, Уголовный кодекс Российской Федерации от 13 июня 1996 г. N 63-ФЗ; Текст Кодекса опубликован в Собрании законодательства Российской Федерации от 17 июня 1996 г. N 25 ст. 2954, в „Российской газете" от 18 (ст.ст. 1–96), 19 (ст.ст. 97–200), 20 (ст.ст. 201–265), 25 (ст.ст. 266–360) июня 1996 г. N 113, 114, 115, 118.

Person unternehmerisch tätig sein wollen, haben ihre Registrierung als Individualunternehmer gemäß Art. 23 ZGB zu beantragen.[183] Russische juristische Personen werden nach dem Registrierungsgesetz bei den Steuerbehörden registriert.[184] Personengesellschaften (volle Gesellschaft und Kommanditgesellschaft) sind juristische Personen und daher wie Kapitalgesellschaften zu registrieren. Das staatliche Register russischer juristischer Personen wird von den Steuerbehörden geführt.[185] Es ist öffentlich zugänglich.[186] Vor dem Inkrafttreten des föderalen Gesetzes „Über die Registrierung juristischer Personen" im Jahre 2002 bestanden die Rechtsgrundlagen für die Registrierung auf föderaler Ebene aus zahlreichen Normativakten, von denen die wichtigsten der Erlass des Präsidenten der Russischen Föderation №1482 „Über die Regelung der staatlichen Registrierung juristischer Personen und der Unternehmer im Gebiet der Russischen Föderation"[187] und Art. 34 und 35 des Gesetzes vom 25. Dezember 1990 „Über Unternehmen und unternehmerische Tätigkeit" waren.[188] Die genannten Normativakte enthielten nur allgemeine Normen in Bezug auf das Registrierungsverfahren. Die näheren Bestimmungen wurden in der regionalen Gesetzgebung verankert.

Die Organe der örtlichen Selbstverwaltung wurden mit der Registrierungskompetenz betraut.[189] Dies war aber nicht verfassungskonform. Das wesentliche

---

183 Приказ Федеральной налоговой службы от 25 января 2012 г. N ММВ-7–6/25@ „Об утверждении форм и требований к оформлению документов, представляемых в регистрирующий орган при государственной регистрации юридических лиц, индивидуальных предпринимателей и крестьянских (фермерских) хозяйств"; Текст приказа опубликован в Бюллетене нормативных актов федеральных органов исполнительной власти от 29 октября 2012 г. N 44 (без Приложений 1--19), Приложения 1–19 размещены на официальном сайте Федеральной налоговой службы: www.nalog.ru.

184 Eine deutsche Übersetzung mit Einführung findet sich bei *Amwrossow/von Sydow*, WiRO 2002, S. 47 ff.

185 Art. 2 Immobilienregistrierungsgesetz i.V.m. der Regierungsverordnung Nr. 506, Постановление Правительства РФ от 30 сентября 2004 г. N 506 „Об утверждении Положения о Федеральной налоговой службе"; Текст постановления опубликован в „Российской газете" от 6 октября 2004 г. N 219, в Собрании законодательства Российской Федерации от 4 октября 2004 г. N 40 ст. 3961 4.

186 Art. 6f Immobilienregistrierungsgesetz.

187 Указ Президента РФ от 8 июля 1994 г. N 1482 „Об упорядочении государственной регистрации предпринимателей на территории Российской Федерации"; Текст Указа опубликован в „Российской газете" от 13 июля 1994 г. N 130, в Собрании законодательства Российской Федерации от 11 июля 1994 г. N 11 ст. 1194, в газете „Российские вести" от 14 июля 1994 г. N 129.

188 Ausführlich über das alte Registrierungsverfahren: *Arzinger/Galander* S. 33 ff.

189 Rechtliche Grundlage dafür war Art. 57 des Gesetzes vom 6. Juli 1991 №1550–1, Закон РФ от 6 июля 1991 г. N 1550-I „О местном самоуправлении в Российской Федерации"; Текст Закона опубликован в Ведомостях Съезда народных депутатов РФ и Верховного Совета РФ от 18 июля 1991 г., N 29.

Kennzeichen der mit dem Registrierungsverfahren verbundenen Beziehungen ist ihr zivilrechtlicher Charakter. Damit lagen die Akte der örtlichen Selbstverwaltungsorgane im Hinblick auf die Registrierung juristischer Personen in jenem Bereich des Zivilrechtes, der gemäß Art. 71 der Verfassung der Russischen Föderation in die Kompetenz des Bundes fällt.[190] Die Befugnisse der Organe der örtlichen Selbstverwaltung zur Registrierung juristischer Personen widersprachen auch dem ZGB, dessen Art. 51[191] die Justizbehörden als Registrierungsorgane bestimmte.[192]

Neben den oben genannten Problemen brachte diese Form der staatlichen Registrierung juristischer Personen eine Reihe von Schwierigkeiten in Bezug auf das Registrierungsverfahren mit sich. Die in verschiedenen Föderationssubjekten und Gemeinden erlassenen Registrierungsnormativakte enthielten oft ungleiche und widersprüchliche Bestimmungen. Beispielsweise war jede Region berechtigt, die Höhe der Verwaltungsgebühr für die staatliche Registrierung festzulegen. Es gab kein einheitliches staatliches methodologisches und technologisches Registrierungssystem,[193] und es fehlte ein einheitliches staatliches Register.[194] Aus diesem Grund besaß nicht einmal die Regierung der Russischen Föderation präzise Information über die Zahl der im Gebiet der Russischen Föderation tätigen juristischen Personen, und es war extrem schwierig, Informationen über eine konkrete juristische Person zu erhalten.[195]

Äußerst kompliziert war die Situation auch im Bereich der Registrierung von Unternehmen mit ausländischen Investitionen.[196] Das Verfahren der staatlichen

190 Art. 71 Buchst. o) Verfassung, s. *Traut*, Verfassung und Föderalismus Russlands im internationalen Vergleich, 1995; *Luchterhandt* in *Wieser* (Hrsg.), Handbuch der russischen Verfassung 2014, Art. 71 Rn. 69–71.

191 Die alte Fassung des Art. 51 lautete: „Eine juristische Person unterliegt der staatlichen Eintragung bei den Justizbehörden nach dem durch das Gesetz über die Registrierung juristischer Personen bestimmten Verfahren“. Durch das föderale Gesetz von 21. März 2002 №31-FZ wurde dieser Artikel novelliert; Федеральный закон от 21 марта 2002 г. N 31-ФЗ „О приведении законодательных актов в соответствие с Федеральным законом ‚О государственной регистрации юридических лиц‘ “; Текст Федерального закона опубликован в „Российской газете“ от 26 марта 2002 г. N 53, в Собрании законодательства Российской Федерации от 25 марта 2002 г. N 12 ст. 1093.

192 Dazu auch: *Кузнецов А.*, Новое в порядке регистрации юридических лиц АКДИ „Экономика и жизнь“, 2002, N 7.

193 *Грудицына Л.*, Государственная регистрация юридических лиц. Практические рекомендации, Право и экономика. 2003, Nr. 6, С. 18.

194 *Амвросов А.И.*, Закон о государственной регистрации юридических лиц: теория и практика „Законодательство“, N 12, 2001.

195 *Закупень Т.Е.*, Проблемы регистрации юридических лиц, Законодательство 2000 № 5. С. 7.

196 Gemäß Art. 4 des föderalen Gesetzes vom 9.7.1999 №160-FS „Über ausländische Investitionen in der Russischen Föderation“ bekommt eine russische kommerzielle Organisation ab dem Zeitpunkt des Eintritts eines ausländischen Investors in die

Registrierung von Unternehmen mit ausländischen Investitionen wurde seit dem Jahr 1991 mehrere Male geändert. Für die Gründer einer juristischen Person mit ausländischen Investitionen gab es eine Reihe von ungelösten Fragen zum Registrierungsverfahren. Insbesondere war unklar, welche staatliche Behörde für die Registrierung von Unternehmen mit ausländischen Investitionen zuständig war.[197] Außerdem war unklar, welche Dokumente für das Registrierungsverfahren notwendig waren. Zeitweise forderten die Registrierungsbehörden in den Regionen Russlands neben den durch die Gesetzgebung vorgeschriebenen Dokumenten noch zusätzliche Unterlagen.

Uneinheitlich geregelt war auch das Verfahren der Überprüfung der Gründungsdokumente der zu registrierenden juristischen Personen. Beispielsweise war gemäß dem Gesetz der Mordwinischen Republik „Über ausländische Investitionen in der Mordwinischen Republik"[198] das Wirtschaftsministerium der Republik für die Registrierung der Betriebe mit ausländischen Investitionen zuständig. Ungeachtet dessen wurde die Überprüfung der Gründungsdokumente juristischer Personen durch die Finanz- und Justizministerien durchgeführt. Solche Fälle erschwerten das Verfahren der Gründung eines neuen Unternehmens mit ausländischen Investitionen und waren nicht geeignet, das Investitionsklima in Russland zu verbessern.[199]

Die beschriebene Situation im Bereich der staatlichen Registrierung juristischer Personen hinderte auch die Ausübung der staatlichen Kontrolle im Bereich der Wirtschaftstätigkeit und Besteuerung und trug zur Entstehung und Entwicklung von administrativen Barrieren bei. Die genannten Probleme sollten durch die Verabschiedung eines speziellen Registrierungsgesetzes beseitigt werden. Der erste Versuch, ein spezielles Registrierungsgesetz zu verabschieden, wurde noch im Jahre 1995 unternommen.[200] Der durch die Staatsduma erlassene und vom Föderationsrat

---

Organisation (ein ausländischer Gesellschafter kann das gesamte Satzungskapital oder einen Teil davon halten) den Status einer kommerziellen Organisation mit ausländischen Investitionen; Федеральный закон от 9 июля 1999 г. N 160-ФЗ „Об иностранных инвестициях в Российской Федерации"; Текст Федерального закона опубликован в „Российской газете" от 14 июля 1999 г., в Собрании законодательства Российской Федерации от 12 июля 1999 г., N 28, ст. 3493.

197 Beispielsweise war in Moskau die Registrierungskammer des Justizministeriums der Russischen Föderation für die Registrierung der Betriebe mit ausländischen Investitionen zuständig; in der Mordwinischen Republik wurde damit die Abteilung für ausländische Investitionen des Wirtschaftsministeriums der Region betraut.

198 Gesetz der Mordwinischen Republik vom 14. Juni 1996 №24-Z «Über ausländische Investitionen in der Mordwinischen Republik», Закон Республики Мордовия от 14 июня 1996 г. N 24-З „Об иностранных инвестициях в Республике Мордовия".

199 Dazu auch *Семеусов В. А.*, Регистрация предприятий с иностранными инвестициями „Российская юстиция", № 5, 2000 С. 13.

200 *Закупень Т. В.*, Перспективы развития законодательства о регистрации юридических лиц. „Журнал российского права", № 7, 2000 С. 37.

angenommene Gesetzesentwurf wurde aber damals vom Präsidenten der Russischen Föderation abgelehnt.[201] Der abgelehnte Entwurf wurde dem Gesetzgebungsausschuss der Staatsduma zur Nachbearbeitung übergeben. Die vier Jahre dauernde Arbeit des Ausschusses führte allerdings zu keinen Resultaten – die Gesetzvorlage dieser Fassung wurde in der Staatsduma nicht mehr behandelt.[202]

Im Jahre 2001 wurde der Regierung der Russischen Föderation vom Ministerium für ökonomische Entwicklung und Handel und dem Finanzministerium eine neue Registrierungsideologie vorgeschlagen, nämlich das sog. „Ein-Schalter-Prinzip". Nach diesem Prinzip sind alle für die Registrierung notwendigen Dokumente ausschließlich der örtlich zuständigen Steuerbehörde vorzulegen.[203] Das lang erwartete Registrierungsgesetz wurde schließlich im August 2001 erlassen.

Die Verabschiedung des Registrierungsgesetzes war eine von jenen Maßnahmen der Regierung der RF, die auf den Abbau der Bürokratisierung der russischen Wirtschaft gerichtet war. Im Zusammenhang mit diesem Dokument wurden auch die entsprechenden Ausführungsverordnungen der Regierung der RF mit näheren Bestimmungen erlassen, die mittlerweile zum Teil durch aktuelle Ausführungsverordnungen ersetzt wurden.[204]

---

201 In seinem Brief an die Staatsduma der Föderalen Versammlung der Russischen Föderation wies der Präsident auf „ernste Mängel, innere Widersprüchlichkeit und Deklarativität" des Gesetzentwurfes hin.

202 Dazu ausführlich *Закупень Т. В.*, С. 37.

203 *Гусева Т. А.*, Государственная регистрация юридических лиц: практические рекомендации «Адвокат», № 12, 2002.

204 Постановление Правительства РФ от 19 июня 2002 г. N 438 „О Едином государственном реестре юридических лиц"; Текст постановления опубликован в „Российской газете" от 26 июня 2002 г. N 113, в Собрании законодательства Российской Федерации от 1 июля 2002 г. N 26 ст. 2585; Постановлением Правительства РФ от 19 мая 2014 г. N 462 настоящее постановление признано утратившим силу; Постановление Правительства РФ от 19 июня 2002 г. N 439 „Об утверждении форм и требований к оформлению документов, используемых при государственной регистрации юридических лиц, а также физических лиц в качестве индивидуальных предпринимателей"; Текст постановления опубликован в „Российской газете" от 26 июня 2002 г. N 113, в Собрании законодательства Российской Федерации от 1 июля 2002 г. N 26 ст. 2586; Постановлением Правительства РФ от 30 мая 2013 г. N 454 настоящее постановление признано утратившим силу; Постановление Правительства РФ от 19 июня 2002 г. N 440 „Об утверждении Порядка взаимодействия регистрирующих органов при государственной регистрации юридических лиц, создаваемых путем реорганизации"; Текст постановления опубликован в „Российской газете" от 26 июня 2002 г. N 113, в Собрании законодательства Российской Федерации от 1 июля 2002 г. N 26 ст. 2587; Постановлением Правительства РФ от 26 февраля 2004 г. N 110 настоящее постановление признано утратившим силу; Постановление Правительства РФ от 19 июня 2002 г. N 441 „Об тверждении порядка и сроков передачи регистрационных дел зарегистрированных ранее юридических

Gemäß der Verordnung der Regierung der Russischen Föderation vom 17. Mai 2002 Nr. 319 ist ab dem 1. Juli 2002 auf dem Gebiet der Russischen Föderation das Ministerium für Steuern und Gebühren für die staatliche Registrierung juristischer Personen zuständig.[205] Konkret sind die örtlichen Steuerbehörden zur staatlichen Registrierung juristischer Personen bei ihrer Gründung, Reorganisation und Liquidation, zur Registrierung von in den Gründungsdokumenten einzutragenden Änderungen sowie zur Eintragung von Änderungen, welche die juristische Person betreffen, berufen.[206]

Im Juni 2003 wurde das neue Registrierungsgesetz umfassend geändert. Heute regelt das Dokument auch das Registrierungsverfahren von Einzelunternehmern. Seit Jänner 2004 heißt das Gesetz Föderales Gesetz „Über die staatliche Registrierung von juristischen Personen und Einzelunternehmern".[207] Anmeldungen zum Register der juristischen Personen und Einzelunternehmen müssen notariell beglaubigt sein.[208] Die Eintragung in das staatliche Register hatte bisher – ähnlich wie im englischen Recht und anders als die Eintragungen im deutschen

---

лиц, хранящихся в органах, осуществлявших государственную регистрацию юридических лиц до введения в действие Федерального закона „О государственной регистрации юридических лиц"; Текст постановления опубликован в „Российской газете" от 26 июня 2002 г. N 113, в Собрании законодательства Российской Федерации от 1 июля 2002 г. N 26 ст. 2588; Постановление Правительства РФ от 19 июня 2002 г. N 442 „О порядке взаимодействия федерального органа юстиции и федерального органа исполнительной власти, уполномоченного осуществлять государственную регистрацию юридических лиц"; Текст постановления опубликован в „Российской газете" от 26 июня 2002 г. N 113, в Собрании аконодательства Российской Федерации от 1 июля 2002 г. N 26 ст. 2589 Постановлением Правительства РФ от 15 апреля 2006 г. N 212 настоящее постановление признано утратившим силу со дня вступления в силу Федерального закона от 10 января 2006 г. N 18-ФЗ.

205 Постановление Правительства РФ от 17 мая 2002 г. N 319 „Об уполномоченном федеральном органе исполнительной власти, осуществляющем государственную регистрацию юридических лиц, крестьянских (фермерских) хозяйств, физических лиц в качестве индивидуальных предпринимателей"; Текст постановления опубликован в „Российской газете" от 22 мая 2002 г. N 89, в Собрании законодательства Российской Федерации от 20 мая 2002 г. N 20 ст. 1872:

206 *Гусева Т. А.*, Адвокат № 12, 2002.

207 Федеральный закон от 23 июня 2003 г. N 76-ФЗ „О внесении изменений и дополнений в Федеральный закон ‚О государственной регистрации юридических лиц' "; Текст Федерального закона опубликован в „Российской газете" от 25 июня 2003 г. N 122, в „Парламентской газете" от 25 июня 2003 г. N 114, в Собрании законодательства Российской Федерации от 30 июня 2003 г. N 26 ст. 2565

208 Art. 9 Abs. 1 Punkt 3 Registrierungsgesetz.

Handelsregister und im österreichischen Firmenbuch – grundsätzlich keine Publizitätswirkung.[209] Im Zuge der ZGB-Reform wurde nunmehr der Grundsatz des Gutglaubensschutzes an den Inhalt des Unternehmensregisters eingeführt.[210]

x Angloamerikanischer Einfluss im russischen Gesellschaftsrecht

Die „doppelte" rechtliche Regelung der Kapitalgesellschaften im ZGB und in Spezialgesetzen[211] stellt eine Besonderheit der Regelungstechnik dar, die in den umfassenden Zivil- und Gesellschaftsrechtsnovellierungen im Zuge der im Jahr 2009 in die Wege geleiteten Gesetzesänderungen beibehalten wurde: Neben eigenen – später in Kraft getretenen – gesellschaftsrechtlichen Spezialgesetzen enthält das ZGB umfangreiche Regelungen zu den Kapitalgesellschaften: So ist die Gesellschaft mit beschränkter Haftung in Art. 87–94 ZGB und im Gesetz über die Gesellschaften mit beschränkter Haftung[212] (GmbHG)[213] und die Aktiengesellschaft in Art. 96–104 ZGB und im Gesetz über die Aktiengesellschaften (AktG)[214] geregelt. Die Regelungen des ZGB und des GmbHG entsprechen der kontinentaleuropäischen Tradition, das AktG wurde – im Gegensatz zum kontinentaleuropäisch gestalteten ZGB – ursprünglich wesentlich vom angloamerikanischen Recht beeinflusst.[215] Dabei wurde v.a. der – mittlerweile umstrittene[216] – Grundgedanke des „Self-Enforcing Model of Corporate Law"[217] verfolgt, der den Wirtschaftsakteuren umfassende Freiheit zur Selbstregulierung gewährt und die Beteiligung des Staates fast zur Gänze ausschließt.[218]

Diese Doppelgleisigkeit der Regelung sowohl im ZGB als auch in eigenen Gesetzen erscheint auf den ersten Blick nicht ganz nachvollziehbar und wirft in der Praxis das Problem auf, welche Regelung bei Abweichung der Bestimmungen im Zweifel anzuwenden ist. Den Umstand, dass sowohl das ZGB als auch das

209 *Micheler/Bauer-Mitterlehner*, Rahmenbedingungen, S. 8.
210 Art. 51 Abs. 2 ZGB.
211 Dazu s. auch *Chanturia*, Chancen und Schatten des Self-Enforcing-Modells im postsowjetischen Aktienrecht, WiRO 2009, S. 98.
212 Die Rechtsvorschriften des GUS-Modellgesetzes (von der Interparlamentarischen Versammlung der Mitgliedsstaaten der GUS ausgearbeitete Gesetzesempfehlung der GUS „Über Gesellschaften mit beschränkter Haftung", Informationsbulletin der Interparlamentarischen Versammlung der Mitgliedsstaaten der GUS, 1996, Nr. 12) wurden in einzelnen Fällen auch vom russischen Gesetzgeber berücksichtigt.
213 Gesetz vom 8.2.1998, S.Z. R.F. 1998, Nr. 7, Pos 785.
214 Gesetz vom 26.12.1995, S.Z. R.F. 1996, Nr. 1, Pos 1.
215 *Micheler/Bauer-Mitterlehner*, Rahmenbedingungen, S. 22.
216 Siehe *Chanturia*, S. 97.
217 *Black/Kraakman/Tarassova*, A Self-Enforcing Model of Company Law for Emerging Markets, Guide to the Russian Law on Joint Stock Companies, 1998, S. 14 ff.
218 *Chanturia*, S. 97.

AktG gleiche Sachverhalte regeln, erklärte *Suchanov*[219] u.a. dadurch, dass die internationalen Berater bei der Ausarbeitung des ZGB überwiegend aus kontinentaleuropäischen Ländern stammten, während die Berater bei der Ausarbeitung des AktG primär aus den USA kamen.[220] Es bestehen daher Widersprüche zwischen den Regelungen des ZGB und den Regelungen des AktG.[221] Das ZGB enthält aber auch allgemeine Normen über den Status von Wirtschaftsgesellschaften und Personengesellschaften (Art. 66–68). *Suchanov*[222] führte dazu bereits zum Inkrafttreten des GmbHG aus, „dass die gesellschaftsrechtlichen Bestimmungen im ZGB jedoch für eine klare Regelung sämtlicher Tätigkeitsbereiche derartiger Gesellschaften ganz offensichtlich nicht ausreichten, das Gesetzbuch habe sich das auch nicht zur Aufgabe gemacht, sondern sich nur auf die allgemeinen Normen über den Status dieser Gesellschaften beschränkt".

Gemäß der Bestimmung des Art. 3 Abs. 2 ZGB müssen andere Normen des Zivilrechts (also etwa die Normen des GmbHG und des AktG) dem ZGB entsprechen.[223] Es gibt aber keine rechtlichen Sanktionen für die Nichtbeachtung. Im Hinblick auf die Aktiengesellschaft war diese Regelung außerdem auch von Anfang an schwer anzuwenden, weil das vom US-amerikanischen Recht beeinflusste Aktienrecht nicht immer mit den Regeln des ZGB in Einklang gebracht werden konnte.[224] Das GmbHG entspricht eher der kontinentaleuropäischen Rechtstradition, und die Bestimmungen weichen weniger vom ZGB ab, sodass sich das Problem hier nicht im selben Umfang gestellt hat.

Das Verhältnis dieser Normen (ZGB und AktG bzw. GmbHG) zueinander beschäftigte von Anfang an die Gerichte und die Lehre gleichermaßen: Ein Teil der Lehre argumentierte, dass gemäß Art. 3 Abs. 2 ZGB eine zusätzliche Normenhierarchieebene in den verfassungsrechtlich vorgesehenen Stufenbau der Rechtsordnung eingefügt wird. Diese Vorrangstellung des ZGB war in der Praxis jedoch von Anfang an umstritten,[225] da sie verfassungsrechtlich nicht normiert ist:[226] Eine

---

219 Anlässlich eines Vortrags zum Gesellschaftsrecht der Russischen Föderation im Zuge des Symposiums „Reform des Wirtschaftsrechts in der Russischen Föderation" in Wien am 21.1.2003.

220 Dazu auch *Solotych*, Zivilgesetzbuch, S. 21, zum ZGB und *Black/Kraakman*, A self-enforcing model of corporate law, 1996 Harvard Law Review 1911, zum AktG.

221 *Holloch*, S. 75 f.

222 *Suchanov*, S. 2.

223 *Chanturia*, S. 98, führt dazu aus, dass diese Praxis der Gesetzgebungstechnik im GUS-Raum verbreitet ist. Es mag für die RF der Eindruck entstehen, dass die am ZGB arbeitenden, kontinental geprägten Juristen den parallel dazu stattfindenden, angloamerikanisch beeinflussten Arbeiten am Aktienrecht durch die Erklärung des ZGB zur höherrangigen Rechtsquelle, der die anderen Gesetze zu folgen haben, quasi einen rechtlichen „Riegel" vorschieben wollten.

224 *Holloch*, S. 75 f.

225 Dazu die Zusammenfassung bei *Chanturia*, S. 98.

226 *Michler/Bauer-Mitterlehner*, Rahmenbedingungen, S. 23.

Vorrangstellung des ZGB gegenüber anderen einfachgesetzlichen Normen ist in der Verfassung nicht vorgesehen und widerspricht somit nach Ansicht eines Teils der Lehre der russischen Verfassung. Die Höchstgerichte wendeten in der Regel das Aktiengesetz an und zitieren die Vorschriften des ZGB beiläufig.[227] Zunächst hatte sich somit die Ansicht durchgesetzt, dass es sich auch beim ZGB, also einem ‚Kodex' (Gesetzbuch), um ein normales Gesetz handle, dass dem Rang nach nicht höher einzustufen sei als ein einfaches Gesetz. Letztere gehen daher aufgrund des Lex-specialis-Grundsatzes im Konfliktfall vor.[228]

Trotz mangelnder konstitutioneller Verankerung eines Vorrangs des Zivilgesetzbuches und der prinzipiellen Anerkennung der Grundsätze *lex posterior derogat legi priori* und *lex specialis derogat legi generali* wurde der Vorrang des Zivilgesetzbuches aber von der herrschender Lehre anerkannt.[229] Nach h.L. handelt es sich bei Art. 3 Abs. 2 ZGB auch nicht um eine Normenhierarchie im verfassungsrechtlichen Sinne, sondern nur um Auslegungsregeln. Der Gesetzgeber scheint dadurch das Prinzip *lex specialis derogat legi generali* standardmäßig auszuschalten, und die Widersprüche werden somit durch die formelle Anerkennung des ZGB formal gelöst.[230] Auch das Verfassungsgericht der RF folgt im Wesentlichen dieser Ansicht und legt z.B. Art. 65 Abs. 3 ZGB so aus, dass es diesem Artikel in bestimmten Fragen Priorität gegenüber dem Insolvenzgesetz einräumte.[231] Ausdrückliche Ausnahmen sind jedoch möglich.

Der ideologische Konflikt hinsichtlich der Entscheidung zwischen einem eher angelsächsischen geprägten Modell eines liberalen Gesellschaftsrechts, das vor allem von den Vertretern des Ministeriums für wirtschaftliche Entwicklung propagiert wird, und einem den kontinentaleuropäischen Vorbildern näher stehenden Modell mit stärkerer staatlicher Regulierung, das von den Zivilrechtsprofessoren *Suchanov*, *Jakovlev* und *Makovskij* bevorzugt wird, wirkt sich bis in die Gegenwart aus.[232] Der das Gesellschaftsrecht umfassende Teilentwurf der aktuellen ZGB-Novelle, Nr. 47538–6/2, war von Anfang an heftig umstritten, und seine zweite Lesung musste mehrfach verschoben werden.[233] Im Rahmen der Ausarbeitung

227 *Micheler/Bauer-Mitterlehner*, Rahmenbedingungen, S. 23.

228 Für viele: *Schramm*, Die große ZGB-Novelle, S. 1.

229 Für viele: *Брагинский М. И.*, Комментарий к части первой Гражданского Кодекса Российской Федерации 2005 С. 30.

230 *Chanturia*, S. 98.

231 Beschluss des Verfassungsgerichts der RF vom 4.12.2003 Nr. 504-O; Определение Конституционного Суда РФ от 4 декабря 2003 г. N 504-О „Об отказе в принятии к рассмотрению жалобы общества с ограниченной ответственностью „Адос" на нарушение конституционных прав и свобод пунктом 3 статьи 78 Федерального закона ‚О несостоятельности (банкротстве)'"; Текст Определения опубликован в „Вестнике Конституционного Суда Российской Федерации", 2004 г., N 3.

232 *Schramm*, Die große ZGB-Novelle, S. 1.

233 *Schramm*, Die große ZGB-Novelle, S. 1.

kamen Meinungsverschiedenheiten zutage, die die gesamte Reform des ZGB zu Fall zu bringen drohten.[234]

xi Probleme der Jurisdiktionsflucht im Gesellschaftsrecht?

Trotz zahlreicher Reformen ist der Ruf des russischen Gesellschaftsrechts nicht der Beste: *Chanturia* führt z.B. sehr drastisch aus, dass die Lage des Gesellschaftsrechts in Russland als katastrophal bezeichnet werde, wobei der Hauptvorwurf laute, dass sowohl die geltenden Gesetze als auch die Rechtsprechung und die wissenschaftlichen Abhandlungen keine Antworten auf offene Fragen und Lücken gäben, die in der Praxis entstünden, und die deshalb die rechtliche Regelung lahmlegten.[235] Es gilt als allgemein bekannt, dass die russische Wirtschaft teilweise durch ausländische Holdingstrukturen organisiert ist, deren Entscheidungsträger letztlich im russischen Inland sitzen.[236] *Kluge* nennt die bevorzugte Nutzung ausländischen Rechts als eine wesentliche Ursache für die große Zahl an russischen Offshore-Holdings in Zypern und anderen Staaten und bezeichnet diese als ein Charakteristikum des postsowjetischen Kapitalismus in Russland.[237] Wenngleich die gesellschaftsrechtlichen Bestimmungen wohl nicht der einzige Faktor für das Entstehen dieses Charakteristikums[238] sind, bleibt abzuwarten, ob die aktuelle Gesellschaftsrechtsnovelle 2014 (im Rahmen der laufenden ZGB-Reform)[239] Auswirkungen darauf zeigt. Insbesondere die neu eingeführte Möglichkeit, Gesellschaftervereinbarungen (Artikel 67.2 ZGB) zu schließen, wird allgemein als Verbesserung gewertet. Aber auch andere Reformen dürften Auswirkung zeigen: Seit dem 1.2.2017 dürfen erstmals in Satzungen von Gesellschaften eigene Schiedsklauseln zur Beilegung gesellschaftsrechtlicher Streitigkeiten mit Beteiligung der Gesellschaften nach russischem Recht aufgenommen werden.[240] Die Bemühungen des russischen Gesetzgebers um eine Rückkehr der Unternehmen in die russische Jurisdiktion sind deutlich erkennbar.[241]

---

234 *Schramm*, Die große ZGB-Novelle, S. 1.

235 *Chanturia*, S. 97.

236 Siehe *Pohlit/Yudovich*, Initiative gegen Offshore-Strukturen, special recht. http://www.roedl.de/de-de/de/unternehmen/standorte/russische-foederation/documents/offshore-russland-roedl-partner.pdf, Abruf per 10.1.2017.

237 *Kluge*, S. 11.

238 *Kluge* nennt u.a. auch mangelndes Vertrauen in die russische Gerichtsbarkeit.

239 Siehe dazu gleich unten.

240 *Karimullin*, Schiedsvereinbarungen nach neuem russischem internationalem Schiedsverfahrensrecht, SchiedsVZ 2017, beck-online, www.beck-online.beck.de, letzter Abruf per 10.1.2017 (auch der in Folge zitierten beck-online Quellen), S. 28.

241 *Kluge*, S. 14.

xii Gesellschaftsrechtsnovelle 2014

Mit dem 1. September 2014 trat schließlich der umstrittene gesellschaftsrechtliche Teil des ZGB in Kraft, der umfangreiche Änderungen des Rechts der juristischen Personen enthält.[242] Mit der neuen Fassung des Gesellschaftsrechts sind nunmehr auch einige moderne rechtliche Möglichkeiten wie etwa die Gesellschaftervereinbarung einheitlich geregelt, und auch die seit dem 1. Juni 2015 geltenden neuen Regeln im Vertragsrecht ermöglichen nunmehr komplexere Verträge bei Übernahmen und Zusammenschlüssen von Firmen.[243] Durch diese Neuerungen, in denen wiederum das englische Recht als Vorlage gut erkennbar ist, wurden einige der formalen Beweggründe für die Jurisdiktions-Flucht behoben.[244]

2 Bewertung

Die Diversifizierung der Rechtssubjekte stellte gerade in der RF keine leichte Aufgabe dar, da Rechtsinstitute, wirtschaftliche Konzepte, Gebräuche und Gewohnheiten nach fast 70 Jahren zentraler Planwirtschaft komplett umgekrempelt werden mussten. Der russische Gesetzgeber hat den Übergang von staatlichen Betriebseinheiten zu juristischen Personen in einem marktwirtschaftlichen System mit auf den ersten Blick nicht immer verständlichen Ausnahmen und Sonderbestimmungen umgesetzt, die erahnen lassen, dass die Entlassung der Rechtssubjekte, deren Handlungsfreiheit während der Planwirtschaft stark reglementiert und beschränkt war, in die Marktwirtschaft behutsam geschehen sollte. Das sowjetische Wirtschaftsrecht ging von dem Grundsatz aus, dass alles verboten ist, was nicht ausdrücklich erlaubt ist. Das moderne Unternehmens- und Zivilrecht erlaubt hingegen grundsätzlich alles, was nicht ausdrücklich verboten ist. Auch die dabei erfolgte weitgehende Transformation des Unternehmensrechts aus dem Verwaltungsrecht in das Zivilrecht spielte dabei eine Rolle.

Insgesamt wurden das Unternehmens-, das Gesellschafts- und das Zivilrecht aber durch die Schaffung des neuen ZGB und die groß angelegte Reform seit dem Jahr 2009 trotz aller „Rückstände" aus dem System der zentral gesteuerten Planwirtschaft und aller Kompromisse, die im Zuge eines demokratischen Gesetzgebungsverfahrens unabdingbar sind, durchaus an „westliche" Standards angepasst.

---

242 Федеральный закон от 5 мая 2014 г. N 99-ФЗ „О внесении изменений в главу 4 части первой Гражданского кодекса Российской Федерации и о признании утратившими силу отдельных положений законодательных актов Российской Федерации"; Текст Федерального закона опубликован на „Официальном интернет-портале правовой информации" (www.pravo.gov.ru) 5 мая 2014 г., в „Российской газете" от 7 мая 2014 г. N 101, в Собрании законодательства Российской Федерации от 12 мая 2014 г. N 19 ст. 2304.

243 *Kluge*, S. 14.

244 *Kluge*, S. 14.

Die zivilrechtliche Regelung der Rechtssubjekte ist jedenfalls geeignet, die Rechtssicherheit in der RF zu erhöhen.

3 Abbau von staatlichen Monopolen

a) Antimonopolgesetzgebung

i Sowjetische Monopolbetriebe

In der Zeit der Planwirtschaft existierten in der UdSSR viele Großunternehmen und Vereinigungen, die in manchen Fällen ganze Produktionsbranchen umfassten.[245] Der sowjetische Staat verfügte ja praktisch über ein umfassendes Wirtschaftsmonopol. Der Grundgedanke war, dass es für den Staat leichter war, eine beschränkte Zahl von Großunternehmen zu leiten.[246] Die Bildung von großen Produktionsbereichen ermöglichte es auch, in ihnen Produktionsbetriebe und Projektierungs- und Forschungsinstitute zu vereinigen und die Spezialisierung der Produktion voranzutreiben.[247] In einigen Fällen arbeiteten solche großen Produktionsbereiche gut, zum Beispiel in der Gasindustrie oder in der Verteidigungsindustrie,[248] während andere Bereiche weniger erfolgreich waren. Die daraus resultierenden Versorgungsengpässe bei Konsumgütern und Nahrungsmitteln wurden in den späten 1970er-Jahren immer stärker und erforderten ein Umdenken. Schon zu Sowjetzeiten wurde daher mit den ersten Reformen in diese Richtung begonnen: Bereits im Jahr 1987 erfolgten durch das Gesetz über die Staatsbetriebe[249] umfangreiche Veränderungen an den Verwaltungsstrukturen, wenngleich diese noch nicht direkt in Richtung Marktwirtschaft führten.[250] Den staatlichen Betrieben sollte größere Selbstständigkeit zugebilligt werden.[251] Im Jahr 1988 wurde durch das Gesetz über die Kooperativen (Genossenschaftsgesetz)[252] die Gründung von unabhängigen Genossenschaften oder Kooperativen erlaubt. Ziele dieser Reformen waren v.a. die Entmonopolisierung der Großbetriebe und die Schaffung einer größeren Vielfalt sozialistischer Eigentumsformen sowie die Verbesserung des Güterangebots in quantitativer und qualitativer Hinsicht. Erstmals wurden damit private wirtschaftliche Tätigkeiten im Dienstleistungsgewerbe, im Handwerk und in der Industrie legalisiert.[253] Es war keine Genehmigung für neue Kooperativen erforderlich.

Im Zuge der Privatisierung ab den 1990er-Jahren wurden schließlich zahlreiche Betriebe aus dem staatlichen Monopol ausgegliedert. Diese im Zuge der

---

245 *Laptev*, Unternehmertätigkeit in Rußland, S. 376.
246 *Laptev*, Unternehmertätigkeit in Rußland, S. 376.
247 *Laptev*, Unternehmertätigkeit in Rußland, S. 376.
248 *Laptev*, Unternehmertätigkeit in Rußland, S. 376.
249 Siehe oben Fn. 25.
250 *Laptev*, Unternehmertätigkeit in Rußland, S. 376.
251 *Laptev*, Unternehmertätigkeit in Rußland, S. 376.
252 Siehe oben Fn. 27.
253 *Laptev*, Unternehmertätigkeit in Rußland, S. 376.

Perestroika erfolgende „Kommerzialisierung“ der Großunternehmen, das heißt der Bildung von Kleinunternehmen auf der Basis eines Großunternehmens, war im Handel und im Dienstleistungssektor vergleichsweise unproblematisch.[254]

ii Natürliche Monopole

Schwierigkeiten gab es v.a. in der Industrie, wo die Produktions- und technologische Einheit der Teile eines Großbetriebes sehr oft nicht zerstört werden konnte bzw. in einigen Branchen nicht sinnvoll erschien, wie z.B. bei den Energie-, Erdöl-, Gas-, Eisenbahnunternehmen mit ihren einheitlichen Energiesystemen, Erdöl- und Gasleitungen etc.[255] Die Reform dieser alten „natürlichen“ – das heißt auf Kontrolle über Naturressourcen beruhenden – Monopole des Rohstoff- und Energiesektors[256] gestaltet sich aber nach wie vor ausgesprochen schwierig. Ihre Reform verläuft schleppend und ist bis heute nicht abgeschlossen. Diese Entwicklung ist insbesondere in strategisch wichtigen Wirtschaftssektoren, vor allem in der Energiewirtschaft, spürbar, wo es de facto zu einer Wiederverstaatlichung großer Rohstoffkonzerne wie Gazprom und Rosneft gekommen ist.[257] Der Umgang mit den staatlichen Monopolen, insbesondere den sog. natürlichen Monopolen, ist nach wie vor immer wieder Thema der russischen Wirtschafts- und Rechtsreformen. Seit Jahren fordern westliche Berater wie der Internationale Währungsfonds sowie marktnahe Volkswirte aus der RF selbst, den aufgeblähten Staatssektor im Land zu beschneiden, aber in der Vergangenheit scheiterten solche schwierigen Veränderungen am politischen Widerstand und an den hohen Preisen für Öl, Russlands wichtigstem Exportgut.[258]

Russlands Wirtschaft wird von Kritikern daher nach wie vor oft auch als „bürokratischer Kapitalismus“, „komparatistische Marktwirtschaft“ oder „staatlicher Monopolkapitalismus“ bezeichnet – Hintergrund dafür ist vor allem, dass in der russischen Wirtschaftspolitik Kräfte Einfluss gewinnen, die verstärkte Eingriffe des Staates in die Wirtschaft befürworten. Die Entwicklung strategisch wichtiger Wirtschaftssektoren wird daher nach wie vor maßgeblich vom Staat bestimmt.

---

254 *Laptev*, Unternehmertätigkeit in Rußland, S. 376.

255 *Laptev*, Unternehmertätigkeit in Rußland, S. 376.

256 *Höhmann*, Russland, Wirtschaftssystem und ökonomische Entwicklung, in Informationen zur politischen Bildung (Heft 281), 2014, abrufbar über http://www.bpb.de/izpb/9408/russland, Abruf vom 10.1.2017.

257 Country Report für Investoren und Exporteure – Russland 2014; https://www.ksv.at/sites/default/files/assets/documents/929leitfadenrussland.pdf, Abruf per 18.12.2014.

258 *White*, Russland legt sich mit den Staatsmonopolen an, The Wall Street Journal (Europe Division) 9.12.2013, http://www.wsj.com/public/page/archive-2013-1-25.html, Abruf per 9.11.2014.

iii Antimonopolgesetzgebung

Um die Nachteile des Bestehens der monopolistischen Unternehmen abzuschwächen, wurde eine eigene Antimonopolgesetzgebung eingeführt. Trotz der Aufhebung der Preisregulierung wurden die Preise für Erzeugnisse der monopolistischen Unternehmen zunächst weiterhin staatlich reguliert. Auch die staatliche Verteilung der Erzeugnisse der monopolistischen Unternehmen wurde zunächst fortgesetzt. Das Gesetz über den Wettbewerb und die Beschränkung monopolistischer Tätigkeit auf Warenmärkten vom 22.3.1991[259] (Antimonopolgesetz) definierte ein Unternehmen als monopolistisch, wenn es eine beherrschende Stellung auf dem Markt hat, das heißt, wenn sein Anteil auf dem Markt bestimmter Waren 35% oder mehr beträgt (Art. 4 Antimonopolgesetz). Aktuell ist die Antimonopolgesetzgebung im Wesentlichen im Bundesgesetz Nr. 135-FZ vom 26.7.2006 zum Schutz des Wettbewerbs[260] geregelt. Zuständige Behörde ist der Föderale Antimonopoldienst Russlands (FAD). Insbesondere der Tatbestand von Art. 10 des Gesetzes, des Verbots des Missbrauchs einer marktbeherrschenden Stellung durch wirtschaftende Subjekte, beschäftigt aktuell immer wieder die Gerichte,[261] vermehrt auch in Verfahren unter Beteiligung von ausländischen Konzernen.[262]

b) Sowjetisches Außenhandelsmonopol

Auch der sowjetische Außenhandel war monopolisiert. Das Außenhandelsmonopol wurde unmittelbar nach der Oktoberrevolution eingerichtet: Der Außenhandel

---

259 Закон РСФСР от 22 марта 1991 г. N 948-I „О конкуренции и ограничении монополистической деятельности на товарных рынках"; Текст Закона опубликован в „Российской газете" N 89, 1991 г., в Ведомостях Съезда народных депутатов РФ и Верховного Совета РФ от 18 апреля 1991 г., N 16, ст. 499, в Бюллетене нормативных актов, февраль 1992 г. N 2.

260 In aktuellen Fassung; Федеральный закон от 26 июля 2006 г. N 135-ФЗ „О защите конкуренции"; Текст Федерального закона опубликован в „Российской газете" от 27 июля 2006 г. N 162, в „Парламентской газете" от 3 августа 2006 г. N 126–127, в Собрании законодательства Российской Федерации от 31 июля 2006 г. N 31 (часть I) ст. 3434.

261 So die durch das Präsidium des Obersten Gerichts bestätigte Übersicht der Rechtsprechung zu Streitigkeiten über den Wettbewerbsschutz vom 16.3.2016, Обзор практики рассмотрения судами дел по спорам о защите чести, достоинства и деловой репутации Утвержден Президиумом Верховного Суда Российской Федерации 16 марта 2016 года, http://www.supcourt.ru/second.php#, Abruf per 10.1.2017.

262 *Atoev*, Russland: Kartellbehörde verhängt Bußgelder gegen Google, MMR-Aktuell 2016, 381291, beck-online; *Atoev*, Russland: Kartellbehörde ahndet Wettbewerbsverstoß von Google, MMR-Aktuell 2015, 373534, beck-online; und *Klimova*, Antimonopolregelung in der Pharmabranche, Beiten Burkhardt Downloads, http://www.beiten-burkhardt.com/de/component/attachments/download/4981, Abruf per 10.1.2017.

und „andere Formen der außenwirtschaftlichen Tätigkeit" wurden im Jahr 1918 verstaatlicht und in der Verfassung 1922 als Staatsmonopol definiert.[263] Der Außenhandel lag damit ausschließlich in der Hand des Staates und wurde von diesem über eigene Außenhandelsorganisationen durchgeführt.[264] Staatliche Stellen, die dem Ministerrat der UdSSR als oberstes zuständiges Staatsorgan unterstanden, waren für die Durchführung von Handelsgeschäften mit dem Ausland zuständig.[265] Das Außenhandelsmonopol wurde auch als unabdingbar für die Planwirtschaft angesehen und in Art. 14 der Verfassung von 1936 verankert. Die praktische Umsetzung erfolgte durch die Tätigkeit der Außenhandelsvereinigungen, also von staatlichen Firmen, die eigens für die Abwicklung der Außenhandelsgeschäfte eingerichtet wurden. Die produzierenden Betriebe und Unternehmen verfügten über keine eigenen Außenhandels- und Außenwirtschaftskompetenzen.[266]

Während der Übergangsphase zum Kommunismus[267] beteiligten sich somit auch sowjetische Wirtschaftssubjekte am internationalen Handelsverkehr. Produktion und Außenhandel waren aber getrennt, das staatliche Außenhandelsmonopol oblag dem Außenhandelsministerium.[268] Unternehmen hatten als Wirtschaftssubjekte keine den „westlichen" Kapitalgesellschaften vergleichbare eigene Rechtspersönlichkeit, sodass diese selber keine Verträge mit ausländischen Unternehmen eingehen konnten. Ein solcher Vertragsabschluss hatte zur damaligen Zeit über die staatliche Außenhandelsorganisation zu erfolgen.[269] Bei Klagsabsicht durch eine ausländische Partei gegenüber einem sowjetischen Wirtschaftssubjekt war ebenso nicht dieses selbst, sondern die Außenhandelsorganisation als Vertragspartner heranzuziehen.

Ausländische Handelspartner hatten demzufolge auch keine Parteistellung vor den ordentlichen Gerichten. Es gab eigene Außenhandelsarbitragestellen und Schiedsgerichte, wie z.B. die Ständige Schiedskommission bei der Handels- und Industriekammer der UdSSR in Moskau.

In der Perestroika-Phase erfolgte ab dem Jahr 1986 auch eine Reform des Außenwirtschaftssystems. Zur besseren Anpassung des Außenhandelsmonopols an die Weltmarktbedingungen wurde im August 1986 die „Staatliche Außenwirtschaftskommission des Ministerrats der UdSSR" gegründet.[270] Das Gesetz über die

---

263 *Westen*, S. 11.
264 *Seiffert*, Das staatliche Außenhandelsmonopol, in *Trossmann/Haendcke-Hoppe* (Hrsg.), Außenwirtschaftssysteme und Außenwirtschaftsreformen sozialistischer Länder, 1988, S. 11.
265 *Westen*, S. 11.
266 Art. 19 Z 4 des Gesetzes über die Staatsunternehmen, s. *Westen*, S. 11.
267 Die ja nicht beendet wurde; der Sozialismus wurde nach eigener Diktion schon Anfang der 1930er-Jahre erreicht, vgl. *Nove*, S. 19.
268 *Heger*, S. 2.
269 *Bilinsky*, S. 24.
270 *Machowski* Außenwirtschaft, in: *Bütow* (Hrsg.): Länderbericht Sowjetunion 1988 S. 434.

Staatsunternehmen vom 30.6.1987 räumte den Staatsbetrieben erstmals die Kompetenz ein, aufgrund von zuvor einzuholenden Ermächtigungen selbstständig Außenhandelsgeschäfte abzuwickeln.[271]

Auch die rasante gesellschaftsrechtliche Entwicklung in dieser Zeit trieb den Abbau des staatlichen Außenhandelsmonopols voran. Die Joint-Venture-Verordnung[272] wurde bereits im Jahr 1987 erlassen und stand somit am Beginn der Wiedereinführung des Gesellschaftsrechts in der UdSSR. Auch die den Unternehmen durch das Unternehmensgesetz eingeräumte Befugnis, auf Basis der Joint-Venture-Verordnung von 1987 mit ausländischen Partnern gemeinsam Betriebe zu gründen, griff trotz der einzuholenden Genehmigung für die Gründung eines Joint Ventures tief in die ursprüngliche Ausgestaltung des sowjetischen Außenhandelsmonopols ein.[273] Das Gesetz über die Kooperativen (Genossenschaftsgesetz) von 1988 sah inhaltlich identische Regelungen für Genossenschaften vor, die als nicht staatliche Betriebe zu selbstständigen Außenhandelsaktivitäten berechtigt wurden.[274] Der letzte Schritt zur praktischen Aufhebung des Außenhandelsmonopols erfolgte schließlich durch den Beschluss des Ministerrates der UdSSR „Über die weitere Entwicklung der Außenwirtschaftstätigkeit der staatlichen, genossenschaftlichen und sonstigen gesellschaftlichen Betriebe, Vereinigungen und Organisationen" vom 2.12.1988, der mit Wirkung zum 1.4.1989 alle in der Überschrift angeführten Wirtschaftseinheiten generell zu außenwirtschaftlichen Tätigkeiten ermächtigte.[275] Die erste gesetzliche Regelung des Gesellschaftsrechts in dieser Zeit erfolgte durch das Gesetz über Unternehmen und unternehmerische Tätigkeit vom 25.12.1990. Dieses erwähnte ebenfalls die Aktiengesellschaft und die GmbH als Rechtsform. In rascher Folge wurden in der RSFSR noch weitere Gesetze prinzipieller Natur wie z.B. das Gesetz über das Eigentum in der RSFSR[276] und das Gesetz über Privatisierung staatlicher und munizipaler Unternehmen in der RSFSR[277] sowie das Arbitragegerichtsgesetz[278] verabschiedet. Der Staat hatte sich damit auf eine genehmigende und kontrollierende Funktion zurückgezogen.[279] Das Außenhandelsmonopol des Staates war somit Vergangenheit.

271 *Westen*, S. 11.
272 Zur Quellenangabe siehe oben.
273 *Westen*, S. 11.
274 *Westen*, S. 11f.
275 *Westen*, S. 12.
276 Закон РСФСР от 24 декабря 1990 г. „О собственности в РСФСР"; Текст Закона опубликован в Ведомостях съезда народных депутатов РСФСР от 27 декабря 1990 г. N 30 ст. 416.
277 Siehe oben Fn. 33.
278 Закон РСФСР от 4 июля 1991 года „Об арбитражном суде" (Ведомости Съезда народных депутатов РСФСР и Верховного Совета РСФСР, 1991, N 30, ст. 1013; Ведомости Съезда народных депутатов Российской Федерации и Верховного Совета Российской Федерации, 1992, N 34, ст. 1965; 1993, N 32, ст. 1236).
279 *Westen*, S. 12.

c) *Strafrechtliche Aspekte*

Die Ausübung unternehmerischer Tätigkeiten durch Bürger war in der Sowjetunion grundsätzlich strafrechtlich verboten. Das Strafgesetzbuch der RSFSR[280] aus dem Jahre 1960 umfasste z.B. einen eigenen Abschnitt mit dem Titel „Straftaten gegen das sozialistische Eigentum“ sowie eine Reihe von Strafvorschriften, die private kommerzielle Aktivitäten unter Strafe stellten und den einseitigen Schutz der Staatswirtschaft gewährleisteten.[281] Das Strafgesetzbuch der RSFSR war bis zum Jahr 1997 in Kraft und somit auch in der großen Umbruchphase der 1990er-Jahre anwendbar.[282] Die wirtschaftsstrafrechtlichen Bestimmungen wurden im Zuge des Übergangs zur Marktwirtschaft zwar sukzessive abgeschafft bzw. novelliert, dennoch entsprachen in der Phase, in der sich das Land auf dem Weg zur freien Marktwirtschaft befand, viele dieser Wirtschaftsstraftaten noch dem planwirtschaftlichen Denken.[283]

Die Verfassung der RF verankerte zunächst das Recht auf Ausübung unternehmerischer und anderer nicht verbotener wirtschaftlicher Tätigkeit,[284] das Recht der Bürger, sich zu versammeln, den freien Verkehr von Waren, Dienstleistungen und Kapital sowie die Unterstützung des Wettbewerbs und der Freiheit der wirtschaftlichen Betätigung.[285] Das Grundrecht auf Eigentum wurde erstmals in Art. 35 Verf. sowie Art. 36 Verf. für das Grundeigentum normiert. Die Freiheit unternehmerischer Betätigung ist nur durch Monopol- und unlautere Wettbewerbsregelungen eingeschränkt. Die Vereinigungsfreiheit ist in Art. 30 garantiert. Die neuen wirtschaftlichen Möglichkeiten wurden aber bald zu schwerwiegenden Schädigungen anderer Wirtschaftstreibender und der Allgemeinheit genutzt, sodass neue Strafvorschriften erlassen werden mussten.[286] Das Strafgesetzbuch der RF[287] trat am 1.1.1997 in Kraft und löste das Strafgesetzbuch der RSFSR aus dem Jahr 1960 ab. Im Vergleich zum alten hat das neue Strafgesetzbuch ca. 80 Tatbestände aufgehoben, dafür wurden rund 70 neue Tatbestände eingeführt.[288] Die Strafrechtsreform ist

---

280 Strafgesetzbuch der RSFSR vom 27.10.1960, Уголовный кодекс РСФСР от 27 октября 1960 г.; Принят третьей сессией ВС РСФСР пятого созыва 27 октября 1960 г.; Текст Кодекса опубликован в Ведомостях Верховного Совета РСФСР, 1960, N 40, ст. 591.

281 *Olejnik*, Wirtschaftsstrafrecht in Russland – Teil 1, 2014, S. 1f., http://www.ostinstitut.de/documents/Wirtschaftsstrafrecht_in_Russland_1.pdf, Abruf per 10.1.2017.

282 *Melnikov*, Das russische Wirtschaftsstrafrecht, 2011, S. 15.

283 *Melnikov*, S. 15.

284 Art 34.

285 Art 8.

286 *Schroeder*, Das neue russische Wirtschaftsstrafrecht, ZStW 2002, Bd. 1 S. 215.

287 Strafgesetzbuch der Russischen Föderation vom 13.6.1996; Уголовный кодекс Российской Федерации от 13 июня 1996 г. N 63-ФЗ; Текст Кодекса опубликован в Собрании законодательства Российской Федерации от 17 июня 1996 г. N 25 ст. 2954, в „Российской газете“ от 18 (ст.ст. 1–96), 19 (ст.ст. 97–200), 20 (ст.ст. 201–265), 25 (ст.ст. 266–360) июня 1996 г. N 113, 114, 115, 118.

288 *Olejnik*, 2014, S. 2.

aber noch nicht zu Ende. So wurde das StGB RF[289] zwischen den Jahren 1997 und 2016 durch über 100 Gesetze abgeändert und ergänzt.[290]

4 Rehabilitierung des privaten Eigentums

a) Allgemeines

Während der Sowjetzeit gab es für die Bürger kein privates, sondern nur persönliches Eigentum.[291] Dies bedeutete, dass ihr Eigentum nur für den persönlichen Bedarf und nicht für wirtschaftliche Tätigkeit verwendet werden durfte.[292]

Der marxistische Eigentumsbegriff wertete das staatliche Eigentum an Produktionsmitteln als die wichtigste Form des sozialistischen Eigentums.[293] Das (staatliche) Eigentum wurde in zwei Arten unterteilt:

- einerseits das sozialistische Eigentum an den Produktionsmitteln in Form des staatlichen Eigentums; das Eigentum wurde dabei als umfassendes Herrschaftsrecht gesehen, das die Herrschaftsordnung an einer Sache zulässt;[294]
- andererseits das genossenschaftlich-kooperative Eigentum;[295] dieses war de facto in staatlicher Hand konzentriert.[296]

---

289 С изменениями и дополнениями от: 27 мая, 25 июня 1998 г., 9 февраля, 15, 18 марта, 9 июля 1999 г., 9, 20 марта, 19 июня, 7 августа, 17 ноября, 29 декабря 2001 г., 4, 14 марта, 7 мая, 25 июня, 24, 25 июля, 31 октября 2002 г., 11 марта, 8 апреля, 4, 7 июля, 8 декабря 2003 г., 21, 26 июля, 28 декабря 2004 г., 21 июля, 19 декабря 2005 г., 5 января, 27 июля, 4, 30 декабря 2006 г., 9 апреля, 10 мая, 24 июля, 4 ноября, 1, 6 декабря 2007 г., 14 февраля, 8 апреля, 13 мая, 22 июля, 25 ноября, 22, 25, 30 декабря 2008 г., 13 февраля, 28 апреля, 3, 29 июня, 24, 27, 29 июля, 30 октября, 3, 9 ноября, 17, 27, 29 декабря 2009 г., 21 февраля, 29 марта, 5, 7 апреля, 6, 19 мая, 17 июня, 1, 22, 27 июля, 4 октября, 29 ноября, 9, 23, 28, 29 декабря 2010 г., 7 марта, 6 апреля, 4 мая, 11, 20, 21 июля, 7, 21 ноября, 6, 7 декабря 2011 г., 29 февраля, 1 марта, 5 июня, 10, 20, 28 июля, 16 октября, 12, 29 ноября, 3, 30 декабря 2012 г., 4 марта, 5 апреля, 28, 29 июня, 2, 23 июля, 21 октября, 2, 25 ноября, 21, 28 декабря 2013 г., 3 февраля, 5 мая, 4, 28 июня, 21 июля, 24 ноября, 22, 29, 31 декабря 2014 г., 3 февраля, 8, 30 марта, 23 мая, 8, 29 июня, 13 июля, 28 ноября, 30 декабря 2015 г., 30 марта, 1 мая, 2, 23 июня, 3, 6 июля, 22 ноября, 19, 28 декабря 2016 г., 7 февраля, 7 марта, 3, 17 апреля 2017 г. (Stand per 17.4.2017).

290 *Olejnik*, 2014, S. 2.

291 Siehe oben und *Laptev*, Unternehmertätigkeit in Rußland, S. 372 ff.

292 *Laptev*, Unternehmertätigkeit in Rußland, S. 372 ff.

293 *Stürmer*, S. 46.

294 *Stürmer*, S. 45.

295 *Leipold*, Privatisierungskonzepte im Systemwandel. Arbeitsberichte zum Systemvergleich, 1992, S. 17.

296 *Pterhoff/Schneider*, Privatisierung in Russland, in: *Leipold*, Privatisierungskonzepte im Systemwandel, 1992, S. 79.

Im Gesetz der Russischen Föderation über das Eigentum vom 24.12.1990 wird das Privateigentum erstmals anerkannt. Insgesamt sind in diesem Gesetz vier Eigentumsformen vorgesehen: Privateigentum (Eigentum der Bürger und Eigentum juristischer Personen), Staatseigentum, munizipales Eigentum und Eigentum gesellschaftlicher Organisationen. Wichtig ist, dass alle diese Eigentumsformen die gleiche rechtliche Stellung hatten. Dieses neue und für die Unternehmertätigkeit sehr wichtige Prinzip wurde anstelle der Monopolstellung des Staatseigentums eingeführt, das in der Zeit der Planwirtschaft gegolten hatte.[297]

b) Grund und Boden

Das Immobilienrecht blickt in der RF auf eine bewegte Geschichte zurück und war immer wieder Gegenstand politischer Auseinandersetzungen, die in Reformen mündeten: die Stolypinschen Reformen in den Jahren 1906 bis 1910, die die Umsetzung des Privateigentums bezweckten,[298] dann wieder die Verstaatlichung des gesamten Bodens nach der Oktoberrevolution 1917.[299] Nach der Revolution 1917 wurde neben dem politischen System auch das Rechtssystem in Russland grundlegend geändert. In der Folge wurde privates Grundeigentum gänzlich abgeschafft. Alle privaten Rechtsgeschäfte mit Liegenschaften waren verboten. Die Verstaatlichung des Landes wurde durch das Bodengesetzbuch[300] der Russischen Sozialistischen Föderativen Sowjetrepublik (RSFSR) im Jahre 1922 umgesetzt. Privates Eigentum an Immobilien war nicht mehr vorgesehen. Die Verfassung der UdSSR aus dem Jahr 1936[301] setzte a priori voraus, dass Liegenschaften Allgemeingut sind, weil sie im Staatseigentum stehen. Jeder Staatsbürger der Sowjetunion war somit als Mitglied der sozialistischen Gesellschaft im ideologischen Sinne (nicht im rechtlichen Sinne) Miteigentümer des Staatsvermögens.[302] Grundstücke waren in der UdSSR daher sog. Gemeingut des Volkes und befanden sich ausschließlich in öffentlicher Hand. Das Eigentum an Liegenschaften konnte nicht an Private

---

297 *Wieser*, Die Eigentumsverfassung Russlands – Reminiszenz an das Sowjeterbe oder Sinnhaftigkeit der Diversifizierung von Eigentumsformen?, in *Schroeder*, *Küpper* (Hrsg.), Ist die Transformation gelungen? Eigentum und Eigentumsordnung im postsozialistischen Europa, 2017, S. 95 ff.

298 *Litzinger*, S. 7, m.w.N.

299 *Breig*, S. 1.

300 Земельный кодекс РСФСР 1922 года, Собрание узаконений и распоряжений Рабочего и Крестьянского правительства Российская Социалистическая Федеративная Советская Республика (СУ РСФСР), 1922. № 68. Ст. 901; vgl. auch *Романенкова Е.Н.*, История отечественного государства и права, http://be5.biz/pravo/i012/44.htm, Abruf per 15.11.2015.

301 Siehe Fn. 13 oben.

302 *Bilinsky*, S. 24.

übertragen werden. Sie konnten nur Besitz- und Nutzungsrechte an Grundstücken erwerben.[303]

Während der Phase des Übergangs zum Kommunismus mussten wiederum Rechtsinstitute geschaffen werden, die die Nutzung und das Bewirtschaften der Liegenschaften im Rahmen der marxistischen Theorie erlaubten. Solche Rechtsfiguren waren z.B. Baurechte oder die Überlassung von dem Staat gehörenden Liegenschaften zur unbefristeten Nutzung.[304] Somit gab es während der Sowjetzeit zwar Privateigentum an Gebäuden, nicht aber an den Liegenschaften, auf denen sich die Gebäude befanden.[305] In den frühen 1990er-Jahren wurden schließlich erste Schritte der Bodenprivatisierung initiiert. Mit den „Grundlagen der bürgerlichen Gesetzgebung der Union der sozialistischen Sowjetrepubliken“ wurde unbewegliches Vermögen als Objekt des bürgerlichen Rechts erstmals wieder eingeführt.[306]

Nach dem Zerfall der Sowjetunion wurde intensiv an einer neuen Bodengesetzgebung der RF gearbeitet. Während die Arbeiten an einem neuen Zivilgesetzbuch für die RF verhältnismäßig rasch voranschritten und die Überführung von Produktionsmitteln aus Staatseigentum in Privateigentum zügig und umfassend durchgeführt wurde, bestanden hinsichtlich des Bodens lange Zeit rechtliche Blockaden und Unsicherheiten.[307] Gerade im Bereich der landwirtschaftlich genutzten Böden war der Widerstand der Opposition im Parlament gegen die Einführung des Privateigentums besonders stark. Auch die russische Bevölkerung lehnte privates Bodeneigentum in Umfragen überwiegend ab.[308] Ein wesentlicher Streitpunkt war die Frage des Grunderwerbs durch Ausländer, sodass im Parlament lange Zeit keine Einigung über die Nutzung landwirtschaftlicher Böden und den Rechtsverkehr mit ihnen erzielt werden konnte. Die Privatisierung der landwirtschaftlich genutzten Liegenschaften wurde daher weitgehend mit untergesetzlichen Normen umgesetzt. Im Präsidialerlass Nr. 1767 „Über die Regelung der Bodenverhältnisse und die Fortsetzung der Agrarreform in Russland“ vom 27. Oktober 1993[309] wurde erstmals das Wort „Privateigentum“ verwendet (bisher galten Liegenschaften ja als „Gut des ganzen Volkes“). Dies war nur deshalb möglich, weil dieser Erlass

303 *Gerasin*, Die Anpassung des Sachenrechts der DDR an das der Bundesrepublik Deutschland: Deutsche Erfahrungen für Russland? WiRO 2005, beck-online, S. 297.

304 Zu den einzelnen Nutzungsarten siehe *Rachkov*, Das neue russische Bodenrecht, Arbeitspapier des FOWI Nr. 93, 2003, S. 10 ff.

305 *Farian*, Dingliche Nutzungsrechte an fremden Grundstücken im russischen Recht, Studien des Instituts für Ostrecht München, Regensburg, 2010, S. 43.

306 Merkblatt der Industrie- und Handelskammer zu Düsseldorf vom Juni 2014, www.duesseldorf.ihk.de, Abruf per 15.11.2015.

307 *Rachkov*, S. 12.

308 *Litzinger*, S. 1.

309 Указ Президента РФ от 27 октября 1993 г. N 1767, „О регулировании земельных отношений и развитии аграрной реформы в России“, опубликован в газете „Российские вести“ от 29 октября 1993 г. N 210, в Собрание актов Президента и Правительства Российской Федерации от 1 ноября 1993 г. N 44 ст. 4191.

durch Präsident *El'cin* unter Ausübung seiner Sonderbefugnisse während des offenen Verfassungskonfliktes mit dem Parlament (Oberster Sowjet) erlassen wurde und als vorkonstitutionelles Recht galt. Nach dem Erlass bekamen natürliche und juristische Personen das Recht, Grundstücke zu erwerben, zu verkaufen, zu vererben, zu verschenken, zu belasten, zu tauschen und in Kapitalgesellschaften sowie Personengesellschaften mit und ohne ausländische Beteiligung einzubringen.[310]

Verfassungsrechtlich ist das Eigentum am Boden seit 1993 vorgesehen, und auch als Bürgerrecht garantiert. Gemäß Art. 9 der russischen Verfassung können Liegenschaften zum „Privateigentum, Staatseigentum und Kommunaleigentum gehören und unter anderen Eigentumsformen auftreten". Gemäß Art. 36 der Verfassung haben Bürger ein Recht auf Privateigentum an Liegenschaften. Die in Art. 9 und 36 der Verfassung garantierten Rechte und Freiheiten können nur während eines Ausnahmezustandes eingeschränkt werden.[311] Die Verfassung hat unmittelbare Geltung.[312] Ausländer und Staatenlose genießen in Russland dieselben Rechte und tragen dieselben Pflichten wie russische Bürger, mit Ausnahme der in Gesetzen oder in völkerrechtlichen Verträgen der RF vorgesehenen Fälle.[313]

Der erste Teil des neuen ZGB trat – mit Ausnahme des Kapitels 17, das das Eigentumsrecht und sonstige dingliche Rechte an Liegenschaften regelt und das erst gemeinsam mit dem neuen Bodengesetzbuch verabschiedet werden sollte – mit 1. Januar 1995 in Kraft. Kapitel 17 des ZGB wurde bereits am 30. November 1994 als Bestandteil des 1. Teils des ZGB verabschiedet, sollte aber gemäß dem Einführungsgesetz zum 1. Teil des ZGB erst gleichzeitig mit einem neuen Bodengesetzbuch in Kraft treten.[314] Die Einführung des Bodengesetzbuchs verzögerte sich. Im April 2001 führte das russische Parlament mit der Verabschiedung eines Änderungsgesetzes zum Einführungsgesetz zum 1. Teil ZGB das Kapitel 17 – sechs Monate vor dem neuen Bodengesetzbuch – schließlich doch vor dem Bodengesetzbuch ein.

c) *Das Bodengesetzbuch von 2001*

Erst im Jahr 2001 gelang es schließlich, das Bodengesetzbuch zu erlassen.[315] Der Grund für die späte Einführung war, dass das Bodengesetzbuch lange Zeit einen der größten Konfliktpunkte zwischen dem Präsidenten der RF und der von den Kommunisten beherrschten Staatsduma, des Unterhauses des russischen Parlaments, bildete.[316] Die Staatsduma versuchte, das in der Verfassung verankerte Eigentumsrecht am Boden einzuschränken oder gänzlich auszusetzen, während der Präsident für die effektive Einführung des Eigentumsrechts am Boden

310 *Rachkov*, S. 15.
311 Art. 56 Z. 1 der Verfassung; *Wieser*.
312 Art. 15 Z. 1 der Verfassung.
313 Art. 62 Z. 3 der Verfassung; *Rachkov*, S. 16f.
314 *Rachkov*, S. 9.
315 *Breig*, S. 1.
316 *Rachkov*, S. 16.

eintrat.[317] In den Jahren davor waren mehrere Versuche, eine politische Einigung über die Grundfragen des Bodenrechts zu finden, gescheitert. Wie bereits mehrfach in der Geschichte Russlands standen in diesem Konflikt die Bodenverhältnisse auf dem Land im Mittelpunkt der Auseinandersetzung. Gerade im Bereich der landwirtschaftlichen Böden wurden einerseits bereits früh – 1990/1991 – energische Schritte zu einer Bodenprivatisierung unternommen, die bis heute die Struktur des Grundeigentums auf dem Land prägen. Andererseits war hier der Widerstand gegen die Einführung des Privateigentums besonders stark.[318] Im Jahr 2002 wurde noch das Gesetz „Über den Rechtsverkehr mit landwirtschaftlichen Grundstücken" vom 24. Juli 2002 verabschiedet,[319] das Ende Januar 2003 in Kraft trat.

d) Trennung von Grundstück und Gebäude

Das Eigentum am Grundstück und das Eigentum an dem Gebäude darauf können in der RF nach wie vor historisch bedingt[320] auseinanderfallen. Das Eigentum an Grund und Boden wurde daher zunächst isoliert vom Eigentum an den mit diesem fest verbundenen Sachen betrachtet.[321] Das Eigentum am gesamten Grund und Boden lag ja während des Bestehens der Sowjetunion ausschließlich beim Staat. Private konnten – quasi als Ersatz für das Eigentumsrecht – nur Nutzungsrechte an Grundstücken wie Erbbesitz auf Lebenszeit oder das ständige (unbefristete) Nutzungsrecht erwerben.[322] Damit fielen die Rechte an den Grundstücken und an den darauf befindlichen Grundstücken auseinander.[323] Dies ist – nicht zuletzt aufgrund der in Ermangelung eines Bodengesetzbuches zeitlich früher erfolgten Privatisierung der Gebäude in der RF– gerade in den Städten häufig noch der Fall. Art. 1 Abs. 5 des Bodengesetzbuchs sieht zwar grundsätzlich die Einheitlichkeit des Schicksals der Grundstücke und der fest mit ihnen verbundenen Objekte vor. Danach teilen alle fest mit dem Grundstück verbundenen Objekte, mit Ausnahme der durch föderale Gesetze bestimmten Fälle, das Schicksal des Grundstücks. Dies kennzeichnet das Bemühen des Gesetzgebers, ein Auseinanderfallen von

---

317 *Rachkov*, S. 16.

318 *Breig*, S. 1.

319 Федеральный закон от 24 июля 2002 г. N 101-ФЗ „Об обороте земель сельскохозяйственного назначения"; Текст Федерального закона опубликован в „Российской газете" от 27 июля 2002 г. N 137, в „Парламентской газете" от 27 июля 2002 г. N 140–141, в Собрании законодательства Российской Федерации от 29 июля 2002 г. N 30 ст. 3018.

320 Grundstücke waren in der UdSSR sog. Gemeingut des Volkes und befanden sich ausschließlich in öffentlicher Hand, während die Gebäude auch in Privateigentum stehen konnten.

321 *Nußberger*, Einführung in das Russische Recht, 2010, S. 178f.

322 *Nobis*, Rechtliche Rahmenbedingungen für die Abwicklung von Bauvorhaben in der Russischen Föderation, 2012, S. 94.

323 *Nobis*, S. 94.

Grundstück und den darauf stehenden Objekten zu verhindern bzw. beides wieder zusammenzuführen.[324] Die Bestimmungen des Bodengesetzbuchs zielen daher auch darauf ab, dass Grundstück und Gebäude durch Rechtsgeschäfte in Zukunft nicht mehr getrennt werden können und nach Möglichkeit vereint werden sollen. So darf ein Grundstück nicht (mehr) ohne das darauf stehende Gebäude veräußert werden, wenn beides in einer Hand liegt,[325] und der Gebäudeeigentümer hat ein gesetzliches Vorkaufrecht an dem zugrunde liegenden Grundstück.[326]

Das Bodengesetzbuch wurde erst vor Kurzem wieder weitreichend geändert: Das Föderale Gesetz Nr. 171-FZ „Über die Einbringung von Änderungen in das Bodengesetzbuch der Russischen Föderation und in einzelne Gesetzgebungsakte der Russischen Föderation" vom 23. Juni 2014[327] trat am 1. März 2015 in Kraft. Bereits am 21. Juli 2014 wurden durch die Föderalen Gesetze Nr. 217-FZ[328] und Nr. 234-FZ[329] weitere Novellierungen dieser Novelle vorgenommen.[330] Die Novelle regelt u.a. die Entstehung, das Erlöschen und die Ausübung von Rechten an Grundstücken neu und ändert das bestehende Verfahren der Bereitstellung[331] von Grundstücken, die sich im staatlichen und kommunalen Eigentum befinden, an Bürger

324 *Wedde*, Russische Föderation: Bodengesetzbuch, WiRO 2002, beck-online, S. 109.

325 Art. 35 Abs. 4 Bodengesetzbuch.

326 Art. 35 Abs. 3 Bodengesetzbuch.

327 Федеральный закон от 23 июня 2014 г. N 171-ФЗ „О внесении изменений в Земельный кодекс Российской Федерации и отдельные законодательные акты Российской Федерации"; Текст Федерального закона опубликован на „Официальном интернет-портале правовой информации" (www.pravo.gov.ru) 24 июня 2014 г., в „Российской газете" от 27 июня 2014 г. N 142, в Собрании законодательства Российской Федерации от 30 июня 2014 г. N 26 (часть I) ст. 3377.

328 Федеральный закон от 21 июля 2014 г. N 217-ФЗ „О внесении изменений в Жилищный кодекс Российской Федерации и отдельные законодательные акты Российской Федерации в части законодательного регулирования отношений по найму жилых помещений жилищного фонда социального использования"; Текст Федерального закона опубликован на „Официальном интернет-портале правовой информации" (www.pravo.gov.ru) 24 июня 2014 г., РГ от 27 июня 2014 г. N 142, Собрание законодательства Российской Федерации от 30 июня 2014 г. N 26 (часть I) ст. 3377.

329 Федеральный закон от 21 июля 2014 г. N 234-ФЗ „О внесении изменений в отдельные законодательные акты Российской Федерации"; Текст Федерального закона опубликован на Собрание законодательства Российской Федерации от 28 июля 2014, N 30, ст. 4235.

330 *Vukolova*, Wesentliche Änderungen der Bodengesetzgebung, 2014, rödl newsletter, www.roedl.com/ru/ru/publikacii/pravovye_obzory/newsletterarchive/newsletter_russland/newsletter_russland/newsletter_russland_september_oktober_2014_rossiiskii_informacionnyi_obzor_sentjabr_oktjabr_2014.html, Abruf per 20.4.2015.

331 Die Bereitstellung der Grundstücke erfolgt in der Regel im Zuge von Auktionen, in gesetzlich vorgesehenen Fällen auch direkt.

und juristische Personen sowie das Verfahren zur Bildung und Umwidmung von Grundstücken. Man erwartet, dass dadurch eine hohe Anzahl neuer Grundstücke in Verkehr gesetzt werden könnten.[332] In das Bodengesetzbuch wurden insgesamt sechs neue Kapitel eingefügt.[333]

e) Registrierung von Immobilien

Die Entwicklung eines Systems der Registrierung von Eigentumsrechten und sonstigen Rechten an Immobilien sowie eines Katasterwesens begann in den 1990er-Jahren buchstäblich bei null.[334] In einem Land, in dem das Konzept des Privateigentums an Liegenschaften – im Wesentlichen mit einer kurzen Ausnahme um die 1900er Wende – erst seit wenigen Jahrzehnten thematisiert wird, war die Entwicklung nicht ganz einfach. Die Notariatsordnung von 1866 sah zwar bereits die Errichtung öffentlicher Urkunden und die Eintragungspflicht des Eigentumsübergangs an Liegenschaften in lokal geführte Grundbücher vor,[335] für den Bauernstand galt aber das Gewohnheitsrecht,[336] wonach Kaufverträge über Immobilien dem Bezirksgericht oder der Bezirksregierung zur Bestätigung vorzulegen waren.[337] Im Zuge mehrerer internationaler Projekte[338] wurde unter anderem das österreichische System als Beispiel[339] herangezogen. Zunächst erfolgte die technische (katastermäßige) Erfassung von Immobilien (für Grundstücke und die darauf befindlichen Gebäude) und die rechtliche Erfassung und Registrierung der Rechte an Immobilien und von Immobiliengeschäften („der damit zusammenhängenden Verträge") getrennt.[340]

Die katastermäßige Erfassung von Grundstücken war zunächst im Föderalen Gesetz Nr. 28 „Über das staatliche Bodenkataster" vom 2. Januar 2000[341] geregelt. Sie

---

332 Einzusehen unter www.agronews.ru/news/detail/134042/, Abruf per 20.4.2015.
333 *Vukolova*, Wesentliche Änderungen der Bodengesetzgebung.
334 *Kuzmishin/Sevillano/Sultanova*, in: *Frank/Wachter* (Hrsg.), Handbuch Immobilienrecht in Europa, München, 2004, Rn. 133.
335 *Babenkova*, S. 148 und 174.
336 *Babenkova*, S. 176 ff.
337 *Babenkova*, S. 177 m.w.N.
338 Dazu u.a. World Bank 1997: Russian Federation – Land Reform Implementation Support Project (LARIS), Washington, DC: World Bank, documents.worldbank.org/curated/en/1997/09/694586/russian-federation-land-reform-implementation-support-project-laris, Abruf per 20.4.2015.
339 *Meixner*, Österreichischer Kataster und Grundbuch – Ein Exportprodukt. Case Study Russland, Diplomarbeit der Technischen Universität Wien, Wien 2008, S. 46 ff.
340 IHK Düsseldorf, Grundzügen des russischen Immobilienrechts, 2014, www.duesseldorf.ihk.de/linkableblob/dihk24/Aussenwirtschaft/downloads/1284510/.15./data/M2_RF_Grundzuege_des_russischen_Immobilienrechts-data.pdf, Abruf per 20.4.2015.
341 Федеральный закон от 2 января 2000 г. N 28-ФЗ „О государственном земельном кадастре"; Текст Федерального закона опубликован в „Российской газете" от 10 января 2000 г. N 5, в „Парламентской газете" от 11 января 2000 г., N 4–5, в

erfolgte im staatlichen Bodenkataster und umfasste nur die Erfassung von Grundstücksgrenzen, Bodenkategorien und erlaubten Nutzungsarten in einem speziellen Verfahren[342] durch die Föderale Agentur des Katasters von Immobilienobjekten. Gebäude und Anlagen unterlagen der staatlichen technischen Erfassung durch die sog. Büros für die technische Erfassung (BTI).[343] Das zuständige BTI erstellte einen technischen Pass für das Gebäude oder die Anlage. Alle technischen Änderungen mussten in den technischen Pass aufgenommen werden. Das Gesetz über das staatliche Bodenkataster wurde durch das Föderale Gesetz Nr. 221-FZ „Über das staatliche Immobilienkataster" vom 24. Juli 2007[344] abgelöst. Durch dieses Gesetz wurde auch die technische Erfassung von Gebäuden, Anlagen und Räumlichkeiten dem Katasterwesen übertragen. Dieses Gesetz führte ein einheitliches Kataster ein, das neben den Grundstücken auch die darauf befindlichen Gebäude, Bauanlagen und unfertigen Bauten erfasste. Seit 2009 wurden im Zuge des Reformprozesses zur Bildung eines einheitlichen Systems der Registrierung von Immobilienrechten und des Katasterwesens zahlreiche Novellierungen[345] durchgeführt.[346] Bereits durch eine der letzten umfassenden Novellen wurde das einheitliche System weitgehend umgesetzt.[347] Der Föderale Dienst für staatliche Registrierung, Kataster und

---

Собрании законодательства Российской Федерации от 10 января 2000 г., N 2, ст. 149.

342 *Kassmann*, Formen des Baulanderwerbs in der Russischen Föderation, WiRO 2010, beck-online, S. 289.

343 Бюро технической инвентаризации (БТИ).

344 Федеральный закон от 24 июля 2007 г. N 221-ФЗ „О государственном кадастре недвижимости"СЗ РФ от 30 июля 2007, N 31, ст. 4017; Текст Федерального закона опубликован в „Российской газете" от 1 августа 2007 г. N 165, в „Парламентской газете" от 9 августа 2007 г. N 99–101, в Собрании законодательства Российской Федерации от 30 июля 2007 г. N 31 ст. 4017.

345 Zuletzt durch das Föderale Gesetz vom 3.7.2016, Федеральный закон от 3 июля 2016 г. N 361-ФЗ „О внесении изменений в отдельные законодательные акты Российской Федерации и признании утратившими силу отдельных законодательных актов (положений законодательных актов) Российской Федерации"; Текст Федерального закона опубликован на „Официальном интернет-портале правовой информации" (www.pravo.gov.ru) 4 июля 2016 г., в „Российской газете" от 12 июля 2016 г. N 151, в Собрании законодательства Российской Федерации от 4 июля 2016 г. N 27 (часть II) ст. 4294

346 Dazu s. auch IHK Düsseldorf 2014, Abruf per 20.4.2015.

347 Федеральный закон от 28 июля 2012 г. N 133-ФЗ „О внесении изменений в отдельные законодательные акты Российской Федерации в целях устранения ограничений для предоставления государственных и муниципальных услуг по принципу ‚одного окна'"; Текст Федерального закона опубликован в „Российской газете" от 30 июля 2012 г. N 172, на „Официальном интернет-портале правовой информации" (www.pravo.gov.ru) 30 июля 2012 г., в Собрании законодательства Российской Федерации от 30 июля 2012 г. N 31 ст. 4322.

Kartographie (ROSREESTR)[348] ist nun für die Durchführung des Immobilienkatasterwesens und für die staatliche Registrierung von Immobilien und Rechtsgeschäften mit ihnen zuständig. Mit dem 1. Januar 2013 trat der Großteil der novellierten Bestimmungen zum Gesetz über das staatliche Immobilienkataster in Kraft.[349] Derzeit erfolgt die Umstellung auf elektronische Form.[350] Die Umsetzung dieser Maßnahmen sieht u.a. die Vernetzung der einzelnen Büros vor, sodass die Einreichung von Unterlagen nach dem extraterritorialen Prinzip (in jedem beliebigen Büro soll der Zugriff auf Unterlagen möglich sein, unabhängig von der Lage des Grundstücks). Die organisatorische und technologische Umsetzung soll te bis März 2018 abgeschlossen sein.[351]

f) *Schaffung des einheitlichen staatlichen Immobilienregisters*

Die staatliche Registrierung von Rechten an Immobilien und Geschäften mit ihnen wurde erstmals umfassend durch das Föderale Gesetz „Über die staatliche Registrierung der Rechte am unbeweglichen Vermögen und der Geschäfte mit ihnen" (Immobilienregistrierungsgesetz)[352] im Jahr 1997 geregelt. Das Ziel dieses Systems der staatlichen Registrierung war es damals, staatliche Kontrollmechanismen für den sich stürmisch entwickelnden Immobilienmarkt zu schaffen. Seit dem Inkrafttreten des Immobilienregistrierungsgesetzes wird das einheitliche staatliche Register der Rechte an Immobilien und der Geschäfte mit ihnen (Immobilienregister) geführt. Bis dahin existierte ein unübersichtliches Nebeneinander der Registrierung und Erfassung der Rechte an Liegenschaften. Damit wurde die Schaffung eines universalen Grundbuchssystems im Sinne des kontinentaleuropäischen Verständnisses initiiert. Im Vergleich zum österreichischen Grundbuch fallen zunächst folgende Unterschiede auf: Das Immobilienregister wird zentral geführt, sodass der Antrag auf Einsicht zentral über das Internet – gegen eine Gebühr – gestellt werden kann. Darüber hinaus sieht Art. 7 Z. 1 des Registergesetzes im Gegensatz zu den österreichischen Vorschriften kein berechtigtes Interesse als Voraussetzung für die Einsichtnahme vor. Art. 131 Z. 4 ZGB statuiert sogar eine Pflicht des Registers, jedermann die darin verfügbare Information zur Verfügung zu stellen. Das Immobilienregister umfasst nicht alle Rechte an Immobilien: Vor dem Inkrafttreten

---

348 Федеральная служба государственной регистрации, кадастра и картографии (Росреестр), https://rosreestr.ru.

349 Федеральный закон от 28 июля 2012 г. N 133-ФЗ.

350 Einzusehen unter https://rosreestr.ru/site/ www.rosreestr.ru/wps/portal/p/cc_ib_ros_reestr/cc_documents Abruf per 20.4.2015.

351 Einzusehen unter www.rosreestr.ru/wps/portal Abruf per 20.4.2015.

352 Федеральный закон от 21 июля 1997 г. N 122-ФЗ „О государственной регистрации прав на недвижимое имущество и сделок с ним"; Текст Федерального закона опубликован в „Российской газете" от 30 июля 1997 г. N 145, в Собрании законодательства Российской Федерации от 28 июля 1997 г. N 30, ст. 3594.

des Registergesetzes entstandene Rechte sind auch ohne Registrierung wirksam. Ein nachträglicher Registrierungszwang ist nicht vorgesehen.

g) Rehabilitierung des privaten Eigentums

Das Pachtgesetz aus dem Jahr 1989 erlaubte die langfristige Pacht von Land und Betrieben. *Gorbačëv* lehnte das Privateigentum grundsätzlich ab.[353] Im Jahr 1990 erfolgte aber durch das Gesetz über das Eigentum in der UdSSR und die Verordnung über Unternehmen in der UdSSR erstmals die Anerkennung des Rechtes auf privates Eigentum. Das Eigentum natürlicher Personen, Kollektiveigentum und Staatseigentum wurden gleichgestellt.[354] Das Gesetz über die Privatisierung staatlicher und munizipaler Unternehmen in der RSFSR aus dem Jahr 1991, auch bekannt als „Privatisierungsgesetz",[355] regelte erstmals unter Berücksichtigung verschiedener Reformprogramme (Silaev-Programm, Javlinskij-Allisson-Programm) die Unternehmensprivatisierung. Mit dem Untergang des kommunistischen Systems 1991 wurde die Privatisierung zu einem wichtigen Instrument des Demokratisierungsprozesses.[356] Die eigentumsrechtlichen Garantien sind in der russischen Verfassung im ersten Kapitel zu den Grundlagen der verfassungsmäßigen Ordnung enthalten. Dabei wird der sozialistischen Tradition entsprechend zwischen privatem, staatlichem, kommunalem und anderen Formen von Eigentum unterschieden. Auch die Möglichkeit der Begründung von Privateigentum an Grund und Boden wurde in der neuen Verfassung von 1993 verankert.[357]

Vor einigen Jahren sorgte der nächtliche Abriss von Kiosken in Moskau (in der Nacht vom 8. auf den 9. Februar 2016) für viel Wirbel.[358] Die Moskauer Verwaltung führte eine Säuberungsaktion gegen angeblich illegal errichtete Kleinläden und Imbissbuden durch.[359] In Begleitung der Polizei wurden Dutzende Kiosks und Pavillons innerhalb von wenigen Stunden trotz Proteste der Besitzer und Mitarbeiter von Bulldozern abgerissen.[360] Dahinter steckt das Problem von Schwarzbauten,[361]

---

353 *Stürmer*, S. 33.

354 *Tchekhoev*, S. 21.

355 Закон РФ от 03.07.1991 N 1531-1 „О приватизации государственных и муниципальных предприятий в Российской Федерации"; Текст Закона опубликован в „Российской газете" от 19 июля 1991 г., в Ведомостях Съезда народных депутатов РСФСР и Верховного Совета РСФСР от 4 июля 1991 г., N 27, ст. 927-

356 *Stürmer*, S. 27f.

357 Art. 6 und 36 Verfassung RF.

358 *Wedde*, 2016, S. 354.

359 *Medvedev*, „Nacht der langen Baggerschaufeln". Zur Debatte über den Abriss von Kiosken in Moskau, Russland-Analysen Nr. 310, 19.02.2016, http://www.laender-analysen.de/russland/pdf/RusslandAnalysen310.pdf, Aufruf per 10.1.2017.

360 *Medvedev*.

361 *Wedde*, 2016, S. 354.

die im Zuge der ZGB-Überarbeitung neu definiert wurden.[362] Nach der Legaldefinition sind unter den sog. „eigenmächtigen Bauten“ Gebäude oder Anlagen zu verstehen, die auf einem Grundstück errichtet wurden, das diese Nutzungsart nicht vorsieht oder Bauten ausschließt, sowie sämtliche Gebäude, die ganz ohne Genehmigung errichtet wurden.[363] Das Gesetz sieht die mögliche Legalisierung von solchen Schwarzbauten vor und regelt ein eigenes Verfahren für ihren Abriss.[364] Auch wenn die rechtliche Basis für diese „Säuberungsaktion“ gegeben sein dürfte, führte ihre Durchführung zu erheblichen Reaktionen,[365] die dem Vertrauen in den Rechtsstaat nicht gerade förderlich sein dürften.

h) Aktuelle Rechtsentwicklung, insbesondere Rechtssicherheit erworbener Rechte

Nach einer Studie von *V. Shkliarou* im Rahmen seiner Dissertation wird die Frage nach der Rechtssicherheit – speziell für ausländische Investoren – sowohl von deutschen als auch von russischen Befragten sehr ähnlich beantwortet.[366] Geschriebenes und gelebtes Recht sind in Russland nicht deckungsgleich. Einerseits hat sich die russische Verfassung als ein stabiles Fundament für die russische Entwicklung erwiesen, andererseits wurde Russland z.B. im Jahr 2012 in 122 Fällen vom EGMR verurteilt.[367] In den vergangenen Jahren wurde die Rechtssicherheit vor allem durch die Novelle des Zivilgesetzbuches gesteigert. Dabei stellten die Beseitigung aufgetretener Mängel und die Abkehr von einem zu weit gehenden Formalismus die wichtigsten Anliegen dar.[368]

---

362 Федеральный закон от 13 июля 2015 г. N 258-ФЗ „О внесении изменений в статью 222 части первой Гражданского кодекса Российской Федерации и Федеральный закон ,О введении в действие части первой Гражданского кодекса Российской Федерации‘“; Текст Федерального закона опубликован на „Официальном интернет-портале правовой информации“ (www.pravo.gov.ru) 13 июля 2015 г., в „Российской газете“ от 16 июля 2015 г. N 154, в Собрании законодательства Российской Федерации от 20 июля 2015 г. N 29 (часть I) ст. 4384.

363 *Wedde*, 2016, S. 354.

364 *Wedde*, 2016, S. 354.

365 Снос незаконных построек в Москве, https://ria.ru/trend/moscow_samostroy_demolition_09022016/, Иванов: в Кремле поддерживают решение Москвы по „гадюшникам“ у метро, https://ria.ru/moscow/20160211/1372819779.html#ixzz3zxtQwlcg, Abruf per 10.1.1017.

366 *Shkliarou*, Bedeutung mentaler und kultureller Differenzen bei der Erwägung Russlands als Firmenstandort durch deutsche Unternehmer, 2012, S. 115.

367 Einzusehen unter http://www.echr.coe.int/Documents/Stats_violation_2012_ENG.pdf, Abruf per 15.10.2015.

368 Das Jahr 2013 – ein rechtspolitischer Rückblick, Ost/Letter 1–2014 des Ost Instituts Wismar, S. 1, online abrufbar: http://www.ostinstitut.de/documents/Jahresrckblick_Rechtspolitik_Russland_2013_Ves._30.1.pdf, Abruf per 15.10.2015.

Wirtschaftspolitisch gab es seit 2012 einige Verbesserungen, die dazu beigetragen haben, dass sich das ‚ease of doing business rating' der Weltbank für Russland innerhalb von kurzer Zeit von Platz 112 auf 62 verbessert hat.[369] Dieses Ranking stuft einzelne Volkswirtschaften nach der Leichtigkeit der Geschäftstätigkeit im jeweiligen Land ein. Dabei bedeutet eine hohe Einstufung, dass das regulatorische Umfeld für den Betrieb eines Unternehmens im betrachteten Land besonders förderlich ist.

5 Privatisierung

a) *Unternehmensprivatisierung*

In Russland ging die Privatisierung mit der Einführung des marktwirtschaftlichen Systems einher. Die Privatisierung ist ein konstituierendes Element des gesamtwirtschaftlichen Wandels.[370] Unter dem Begriffsbild der Privatisierung wird allgemein der Übergang der Eigentumsrechte an einem Unternehmen vom öffentlichen zum privaten Sektor verstanden.[371] Grundsätzlich unterscheidet man zwei Modelle:[372]

- entgeltliche Privatisierung: Öffentliches Vermögen wird dabei auf unterschiedliche Weise an Käufer aus der Privatwirtschaft überführt.
- unentgeltliche Privatisierung: Diese Form entspricht den Vorstellungen der planwirtschaftlichen Staaten, nach denen jeder Bürger der Eigentümer des staatlichen Vermögens sei.

El'cin beteuerte 1991 die Notwendigkeit zur schnellen Reformierung des Landes. Der Schwerpunkt seiner Politik war die Liberalisierung der Preise und die Beseitigung des Budgetdefizits. Die Privatisierung wurde zunächst aufgrund des Privatisierungsgesetzes vom 3.7.1991 und gemäß jährlich vom Obersten Sowjet der Russischen Föderation zu bestätigenden Privatisierungsprogrammen[373] durchgeführt[374] und schritt zunächst zügig voran. Sie erfolgte in mehreren Etappen.

369 Siehe http://www.doingbusiness.org/rankings Abruf per 27.1.2015.

370 *Frydman/Rapaczynski*, The Privatisation Process in Russia, Ukraine and the Baltic States, 1993, S. 47.

371 *Bortolotti/Siniscalco*, The Challenges of Privatization. An International Analysis, 2004, S. 1.

372 *Stürmer*, S. 44.

373 So z.B. Постановление Правительства РФ от 29 января 1992 г. N 52 „Об ускорении реализации программы приватизации на 1992 год"; Текст постановления официально опубликован не был; Указ Президента РФ от 24 декабря 1993 г. N 2284 „О государственной программе приватизации государственных и муниципальных предприятий в Российской Федерации"; Текст Указа опубликован в „Российской газете" от 4 января 1994 г., в Собрании актов Президента и Правительства Российской Федерации от 3 января 1994 г., N 1, ст. 2.

374 *Laptev*, Unternehmertätigkeit in Rußland, S. 372.

1992–1994: „Unentgeltliche Voucherprivatisierung“: Privatisierungsschecks, die gegen Aktien staatlicher Unternehmen eingetauscht werden konnten, wurden an russische Bürger ausgegeben.[375] Aufgrund der mangelhaften Information der Bürger folgte ein „Run“ auf die Anteilsscheine einiger Fonds. Stärkere Kontrolle des Prozesses erfolgte schließlich nach dem Zusammenbruch einiger großer Fonds.[376]
1994–1996: „Entgeltliche Geldprivatisierung“: Im Juli 1996 erfolgte die Einführung eines Pfandprogramms. Die leeren Staatskassen sollten durch die Verpfändung von Aktienpaketen gegen Kredit gefüllt werden.
1997: Erlösmaximierung, größere Transparenz, Berechenbarkeit für die Öffentlichkeit sollten durch die Schaffung einer gesetzlichen Grundlage für den Privatisierungsprozess erreicht werden. Als Ziele wurden die Maximierung der Einnahmen aus der Privatisierung für den Staatshaushalt, die Förderung der privaten Investitionen sowie die Schaffung eines fairen Wettbewerbs in der russischen Wirtschaft angeführt. Das Gesetz regelte eine Reihe von zulässigen Privatisierungsmethoden: die Versteigerung, die öffentliche Ausschreibung mit Investitions- und/oder Sozialbedingungen, die Verpachtung mit Erwerbsrecht und die Einlage von staatlichem oder kommunalem Vermögen in das Stammkapital einer Kapitalgesellschaft.
2000: Eine neue Konzeption ist an der Reduzierung des Staatsvermögens orientiert.
2001: Das neue Bodengesetz trat in Kraft, um den Privatisierungsprozess zu beschleunigen.[377]

Der quantitative Erfolg des russischen Privatisierungsprogramms war beträchtlich, durch die Mitte 1992 einsetzende „kleine“ Privatisierung ging die Mehrzahl der kleinen Staatsbetriebe in private Hände über, vornehmlich durch Ausschreibung und direkten Verkauf.[378] Zum 1.6.1993 waren bereits 68.000 Unternehmen privatisiert worden.[379] Auch die „große“ Privatisierung (Privatisierung der staatlichen Mittel- und Großbetriebe) erzielte ab Ende 1992 rasche Fortschritte: Nachdem zunächst eine Umwandlung der Staatsbetriebe in Aktiengesellschaften erfolgt war, kam es zur formalen Privatisierung ganzer Betriebe oder Betriebsanteile.[380]

Auf der Schattenseite blühte die Oligarchie, und viele Staatsbetriebe wurden in Scheinausschreibungen weit unter ihrem Wert verkauft.[381] „Unbegründet niedrige

375 Einzusehen unter http://russland.ahk.de/laenderinfo/russland/privatisierung/ Abruf per 22.12.2014.
376 *Kordasch*, S. 47.
377 Einzusehen unter http://russland.ahk.de/laenderinfo/russland/privatisierung/ Abruf per 22.12.2014.
378 *Höhmann*.
379 Bericht des Staatskomitees für Statistik über die sozial-ökonomische Lage und die Entwicklung von Wirtschaftsreformen im ersten Halbjahr 1993, Экономика и жизнь 1993, № 31, С. 21.
380 *Höhmann*.
381 *Höhmann*.

Preise auf Staatsaktiva, falsifizierte Ausschreibungen, niedrige Effektivität der Veräußerungen" waren die Mängel der Privatisierungsausschreibungen laut einem Bericht des russischen Rechnungshofes von 2004. De facto war die Privatisierung in vielen Bereichen illegitim. Ein großer Teil der Russen spricht sich für eine Revision der Privatisierungsergebnisse aus, so eine Umfrage der Stiftung Öffentliche Meinung.[382] „Heute hat die Privatisierung in den Augen der Öffentlichkeit keine Legitimation mehr. Das ist ein kolossales Problem", sagte *Pëtr Aven*, Mitinitiator der damaligen Reformen, in einem Forbes Interview.[383] Den gesamten Prozess der Privatisierung russischer Art bezeichnete der Volksmund als widerrechtliche Aneignung.[384]

b) Wohnraumprivatisierung

Ziele der Privatisierung von Wohnraum im postsowjetischen Russland sind zum einen die Entlastung der staatlichen und kommunalen Budgets, zum anderen neue Formen einer effizienteren Allokation von Wohnraum. Gleichzeitig sollte mit der kostenlosen Eigentumsübertragung eine erhöhte Zustimmung für den Reformverlauf gewonnen werden.[385] Für die Wohnungsprivatisierung sprachen finanzielle Erwägungen sowie die Sicherung des eigenen Wohnrechts der Bürger und der nachfolgenden Generationen. Gegen die Wohnungsprivatisierung sprachen die widersprüchliche Rechtslage, die Rechtsunsicherheit und ein geringes Angebot an leer stehenden Wohnungen.

Durch ein von Präsident *Putin* im März 2016 unterzeichnetes Gesetz[386] wurde das drohende Ende der kostenlosen Privatisierung wiederum verschoben.[387]

---

382 *Höhmann*.

383 *Jegorow*, Der lange Weg von der Planwirtschaft zur Marktwirtschaft, http://de.rbth.com/wirtschaft/2016/12/08/der-lange-weg-von-der-planwirtschaft-zur-marktwirtschaft_654655, vom 8.12.2016, Abruf per 10.1.2017.

384 *Ludwig*, Privatisierung russischer Art, FAZ 16.12.2004, http://www.faz.net/aktuell/wirtschaft/russland-privatisierung-russischer-art-1194656.html, Abruf per 15.10.2014.

385 *Häußermann/Oswald*, Wohnungseigentum? Nicht geschenkt!, in Zeitschrift für Soziologie, Jg. 30, Heft 1, Februar 2001, S. 65–78.

386 Федеральный закон от 29 февраля 2016 г. N 33-ФЗ „О внесении изменения в статью 2 Федерального закона ‚О введении в действие Жилищного кодекса Российской Федерации'"; Текст Федерального закона опубликован на „Официальном интернет-портале правовой информации" (www.pravo.gov.ru) 29 февраля 2016 г., в „Российской газете" от 1 марта 2016 г. N 43, в Собрании законодательства Российской Федерации от 29 февраля 2016 г. N 9 ст. 1168.

387 Dazu s. auch http://www.aktuell.ru/russland/wirtschaft/putin_verlaengert_wohnungs_privatisierung_bis_2015_2393.html, Abruf per 19.12.2014.

6 Vertragsfreiheit

a) Allgemeines

Das russische ZGB geht vom Grundsatz der Vertragsfreiheit[388] aus. Bürger und juristische Personen sind frei, Verträge abzuschließen. Der Vertrag beruht auf der Willensübereinstimmung der Parteien.[389] Die Parteien können sowohl einen Vertrag abschließen, der durch Gesetz oder andere Rechtsakte vorgesehen ist, als auch einen Vertrag, der nicht durch Gesetz oder andere Rechtsakte vorgesehen ist. Die Bedingungen eines Vertrags werden nach dem Ermessen der Parteien bestimmt, außer in den Fällen, in denen der Inhalt der entsprechenden Bedingung durch Gesetz oder andere Rechtsakte vorgeschrieben ist. Zwingende Normen der Gesetzgebung sind jedoch zu beachten. Ein Vertrag muss den für die Parteien verbindlich durch Gesetz und andere Rechtsakte festgelegten Regelungen entsprechen (imperativen Normen), die im Zeitpunkt des Vertragsschlusses wirksam waren. Die Vertragsparteien sind somit sowohl hinsichtlich der Vertragsbedingungen als auch hinsichtlich des Vertragsabschlusses frei, sofern nicht durch zwingende gesetzliche Bestimmungen etwas anderes vorgesehen ist (Art. 421 Abs. 4 Satz 2 ZGB). Die Vertragsfreiheit findet in „imperativen Gesetzesbestimmungen" ihre Grenze.[390] Welche Normen hiervon konkret erfasst sind, ist durch Gesetzesauslegung zu ermitteln.[391] Die Normen des russischen Rechts sind grundsätzlich zwingend, sofern der Normentext nicht ausdrücklich durch eine sog. Öffnungsklausel („wenn vertraglich nichts anderes bestimmt ist") eine abweichende Parteienvereinbarung zulässt.

Der erste Teil des ZGB enthält allgemeine Bestimmungen zum Vertrag. Der zweite Teil regelt einzelne Vertragstypen. Diese Bestimmungen gelten als lex specialis zu den allgemeinen Bestimmungen im ersten Teil des ZGB. Innerhalb des zweiten Teils wird subsidiär zunächst auf das Kaufrecht zurückgegriffen, erst wenn das Kaufrecht keine Bestimmungen enthält, wird auf die allgemeinen Bestimmungen zurückgegriffen. Das ZGB definiert den Vertrag als eine Vereinbarung zwischen zwei oder mehreren Personen über die Begründung, Änderung oder Aufhebung ziviler Rechte und Pflichten (Art. 420 ZGB).

Oberstes Prinzip der Vertragsauslegung ist die buchstäbliche Auslegung. Die wörtliche Bedeutung einer Vertragsbedingung wird im Fall ihrer Mehrdeutigkeit durch den Vergleich mit den anderen Bedingungen und der Bedeutung des gesamten Vertrags festgestellt (Art. 431 Abs. 1 ZGB). Nur wenn diese Regeln die inhaltliche Bestimmung des Vertrags nicht ermöglichen, muss der tatsächliche gemeinsame Wille der Parteien unter Berücksichtigung des Vertragszwecks ermittelt werden. Dabei sind alle relevanten Umstände wie der Inhalt der Verhandlungen und des vorangegangenen Schriftverkehrs, die Praxis, die sich in den gegenseitigen

---

388 Art. 421, 422 ZGB.
389 Art. 154 Abs. 3 ZGB.
390 Art. 422 Abs. 1 ZGB.
391 *Nußberger*, S. 149f.

Beziehungen der Parteien herausgebildet hat, die Gewohnheiten und das Folgeverhalten der Parteien zu berücksichtigen (Art. 431 Abs. 2 ZGB).

Der buchstäbliche Sinn des Vertragstextes hat somit Vorrang, und der tatsächliche Wille der Parteien ist erst dann zu ermitteln, wenn der Vertragsinhalt hierdurch nicht festgestellt werden kann. Dies gilt auch, wenn eine Auslegung nach dem Parteiwillen etwas anderes ergeben würde.[392] Im Extremfall, etwa bei ungeschickt formulierten Vertragsbedingungen, kann dieses streng an dem Wortlaut des Vertrages ausgerichtete Vorgehen zu dem widersinnigen Ergebnis führen, dass Vereinbarungen in einer Weise interpretiert werden, die die Parteien nicht intendiert oder sogar gerade nicht gewollt haben und tatsächlich beabsichtigte Inhalte unbeachtet bleiben.[393] Diese Bestimmungen blieben natürlich nicht unumstritten.[394]

Im Juni 2014, also kurz vor der Auflösung desselben im August 2014, fasste das Präsidium des Obersten Arbitragegerichts einen Beschluss,[395] in dem die Grenzen der Vertragsfreiheit und die grundlegenden Rechtsgedanken des russischen ZGB neu festgelegt werden.[396] Nach dem Beschuss soll es nicht mehr vorrangig auf den Wortlaut, sondern auf den Sinn einer Bestimmung ankommen. Ein Vertrag wäre demnach im Zweifel nicht primär nach dem Wortlaut, sondern so auszulegen, wie es dem Willen der Parteien entspricht. Bereits die Verordnung des Obersten Arbitragegerichts vom 14. März 2014 Nr. 16 „Über die Vertragsfreiheit und ihre Grenzen“ definiert den Begriff der imperativen Rechtsnorm neu und sieht Regelungen zur Auslegung der Vertragsbestimmungen vor, die die „schwache“ Vertragspartei schützen. Inwieweit diese gewissermaßen contra legem erfolgenden Auslegungstendenzen nach der Auflösung des Obersten Arbitragegerichts in der Rechtsprechung beibehalten werden, wird sich weisen.

b) Wegfall der staatlichen Planung

Der durch den Zerfall der Sowjetunion sehr abrupt erfolgte Wegfall der staatlichen Planung und der proklamierte Übergang zur Marktwirtschaft sorgten für erhebliches Chaos, dessen Nachwirkungen bis heute spürbar sind. Mit dem Präsidialerlass über die Liberalisierung der außenwirtschaftlichen Tätigkeit auf dem Staatsgebiet

392 *Борисов А.Н., Ушаков А.А., Чуев В.Н.*, Комментарий к разделу III „Общая часть обязательственного права“ части первой Гражданского кодекса РФ (главы 21–29). – „Деловой двор“, 2015 г.

393 *Kettler*, Eigentumsvorbehalt und Sicherungsübereignung an beweglichen Sachen im Recht der Russischen Föderation, 2008, S. 51.

394 Für viele: *Kettler*, S. 52 m.w.N.

395 Постановление Президиума Высшего Арбитражного Суда РФ от 10 июня 2014 г. N 2504/14.

396 *Bilgeis*, Mehr Vertragsfreiheit in Russland, Russland aktuell 24/2014, S. 8, http://www.beiten-burkhardt.com/de/bereiche/downloadbereich/presseartikel/81215-mehr-vertragsfreiheit-in-russland, Abruf per 15.11.2015.

der RSFSR vom 15.11.1991[397] wurden die Grundlagen für einen weitgehend freien Außenhandel geschaffen. Art. 1 erlaubte zunächst allen auf dem Staatsgebiet der RF registrierten Unternehmen, ohne spezielle Registrierung außenwirtschaftliche Tätigkeit auszuüben.[398] Der offizielle Start in die Marktwirtschaft erfolgte mit Beginn des Jahres 1992 auf der Grundlage des von Präsident *El'cin* im Oktober 1991 vorgelegten Reformprogramms mit den beiden zentralen Hauptzielsetzungen Liberalisierung und Privatisierung. Die Verfassung von 1993 setzte dann den konstitutionellen Rahmen für eine marktwirtschaftliche Ordnung, die zwar soziale Züge tragen sollte, aber keinerlei Ansätze zeigte, „dritte Wege" mit Mischungen markt- und planwirtschaftlicher Elemente festzuschreiben.[399] In den 1990er-Jahren brach die Wirtschaftsleistung um bis zu 50 Prozent ein, weite Teile der Bevölkerung verarmten.[400] Die wirtschaftliche Entwicklung Russlands nach der Auflösung der Sowjetunion war zunächst von einem drastischen Einbruch der Produktion geprägt, gefolgt vom Wegfall der eingespielten Handelsbeziehungen im Verbund der Sowjetunion.[401] Der Übergang von der Planwirtschaft zu einer marktwirtschaftlichen Ordnung war schwierig und gelang nur in Teilbereichen.[402]

c) Liberalisierung der Preise

Die Liberalisierung der Preise und Löhne, die in der sowjetischen Planwirtschaft weitgehend administrativ geregelt waren, sowie die Aufhebung der planwirtschaftlichen Mengenregulierungen für die Produktion und den Binnen- und Außenhandel können als Beginn der russischen Transformationspolitik gesehen werden. Die entsprechenden Richtlinien traten – mit bestimmten Ausnahmen, vor allem im Energiebereich – im Januar 1992 in Kraft und galten zunächst für ganz Russland. Ab März 1992 wurden die Regionen jedoch ermächtigt, die Liberalisierungsprogramme nach ihren Vorstellungen zu modifizieren. Daraufhin führten viele von ihnen neue Preisregelungen ein, die teilweise mit erheblichen Subventionen

---

397 Указ Президента РСФСР от 15 ноября 1991 г. N 213 „О либерализации внешнеэкономической деятельности на территории РСФСР"; Текст Указа опубликован в газете „Российская газета" от 19 ноября 1991 г., в Ведомостях Съезда народных депутатов РСФСР и Верховного Совета РСФСР от 21 ноября 1991 г. N 47 ст. 1612; vgl. auch die Übersetzung in WiRO 1992, S. 14.

398 Diese Bestimmung wurde zwar nach knapp acht Monaten durch einen weiteren Präsidialerlass zum Teil wieder aufgehoben, der Grundstein für die Liberalisierung war aber gelegt, vgl. *Puseizer/Micheler*, Die Rechtsgrundlagen des Außenhandels mit Rußland, Arbeitspapier des FOWI Nr. 13, 1993, S. 17.

399 *Höhmann*.

400 *Bidder*, Ende der Sowjetunion, Adieu, rote Flagge, http://www.spiegel.de/einestages/russland-ende-der-sowjetunion-1991-vor-25-jahren-trat-gorbatschow-zurueck-a-1126909.html, Abruf per 10.1.2017.

401 *Höhmann*.

402 *Höhmann*.

verbunden waren. Eine beträchtliche regionale Preisdifferenzierung war die Folge, und auch die bald einsetzenden Versuche des Zentrums, die Kontrolle über den Liberalisierungsprozess durch neue normative Regelungen zurückzugewinnen, konnten die Alleingänge der einzelnen Föderationssubjekte nicht unterbinden. So entstand ein verwirrendes Gemisch von unklaren Zuständigkeiten zwischen zentralrussischen und regionalen Organen, instabilen und widersprüchlichen Gesetzgebungsakten sowie wechselnden Konstellationen im Machtverhältnis von Zentrum und Regionen.

Diese Gemengelage behinderte lange Zeit eine homogene und transparente Marktwirtschaft und sollte ab Beginn der Präsidentschaft *Putins* durch neue, für ganz Russland geltende und die Einheit des Wirtschaftsraums sichernde marktwirtschaftliche Reformen überwunden werden.[403] Dem verstärkten Abbau reglementierender Vorschriften stehen allerdings nach wie vor die natürlichen Monopole des Rohstoff- und Energiesektors entgegen, deren Reform nur schleppend verläuft, sowie der insgesamt zunehmende Konzentrationsgrad der russischen Wirtschaft.[404] Gegenwärtig kontrollieren wenige große Eigentümergruppen (Jukos, Gazprom, Lukojl, Surgutneftegaz, Sibneft', RAO EĖS Rossii, Noril'skij nikel' und Mobil'nye telesistemy) etwa 85 Prozent der Umsätze der privaten Kapitalgesellschaften Russlands. Innerhalb dieser Gruppen geht der Konzentrationsprozess weiter: So hat Jukos inzwischen die Mehrheitsanteile an Sibneft' erworben.[405]

d) Sonderprobleme

Ein besonderes Hindernis für den Umgestaltungsprozess bildete das materielle Strukturerbe der sowjetischen Planwirtschaft, die eine nach Sektoren und Regionen ungleichgewichtige Wirtschaftsstruktur mit einer permanenten Ausbeutung der ökonomischen Ressourcen des Landes im Interesse kurzfristiger Machtentfaltung hinterließ.[406] Dazu kamen unwirtschaftliche, extensive Beschäftigungsverhältnisse, die in der Transformationsphase zunehmende Arbeitslosigkeit vorprogrammierten, sowie eine zurückgestaute Inflation, die sich nach der Liberalisierung der meisten Preise zu Beginn der 1990er-Jahre in einer Preisexplosion entlud.[407] Auch die Konzentration des sowjetischen Außenhandels auf den Wirtschaftsbereich des RGW (1990 aufgelöst), der die Ostblockstaaten sowie Kuba, die Mongolei, Nordkorea und Vietnam umfasste, und ihre Schwerpunkte im Rohstoff- und Energiesektor belasten die russische Wirtschaft trotz der inzwischen vor allem in regionaler Hinsicht eingetretenen Veränderungen bis heute.[408]

---

403 *Höhmann.*
404 *Höhmann.*
405 *Höhmann.*
406 *Höhmann.*
407 *Höhmann.*
408 *Höhmann.*

Eine Ursache liegt zudem in dem prekären Verhältnis zwischen Privatisierung und der Verbreitung aller Arten von Kriminalität in einem breiten Spektrum von Steuerhinterziehung über Korruption und Schutzgelderpressung bis zum Einsatz physischer Gewalt mit Mord als extremer Steigerung.[409]

e) Umgang mit Kontrahierungszwängen

Die Funktion des Kontrahierungszwanges wird in Russland durch den sog. öffentlichen Vertrag gewährleistet.[410] Das ZGB regelt den „Öffentlichen Vertrag“:[411] Gewerbliche Anbieter können demnach aufgrund des Charakters der Ware oder der Tätigkeit zum Vertragsabschluss verpflichtet sein, unabhängig von einer etwaigen Monopolstellung. Außerdem werden im speziellen Schuldrecht jeder Einzelhandelskaufvertrag und jeder Werkvertrag des täglichen Bedarfs sowie bestimmte Dienstleistungsverträge[412] zum öffentlichen Vertrag erklärt, was den Anwendungsbereich dieses Rechtsinstituts erheblich ausdehnt.[413] Gemäß Art. 424 Abs. 1 ZGB kann auch die Preisgestaltung in gesetzlich geregelten Fällen durch dazu ermächtigte staatliche Organe erfolgen. Für den Außenhandel sind diese Bestimmungen aber kaum relevant.

f) Sprachschutzgesetzgebung im Außenhandel

Für den Außenhandel bestehen keine ausdrücklichen Sprachvorschriften. Es gibt aber eine Sprachschutzgesetzgebung in Bezug auf den inländischen öffentlichen Raum und zugunsten von Verbrauchern.[414]

In der Praxis wird i.d.R. darauf geachtet, die Sprachwahl des Vertrages an die Gerichtszuständigkeit zu koppeln. Die RF hat mit vielen westeuropäischen Ländern kein völkerrechtliches Vollstreckungsabkommen für die Vollstreckung von Zivilrechtsurteilen abgeschlossen. Es kann daher, sofern keine Schiedsklausel vereinbart wurde, aus Gründen der Verfahrensökonomie sinnvoll sein, die russische

---

409 *Höhmann.*

410 *Armbrüster/Baumann*, Der Begriff des Versicherungsvertrags im russischen Recht: Grundzüge des Privatversicherungsrechts der Russischen Föderation, 2011, S. 387.

411 Art. 426 ZGB.

412 Als Beispiel sei genannt Art. 927 Abs. 1 Abs. 2 ZGB für den Personenversicherungsvertrag.

413 *Schramm*, Allgemeines Vertragsrecht, in *Nussberger* (Hrsg.), Einführung in das russische Recht, 2010, S. 150.

414 Die gesetzlich erforderlichen Informationen für die Verbraucher müssen gemäß Art. 8 des Verbraucherschutzgesetzes 1992 in russischer Sprache verfasst sein: Закон РФ от 7 февраля 1992 г. N 2300-I „О защите прав потребителей“, Текст Закона опубликован в „Российской газете“ от 7 апреля 1992 г., в Ведомостях Съезда народных депутатов Российской Федерации и Верховного Совета Российской Федерации от 9 апреля 1992 г., N 15, ст. 766.

Sprache – im Hinblick auf ein allfälliges Verfahren vor einem russischen Gericht – als Vertragssprache im Außenhandel zu wählen.

g) Wirtschaftssanktionen

a) Allgemeines

Die Europäische Union stuft die Eingliederung der Krim in die RF als illegale Annexion und vorsätzliche Destabilisierung der Ukraine ein und erkennt diese nicht an.[415] Sie unterstützt seit Februar 2014 die Ukraine daher verstärkt in ihren wirtschaftlichen und politischen Reformen.[416] Im März 2014 einigte sich der Europäische Rat auf erste diplomatische Maßnahmen als Reaktion auf das Vorgehen Russlands in der Ukraine.[417] Im Juli 2014 verhängte die EU erstmals wirtschaftliche Sanktionen gegenüber Russland als Antwort auf das laut EU „destabilisierende Vorgehen Russlands im Osten der Ukraine".[418] Nach Ansicht der Europäischen Union liegt die Basis für die langfristige Lösung des Konflikts in der Einhaltung des Minsker Abkommens. Die Sanktionen der EU sollen erst rückgängig gemacht werden, wenn die RF das Minsker Abkommen vollständig umsetzt.[419]

i Maßnahmen durch die EU

Am 31.7.2014 wurden von der EU aufgrund der Vorfälle in der Ostukraine erstmals Wirtschaftssanktionen gegen Russland[420] verhängt. Die Sanktionen beinhalten ein Militärgüterembargo, ein Exportverbot für Dual-Use-Güter, ein Exportverbot für Ölausrüstung und eine Beschränkung des EU-Kapitalmarktes. Die Sanktionen in Bezug auf die Krim und Sewastopol[421] beinhalten u.a. ein Importverbot für Waren mit Ursprung auf der Krim oder Sewastopol, ein Exportverbot für bestimmte Waren und Dienstleistungen, ein generelles Investitionsverbot auf der Krim oder in Sewastopol, die Erbringung von Tourismusdienstleistungen für die Krim und Sewastopol. Außerdem wurden Sanktionen gegen die frühere Regierung der Ukraine[422] erlassen, die Finanzsanktionen gegen bestimmte Personen, Organisationen oder Einrichtungen der Regierung *Janukovič* betreffen. Durch

---

415 EU-Sanktionen gegen Russland aufgrund der Krise in der Ukraine, https://europa.eu/newsroom/highlights/special-coverage/eu-sanctions-against-russia-over-ukraine-crisis_de, Abruf per 17.1.2017; zuletzt durch den BESCHLUSS (GASP) 2020/2143 DES RATES vom 17. Dezember 2020 zur Änderung des Beschlusses 2014/512/GASP über restriktive Maßnahmen angesichts der Handlungen Russlands, die die Lage in der Ukraine destabilisieren.

416 EU-Sanktionen gegen Russland.

417 EU-Sanktionen gegen Russland.

418 EU-Sanktionen gegen Russland.

419 EU-Sanktionen gegen Russland.

420 VO (EU) 833/2014, geändert durch VO (EU) 1290/2014, Beschluss 2014/512/GASP.

421 VO (EU) 692/2014, geändert durch VO (EU) 1351/2014.

422 VO (EU) 208/2014.

Personenlistungen und Finanzsanktionen[423] werden Personen, die in der Ukraine, in Russland, auf der Krim oder in Sewastopol aktiv sind, de facto vom Wirtschaftsleben ausgeschlossen (Bezahlungs- und Bereitstellungsverbot). Außerdem gilt für diese Personen ein Ein- und Durchreiseverbot in die EU. Außerdem wird vermehrt eine freiwillige Erklärung des Ausführers verlangt, in der dieser bestätigt, dass die relevanten Embargoprüfungen erfolgt sind und die auszuführende Ware von den restriktiven Maßnahmen nicht erfasst ist (Zollabfertigung/Ausfuhrerklärung).

Diese Maßnahmen wurden für einen anfänglichen Zeitraum von einem Jahr eingeführt. Am 19.3.2015 vereinbarte der Europäische Rat, die Geltungsdauer der Sanktionen an die vollständige Umsetzung der Minsker Vereinbarungen zu knüpfen, für die eine Frist bis zum 31. Dezember 2015 vorgesehen war.[424] Seitens der EU wurden die Sanktionen seither mehrfach verlängert.[425] Zuletzt hat der Rat am 19.12.2016 die auf bestimmte Sektoren der russischen Wirtschaft abzielenden Wirtschaftssanktionen bis zum 31.7.2017 verlängert, nachdem die Umsetzung der Minsker Vereinbarungen auf der Tagung des Europäischen Rates vom 15.12.2016 überprüft und der Weg für die Verlängerung der Sanktionen um weitere sechs Monate bis zum 31.7.2017 frei gegeben wurde.[426] Am 13.3.2017 hat der Rat die Geltungsdauer der restriktiven Maßnahmen angesichts von Handlungen, die die territoriale Unversehrtheit, Souveränität und Unabhängigkeit der Ukraine untergraben oder bedrohen, um weitere sechs Monate bis zum 15.9.2017 verlängert.[427] Bei diesen Maßnahmen handelt es sich um das Einfrieren von Vermögenswerten und Reiseverbote.

ii Gegenmaßnahmen der Russischen Föderation

Mit Erlassen des Außenministeriums vom 24. März 2014[428] und vom 19.7.2014[429] wurden Verbote für die Einreise offizieller Persönlichkeiten aus den USA und Kanada erlassen. Die davon betroffenen Personen erhalten keine Visa der Russischen Föderation. Mit

---

423 VO (EU) 269/2014, ergänzt durch VO (EU) 961/2014, VO (EU) 959/2014, VO (EU) 1225/2014, VO (EU) 1270/2014; Beschluss 2014/145/GASP, ergänzt durch Beschluss 2014/801/GASP; Beschluss 2014/855/GASP.

424 Russland: EU verlängert Wirtschaftssanktionen um sechs Monate, http://www.consilium.europa.eu/de/press/press-releases/2016/12/19-sanctions-russia, Abruf per 29.1.2017.

425 EU verlängert Sanktionen wegen Handlungen gegen die territoriale Unversehrtheit der Ukraine bis zum 15. September 2017, http://www.consilium.europa.eu/de/press/press-releases/2017/03/13-eu-sanctions-ukraine-integrity, Abruf per 20.4.2017.

426 Russland: EU verlängert Wirtschaftssanktionen um sechs Monate.

427 EU verlängert Sanktionen wegen Handlungen gegen die territoriale Unversehrtheit der Ukraine bis zum 15. September 2017.

428 Einzusehen unter http://www.mid.ru/brp_4.nsf/newsline/AE6A79E0EFBBD9FB44257CA5004FBBDF, Abruf per 28.1.2015.

429 Einzusehen unter http://mid.ru/brp_4.nsf/newsline/17F7FAE2FCA8AAE644257D1A003F84EF, Abruf per 28.1.2015.

Erlass des Präsidenten der RF Nr. 560 vom 6. August 2014,[430] der Verordnung der Regierung der RF Nr. 778 vom 7. August 2014[431] und der Verordnung der Regierung der RF Nr. 830 vom 20. August 2014 wurden Verbote erlassen, die den Import von Lebensmitteln betreffen.[432] Mit der Verordnung der Regierung der RF Nr. 656 vom 14. Juli 2014[433] und der Verordnung der Regierung der RF Nr. 791 vom 11. August 2014[434] wurden Importstopps für den Maschinenbau und Erzeugnisse der Textilindustrie verhängt.

iii Wirkung der Sanktionen

Die Sanktionen haben den Sinn, Russland politisch zu lenken. Dies ist bislang allerdings noch nicht gelungen. Für Russland haben sich die Sanktionen vor allem durch den Fall des Rubels ausgewirkt. Durch den derzeit hohen Leitzins in Höhe von 17% wird die russische Wirtschaft noch zusätzlich geschwächt.[435]

7 Der Kaufvertrag

a) Allgemeines

Im Wirtschaftsverkehr zwischen sozialistischen Planwirtschaften spielten Tauschverträge (sog. Bartergeschäfte) eine wichtige Rolle. Aufgrund der chronischen Devisenknappheit der Sowjetunion kamen diese insbesondere in der Übergangszeit auch mit westlichen Handelspartnern häufig zur Anwendung. Das ZGB regelt den Kaufvertrag als Rechtsgrundlage der Lieferbeziehungen zwischen ökonomisch gleichgestellten Wirtschaftssubjekten im Außenhandel. Die Hauptprobleme in der Übergangszeit – v.a. ungenügende Distributionsinfrastrukturen durch den Wegfall der Außenhandelsorganisationen, unklare Rechtslage bei Außenhandelsgarantien und der Exportförderung sowie Devisenmangel aufgrund der fehlenden Konvertibilität des Rubels – und das Problem der Stabilisierung nach außen und innen erscheinen heute weitgehend gelöst, das Vertragsrecht wurde umfassend im neuen ZGB geregelt, dennoch lässt sich gerade im Vertragsrecht eine gewisse „Rechtsflucht" aus dem russischen Recht heraus beobachten. Russische Unternehmen nutzen zur Absicherung ihrer Geschäfte untereinander in großem Stil ausländisches Recht und ausländische Gerichte, obwohl die ZGB-Reform der letzten Jahre viele

---

430 Einzusehen unter http://publication.pravo.gov.ru/Document/View/0001201408060033, Abruf per 28.1.2015.

431 Einzusehen unter http://publication.pravo.gov.ru/Document/View/0001201408070021, Abruf per 28.1.2015.

432 Einzusehen unter http://publication.pravo.gov.ru/Document/View/0001201408210020, Abruf per 28.1.2015.

433 Einzusehen unter http://publication.pravo.gov.ru/Document/View/0001201407160002, Abruf per 28.1.2015.

434 Einzusehen unter http://publication.pravo.gov.ru/Document/View/0001201408190008, Abruf per 28.1.2015.

435 Einzusehen unter http://www.cbr.ru/, Abruf per 28.1.2015.

formale Gründe für die Nutzung ausländischen Rechts beseitigt hat.[436] Insbesondere das mangelnde Vertrauen in die russische Gerichtsbarkeit dürfte ein wesentlicher Grund für diese Tendenzen sein. Damit reagiert die Wirtschaft wohl auf die als unzureichend empfundene Entwicklung des Wirtschaftsrechts und das fehlende Vertrauen in die russischen Gerichte.[437] Auch Verträge zwischen russischen Unternehmen werden auf Basis der Vertragsfreiheit daher nach wie vor gerne ausländischem Recht unterstellt. Dabei ist in der Praxis zu beachten, dass Russland mit den meisten westeuropäischen Staaten kein Vollstreckungsabkommen abgeschlossen hat. Die Entscheidungen des staatlichen russischen Gerichts werden in der Folge mangels Vollstreckungsübereinkommen weder in Deutschland noch in Österreich vollstreckt und umgekehrt.[438]

b) Rechtspolitische Überlegungen

Zu Sowjetzeiten erfüllten staatliche Außenhandelsorganisationen die Distributionsfunktion und traten daher als Vertragspartner für ausländische Handelspartner auf. Diese Außenhandelsorganisationen hinterließen nach 1991 ein Vakuum hinsichtlich der Firmen, die schon vor 1991 Geschäftskontakte mit der UdSSR hatten. Diese Firmen berichteten, dass nach 1991 kein Kunde mehr auffindbar war.[439] Der Staat zog sich auf die Kontroll- und Bewilligungsfunktion zurück. Verwaltungsrechtliche Einfuhrbeschränkungen, dicht geregelte Zollbestimmungen, mangelnde Erfahrung aller beteiligten Seiten mit dem Übergangssystem und v.a. die fehlende Konvertibilität des Rubels und die daraus resultierenden Devisenbestimmungen stellten wesentliche Herausforderungen des Außenhandels der Übergangszeit dar.

Seit 2015 befindet sich die RF wiederum in einer tief greifenden Rezession, und der Einbruch des Ölpreises traf die in großem Ausmaß auf dem Export von Rohstoffen basierende russische Wirtschaft massiv.[440] Der damit einhergehende Vertrauensverlust führte erneut zu einem hohen Abfluss von Kapital und wiederum zu einer starken Volatilität des Rubels gegenüber dem Euro und dem US-Dollar.[441] Die russische Regierung verfolgt als Antwort auf diese Sanktionen gegenwärtig eine Politik zur Förderung der Importsubstituierung und der Lokalisierung.[442]

---

436 *Kluge*, S. 11–15.

437 *Kluge*, S. 11.

438 *Solotych*, Die Vollstreckung von Gerichtsurteilen in Russland. Unter besonderer Berücksichtigung der Vollstreckung ausländischer Urteile, forost Arbeitspapier Nr. 35, München 2006, im Volltext einsehbar unter http://www.forost.lmu.de/fo_library/forost_Arbeitspapier_35.pdf.

439 *Antropov*, Markteintrittsbarrieren in Russland, 1999, S. 22.

440 *Wedde*, 2016, S. 352.

441 *Wedde*, 2016, S. 352.

442 *Wedde*, 2016, S. 352.

c) Rehabilitierung des Handelsrechts

Der russische Gesetzgeber hat im Zuge der Wiedereinführung des Handelsrechts den monistischen Weg gewählt: Im ZGB sind sowohl das Zivilrecht als auch das Handelsrecht und Unternehmensrecht enthalten. Der russische Gesetzgeber hat sich – anders als etwa der ukrainische Gesetzgeber rund zehn Jahre später – ganz bewusst dafür entschieden, diese beiden Rechtsgebiete nicht separat zu regeln. In der Sowjetunion war das Wirtschaftsrecht[443] in stark administrativ geprägten Spezialgesetzen geregelt, das ZGB galt hingegen nur subsidiär. Durch diese einheitliche Regelung sollte verhindert werden, dass dieses vorherige Wirtschaftsrecht unter dem Deckmantel des Handelsrechts neu aufleben könnte.[444] Außerdem enthält das ZGB umfangreiche Regelungen zu den Kapitalgesellschaften: So ist die Gesellschaft mit beschränkter Haftung in Art. 87–94 ZGB und im GmbHG und die Aktiengesellschaft in Art. 96–104 ZGB und im AktG geregelt.

Art. 3 Abs. 3 ZGB legt fest, dass der Begriff Zivilgesetzgebung nur das Gesetzbuch und föderale Gesetze umfasst. Dem steht das bis zum Inkrafttreten des ZGB herrschende Verständnis gegenüber, nach welchem auch Rechtsnormen der Exekutive, also z.B. Ukaze des Präsidenten, Regierungsverordnungen, Instruktionen und Verordnungen als Zivilgesetzgebung galten, wenn sie allgemein verbindliche Bestimmungen enthielten. Im Ergebnis wurden in der *El'cin*-Ära zahlreiche gesetzliche Bestimmungen durch Verordnungen oder Ukaze des Präsidenten oder eines anderen Exekutivorgans ausgehöhlt oder ersetzt. Regelungen der Exekutive müssen nunmehr dem ZGB und den föderalen Gesetzen entsprechen, da sie sonst nicht angewandt werden müssen. Auch die föderalen Gesetze müssen dem ZGB entsprechen.[445]

d) Inhalt der rechtlichen Regelung zum Kaufvertrag

Das ZGB geht vom Grundsatz der Vertragsfreiheit aus. Zwingende Normen der Gesetzgebung sind jedoch zu beachten. Die Normen der russischen Gesetzgebung sind grundsätzlich zwingend, sofern keine sog. Öffnungsklausel eine abweichende Parteienvereinbarung zulässt. Das ZGB definiert den Vertrag als eine Vereinbarung zwischen zwei oder mehreren Personen über die Begründung, Änderung oder Aufhebung ziviler Rechte und Pflichten. Der erste Teil des ZGB enthält allgemeine Bestimmungen zum Vertrag. Der zweite Teil regelt einzelne Vertragstypen. Diese Bestimmungen gelten als lex specialis zu den allgemeinen Bestimmungen im ersten Teil des ZGB. Innerhalb des zweiten Teils wird subsidiär zunächst auf das Kaufrecht und erst, wenn das Kaufrecht keine Bestimmungen enthält, auf die allgemeinen Bestimmungen zurückgegriffen. Oberstes Prinzip der Vertragsauslegung

---

443 Хозяйственное право.

444 Die Diskussionen in der Ukraine in den frühen 2000er-Jahren zu diesem Thema zeigen sehr schön, wie umstritten dieses Thema im postsowjetischen Raum war.

445 Art. 3 Abs. 5 ZGB.

ist die buchstäbliche Auslegung. Der Vertragstext hat Vorrang, auch wenn eine Auslegung nach dem Parteiwillen etwas anderes ergeben würde. Nur wenn sich aus dem Wortlaut und den Formulierungen einer Vertragsbestimmung und dem Sinn des Vertrages als Ganzes die Bedeutung der Vertragsbestimmung nicht erfasst werden kann, darf der Parteiwille berücksichtigt werden.[446] Rechtsgeschäfte mit ausländischer Beteiligung unterlagen bis vor Kurzem der Schriftform als Wirksamkeitserfordernis.[447] Mit 1.9.2013 wurde diese Regelung abgeschafft, sodass nach aktuellem Recht das außenwirtschaftliche Rechtsgeschäft nunmehr auch ohne Einhaltung der Schriftform wirksam zustande kommt. Die Vertragsparteien verlieren allerdings gemäß Art. 162 Abs. 1 ZGB das Recht, sich im Falle eines Streits auf Zeugenaussagen zur Bestätigung des Rechtsgeschäfts und dessen Bedingungen zu berufen.[448]

Das russische Zivilrecht regelte außerdem vor der aktuellen Novellierung viele der in der Praxis gerne vereinbarten moderneren Rechtsinstitute des Vertragsrechts nicht, wie etwa die Vereinbarung von Bedingungen, die vorvertragliche Haftung, Garantien oder die Haftung für Zusicherungen.[449] Die Vereinbarung dieser Institute war bis vor Kurzem nach russischem Recht nicht vorgesehen, und sie wurden daher von den Gerichten mangels rechtlicher Regelung häufig nicht anerkannt, was die Ausgestaltung von Verträgen in der Praxis wesentlich erschwerte.[450] Diese Änderungen betreffen Vertragsformen, die bisher zwar in der Praxis vorkamen, aber mangels ausdrücklicher Regelung im Gesetz zu Schwierigkeiten bei der Umsetzung führen konnten. Inzwischen sind diese Institute eingeführt worden,[451] allerdings bleibt die Praxis der russischen Gerichte abzuwarten.[452]

---

446 Art. 431 ZGB.

447 Art. 162 ZGB.

448 *Olejnik/Steininger*, Überblick über die formalen Erfordernisse beim Abschluss von Geschäften im Zivilrecht, Ost/Letter 6.2.2015, S. 13: http://www.ostinstitut.de/documents/publikationen/Form_der_Rechtsgeschfte_O.L._6.2_-_2015_-_Olejnik_Steininger_6.2.3.pdf, Abruf per 15.12.2016.

449 Über eine Zusicherung im Kaufvertrag kann der Verkäufer nun im Vorhinein die Haftung für bestimmte Eigenschaften oder Erfordernisse übernehmen: *Kluge*, S. 12.

450 *Kluge*, S. 11.

451 Mit Wirkung zum 1.6.2015, Федеральный закон от 8 марта 2015 г. N 42-ФЗ „О внесении изменений в часть первую Гражданского кодекса Российской Федерации"; Текст Федерального закона опубликован на „Официальном интернет-портале правовой информации" (www.pravo.gov.ru) 9 марта 2015 г., в „Российской газете" от 13 марта 2015 г. N 52, в Собрании законодательства Российской Федерации от 9 марта 2015 г. N 10 ст. 1412.

452 *Kluge*, S. 12.

8 Zahlung

a) Übergang von Tausch- zur Geldwirtschaft, Geldreformen

Der Missbrauch des Bankensystems und eine verfehlte Geld- und Finanzpolitik nach dem Jahr 1990 waren wesentliche Ursachen der Wirtschaftskrise in der Mitte der 1990er-Jahre und der Finanzkrise des Jahres 1998.[453] Als die drei auffallendsten Merkmale des russischen Bankensystems nennen *Schmidt/Hackethal/Marinov* im Jahr 2003 die ungewöhnliche Größenstruktur der Banken, deren Unfähigkeit, der rapide zunehmenden Zahl kleiner und mittlerer Unternehmen Kredite und andere Finanzdienstleistungen bereitzustellen, und die geringe Rolle ausländischer Banken.[454] Jedoch bildet ein leistungsfähiges Bankensystem ein Kernelement jeder Marktwirtschaft.

i Aktuelle Bankenkrise in Russland

Im Jänner 2015 zeichneten sich die Anzeichen der aktuellen Bankenkrise in Russland deutlich ab: So wurde die landesweit zweitgrößte Bank vom Staat mit 1,4 Mrd. Euro unterstützt.[455] Mit ca 1,5 Mrd. Euro musste die russische Notenbank bisher der Geschäftsbank Trust Bank helfen, und auch die Sberbank als größte Finanzinstitution in Russland leidet zunehmend unter den drastischen Verschärfungen der Wirtschaftslage.[456] Den Angaben von Finanzminister *A. Siluanov* zufolge seien weitere Bankencrashs zu erwarten, und er rechnete außerdem mit einer tiefen Rezession und weiterhin niedrigen Öleinnahmen, von denen die russische Wirtschaft abhängig ist.[457] Die aktuelle Finanzkrise wurde laut *N. Orlova* u.a. auch dadurch ausgelöst, dass aufgrund der Sanktionen der Kanal zu ausländischen Krediten verschlossen war. Andererseits verschlechterte sich die Einlagenbasis, weil Zuflüsse nur auf Devisenkonten stattfanden, Kredite aber in Rubel nachgefragt wurden.[458]

Nach den westlichen Sanktionen aufgrund der Ukraine-Krise und dem zunehmenden Verfall des Rubels stieg auch die Wahrscheinlichkeit einer starken

---

453 *Schmidt/Hackethal/Marinov*, Der Bankensektor in der russischen Föderation, in Mitteilung Nr. 22 der Vereinigung für deutsch-russisches Wirtschaftsrecht e.V., Jg. 14 2003, S. 1.

454 *Schmidt/Hackethal/Marinov*, S. 1.

455 *Steiner*, Russlands verzweifelter Kampf gegen den Bank-Run, Welt.de, 2.1.2015, https://www.welt.de/wirtschaft/article135928727/Russlands-verzweifelter-Kampf-gegen-den-Bank-Run.html, letzter Abruf per 10.1.2017.

456 Einzusehen unter http://boerse.ard.de/anlagestrategie/regionen/bankenkrise-in-russland100.html, Abruf per 26.1.2015.

457 *Steiner*, Welt.de 2015.

458 *Steiner*, Russland von Bankenkrise erfasst, Die Presse, 1.1.2015.

Rezession.[459] Der Chef der VTB24,[460] *M. Zadornov*, erwartete sogar einen Rückgang in der Zahl der kleinen, mittleren und großen Banken.[461]

Der russische Staat hatte seinen Banken für das Jahr 2015 1,2 Billionen Rubel an Unterstützung zugesagt, im Jahr 2014 flossen schon 350 Mrd. Rubel.[462] Russland kam dadurch in einem wirtschaftlichen Teufelskreis, und der dramatische Preisverfall des Rohöls riss beachtliche Löcher in den Staatshaushalt.[463] Gleichzeitig verlor der Rubel weiter an Wert, was in Summe zu einer Inflation von über zehn Prozent im Jahr 2015 führte.[464] Der Rubel-Verfall bewirkte vermehrte Kreditausfälle.[465] Auch die Devisenreserven befanden sich im Jahr 2015 auf dem tiefsten Stand seit 2009.[466]

Durch die Bonitätsrückstufung Russlands vom 26. Jänner 2015 durch die amerikanische Ratingagentur Standard & Poor's brach der Wechselkurs des Rubels erneut ein. Die Gründe für diese Herabstufung waren sowohl politischer als auch wirtschaftlicher Natur. So wurden u.a. die schlechten politischen Rahmenbedingungen und die mangelhafte demokratische Gewaltenteilung genannt. Für den Fall, dass noch eine weitere Ratingagentur dem Beispiel von Standard & Poor's folgt, würde Russland aus wichtigen Anlageindizes gestrichen werden. Die hätte wiederum milliardenschwere Verkäufe von Staatspapieren zur Folge.[467]

Im Oktober 2014 wurde bekannt gegeben, dass die russische Notenbank künftig keinen bestimmten Rubel-Kurs mehr verteidigen wird. Damit sollte das Schicksal der Währung den Finanzmärkten überlassen werden. Nach dem folgenden starken Kurseinbruch geriet die Notenbank allerdings stark unter Druck. Daraufhin erklärte sie, jederzeit ohne Vorwarnung zu einer Aufstockung ihrer Interventionen zur Verteidigung des Rubels bereit zu sein. Ein Grund für den Absturz des Rubels ist u.a. die Dollar-Knappheit, unter der viele Firmen aufgrund der Sanktionen

---

459 Bankenkrise könnte Russland teuer kommen, Salzburger Nachtrichten vom 22.1.2015, online: http://www.salzburg.com/nachrichten/welt/wirtschaft/sn/artikel/bankenkrise-koennte-russland-teuer-kommen-135758/, Abruf per 14.11.2016.

460 ВТБ24.

461 Bankenkrise könnte Russland teuer kommen.

462 *Winning/Kobzeva*, Russland und sein milliardenschwerer Kampf gegen die Bankenkrise, Wirtschaftsblatt, 23.1.2015.

463 Einzusehen unter http://boerse.ard.de/anlagestrategie/regionen/bankenkrise-in-russland100.html, Abruf per 26.1.2015.

464 Russland: Inflationsrate von 2007 bis 2017, Quelle IMF, abrufbar über https://de.statista.com/statistik/daten/studie/171867/umfrage/inflationsrate-in-russland/, Abruf per 20.4.2017.

465 Einzusehen unter http://boerse.ard.de/anlagestrategie/regionen/bankenkrise-in-russland100.html, Abruf per 26.1.2015.

466 Einzusehen unter http://boerse.ard.de/anlagestrategie/regionen/bankenkrise-in-russland100.html, Abruf per 26.1.2015.

467 *Sommerfeldt/Zschäpitz*, Russland manövriert in einen kalten Finanzkrieg, Die Welt 27.1.2015, online: http://www.welt.de/136807684, Abruf per 10.1.2017.

leiden. Da sich aber viele russische Firmen im großen Stil in Dollar verschuldet haben, mussten bereits die Devisenreserven der Zentralbank und der staatliche Notfallfonds angezapft werden.[468]

ii Liberalisierung der Devisenwirtschaft, Wechselkurse

Mit Inkrafttreten des Gesetzes „Über Devisenregulierung und Devisenkontrolle"[469] schuf der russische Gesetzgeber im Oktober 1992 erstmals die Rechtsgrundlage für die Regulierung des Devisenumlaufes auf russischem Staatsgebiet. Damit sollten vor allem Stabilität und Rechtssicherheit auf dem russischen Devisenmarkt geschaffen werden. Die Liberalisierung zeigte sich vor allem durch die Entbürokratisierung des Devisenrechts.[470]

Die im Zuge des Ukraine-Konflikts und der Krim-Krise gegen russische Unternehmen und Einzelpersonen verhängten Sanktionen durch die USA und die EU verschlechtern die wirtschaftliche Situation Russlands. Seit Beginn der Krim-Krise fiel der Rubel auf Rekordtiefs, und die Nationalbank musste den Leitzins stark anheben.[471]

b) Entstehung des privaten Bankensektors

Nach der Einleitung der Transformation osteuropäischer Volkswirtschaften ab dem Jahr 1986 durch *Gorbačëv* lag das Ziel darin, ein marktwirtschaftliches Bankensystem zu etablieren, in welchem dem Staat lediglich eine regulierende Rolle zukommen sollte.[472] Im Jahr 1988 wurde die Zentralbankfunktion von den Funktionen der Geschäftsbanken abgegrenzt.[473]

---

468 *Zschäpitz*, Putin liefert Russlands Ökonomie den Märkten aus, Die Welt vom 7.11.2014, online http://www.welt.de/134081630.

469 Föderales Gesetz der RF Nr. 3615–1 vom 9.10.1992; Закон РФ от 9 октября 1992 г. N 3615–1 „О валютном регулировании и валютном контроле" Текст Закона опубликован в „Российской газете" от 4 ноября 1992 г., в „Ведомостях Съезда народных депутатов Российской Федерации и Верховного Совета Российской Федерации" от 12 ноября 1992 г., N 45, ст. 2542.

470 *Golovnenkov*, Zur Liberalisierung des russischen Devisenrechts, WiRO 2003, S. 262 ff.

471 Kreditschutzverband: Country Report für Investoren und Exporteure – Russland 2014, https://www.ksv.at/sites/default/files/assets/documents/929leitfadenrussland.pdf, Abruf per 18.12.2014.

472 *Olsen*, Banking Supervision – European experience and Russian practice. In: Delegation of the Europoean Commission to Russia (Hrsg.), EU – Russia cooperation programme, 23. September 2005, S. 15 f.

473 *Schmidt/Hackethal/Marinov*, S. 2.

Das „Gesetz über Banken und Bankgeschäfte in der Russischen Sozialistischen Föderativen Sowjetrepublik“ von 1990[474] sollte dem Staatsmonopol ein Ende setzen. Daraufhin war es in Russland leicht, eine Banklizenz zu erhalten. Damals entstanden viele sogenannte „Taschenbanken“, und die Anzahl der aktiven russischen Banken stieg von fünf im Jahr 1988 auf 1.360 im Jahr 1992.[475] Ab dem Jahr 1993 konnten auch ausländische Banken eine Geschäftstätigkeit in Russland aufnehmen. Der russische Bankensektor – insbesondere die Kreditvergabe – blieb jedoch lange Zeit unterentwickelt. 1995 kam es zu einer Reihe von Bankenschließungen. Die Zahlungsunfähigkeit finanzschwacher Banken führte im August 1998 zur Finanzkrise.[476]

9 Verhältnis zur EU

Die Basis für die vertraglichen Beziehungen der EU zu Russland[477] bildet das seit dem Jahr 1997 bestehende Partnerschafts- und Kooperationsabkommen.[478] Das Abkommen[479] wurde 1994 unterzeichnet, trat am 1. Dezember 1997 in Kraft und regelt die politischen und wirtschaftlichen Beziehungen zwischen der EU und Russland.[480] Es ist die rechtliche Grundlage für den bilateralen Handel und die Investitionsbeziehungen der EU mit Russland, eines seiner Hauptziele ist die Förderung von Handel und Investitionen sowie die Entwicklung ausgewogener wirtschaftlicher Beziehungen zwischen den Parteien.[481] Im Jahr 2008 wurden Verhandlungen

474 Федеральный закон „О банках и банковской деятельности“ от 02.12.1990 N 395-1-ФЗ, abrufbar über die Datenbank consultant, http://www.consultant.ru/document/cons_doc_LAW_5842/, Abruf per 15.1.2017.

475 *Bleck*, Das Bankensystem der Russischen Föderation – eine Zwischenbilanz; in: Deutsches Institut für Bankwirtschaft – Schriftenreihe, Band 3, 12/2009, S. 4.

476 *Pleines*, Der politische Einfluss von Wirtschaftseliten in Russland – Die Banken in der Ära Jelzin, 2003, S. 6 f.

477 Zu den gegenseitigen Wirtschaftssanktionen siehe oben.

478 Einzusehen unter https://www.wko.at/Content.Node/service/aussenwirtschaft/fhp/Handelsabkommen/Handelsabkommen_EU-Russland.html, Abfrage per 10.1.2017.

479 Abkommen über Partnerschaft und Zusammenarbeit zur Gründung einer Partnerschaft zwischen den Europäischen Gemeinschaften und ihren Mitgliedstaaten einerseits und der Russischen Föderation andererseits, Protokoll 1 über die Einsetzung einer Kontaktgruppe für Kohle und Stahl, Protokoll 2 über Amtshilfe zur Einhaltung des Zollrechts, Schlußakte, Gemeinsame Erklärungen, Briefwechsel, Unterzeichnungsprotokoll zum Abkommen, ABl L 327 vom 28. November 1997.

480 Einzusehen unter https://www.wko.at/Content.Node/service/aussenwirtschaft/fhp/Handelsabkommen/Handelsabkommen_EU-Russland.html#heading_Abkommen_ueber_Partnerschaft_und_Zusammenarbeit__PCA_, Abruf per 10.1.2017.

481 Einzusehen unter https://www.wko.at/Content.Node/service/aussenwirtschaft/fhp/Handelsabkommen/Handelsabkommen_EU-Russland.html#heading_Abkommen_ueber_Partnerschaft_und_Zusammenarbeit__PCA_, Abruf per 10.1.2017.

über ein „Neues Abkommen“ zwischen der EU und Russland aufgenommen, die seit 2014 aber vorerst auf Eis liegen.[482]

10 Eurasische Wirtschaftsunion

Die Eurasische Wirtschaftsunion ist ein Zusammenschluss von Staaten in Eurasien zu einem Binnenmarkt mit Zollunion, der aus der 2010 gebildeten Eurasischen Zollunion hervorgegangen ist.[483] Das Gründungsabkommen wurde am 29. Mai 2014 von Kasachstan, Russland und Weißrussland unterzeichnet. Mit Armenien wurde am 10. Oktober 2014 ein Beitrittsabkommen unterzeichnet, Kirgisistan trat der Union am 12. August 2015 bei.[484] Tadschikistan ist ein weiterer Beitrittskandidat.[485] Ziel der Eurasischen Wirtschaftsunion ist es, den Austausch von Waren, Kapital, Dienstleistungen und Arbeit zu erleichtern. Außerdem wollen die fünf Länder nach dem Vorbild der Europäischen Union Teile ihrer Wirtschaftspolitik koordinieren.[486]

11 Zusammenfassung

Auch wenn die Zeit der großen Neukodifikationen vorbei ist und das russische Rechtssystem in seiner Grundstruktur steht, entwickelt sich das russische Recht nach wie vor in hohem Tempo, wobei es überwiegend um Reformen an bestehenden Gesetzen oder um Novellierungen geht.[487] Der rechtliche Übergang von der zentral gelenkten Planwirtschaft zur Marktwirtschaft brachte enorme Veränderungen und Umstellungen mit sich. Schließlich stellten die meisten Formen unternehmerischer Betätigung zu Sowjetzeiten noch Straftatbestände dar, und der Außenhandel war – in Ermangelung der Rechtsfähigkeit der Produktionsunternehmen – Staatsmonopol. Mittlerweile wurden einige der rechtlichen Probleme der Übergangszeit wie z.B. die dem „Krieg der Gesetze“ folgende „Erlass-Flut“, das Bodenrecht oder die korruptionsanfälligen Systeme zur Registrierung von juristischen Personen durch umfassende Kodifikationen und Gesetze und ein vereinheitlichtes Registrierungssystem behoben. Aktuelle Probleme wie etwa die zu beobachtende „Rechtsflucht“ im Zivil- und Gesellschaftsrecht wurden im Zuge der aktuellen ZGB-Reform in Angriff genommen: Unternehmen sollten sich nicht mehr veranlasst fühlen, auf ausländische Rechtsordnungen zurückzugreifen, weil entscheidende Fragen bei

---

482 Einzusehen unter https://www.wko.at/Content.Node/service/aussenwirtschaft/fhp/Handelsabkommen/Handelsabkommen_EU-Russland.html.

483 Einzusehen unter http://www.eaeunion.org, Abruf per 10.1.2017.

484 Einzusehen unter http://www.eaeunion.org, Abruf per 10.1.2017.

485 *Sommer*, Putins Projekt als Partner der EU?, Die Zeit 6.1.2015, http://www.zeit.de/politik/ausland/2015-01/russland-eurasische-wirtschaftsunion-armenien-kasachstan, Abruf per 10.1.2017.

486 Einzusehen unter http://www.eaeunion.org, Abruf per 10.1.2017.

487 *Wedde*, 2016, S. 352.

der Umsetzung eines Projektes im russischen Recht nicht oder nicht hinreichend geregelt wären.[488] Während so v.a. das materielle Zivil- und Gesellschaftsrecht insbesondere im Zuge der aktuellen ZGB-Reform von einigen „Kinderkrankheiten" befreit werden konnten, stellt mangelndes Vertrauen in die landeseigene Gerichtsbarkeit und in die Behörden sicherlich noch ein gravierendes Problem für den Stand der Rechtsstaatlichkeit, d.h. der „Rule of Law" in Russland dar. Aktionen wie die in den sozialen Medien intensiv diskutierte Säuberungsaktion von Kiosken in Moskau zu Beginn des Jahres 2016 tragen u.U. zu steigendem Zweifel und Vertrauensmangel bei.

II Wandel der Rechtsdurchsetzung vom Sozialismus zum Postsozialismus

1 Hoheitliche Durchsetzung des vertraglichen Anspruchs

a) Gerichtsbarkeit

Das Verfahren der Schlichtung von Wirtschaftsstreitigkeiten ist für den Schutz der Unternehmerrechte, insbesondere als Basis für die Ermöglichung der zwangsweisen Durchsetzung von Forderungen, wichtig. Eine funktionierende Gerichtsbarkeit sowie die Möglichkeit der rechtlichen Durchsetzung erwirkter Urteile durch staatliche Zwangsvollstreckung sind wichtige Indikatoren für die Rechtsstaatlichkeit und die Umsetzung der „rule of law" in einem Staat. Ausländische juristische Personen sind im Zivil- und im Arbitrageprozess russischen Personen grundsätzlich gleichgestellt.[489] Sie können – anders als zu Sowjetzeiten – als Kläger und Beklagter vor Gericht auftreten.[490] Russland ist Mitglied des Haager Übereinkommens über den Zivilprozess vom 1.3.1954.[491]

Die Aufgaben und der Aufbau der russischen Gerichte sind grundlegend in der Verfassung der Russischen Föderation und im Verfassungsgesetz der RF „Über das

488 *Tischendorf*, Das russische Zivilrecht wird modernisiert, RIW 2013, S. 1.

489 Damit wurde den russischen Wirtschaftsgerichten (Arbitragegerichten) und den ordentlichen Gerichten erstmals die Kompetenz eingeräumt, Streitigkeiten von Unternehmen mit ausländischen Parteien, also auch Streitigkeiten aus Außenhandelsverträgen, zu entscheiden. Während der Sowjetzeit konnten ausländische Unternehmen vor den ordentlichen Gerichten nicht als Partei auftreten.

490 Zu den in diesem Zusammenhang zu beachtenden Formvorschriften siehe Abs. 1 Informationsbrief des Obersten Arbitragegerichts Nr. 58 vom 18.1.2002, Vestnik des Obersten Arbitragegerichts (Вестник Высшего Арбитражного Суда. Российской Федерации – ВАС РФ) 2001 Nr. 3; siehe auch Abs. 9 a.a.O. und Abs. 2 Informationsbrief des Obersten Arbitragegerichts (Информационное письмо Президиума ВАС РФ) Nr. 34 vom 14.5.1998; Vestnik des Obersten Arbitragegerichts 1998 Nr. 7.

491 Veröffentlicht z.B. im Vestnik des Obersten Arbitragegerichts 1996 Nr. 12.

Gerichtssystem" (Gerichtssystemgesetz) vom 31.12.1996[492] sowie im Föderationsgesetz Nr. 188-FS „Über die Friedensrichter in der Russischen Föderation"[493] vom 17.12.1998 (Friedensrichtergesetz) geregelt. Das Gerichtssystemgesetz unterscheidet zwischen Föderationsgerichten und Gerichten der Subjekte der Russischen Föderation einerseits und zwischen Verfassungsgerichtsbarkeit, ordentlicher Gerichtsbarkeit und Arbitragegerichtsbarkeit andererseits.

Eine eigene Verwaltungsgerichtsbarkeit mit speziellen Verwaltungsgerichten existiert – nach wie vor – nicht.[494] Da keine eigenständige Verwaltungsgerichtsbarkeit besteht, die generelle Rechtsnormen oder Einzelfallentscheidungen von Behörden auf ihre Gesetzmäßigkeit prüfen würde, werden Verwaltungsnormen und Einzelfallentscheidungen von den Arbitragegerichten und den ordentlichen Gerichten überprüft. Die ordentlichen Gerichte sind für jene Zivil-, Straf- und Verwaltungsstreitigkeiten, die in die ordentliche Gerichtsbarkeit fallen, zuständig. Die Arbitragegerichte hingegen sind für Zivil- und Verwaltungsstreitigkeiten im Bereich der unternehmerischen und anderen wirtschaftlichen Tätigkeit zuständig. Im Jahr 2015 wurde durch das Gesetz Nr. 21-FZ vom 8.3.2015 eine Verwaltungsprozessordnung[495] verabschiedet, die die Besonderheiten des Verwaltungsprozesses vor den ordentlichen Gerichten einschließlich des Obersten Gerichts regelt.[496] Diese Verwaltungsprozessordnung ist aber nicht auf Verfahren vor den Arbitragegerichten anzuwenden.

Föderationsgerichte sind das Verfassungsgericht der Russischen Föderation, die Föderationsgerichte der ordentlichen Gerichtsbarkeit, zu denen auch die Kriegs- und Spezialgerichte gehören, und die Arbitragegerichte der RF.[497] Föderationsgerichte werden durch das Föderationsbudget finanziert[498] und durch föderale

---

492 Федеральный конституционный закон от 31 декабря 1996 г. N 1-ФКЗ „О судебной системе Российской Федерации"; Текст Федерального конституционного закона опубликован в „Российской газете" от 6 января 1997 г. N 3, в Собрании законодательства Российской Федерации от 6 января 1997 г. N 1 ст. 1.

493 Федеральный закон от 17 декабря 1998 г. N 188-ФЗ „О мировых судьях в Российской Федерации"; Текст Федерального закона опубликован в „Российской газете" от 22 декабря 1998 г. N 242, в Собрании законодательства Российской Федерации от 21 декабря 1998 г. N 51 ст. 6270.

494 Verwaltungsgerichte sollten aber schon seit geraumer Zeit durch eine Änderung des Gerichtssystemgesetzes eingeführt werden.

495 Кодекс административного судопроизводства Российской Федерации от 8 марта 2015 г. N 21-ФЗ; Текст Кодекса опубликован на „Официальном интернет-портале правовой информации" (www.pravo.gov.ru) 9 марта 2015 г., в „Российской газете" от 11 марта 2015 г. N 49, в Собрании законодательства Российской Федерации от 9 марта 2015 г. N 10 ст. 1391.

496 *Himmelreich*, Russische Föderation, WiRO 2015, beck-online, S. 34.

497 Art. 4 Abs. 3 Gerichtssystemgesetz. Für diesen und den folgenden Absatz vgl. auch *Micheler/Bauer-Mitterlehner*, Allgemeines Verfahrensrecht, S. 9 f.

498 Art. 33 Abs. 2 Gerichtssystemgesetz.

Gesetze oder Verfassungsgesetze eingerichtet[499] und in ihren Zuständigkeiten und Verfahren geregelt.[500] Gerichte der Subjekte der RF sind die Verfassungsgerichte der Föderationssubjekte und die Friedensgerichte.[501] Die Verfassungsgerichte der Föderationssubjekte werden durch diese errichtet und finanziert.[502] Sie prüfen die Gesetze und Rechtsakte der Föderationssubjekte auf ihre Übereinstimmung mit den Verfassungen der Föderationssubjekte der RF und legen die Verfassungen der Föderationssubjekte aus.[503] Das Gerichtsverfahren wird durch Gesetze der Subjekte der Föderation geregelt.[504]

Friedensgerichte sind für die ordentliche Gerichtsbarkeit der Föderationssubjekte zuständig.[505] Die Zuständigkeiten der Friedensgerichte werden durch Föderationsgesetze und durch Gesetze der Subjekte der Russischen Föderation geregelt.[506] Friedensgerichte sind zwar in das System der ordentlichen Föderationsgerichtsbarkeit eingebunden[507] und werden vom Föderationsbudget finanziert.[508] Sie unterscheiden sich von den Föderationsgerichten der ordentlichen Gerichtsbarkeit aber dadurch, dass ihre Errichtung und die Bestellung der Richter in Gesetzen der Föderationssubjekte geregelt sind und ihnen auch durch Gesetze der Föderationssubjekte eigene Zuständigkeiten übertragen werden können.[509]

Nach ihrer sachlichen Zuständigkeit können russische Gerichte in Verfassungsgerichte, Gerichte der ordentlichen Gerichtsbarkeit und Gerichte der Arbitragegerichtsbarkeit unterschieden werden. Das Verfassungsgericht der RF prüft gemäß Art. 125 Verf. die Verfassungsmäßigkeit von Föderationsgesetzen, Rechtsnormen des Präsidenten der RF, des Föderationsrates, der Staatsduma und der Regierung der RF sowie die Verfassungen, Gesetze und andere Rechtsnormen der Föderationssubjekte. Es entscheidet außerdem über Kompetenzstreitigkeiten zwischen Föderationsorganen, zwischen Föderationsorganen und Organen der

499 Art. 17 Abs. 1 Gerichtssystemgesetz.
500 Art. 3 Gerichtssystemgesetz.
501 Art. 4 Abs. 4 Gerichtssystemgesetz.
502 Art. 4 Abs. 3 Gerichtssystemgesetz.
503 Art. 27 Abs. 1 Gerichtssystemgesetz.
504 Art. 27 Abs. 3 Gerichtssystemgesetz.
505 Art. 4 Abs. 4 Gerichtssystemgesetz, Art. 1 und Art. 3 Friedensrichtergesetz.
506 Art. 28 Abs. 2 Gerichtssystemgesetz.
507 Art. 4 Abs. 2 Gerichtssystemgesetz, Art. 1 Zivilprozessordnung.
508 Art. 33 Abs. 2 Gerichtssystemgesetz, Art. 10 Friedensrichtergesetz. Siehe auch *Steininger*, Der Gerichtsaufbau der Russischen Föderation unter besonderer Berücksichtigung der Wirtschafts- und Schiedsgerichtsbarkeit, Osteuropa Recht 1997, S. 291 f.
509 Siehe z.B. das Gesetz der Stadt Moskau vom 31.5.2000 Nr. 15 „Über die Friedensrichter in der Stadt Moskau"; Gesetz des Moskauer Gebiets vom 29.12.2000 Nr. 111/2000-OS „Über das Verfahren der Ernennung und die Aufgaben der Friedensrichter im Moskauer Gebiet" und das Gesetz des Moskauer Gebiets vom 5.12.2000 Nr. 87/2000-OS „Über die Schaffung und das Verfahren der Abschaffung von Gerichtsbezirken und die Aufgaben der Friedensrichter im Moskauer Gebiet".

Föderationssubjekte und zwischen Organen der Föderationssubjekte. Das Verfassungsgericht kann unter anderem von dem Präsidenten der RF, dem Föderationsrat, der Staatsduma, dem Obersten Gericht, dem Obersten Arbitragegericht sowie den Organen der gesetzgebenden und ausübenden Gewalt der Föderationssubjekte[510] angerufen werden. Darüber hinaus können Bürger, die in ihren verfassungsmäßigen Rechten und Freiheiten verletzt wurden, die Überprüfung der Verfassungsmäßigkeit eines Gesetzes, das auf sie angewendet wurde, verlangen.[511] Prüfungsmaßstab der Verfassungsgerichte der Subjekte der RF sind die Verfassungen der Föderationssubjekte.[512]

Das russische Gerichtssystem besteht neben dem Verfassungsgericht somit bislang aus zwei Gerichtszweigen, die in Zivilrechtssachen entscheiden und die über jeweils eine eigene Verfahrensordnung verfügen: den ordentlichen Gerichten, zuständig für Zivil- und Strafsachen und den Arbitragegerichten, zuständig für Wirtschaftsangelegenheiten. Durch das föderale Gesetz Nr. 45-FZ vom 2.3.2016 wurden die Verfahren beider Gerichtszweige teilweise angeglichen, etwa hinsichtlich vereinfachter Verfahren.[513] Beide Gerichtszweige hatten bis zum Jahr 2014 eigene Höchstgerichte. Seit der Auflösung des Obersten Arbitragegerichts der RF[514] unterstehen nunmehr diese beiden Gerichtszweige dem Obersten Gericht der RF. Grundlage hierfür sind die Art. 126 und 127 der Verfassung, in denen die Differenzierung zwischen den ordentlichen Gerichten und den Arbitragegerichten und nunmehr auch das einheitliche Höchstgericht festgelegt wird.

Russische Gerichtsentscheidungen haben keine den Gerichtsentscheidungen des „common law“ vergleichbare Bindungswirkung.[515] Die Spruchpraxis der Höchstgerichte bzw. nunmehr des Obersten Gerichts spielt aber eine bedeutende Rolle in der Praxis.[516]

Das russische ZGB sieht zwar in Art. 159 die grundsätzliche Möglichkeit von mündlichen Verträgen vor, gemäß Art. 161 Abs. 1 ZGB bedürfen aber alle Rechtsgeschäfte juristischer Personen untereinander oder wenn diese mit natürlichen Personen, also Bürgern, abgeschlossen werden[517] sowie Rechtsgeschäfte zwischen Bürgern (Verbrauchern), die über einen Betrag von über 10.000 Rubel hinausgehen, der einfachen Schriftform.[518] Außerdem ist Schriftform in den durch das Gesetz vorgesehenen Fällen[519] erforderlich.[520] Die Nichteinhaltung der Schriftform führt,

---

510 Art. 125 Abs. 2 der Verfassung.
511 Art. 125 Abs. 4 der Verfassung.
512 Art. 27 Gerichtssystemgesetz.
513 *Wedde*, 2016, S. 355.
514 Siehe dazu unten.
515 Siehe *Micheler/Bauer-Mitterlehner*, Rahmenbedingungen.
516 Hierzu *Micheler/Bauer-Mitterlehner*, Allgemeines Verfahrensrecht.
517 Art. 161 Abs. 1 Nr. 1 ZGB.
518 *Olejnik/Steininger*, S. 4.
519 Art. 161 Abs. 1 Nr. 2 ZGB.
520 Dazu s. die Liste bei *Olejnik/Steininger*, S. 6.

sofern gesetzlich nichts anderes festgelegt ist, nicht zur Nichtigkeit des Vertrages, sondern zur Verwirkung des Zeugenbeweises vor Gericht, d.h. die Vertragsparteien verwirken gemäß Art. 162 Abs. 1 ZGB das Recht, sich im Falle eines Streits auf Zeugenaussagen zur Bestätigung des Rechtsgeschäfts und dessen Bedingungen zu berufen.[521] In russischen Gerichtsverfahren wird zudem viel Wert auf die Vorlage von schriftlichen Unterlagen, die sämtliche verfahrensrelevanten Transaktionen der Parteien belegen, gelegt. Es ist daher schon im Vorfeld im Hinblick auf ein mögliches Verfahren wichtig, alle relevanten Transaktionen gut zu dokumentieren, und zwar mit Originalen von Belegen, Verträgen, Mitschriften, Korrespondenzen und sonstigen Originalpapieren, die erforderlichenfalls dem Richter vorgelegt werden können.[522]

Die russischen Zivilverfahrensordnungen sehen auch verhältnismäßig kurze Fristen vor, die Behandlung eines Falles über drei Gerichtsinstanzen nimmt im Durchschnitt zwischen acht und 13 Monaten in Anspruch.[523] Davon entfallen drei bis fünf Monate auf die erste Instanz, und entsprechend kann das Gerichtsurteil vier bis sechs Monate nach der Einreichung der Klage rechtskräftig und wirksam werden.[524]

Die Streitschlichtung zwischen sowjetischen Wirtschaftssubjekten erfolgte während der Planwirtschaft nicht durch die ordentlichen Gerichte oder Wirtschafts- bzw. Arbitragegerichte, sondern durch die sowjetische Staatsarbitrage.[525] Da die heutigen russischen Arbitragegerichte aus dieser Institution hervorgegangen sind, soll zunächst auf die Funktion derselben eingegangen werden.

b) Von der Staatsarbitrage zum Arbitragegericht

In der UdSSR bestand in Form der Staatsarbitrage ein spezielles Staatsorgan zur Schlichtung von Wirtschaftsstreitigkeiten zwischen Organisationen, Staatsunternehmen und anderen Wirtschaftssubjekten. Die Staatsarbitrage war ein Verwaltungsorgan, das der Regierung unterstand. Sie schlichtete Streitigkeiten, die aus Wirtschaftsverträgen zwischen staatlichen Organisationen entstanden. Sie wurde daher als Verwaltungsorgan mit Streitentscheidungsaufgaben und nicht als Arbitragegericht eingestuft.[526] Für diese Auffassung sprechen insbesondere

---

521 *Olejnik/Steininger*, S. 4.

522 *Peters*, Gerichtsprozesse in Russland, http://russland.ahk.de/publikationen/impuls/inhalt-impuls-2011/gerichtsprozesse/, Abruf per 10.1.2017.

523 *Peters*, Gerichtsprozesse in Russland, http://russland.ahk.de/publikationen/impuls/inhalt-impuls-2011/gerichtsprozesse/, Abruf per 10.1.2017.

524 *Peters*, Gerichtsprozesse in Russland, http://russland.ahk.de/publikationen/impuls/inhalt-impuls-2011/gerichtsprozesse/, Abruf per 10.1.2017.

525 Gesetz über die Staatsarbitrage in der UdSSR vom 30.11.1979, VVS SSSR 1979 (Закон СССР от 30.11.1979 „О Государственном арбитраже в СССР") Nr. 49 Pos. 844; abrufbar über die Datenbank consultant.

526 *Westen*, S. 38; *Bilinsky*, S. 399; *Pistor*, Supply and demand for contract enforcement in Russia: courts, arbitration, and private enforcement, RCEEL 1996, Nr. 1, S. 68;

ihre weitreichenden Kontroll- und Regelungskompetenzen, die Befugnis, Verfahren von Amts wegen einzuleiten, und die Ungebundenheit an die Anträge der Parteien. Die Staatsarbitrage war somit eine auf die Planwirtschaft und ihre Ziele zugeschnittene Verwaltungsbehörde.[527]

Die Stellung der Staatsarbitrage als Verwaltungsorgan entsprach nicht den Bedingungen des Übergangs zur Marktwirtschaft. Deshalb wurde die Staatsarbitrage rasch in das Arbitragegericht reorganisiert, das als Arbitragegericht nicht weisungsgebunden, von der Regierung unabhängig und nur dem Gesetz unterstellt ist. Bereits im Zuge der ersten Etappe der Reformgesetzgebung nach der Souveränitätserklärung Russlands wurde gleich im Anschluss an Gesetze prinzipieller Natur (wie dem Gesetz über Unternehmen und unternehmerische Tätigkeit, dem Gesetz über das Eigentum in der RSFSR und dem Gesetz über Privatisierung staatlicher und munizipaler Unternehmen[528]) am 4. Juli 1991 das (erste) Arbitragegerichtsgesetz[529] verabschiedet. Dies zeugt von der hohen Bedeutung und Priorität, die dieser Reform beigemessen wurde. Damit wurde das System der Staatsarbitrage abgeschafft. In den Folgejahren kam es immer wieder zu größeren Umstrukturierungen des Gerichtssystems.[530] Nach mehreren Novellierungen konnte das neue System der Arbitragegerichtsbarkeit ungeachtet der irreführenden Bezeichnung schließlich als ein unabhängiges Wirtschaftsgerichtssystem mit Zuständigkeit für Streitigkeiten aus dem Wirtschaftsleben betrachtet werden.[531]

c) *Arbitragegerichte*

Die russischen Arbitragegerichte haben sich aus der sowjetischen staatlichen Schlichtungsinstanz, der Staatsarbitrage, entwickelt.[532] Arbitragegerichte sind nunmehr staatliche Gerichte. Sie haben im Wesentlichen die Funktion von Wirtschafts- und Handelsgerichten. Die Arbitragegerichte sind zuständig für die Lösung von wirtschaftlichen Streitigkeiten, die sich sowohl aus zivil- als auch aus verwaltungsrechtlichen Sachverhalten ergeben können. Die Arbitragegerichte

---

Micheler/Bauer-Mitterlehner, Allgemeines Verfahrensrecht S. 9. In weiterer Folge wurde die Staatsarbtitrage in das System der Arbitragegerichte umgewandelt.

527 *Puseizer/Micheler*, Handelsgerichtsbarkeit in Russland, Arbeitspapier des FOWI Nr. 15, 1994, S. 6.

528 Siehe dazu oben, Teil I.

529 Закон РСФСР от 4 июля 1991 года „Об арбитражном суде“ (Ведомости Съезда народных депутатов РСФСР и Верховного Совета РСФСР, 1991, N 30, ст. 1013).

530 *Märkl*, Schiedsgerichtsbarkeit in Russland, 1998, S. 8.

531 *Puseizer/Micheler*, 1994, S. 6.

532 Die sowjetische Staatsarbitrage war eine weisungsgebundene Behörde, sie hatte weitreichende Kontroll- und Regelungskompetenzen, konnte Verfahren von Amts wegen einleiten und war auch nicht an die Anträge der Parteien gebunden (siehe oben).

unterscheiden sich von ordentlichen Gerichten im Wesentlichen durch die beteiligten Parteien.[533] Streitigkeiten zwischen Unternehmern werden vor Arbitragegerichten und Streitigkeiten zwischen Unternehmern und Privatpersonen und von Privatpersonen untereinander werden von ordentlichen Gerichten behandelt.[534]

Die Bezeichnung „Arbitragegericht" (arbitražnyj sud) geht, wie oben ausgeführt, auf die historischen Wurzeln dieser Gerichte zurück. In der Praxis bereitet diese Bezeichnung häufig Probleme. In den gängigen Wörterbüchern werden das Adjektiv „arbitražnyj" („Arbitrage-") und das Substantiv „arbitraž" („Arbitrage") mit „schiedsgerichtlich" und „Schiedsgerichtsbarkeit" übersetzt. Auch in der deutschen Rechtssprache wird das Wort „Arbitrage" als Synonym für „Schiedsgerichtsbarkeit" verwendet. Es liegt nahe, dass Übersetzer, die die juristischen Hintergründe oft nicht genau kennen, „Arbitragegericht" = „arbitražnyj sud" mit „Schiedsgericht" übersetzen. Dies kann dazu führen, dass bei Verträgen im deutschen Text das Wort Schiedsgericht steht und im russischen Text der Begriff „Arbitragegericht" = „arbitražnyj sud". Im Streitfall entstehen schwierige Auslegungsfragen. Derselbe Übersetzungsfehler taucht auch bei Übersetzungen von Entscheidungen staatlicher Arbitragegerichte auf. Sie werden als „Schiedsgerichtsentscheidungen" übersetzt. Der nicht kundige deutschsprachige Jurist nimmt an, dass es sich um einen Schiedsspruch handelt, der nach der New Yorker Konvention vollstreckt werden kann, und beantragt die Vollstreckung. Diese wird abgewiesen, wenn sich herausstellt, dass es sich um die Entscheidung eines staatlichen russischen Gerichts handelt. Entscheidungen staatliches russischen Gerichts werden mangels Vollstreckungsübereinkommen weder in Deutschland noch in Österreich vollstreckt. Im Ergebnis fallen Verfahrenskosten an, ohne dass der gewünschte Erfolg erzielt wurde. Die korrekte russische Bezeichnung für Schiedsgericht ist „tretejskij sud"[535] bzw. „kommerčeskij arbitražnyj sud"[536] = „Wirtschaftsschiedsgericht". Bei der Formulierung von Verträgen und bei der Übersetzung russischer Gerichtsentscheidungen ist dieser sprachliche Unterschied zu beachten.

Die Arbitragegerichte schlichten wirtschaftliche Streitigkeiten und Streitigkeiten zwischen Unternehmern. Nach dem Gesetz vom 4.7.1991 bildeten die Arbitragegerichte ein eigenständiges, selbstständiges Gerichtssystem mit dem Obersten Arbitragegericht an der Spitze. Daneben gab es ursprünglich zwei andere Gerichtssysteme: die ordentlichen Gerichte mit dem Obersten Gericht an der Spitze und das Verfassungsgericht mit dem Verfassungsgerichtshof an der Spitze. Diese drei Gerichtssysteme waren voneinander völlig unabhängig. Es gab somit zwei Höchstgerichte, die Entscheidungen in Zivilrechtssachen erließen: das Oberste Gericht der RF und das Oberste Arbitragegericht der RF. Das Oberste Gericht der RF und das

---

533 Siehe dazu auch *Lippott*, Die Arbitragegerichtsbarkeit in der Russischen Föderation, RIW 1996, S. 106f.

534 *Micheler/Bauer-Mitterlehner*, Allgemeines Verfahrensrecht, S. 9.

535 Третейский суд.

536 Коммерческий арбитражный суд.

Oberste Arbitragegericht der RF nahmen in besonderen Beschlüssen öffentlich zu aktuellen Auslegungsfragen Stellung. In wichtigen Angelegenheiten erließen die beiden Höchstgerichte gemeinsame Beschlüsse. Der gemeinsame Beschluss Nr. 6/8 vom 1.7.1996 „Über Einzelfragen, die mit der Anwendung des Teils I des Zivilgesetzbuchs der Russischen Föderation verbunden sind"[537] klärte beispielsweise eine Reihe von zivilrechtlichen Zweifelsfragen. Eine einschneidende Entwicklung in das Rechtssystem der RF stellt sicher die Auflösung des obersten Arbitragegerichts im Jahr 2014 dar. Seither entscheidet das Oberste Gericht der RF nunmehr auch in Wirtschafts- und Handelsangelegenheiten. Da die Rechtsprechung dieser beiden Gerichte in der Vergangenheit in vielerlei Hinsicht keine einheitliche war, bleibt abzuwarten, ob das Oberste Gericht nun über Angelegenheiten in Wirtschafts- und Handelssachen die eigene Linie der Rechtsprechung anwenden oder aber die Rechtsprechung des ehemaligen Obersten Arbitragegerichts fortentwickeln wird.[538]

Alle Beweismittel haben im Arbitragegerichtsverfahren grundsätzlich die gleiche Kraft, und die Arbitragegerichte würdigen alle vorgebrachten Beweise nach ihrer inneren Überzeugung.[539] Sie sind außerdem verpflichtet, alle Beweise unmittelbar zu untersuchen.[540] Dennoch besteht eine gewisse Präferenz für schriftliche Beweismittel,[541] und auch die Formvorschriften des ZGB sind eher auf schriftliche Beweismittel ausgerichtet.[542] Gerichtsverfahren sind grundsätzlich öffentlich.[543] Die Umsetzung des öffentlichen Verfahrens wird in der Praxis aber zunehmend von den verschärften Sicherheitsbestimmungen behindert, sodass der Zugang zu russischen Gerichten schwierig sein und der Zugang durch das Sicherheitspersonal oft nur durch das Vorweisen einer entsprechenden Ladung des Gerichts und

---

537 Vestnik des Obersten Arbitragegerichts 1996, Nr. 9, Вестник Высшего Арбитражного Суда в 1996 году, н. 9.

538 *Peters*, Gerichtsprozesse in Russland, http://russland.ahk.de/publikationen/impuls/inhalt-impuls-2011/gerichtsprozesse/, Abruf per 10.1.2017.

539 Art. 59 Arbitragegerichtsordnung.

540 Art. 10 Arbitragegerichtsordnung i.V. m. Art. 117 Abs. 2 Arbitragegerichtsordnung, vgl. *Micheler/Bauer-Mitterlehner*, Allgemeines Verfahrensrecht, S. 9.

541 *Peters*, Gerichtsprozesse in Russland, http://russland.ahk.de/publikationen/impuls/inhalt-impuls-2011/gerichtsprozesse/, Abruf per 10.1.2017.

542 Die fehlende Schriftform kann gemäß Art. 161 ZGB zur Verwirkung des Zeugenbeweises vor Gericht führen, siehe dazu oben, Teil I.

543 Art. 123 Verfassung, Art. 9 Gerichtssystemgesetz, 6 Arbitragegerichtsgesetz, vgl. *Micheler/Bauer-Mitterlehner*, Allgemeines Verfahrensrecht, S. 9, m.w.N.; zu Ausnahmen siehe das Föderationsgesetz „Über das Staatsgeheimnis" vom 21.7.1993, Закон РФ от 21 июля 1993 г. N 5485-I „О государственной тайне"; Текст Закона опубликован в „Российской газете" от 21 сентября 1993 г. N 182, в газете „Российские вести" от 30 сентября 1993 г. N 189, в Собрании законодательства Российской Федерации от 13 октября 1997 г., N 41, ст. 4673, vgl. dazu auch *Baller*, Publizität und Geheimhaltung im Öffentlichen Recht der Russischen Föderation, ROW 1997, S. 95.

erst kurz vor Beginn der jeweiligen Anhörung erlangt werden kann.[544] Gerichtsverfahren werden in russischer Sprache abgehalten.[545]

Eine wesentliche Reform betrifft den durch das Föderale Gesetz Nr. 195-FZ vom 29.6.2015[546] in der Arbitragegerichtsordnung eingeführten Analogiegrundsatz.[547] Dabei ist beim Auftreten einer Lücke im Wege der Gesetzesanalogie zunächst eine ähnliche Norm anzuwenden, wenn diese fehlt, kann im Wege der Rechtsanalogie auf Grundsätze der Rechtsprechung zurückgegriffen werden.[548] Durch das föderale Gesetz Nr. 47-FZ[549] vom 2.3.2016 wurde weiters für bestimmte Angelegenheiten ein verpflichtendes Mahnverfahren eingeführt.[550] Ein erfolgloses vorangegangenes Mahnverfahren bildet dabei die Voraussetzung für die Zulässigkeit der Klage.[551]

d) Allgemeine Gerichtsbarkeit

Die Aufgaben, das Verfahren und die Zuständigkeit der ordentlichen Gerichte waren in der Spätphase der Sowjetunion für die RSFSR im Wesentlichen im Gerichtsverfassungsgesetz der RSFSR vom 8.7.1981[552] und in der Zivilprozessordnung der RFSFR von 1964[553] geregelt. Während der Sowjetzeit waren sie v.a. mit

---

544 *Bauer-Mitterlehner*, The Legal Framework for Corporate Dispute Resolution in the Russian Federation from a Foreigner's Perspective, Arbeitspapier des FOWI Nr. 110, 2006, S. 4.

545 Art. 10 Abs. 1 Gerichtssystemgesetz, Art. 8 Arbitragegerichtsordnung, *Micheler/Bauer-Mitterlehner*, Allgemeines Verfahrensrecht S. 9 f., m.w.N.

546 Федеральный закон от 29 июня 2015 г. N 195-ФЗ „О внесении изменения в статью 3 Арбитражного процессуального кодекса Российской Федерации"; Текст Федерального закона опубликован на „Официальном интернет-портале правовой информации" (www.pravo.gov.ru) 30 июня 2015 г., в „Российской газете" от 6 июля 2015 г. N 145, в Собрании законодательства Российской Федерации от 6 июля 2015 г. N 27 ст. 3986.

547 *Wedde*, 2016, S. 355.

548 *Wedde*, 2016, S. 355.

549 Федеральный закон от 2 марта 2016 г. N 47-ФЗ „О внесении изменений в Арбитражный процессуальный кодекс Российской Федерации"; Текст Федерального закона опубликован на „Официальном интернет-портале правовой информации" (www.pravo.gov.ru) 2 марта 2016 г., в „Российской газете" от 4 марта 2016 г. N 47, в Собрании законодательства Российской Федерации от 7 марта 2016 г. N 10 ст. 1321.

550 *Wedde*, 2016, S. 355.

551 *Wedde*, 2016, S. 355.

552 Закон РСФСР от 8 июля 1981 года „О судоустройстве РСФСР" с последующими изменениями и дополнениями (Ведомости Верховного Совета РСФСР, 1981, N 28, ст. 976).

553 Гражданский процессуальный кодекс РСФСР от 11 июня 1964 г.; Текст документа опубликован в Ведомостях Верховного Совета РСФСР от 18 июня 1964 г., N 24, ст. 407.

familien- und strafrechtlichen Agenden beschäftigt, da Unternehmensfälle vor der Staatsarbitrage und Außenhandelsfälle von Schiedsgerichten bearbeitet wurden. Aufgaben, Verfahren und Zuständigkeit der ordentlichen Gerichte sind heute im Wesentlichen im Art. 126 Verf., im Gerichtssystemgesetz[554] und in der Zivilprozessordnung[555] geregelt. Die ordentlichen Gerichte sind in Zivilrechtsangelegenheiten im Wesentlichen für privat-, familien- und arbeitsrechtliche Streitigkeiten zuständig, wenn eine der Parteien eine natürliche Person ist, sofern diese Streitigkeiten nicht gesetzlich einem anderen Organ zugewiesen sind. Nach einer gemeinsamen Erklärung des Obersten Gerichts und des Obersten Arbitragegerichts[556] sind die ordentlichen Gerichte (seit der Zusammenlegung der zivilrechtlichen Höchstgerichte nunmehr in den unteren Instanzen) für alle jene zivilrechtlichen Streitigkeiten sachlich zuständig, die nicht in die Kompetenz der Arbitragegerichte fallen.[557] Sie entscheiden somit im Wesentlichen alle bürgerlichen Streitigkeiten, die keine wirtschaftlichen Streitigkeiten sind und bei denen eine natürliche Person beteiligt ist, wie familienrechtliche Streitigkeiten oder Streitigkeiten, die die Privatsphäre betreffen. Die ordentlichen Gerichte sind auch für administrative Streitigkeiten von Nichtunternehmern zuständig.[558] Gemäß Art. 25 Zivilprozessordnung fallen

---

554 Федеральный конституционный закон от 31 декабря 1996 г. N 1-ФКЗ „О судебной системе Российской Федерации"; Текст Федерального конституционного закона опубликован в „Российской газете" от 6 января 1997 г. N 3, в Собрании законодательства Российской Федерации от 6 января 1997 г. N 1 ст. 1.

555 „Гражданский процессуальный кодекс Российской Федерации" от 14 ноября 2002 г. N 138-ФЗ; Текст Кодекса опубликован в „Российской газете" от 20 ноября 2002 г. N 220, в „Парламентской газете" от 20 ноября 2002 г. N 220–221, в Собрании законодательства Российской Федерации от 18 ноября 2002 г. N 46 ст. 4532.

556 Dazu s. die gemeinsame Erklärung des Obersten Gerichts und des Obersten Arbitragegerichts Nr. 12/12 vom 18.8.1992, VVAS RF 1992, Nr. 1 S. 84.

557 Siehe auch Треушников М.К. (ред.) Комментарий к гражданскому процессуальному кодексу Российской Федерации, 2007, Art. 25, Rn. 5; ders. in Треушников М.К., Гражданский процесс: Учебник для вузов Под ред. М.К. Треушникова, 1999, S. 54.

558 Siehe zunächst Art. 1 des Gesetzes „Über die gerichtliche Anfechtung von Handlungen und Entscheidungen, die die Rechte und Freiheiten von Bürgern verletzen" vom 27.4.1993, Закон РФ от 27 апреля 1993 г. N 4866-I „Об обжаловании в суд действий и решений, нарушающих права и свободы граждан", Текст Закона опубликован в Ведомостях Съезда народных депутатов Российской Федерации и Верховного Совета Российской Федерации, 13 мая 1993 г., N 19, ст. 685, в Сборнике законодательных актов Российской Федерации, выпуск VIII, 1993 г., ст. 117, в „Российской газете" от 12 мая 1993 г., N 89, nunmehr Федеральный закон от 8 марта 2015 г. N 22-ФЗ „О введении в действие Кодекса административного судопроизводства Российской Федерации", Текст Федерального закона опубликован на „Официальном интернет-портале правовой информации" (www.pravo.gov.ru) 9 марта 2015 г., в „Российской

außerdem bestimmte transport- und verwaltungsrechtliche[559] Angelegenheiten in die Kompetenz der ordentlichen Gerichte. Spezialvorschriften für besondere Verfahren finden sich u.a. im Arbeitsrecht,[560] im Konsumentenschutzrecht sowie in völkerrechtlichen Verträgen. Die Strafgerichtsbarkeit sowie die Kriegs- und Spezialgerichte werden durch eigene Verfahrensordnungen und Spezialgesetze geregelt. Art. 19 Abs. 1 Gerichtssystemgesetz weist alle Verwaltungs- Straf- und Zivilsachen dem Obersten Gericht zu. Daraus ergibt sich auch die Zuständigkeit der dem Obersten Gericht untergeordneten Instanzen.[561]

Der Fortbestand unterschiedlicher Prozessordnungen unter einem Höchstgericht erscheint problematisch.[562] Langfristig ist die Beibehaltung der verschiedenen Verfahrensordnungen wohl nicht zielführend. Durch das föderale Gesetz Nr. 45-FZ vom 2.3.2016 wurden die Verfahren beider Gerichtszweige schon teilweise angeglichen, etwa hinsichtlich vereinfachter Verfahren.[563]

e) Auflösung des Obersten Arbitragegerichts im Jahr 2014

Die Auflösung des Obersten Arbitragegerichts im Sommer 2014 bewegte die Gemüter der russischen und ausländischen Juristen: Präsident *Putin* schlug in der Plenarsitzung des Internationalen Petersburger Wirtschaftsforums am 21.6.2013 völlig überraschend eine Zusammenlegung des Obersten Gerichts und des Obersten Arbitragegerichts der RF vor.[564] Als Begründung für die Vereinigung der

---

газете“ от 11 марта 2015 г. N 49, в Собрании законодательства Российской Федерации от 9 марта 2015 г. N 10 ст. 1392.

559 Art. 231 Zivilprozessordnung i.V.m. Art. 23.1 Kodex über die Verwaltungsverletzungen vom 30.12.2001, Кодекс Российской Федерации об административных правонарушениях от 30 декабря 2001 г. N 195-ФЗ; Текст Кодекса Российской Федерации об административных правонарушениях опубликован в „Российской газете“ от 31 декабря 2001 г. N 256, в Собрании законодательства Российской Федерации от 7 января 2002 г. N 1 (часть I) ст. 1, в „Парламентской газете“ от 5 января 2002 г. N 2–5.

560 Arbeitsgesetzbuch der RF vom 30.12.2001, Трудовой кодекс Российской Федерации от 30 декабря 2001 г. N 197-ФЗ; Текст Кодекса опубликован в „Российской газете“ от 31 декабря 2001 г. N 256, в Собрании законодательства Российской Федерации от 7 января 2002 г. N 1 (часть I) ст. 3, в „Парламентской газете“ от 5 января 2002 г. N 2–5.

561 *Steininger*, Osteuropa Recht 1997, S. 3, Fn. 6, S. 290.

562 *Schramm*, Eingliederung der Arbitragegerichte in ein einheitliches Gerichtssystem, 2014, Wissenschaftliche Beiträge des Ost Instituts Wiesmar, abrufbar unter http://www.ostinstitut.de/documents/publikationen/Schramm_Eingliederung_der_Arbitragegerichte_in_ein_einheitliches_Gerichtssystem_OL_1_2014, Abruf per 31.1.2017.

563 *Wedde*, 2016, S. 355.

564 *Solomon*, Das unerwartete Ende des Obersten Arbitrage-Gerichts in Russland und die Politisierung der Justizreform, Übersetzung von *Schröder*,

russischen obersten Gerichte führte *Putin* u.a. die Sicherstellung einer einheitlichen Rechtsprechung für natürliche und juristische Personen sowie für den Staat und die Kommunen an. In den Erläuterungen zum Gesetzentwurf wurde als Grund für die Reform u.a. die Vermeidung von Fällen, in denen es wegen unklarer Zuständigkeiten zu einer Verweigerung des gerichtlichen Schutzes kommt, genannt.[565] Durch die Verfassungsgesetze „Über das Oberste Gericht der Russischen Föderation und die Staatsanwaltschaft der Russischen Föderation" „Über das Oberste Gericht der Russischen Föderation", „Über das System der Gerichte der Russischen Föderation" und des Föderationsgesetzes „Über die Wahl der Kandidaten in die erste Zusammensetzung des Obersten Gerichts der Russischen Föderation"[566] wurde eine umfassende Reform des russischen Gerichtssystems in die Wege geleitet.[567] Durch diese Gesetze wurde die Zweiteilung der Obersten Zivilgerichte der

---

http://www.bpb.de/internationales/europa/russland/187737/analyse-das-unerwartete-ende-des-obersten-arbitrage-gerichts-in-russland-und-die-politisierung-der-justizreform, Abruf per 10.1.2017.

565 *Schramm*, Eingliederung der Arbitragegerichte S.1.

566 Закон Российской Федерации о поправке к Конституции Российской Федерации от 5 февраля 2014 г. N 2-ФКЗ „О Верховном Суде Российской Федерации и прокуратуре Российской Федерации"; Текст Закона опубликован на „Официальном интернет-портале правовой информации" (www.pravo.gov.ru) 6 февраля 2014 г., в „Российской газете" от 7 февраля 2014 г. N 27, в Собрании законодательства Российской Федерации от 10 февраля 2014 г. N 6 ст. 548; Федеральный конституционный закон от 5 февраля 2014 г. N 3-ФКЗ „О Верховном Суде Российской Федерации"; Текст Федерального конституционного закона опубликован на „Официальном интернет-портале правовой информации" (www.pravo.gov.ru) 6 февраля 2014 г., в „Российской газете" от 7 февраля 2014 г. N 27, в Собрании законодательства Российской Федерации от 10 февраля 2014 г. N 6 ст. 550; Федеральный конституционный закон от 5 февраля 2014 г. N 4-ФКЗ „О внесении изменений в Федеральный конституционный закон ‚О судебной системе Российской Федерации' "; Текст Федерального конституционного закона опубликован на „Официальном интернет-портале правовой информации" (www.pravo.gov.ru) 6 февраля 2014 г., в „Российской газете" от 7 февраля 2014 г. N 27, в Собрании законодательства Российской Федерации от 10 февраля 2014 г. N 6 ст. 551Федеральный закон от 5 февраля 2014 г. N 16-ФЗ „О порядке отбора кандидатов в первоначальный состав Верховного Суда Российской Федерации, образованного в соответствии с Законом Российской Федерации о поправке к Конституции Российской Федерации „О Верховном Суде Российской Федерации и прокуратуре Российской Федерации"; Текст Федерального закона опубликован на „Официальном интернет-портале правовой информации" (www.pravo.gov.ru) 6 февраля 2014 г., в „Российской газете" от 7 февраля 2014 г. N 27, в Собрании законодательства Российской Федерации от 10 февраля 2014 г. N 6 ст. 567.

567 *Janzen*, S. 65.

RF in das Oberste Gericht und das Oberste Wirtschaftsrecht der RF beendet und die Basis für ein neues Oberstes Gericht der RF geschaffen, das mit dem Inkrafttreten der Gesetze „Über das Oberste Gericht der Russischen Föderation“ und „Über das System der Gerichte der Russischen Föderation“ am 6.8.2014[568] die Rechtsnachfolge der beiden Obersten Zivilrechtsgerichte der RF antrat. Diese Gesetze lösten sowohl das Oberste Arbitragegericht der RF als im Ergebnis auch das bisherige Oberste Gericht der RF auf und schufen ein neues Oberstes Gericht der RF.[569] Damit kehrte Russland nach nur 23 Jahren nach Einführung des Obersten Arbitragegerichts im Jahre 1991 wieder zu einem einzigen Obersten Gericht zurück.

Der Weiterbestand der unteren Instanzen der Arbitragegerichte dürfte aufgrund ihres ausgezeichneten Rufs, der i.d.R. besser ist als jener der ordentlichen Gerichte, erfolgt sein.[570] Die Entscheidungen der Arbitragegerichte gelten im Vergleich zu jenen der ordentlichen Gerichte als methodisch besser begründet und aussagekräftiger, und auch die technische Ausstattung der Arbitragegerichte gilt als vergleichsweise besser.[571]

f) Kritik im Lichte der Rechtswirklichkeit

Anhand der Daten des ehemaligen Obersten Arbitragegerichts der RF lässt sich ablesen, dass die Anzahl der Verfahren vor den Arbitragegerichten bis zum Jahr 2014 verhältnismäßig kontinuierlich im Steigen begriffen war. Die statistischen Daten dazu wurden auf der Homepage des ehemaligen Obersten Arbitragegerichts veröffentlicht. Während im Jahr 1994 lediglich 300.000 neue Verfahren anhängig gemacht wurden, bewegte sich die Zahl der neuen Verfahren im Jahr 2011 bereits bei einer Million, wovon die Hälfte das Zivilrecht betraf. Die Zahl der Erledigungen ist nahezu ident.[572] In der Praxis werden die russischen Arbitragegerichte für kleinere und einfachere Verträge gerne genutzt, als Unsicherheitsfaktoren gelten aber die Unerfahrenheit von Richtern, ihre politische Beeinflussbarkeit und Korruption, Umstände, die man bei großen Transaktionen mit hohem Streitwert besser vermeidet.[573] Die zeitlich straffen Verfahrensregeln – eine erste Anhörung hat grundsätzlich innerhalb von zwei Monaten ab Einbringung der Klage stattzufinden –, die Schwerpunktsetzung auf das schriftliche Verfahren (so ist z.B. nach

568 Art. 2 Abs. 2 des Verfassungsgesetzes „Über das Oberste Gericht der Russischen Föderation und die Staatsanwaltschaft der Russischen Föderation“ vom 5.2.2014, Art. 3 des Verfassungsgesetzes „Über die Organisation der Gerichte in der Russischen Föderation“ vom 5.2.2014, Art. 23 Abs. 1 des Verfassungsgesetzes „Über das Oberste Gericht der Russischen Föderation“ vom 5.2.2014, siehe *Janzen*, Fn. 6.

569 *Janzen*, S. 65.

570 *Schramm*, Eingliederung der Arbitragegerichte, S. 3.

571 *Schramm*, Eingliederung der Arbitragegerichte, S. 3.

572 *Trunk* in *Luchterhandt* (Hrsg.), Rechtskultur in Russland: Tradition und Wandel, 2011, S. 231.

573 *Kluge*, 2016.

dem ZGB die Verwirkung des Zeugenbeweises in vielen Fällen die Folge von nicht schriftlich abgeschlossenen Verträgen[574]), die Auslegung von Verträgen nach dem Wortlaut,[575] aber auch die chronische Arbeitsüberlastung der Gerichte und die vergleichsweise gering ausgeprägte Spezialisierung der Richter führen zu kurzen, i.d.R. knapp begründeten Urteilen, die sich im Vergleich zu deutschen oder österreichischen Urteilen in der Praxis schon hinsichtlich des Umfangs der rechtlichen Begründung unterscheiden. *Trunk* stellt zu der Qualität der Urteile fest:

> „Zu den Ausfertigungen der Urteile im Aufsichtsverfahren wird festgestellt, dass zitierte Rechtsnormen, rechtsprechungsanleitende Verordnungen oder zitierte anderweitige Gerichtsentscheidungen nur sehr knapp berührt werden. Über Auslegungsprobleme zitierter Texte ist den Urteilen nichts zu entnehmen. Des Weiteren kommt es vor, dass auf problematische Teilaspekte eines Falles in den Entscheidungen nicht eingegangen wird".[576]

Die bekanntesten Beispiele beeinflusster Gerichtsentscheidungen stammen aus der Abwicklung des Yukos-Konzerns von *Chodorkovskij*.[577] *Solotych*[578] nennt im Jahr 2006 Formalismus und die buchstabengetreue Anwendung der Gesetze durch russische Gerichte, ihr mangelndes Verständnis für die Privatautonomie und die Korruptionsanfälligkeit vor allem bei den Gerichten allgemeiner Zuständigkeit als mögliche ernsthafte Hindernisse auf dem Weg der Rechtsdurchsetzung. Neben der Beeinflussbarkeit sieht *Kluge* in der Neigung zum Formalismus in russischen Gerichten einen zusätzlichen Unsicherheitsfaktor: Verträge würden häufig für ungültig erklärt, wenn sie nicht exakt in den strikten Rahmen des russischen Rechts passen.[579] Auch wenn der Ruf der unterinstanzlichen Arbitragegerichte in dieser Hinsicht einiges besser ist als jener der allgemeinen Gerichte und auch das Oberste Arbitragegericht gerade in den Jahren unmittelbar vor seiner Auflösung gute Reputation erzielen konnte, dürfte sich dieser Trend zum Formalismus aufgrund der Auflösung des Obersten Arbitragegerichts noch verstärken.

In der Praxis besteht – trotz mengenmäßig höherer Akzeptanz der ordentlichen Gerichtsbarkeit – daher nach wie vor häufig der Wunsch, im Konfliktfall nicht ein russisches Arbitragegericht, sondern möglichst ein Gericht im europäischen Ausland in Anspruch zu nehmen.[580]

574 Art. 162 ZGB.
575 Art. 431 ZGB.
576 *Trunk*, S. 236.
577 *Kluge*, 2016.
578 *Solotych*, Vollstreckung, S. 8.
579 *Kluge*, 2016.
580 *Kluge*, 2016.

g) *Quantitative Beobachtungen*

Nachdem die Anzahl der vor den Arbitragegerichten verhandelten Verfahren von ihrer Einführung bis zum Jahr 1995 kontinuierlich abfiel,[581] konnten ab dem Jahr 1995 und v.a. in den frühen 2000er-Jahren beachtliche Steigerungsquoten beobachtet werden.[582] So hat sich die Anzahl der eingebrachten Klagen von 1995 bis 2001 mehr als verdoppelt und lag 2001 bei fast 750.000.[583] Ende 2000 gab es bereits rund 2.500 Arbitragerichter, was einer Erhöhung um 513 Personen in vier Jahren entspricht.[584]

In den letzten Jahren vor Auflösung des Obersten Arbitragegerichts kann sicherlich noch von steigender Tendenz gesprochen werden.[585] Eine tabellarische Übersicht über die Entwicklung von 2001 bis 2013 findet sich im Anhang.

2 Rehabilitierung der Schiedsgerichtsbarkeit

a) *Stellenwert der Schiedsgerichtsbarkeit*

Aufgrund der internationalen Vollstreckungsmöglichkeiten von Schiedsurteilen und wohl auch aufgrund des fehlenden Vertrauens der einschlägigen Geschäftskreise in die Gerichtsbarkeit erfreuen sich Schiedsgerichte in Russland großer Beliebtheit. Russland ist – als Rechtsnachfolger der UdSSR – Mitglied der New Yorker UN-Konvention über die Anwendung und Vollstreckung ausländischer Schiedssprüche (New Yorker Übereinkommen)[586] und der Europäischen Konvention von

581 *Bauer-Mitterlehner*, legal Framework, S. 5.

582 Die genauen Zahlen wurden regelmäßig im Mitteilungsblatt des Obersten Arbitragegerichts veröffentlicht, so im VVAS RF 2002, Nr. 20 ff für die Jahre 2000 und 2001.

583 Siehe die Angaben auf der Website des ehemaligen Obersten Arbitragegerichts, http://www.arbitr.ru/news/totals/10anniversary/index.htm, Abruf per 27.11.2014.

584 Экономическая газета 2001, No. 16, C. 2.

585 Siehe dazu die Übersicht im Anhang.

586 Конвенция ООН о признании и приведении в исполнение иностранных арбитражных решений (Нью-Йорк, 10 июня 1958 г.). Конвенция подписана представителем СССР в г.Нью-Йорке 29 декабря 1958 г.; СССР ратифицировал Конвенцию Указом Президиума Верховного Совета СССР от 10 августа 1960 г. с заявлением. Текст Конвенции опубликован в Вестнике Высшего Арбитражного Суда Российской Федерации, N 8, 1993 г., в специальном приложении к Вестнику Высшего Арбитражного Суда Российской Федерации, N 3, март 1999 г., в Сборнике нормативных документов и справочных материалов Международного коммерческого арбитражного суда при Торгово-промышленной палате Российской Федерации, Москва, 2007, в Ведомостях Верховного Совета СССР от 23 ноября 1960 г. N 46 ст. 421; Convention on the Recognition and Enforcement of Foreign Arbitral Awards, New York, 1958, the „New York Convention“, abrufbar auf der UNCITRAL Homepage http://www.uncitral.org/uncitral/de/uncitral_texts/arbitration/NYConvention.html, Abruf per 14.10.2015.

Genf über die Schiedsgerichtsbarkeit.[587] Das New Yorker Übereinkommen ist für mehr als 110 Staaten verbindlich. Da mit den meisten westeuropäischen Staaten kein Vollstreckungsabkommen für die Vollstreckung von Gerichtsurteilen besteht und somit die Vollstreckung von ordentlichen Gerichtsurteilen der russischen Gerichte in vielen westeuropäischen Ländern und umgekehrt i.d.R. nicht möglich ist, ist die internationale Schiedsgerichtsbarkeit zur Streitschlichtung von Außenhandelsstreitigkeiten von besonderem Interesse. Urteile ausländischer staatlicher Gerichte werden daher mangels internationalem Abkommen und i.d.R. mangels Gegenseitigkeit häufig nicht anerkannt.[588] Die aktuellen (politischen) Spannungen lassen eine Änderung dieser Rechtsprechung unwahrscheinlich erscheinen.[589] Im bilateralen Verhältnis dürfte die Übertragung von Streitigkeiten an internationale Schiedsgerichte in Verträgen mit höherem Streitwert daher den Regelfall darstellen.[590]

b) Nationale Schiedsgerichtsbarkeit

Das russische Recht unterscheidet zwischen nationaler und internationaler Schiedsgerichtsbarkeit. Für den Außenhandel spielt die nationale Schiedsgerichtsbarkeit naturgemäß keine Rolle, dennoch soll zum allgemeinen Verständnis kurz auf die Besonderheiten der nationalen Schiedsgerichtsbarkeit eingegangen werden, da diese die Reputation der Schiedsgerichtsbarkeit in der RF als solcher wohl wesentlich mit geprägt haben.

Während die internationale Schiedsgerichtsbarkeit auf eine vergleichsweise lange Tradition zurückblicken kann, kam in der UdSSR der nationalen Schiedsgerichtsbarkeit keine Rolle zu.[591] Nationale Schiedsverfahren werden primär durch das Gesetz „Über Schiedsgerichte"[592] von 2002 reguliert, welches ein eigenes, nicht

---

587 Европейская конвенция о внешнеторговом арбитраже (Женева, 21 апреля 1961 г.); Конвенция ратифицирована Указом Президиума ВС СССР от 14 мая 1962 г. N 67-VI. Ратификационная грамота СССР депонирована Генеральному Секретарю ООН 27 июня 1962 г.; Текст Конвенции опубликован в Ведомостях Верховного Совета СССР от 28 октября 1964 г. N 44 ст. 485 (с приложением „Состав и характер деятельности Специального комитета, указанного в статье IV конвенции"), в Вестнике Высшего арбитражного суда Российской Федерации, 1993 г., N 10, в специальном приложении к Вестнику Высшего Арбитражного Суда Российской Федерации, март 1999 г., N 3, в Сборнике нормативных документов и справочных материалов Международного коммерческого арбитражного суда при Торгово-промышленной палате Российской Федерации, Москва, 2007.

588 *Wedde*, 2016, S. 355.

589 *Wedde*, 2016, S. 355.

590 *Wedde*, 2016, S. 355.

591 *Märkl*, S. 8.

592 Gesetz Nr. 102-FZ „Über Schiedsgerichte" vom 24. Juli 2002, Федеральный закон от 24 июля 2002 г. N 102-ФЗ „О третейских судах в Российской Федерации"; Текст

an das UNCITRAL-Modellgesetz[593] angelehntes Regelungsregime bildet.[594] Dieser akzentuierte Dualismus zwischen nationalen und internationalen Schiedsverfahren führte bislang zu einer extrem unterschiedlichen rechtlichen Behandlung von nationalen gegenüber internationalen Schiedsverfahren.[595] Diese Ausgangslage gab weiteren Anlass für eine Aktualisierung und Harmonisierung des bestehenden russischen Schiedsverfahrensrechts. Das Gesetz wurde mit Gesetz „Über die Schiedsgerichte“ (die Schiedsgerichtsverfahren) Nr. 382-FZ vom 29.12.2015[596] mit Wirkung zum 1.9.2016 novelliert.[597] Die Verringerung der signifikanten Unterschiede zwischen der Ausgestaltung von rein nationalen und internationalen Schiedsverfahren war Thema der Reform.[598] Ein großer Teil des (Schiedsgesetz 2015) ist gemäß Art. 1 Abs. 2 des Schiedsgesetzes 2015 nun auch auf internationale Schiedsgerichte anwendbar.

d) *Private Schiedsgerichte/Ad-hoc-Schiedsgerichte*

Verfahren vor privaten Schiedsgerichten und Ad-hoc-Verfahren fanden auf dem Gebiet der UdSSR kaum statt.[599] Erst mit dem freien Zugang für Unternehmen zum Außenhandel wurde die gesamte Schiedsgerichtsbarkeit umstrukturiert[600] und vermehrt private Schiedsgerichte und Ad-hoc-Schiedsgerichte vereinbart. Seit dem Ende der UdSSR entstand eine Vielzahl an privaten Schiedsgerichten innerhalb Russlands.[601] Nach Schätzungen bestand die russische Schiedslandschaft zum

---

Федерального закона опубликован в „Российской газете“ от 27 июля 2002 г. N 137, в „Парламентской газете“ от 27 июля 2002 г. N 140–141, в Собрании законодательства Российской Федерации от 29 июля 2002 г. N 30 ст. 3019.

593 United Nations Commission on International Trade Law (UNCITRAL) Model Law on International Commercial Arbitration 1985, Типовой закон ЮНСИТРАЛ о международном торговом арбитраже (принят ЮНСИТРАЛ 21 июня 1985 г.); Текст Типового закона с изменениями приводится по официальному изданию ООН, Вена, 2008 г., abrufbar unter http://www.uncitral.org.

594 *Mekat/Yadykin*, Die Reform des russischen Schiedsverfahrensrechts, SchiedsVZ 2015, beck-online, S. 271.

595 *Mekat/Yadykin*, S. 271.

596 Федеральный закон от 29 декабря 2015 г. N 382-ФЗ „Об арбитраже (третейском разбирательстве) в Российской Федерации“; Текст Федерального закона опубликован на „Официальном интернет-портале правовой информации“ (www.pravo.gov.ru) 29 декабря 2015 г., в „Российской газете“ от 31 декабря 2015 г. N 297, в Собрании законодательства Российской Федерации от 4 января 2016 г. N 1 (часть I) ст. 2.

597 *Karimullin*, Gesellschaftsrechtliche Schiedsverfahren nach russischem Schiedsrecht, WiRO 2016, beck-online, FN 25.

598 *Mekat/Yadykin*, S. 271, m.w.N.

599 *Märkl*, S. 8.

600 *Märkl*, S. 8.

601 *Belokonov/Podlesak*, Schiedsgerichtsbarkeit in der Russischen Föderation, eastlex 2005, S. 156.

Zeitpunkt des Beginns der Reform aus 2.000 bis 3.000 Schiedsinstitutionen, wobei das Justizministerium bei rund 80–90% dieser Institutionen illegale Aktivitäten vermutete.[602] Während verschiedene russische Schiedsinstitutionen international bekannt sind (insbesondere die jeweils bei der Handels- und Industriekammer der RF angebundenen internationalen Schiedsgerichte[603]) und im Außenhandel aufgrund der guten Reputation auch häufig auf Initiative ausländischer Parteien eingesetzt wurden und werden, war die weit überwiegende Mehrzahl der russischen Schiedsinstitutionen wenig bekannt und dem Vernehmen nach von bisweilen zweifelhafter Reputation, und es bestand der Verdacht, dass einige dieser Institutionen ausschließlich zu betrügerischen Zwecken genutzt wurden.[604] Die Praxis der kleinen und wenig bekannten Institutionen wich zudem häufig erheblich von den etablierten Best-Practices-Grundsätzen der führenden Schiedsinstitutionen in Russland sowie denen der anerkannten internationalen Schiedsinstitutionen ab.[605] Hieraus wurde in Russland die Notwendigkeit der Einführung von Qualitätskontrollen für Schiedsinstitutionen abgeleitet.[606]

Als weitere Besonderheit des russischen Schiedsmarkts kommt hinzu, dass eine Reihe von russischen Unternehmen und andere kommerzielle Strukturen ihre eigenen hauseigenen Schiedsinstitutionen gründeten. Diese sogenannten „pocket arbitration courts“ oder „Marionetten“-Schiedsgerichte standen in dem Ruf, oft nicht unparteiisch und unabhängig im schiedsrichterlichen Verfahren zu handeln und so die Parteien des schiedsrichterlichen Verfahrens in offensichtlich ungleiche Positionen zu stellen.[607] In diesem Zusammenhang ist eine häufig gesehene Praxis, dass die Unternehmen versuchten, ihre Streitigkeiten den jeweils eigenen Schiedsinstitutionen zu unterstellen, wobei diese Unternehmen zunehmend unter Verdacht standen, über die Schiedsinstitutionen erheblichen Einfluss auf die administrierten Verfahren auszuüben, beispielsweise durch die Finanzierung der Institutionen aufgrund der gesellschaftsrechtlichen Verbundenheit mit ihren Gründern.[608] Daher bestanden oftmals Zweifel an der Neutralität und prozessualen Fairness der von diesen Schiedsinstitutionen administrierten Verfahren.[609]

---

602 Dazu s. http://blogs.lexisnexis.co.uk/dr/the-future-for-arbitration-in-russia/, letzter Abruf per 10.1.2017.

603 Siehe dazu unten, Internationale Schiedsgerichtsbarkeit.

604 *Mekat/Yadykin*, S. 271.

605 *Mekat/Yadykin*, S. 271.

606 *Mekat/Yadykin*, S. 271.

607 *Heidemann*, Russische Föderation: Das neue Gesetz über die Schiedsgerichtsbarkeit, CMS Blog, http://www.cmshs-bloggt.de/international/russische-foederation-das-neue-gesetz-ueber-die-schiedsgerichtsbarkeit/, 16.8.2016, Abruf per 10.1.2017.

608 *Mekat/Yadykin*, S. 272.

609 *Mekat/Yadykin*, S. 272.

d) *Internationale Schiedsgerichtsbarkeit*

Die internationale Schiedsgerichtsbarkeit ist nach wie vor gesondert geregelt. Streitigkeiten, in denen wenigstens eine Partei ein ausländisches Unternehmen oder ein Unternehmen mit ausländischen Investitionen ist, können, falls eine entsprechende Vereinbarung zwischen den Parteien besteht, durch ein internationales Schiedsgericht gelöst werden.

Die traditionsreichsten und wohl auch bekanntesten ständigen internationalen Schiedsgerichte der RF sind das „Internationale Handelsschiedsgericht und die Maritime Schiedskommission bei der Handels- und Industriekammer" (HIK)[610] in Moskau. Zu Zeiten des Außenhandelsmonopols beschränkte sich die internationale Schiedsgerichtsbarkeit im Wesentlichen auf die Vorgängerorganisationen dieser beiden Schiedsgerichtsinstitutionen der damaligen sowjetischen Handels- und Industriekammer in Moskau, d.h. die „Außenhandelsschiedskommission bei der Handels- und Industriekammer der UdSSR" und die „Seeschiedskommission bei der Handels- und Industriekammer der UdSSR".[611] Diese beiden Schiedsgerichte wurden 1932 bzw. 1930 bei der Handels- und Industriekammer der UdSSR in Moskau gebildet. Wenn in sowjetischen Außenhandelsverträgen keine eigene Schiedsklausel[612] enthalten war, wurden Streitigkeiten aus den Verträgen vor diesen Schiedskommissionen und – mangels Parteistellung des ausländischen Vertragspartners vor dem ordentlichen sowjetischen Gericht und der Staatsarbitrage – nicht vor den ordentlichen staatlichen Gerichten verhandelt[613] oder der Staatsarbitrage zugewiesen. Die Außenhandelsschiedskommission wurde 1987 in das „Schiedsgericht bei der Handels- und Industriekammer der UdSSR" umbenannt.[614] Bis zur Wende waren die beiden Schiedsgerichte sie bei der Handels- und Industriekammer der UdSSR, angesiedelt jetzt sind sie bei der Handels- und Industriekammer der Russischen Föderation gemäß dem Gesetz über Handels- und Industriekammern in der Russischen Föderation vom 7.7.1993 organisiert.[615]

Die Tätigkeit der internationalen Schiedsgerichte auf dem Territorium Russlands wurde nach der Wende zunächst durch das Föderale Gesetz „Über die

610 Das Internationale Handelsschiedsgericht der Handels- und Industriekammer der Russischen Föderation, auf Russisch „Международный коммерческий арбитражный суд", international abgekürzt: ICAC (wobei auch die russische Abkürzung „MKAS" geläufig ist, Webseite http://www.tpprf-mkac.ru/en) und die Maritime Schiedskommission bei der Handels- und Industriekammer der Russischen Föderation, auf Russisch „Морская арбитражная комиссия", international abgekürzt: „MAC".

611 *Märkl*, S. 8.

612 Die Vereinbarung ausländischer Schiedsgerichte war grundsätzlich zulässig.

613 *Schneider*, Das Sowjetunion-Geschäft: Rechtliche Vorschriften, Marktinformation, Geschäftsabwicklung, 1990, S. 78.

614 *Märkl*, S. 63.

615 *Laptev*, Unternehmertätigkeit in Rußland, S. 372.

internationale Wirtschaftsschiedsgerichtsbarkeit“ vom 7.7.1993 Nr. 5338–1[616] geregelt. Dieses Gesetz bestätigte das Statut des internationalen Handelsschiedsgerichts und das Statut der Seeschiedskommission bei der Handels- und Industriekammer der RF. Mit dem Föderalen Gesetz v. 29.12.2015 Nr. 409-FZ[617] wurde das Gesetz „Über die internationale Wirtschaftsschiedsgerichtsbarkeit“ v. 7.7.1993 Nr. 5338–1 sowie andere schiedsrechtlich relevante Gesetze wie die Arbitragegerichtsordnung und die Zivilprozessordnung novelliert und die Organisation und die Arbeitsweise der internationalen Schiedsgerichte[618] geändert.

e) Kritik im Lichte der Rechtswirklichkeit

Die aktuellen Änderungen umfassen Neuerungen zur Schiedsvereinbarung, zum vorläufigen Rechtsschutz, zur Kooperation zwischen Schiedsgericht und staatlichem Gericht und zur Anerkennung und Vollstreckung von Schiedssprüchen. Dem Gesetz ist als Anhang das Statut des Internationalen Handelsschiedsgerichts bei der Handels- und Industriekammer der Russischen Föderation beigefügt.[619] Zu den wichtigsten Neuerungen gehört zum einen der Versuch, die sogenannten „Marionetten“-Schiedsgerichte zu verbieten.[620] Zum anderen wird die Zuständigkeit der Schiedsgerichte in Bezug auf bestimmte Arten von Streitigkeiten einschließlich gesellschaftsrechtlicher Streitigkeiten erweitert und die Rolle staatlicher Gerichte bei dem Zusammenwirken mit Schiedsgerichten gestärkt.[621] Außerdem wurde als neues administratives Organ eine ständige Schiedseinrichtung eingeführt, zu deren Aufgaben das Administrieren der internationalen handelsrechtlichen Schiedsgerichtsverfahren, der Schiedsverhandlung der internen Streitigkeiten sowie die Unterstützung der Schiedsverhandlung zur Beteiligung einer bestimmten

---

616 Закон РФ от 7 июля 1993 г. N 5338-I „О международном коммерческом арбитраже“; Текст Закона опубликован в „Российской газете“ от 14 августа 1993 г., в Ведомостях съезда народных депутатов Российской Федерации и Верховного Совета Российской Федерации от 12 августа 1993 г., N 32. ст. 1240, vgl. *Laptev*, Unternehmertätigkeit in Rußland, S. 372.

617 Федеральный закон от 29 декабря 2015 г. N 409-ФЗ „О внесении изменений в отдельные законодательные акты Российской Федерации и признании утратившим силу пункта 3 части 1 статьи 6 Федерального закона ‚О саморегулируемых организациях‘ “ в связи с принятием Федерального закона „Об арбитраже (третейском разбирательстве) в Российской Федерации“; Текст Федерального закона опубликован на „Официальном интернет-портале правовой информации“ (www.pravo.gov.ru) 29 декабря 2015 г., в „Российской газете“ от 31 декабря 2015 г. N 297, в Собрании законодательства Российской Федерации от 4 января 2016 г. N 1 (часть I) ст. 29.

618 Großteils traten die Änderungen im September 2016 in Kraft, einzelne Teilgebiete erst im Jahr 2017.

619 Einsehbar unter http://mkas.tpprf.ru/ru/.

620 *Heidemann*.

621 *Heidemann*.

Streitigkeit (ad hoc) gehören, während viele der ständigen Schiedsgerichte abgeschafft wurden.[622] Eine weitere Neuerung der Schiedsverhandlung ist die Möglichkeit der Schiedsgerichte, Sicherungsmaßnahmen in Bezug auf den Gegenstand der Streitigkeit zu beantragen.[623] Ad-hoc-Schiedsgerichte können nicht auf diese Unterstützung durch die ordentlichen Gerichte zurückgreifen.[624]

Aufgrund ihres guten Rufes werden das Internationale Handelsschiedsgericht bei der Handels- und Industriekammer der Russischen Föderation und die Maritime Schiedskommission bei der Handels- und Industriekammer der Russischen Föderation weiterhin Funktionen der ständigen Schiedsinstitutionen ausüben, ohne dass sie dazu einer entsprechenden Genehmigung der russischen Regierung bedürfen.[625]

Die Reform des Schiedsverfahrens wurde in Expertenkreisen schon auf der Basis der Gesetzesentwürfe viel diskutiert. Durch die explizite Regelung der Schiedsfähigkeit bestimmter Arten von Streitigkeiten gesellschaftsrechtlicher Natur adressiert sie ein weiteres Problem der bisherigen Rechtslage, das häufig zur Verlagerung von entsprechenden Verfahren ins Ausland geführt hatte.[626] Während die meisten Änderungen wie etwa die Möglichkeit der Unterstützung des Schiedsverfahrens durch ordentliche Gerichte auf Anfrage, die Klarstellung über die Schiedsfähigkeit und auch die Bestimmungen in Bezug auf das Schiedsverfahren durchwegs schiedsfreundlich sind und auch das erhoffte höhere Niveau der Schiedsgerichte zur Anfechtung und Durchsetzung vorteilhaft erscheinen, stellt die Reglementierung durch den wesentlichen Einfluss des Justizministeriums in der Frage, welche Institutionen als Schiedsgerichte zugelassen werden, de facto wohl eine staatliche Zugangshürde zur Schiedsgerichtsbarkeit dar.[627] Die Reform dieser Regeln für Schiedsinstitutionen wurde in den russischen Schiedsverfahrenskreisen im Vorfeld schon sehr intensiv diskutiert, und insbesondere das Erfordernis einer besonderen Berechtigung für Schiedsinstitutionen wurde als staatliche Überregulierung kritisiert.[628] Außerdem wird durch die Zugangsbeschränkung die Flexibilität – welche sicherlich eines der ausschlaggebenden Kennzeichen der Schiedsgerichtsbarkeit darstellt – massiv eingeschränkt.[629] Andererseits beendet die Reform nunmehr de facto die Existenz der umstrittenen sogenannten „Marionetten“-Schiedsgerichte in kommerziellen Strukturen und Unternehmen.[630] Inwieweit vor diesem Hintergrund die Breite an Vorgaben für Schiedsinstitutionen

622 *Heidemann.*

623 *Gromovoy*, Reformierung der Schiedsgerichte in Russland, Newsletter Russland April/Mai 2014, www.roedl.com/ru, Abruf per 15.10.2014.

624 Russia tables proposals for reforms to its arbitration system, 2014, Herbert smith freehill arbitration notes, http://hsfnotes.com/arbitration/2014/02/21/russia-tables-proposals-for-reforms-to-its-arbitration-system/, Abruf per 15.10.2015.

625 *Heidemann.*

626 *Karimullin*, Gesellschaftsrechtliche Schiedsverfahren, S. 289.

627 *Gromovoy.*

628 *Mekat/Yadykin*, S. 275.

629 *Gromovoy.*

630 *Gromovoy.*

letztlich ihr Ziel erreichen wird, bleibt abzuwarten, und das Risiko, dass fragwürdige Schiedsinstitutionen dennoch erfolgreich eine Berechtigung erlangen und somit zweifelhafte Praktiken möglicherweise fortführen könnten, bleibt bestehen.[631]

3 Öffnung gegenüber ausländischen Titeln

a) Allgemeines

Bei Außenhandelsverträgen spielt neben dem lokalen Verfahrensrecht und dem Schiedsverfahrensrecht auch die internationale Komponente im Hinblick auf die Möglichkeit der Vollstreckung von im Ausland erlangten Titeln für die Durchsetzung von Forderungen eine wichtige Rolle. Russische Arbitragegerichte und ordentliche Gerichte können die Anerkennung und Vollstreckung ausländischer Gerichtsentscheidungen und Schiedssprüche auf der Grundlage von ratifizierten internationalen Verträgen und der föderalen Gesetzgebung überprüfen. Grundsätzlich bedürfen Entscheidungen ausländischer Gerichte für ihre Vollstreckung der Anerkennung und Vollstreckbarerklärung (Exequatur).[632] Das Verfahren für die Anerkennung und Vollstreckbarerklärung ausländischer Gerichts- und Schiedsurteile ist vor den ordentlichen Gerichten bzw. den Arbitragegerichten zu führen, die Vollstreckung erfolgt dann nach den allgemeinen Vorschriften.[633]

b) Gerichtsstandklauseln

Gerichtsstandsvereinbarungen sind grundsätzlich zulässig. Ausschließungsgründe wären z.B. das Vorliegen eines ausschließlichen Gerichtsstandes oder auch der Umstand, dass die Vertragsparteien keinen (Wohn-) Sitz in Russland haben, es sei denn, dass sich aus einem internationalen Abkommen, das die Russische Föderation unterzeichnet hat, etwas anderes ergibt.

c) Kritik im Lichte der Rechtswirklichkeit

Um Vollstreckungshindernissen aufgrund mangelnder internationaler Abkommen in der Russischen Föderation vorzubeugen, kann es im Einzelfall ratsam sein, ein russisches ordentliches Gericht als Gerichtsstand auszuwählen, um die Möglichkeit einer Vollstreckung in Russland zu gewährleisten. Dieser Umstand wird durch die quasi nicht zu praktizierende Möglichkeit von Sicherstellungsmaßnahmen während laufender Verfahren vor ausländischen Gerichten oder ausländischen Schiedsgerichten noch verstärkt.[634] Dennoch besteht nicht nur bei Außenhandelsverträgen, sondern auch bei Verträgen zwischen russischen Parteien immer wieder

631 *Gromovoy.*

632 Anerkennung und Vollstreckbarerklärung werden verfahrensrechtlich nicht getrennt: *Solotych*, Vollstreckung, S. 13.

633 *Solotych*, Vollstreckung, S. 13.

634 *Plagemann*, Arbitragegerichtsbarkeit im russischen Recht – Teil 3, WiRO 2011, 336.

der Wunsch der Parteien, im Konfliktfall nicht vor ein russisches ordentliches Gericht oder Arbitragegericht, sondern möglichst vor ein Gericht im europäischen Ausland zu ziehen.[635] Die russischen Arbitragegerichte werden in der Praxis zwar für kleinere und einfachere Verträge gerne in Anspruch genommen, allerdings gelten die Unerfahrenheit von Richtern, die politische Beeinflussbarkeit und die Korruption als Risikofaktoren, die man bei komplizierten Transaktionen mit hohem Streitwert besser vermeidet.[636] Zuweilen werden nach wie vor auch die Unabhängigkeit des Richters und die Gleichheit der Parteien infrage gestellt.[637] Wenn eine der Parteien einen höheren Anteil zum Budgethaushalt der Region beisteuert und/oder dem örtlichen Gouverneur nahe steht, der die Elektrizitätsrechnungen des Gerichts bezahlt, könnte der Richter gewillt sein, diese Faktoren bei der Fällung eines Urteils berücksichtigen.[638] Die Entscheidungen russischer Gerichte sind auch weitgehend durch den formalen Charakter des materiellen Rechts geprägt. Neben der Beeinflussbarkeit ist aber auch ein gewisser Formalismus des russischen Zivilrechts und die daraus resultierende Neigung von russischen Richtern zum Formalismus in zusätzlicher Unsicherheitsfaktor: Verträge werden häufig für ungültig erklärt, wenn sie nicht exakt in den strikten Rahmen des russischen Rechts passen.[639]

4 Anerkennung und Vollstreckbarerklärung ausländischer Gerichtsurteile

a) Allgemeines

Solotych[640] wertet in der umfassenden forost-Publikation aus dem Jahr 2006 die Erörterung der Frage der Anerkennung und Vollstreckbarerklärung ausländischer Gerichtsentscheidungen für Russland als von weitgehend theoretischer Bedeutung, da die Anerkennung und Vollstreckung ausländischer Gerichtsentscheidungen, soweit sie nicht aus einem anderen GUS-Staat stammen, in Russland noch sehr restriktiv gehandhabt wird. Die Anerkennung und Vollstreckung ausländischer Entscheidungen in Russland setzt grundsätzlich das Vorliegen eines internationalen Abkommens voraus.[641] Solche Abkommen bestehen mit den meisten westeuropäischen Ländern nicht, zudem ist Russland nicht Teilnehmerstaat des Luganer

---

635 *Kluge*, S. 12.
636 *Kluge*, S. 12.
637 *Bauer-Mitterlehner*, legal Framework, S. 4.
638 The path to reform – or another dead end?, The Economist, 31. Mai 2001.
639 *Kluge*, S. 12.
640 *Solotych*, Vollstreckung, S. 50.
641 *Kurzynsky-Singer*, Minsker Konvention und Kiewer Übereinkommen als Grundlage für die Anerkennung und Vollstreckung ausländischer Entscheidungen in Russland – Teil 1, WiRO 2010, beck-online, S. 265.

Abkommens für die gerichtliche Zuständigkeit und die Vollstreckung gerichtlicher Entscheidungen in Zivil- und Handelssachen vom 16.9.1988.[642] Ein erheblicher Teil der internationalen Rechtshilfeabkommen wurde noch von der UdSSR in erster Linie mit den Ländern Osteuropas abgeschlossen. In der zeitgenössischen russischen Rechtspraxis spielen die im Rahmen der GUS zustande gekommenen multilateralen Abkommen, die Minsker Konvention vom 22.1.1993 „Über Rechtshilfe und Rechtsverhältnisse in Zivil-, Familien- und Strafsachen"[643] sowie das Kiewer Übereinkommen vom 20.3.1992 „Über das Verfahren der Entscheidung von Streitigkeiten, die mit der Ausübung wirtschaftlicher Tätigkeit verbunden sind"[644] die größte Rolle.[645] Die GUS-Staaten haben somit zur gegenseitigen Anerkennung und Vollstreckung von Gerichtsurteilen das Minsker Rechtshilfeübereinkommen von 1993 für Urteile der ordentlichen Gerichte und das Kiewer Übereinkommen von 1992 für Urteile der Arbitragegerichte abgeschlossen.[646] In bilateralen Rechtshilfeabkommen, die v.a. mit ehemaligen Ostblockstaaten bestehen, sind z.T. auch Regelungen über die gegenseitige Anerkennung und Vollstreckung von Gerichtsurteilen enthalten.[647] Die Übereinkommen mit Italien und Finnland sehen nur die gegenseitige Anerkennung bestimmter Gerichtsentscheidungen vor, während etwas die Rechtshilfeabkommen mit Polen, Ungarn, Rumänien, Bulgarien, Griechenland und Zypern umfassendere Regelungen enthalten.[648] Mit Deutschland oder Österreich besteht kein entsprechendes Abkommen.

---

642 *Karimullin*, Besicherung und Geltendmachung von Forderungen in der Russischen Föderation, Arbeitspapier des FOWI Nr. 74, 2000, S. 46.

643 Конвенция о правовой помощи и правовых отношениях по гражданским, семейным и уголовным делам (Минск, 22 января 1993 г.); Российская Федерация ратифицировала настоящую Конвенцию Федеральным законом от 4 августа 1994 г. N 16-ФЗ; Текст Конвенции опубликован в Бюллетене международных договоров 1995 г., N 2, стр. 3, в Вестнике Высшего Арбитражного Суда Российской Федерации 1994 г., N 2, стр. 101, в специальном приложении к Вестнику Высшего Арбитражного Суда Российской Федерации, N 3, март 1999 г., в сборнике „Действующее международное право" т. 3 (в извлечении).

644 Соглашение о порядке разрешения споров, связанных с осуществлением хозяйственной деятельности (Киев, 20 марта 1992 г.); Соглашение ратифицировано постановлением ВС РФ от 9 октября 1992 г. N 3620–1; Текст Соглашения опубликован в Вестнике Высшего арбитражного суда Российской Федерации, 1992, N 1, в журнале „Хозяйство и право", 1992 г., N 8, стр. 69, в Информационном вестнике Совета глав государств и Совета глав правительств СНГ „Содружество", 1992 г., N 4, стр. 53, в специальном приложении к Вестнику Высшего Арбитражного Суда Российской Федерации, N 3, март 1999 г.

645 *Kurzynsky-Singer*, Minsker Konvention und Kiewer Übereinkommen, S. 265.

646 *Solotych*, Vollstreckung, S. 12.

647 *Solotych*, Vollstreckung, S. 12.

648 *Solotych*, Vollstreckung, S. 12.

Die Russische Föderation nimmt an bestimmten multilateralen Übereinkommen zu internationalen Spezialfragen teil, wie z.B. dem Genfer Übereinkommen über den Beförderungsvertrag im internationalen Straßenverkehr von 1956 (CMR)[649] oder dem Übereinkommen über Drittschäden, die durch ausländische Luftfahrzeuge entstehen,[650] von 1952.[651] Sie ist Mitglied des Haager Zivilprozessübereinkommens von 1954,[652] sodass die Kostenentscheidungen ordentlicher Gerichte aus anderen Vertragsstaaten in Russland vollstreckbar sind.[653]

Die Entscheidungen deutscher sowie auch österreichischer Gerichte sind in Russland aber mangels internationalen Vertrages grundsätzlich nicht vollstreckbar. Genauso wenig sind Entscheidungen russischer Gerichte in Deutschland oder Österreich vollstreckbar.[654]

Liegt kein entsprechender völkerrechtlicher Vertrag vor, können ausländische Gerichtsentscheidungen und Schiedssprüche von russischen Gerichten aber auf der Grundlage des Prinzips der Gegenseitigkeit trotzdem anerkannt und anschließend im Einvernehmen vollstreckt werden.[655] Zur Begründung wird auf die internationale Höflichkeit sowie das Recht auf Zugang zu den Gerichten verwiesen, und man beruft sich auf das Prinzip der Gegenseitigkeit.[656] Diese Entwicklung erscheint nicht völlig unproblematisch, weil die russische Rechtsprechung sich dabei über den eindeutigen Gesetzeswortlaut hinwegsetzt.[657] Das Ergebnis wird jedoch auch als ein Schritt auf dem Weg zur „offenen Gesellschaft" in Russland gesehen, der umgekehrt auch die Vollstreckung russischer Gerichtsentscheidungen im Ausland

649 Конвенция о договоре международной дорожной перевозки грузов (КДПГ) (Женева, 19 мая 1956 г.); СССР присоединился к настоящей Конвенции Указом Президиума ВС СССР от 1 августа 1983 г. N 9763-X (с заявлением и оговоркой). Текст Конвенции опубликован в Сборнике нормативных актов „Международное частное право", М., 1994 г.; в журнале „Закон", 2000 г., N 6.

650 Конвенция об ущербе, причиненном иностранными воздушными судами третьим лицам на поверхности (Рим, 7 октября 1952 г.). СССР присоединился к настоящей Конвенции Указом Президиума ВС СССР от 22 февраля 1982 г. N 6596-X с заявлением; Текст Конвенции опубликован в Сборнике международных договоров СССР, М., 1984 г., вып. XXXVIII, с. 164, в „Ведомостях Верховного Совета СССР" от 16 февраля 1983 г. N 7 ст. 109.

651 *Solotych*, Vollstreckung, S. 12.

652 Конвенция по вопросам гражданского процесса (Гаага, 1 марта 1954 г.); Текст Конвенции опубликован в Вестнике Высшего Арбитражного Суда Российской Федерации, 1996, N 12, в Сборнике международных договоров о взаимной правовой помощи по гражданским и уголовным делам, М., 1988.

653 *Solotych*, Vollstreckung, S. 12.

654 *Prozorov-Bastians*, Durchsetzung von Vertragsansprüchen in Russland, Export Manager 3/2011, S. 17 ff.

655 Rödl & Partner, Prozessrecht in Russland, S. 12.

656 Rödl & Partner, Prozessrecht in Russland, S. 12.

657 *Breig/Schröder*, Wende in der russischen Rechtsprechung zur Anerkennung und Vollstreckung ausländischer Gerichtsentscheidungen? IPRax 2003, S. 359.

ermöglichen könnte.[658] Bei der Bereitschaft zur Anerkennung ausländischer Titel auf der Grundlage der Gegenseitigkeit handelt es sich aber eigentlich um eine Rechtsfortbildung durch das Gericht contra legem, die von rechtspolitischen Erwägungen getragen wird.[659] Das Prinzip der Gegenseitigkeit wird u.a. auf den völkerrechtlichen Grundsatz der Courtoisie, auf das Prinzip des fairen Verfahrens des Art. 6 EMRK, das auch die Vollstreckung der ergangenen Gerichtsentscheidungen umfasst, sowie die Verpflichtungen der Russischen Föderation aus dem Partnerschaftsabkommen mit der Europäischen Union gestützt.[660] Die Arbitragegerichte gehen in den einschlägigen Entscheidungen davon aus, dass die Tatsache, dass kein internationales Abkommen existiert, keine Grundlage für eine Verweigerung einer gerichtlichen Verhandlung sein kann, wenn von einer interessierten Person ein Antrag auf Anerkennung und Vollstreckung eines ausländischen Gerichtsurteils eingereicht wird. Dabei wird das Prinzip der Gegenseitigkeit als Bestandteil des nationalen Rechtssystems anerkannt. Ob dieses Prinzip im internationalen Recht ein allgemein anerkanntes Prinzip darstellt, ist hingegen fraglich, weil dieses z.B. nicht in der Declaration on Principles of International Law Concerning Friendly Relations and Cooperation der UNO-Generalversammlung vom 24. Oktober 1970[661] enthalten ist.[662]

Das Oberste Gericht der Russischen Föderation äußerte bereits im Jahr 2002 die Ansicht, dass einem Antrag auf Anerkennung und Vollstreckung einer ausländischen Gerichtsentscheidung durch das zuständige Gericht auch bei Fehlen eines entsprechenden völkerrechtlichen Vertrags stattgegeben werden könne, wenn auf Grundlage der Gegenseitigkeit von den Gerichten des ausländischen Staates auch Entscheidungen russischer Gerichte anerkannt würden.[663]

Auch die Yukos-Entscheidung besagt grundsätzlich, dass die Arbitragegerichte generell bereit sind, ausländische Entscheidungen aus dem EU-Raum zu vollstrecken, soweit dort eine theoretische Möglichkeit und Bereitschaft besteht, russische

---

658 *Laptew*, Zur Vollstreckbarkeit russischer Gerichtsentscheidungen in Deutschland: Neue Entwicklungen, WiRO 2006 beck-online, S. 204.

659 *Kurzynsky-Singer*, Anerkennung eines ausländischen Urteils durch ein russisches Gericht ohne Vorliegen eines völkerrechtlichen Vertrags – Entscheidung des Föderalen Arbitragegerichts des Moskauer Bezirks vom 29.07.2009, AZ.: KG-A41/6930–09, Beiträge und Informationen zum Recht im postsowjetischen Raum, Max-Plank Institut für ausländisches und internationales Recht Hamburg, https://www.mpipriv.de/de/pub/forschung/auslaendisches_recht/russland_und_weitere_gus/beitraege_und_informationen.cfm, Abruf per 1.10.2015.

660 *Nußberger*, S. 307.

661 Abrufbar über die Homepage der UN http://www.un-documents.net/a25r2625.htm, letzter Abruf vom 10.1.2017.

662 *Peters/Schumann*, Die Anerkennung und Vollstreckung ausländischer Schiedsgerichts- und Gerichtsurteile in wirtschaftlichen Streitfällen auf dem Territorium der Russischen Föderation – Teil I, WiRO 2008, beck-online, S. 291.

663 *Laptew, A.*, Zur Vollstreckbarkeit russischer Gerichtsentscheidungen, S. 201, m.w.N.

Urteile anzuerkennen und zu vollstrecken.[664] In einer Reihe von Entscheidungen wurde die Vollstreckung ausländischer Gerichtsurteile nach dem Grundsatz der Gegenseitigkeit bewilligt.[665] Ein gewisser Einfluss ist wohl auch der EMRK zuzuschreiben. So wurde im Jahr 2006 abermals eine Entscheidung aus Großbritannien für vollstreckbar erklärt,[666] obwohl mit Großbritannien kein entsprechender völkerrechtlicher Vertrag über die Anerkennung von Gerichtsurteilen besteht. In der Begründung verwies das Arbitragegericht ausdrücklich auf ein Urteil des EGMR.[667]

Die Vollstreckung anderer Gerichtsurteile wiederum wie z.B. eine Entscheidung aus den USA wurde mit Beschluss des Bundesarbitragegerichts für den Moskauer Bezirk vom 17.11.2004 (Az.: KG-A40/10556–04) abgelehnt.

Die Gründe, aus welchen ein russisches Gericht die Anerkennung und Vollstreckung ausländischer Gerichtsentscheidungen ablehnen kann, entsprechen den internationalen Standards und umfassen u.a. den Umstand, dass die eingereichte Gerichtsentscheidung nach der Gesetzgebung des Ursprungslandes noch nicht rechtskräftig ist, dass die Partei, gegen die die Gerichtsentscheidung erging, nicht rechtzeitig über das Datum und den Gerichtsort informiert wurde, die Sache der ausschließlichen Gerichtsbarkeit russischer Gerichte unterliegt, eine rechtskräftige Gerichtsentscheidung eines russischen Gerichts mit denselben Parteien und zu demselben Sachverhalt vorliegt oder der betreffende Fall bereits bei einem russischen Gericht anhängig ist, die dreijährige Frist zur Vollstreckung abgelaufen ist oder die Vollstreckung der ausländischen Gerichtsentscheidung gegen die öffentliche Ordnung der Russischen Föderation verstoßen würde.[668] Die Anerkennung und Vollstreckung ausländischer Gerichtsurteile erfolgt in einem gesondert geregelten Erkenntnisverfahren.[669]

b) Kritik im Lichte der Rechtswirklichkeit

Die Anerkennung und Vollstreckung ausländischer Gerichtsurteile ist in Russland grundsätzlich nur aufgrund entsprechender Staatsverträge zulässig.[670] An den einschlägigen europäischen und weltweiten multilateralen Übereinkommen zur Anerkennung und Vollstreckung von Gerichtsurteilen nimmt die RF derzeit nicht teil.[671] Auf

---

664 *Laptew, A.*, Zur Vollstreckbarkeit russischer Gerichtsentscheidungen, S. 203 f.

665 *Laptew, A.*, Zur Vollstreckbarkeit russischer Gerichtsentscheidungen, S. 201 ff.

666 Wirtschaftsstadtgericht Moskau, Beschluss vom 21.12.2005 (Nr. A40-53839/05-8-388); Föderales Arbitragegericht für den Moskauer Bezirk, Urteil vom 2.3.2006 (Nr. КГ-А40/698-06-П), deutsche Übersetzung in: IPRax 2008, S. 139 f.; OAG RF, Beschluss vom 01.06.2006 (Nr. 4217/06).

667 Urteil des EGMR vom 19.03.1997 in der Sache Hornsby./. Griechenland, AZ. 18375/91: „Execution of a judgment given by any court must (...) be regarded as an integral part of the ‚trial' for the purposes of Article 6 [EMRK]".

668 Rödl & Partner, Prozessrecht in Russland, S. 14; siehe auch *Peters/Schumann*, S. 328.

669 *Solotych*, S. 50.

670 Auf die – rechtlich umstrittene – Vollstreckung nach dem Prinzip der Gegenseitigkeit wird im Anschluss eingegangen.

671 *Solotych*, S. 12.

GUS-Ebene sind an internationalen Abkommen das Kiewer Übereinkommen und die Minsker Konvention zu beachten.[672] In bilateralen Rechtshilfeabkommen (z.B. mit Bulgarien, Finnland, Italien, Polen, Ungarn, Rumänien) sind z.T. auch Regelungen über die gegenseitige Anerkennung und Vollstreckung von Gerichtsurteilen enthalten.[673]

Die Zukunft der in Russland derzeit gesetzlich geregelten Gegenseitigkeitsvoraussetzung ist ungewiss. Immer wieder gibt es zwar einzelne Vorstöße erstinstanzlicher Gerichte zur Anerkennung ausländischer Gerichtsentscheidungen trotz eines fehlenden völkerrechtlichen Vertrages. Solange jedoch keine feste Grundlage in Form einer ausdrücklichen gesetzlichen Ermächtigung oder einer höchstrichterlichen Entscheidung oder Erläuterung in Form eines Beschlusses oder Informationsbriefes des Obersten Gerichts existiert, wird es keine ständige Rechtsprechung russischer Gerichte zu dieser Frage geben können.[674]

5 Anerkennung und Vollstreckbarerklärung von ausländischen Schiedssprüchen

a) Allgemeines

Für Schiedssprüche ausländischer Schiedsgerichte gilt grundsätzlich das Gleiche wie für ausländische Gerichtsurteile.[675] Da die Russische Föderation Signatarstaat des New Yorker UN-Übereinkommens über die Anerkennung und Vollstreckung ausländischer Schiedssprüche ist, ist sie verpflichtet, die auf dem Hoheitsgebiet eines Vertragsstaates gefällten Schiedssprüche anzuerkennen und zu vollstrecken.[676] Der ausländische Vollstreckungsgläubiger kann dazu eine Vollstreckbarerklärung beim obersten Gericht des jeweiligen Gebiets beantragen.[677] Das New Yorker Vollstreckungsübereinkommen wird von Russland auch auf Schiedssprüche aus Nichtvertragsstaaten angewendet, sofern die Gegenseitigkeit verbürgt ist.[678]

Hinsichtlich der Anerkennung und Vollstreckung ausländischer Schiedssprüche kam es seit Beginn der 1990er-Jahre (die UdSSR vollzog widerspruchlos ausländische Schiedssprüche) wiederholt zu langwierigen Anerkennungs- und Vollstreckungsverfahren vor Gericht und im Zusammenhang damit zu weitreichenden juristischen Diskussionen, da nicht klar war, welche staatlichen Gerichte Russlands für die Anerkennung und Vollstreckung ausländischer Schiedssprüche zuständig sind.[679] Im Zuge der Reformen der letzten Jahre wurden die Zuständigkeiten aber geklärt.

672 *Nußberger*, S. 306.
673 *Solotych*, S. 12.
674 *Nußberger*, S. 308.
675 *Solotych*, S. 13.
676 *Solotych*, S. 13.
677 *Karimullin*, Besicherung und Geltendmachung von Forderungen, S. 48.
678 *Solotych*, S. 13.
679 *Belokonov/Podlesak*, S. 156.

Ein ausländischer Schiedsspruch ist in Russland nicht direkt vollstreckbar. Er muss zunächst von einem russischen Gericht in einem gesonderten Verfahren für vollstreckbar erklärt werden. Diese Prüfung ist auf die im New Yorker Übereinkommen festgelegten Punkte beschränkt.[680]

Art. 36 des Gesetzes „Über die internationale Handelsschiedsgerichtsbarkeit“[681] enthält eine abschließende Liste von Versagungsgründen, die mit den Gründen des Art. V des New Yorker Übereinkommens vom 10.6.1958 übereinstimmen.[682]

Gründe für die Ablehnung der Anerkennung und Vollstreckung eines ausländischen Schiedsspruches sind:[683]

- eine der Parteien der Schiedsvereinbarung war aus irgendeinem Grund geschäftsunfähig;
- die Schiedsvereinbarung ist nach anwendbarem Recht ungültig;
- die Partei, gegen die der Schiedsspruch erging, wurde nicht ordnungsgemäß über die Ernennung des Schiedsrichters oder das Verfahren informiert oder war auf eine andere Weise nicht in der Lage, sich zum Sachverhalt zu äußern;
- der Schiedsspruch bezieht sich auf eine Streitigkeit, die nicht in der Schiedsvereinbarung aufgeführt ist;
- die Zusammensetzung des Schiedsgerichts oder das Schiedsverfahren entsprachen nicht der Schiedsvereinbarung oder, falls keine solche vorliegt, dem Recht des Landes, in dem sich das zuständige Gericht befindet;
- der Schiedsspruch ist noch nicht bindend für die Parteien;
- das Gericht entscheidet, dass die Streitsache in der Russischen Föderation nicht schiedsfähig ist oder die Anerkennung und Vollstreckung gegen die öffentliche Ordnung verstoßen würde.[684]

Die Analyse der in den vergangenen Jahren ergangenen Entscheidungen russischer Gerichte zeigt, dass die Versagung der Anerkennung und Vollstreckung ausländischer Schiedssprüche am häufigsten auf den Verstoß gegen die öffentliche Ordnung (ordre public, wobei russische Arbitragegerichte dazu neigen, den Begriff der „öffentlichen Ordnung“ sehr weit auszulegen), die fehlende Schiedsfähigkeit des Streitgegenstandes nach russischem Recht oder nicht gehörige In-Kenntnis-Setzung vom Schiedsverfahren mit der Folge, dass die unterlegene Partei ihre Verteidigungsmittel nicht hat geltend machen können, gestützt wird.[685] Die Anwendung des Ordre-public-Vorbehalts durch die russische Rechtsprechung war

---

680 *Prozorov-Bastians*, S. 19.

681 Закон РФ от 7 июля 1993 г. N 5338-I „О международном коммерческом арбитраже“, Текст Федерального закона опубликован, в „Российской газете“ от 14 августа 1993 г.

682 *Nußberger*, S. 310.

683 Rödl & Partner, Prozessrecht in Russland, S. 14.

684 Übersetzung: *Prozorov-Bastians*, S. 19.

685 *Nußberger*, S. 311.

in den letzten Jahren durch einige Unsicherheiten im Umgang mit der Klausel geprägt. Besondere Schwierigkeiten sind mit dem Inhalt des materiell-rechtlichen ordre public verbunden, denn dem Begriff der „öffentlichen Ordnung" ist aufgrund seines Charakters eine Unbestimmtheit immanent, die sich durch die Schwierigkeit erklärt, wenn nicht sogar durch die Unmöglichkeit, alle Varianten potenzieller Kollisionen vorherzusehen.[686]

Gemäß Artikel 244 Punkt 1 Nr. 7 Arbitrageprozessordnung und Artikel 36 Punkt 1 Nr. 2 des Gesetzes der Russischen Föderation „Über die internationale Wirtschaftsschiedsgerichtsbarkeit" stellt die Verletzung, „der öffentlichen Ordnung der Russischen Föderation", d.h. des russischen ordre public, durch die Anerkennung und Vollstreckung eines Schiedsspruchs einen Anerkennungsverweigerungsgrund dar. Dieser Verweigerungsgrund findet sich ebenso in Artikel V Nr. 2 lit b) der UN-Konvention über die Anerkennung und Vollstreckung ausländischer Schiedssprüche aus dem Jahre 1958 wieder.[687]

Eine gängige Definition des Begriffs „öffentliche Ordnung der Russischen Föderation" wurde durch das – mittlerweile aufgelöste – Oberste Arbitragegericht der Russischen Föderation wie folgt formuliert:

> „Das Urteil eines internationalen Schiedsgerichts kann in den Fällen als im Widerspruch zur öffentlichen Ordnung der Russischen Föderation stehend angesehen werden, in denen das Ergebnis seiner Vollstreckung entweder unmittelbar durch Gesetz verboten ist oder die Souveränität oder die Sicherheit des Staates beschädigt, Interessen großer sozialer Gruppen verletzt, mit Grundprinzipien der wirtschaftlichen, politischen, rechtlichen Ordnung des Staates unvereinbar ist, konstitutionelle Rechte und Freiheiten der Bürger verletzt sowie im Widerspruch zu Grundprinzipien[688] der bürgerlichen Gesetzgebung wie die Gleichheit der am Rechtsverkehr teilnehmenden Parteien, die Unantastbarkeit des Eigentums und die Vertragsfreiheit, steht".[689]

Die Frage, ob möglicherweise die Souveränität oder die Sicherheit des Staates beschädigt oder die Interessen großer sozialer Gruppen verletzt sein könnten, erscheint mehr politischer als rechtlicher Natur.[690] *Nešateva* differenziert zwischen einem Ordre-public-Vorbehalt im engen und im weiten Sinn. Im ersten Fall wird der Begriff ordre public auf grundlegende Prinzipien des russischen Rechts beschränkt, im zweiten Fall werden in die Definition auch „die Grundlagen der

---

686 *Kurzynsky-Singer/Davydenko*, Materiellrechtlicher ordre public bei der Anerkennung und Vollstreckbarerklärung von schiedsgerichtlichen Urteilen in der Russischen Föderation, SchiedsVZ 2010, beck-online, S. 204.

687 *Kuzynsky-Singer/Davydenko*, Materiellrechtlicher ordre public bei der Anerkennung und Vollstreckbarerklärung von schiedsgerichtlichen Urteilen in der Russischen Föderation, SchiedsVZ 2010, S. 204.

688 Art. 1 ZGB.

689 Entscheidung des Obersten Arbitragegerichts vom 6.12.2007, Nr. 13452/07.

690 *Kuzynsky-Singer/Davydenko*, S. 204.

Moral, die wichtigsten religiösen Postulate und die grundlegenden wirtschaftlichen und kulturellen Traditionen, die möglicherweise nicht unmittelbar in der Gesetzgebung verankert sind", aufgenommen.[691] Eine weite Auslegung der Vorbehaltsklausel (ordre public) ist insofern problematisch, als dieser Ansatz das verfassungsrechtliche Prinzip der Gewaltenteilung verletzt, da er vom Richter die Bewertung der Zweckmäßigkeit, nicht aber der Rechtmäßigkeit der Anerkennung und Vollstreckung ausländischer Schiedssprüche fordert.[692]

Das Oberste Gericht der Russischen Föderation, das vor der Reform von 2002 für Streitigkeiten über die Anerkennung und Vollstreckung von Schiedssprüchen zuständig war und es seit der Zivilrechtsreform im Jahr 2014 auch wieder ist, hat bereits im Jahr 2000 unter dem Begriff der öffentlichen Ordnung solche Grundsätze der Rechtsordnung subsumiert, die in den Gesetzen verankert sind.[693] Auch in der russischen Literatur wird teilweise vertreten, dass die Berücksichtigung von nicht rechtlichen Kriterien nicht richtig sei.[694]

Das – mittlerweile aufgelöste – russische Oberste Arbitragegericht verwies darauf, dass der in Art. 1193 ZGB definierte ordre public kein taugliches Mittel sei, um sich gegen in anderen Rechtsordnungen vorhandene abweichende Regelungen zur Wehr zu setzen. Im russischen Recht in ähnlicher Weise vorhandene Rechtsinstitute könnten keinen Verstoß gegen den ordre public darstellen.[695]

Beim Ordre-public-Vorbehalt gemäß Art. 1193 ZGB ist auch die Art des Rechtsverhältnisses mit Auslandsberührung bei der Frage, ob die ausländische Rechtsnorm angewendet werden kann, zu berücksichtigen. Zum Begriff und Umfang des ordre public im russischen Recht ist aber auch der Informationsbrief Nr. 156 des Präsidiums des Obersten Arbitragegerichts vom 26.2.2013 zu beachten.[696]

Entscheidungen, in denen als Versagungsgrund für die Anerkennung und Vollstreckbarerklärung eines Schiedsspruchs politisch-ökonomische Motive durch das Gericht angeführt wurden:

- Entscheidung des Arbitragegerichts des Gebiets Irkutsk vom 4.5.2008 in der Sache Nr. A19-2579/08-31-10. Diese Entscheidung wurde in der nächsten Instanz durch die Entscheidung des FWG des Ost-Sibirischen Bezirks vom 3.7.2008 Nr. A19-2579-F02-3028/2008 bestätigt.

---

691 *Нешатаева*, международное частное право и международный гражданский процесс, 2004, C. 560.

692 *Kurzynsky-Singer/Davydenko*, Materiellrechtlicher ordre-public bei der Anerkennung und Vollstreckbarerklärung von schiedsgerichtlichen Urteilen in der Russischen Föderation, SchiedsVZ 2010, 206.

693 Definition des Gerichtskollegiums für Zivilsachen des Obersten Gerichts vom 26.5.2000 Nr. 5-G00-59.

694 *Афанасьев*, Законодательство и экономика 2006/01, S. 174 (182).

695 Oberstes Arbitragegericht, 13.9.2011, Nr 9899/09, siehe *Wedde*, Russland – Ordre public bei der Anerkennung internationaler Schiedssprüche, eastlex 2011/06, S. 239.

696 *Marenkov*, Russland – IPR-Novelle seit 1.11.2013 in Kraft.

- Entscheidung des Föderalen Arbitragegerichts des Bezirks Wolga-Wjatska vom 17.2.2003 Nr. A43-10716/02-27-10isp.
- Entscheidung des Arbitragegerichts der Stadt St. Petersburg und des Leningrader Gebiets vom 20.2.2009, Az. A56-60007/2008.

Bei allen drei Entscheidungen stützten sich die Gerichte aber jeweils auch auf andere Aspekte der öffentlichen Ordnung.[697]

b) Kritik im Lichte der Rechtswirklichkeit

Die gegenseitige Anerkennung und Vollstreckung von ausländischen Schiedssprüchen in der Russischen Föderation erfolgt auf Grundlage der New Yorker Konvention von 1958, sodass die Entscheidungen der üblichen internationalen Schiedsgerichte vollstreckbar sind.

Ergebnisse der Anwendung des ordre public durch ein russisches Gericht sind aber – soweit ersichtlich – nach wie vor schwer vorhersagbar. Besonders schwer wiegt dabei, dass die Gerichte offensichtlich immer noch keine klare Linie hinsichtlich der Intensität der Prüfung herausgearbeitet haben, wobei sogar die Rechtsprechung ein- und desselben Gerichts unterschiedlich ausfallen kann.[698] So formulierte der Vorsitzende des Russischen Obersten Arbitragegerichts, *Anton Ivanov*, im Mai 2012 im Rahmen des St. Petersburg International Legal Forum im Hinblick auf die Streitbeilegung durch ausländische Schiedsgerichte durchaus kritische Reformgedanken für das russische Recht, um so eine „ausländische Einmischung zulasten der Interessen russischer Unternehmen" zu verhindern.[699] Er kritisierte dabei, dass ausländische Schiedssprüche, die russischen Interessen zuwiderliefen, gegen russische Unternehmen vollstreckbar seien, und forderte Aufhebungsrechte für staatliche russische Gerichte sowie flankierend gegebenenfalls Maßnahmen gegen ausländische Schiedsrichter und Anwälte.[700] Diese Aussagen[701] würden bei konsequenter Umsetzung dazu führen, dass der für internationale Streitigkeiten einzig effiziente Weg der Streitbeilegung im Wege eines nach der New Yorker Konvention von 1958 vollstreckbaren Schiedsspruchs seiner Wirkung enthoben würde.[702] Andererseits

---

697 *Kurzynsky-Singer/Davydenko*, S. 205.

698 Entscheidung des Präsidiums des Obersten Gerichts vom 19.6.2001, AZ. 60pw-02; aA. noch Entscheidungen des Obersten Gerichts vom 30.5.2000, AZ. 5-G00-6, und vom 10.8.2001, AZ. 5-G01-92; Entscheidung des Obersten Gerichts vom 4.3.2002, AZ. 34-G02-2.

699 *Heeg*, S. 371.

700 *Heeg*, S. 371, vgl. auch http://www.handelsblatt.com/politik/international/rechtsprotektionismus-russland-will-eigene-unternehmen-schuetzen/6683440.html, Abruf per 10.1.2017.

701 Ähnliche Ansichten wurden über die Jahre hinweg immer wieder von hochrangigen russischen Richtern geäußert, wie etwa „dass russische Parteien in russischen Gerichten vor privater Schiedsgerichtsbarkeit zu schützen seien".

702 *Heeg*, S. 371.

werden regelmäßig Schiedssprüche anerkannt. So hat z.B. das Oberste Arbitragegericht mit einer Entscheidung[703] aus dem Jahr 2001 einen Schiedsspruch des Internationalen Schiedsgerichts der Wirtschaftskammer Österreich anerkannt. Die entscheidende Richterin machte deutlich, dass die Anerkennung von Schiedssprüchen nur aus in der New Yorker Konvention genannten Gründen versagt werden darf. Dem zuwider haben russische Gerichte in der Vergangenheit die Anerkennung ausländischer Schiedssprüche oftmals aus Gründen versagt, die zwar dem Wortlaut, nicht aber dem Geist der New Yorker Konvention entsprachen.[704]

In der russischen Rechtsprechung hat sich die Ansicht, der Ordre-public-Vorbehalt dürfe nicht zu einer allgemeinen Richtigkeitskontrolle des Schiedsspruchs verwendet werden, im Wesentlichen mittlerweile wohl durchgesetzt, auch wenn die Rechtsanwendung im Einzelfall noch mit vielen Unsicherheiten behaftet ist.[705]

6 Zwangsvollstreckungsrechtliche Durchsetzung des vertraglichen Anspruchs

Der Europäische Gerichtshof für Menschenrechte (EGMR) argumentiert ein systematisches Problem der russischen Rechtsordnung darin, dass eine sehr hohe Anzahl an Beschwerden (etwa 40% aller zulässigen Beschwerden) über festgestellte Verletzungen das Recht auf effektive Vollstreckung betrifft.[706] Nach Einschätzung der European Commission for the Efficiency of Justice (CEPEJ) wurden etwa 50% der Entscheidungen gegen den Staat in Russland nicht während einer angemessenen Frist vollstreckt.[707] Bis Ende 2011 hat der EGMR das Recht auf effektive Zwangsvollstreckung in 314 Urteilen gegen Russland als verletzt angesehen. Nur in fünf Urteilen ging es um Leistungsurteile gegen Private, in denen der Staat versäumt hatte, gebotene Maßnahmen im Vollstreckungsverfahren zu ergreifen. 2009 hat der EGMR das erste Piloturteil gegen Russland erlassen, in welchem die Nichtvollstreckung gerichtlicher Entscheidungen gegen den russischen Staat als eine strukturelle Fehlfunktion (konventionswidrige Praxis) qualifiziert wurde.[708] Nach Angaben des Justizministeriums der RF blieben etwa 60% aller Vollstreckungstitel im Jahre 1997 nicht vollstreckt. Im Jahr 2005 waren es 48% und 2011 nur noch 36,3%.[709]

---

703 Entscheidung des OAG RF vom 14.6.2011.

704 *Plagemann*, S. 335.

705 *Kurzynsky-Singer/Davydenko*, S. 213.

706 Europarat, Memorandum CM/Inf/DH200619rev3 vom 4.6.2007, Z. 4.

707 Europäische Kommission für die Wirksamkeit der Justiz, Report CEPEJ 20058 vom 9.12.2005 „Examination of problems related to the execution of decisions by national civil courts against the state and its entities in the Russian Federation“, Z. 11, http://www.coe.int/t/dghl/cooperation/cepej/cooperation/default_EN.asp?.

708 *Laptew, A.*, Das Recht auf ein faires Verfahren (Art. 6 Abs 1 EMRK) und sein Einfluss auf das russische Zivilprozess- und Zwangsvollstreckungsrecht, 2013, S. 260.

709 Бюллетень Минисерства юстиции РФ 1998, Nr. 10, S. 15; s. auch *Степанов*, Государство и право 1996, N 4, S. 16f.

7 Privatrechtliche Durchsetzung des vertraglichen Anspruchs

a) Andere Methoden der Konfliktlösung

i „Rechtliche" Methoden

Die russische Rechtsordnung verfügt über ein relativ hohes Maß an Verwaltungsvorschriften. Das russische Recht formuliert für ca. 50 verschiedene Strukturen und Gebietskörperschaften mit Aufsichts- und Kontrollfunktionen in Wirtschaftsfragen (z.B. in den Bereichen Brandschutz, Steuerpolitik, Gesundheits- und Handelspolitik) unterschiedliche Kontrollaufgaben und Rechte. So kann z.B. eine Untersuchung („proverka") eines Unternehmens aus hygienischen Gründen oder Arbeitnehmerschutzgründen durchgeführt werden.[710]

Auf der Grundlage eines konkreten Verdachts (wie etwa einer Beschwerde eines Dritten) kann eine Inspektion[711] durch bestimmte Behörden wie die staatliche Arbeitsaufsicht oder die technische Betriebsaufsicht durchgeführt werden. In vielen Bereichen erhalten Dritte ein ausdrückliches Recht, bei der zuständigen Verwaltungsbehörde Beschwerde einzulegen, um eine Inspektion einzuleiten. Die Inspektoren sind manchmal sogar berechtigt, einen Teil der Geldbuße als Teil ihres Gehalts zu behalten.[712] Im Jahr 2008 wurde ein eigenes Gesetz[713] verabschiedet, das diese Kontrollen begrenzen und nachprüfbar machen sollte. Dieses Gesetz wurde im Jahr 2016 novelliert, u.a. wurde ein neuer Grund eingeführt, um eine außerplanmäßige Prüfung vorzunehmen. Er betrifft die Übereinstimmung des Unternehmens (Einzelunternehmers) mit den sog. speziellen Risikoindikatoren, und das Gesetz führt Kontrollmaßnahmen ein, die ohne Zusammenwirken mit der juristischen Person (dem Einzelunternehmer) durchgeführt werden, wie die planmäßige Besichtigung von Territorien und Gewässern, die administrative Untersuchung von Bodenobjekten, die Untersuchung und die Messung von Parametern natürlicher Umweltobjekte, die Überwachung der Einhaltung der Anforderungen an Werbung und Informationen im Internet und in Massenmedien. Die Liste ist nicht abschließend;[714] andere Maßnahmen können zusätzlich festgelegt werden.

Die Androhung dem Geschäftspartner gegenüber, die Einleitung einer Inspektion zu veranlassen, hat sich in den 1990er-Jahren ist zu einer beliebten

---

710 *Bauer-Mitterlehner*, legal Framework, S. 8.

711 Расследование.

712 Auch dürfte dieses manchmal auch als „Schmiergeld" verstanden werden, vgl. *Frye/Zhuharskova*, Rackets, Regulation, and the Rule of Law, Journal of Law, Economics and Organisation 16 (2), 2000, S. 478–502.

713 Föderales Gesetz Nr. 294-FS „Über den Schutz der Rechte juristischer Personen und Einzelunternehmer bei der Ausübung staatlicher Kontrolle (Aufsicht) und kommunaler Kontrolle" vom 26. Dezember 2008.

714 Diese Art der Regelungstechnik durch nicht abschließende Listen erinnert an die Regelungen der *El'cin*-Zeit, die aufgrund dieser offenen Verweise nicht gerade zur Rechtssicherheit beitrugen.

„juristischen" Methode unter Geschäftspartnern entwickelt, um die Lösung von Unternehmenskonflikten zu beschleunigen. Wenn es kein explizites Recht gibt, eine Beschwerde einzureichen, gibt es natürlich auch andere Methoden, „eine Behörde wissen zu lassen", dass eine Inspektion eines bestimmten Unternehmens „eine gute Idee" wäre.[715] Eine weitere Tatsache, die diese Methode wirkungsvoll macht, ist die Tatsache, dass aufgrund der hohen Steuersätze und Verwaltungsgebühren wohl noch immer sehr viele „inoffizielle" (nicht gemeldete und unversteuerte) Geschäfte in Russland durchgeführt werden, wodurch die Unternehmen besonders anfällig für solche Bedrohungen sind.[716] Der Gedanke, dass die Steuerpolizei, die Sanitätsinspektion oder der Feuerwehrdienst Wochen oder Monate auf dem Firmengelände verbringen könnten und so den normalen Geschäftsplan unterbrechen und genügend Beweise für eine Geldbuße finden könnten, kann ein starker Anreiz zur Begleichung der ausstehenden Schulden sein.[717]

ii „Racket"-Methoden

Frye und *Zhuravskaya* definieren private Schutzorganisationen als „spezifische Wirtschaftsunternehmen, die privaten Schutz herstellen, fördern und verkaufen".[718] Diese Organisationen sind umgangssprachlich in den russischen Begriffen „Dach"[719] und „Schläger"[720] enthalten. Sie bieten grundlegenden Schutz vor anderen „Schlägern" und sonstigen Verbrechern, helfen aber auch, Vereinbarungen durchzusetzen, und dienen daher manchmal als Ersatz für staatliche Gerichte, die zuweilen noch immer als unwirksam angesehen werden oder gelten.[721] Ein weiterer Grund für die Verwendung von „Schläger"-Methoden zur Lösung von Unternehmensstreitigkeiten ist wohl auch wiederum die bereits oben angeführte Tatsache, dass viele russische Unternehmen einen großen Teil ihrer Geschäfte in der „inoffiziellen" (nicht gemeldeten und unversteuerten) Wirtschaft tätigen,[722] um Steuern und andere Regelungen zu vermeiden.[723] Die zugrunde liegenden Verträge würden von den ordentlichen Gerichten auch gar nicht anerkannt werden: Das ZGB sieht ausdrücklich vor, dass staatliche Gerichte keine Verträge erzwingen können, die in irgendeiner Weise gegen das russische Recht verstoßen.[724]

---

715 *Bauer-Mitterlehner*, legal Framework, S. 8.
716 *Bauer-Mitterlehner*, legal Framework, S. 8.
717 *Bauer-Mitterlehner*, legal Framework, S. 8 f.
718 „Specific economic enterprises which produce, promote and sell private protection".
719 Крыша.
720 Ракет.
721 *Frye/Zhuharskova*, S. 482.
722 Russland belegte im Jahr 2016 im „Transparancy International" Korruptionsindex Platz 131 von 176: http://www.transparency.org/news/feature/corruption_perceptions_index_2016, Abruf per 10.1.2017.
723 *Frye/Zhuharskova*, S. 494.
724 *Frye/Zhuharskova*, S. 484.

Maly[725] schreibt, dass in den 1990er-Jahren eine überwältigende Mehrheit der Unternehmer unter der Mafia arbeitete, und er beschreibt die Mafia sogar als die „einzige effektive Strafverfolgung" im Land. Genaue Zahlen über die tatsächliche Beteiligung von Vertretern dieser Strukturen an der Rechtsdurchsetzung sind jedoch schwer zu gewinnen. Die von *Hendley/Murell/Ryterman* vorgelegten Zahlen aus den 1990er-Jahren[726] deuten darauf hin, dass die tatsächliche Verwendung von privaten Vollstreckungsmethoden, die „Racket"-Methoden beinhalten, im Vergleich zu Gerichtsverfahren eher gering ist.[727] Die bekannte Präsenz und bis zu einem gewissen Grad sogar Akzeptanz solcher Methoden stellt jedoch unweigerlich ein Problem für die Umsetzung der gesetzlichen Bestimmungen der Rechtsdurchsetzung und somit für die Effektivität der Rule of Law im Lande dar.

b) Mediation

Zudem fördert die Russische Föderation seit Erlass eines entsprechenden Gesetzes, das zum 1.1.2011 in Kraft getreten ist, auch aktiv die Mediation als Streitbeilegungsmechanismus für eine einvernehmliche Konfliktlösung.

III Zusammenfassung

In den letzten 25 Jahren hat der russische Gesetzgeber quasi seine gesamte Rechtsordnung vollständig neu gestaltet und immer wieder überarbeitet. Die meisten Gesetze orientieren sich am kontinentaleuropäischen Modell und entsprechen den Standards einer modernen Rechtsordnung. Die Rechtsgrundlagen für das Vertragsrecht, die wirtschaftlichen Rechtssubjekte und die Vertragsdurchsetzung sind nunmehr auf verfassungsrechtlicher und gesetzlicher Ebene in der Verfassung der RF, dem ersten, zweiten und dritten Teil des Zivilgesetzbuchs, dem Gesetz über Aktiengesellschaften und dem Gesetz über Gesellschaften mit beschränkter Haftung geregelt. Dadurch haben sich die rechtlichen Rahmenbedingungen im Vergleich zur Sowjetzeit, aber auch und insbesondere im Vergleich zu den wirtschaftlichen und rechtlichen Bestimmungen der Übergangsphase nach der Perestroika- und Glasnost-Zeit insgesamt deutlich verbessert. Die in den späten 1980er- und in den frühen 1990er-Jahren oft hastig eingeführten Sondergesetze und Verordnungen für die unternehmerische Tätigkeit und ausländische Investitionen wurden sukzessive durch allgemein geltende Gesetze abgelöst, wobei insbesondere die großen Kodifikationen der 2000er-Jahre und die Novellierungen derselben in den letzten Jahren

---

725 *Maly*, Understanding Russia, 1996.

726 Weniger als 3% der Unternehmen gaben an, dass sie private Unternehmen benutzt hätten, um Probleme mit Lieferanten zu lösen, S. 14.

727 *Hendley/Murrell/Ryterman*, Law Works in Russia: The Role of Legal Institutions in the Transactions of Russian Enterprises, 1999, http://www.bsos.umd.edu/econ/murrell/papers/valcnfpp.pdf, Abruf per 10.1.2015.

eine bedeutende Rolle spielen. Im Zuge einer groß angelegten Zivilrechtsreform, die im Jahr 2008 ihren Anfang nahm, wurden in den letzten Jahren umfangreiche Änderungen im Zivilrecht vorgenommen. Die Anpassung des russischen Schuldrechts an die internationale Praxis wird als großer Schritt vorwärts gewertet, da nun auch anspruchsvolle und komplexe zivilrechtliche Transaktionen explizit geregelt werden können.[728] Wie die neuen Vorschriften in der Praxis tatsächlich angewendet und ausgelegt werden, ist noch abzuwarten, das entscheidende Wort wird hier sicherlich den russischen Gerichten überlassen.[729]

Die russische Gerichtsbarkeit wurde zu Beginn der 2000er-Jahre grundlegend reformiert.[730] Derzeit wird eine weitreichende Reform des Justizsystems durchgeführt, und die für die Schiedsgerichtsbarkeit anwendbaren Normen wurden neu überarbeitet. Im August 2014 wurde im Zuge dieser Reform eines der Höchstgerichte der Russischen Föderation, das Oberste Arbitragegericht, abgeschafft und seine Befugnisse an das Oberste Gericht übertragen. Ob dies die in der Praxis auftretenden Probleme der Rechtsdurchsetzung beseitigt, bleibt abzuwarten.

728 Zivilrechtsreform in Russland – Annäherung an die internationale Praxis macht das russische Vertragsrecht attraktiver, www.cms.de, Abruf per 10.1.2017.
729 Zivilrechtsreform in Russland – Annäherung an die internationale Praxis macht das russische Vertragsrecht attraktiver, www.cms.de, Abruf per 10.1.2017.
730 Hierzu s. *Micheler/Bauer-Mitterlehner*, Allgemeines Verfahrensrecht, S. 9.

Anhang: Statistik des Arbitragegerichts der Russischen Föderation

Daten des Arbitragegerichts der russischen Föderation (Quelle: www.arbitr.ru)

	2001	2002	2003	2004	2005	2006	2007	2008	2009	2010	2011	2012	2013
erhaltene Anträge	7,45,626	8,54,748	9,51,778	13,40,699	16,28,133	10,80,154	9,53,045	10,78,481	15,63,315	12,08,737	12,49,069	14,56,128	13,71,279
Veränderung zum Vorjahr in %		14.63	11.35	40.86	21.44	-33.66	-11.77	13.16	44.96	-22.68	3.34	16.58	-5.83
Zurückweisungen	70,561	72,749	62,461	69,033	79,444	82,523	79,249	67,685	73,913	66,360	72,526	68,563	63,987
Zurückweisungen in %	9.46	8.51	6.56	5.15	4.88	7.64	8.32	6.28	4.73	5.49	5.81	4.71	4.67
überprüfte Fälle in erster Instanz	6,38,287	6,97,085	8,69,355	12,15,627	14,67,368	10,94,849	9,05,211	9,70,152	14,09,503	11,97,103	10,78,383	14,09,545	12,47,863
Veränderung zum Vorjahr in %		9.21	24.71	39.83	20.71	-25.39	-17.32	7.17	45.29	-15.07	-9.92	30.71	-11.47
davon zivilrechtliche Streitigkeiten	2,98,126	3,17,098	3,51,640	3,59,863	3,60,812	3,72,781	3,87,743	4,57,218	8,04,820	8,18,713	6,63,804	7,79,470	8,15,627
Veränderung zum Vorjahr in %		6.36	10.89	2.34	0.26	3.32	4.01	17.92	76.03	1.73	-18.92	17.42	4.64
davon verwaltungsrechtliche Streitikgeiten	3,15,551	3,25,798	4,44,804	8,23,236	10,80,559	6,54,920	4,44,296	4,72,359	5,67,699	3,41,453	3,83,107	5,93,382	3,99,930
Veränderung zum Vorjahr in %		3.25	36.53	85.08	31.26	-39.39	-32.16	6.32	20.18	-39.85	12.20	54.89	-32.60
davon Insolvenzverfahren	18,993	44,424	56,440	20,116	18,812	60,848	66,816	35,051	30,840	31,195	26,132	30,159	23,721
Veränderung zum Vorjahr in %		133.90	27.05	-64.36	-6.48	223.45	9.81	-47.54	-12.01	1.15	-16.23	15.41	-21.35
davon rechtlich bedeutsam	5617.00	9765.00	15424.00	11016.00	5538.00	4523.00	4,540	3,332	2,286	1,543	1,757	1,994	1,820
Veränderung zum Vorjahr in %		73.85	57.95	-28.58	-49.73	-18.33	0.38	-26.61	-31.39	-32.50	13.87	13.49	-8.73
gegen die Entscheidungen der Schiedsgerichte und Ausgabe von Verfügungen für die Vollstreckung von Schiedssprüchen	711	672	936	1,287	1,593	1,704	1,710	2,113	3,770	4,045	3,409	4,361	4,519
Veränderung zum Vorjahr in %		-5.49	39.29	37.50	23.78	6.97	0.35	23.57	78.42	7.29	-15.72	27.93	3.62
Anerkennung und Vollstreckung ausländischer Entscheidungen und Schiedssprüche		41	111	72	54	73	106.00	79.00	88	145	174	179	158
Veränderung zum Vorjahr in %			170.73	-35.14	-25.00	35.19	45.21	-25.47	11.39	64.77	20.00	2.87	-11.73
Fälle in abgekürzten Verfahren		16,139	67,272	1,75,554	1,88,243	73,119	36,485	30,139	27,273	8,506	19,999	71,148	4,67,782
Veränderung zum Vorjahr in %			316.83	160.96	7.23	-61.16	-50.10	-17.39	-9.51	-68.81	135.12	255.76	557.48
Fälle unter Beteiligung eines Schieds-Gutachters		50	816	870	1,115	953	1,220	1,584	4,239	4,119	1,248	159	45
Veränderung zum Vorjahr in %			1532.00	6.62	28.16	-14.53	28.02	29.84	167.61	-2.83	-69.70	-87.26	-71.70
Anträge, Beschwerden, Petitionen	61,738	74,793	1,22,727	1,71,765	1,80,053	2,04,193	1,80,308	2,11,307	2,92,623	2,49,895	3,25,321	3,72,152	3,53,930
Veränderung zum Vorjahr in %		21.15	64.09	39.96	4.83	13.41	-11.70	17.19	38.48	-14.60	30.18	14.40	-4.90
Revision auf neue oder neu bekannt gewordene Tatsachen				1,319	1,560	1,930	1,666	2,945	3,361	3,922	4,271	5,503	5,019
Veränderung zum Vorjahr in %					18.27	23.72	-13.68	76.77	14.13	16.69	8.90	28.85	-8.80
verbunden mit einstweiligen Maßnahmen				57,477	52,705	52,763	53,242	61,786	75,551	60,984	55,968	62,752	60,221
Veränderung zum Vorjahr in %					-8.30	0.11	0.91	16.05	22.28	-19.28	-8.23	12.12	-4.03
unter Einfluss der Exekutive				25,443	26,568	30,222	28,050	35,055	44,688	52,143	60,329	64,399	60,667
Veränderung zum Vorjahr in %					4.42	13.75	-7.19	24.97	27.48	16.68	15.70	6.75	-5.80
im Rahmen eines Insolvenzverfahrens				87,526	99,220	1,19,278	97,350	1,11,521	1,69,023	2,32,846	2,04,753	2,39,498	2,28,023
Veränderung zum Vorjahr in %					13.36	20.22	-18.38	14.56	51.56	37.76	-12.07	16.97	-4.79
Fälle mit Verzögerung	29,341	29,899	32,565	37,348	52,531	55,602	53,149	72,126	82,972	82,541	72,948	1,10,330	90,464
Veränderung zum Vorjahr in %		1.90	8.92	14.69	40.65	5.85	-4.41	35.71	15.04	-0.52	-11.62	51.24	-18.01
ergangene Entscheidungen unter Verzögerung	21,786	18,982	16,777	24,447	20,740	14,693	10,125	19,983	39,601	33,418	42,710	61,545	53,230
Veränderung zum Vorjahr in %		-12.87	-11.62	45.72	-15.16	-29.16	-31.09	97.36	98.17	-15.61	27.81	44.10	-13.51
angefochtene Entscheidungen beim Berufungsgericht	79,957	84,984	1,01,729	1,18,245	1,25,882	1,36,626	1,47,245	1,46,591	2,05,027	2,35,830	2,40,696	2,80,051	3,00,616
Veränderung zum Vorjahr in %		6.29	19.70	16.24	6.46	8.53	7.77	-0.44	39.86	15.02	2.06	16.35	7.34
untersuchte Fälle im Berufungsverfahren	61,464	68,769	84,251	1,00,484	1,09,190	1,15,832	1,29,012	1,27,627	1,66,725	1,95,904	1,99,804	2,32,016	2,46,906
Veränderung zum Vorjahr in %		11.89	22.51	19.27	8.66	6.08	11.38	-1.07	30.63	17.50	1.99	16.12	6.42
untersuchte Fälle im Berufungsverfahren mit Verzögerung	6,968	8,868	10,534	10,330	8,139	14,363	15,586	13,980	15,009	5,864	2,440	2,503	2,632

Veränderung zum Vorjahr in %		27.27	18.79	-1.94	-21.21	76.47	8.51	-10.30	7.36	-60.93	-58.39	2.58	5.15
aufgehobene, geänderte Akte im Berufungsverfahren	16,436	18,596	21,386	22,617	25,165	24,827	25,068	26,557	30,820	35,564	34,054	37,263	37,695
Veränderung zum Vorjahr in %		13.14	15.00	5.76	11.27	-1.34	0.97	5.94	16.05	15.39	-4.25	9.42	1.16
Rechtsmittel an das Revisionsgerich	55,395	58,719	75,274	88,679	94,511	99,109	1,07,733	95,999	1,04,782	1,14,795	96,930	1,05,651	1,05,283
Veränderung zum Vorjahr in %		6.00	28.19	17.81	6.58	4.87	8.70	-10.89	9.15	9.56	-15.56	9.00	-0.35
untersuchte Fälle im Berufungsverfahren	47,028	51,002	64,339	77,862	83,867	87,845	93,284	84,529	92,723	97,824	81,087	88,306	87,478
Veränderung zum Vorjahr in %		8.45	26.15	21.02	7.71	4.74	6.19	-9.39	9.69	5.50	-17.11	8.90	-0.94
davon **mit Verzögerung**	545.00	470.00	723.00	387.00	566.00	1795.00	1852.00	5329.00	5,404	1,887	279	261	113
Veränderung zum Vorjahr in %		-13.76	53.83	-46.47	46.25	217.14	3.18	187.74	1.41	-65.08	-85.21	-6.45	-56.70
Fälle betreffend Entschädigungen										63	137	170	153
Veränderung zum Vorjahr in %											117.46	24.09	-10.00
aufgehobene, geänderte Akte im Revisionsverfahren	14,856	14,939	18,720	20,656	20,748	20,667	19,625	16,590	16,381	16,230	12,264	13,351	13,158
Veränderung zum Vorjahr in %		0.56	25.31	10.34	0.45	-0.39	-5.04	-15.46	-1.26	-0.92	-24.44	8.86	-1.45
Rechtsmittel gegen Gerichtsentscheidungen im Wege der Aufsicht	18,167	18,043	21,830	19,935	19,472	19,460	21,418	21,023	20,948	21,913	21,104	22,426	24,073
Veränderung zum Vorjahr in %		-0.68	20.99	-8.68	-2.32	-0.06	10.06	-1.84	-0.36	4.61	-3.69	6.26	7.34
Anträge zur Überprüfung von Aufsichtshandlungen	16,867	18,500	15,153	15,816	16,172	16,525	17,455	17,334	17,658	18,081	17,581	19,511	21,378
Veränderung zum Vorjahr in %		9.68	-18.09	4.38	2.25	2.18	5.63	-0.69	1.87	2.40	-2.77	10.98	9.57
dem Präsidium des Schiedsgerichts übertragene Fälle	570.00	417.00	239.00	224.00	379.00	296.00	347.00	309.00	406	459	498	494	438
Veränderung zum Vorjahr in %		-26.84	-42.69	-6.28	69.20	-21.90	17.23	-10.95	31.39	13.05	8.50	-0.80	-11.34
Ablehnung der Übertragung an das Schiedsgericht				15,592	15,793	16,229	17,108	17,025	17,252	17,622	17,083	19,017	20,940
Veränderung zum Vorjahr in %					1.29	2.76	5.42	-0.49	1.33	2.14	-3.06	11.32	10.11
mit Angabe der Möglichkeit einer Revision über neue oder neu bekannt gewordene Tatsachen								250.00	261	212	343	228	254
Veränderung zum Vorjahr in %									4.40	-18.77	61.79	-33.53	11.40
Fälle, die an das Revisionsgericht gerichtet waren			246	135	240	164	209	262	158	199	84	48	41
Veränderung zum Vorjahr in %				-45.12	77.78	-31.67	27.44	25.36	-39.69	25.95	-57.79	-42.86	-14.58
untersuchte Fälle durch das Schiedsgericht	566	657	260	240	323	360	339	324.00	401	432	512	482	464
Veränderung zum Vorjahr in %		16.08	-60.43	-7.69	34.58	11.46	-5.83	-4.42	23.77	7.73	18.52	-5.86	-3.73
aufgehobene Entscheidungen	539	628	236	212	279	312	293	253	319	350	415	401	400
Veränderung zum Vorjahr in %		16.51	-62.42	-10.17	31.60	11.83	-6.09	-13.65	26.09	9.72	18.57	-3.37	-0.25
Anteil pro Gerichtsmitglied bzgl Überprüfung der Fälle und Anträge	32	36	41	55	64	50	41	41	56	52	47	57	58
Veränderung zum Vorjahr in %		10.94	16.34	33.17	16.36	-21.88	-18.00	0.00	36.59	-7.14	-9.62	21.28	1.75
Im Bundeshaushalt angegebene Gebühren für die Einreichung von Anträgen an das Schiedsgericht (mill. Rubel)	852	975	1,192	1,474	1,630	2,035	2,225	3,490	6,384	7,150	7,140	8,374	9,534
Veränderung zum Vorjahr in %		14.44	22.26	23.66	10.58	24.85	9.34	56.85	82.92	12.00	-0.14	17.28	13.85

Prof. Dr. Dr. h.c. Herbert Küpper

Von der liberalen Planwirtschaft zur illiberalen Marktwirtschaft: Vertragsstabilität und Vertragsdurchsetzung bei Außenhandelsverträgen in Ungarn

Abstract: From a Liberal Plan Economy to an Illiberal Market Economy: Contract Stability and Contract Enforcement in Hungary

After the establishment of an orthodox Stalinist plan economy in the late 1940s and the 1950s, Hungary embarked in 1968 on the way to a mixed plan-market economy called ‚New Economic Mechanism'. The Civil Code of 1959 proclaimed the principle of freedom of contract; however, this basic freedom was superseded by restrictions of a ‚public law' nature. Yet, the New Economic Mechanism more and more reduced this superstructure, giving enterprises more and more room to conclude the contracts they wanted, and also providing for a mixed legal-political mechanism to enforce contracts and court decisions. Even in foreign trade, the formal state monopoly did not prevent a relative freedom of contract for Hungarian enterprises. Due to this continuous reform path which, despite occasional setbacks, showed an unequivocal tendency away from the plan and towards the market, the political change in 1989 was not such a radical change in the field of economic freedom. The new democratic system removed the last administrative restrictions and privileges of public property, improved the court system and the execution of court decisions. There was full freedom of contract, courts enforced contracts, and the remaining restrictions are those that can be found in all market economies and relate usually to the protection of the weaker party, of consumers and of the environment. In 2010, the nationalist government that is still in office, introduced nationalism into the economy, too. Since then, the state's intervention in freedom of contract and in existing contracts have become more and more frequent, sometimes to gain popular sentiment before elections, more often to open up channels of personal enrichment for the political leadership and their partisans.

Keywords: Ungarn, Vertragsrecht, Außenhandelsverträge, Gesellschaftsrecht

Einleitung

Ungarns Weg von der Planwirtschaft zur Vertragsfreiheit und von administrativer Plandurchsetzung zum gerichtlichen Rechtsschutz vertraglicher Ansprüche war kein gradliniger,[1] und er kann auch nicht am Wendejahr 1989/90 festgemacht

1 Zur Transformation von einer Plan- zu einer Marktwirtschaft unter dem theoretischen Paradigma der Transformation (die in der genannten Konstellation als „Liberalisierung" bezeichnet wird), s. *Merkel, Wolfgang*/*Brückner, Julian*/*Wagener, Hans-Jürgen*: System, in: *Kollmorgen, Raj*/*Merkel, Wolfgang*/*Wagener, Hans-Jürgen* (Hrsg.): Handbuch Transformationsforschung, Wiesbaden 2015, S. 31–45 (41–44);

werden. Abschied von der orthodoxen Planwirtschaft[2] nahm das Land bereits mit der Verkündung des sog. „Neuen Ökonomischen Mechanismus“ (*Új gazdasági mechanizmus*) ab 1968. Hintergrund dieser ungarischen Wirtschaftsreform war, dass Mitte der 1960er-Jahre der spezifisch ungarische *contrat social* an seine ökonomischen Grenzen stieß: Nach der Niederschlagung des Volksaufstands 1956/57 und den teils sehr brutalen Retorsionen, die das Regime bis 1958 vornahm, hatten die Partei und ihre Führungspersönlichkeit *János Kádár* in den Augen der Bevölkerung alle Legitimität verloren. Um diese Legitimität zurückzugewinnen und allgemein für Ruhe zu sorgen, schlug das Regime ab den frühen 1960er-Jahren den Weg der Versöhnung ein: Die Retorsionen wurden eingestellt[3] und allgemein der politische Druck gelockert. Eine gute Versorgungslage („Gulaschkommunismus“[4]) sollte die Zustimmung der Bevölkerung und kleine Freiheiten – wenn auch mit wechselnden Grenzen – die Zustimmung der Intellektuellen gewinnen. Das Regime verzichtete auf ein Freund-Feind-Schema und verfolgte „nur“ noch die aktive Opposition: „Wer nicht gegen uns ist, ist für uns“.[5] Es verzichtete ebenso auf die Forderung nach einer aktiven Gefolgschaft seitens der Bevölkerung, sodass der Durchschnittsungar recht politikfrei leben und sogar als Nicht-Parteimitglied Karriere machen konnte, solange er auf aktive Opposition verzichtete und die wenigen Tabus des Systems (z.B. 1956 und seine Folgen; die Lage der magyarischen Minderheiten in den sozialistischen Bruderstaaten) respektierte.[6]

Die „Bestechung“ der eigenen Bevölkerung durch das Regime, d.h. der Gulaschkommunismus, stieß bereits in den 1960er-Jahren an die wirtschaftlichen Grenzen des immer noch stark agrarisch orientierten Ungarn. Da ein Stagnieren des Lebensniveaus als eine regierungsseitige Aufkündigung des geschilderten *contrat social* des Kádárismus aufgefasst worden wäre, blieben der Regierung als Ausweg nur der zunehmende Ausstieg aus der unproduktiven Planwirtschaft und ihre

---

Kollmorgen, Raj: Postsozialistische Transformationen des 20. und 21. Jahrhunderts, ebd., S. 421–440.

2 Zur erzwungenen Sowjetisierung der Wirtschaftsordnung ab 1945 s. *Marer, Paul*: Economic System, in *Grothusen, Klaus-Detlev* (Hrsg.): Südosteuropa-Handbuch V: Ungarn, Göttingen 1987, S. 276–301 (277–278); *Segert, Dieter*: Staatssozialistische Transformationen des 20. Jahrhunderts, in *Kollmorgen/Merkel/Wagener* (Hrsg.): Handbuch Transformationsforschung (Fn. 1), S. 323–337 (330–333).

3 *Gündel, Annerose*: Zur ungarischen Justizpolitik in den fünfziger Jahren, in: *Bender, Gerd/Falk, Ulrich* (Hrsg.): Recht im Sozialismus: Analysen zur Normdurchsetzung in osteuropäischen Nachkriegsgesellschaften, Bd. 2: Ungarn, Frankfurt/M. 1999, S. 83–107.

4 Auch im Ungarischen wird die Epoche von ca. 1962 bis 1989 als „Gulaschkommunismus“ (*gulyáskommunizmus*) bezeichnet.

5 „Aki nincs ellenünk, az velünk van“: *János Kádár* auf dem Kongress der Patriotischen Volksfront im Dezember 1961.

6 Zu diesem speziellen *contrat social* des „System Kádár“ s. *Schöpflin, George*: Domestic Politics, in *Grothusen* (Fn. 2), S. 67–106 (93–106); zum „Neuen Ökonomischen Mechanismus“ *Marer* in *Grothusen* (Fn. 2), S. 280–301.

Anreicherung mit Marktelementen: der „Neue Ökonomische Mechanismus". Auch dieser Mechanismus war kein geradliniger Weg weg von der Plan- und hin zur Marktwirtschaft, sondern auf Phasen der Liberalisierung folgten immer wieder auch Phasen einer verstärkten Planwirtschaft. Die Tendenz wies jedoch eindeutig eine zunehmende Anreicherung der Planwirtschaft mit Marktelementen auf.

Aus der Sicht von Vertragsfreiheit, Vertragsstabilität und Vertragsdurchsetzung gibt es daher kein „Wendejahr" 1989/1990 mit einem fundamentalen Wandel von Plan- zu Marktwirtschaft, sondern eine je nach Problemfeld ausdifferenzierte Chronologie:

- Neuer Ökonomischer Mechanismus (1968–1989):

Die Wirtschaftsplanung wurde auf eine indikative Planung zurückgefahren und teilweise auf grobe Rahmenzahlen beschränkt (indikative statt imperativer Planung). Innerhalb dieser groben Planvorgaben hatten die Unternehmen Spielraum, Verträge auszuhandeln und dabei Vertragspartner und Vertragsinhalte autonom zu bestimmen. Auch die staatlichen Preisvorgaben wurden gelockert, sodass auch hier Spielräume für die Unternehmen entstanden und der Vertrag sich in den betroffenen Bereichen von einem Instrument zur Plandurchführung zu einem Instrument der Interessenkoordination selbstbestimmter Marktteilnehmer wandelte. In manchen Bereichen der sozialistischen Wirtschaft bestimmte der Staat jedoch weiterhin die Preise, sodass hier eher die Illusion eines Marktes geschaffen wurde; immerhin ließ der Plan auch in diesen Bereichen den Unternehmen regelmäßig die Möglichkeit, sich ihre Vertragspartner auszusuchen.[7] Im rechtlichen Bereich[8] schlug sich der „Neue Ökonomische Mechanismus" nicht nur im Planungsrecht[9]

---

7 Zum dichotomischen Verhältnis von Plan und Markt als Grundlage des Wirtschaftssystems s. *Wagner, Hans-Jürgen*: Wirtschaft, in *Kollmorgen/Merkel/Wagener* (Hrsg.): Handbuch Transformationsforschung (Fn. 1), S. 471–489 (474–477).

8 Einen innersozialistischen Vergleich liefert *Sárközy, Tamás*: A vállalatirányítás és a vállalati gazdálkodás jogának általános jellemzői a külföldi szocialista országok gazdasági reformjának folyamatában [Allgemeine Charakteristika der Unternehmensleitung und der Wirtschaftsführung der Unternehmen im Zuge der Wirtschaftsreform der ausländischen sozialistischen Länder], Állam- es Jogtudomány 1976, S. 460–465.

9 1972 erging ein neues Planungsrecht in Gestalt des Gesetzes 1972:VII über die volkswirtschaftliche Planung v. 22.12.1972, Magyar Közlöny (ungar. Gesetzblatt ab 1949, abgekürzt: MK) 1972 Nr. 104 (PlanG), das der Planung nur noch indikative und keine imperative Wirkung mehr zuschrieb. Näher hierzu *Borić, Tomislav*: Eigentum und Privatisierung in Kroatien und Ungarn, Wien, Berlin 1996, S. 104–111.

Bereits die Tatsache, dass die Planung seit 1972 durch Gesetz und nicht mehr – wie zuvor – durch Rechtsvorschriften der Exekutive geregelt war, trug zur Verrechtlichung und somit zur Verringerung der administrativen Willkür bei: *Kálmán, György*: A magyar gazdaságirányítás joga [Das Recht der ungarischen Wirtschaftslenkung], Budapest 1982, S. 91–93.

nieder, sondern auch im Vertragsrecht,[10] in den Regelungen der einzelnen Wirtschaftsbereiche[11] und nicht zuletzt im Arbeitsrecht.[12] Auch die Investitionstätigkeit von Ausländern wurde 1970 erstmals dergestalt gestattet, dass sich ausländisches Kapital an ungarischen Wirtschaftssubjekten beteiligen durfte.[13] Verfassungsrechtlich garantiert war die „selbstständige Wirtschaftsführung" der staatlichen Unternehmen und anderen Wirtschaftsorganisationen seit 1972.[14]

Diese Lockerungen betrafen v.a. die inländische Wirtschaft. Die Außenwirtschaft blieb staatliches Monopol. Zwar machte der „Neue Ökonomische Mechanismus" auch im Außenhandel gewisse Lockerungen nötig, aber am staatlichen Außenhandelsmonopol wurde im Grundsatz nicht gerüttelt.[15] Im Vergleich zu manchen anderen sozialistischen Staaten war das ungarische Staatsmonopol insofern liberaler, als es den Außenhandel nicht nur den streng kontrollierten spezialisierten Außenhandelsunternehmen gestattete, sondern auch ermöglichte, andere Unternehmen mit der Genehmigung zum Abschluss von Außenhandelsverträgen auszustatten. Das 1979 erstmals kodifizierte internationale Privatrecht (Kollisionsrecht)[16] nahm vom Außenhandelsmonopol des Staates formal keine Notiz, sondern war auf die Bedürfnisse des Rechts- und Wirtschaftsverkehrs mit Plan- ebenso wie mit Marktwirtschaften abgestimmt: § 24 IPR-VO erlaubte den Vertragsparteien bei Auslandsberührung die freie Rechtswahl, d.h. ungarische Unternehmen waren nicht gehalten, im Auslandsverkehr auf der Vereinbarung des ungarischen Rechts zu bestehen; machten die Parteien von ihrer Rechtswahlfreiheit keinen Gebrauch, schrieb § 25 Buchst. a) IPR-VO die Anwendung ungarischen Rechts auf solche grenzüberschreitenden Kaufverträge vor, deren Verkäufer dem ungarischen Recht unterlagen, d.h. in Ungarn ansässig waren (aus ungarischer Sicht: Exportverträge).

---

10 1977 wurde das gesamte bürgerliche Recht umfassend novelliert und das BGB neu bekannt gemacht: Gesetz 1977:IV über die Änderung und den einheitlichen Text des Gesetzes 1959:IV über das Bürgerliche Gesetzbuch der Volksrepublik Ungarn v. 25.10.1977, MK 1977 Nr. 78.

11 Es sei nur das Gesetz 1978:I über den Binnenhandel v. 6.6.1978, MK 1978 Nr. 22, erwähnt.

12 Das Arbeitsrecht des „Neuen Ökonomischen Mechanismus" regelte Gesetz 1967:II über das Arbeitsgesetzbuch v. 8.10.1967; hierzu die Studie „Ungebrochene Kontraktualisierung: Vertragsfreiheit, Vertragsstabilität und Vertragsdurchsetzung im ungarischen Arbeitsrecht" in diesem Band sowie *Borić* (Fn. 9), S. 116–117; *Brunner, Georg*: Das neue ungarische Arbeitsgesetzbuch, ROW 1968, S. 9–11.

13 Verordnung mit Gesetzeskraft 1970/19. über die wirtschaftliche Vereinigung v. 7.8.1970, MK 1970 Nr. 67.

14 § 9 Gesetz 1949:XX über die Verfassung der Republik Ungarn v. 20.8.1949, MK 1949 Nr. 174, i.d.F. ab dem 26.4.1972. Hierzu *Kálmán* (Fn. 9), S. 71–72.

15 Einschlägig war Gesetz 1974:III über den Außenhandel v. 17.10.1974, MK 1974 Nr. 76, das vollständig erst zum EU-Beitritt am 1.5.2004 außer Kraft trat (AußHandG). Zur Außenhandelspolitik des „Neuen Ökonomischen Mechanismus" und ihren Zwängen s. *Schönfeld, Roland*: Außenwirtschaft, in *Grothusen* (Fn. 2), S. 383–416 (386–390).

16 Verordnung mit Gesetzeskraft 1979/13 über das internationale Privatrecht v. 31.5.1979, MK 1979 Nr. 33 (IPR-VO).

Mit der Rücknahme von Planbefehlen und dem Vordringen echter Vertragsbeziehungen musste sich auch die Art der Rechtsdurchsetzung ändern. Die für die sozialistische Planwirtschaft typische Staatsarbitrage, die v.a. der Plandurchsetzung und nicht den Ansprüchen des individuellen Unternehmens verpflichtet war, war für Streitigkeiten zwischen Marktteilnehmern – und sei es auch nur zwischen Teilnehmern auf dem teilweise simulierten Markt der Plan-Markt-Mischwirtschaft des „Neuen Ökonomischen Mechanismus" – ungeeignet. Sie wurde daher durch Gerichte ersetzt, die auf der Grundlage von Rechtsnormen – darunter auch Verträgen[17] – entschieden; Stichjahr ist v.a. die große Justizreform 1972.[18] Das Regime sah ein, dass Gerichte ihre Rolle im „Neuen Ökonomischen Mechanismus" nur erfüllen konnten, wenn sie nicht politisiert wurden, und so konnten ungarische Gerichte seit 1972 in unpolitischen Materien – und Wirtschaftsstreitigkeiten galten mit wenigen Ausnahmen als unpolitisch – ohne nennenswerte Beeinflussung durch Partei und Exekutive Recht sprechen. Ebenfalls 1972 wurden Vorschriften über eine „echte" Schiedsgerichtsbarkeit, die anders als die alte Staatsarbitrage im Interesse der Verfahrensparteien und ihrer zivilrechtlichen Ansprüche tätig wurde, in die ZPO eingefügt.[19]

Ab Mitte der 1980er-Jahre nahmen die marktwirtschaftlichen Elemente in der Rechtsordnung zu: Es wurden nicht nur die Planvorgaben weiter gelockert,[20] sondern es ergingen im orthodoxen Sozialismus so nicht vorhandene, insofern typisch „kapitalistische" Regelungen, wie die Gesetze über den Wettbewerb[21] und ein wettbewerbsbasiertes Beschaffungswesen,[22] das Kammerwesen,[23] den Marktaustritt von

17 Dass Verträge Rechtsnormen – wenn auch mit auf die Parteien beschränkter Geltung – sind, stellt am eindeutigsten Art. 1134 Abs. 1 des französischen Code civil klar: „Les conventions légalement formées tiennent lieu de loi à ceux qui les ont faites".

18 Gesetze 1972:I über die Änderung des Gesetzes 1949:XX und über den einheitlichen Text der Verfassung der Volksrepublik Ungarn v. 26.4.1972, MK 1972 Nr. 32; 1972:IV über die Gerichte v. 8.7.1972, MK 1972 Nr. 52; 1972:V über die Staatsanwaltschaft der Volksrepublik Ungarn v. 8.7.1972, MK 1972 Nr. 52.

19 Kapitel XXIV. ZPO, eingefügt durch Verordnung mit Gesetzeskraft 1972/26. über die Änderung der Zivilprozessordnung v. 23.11.1972, MK 1972 Nr. 94.

20 Gesetz 1985:II über die Änderung und den einheitlichen Text des Gesetzes 1982:VII über die volkswirtschaftliche Planung v. 6.5.1985, MK 1985 Nr. 20.

21 Gesetz 1984:IV über das Verbot der unlauteren wirtschaftlichen Tätigkeit v. 31.10.1984, MK 1984 Nr. 46. Die Regierung spricht in ihrer Begründung zur Gesetzesvorlage vom „planmäßigen, auf der Marktregulierung beruhenden Mechanismus unseres Wirtschaftslenkungssystems" – die jedenfalls teilweise Existenz eines Marktes als Grundlage des Wirtschaftssystems wird offen ausgesprochen.

22 Verordnung mit Gesetzeskraft 1987/19 über die Wettbewerbsverhandlungen v. 6.11.1987, MK 1987 Nr. 52.

23 Verordnung mit Gesetzeskraft 1985/11 über die Ungarische Handelskammer v. 22.6.1985, MK 1985 Nr. 25.

Wirtschaftsakteuren,[24] die direkte und indirekte Besteuerung Privater,[25] die Handelsgesellschaften[26] oder die recht freie Investitionstätigkeit von Ausländern.[27] Parallel dazu wurden aktive und passive Bestechungsdelikte auf Beteiligte aus der Privatwirtschaft ausgedehnt.[28] Im Ergebnis bestanden damit in den letzten Jahren des Sozialismus zwei mehr oder weniger ausgebaute Wirtschaftsrechtsregime nebeneinander: eine – wenn auch schon stark von der sozialistischen Orthodoxie entfernte – staatliche Plan- und Befehlswirtschaft und eine an Umfang und Wirtschaftsleistung immer weiter zunehmende Marktwirtschaft. Das im „Neuen Ökonomischen Mechanismus" ursprünglich angelegte Regel-Ausnahme-Verhältnis hatte sich Mitte der 1980er-Jahre bereits umgekehrt, sodass die Marktwirtschaft die (als zukunftsfähig betrachtete) Regel und die Reste der Planwirtschaft die (als Auslaufmodell gedachte) Ausnahme bildeten.

– Systemwende 1989/90:

Mit dem Ende des sozialistischen Systems endeten auch die letzten ideologischen oder planwirtschaftlichen Elemente:[29] Die sozialistische Eigentumstrias aus staatlichem, gesellschaftlichem und privatem Eigentum wurde durch ein einheitliches Eigentum ohne Bevorzugung des Staates ersetzt, der Plan als Steuerungsinstrument und Rechtsinstitut entfiel und die staatliche Preisfestsetzung wurde auf

24 Verordnung mit Gesetzeskraft 1986/11 über die Liquidation v. 16.7.1986, MK 1986 Nr. 28.

25 Gesetze 1987:V über die allgemeine Umsatzsteuer v. 29.11.1987, MK 1987 Nr. 42; 1987:VI über die Einkommenssteuer der Privatpersonen v. 29.11.1987, MK 1987 Nr. 42; 1988:IX über die Unternehmensgewinnsteuer v. 12.12.1988, MK 1988 Nr. 61; Verordnung mit Gesetzeskraft 1987/16 über die Unternehmersteuer v. 12.10.1987, MK 1987 Nr. 44.

26 Gesetz 1988:VI über die Wirtschaftsgesellschaften v. 10.10.1988, MK 1988 Nr. 47. Ergänzend dazu ergingen die Gesetze 1988:II über die Änderung des Gesetzes 1971:III über die Genossenschaften v. 21.4.1988, MK 1988 Nr. 15; 1988:III über die Änderung des Gesetzes 1967:III über die landwirtschaftlichen Produktionsgenossenschaften v. 21.4.1988, MK 1988 Nr. 15.

27 Verordnung mit Gesetzeskraft 1987/4 über das Immobiliennutzungsrecht von Ausländern v. 10.3.1987, MK 1987 Nr. 8; Gesetz 1988:XXIV über die Investitionen von Ausländern in Ungarn v. 31.12.1988, MK 1988 Nr. 69, heute noch mit Änderungen in Kraft, in aktueller Fassung in deutscher Übersetzung in Institut für Ostrecht München (Hrsg.), Handbuch Wirtschaft und Recht in Osteuropa (WiRO-Handbuch), Loseblatt, München, Länderteil Ungarn, Dokument UNG 380.

28 Gesetz 1987:III über die Änderung des Gesetzes 1978:IV über das Strafgesetzbuch v. 26.7.1987, MK 1987 Nr. 30.

29 Anders als z.B. Polen oder Tschechien, die sich für eine Schocktherapie entschieden, wählte Ungarn einen eher gradualistischen Weg, der vom „Gradualismus" der Reformen seit dem „Neuen Ökonomischen Mechanismus" profitierten konnte: *Kollmorgen*, Postsozialistische Transformation (Fn. 1), S. 430–437; *Küpper, Herbert*: Der Sparkurs der ungarischen Regierung auf dem Prüfstand des Verfassungsgerichts, ROW 1996, S. 101–112.

wenige Bereiche beschränkt, die gesamte Wirtschaftstätigkeit[30] und insbesondere auch der Außenhandel[31] sowie die Arbeitsbeziehungen[32] wurden grundsätzlich freigegeben. Das Eigentum des Staates am Produktivkapital wurde durch eine vorwiegend kommerzielle Privatisierung (unter Ausschluss der Reprivatisierung) stark zurückgefahren[33] und Instrumente zur privatwirtschaftlichen Nutzung staatlichen Eigentums geschaffen.[34] Rechtlich schlug sich die vollständige Einführung der Marktwirtschaft zudem in mehreren BGB-Novellen, im Wegfall des Planungsrechts,[35] in der Reduzierung der Devisenbewirtschaftung[36] und im Neuerlass des Preisrechts[37] sowie in der Fortentwicklung des Schutzes des gewerblichen Eigentums[38] nieder.

---

30 Ein Element war die Zulassung von Einzelunternehmen durch Gesetz 1990:V über die Einzelunternehmung v. 13.2.1990, MK 1990 Nr. 13, ein anderes die Zulassung von Wertpapieren und eines Wertpapiermarktes durch Gesetz 1990:VI über das öffentliche Inverkehrbringen und den Verkehr mit einzelnen Wertpapieren sowie über die Wertpapierbörse v. 13.2.1990, MK 1990 Nr. 13.

31 Gesetz 1990:XXII über die Aufhebung und Änderung einiger Gesetze und Verordnungen mit Gesetzeskraft v. 13.3.1990, MK 1990 Nr. 22.

32 Gesetze 1989:VII über den Streik v. 12.4.1989, MK 1989 Nr. 22; 1991:IV über die Beschäftigungsförderung und die Versorgung der Arbeitslosen v. 23.2.1991, MK 1991 Nr. 20; 1991:XXIX über die Freiwilligkeit der Beitragszahlung zu Interessenvertretungen der Arbeitnehmer v. 17.7.1991, MK 1991 Nr. 80; und schließlich 1992:XXII über das Arbeitsgesetzbuch v. 4.5.1992, MK 1992 Nr. 45. Hierzu die Studie „Ungebrochene Kontraktualisierung: Vertragsfreiheit, Vertragsstabilität und Vertragsdurchsetzung im ungarischen Arbeitsrecht" in diesem Band sowie *Gobert, Arne*: Europäische Rechtsangleichung in Ungarn, Berlin 1997, S. 387–421.

33 *Borić* (Fn. 9), S. 201–223; *Brunner, Georg*: Privatisierung in Osteuropa – typologische Skizze, OER 1999, S. 2–17 (v.a. S. 4–5, 15); *Brunner, Georg*: Privatisierungsmodelle in Osteuropa, in: *Wendt* u.a. (Hrsg.) FS Friauf, Heidelberg 1996, S. 591–610; *Dallago, Bruno*/*Guglielmetti, Chiara*: Privatisierung, in *Kollmorgen*/*Merkel*/*Wagener* (Hrsg.): Handbuch Transformationsforschung (Fn. 1), S. 651–656 (652–655); *Gobert* (Fn. 32), S. 274–277; *Sárközy, Tamás*: Die rechtliche Regelung der ungarischen Privatisierung, JOR 51 (2010) S. 89–96.

34 Gesetz 1991:XVI über die Konzession v. 30.5.1991, MK 1991 Nr. 57, mit Änderungen heute noch in Kraft.

35 § 7 Gesetz 1990:LXVIII über die Änderung einiger Gesetze im Zusammenhang mit der Änderung der Arbeitsteilung der Regierung v. 15.9.1990 hob das Wirtschaftsplanungsgesetz 1972:VII (s.o. Fn. 9) auf.

36 Gesetz 1992:XLI über die Änderung der Verordnung mit Gesetzeskraft 1974/1 über die Devisenbewirtschaftung v. 26.6.1992, MK 1992 Nr. 67.

37 Gesetz 1990:LXXXVII über die Festsetzung der Preise v. 5.12.1990, MK 1990 Nr. 121, mit Änderungen heute noch in Kraft (PreisG).

38 Gesetze 1991:XXXVIII über den Schutz der Gebrauchsmuster v. 1.10.1991, MK 1991 Nr. 106; 1991:XXXIX über den Schutz der Topografien mikroelektronischer Halbleiterprodukte v. 1.10.1991, MK 1991 Nr. 106.

Im Bereich der Durchsetzung von Ansprüchen brachte die Wende zunächst wenig Änderungen, da die Justiz bereits im Rahmen des „Neuen Ökonomischen Mechanismus" in einem gewissen Maße an die Bedürfnisse einer vertrags- und marktbasierten Wirtschaft angepasst worden war. 1994 erhielt die Schiedsgerichtsbarkeit eine vollständig marktwirtschaftskonforme, an der Privatautonomie der beteiligten Unternehmen orientierte Rechtsgrundlage.[39] Ein großes Manko der sozialistischen Justiz war das Fehlen eines institutionalisierten Vollstreckungsmechanismus gewesen; hier schuf das Zwangsvollstreckungsgesetz von 1994 Abhilfe.[40] Im Vergleich zu diesen Änderungen brachte die große Justizreform von 1997, die die Justiz als letzte der Staatsgewalten einer großen Reform unterzog,[41] für den hier betrachteten Bereich wenig Neues.

- EU-Beitritt 2004[42]:

Nachdem bereits im Zuge der Wende 1989/90 die Rechtsgrundlagen der Marktwirtschaft mit Vertragsfreiheit, -stabilität und -durchsetzung gelegt worden waren, beeinflusste der EU-Beitritt diesen Bereich nicht mehr in grundlegender Weise. Wichtig waren v.a. die Aufhebung der Devisenbewirtschaftung im Vorfeld des Beitritts[43] und die Teilnahme Ungarns am Raum des Rechts, der die grenzüberschreitende Durchsetzung von Forderungen innerhalb der EU deutlich erleichtert.

In manchen Bereichen erlaubten die Übergangsbestimmungen des Beitrittsvertrags Ungarn die vorübergehende Beibehaltung protektionistischer Vorschriften, die die Grundfreiheiten für eine Übergangsfrist aussetzten, etwa im Bereich des Grunderwerbs durch Ausländer[44] oder – als Reaktion auf die Restriktionen in manchen Altmitgliedern wie Deutschland und Österreich – der Arbeitnehmerfreizügigkeit.[45]

- Regierungsantritt der nationalpopulistischen Fidesz 2010:

In den Wahlen 2010 und 2014 errang die nationalpopulistische Fidesz jeweils eine Zweidrittelmehrheit im Parlament; durch verlorene Nachwahlen ging die

---

39 Gesetz 1994:LXXI über die Schiedsgerichtsbarkeit v. 28.11.1994, MK 1994 Nr. 116.

40 Gesetz 1994:LIII über die gerichtliche Zwangsvollstreckung v. 11.5.1994, MK 1994 Nr. 51 (ZwVollstrG).

41 *Küpper, Herbert*: Die Justizreform in Ungarn, OER 1998, S. 253–271; *Küpper, Herbert*: Justizreform in Ungarn, forost Arbeitspapier Nr. 23, München 2004, im Volltext kostenfrei unter http://www.forost.lmu.de/fo_library/forost_Arbeitspapier_23.pdf.

42 Allgemein zu gesetzgeberischen Reformen im Wirtschaftsrecht in der Zeit zwischen dem Systemwandel und dem EU-Beitritt *Gobert* (Fn. 32).

43 Gesetz 2001:XCIII über die Beendigung der Devisenbeschränkungen (...) v. 17.12.2001, MK 2001 Nr. 146.

44 Aktuell hierzu *Küpper, Herbert*: Ungarn: Gesetz über den Verkehr mit land- und forstwirtschaftlichen Böden. Textdokumentation mit Einführung, WiRO 2014, S. 113–117.

45 *Küpper, Herbert*: Der Zugang von EWR-Bürgern zum ungarischen Arbeitsmarkt in Phase 2 der Übergangsfrist, WiRO 2007, S. 97–101.

Zweidrittelmehrheit allerdings 2015 dauerhaft verloren. Ihr wirtschaftspolitischer Kurs erinnert in manchem an das System *Kádár*: Ein interventionistischer Staat nimmt Einfluss auf das Marktverhalten der Wirtschaftssubjekte, und die staatliche Redistribution verteilt einen wachsenden Teil des Bruttosozialprodukts unter anderen Gesichtspunkten als Marktmechanismen neu. Ziel der Regierung ist, wie der Ministerpräsident verlautbarte, die Schaffung eines „illiberalen Staates" gerade in wirtschaftspolitischer Hinsicht.[46]

Im Jahr 2011 erließ die Fidesz-Regierung eine neue Verfassung: Ungarns Grundgesetz v. 25. April 2011 (GrundG).[47] Anders als die Vorläuferverfassung nennt das GrundG nicht mehr die (soziale) Marktwirtschaft als geltende Wirtschaftsverfassung, sondern bleibt neutral und verwendet die Begriffe Marktwirtschaft und Markt[48] überhaupt nicht. Verschiedene Grundrechte wie Berufswahl-, Unternehmer- und Eigentumsfreiheit (Art. XII, XIII GrundG) garantieren individuelle wirtschaftliche Freiheit. Die Vorschrift über die Wirtschaftsordnung in Art. M) GrundG hingegen verleiht v.a. dem Staat nicht näher definierte Eingriffsbefugnisse in die Wirtschaft, z.B. zum Schutz des Wettbewerbs, der Verbraucher oder vor dem Missbrauch wirtschaftlicher Machtstellungen.

Entsprechend der nationalistischen Ideologie und bisweilen stark europa- und auslandsfeindlichen Rhetorik der Fidesz-Regierung stehen ausländische Unternehmen in Ungarn unter besonderem Druck. Sondersteuern belasten vor allem die Sektoren, in denen ausländische Unternehmen dominieren, z.B. Einzelhandelsketten, Telekommunikation, kommunale Dienstleistungen, Banken und Versicherungen.[49] Da nach der Wende der Mangel an inländischem Kapital durch das Einwerben ausländischer Direktinvestitionen wettgemacht wurde, erwarben im Rahmen der kommerziellen Privatisierung ausländische – allen voran deutsche und österreichische – Unternehmen zahlreiche ungarische Unternehmen; dieser hohe Anteil an ausländischem Kapital ist der Fidesz-Regierung ein Dorn im Auge. Im Rahmen einer Magyarisierungskampagne sollen ausländische Unternehmen ihre Beteiligungen an ungarischen Töchtern an ungarische Eigentümer abgeben

---

46 Rede des Ministerpräsidenten *Viktor Orbán* v. 25.7.2014 in Băile Tuşnad (ungar.: Tusnádfürdő, dt.: Bad Tuschnad); hierzu *Priebus, Sonja*: Ungarn nach den Parlamentswahlen 2014, SOM 2014/5–6, S. 72–89 (S. 85–86).

47 MK 2011 Nr. 11, in deutscher Übersetzung v. *Herbert Küpper* abgedruckt in *Hufeld, Ulrich/Epiney, Astrid/Merli, Franz* (Hrsg.): Europäisches Verfassungsrecht, 3. Aufl. Baden-Baden 2014, S. 742–780 (bis einschließlich der 4. GrundG-Änderung v. 25.3.2013.

48 „Markt" wird einmal in Art. IX. Abs. 6 GrundG im Rahmen der Medienfreiheit erwähnt („Fernmeldemarkt"); er ist dort Objekt staatlicher Aufsicht, nicht Freiraum zur Ausübung von Grundrechten.

49 Als Beispiele seien genannt Gesetze 2012:LVI über die Fernmeldesteuer v. 30.5.2012, MK 2012 Nr. 63; 2012:CII über die Versicherungssteuer v. 13.7.2012, MK 2012 Nr. 93; 2012:CLXVIII über die Steuer auf öffentliche Leitungen v. 23.11.2012, MK 2012 Nr. 155.

und/oder sich vom ungarischen Markt zurückziehen, um ungarischen Konkurrenten Platz zu machen. Hierbei übt der Staat häufig indirekten und bisweilen auch direkten Druck aus, um westliche Unternehmen zur Aufgabe und zum – unterpreisigen – Verkauf ihrer Beteiligungen an ungarische Interessenten, die regelmäßig Parteigänger der Fidesz-Regierung sind, zu bewegen.[50]

In manchen Bereichen greift die Fidesz-Regierung intensiv in die Vertragsfreiheit, den Inhalt bestehender Verträge und die Durchsetzbarkeit vertraglicher Ansprüche ein, um den „ehrlich arbeitenden ungarischen Familienvater" vor der angeblichen Ausbeutung durch das „internationale Kapital" zu beschützen. Diese Bereiche betreffen zurzeit noch weniger den Außenhandel, sondern v.a. die notleidenden devisenbasierten Immobilienkredite der (meist ausländischen) Banken an ungarische Haushalte und die Gebühren, die die (meist ausländischen) Anbieter kommunaler Versorgungsleistungen den ungarischen Haushalten berechnen dürfen. Auch wenn diese beiden Bereiche aus dem eigentlichen Bereich dieser Studie herausfallen, werden sie im weiteren Verlauf berücksichtigt, weil dieser partielle Abbau der Vertragsfreiheit und der Möglichkeiten der Vertragsdurchsetzung möglicherweise der Auftakt für weitere illiberale Politiken in diesem Feld und für die verstärkte Rückkehr eines Interventionsstaats in der Wirtschaft ist.

I Wandel des Vertragsrechts im Bereich des Außenhandels vom Sozialismus zum Postsozialismus

Der hier exemplarisch näher betrachtete grenzüberschreitende Kaufvertrag unterlag im Sozialismus verschiedenen Rechtsregelungen.

Die vertragsrechtliche Seite normierte das BGB von 1959.[51] In seinem Vierten Teil regelte es das „Obligationenrecht", in dem sich neben dem allgemeinen Schuld- und allgemeinen Vertragsrecht auch die Vorschriften zu den einzelnen Vertragstypen, darunter dem Kaufvertrag, fanden. Das ungarische BGB von 1959 war – für die sozialistischen ZGBs der Zeit eher ungewöhnlich – monistisch, d.h. es verzichtete auf eine separate Regelung für Wirtschaftsverträge, wie sie etwa in der Tschechoslowakei oder der DDR bestanden, und normierte die Schuldverhältnisse sowohl des privaten Rechtsverkehrs als auch der sozialistischen Wirtschaft und

50 Mündliche Auskunft durch das Management mehrerer deutscher Unternehmen, die auf dem ungarischen Markt aktiv sind, im Rahmen von Treffen 2013 bis 2017; Namen der Gesprächspartner oder der Unternehmen können wegen der Zusicherung von Vertraulichkeit nicht genannt werden. Auch der EGMR stellte bereits fest, dass staatliche Zuweisungen ökonomischer Chancen nicht transparent und rechtsstaatlich, sondern politisch willkürlich verlaufen; so anlässlich der Schaffung des staatlichen Tabakmonopols und der darauf folgenden Vergabe von Tabakhandelslizenzen im Urteil Vékony ./. Ungarn v. 13.1.2015, AZ.: 65681/13, dazu Aus der Rechtsprechung des EGMR, OER 2015 S. 247–248.

51 Gesetz 1959:IV über das Bürgerliche Gesetzbuch v. 11.8.1959, MK 1959 Nr. 82.

der Außenwirtschaft.[52] Das Kaufrecht des ungarischen BGB galt daher für den privaten Kauf einer Schachtel Streichhölzer ebenso wie für den Kauf von Maschinen zwischen zwei Staatsunternehmen oder – soweit ungarisches Recht Anwendung fand – den grenzüberschreitenden Kauf oder Verkauf im Außenhandelsverkehr.

Im BGB war zudem das Personenrecht auch der sozialistischen Wirtschaft geregelt: Der Rechtsstatus, die Rechte und Pflichten von Staatsunternehmen, Trusts, wirtschaftlichen Zusammenschlüssen (die u.a. den Rechtsrahmen für „gemeinsames Unternehmen" genannte Joint Ventures bildeten), anderen staatlichen Wirtschaftsorganisationen und Genossenschaften waren im BGB niedergelegt; erst das Gesellschaftsgesetz von 1988 schuf erstmals außerhalb des BGB die Möglichkeit, juristische Personen für die Zwecke des Wirtschaftsverkehrs zu gründen.

Der grenzüberschreitende Kaufvertrag hatte nicht nur eine vertragsrechtliche Seite. Solange die planwirtschaftliche Regulierung des Außenhandels bestand, hatte ein solcher Vertrag auch den einschlägigen außenwirtschaftlichen Vorschriften zu entsprechen.[53] Das Außenhandelsrecht knüpfte nicht so sehr an den Vertragstyp (z.B. Kaufvertrag) an, sondern an das grenzüberschreitende Moment von Leistung und Gegenleistung.

Schließlich hatte ein kommerzieller Vertrag mit Auslandsberührung auch eine devisenrechtliche Seite, solange die staatliche Devisenbewirtschaftung bestand. Das betraf v.a. solche grenzüberschreitenden Kaufverträge, in denen die ungarische Seite der Käufer war: Hier war der Kaufpreis aus Ungarn ins Ausland zu erbringen, wofür ggf. Devisen bereitgestellt werden mussten. Devisenrechtlich deutlich unproblematischer war der umgekehrte Fall, in denen der ungarische Verkäufer ggf. in ausländischer Währung bezahlt wurde. Die einschlägigen Rechtsfragen regelte das Devisenrecht,[54] das beim Abschluss und v.a. bei der Erfüllung grenzüberschreitender Verträge ebenfalls zu beachten war.

Nach der Wende wurden zunächst die letzten planwirtschaftlichen Einschränkungen abgebaut. 2013 wurde dann ein neues Bürgerliches Gesetzbuch[55] erlassen,

---

52 *Küpper, Herbert*: Einführung in die Rechtsgeschichte Osteuropas, Studien des Instituts für Ostrecht München Bd. 54, Frankfurt/M. 2005, S. 553–554, 590–592, 600–603; *Vékás, Lajos*: Zivilrecht, in *Grothusen* (Fn. 2), S. 250–263 (251–253). Rechtsvergleichend *Brunner, Georg*: Aufstieg und Untergang des Internationalen Wirtschaftsrechts im Sozialismus, in: *Briner, Robert* u.a. (Hrsg.): FS Böckstiegel, Köln 2001, S. 125–148.

53 1974:III über den Außenhandel (AußHandG, Fn. 15); zuvor galt u.a. die Verordnung des Außenhandelsministers 1/1960. (V. 10.) KkM über die Definition von Außenhandelsverträgen und über die Regelung einiger Fragen im Zusammenhang mit der Außenhandelstätigkeit v. 10.5.1960, MK 1960 Nr. 37.

54 Verordnung mit Gesetzeskraft 1974/1 über die Devisenbewirtschaftung v. 17.1.1974, MK 1974 Nr. 3; zuvor galt Verordnung mit Gesetzeskraft 1950/30 über die Regeln im Zusammenhang mit der plangemäßen Devisenbewirtschaftung v. 2.8.1950, MK 1950 Nr. 32.

55 Gesetz 2013:V über das Bürgerliche Gesetzbuch v. 26.2.2013, MK 2013 Nr. 31, deutsche Übersetzung in WiRO-Handbuch (Fn. 27), UNG 200.

das noch pointierter als seine Vorgängerregelung die Vertragsfreiheit betont (grundsätzlich in § 6:58 BGB 2013) und konsequent der kontinentaleuropäischen Theorie von einer umfassenden, aber grundsätzlich dispositiven Regelung des Vertragsrechts folgt: Das BGB stellt dem Rechtsverkehr umfassend geregelte Vertragstypen zur Verfügung, sodass der konkrete Vertrag nur noch die Parteien, den Gegenstand und den Preis benennen muss – sofern die Parteien keine Besonderheiten wünschen, die zu vereinbaren ihnen freisteht. Das senkt in kontinentaleuropäischen Rechtsordnungen die Transaktionskosten der Vertragsparteien enorm, da sie sich – anders als im angelsächsischen Recht – über nichts weiter einigen müssen als über die genannten Punkte, falls sie keine besonderen Wünsche haben. Das unkodifizierte angelsächsische Recht hingegen erfordert bei jedem Vertrag von wirtschaftlicher Bedeutung, auch bei einem „Standardvertrag", die Regelung sämtlicher denkbarer Aspekte, d.h. jeder Vertrag muss sein eigenes „Bürgerliches Gesetzbuch" schreiben; das macht Verträge in *Common-law*-Systemen so überaus lang und kostspielig, schafft aber gleichzeitig einen Markt für rechtsberatende Berufe – während in den kontinentaleuropäischen Systemen der Gesetzgeber den Parteien diese Beratungs- und Transaktionskosten erspart, indem er ihnen eine ausgewogene Regelung von Rechten und Pflichten anbietet.[56] Paradigmatisch im ungarischen BGB von 2013 ist § 6:63 BGB Abs. 4: „Die Parteien brauchen sich nicht über Fragen zu einigen, die durch Rechtsvorschrift geregelt sind".

1 Vertragsparteien und Vertragsobjekte

a) Diversifizierung der Rechtssubjekte

i Ausweitung der Rechtsfähigkeit

Das BGB beschränkte von Anfang an die potenziellen Parteien eines Kaufvertrags nicht: Natürliche und juristische Personen konnten im Rahmen ihrer Rechts- und Geschäftsfähigkeit Verträge abschließen. Natürliche Personen waren (und sind) rechtsfähig und erreichen mit der Volljährigkeit volle Geschäftsfähigkeit.

Anders war die Lage bei juristischen Personen: Ursprünglich erklärte § 28 BGB sie nur in dem Maße für rechtsfähig, „wie es durch ihre in der Volksrepublik Ungarn eingenommene Bestimmung und durch die Erfordernisse der sozialistischen Zusammenarbeit bestimmt ist". Jenseits dieser Grenzen abgegebene Willenserklärungen waren *ultra vires* und konnten zudem die Verhängung eines Bußgelds nach sich ziehen.[57] Eine Willenserklärung jenseits des Bestimmungszwecks der juristischen Person konnte keine Rechte und Pflichten entstehen lassen. Bereits aufgrund dieser Konstruktion waren alle Willenserklärungen und Vertragsgeschäfte im Außenhandel seitens einer juristischen Person, deren Zweck

56 Dazu s. *Landbrecht, Johannes*: Treu und Glauben im englischen Vertragsrecht, RIW 2013, S. 592–598.

57 Oberstes Gericht, AZ.: Legf. Bír. Gf. II. 32 418/1973, BH 1975 Nr. 38.

kein Exportrecht vorsah, nichtig: Ihre Rechtsfähigkeit erstreckte sich nicht auf Außenhandelsgeschäfte.[58]

Diesen Grundsatz der partiellen, an den Zweck der juristischen Person geknüpften Rechtsfähigkeit gab das sozialistische Zivilrecht mit der BGB-Reform von 1977[59] auf; seitdem beruhte § 28 BGB auf dem Grundsatz der vollen Rechtsfähigkeit aller juristischen Personen unabhängig von ihrem Zweck. Dieser Grundsatz wurde auch in das BGB 2013 übernommen und gilt bis heute.[60]

Dank der umfassenden Rechtsfähigkeit der juristischen Person konnte mithin ab der BGB-Reform von 1977 jede juristische Person Außenhandelsverträge abschließen. Ob sie es durfte, war hingegen eine andere Frage, die nicht durch das Personenrecht, sondern durch zahlreiche andere Rechtsmaterien beantwortet wurde.

ii Ausweitung des Formenbestands juristischer Personen

Wichtiger als die eher theoretisch bedeutsame Einführung des Grundsatzes der umfassenden Rechtsfähigkeit juristischer Personen war die Diversifizierung in ihrem Formenbestand. Das sozialistische ebenso wie das postsozialistische ungarische Recht setzt für die Erlangung der Rechtsfähigkeit einer juristischen Person eine Anerkennung durch den Staat voraus,[61] und diese wiederum beruht darauf, dass eine der durch das Recht angebotenen Formen gewählt wurde. Das Recht der juristischen Personen in Ungarn beruht mithin unabhängig vom politischen System auf dem Grundsatz des Numerus clausus: Juristische Personen sind nur in den Formen möglich, die das Recht zur Verfügung stellt. Dieser Grundsatz wird in Ungarn bis heute sehr streng gesehen: Vom Gesetz nicht vorgesehene Mischformen anerkannter Formen sind ebenso unzulässig wie gesetzlich nicht geregelte oder „gewohnheitsrechtliche“ Formen.[62]

---

58 *Csanádi, György*: Polgári Jog [Bürgerliches Recht], Budapest 1976, S. 66–67.

59 Fn. 10.

60 *Küpper, Herbert*: Einführung in das ungarische Recht, München, Wien 2011, S. 104–105; *Küpper, Herbert*: Ungarns neues BGB. Teil 4: Juristische Personen, WiRO 2014, S. 234–240 (S. 237).

61 In vorsozialistischen Zeiten genügte grundsätzlich das Gründungsgeschäft der Gründer der juristischen Person: *Szladits, Károly* (Hrsg.): Magyar magánjog. Első kötet: Általános rész. Személyi jog [Ungarisches Privatrecht. Erster Band: Allgemeiner Teil. Personenrecht], Budapest 1941, S. 575–578.

62 Oberstes Gericht, BDT 2009 Nr. 2026: Ein Vertrag über eine stille Gesellschaft verstößt gegen das Gesetz und ist daher nichtig. Zum Numerus clausus des ungarischen Gesellschaftsrechts s. *Küpper*, Einführung in das ungar. Recht (Fn. 60), S. 199–200; *Küpper, Herbert*: Ungarns neues BGB. Teil 5: Gesellschaftsrecht Allgemeiner Teil, WiRO 2014, S. 266–274 (266). Eine gewisse Aufweichung dieses strengen Grundsatzes vermeint *Bajorfi, Ákos*: Újraéled-e Magyarországon a csendes társaság? [Erwacht die stille Gesellschaft in Ungarn zu neuem Leben], Magyar Jog 2015, S. 565–574, auszumachen.

Orthodoxe sozialistische Systeme erlaubten Privatpersonen keine Zusammenschlüsse zu Wirtschaftszwecken. Damit war Privatpersonen auch in Ungarn zunächst die Gründung juristischer Personen zur Teilnahme am Wirtschaftsverkehr verwehrt. Eine Ausnahme waren die Genossenschaften, deren Aufgabe es ursprünglich in der Sowjetunion und später in deren Satellitenstaaten gewesen war, der Zwangskollektivierung der Bauern das Mäntelchen der scheinbaren Freiwilligkeit umzuhängen. Neben diesen auch in Ungarn sogenannten landwirtschaftlichen Produktionsgenossenschaften waren in Ungarn Genossenschaften auch im Bereich des Wohnungsbaus, des privaten Konsums und des Kleingewerbes erlaubt. Die abstrakte Rechtsform der Genossenschaft war im BGB und im Genossenschaftsgesetz[63] geregelt, während bereichsspezifische Vorschriften vorgaben, in welchen Bereichen Genossenschaften zulässig waren.[64] Von einer Eigeninitiative der Gründung von Genossenschaften konnte also im Sozialismus nur sehr eingeschränkt die Rede sein; dies wurde erst 1989 möglich.[65] Genossenschaften waren im Sozialismus auf die genannten Wirtschaftsbereiche beschränkt und spielen heute keine große Rolle im Wirtschaftsleben, nicht zuletzt, weil der Formenmissbrauch durch den Sozialismus die Genossenschaften heute immer noch in schlechtem Licht erscheinen lässt.

Neben den gesamtwirtschaftlich wenig bedeutenden Genossenschaften kommt der Diversifizierung der Unternehmensformen größeres Gewicht zu. Im klassischen Sozialismus war nur der Staat befugt, juristische Personen mit Unternehmensfunktion zu gründen. Dazu stand ihm im BGB i.d.F. von 1959 v.a. die Rechtsform des staatlichen Unternehmens (*állami vállalat*) zur Verfügung.[66] Die BGB-Reform von 1977 brachte eine vorsichtige Ausweitung des Formenbestands, indem sie zum einen den Trust (*tröszt*) einführte: eine Arbeitsgruppe von Unternehmen zur Förderung der gemeinsamen Interessen. Zum anderen wurde die wirtschaftliche Vereinigung (*gazdasági társulás*) jetzt im BGB selbst normiert,[67] die durch eine Art

---

63 Gesetz 1971:III über die Genossenschaften v. 2.10.1971, MK 1971 Nr. 76.

64 Als Beispiele seien genannt die Regierungsverordnung 41/1971. (XII. 14.) Korm. über den wirtschaftlichen Tätigkeitsbereich der Genossenschaften v. 14.12.1971, MK 1971 Nr. 93, und das Gesetz 1967:III über die landwirtschaftlichen Produktionsgenossenschaften v. 11.10.1967, MK 1967 Nr. 68.

65 Verordnung mit Gesetzeskraft 1989/23. über das gerichtliche Firmenregister und über die Gesetzlichkeitsaufsicht über die Firmen v. 20.10.1989, MK 1989 Nr. 72, schuf ein rechtsstaatliches Firmenregisterrecht, wonach das Registergericht die Eintragung nur verweigern darf, wenn die gesetzlich vorgesehenen Verweigerungsgründe vorliegen. Das bedeutet im Umkehrschluss, dass ein Eintragungsanspruch der gesetzeskonform gegründeten Firma – wozu auch die Genossenschaften zählen – besteht.

66 Näher *Brunner, Georg*: Die rechtliche Stellung der Staatsbetriebe nach der Wirtschaftsreform in Ungarn, RabelsZ 1968, S. 295–308.

67 Zur Vorläufernorm s.o. Fn. 13; s. auch *Borić* (Fn. 9), S. 124–126; *Sárközy, Tamás/Fábián, Ferenc*: A szocialistia vállalat. Vállalati társulások joga [Das sozialistische Unternehmen. Recht der Unternehmensvereinigungen], Budapest 1978.

Gesellschaftsvertrag der teilnehmenden juristischen Personen gegründet wurde und eine eigene Rechtspersönlichkeit besaß, die mit der Eintragung in das Unternehmensregister zustande kam. Da natürlichen Personen die Mitwirkung versagt war, wurden die wirtschaftlichen Vereinigungen von staatlichen oder staatsgesteuerten juristischen Personen wie z.B. staatlichen Unternehmen gegründet; im Laufe der Zeit entwickelte sich v.a. die Unterform des gemeinsamen Unternehmens (*közös vállalat*) zur Organisationsform der Beteiligung ausländischer Investoren, d.h. zum Rechtsrahmen für Joint Ventures. Damit wurde das starre staatszentrierte System juristischer Personen erstmals aufgebrochen und durch Einführung protogesellschaftsrechtlicher Formen die Teilnahme ausländischer juristischer Personen ermöglicht.[68]

Der Durchbruch gelang 1988, als Ungarns erstes Gesellschaftsgesetz erlassen wurde.[69] Damit konnten erstmals – außerhalb von Genossenschaften – Privatpersonen sich zu Wirtschaftsgesellschaften vereinigen und unter deren Rechtspersönlichkeit am Wirtschaftsverkehr teilnehmen. Eingeführt wurden die traditionell in Ungarn bekannten und den deutschen Formen im Wesentlichen entsprechenden Gesellschaftsformen der Offenen Handelsgesellschaft, der Kommanditgesellschaft, der Gesellschaft mit beschränkter Haftung und der Aktiengesellschaft; 1988 fanden auch bestimmte Kooperationsformen von Unternehmen wie das gemeinsame Unternehmen oder die Vereinigung im Gesellschaftsrecht ihren Regelungsort. Auf die Neubelebung der ebenfalls im vorsozialistischen Recht bekannten stillen Gesellschaft verzichtete der Gesetzgeber bewusst.[70] In seiner Präambel nannte das Gesellschaftsgesetz 1988 auch die Förderung ausländischer Direktinvestitionen als Regelungszweck, weshalb es der Beteiligung von Ausländern an inländischen Gesellschaften kaum Schranken entgegensetzte.[71] Mit dem Zugang von Ausländern zu den inländischen Gesellschaftsformen auch ohne Beteiligung ungarischer Partner entfiel die Notwendigkeit von Joint-Venture-Unternehmen, die in der Folge auch immer seltener wurden.[72] Volle Gründungsfreiheit schuf ein Jahr später

68 *Borić* (Fn. 9), S. 111–114; *Brunner, Georg*: Gibt es ein „sozialistisches Gesellschaftsrecht"? Das Beispiel Ungarn, in: *Barfuß* u.a. (Hrsg.): FS Neumayer, Baden-Baden 1986, S. 93–114; *Vékás* in *Grothusen* (Fn. 52), S. 253; *Vékás, Lajos*: Die rechtliche Regelung der Wirtschaftsvereinigungen in Ungarn, JOR 12 (1971/2) S. 123–144.

69 Gesetz 1988:VI über die Wirtschaftsgesellschaften (Fn. 26).

70 Zu den Gesellschaftsformen im ungarischen Recht seit 1988 s. *Brunner, Georg*: Handelsgesellschaften im Sozialismus?, in: *Westen, Klaus*/*Brunner, Georg*/*Schroeder, Friedrich-Christian* (Hrsg.): Sozialistisches Wirtschaftsrecht zwischen Wandel und Beharrung, Berlin 1988, S. 89–147; *Gobert* (Fn. 32), S. 182–244; *Küpper*, Einführung in das ungar. Recht (Fn. 60), S. 199–228; *Küpper, Herbert*: Ungarns neues BGB. Teil 5 (Fn. 62), Teil 6: Gesellschaftsrecht Besonderer Teil und Sachenrecht, S. 327–337.

71 Einigen Beschränkungen unterlagen zunächst noch ausländische natürliche Personen, nicht jedoch juristische Personen mit Sitz im Ausland.

72 *Gobert* (Fn. 32), S. 225–226.

die bereits erwähnte Neuregelung des Registerrechts, die Willkür bei der Registrierung von Gesellschaften ausschloss.[73]

Ab 1989 sollten sich Unternehmen, die bislang in der Rechtsform des staatlichen Unternehmens, der Genossenschaft oder anderer Formationen der sozialistischen Wirtschaft tätig gewesen waren (den sog. Wirtschaftsorganisationen), in Wirtschaftsgesellschaften umwandeln.[74] Damit sollten sie zum einen in den neuen marktwirtschaftlichen Verhältnissen leichter marktkonform agieren können; zum anderen war diese Umwandlung (Formprivatisierung) als erster Schritt zu einer Überleitung in private Hände [Vollprivatisierung, dazu sogleich unter Punkt c) ii.] gedacht.

Ergänzt wurde das Gesellschaftsrecht 1990 durch Regelungen zum Einzelunternehmer, die es einzelnen Privatpersonen ermöglichten, in Gestalt des Einzelunternehmens am Wirtschaftsverkehr teilzunehmen.[75] Damit hatten Privatpersonen ein breites Spektrum an Rechtsformen zur Verfügung, um sich zu organisieren und mittels juristischer Personen Wirtschaftsaktivitäten zu betreiben. Hieran hat sich seitdem trotz mehrfacher Neuregelungen v.a. des Gesellschafts-, des Genossenschafts- und des Firmenregisterrechts[76] sowie des Erlasses eines neuen BGB[77] nichts Wesentliches geändert.

Diese neue Freiheit machte auch eine Neuregelung des Marktaustritts notwendig: 1990 erging ein komplett neues Insolvenzrecht.[78] Nach 2010 wurde der

---

73 Verordnung mit Gesetzeskraft 1989/23. über das gerichtliche Firmenregister und über die Gesetzlichkeitsaufsicht über die Firmen (Fn. 65).

74 Gesetz 1989:XIII über die Umwandlung von Wirtschaftsorganisationen und Wirtschaftsgesellschaften v. 13.6.1989, MK 1989 Nr. 38.

75 Gesetz 1990:V über die Einzelunternehmung (Fn. 30).

76 Gesellschaftsrecht: Gesetz 1988:VI ersetzt durch Gesetz 1997:CXLIV über die Wirtschaftsgesellschaften v. 18.12.1997, MK 1997 Nr. 114, dieses ersetzt durch Gesetz 2006:IV über die Wirtschaftsgesellschaften v. 4.1.2006, MK 2006 Nr. 1; nunmehr ist das Gesellschaftsrecht geregelt im 3. Buch des BGB 2013.

Genossenschaftsrecht: Gesetz 1971:III ersetzt durch Gesetz 1992:I über die Genossenschaften v. 20.1.1992, MK 1992 Nr. 6, ersetzt durch Gesetz 2006:X über die Genossenschaften v. 4.1.2006, MK 2006 Nr. 1, nunmehr geregelt im 3. Buch des BGB 2013.Firmenregisterrecht: Verordnung mit Gesetzeskraft 1989/23. ersetzt durch Gesetz 1997:CXLV über das Firmenregister, die Firmenöffentlichkeit und das gerichtliche Firmenverfahren v. 18.12.1997, MK 1997 Nr. 111, nunmehr geregelt in Gesetz 2006:V über die Firmenöffentlichkeit, das gerichtliche Firmenverfahren und die Abwicklung v. 4.1.2006, MK 2006 Nr. 1.

77 Gesetz 2013:V über das Bürgerliche Gesetzbuch v. 26.2.2013 (BGB 2013, Fn. 55).

78 Gesetz 1991:IL über das Konkursverfahren und das Liquidationsverfahren v. 22.10.1991, MK 1991 Nr. 117; das Gesetz gilt heute noch, aber sein Titel ist mittlerweile irreführend geworden, denn ihm liegt nicht mehr der Konkurs, sondern die Sanierung zugrunde. Zu den Anfängen s. *Gobert* (Fn. 32), S. 245–269, zur heutigen Praxis v.a. in quantitativer Hinsicht s. *Muzsalyi, Róbert*: Csődeljárások a számok tükrében [Konkursverfahren im Spiegel der Zahlen], Gazdaság és Jog 2015/9, S. 20–24.

Marktaustritt allerdings wieder stärker der Kontrolle der Exekutive, d.h. der Regierung, unterstellt, die Zugriff auf die Sanierung und Insolvenz sog. „strategischer Unternehmen“ erhielt und somit politische Erwägungen gegenüber der Marktbereinigung durchsetzen kann.[79] Seitdem benennt die Regierung jedes Jahr Dutzende von Unternehmen durch Regierungsverordnung als „strategisch“ und greift so in deren Insolvenzverfahren ein.

b) *Abbau staatlicher Monopole*

Die stalinistische Verfassung der Volksrepublik Ungarn v. 20.8.1949[80] sprach in § 6 ein Monopol des Außenhandels für staatliche Unternehmen aus; dieselbe Vorschrift etablierte auch das Monopol staatlicher Unternehmen für den Großhandel und wies dem Staat eine Lenkungsrolle für den gesamten Handelsverkehr zu. Diese Vorschrift entfiel mit der umfassenden Verfassungsreform v. 26.4.1972, die den Verfassungstext entstalinisierte.[81] Ab 1972 bis zum Ende des Sozialismus äußerte sich die Verfassung nur noch recht allgemein zur Wirtschaftsordnung: das gesellschaftliche Eigentum an den Produktionsmitteln (§ 6 Abs. 1 Verf.), die volkswirtschaftliche Planung, die sich auf die Wirtschaftssubjekte im gesellschaftlichen Eigentum stützt (§ 7 Verf.), und die Möglichkeit, bestimmte wirtschaftliche Tätigkeiten durch Gesetz zum staatlichen Monopol zu erklären (§ 8 Abs. 3 Verf.).

Von § 8 Abs. 3 Verf. machte das Außenhandelsgesetz von 1974 (AußHandG)[82] Gebrauch und erklärte den Außenhandel zum staatlichen

---

79 Im Wesentlichen die Gesetze 2011:CXV über die besonderen Regeln des Konkursverfahrens und der Liquidation von Wirtschaftsorganisationen, die aus volkswirtschaftlicher Perspektive von herausgehobener Bedeutung sind, und über die Gesetzesänderungen im Zusammenhang damit, v. 27.7.2011, MK 2911 Nr. 89; 2011:CXCVII über die Änderung des Gesetzes 1991:XLIX über das Konkursverfahren und das Liquidationsverfahren, des Gesetzes 2006:IV über die Wirtschaftsgesellschaften, des Gesetzes 2006:V über die Firmenöffentlichkeit, das gerichtliche Firmenverfahren und die Abwicklung, weiterhin einzelner Gesetze im Zusammenhang damit, v. 30.12.2011, MK 2011 Nr. 164; Gesetz 2013:XLVI über die Änderung des Gesetzes 1991:XLIX über das Konkursverfahren und das Liquidationsverfahren v. 19.4.2013, MK 2013 Nr. 67.

80 Gesetz 1949:XX über die Verfassung der Republik Ungarn v. 20.8.1949 (Fn. 14).

81 Gesetz 1972:I über die Änderung des Gesetzes 1949:XX und über den einheitlichen Text der Verfassung der Volksrepublik Ungarn v. 26.4.1972, MK 1972 Nr. 32 S. 257. Zur Einordnung dieser Verfassungsreform in den Gesamtkontext der sog. zweiten sozialistischen Verfassunggebungswelle der späten 1960er- und der 1970er-Jahre s. *Brunner, Georg*: Das System der obersten Staatsorgane in Ungarn nach der Verfassungsreform von 1972, WGO-MfOR 1973, S. 23–37; *Küpper*, Rechtsgeschichte Osteuropas (Fn. 52), S. 593–595.

82 Gesetz 1974:III über den Außenhandel (Fn. 15). Vor Inkrafttreten des AußHandG enthielt die Verordnung des Außenhandelsministers 1/1960. (V. 10.) KkM über die Definition der Außenhandelsverträge und über die Regelung einiger Fragen im Zusammenhang mit der Außenhandelstätigkeit (Fn. 53) vergleichbare Regelungen.

Monopol.[83] Es ging davon aus, dass völkerrechtliche Verträge des ungarischen Staates den rechtlichen Rahmen für Außenhandelsbeziehungen absteckten. Solche Verträge konnten multilateraler oder bilateraler Natur sein[84] und gaben regelmäßig nur einen sehr allgemeinen Rahmen vor, der zu wenig Konkretem berechtigte oder verpflichtete.

Ein zentraler Begriff des Außenhandelsgesetzes war der Außenhandelsvertrag, denn die Außenhandelstätigkeit wurde in § 5 Abs. 1 AußHandG als „die Vorbereitung, der Abschluss und die Erfüllung von Außenhandelsverträgen" definiert. Ein Außenhandelsvertrag war gemäß § 5 Abs. 2 AußHandG ein Vertrag im Bereich der Wirtschaft,[85] den ein Inländer mit einem Ausländer schließt. Die Definition war unabhängig vom Vertragstyp, sodass Außenhandelsverträge z.B. Kauf-, Werk-, Unternehmungs- oder Mietverträge sein konnten.

Das staatliche Außenhandelsmonopol bedeutete nicht, dass nur der Staat selbst solche Außenhandelsverträge abschließen konnte,[86] sondern dass gemäß § 6 Abs. 2 AußHandG nur solche Unternehmen außenhandelsberechtigt waren, die hierzu vom Staat gesondert ermächtigt waren, entweder durch eine entsprechende Vorkehrung in ihrer Gründungsurkunde („geborene Außenhandelsunternehmen") oder durch besondere staatliche Genehmigung („gekorene Außenhandelsunternehmen"). Zuständig für die Gründung von Außenhandelsunternehmen und für die Erteilung von Außenhandelsberechtigungen an andere Unternehmen war der Außenhandelsminister.[87] An „geborenen Außenhandelsunternehmen" bestand je eines für jede Branche. Nach 1968 erhielten auch einzelne Großbetriebe als gekorene Außenhandelsunternehmen eigene Außenhandelsberechtigung; die Anzahl

83 Zum Außenhandelsmonopol des sozialistischen ungarischen Staates s. *Schönfeld* in *Grothusen* (Fn. 15), S. 385–390.

84 Ein Beispiel für einen multilateralen Vertrag war der Vertrag über die gegenseitige Wirtschaftshilfe v. 14.12.1959 (RGW-Vertrag), ungarischerseits ratifiziert durch Verordnung mit Gesetzeskraft 1960/16 v. 10.6.1960, aufgehoben durch Gesetz 1991:XXXV v. 24.9.1991, das die Kündigung des RGW-Vertrags umsetzte.

Beispiele für bilaterale Verträge sind der ungarisch-sowjetische Handels- und Schifffahrtsvertrag v. 15.7.1947, ratifiziert durch Gesetz 1947:XXVIII v. 31.12.1947, oder der Vertrag v. 17.3.1978 zwischen Ungarn und den USA über die Handelsbeziehungen, ratifiziert durch Verordnung mit Gesetzeskraft 1978/12 v. 29.7.1978.

85 Rein private Auslandsgeschäfte wie z.B. der Kauf persönlicher Waren durch ungarische Touristen auf Auslandsreisen waren ohnehin von der Geltung des Außenhandelsgesetzes ausgenommen und wurden volkswirtschaftlich durch die Mengen der Devisenzuteilung an Privatpersonen gesteuert.

86 Das AußHandG spricht ausdrücklich von der Außenhandelsberechtigung von „Wirtschaftsorganisationen", d.h. dass der Staat selbst Außenhandel durchführt, war vom Gesetz nicht vorgesehen und entsprach auch bis auf Ausnahmefälle nicht der Praxis.

87 Ministerratsbeschluss 1053/1974. (X. 17.) MT über die Durchführung des Gesetzes 1974:III über den Außenhandel v. 17.10.1974, MK 1974 Nr. 76, aufgehoben durch Regierungsbeschluss 1067/2004. (VII. 8.) Korm. über die Aufhebung einiger Regierungs- und Ministerratsbeschlüsse (...) v. 8.7.2004, MK 2004 Nr. 97.

dieser Betriebe war zunächst überschaubar, nahm aber im Laufe der Zeit zu. Sie waren gehalten, ihre Außenhandelsaktivitäten mit dem jeweiligen Branchenaußenhandelsunternehmen abzustimmen.[88]

Das Außenhandelsunternehmen konnte ein ungarisches Unternehmen ohne Außenhandelsberechtigung in den Außenhandelsvertrag mit einbeziehen, falls dessen Mitwirkung für die Durchführung des Vertragsinhalts (z.B. zur Herstellung der Waren, zu deren Export sich die ungarische Seite verpflichtete) notwendig war (§§ 9–11 AußHandG); ohne Außenhandelsunternehmen konnte allerdings das Herstellerunternehmen nicht in vertragliche Kontakte mit dem ausländischen Abnehmer oder Lieferanten treten. Die Außenkontakte wurden also beim Außenhandelsunternehmen monopolisiert; es bildete die notwendige Brücke zwischen dem ausländischen Unternehmer und dessen eigentlichem ungarischem Handelspartner. Das stellte § 14 AußHandG noch einmal klar: Inländischen Unternehmen waren außenwirtschaftliche Kontakte nicht verboten, sie durften bei ausländischen Unternehmen kaufen und durften diesen verkaufen, sie mussten sich zum Vertragsschluss allerdings eines Außenhandelsunternehmens bedienen. Es gab daher zwei Verträge: Das Außenhandelsunternehmen schloss mit dem ausländischen Partner einen Vertrag, z.B. einen Kaufvertrag ab, und es schloss einen weiteren Vertrag mit dem inländischen Unternehmen ab, in dem es die Rechte und Pflichten gegenüber dem ausländischen Partner an das inländische Unternehmen weitergab. Der Vertrag zwischen Außenhandelsunternehmen und inländischem Unternehmen war kein Außenhandelsvertrag, sondern unterlag dem normalen inländischen ungarischen Recht (§ 15 AußHandG).

Die Außenhandelstätigkeit befreite nicht von den Vorgaben der Wirtschaftspläne (§ 12 AußHandG). Im Einklang mit dem sukzessiven Abbau der Wirtschaftsplanung wurden auch die Planvorgaben an den Außenhandel immer vager.[89] Ein Dauerthema in den Fünfjahresplänen war die Vorgabe, dass der Außenhandel stärker als die Gesamtwirtschaft wachsen und innerhalb des Außenhandels der Export stärker als der Import zunehmen sollte. So gab der 6. Fünfjahresplan (1981–1985) für den Außenhandel mit 25–30% Wachstum des Warenverkehrs ein stärkeres Wachstum als für das BSP vor und betonte, dass sich die Wirtschaftlichkeit des Außenhandels verbessern müsse; außerdem machte er die Vorgabe, dass sich die inländischen Preise der verarbeitenden Industrie stärker am Exportpreis (und damit an Weltmarktpreisen) orientieren sollen.[90] Ähnlich beschränkte sich

88 *Kálmán* (Fn. 9), S. 192–202; *Schönfeld* in *Grothusen* (Fn. 15), S. 386–390.

89 Gemäß § 7 Abs. 1 Buchst. g) PlanG (Fn. 9) bestand die Aufgabe des Fünfjahresplans im Bereich der Außenwirtschaftsbeziehungen und des Außenhandels ohnehin nur in der Vorgabe „der Hauptlinien der Entwicklung und der organisatorischen Änderungen".

90 §§ 39–42 Gesetz 1980:III über den sechsten volkswirtschaftlichen Fünfjahresplan v. 24.12.1980, MK 1980 Nr. 96. Zur Preispolitik des sozialistischen Ungarn s. *Marer* in *Grothusen* (Fn. 2), S. 284–286.

der 7. Fünfjahresplan (1986–1990) auf die Zielvorgabe eines Außenhandelsüberschusses in Gestalt eines Anwachsens der Exporte um 16–18% und eines deutlich langsameren Anwachsens der Importe.[91] Die Einjahrespläne, deren Letzter für 1989 galt,[92] machten dem Außenhandel auch nur wenig konkrete Vorschriften; insbesondere ergaben sich daraus keine konkreten Vorgaben an konkrete Unternehmen zum Abschluss konkreter Außenhandelsgeschäfte. Normative Vorgaben konnten aus den Plänen regelmäßig nicht abgeleitet werden, weil weder Adressat noch Inhalt eines Ge- oder Verbots eindeutig erkennbar waren.

Darüber hinaus unterlagen die Außenhandelsunternehmen bei ihrer Außenhandelstätigkeit allgemeinen und im Einzelfall auch konkreten Weisungen des Staates (§ 20 AußHandG). Eine solche Weisung konnte sich auch auf den Abschluss eines Vertrags mit einem inländischen Unternehmen beziehen (§ 22 AußHandG), d.h. der Staat konnte ein unwilliges Außenhandelsunternehmen zwingen, die Außenkontakte eines inländischen Unternehmens abzuwickeln.

Eine wesentliche Lockerung brachte die oben unter Punkt a) ii. dargestellte Wiedereinführung eines Gesellschaftsrechts 1988. Parallel mit dem Abbau der Monopolstellung der Rechtsform Staatsunternehmen und der Öffnung der Formen von Wirtschaftssubjekten auch für private Unternehmer wurde auch die Monopolstellung der Außenhandelsunternehmen reduziert, wenngleich auch noch nicht ganz aufgegeben. Unternehmen, d.h. sowohl Staatsunternehmen als auch Wirtschaftsgesellschaften in privater Hand, konnten nunmehr Außenhandelstätigkeiten durchführen, wenn das Handelsministerium sie in ein entsprechendes Register eintrug. Die Berechtigung zur Außenhandelstätigkeit war auch in das Handelsregister einzutragen und somit öffentlich. Parallel dazu wurden die Außenhandelsbeschränkungen von Einzelpersonen abgebaut, sodass im kleinunternehmerischen Bereich Auslandskontakte relativ frei möglich wurden. Schließlich wurden 1988 auch zahlreiche allgemeine Lenkungsbefugnisse des Außenhandelsministeriums für den Außenhandel ersatzlos gestrichen.

Das staatliche Außenhandelsmonopol fiel endgültig 1990.[93] Das Außenhandelsgesetz blieb zwar bis zum EU-Beitritt in Kraft, ging aber seit der Änderung 1990 nicht mehr vom staatlichen Außenhandelsmonopol aus. Die Rechtsinstitute des Außenhandelsunternehmens und der Außenhandelsberechtigung wurden 1990 aufgehoben, wodurch Außenhandelsverträge nunmehr von jeder in- und ausländischen natürlichen und juristischen Person[94] abgeschlossen werden konnten.

---

91 §§ 6 Abs. 2, 53–56 Gesetz 1985:VII über den siebten volkswirtschaftlichen Fünfjahresplan v. 29.12.1985, MK 1985 Nr. 54. Zu den sich ständig verschlechternden ‚terms of trade' im ungarischen Westhandel der 1970er- und 1980er-Jahre s. *Schönfeld* in *Grothusen* (Fn. 15), S. 392–397.

92 Ministerratsbeschluss 1118/1988. (XII. 31.) MT über den volkswirtschaftlichen Plan für 1989 v. 31.12.1988, MK 1988 Nr. 69.

93 § 54 Gesetz 1990:XXII über die Aufhebung und Änderung einiger Gesetze und Verordnungen mit Gesetzeskraft (Fn. 31).

94 Diesen weiten Anwendungsbereich stellt § 29 Abs. 6 AußHandG i.d.F. des § 54 Gesetz 1990:XXII klar.

Nicht nur die grenzüberschreitenden Verträge von Inländern wurden freigegeben, sondern auch die wirtschaftlichen Tätigkeiten von Ausländern auf dem Gebiet Ungarns. Gewisse Lenkungsbefugnisse allgemeiner Art blieben staatlichen Behörden im Bereich des Außenhandels nach 1990 zunächst noch erhalten, wurden aber bis 2004 sukzessive abgebaut.

c) Rehabilitierung des privaten Eigentums

Bereits unter Punkt b) wurde deutlich, dass für die sozialistische Wirtschaftsordnung das sog. „gesellschaftliche Eigentum" (*társadalmi tulajdon*) von großer – sowohl ideologischer als auch praktischer – Bedeutung war. Wesentlich für ein orthodoxes sozialistisches Wirtschaftssystem war, dass das Eigentum an Produktionsmitteln der Privatsphäre entzogen war: Nur der Staat und bestimmte kollektive Rechtssubjekte wie z.B. Genossenschaften – beide zusammen bildeten die Inhaber des sog. „gesellschaftlichen Eigentums" – durften Produktionsmittel haben. Dieser Grundsatz wurde durch den „Neuen Ökonomischen Mechanismus" stark aufgeweicht, aber jedenfalls formal nicht aufgegeben.[95] Erst 1989 wurde die zentrale Funktion des gesellschaftlichen Eigentums an Produktionsmitteln aus der Verfassung gestrichen.

Am Ende des Sozialismus stellten sich für die Eigentumsordnung zwei Problemlagen: Zum einen mussten die Privilegien des gesellschaftlichen und insbesondere des staatlichen Eigentums abgebaut werden, und zum anderen musste der Staat sein Eigentum an Produktionsmitteln aufgeben und es Privaten übergeben.

i Rehabilitierung des privaten Eigentums

Das BGB in seiner Originalfassung von 1959 ging zwar von einem einheitlichen Eigentumsbegriff aus,[96] sah aber dennoch viele Sonderrechte für staatliches und gesellschaftliches Eigentum vor. So durften gemäß § 88 Abs. 1 BGB i.d.F. von 1959 nur der Staat und die Genossenschaften „den Großteil der Produktionsmittel" zu eigen haben,[97] und gemäß Abs. 2 war die Grundlage der Verwendung des gesellschaftlichen Eigentums der Volkswirtschaftsplan. Eigentum Einzelner an Produktionsmitteln (das sog. Privateigentum) war in § 91 BGB auf kleine Bereiche zurückgedrängt; demgegenüber genoss das Eigentum Einzelner an Nichtproduktionsmitteln (das sog. persönliche Eigentum) in §§ 92–93 größeres gesetzgeberisches Wohlwollen. Bereits die Neuverkündung des BGB 1977 baute etliche Sonderrechte des staatlichen und gesellschaftlichen Eigentums ab und gab

95 *Borić* (Fn. 9), S. 36–64, 81–92, 104–118.

96 *Vékás* in *Grothusen* (Fn. 52), S. 255.

97 Den Kreis der Vermögensgegenstände, die ausschließlich in staatlichem oder genossenschaftlichem Eigentum stehen konnten, sowie deren gesteigerten Schutz definierten §§ 168–186 BGB i.d.F. von 1959.

insbesondere die Verteilung der Vermögensgegenstände auf Eigentumsarten nicht mehr so starr vor.

Endgültig abgeschafft wurde das gesellschaftliche (staatliche, genossenschaftliche etc.) Eigentum durch die BGB-Novelle v. 25.5.1991.[98] Seit dem Inkrafttreten dieser Novelle zum 9.6.1991 gab es im BGB nur noch ein einheitliches Eigentum und nur noch sehr wenige Beschränkungen im Hinblick auf die möglichen Eigentümer einzelner Vermögenswerte. So behielt § 172 BGB i.d.F. v. 25.5.1991 noch für einige Gegenstände das ausschließliche Eigentum des Staates vor, z.B. für Bodenschätze, Fließgewässer, Landstraßen, das terrestrische Fernmeldenetz und die Fernmeldefrequenzen sowie für das Atomkraftwerk des Landes, Pipelines und Energieversorgungswerke.[99]

Mit der Streichung des gesellschaftlichen Eigentums als privilegierte Form des Eigentums vollzog das BGB eine Änderung nach, die auf Verfassungsebene bereits 1989/90 eingetreten war. Bis zum 22.10.1989 sahen §§ 7–12 Verf.[100] eine Planwirtschaft mit der beschriebenen gestuften Eigentumstrias vor. Bereits die erste große Verfassungsnovelle v. 23.10.1989 fügte in die Präambel der Verfassung die „soziale Marktwirtschaft“ als Zielvorgabe ein und bestimmte in § 9 Abs. 1 Verfassung, dass „Ungarns Wirtschaft eine auch die Vorteile der Planung nutzende Marktwirtschaft ist, in der das öffentliche Eigentum und das Privateigentum gleichberechtigt sind und gleichen Schutz genießen“.[101] Bereits in der neuen Terminologie „öffentliches Eigentum“ und „Privateigentum“ zeigt sich die Abwendung von der sozialistischen Eigentumslehre. Die zweite große Verfassungsnovelle v. 25.6.1990, die die meisten Reste der sozialistischen Ordnung aus dem Verfassungstext strich, brachte in puncto Wirtschaftsordnung und Eigentumsverfassung nur noch so viel Neues, dass in § 9 Abs. 1 Verf. die Bezugnahme auf die Vorteile der Planung entfiel, sodass der Schwerpunkt der Regelung auf der Gleichberechtigung von öffentlichem Eigentum und Privateigentum lag.[102]

---

98 Gesetz 1991:XIV über die Änderung des Bürgerlichen Gesetzbuchs v. 25.5.1991, MK 1991 Nr. 56; hierzu *Borić* (Fn. 9), S. 153–162.

99 Gemäß dem zurzeit geltenden BGB 2013 (Fn. 77) stehen zwingend in staatlichem Eigentum die Funde an geschützten Kulturgütern (§ 5:64 Abs. 3) sowie das jagd- und fischbare Wild (§ 5:53 Abs. 1), und § 4 Gesetz 2011:CXCVI über das nationale Vermögen v. 30.12.2011, MK 2011 Nr. 164, IOR-Chronik WiRO 2012 S. 119–120, legt für folgende Gegenstände zwingendes staatliches Eigentum fest: Parlamentsgebäude, Bodenschätze, unter- und überirdische Gewässer sowie Höhlen, bestimmte Straßen, Wasser- und Schienenwege, den Budapester Flughafen, Fernmeldefrequenzen, die Landeskennzeichnung „.hu“ für Internet- und E-Mail-Adressen sowie die Tanks für die nationale Erdgasreserve.

100 Gesetz 1949:XX (Fn. 14).

101 Gesetz 1989:XXXI über die Änderung der Verfassung v. 23.10.1989, MK 1989 Nr. 74.

102 Gesetz 1990:XL über die Änderung der Verfassung der Republik Ungarn v. 25.6.1990, MK 1990 Nr. 59. Zu den beiden Verfassungsnovellen als Grundlage der postsozialistischen Verfassungsordnung s. *Küpper, Herbert*: Die ungarische Verfassung nach zwei Jahrzehnten des Übergangs. Einführung mit Textübersetzung, Studien

§ 9 Abs. 1 Verf. spielte in der Folge eine gewisse Rolle in der Verfassungsrechtsprechung. Insbesondere in der ersten Hälfte der 1990er-Jahre stützte sich das Verfassungsgericht in mehreren Entscheidungen auf § 9 Abs. 1 Verf., um einzelne, über die ganze Rechtsordnung verstreute Privilegierungen des staatlichen oder gesellschaftlichen Eigentums für verfassungswidrig zu erklären und damit aufzuheben.[103]

Im Strafrecht wurde die Privilegierung des gesellschaftlichen Eigentums bereits 1971/72 aufgegeben. Das Strafgesetzbuch von 1961[104] enthielt ursprünglich getrennte Strafandrohungen für den Diebstahl gesellschaftlichen Eigentums (§ 295 StGB 1961: sechs Monate bis fünf Jahre Freiheitsstrafe) und für den Diebstahl persönlicher Güter (§ 296 StGB 1961: Freiheitsstrafe bis zu 3 Jahren); die StGB-Novelle von 1971[105] schuf mit Wirkung vom 1.1.1972 einen einheitlichen Diebstahlstatbestand, in dem das gesellschaftliche Eigentum als Diebstahlsobjekt keinerlei gesonderte Erwähnung – auch nicht als Erschwerungstatbestand – erfuhr (§ 296 StGB 1961/71: Freiheitsstrafe bis zu 3 Jahren). Dem folgte der Diebstahlstatbestand im nachfolgenden StGB von 1978.[106]

ii Privatisierung

Die formale Gleichberechtigung allen Eigentums unabhängig von seinem (staatlichen, gesellschaftlichen oder privaten) Eigentümer änderte zwar das Eigentumsregime, nicht aber die Eigentumsordnung im Sinne der Zuordnung der einzelnen Vermögenswerte zu einzelnen Eigentümern. 1989, zu Beginn der Wende, war der Großteil der Produktionsmittel noch im Eigentum des Staates und der sozialisierten Wirtschaft, auch wenn seit Mitte der 1980er-Jahre der Anteil kleiner privater Unternehmen und Einzelunternehmer v.a. in Handwerk und Dienstleistungen stetig zugenommen hatte. So stellte sich das Problem der Überführung des Eigentums an Produktionsmitteln in die Hände privater Eigentümer.

---

des Instituts für Ostrecht München Bd. 56, Frankfurt/M. 2007, S. 36–39; *Küpper, Herbert*: Ungarns Verfassung vom 25. April 2011, Studien des Instituts für Ostrecht Bd. 70, Frankfurt/M. 2012, S. 15–16.

103 Als Beispiele können genannt werden Verfassungsgerichtsentscheidungen 21/1990. (X. 4.) AB v. 4.10.1990, 46/1991. (IX. 10.) AB v. 10.9.1991, 50/1991. (X. 3.) AB v. 3.10.1991, 59/1991. (XI. 19.) AB v. 19.11.1991, 6/1992. (I. 30.) AB v. 20.1.1992, 73/1992. (XII. 28.) AB v. 28.12.1992 oder 33/1993. (V. 28.) AB v. 28.5.1993. Näher hierzu *Salát, Orsolya/Sonnevend, Pál* in *Jakab, András* (Hrsg.): Az Alkotmány kommentárja [Kommentar der Verfassung], 2 Bde., Budapest 2009, Bd. 1, § 9 Rn. 7–12; *Sólyom, László* in *Brunner, Georg/Sólyom, László*: Verfassungsgerichtsbarkeit in Ungarn, Baden-Baden 1995, S. 95–97.

104 Gesetz 1961:V über das Strafgesetzbuch der Volksrepublik Ungarn v. 22.12.1961, MK 1961 Nr. 97.

105 Verordnung mit Gesetzeskraft 1971/28. über die Änderung und Ergänzung des Strafgesetzbuchs v. 4.11.1971, MK 1971 Nr. 85.

106 § 316 Gesetz 1978:IV über das Strafgesetzbuch v. 31.12.1978, MK 1978 Nr. 92.

In der Praxis der ehemals sozialistischen Staaten bildeten sich mehrere Modelle zur Privatisierung des Produktivvermögens heraus. Ungarn entschied sich für die sog. kommerzielle Privatisierung, d.h. den Verkauf an Investoren, die hierfür Geld zahlten. Im Rahmen der sog. „kleinen Privatisierung" wurden Kleinbetriebe wie Einzelhandelsgeschäfte oder kleine Handwerks- und Dienstleistungsbetriebe an Inländer, v.a. an die bisherigen Betreiber, veräußert, während die sog. „große Privatisierung" die größeren und großen Unternehmen an v.a. ausländische Investoren verkaufte. Als erster Schritt wurde 1989 die Formprivatisierung in die Wege geleitet, die die Rechtsformen des staatlichen Unternehmens etc. in Wirtschaftsgesellschaften umwandelte, zunächst noch nicht zwingend mit Eigentümerwechsel.[107] Es folgte 1990 die kleine Privatisierung,[108] während der Gesetzgeber die große Privatisierung, die mehr Vorbereitung erforderte, aber auch politisch umstrittener war, im Wesentlichen erst ab 1992 in Angriff nahm.[109]

Die Entscheidung für eine kommerzielle Privatisierung und gegen ein Verschenken oder vergünstigtes Veräußern an die eigene Bevölkerung, wie es in vielen anderen Staaten praktiziert wurde,[110] hatte mehrere Gründe: Zum einen war Ungarn höher als die meisten anderen ehemaligen Ostblockstaaten im Ausland verschuldet, und die Auslandsschulden – eine weitere ungarische Besonderheit – bestanden nicht so sehr gegenüber Staaten, sondern v.a. gegenüber privaten Kreditgebern (Banken). Außerdem machte das Fehlen inländischen Kapitals den Zufluss ausländischen Kapitals dringend notwendig, um die marode Wirtschaft zu sanieren – daher wandte sich die „große Privatisierung" faktisch v.a. an Ausländer, da es praktisch keine kapitalkräftigen inländischen Privatpersonen gab.

Konsequenterweise wurde auch die sog. Reprivatisierung, d.h. die Berücksichtigung der früheren Eigentümer enteigneten Vermögens, von der Privatisierung

---

107 Gesetz 1989:XIII (Fn. 74).

108 Wichtigste Rechtsgrundlage war das Gesetz 1990:LXXIV über die Privatisierung (Veräußerung, Nutzbarmachung) des Vermögens der staatlichen Unternehmen, die Einzelhandels-, Gastronomie- und Verbraucherdienstleistungstätigkeiten durchführen, v. 25.9.1990, MK 1990 Nr. 95.

109 Die wichtigsten Rechtsgrundlagen waren Gesetz 1992:LIII über die Verwaltung und Nutzbarmachung des dauerhaft in staatlichem Eigentum verbleibenden Unternehmensvermögen und Gesetz 1992:LIV über die Verwertung, die Nutzbarmachung und den Schutz des vorübergehend in staatlichem Eigentum stehenden Vermögens, beide v. 28.7.1992, MK 1992 Nr. 81. Diese beiden Gesetze wurden zusammengefasst durch eine Art Privatisierung-Schlussgesetz, das Gesetz 1995:XXXIX über die Veräußerung des in staatlichem Eigentum stehenden Unternehmensvermögens v. 17.5.1995, MK 1995 Nr. 38, welches bis Ende 2007 in Kraft war. Seitdem wird das weiterhin in staatlicher Hand stehende Produktivvermögen nicht mehr durch gesonderte Gesetze, sondern durch die allgemeinen Vorschriften über das Staatsvermögen geregelt.

110 Eine vergleichende Darstellung aller ehemals sozialistischen osteuropäischen Staaten einschließlich Ostdeutschlands liefert *Brunner* (beide in Fn. 33 genannte Werke).

vollkommen getrennt. In Ungarn wurde enteignetes Eigentum nicht zurückgegeben,[111] sondern ehemalige Eigentümer wurden durch Entschädigungsscheine (*kárpótlási jegy*) genannte Wertpapiere entschädigt. Lediglich bei landwirtschaftlichen Flächen wurden Privatisierung und Reprivatisierung dergestalt miteinander verknüpft, dass für die Enteignung landwirtschaftlichen Bodens ausgegebene Entschädigungsscheine zum privilegierten Mitbieten bei der versteigerungsweisen Privatisierung landwirtschaftlicher Flächen genutzt werden konnten.[112] Auch die Entscheidung gegen eine Rückgabe in Natur (Rückerstattung) hatte v.a. wirtschaftspolitische Gründe: Man wollte die dringend notwendige wirtschaftliche Erholung nicht durch offene Vermögensfragen belasten und zudem so viel wirtschaftliche Substanz wie möglich der kommerziellen Privatisierung und somit zahlungsfähigen Investoren zur Verfügung stellen.

Eine gewisse Rolle spielten in Ungarn – wie auch anderswo – die sog. „wilden Privatisierungen", in denen sich ein Teil der noch an der Macht befindlichen sozialistischen Wirtschaftselite, häufig Unternehmensdirektoren und leitende Beamte der Wirtschaftsverwaltung, unter Ausnutzung des Chaos der Übergangszeit an dem staatlichen Wirtschaftsvermögen bereicherte und entweder das Eigentum an Unternehmen erwarb oder deren Gewinne oder die Verkaufserlöse bei der Veräußerung der Unternehmen in die eigene Tasche steckte. Dieses Phänomen nahm 1988 seinen Anfang und gewann durch die Möglichkeiten, die die Formprivatisierung ab 1989 schuf, an Fahrt; erst gegen 1991/92 hörten diese „wilden Privatisierungen" auf. Sie wurden möglich durch eine gewisse Nachsicht der Führung der abdankenden Staatspartei gegenüber ihren nachgeordneten Parteigenossen, denen kein Riegel vorgeschoben wurde, sowie vor allem durch die sich seit 1988 formierende, den Systemwechsel seit 1989 entscheidend mitgestaltende Gegenelite, die v.a. aus Geisteswissenschaftlern[113] bestand und die sich am Runden Tisch (13.6.–18.9.1989) und danach bis zu ihrem Regierungsantritt nach den Wahlen im März und April 1990 dezidiert weigerte, sich mit Wirtschaftsfragen zu beschäftigen, und damit den Seilschaften des alten Regimes den Raum zur Selbstbereicherung ließ.

---

111 Die einzige nennenswerte Ausnahme bildeten religiös genutzte Immobilien, die an die Religionsgemeinschaften rückerstattet wurden.

112 Zur Reprivatisierung in Ungarn s. *Borić* (Fn. 9), S. 223–225; *Küpper, Herbert*: Die rechtliche Aufarbeitung der kommunistischen Vergangenheit in Ungarn, in *Schroeder, Friedrich-Christian/Küpper, Herbert* (Hrsg.): Die rechtliche Aufarbeitung der kommunistischen Vergangenheit in Osteuropa, Studien des Instituts für Ostrecht München Bd. 63, Frankfurt/Main 2009, S. 271–322 (277–288).

113 So war z.B. der dieser Gegenelite entstammende, 1990 erste frei gewählte Ministerpräsident *József Antall* zuvor Direktor des Apothekenmuseums gewesen.

d) *Aktuelle Rechtsentwicklung, insbesondere Rechtssicherheit erworbener Rechte*

Seit 2010 ist eine Regierung im Amt, die durch ihre teils markt- und europafeindliche Rhetorik auffällt, die zum Ausbau ihrer eigenen Kontrollbefugnisse den für sie nur schwer kontrollierbaren Markt zugunsten staatlicher Leistungserbringung zurückdrängen und im Rahmen einer verstärkt ab 2013 betonten Magyarisierungspolitik einheimische Unternehmen zulasten ausländischer Konkurrenten stärken möchte. Wie bereits dargestellt, definiert die Regierung ihre Zielvorstellung auch und insbesondere in wirtschaftlicher Hinsicht als „illiberalen Staat".[114] Da die Regierung von 2010 bis 2015 im Parlament über eine Zweidrittelmehrheit verfügte, gab es – abgesehen von dem für Ungarn verbindlichen Unionsrecht – keine rechtlichen Hindernisse, die die Regierung an der Umsetzung ihrer Absichten hindern konnten.

Eingriffe des Staates seit 2010 betreffen v.a. die Vertragsfreiheit, auf die sogleich unter Punkt I. 2. c) v. näher eingegangen wird, sowie die Durchsetzung vertraglicher Ansprüche im Wege der Zwangsvollstreckung, was unter Punkt II. 2. d) beschrieben wird. In Bezug auf die bisher dargestellten Bereiche, d.h. die Gesellschaftsgründungsfreiheit und die Außenhandelsfreiheit aller Wirtschaftsakteure und aller Privatpersonen, sind keinerlei restriktive Maßnahmen erlassen worden und, soweit ersichtlich, auch keine geplant.

Etwas anders sieht es mit den Eigentumsrechten aus. Ziel der Fidesz-Regierung ist es, in der Wirtschaft das Privateigentum (v.a. das Privateigentum ausländischer Unternehmer) zurückzudrängen und dafür das Eigentum der ungarischen öffentlichen Hand oder bestimmter ungarischer Unternehmer, d.h. Parteigänger der Regierung, zu stärken. Einige der Privatisierungen der 1990er-Jahre wurden durch die Fidesz-Regierung wieder rückgängig gemacht. Internationale Aufmerksamkeit erregten die Diskussionen um die Privatisierung und eventuelle Rückverstaatlichung des Budapester Flughafens, der ungarischen Luftüberwachung und der – nach der Rückverstaatlichung in Konkurs gegangenen – Fluggesellschaft Malév.[115]

Schwerer noch als die bislang punktuell gebliebenen Rückverstaatlichungen wiegt das Verdrängen ausländischer Unternehmer vom ungarischen Markt. Auf die Sondersteuern, die besonders stark von ausländischem Kapital dominierte Branchen belasten und diese Marktsegmente für ausländische Investoren unattraktiv machen sollen, wurde bereits in der Einleitung hingewiesen. Damit soll teils Platz geschaffen werden für ungarische Konkurrenten, teils soll die Übernahme der Branchen durch den Staat vorbereitet werden. Dies ist gemäß den Verlautbarungen

114 Nachweise s.o. Fn. 46.

115 An diesem Konkurs konnte auch der durch Regierungsbeschluss 1506/2011. (XII. 29.) Korm. über die Regelung der Lage der MALÉV Ungarische LuftverkehrgeschlAG v. 29.12.2011, MK 2011 Nr. 163, in die Wege geleitete Eigentümerkredite des ungarischen Staates an die Gesellschaft i.H.v. 5 Mrd. HUF nichts ändern.

der Regierung v.a. bei den kommunalen Versorgungsleistungen zu erwarten; die Regierung hat zudem mehrfach den Ausbau eines staatlichen Bankensektors zu ihrem Ziel erklärt. Rechtliche Formen hat dieses Hinausdrängen auch im Einzelhandel angenommen: Zunehmend engen Rechtsvorschriften den Neubau und die Ausweitung von – typischerweise in der Hand ausländischer Ketten befindlichen – Einkaufszentren und Supermärkten ein;[116] Ziel dieser Maßnahmen ist es, dem – typischerweise in ungarischer Hand befindlichen – Kleinhandel eine ökonomische Nische zu eröffnen, um damit u.a. die Versorgungslage der Bevölkerung und stadtplanerische Interessen (Rettung des innerstädtischen Einzelhandels) zu schützen. Neben diesen nationalistischen Motiven dienen diese Maßnahmen allerdings auch städtebaulichen, stadtplanerischen, stadtökonomischen, stadtsoziologischen und stadtökologischen Zwecken, die auch z.B. in Deutschland gegen die Errichtung oder Ausweitung von Ladenflächen „auf der grünen Wiese" sprechen. Schließlich bedrängen staatliche Behörden auch solche in ausländischer Hand befindliche Unternehmen, auf die ungarische Konkurrenten ein Auge geworfen haben; sofern

116 Als Beispiel genannt seien nur
- Gesetz 2013:CLXXXIII über die Änderung einiger Gesetze zum Verbraucherschutz v. 14.11.2013, MK 2013 Nr. 187 (hierzu IOR-Chronik WiRO 2014 S. 89): Die Errichtung oder Erweiterung von Ladenflächen, die zu Verkaufsflächen von mehr als 300 qm führen, ist nur noch mit ministerieller Sondergenehmigung zulässig;
- Gesetz 2014:CXXII über die Änderung des Gesetzes 2005:CLXIV über den Handel im Zusammenhang mit dem Betrieb der Unternehmungen zur Verwirklichung eines lauteren Marktverhaltens und Gesetz 2014:CXIII über die Änderung des Gesetzes 1997:LXXVIII über die Gestaltung und den Schutz der bebauten Umwelt im Interesse der Durchsetzung von Aspekten der Nachhaltigkeit bei der Genehmigung einzelner Handelsbauwerke, beide v. 30.12.2014, MK 2014 Nr. 186 (hierzu IOR-Chronik WiRO 2015 S. 121): Einschränkung bei Planung, Bau und Betätigungsfeldern von Supermärkten;
- Regierungsverordnung 5/2015. (I. 29.) Korm. über einige Regeln der inhaltlichen Anforderungen an Anträge auf Erteilung der fachbehördlichen Vorabstellungnahme in Bezug auf Handelsbauwerke mit mehr als 400 qm Bruttogrundfläche und der Tätigkeit des am Verfahren mitwirkenden Beirats v. 29.1.2015, MK 2015 Nr. 7 (hierzu IOR-Chronik WiRO 2015 S. 153): verfahrensrechtliche Zuordnung der Supermarkt-Genehmigungsverfahren zum Ministerpräsidialamt.

Auch die Einführung von Ladenöffnungszeiten 2014 trägt zu einer Begünstigung der inländischen Einzelhändler bei: Gesetz 2014:CII über das Verbot der Arbeitsverrichtung am Sonntag im Sektor des Einzelhandels v. 30.12.2014, MK 2014 Nr. 186 (hierzu IOR-Chronik WiRO 2015 S. 121): Die neuen Schließungszeiten betreffen nur Ladenlokale mit mehr als 200 qm Grundfläche: Die meisten großen (ausländischen Ketten zugehörigen) Supermärkte liegen darüber, während die einheimischen Einzelhandelsgeschäfte sowie zahlreiche Filialen der einzigen ungarischen Supermarktkette CBA (in der Hand eines persönlichen Freunds des Ministerpräsidenten) häufig unter diesem Schwellenwert liegen und somit weiterhin nachts und an Sonn- und Feiertagen geöffnet haben dürfen.

diese ungarischen Konkurrenten einen guten Draht zur Regierung haben, nutzt diese die staatlichen Behörden, um die ausländischen Eigentümer zur Aufgabe und zur unterpreisigen Abgabe ihres Eigentums an die ungarischen Konkurrenten zu bewegen.[117]

e) Quantitative Beobachtungen

Eine Statistik der registrierten Wirtschaftsgesellschaften wird seit 1990 geführt. Die Zahlen sehen wie folgt aus[118]:

	staatl. Wirtschaftsorganisat. (Staatsbetrieb u.ä.)	**Genossenschaften**	**OHG**	**KG**	**GmbH**	**AG**	**weitere Unternehmungen mit Rechtspersönlichkeit**
1990	2.363	7.641	418	5.789	18.317	646	--
1991	2.233	7.766	463	22.977	41.204	1.072	--
1992	1.733	7.694	1.187	41.218	57.262	1.712	--
1993	1.130	8.175	2.492	67.301	72.897	2.375	--
1994	821	8.252	3.348	89.045	87.957	2.896	1.289
1995	761	8.321	3.951	107.106	102.697	3.186	1.618
1996	683	8.362	4.394	127.725	122.044	3.536	1.932
1997	655	8.330	4.509	140.043	143.109	3.929	2.289
1998	619	8.230	5.006	161.857	157.990	4.251	2.813
1999	506	8.191	5.217	170.762	160.647	4.350	3.432
2000	411	7.516	7.873	188.136	167.033	4.372	3.918
2001	341	7.047	8.213	199.152	172.919	4.423	4.306
2002	298	6.768	8.113	208.454	182.242	4.425	4.617
2003	270	6.790	7.889	214.787	193.247	4.345	4.914
2004	250	6.532	7.725	219.023	209.720	4.357	5.210
2005	230	6.230	7.483	220.955	224.146	4.371	5.510
2006	141	5.860	7.244	221.152	238.411	4.373	5.785
2007	122	5.488	6.868	218.307	257.347	4.493	6.032
2008	45	5.245	6.486	211.823	292.165	4.828	6.347

117 Nachweise s.o. in der Einleitung am Ende und Fn. 49, 50.

118 Quelle: Zentrales Statistikamt, https://www.ksh.hu/docs/hun/xstadat/xstadat_eves/i_qvd001a.html (Stand: 9.2.2016).

	staatl. Wirtschaftsorganisat. (Staatsbetrieb u.ä.)	**Genossenschaften**	**OHG**	**KG**	**GmbH**	**AG**	**weitere Unternehmungen mit Rechtspersönlichkeit**
2009	36	4.365	6.153	202.173	319.849	5.020	6.466
2010	29	4.358	5.754	190.750	350.245	5.269	6.753
2011	k.A.	2.976	5.471	182.127	388.426	5.593	6.984
2012	k.A.	2.899	5.133	172.199	405.077	5.774	7.089
2013	k.A.	3.940	4.749	162.434	413.836	5.944	6.820
2014	k.A.	4.255	4.314	151.139	412.636	6.105	6.626

Der Marktaustritt von Wirtschaftsgesellschaften wird erst seit 1999 statistisch nachgewiesen.[119] Die Zahlen beziehen sich auf die gelöschten Wirtschaftsgesellschaften, d.h. die im Firmenregister gestrichenen Gesellschaften. Hiervon endete nur ein Teil durch Konkurs; andere Formen des Endes ist die Zwangslöschung einer nachrichtenlosen Gesellschaft oder die Selbstauflösung einer zahlungsfähigen Gesellschaft ohne Konkurs.

	staatl. Wirtschaftsorganisat. (Staatsbetrieb u.ä.)	**Genossenschaften**	**OHG**	**KG**	**GmbH**	**AG**	**weitere Unternehmungen mit Rechtspersönlichkeit**
1999	--	262	296	8.176	8.076	153	k.A.
2000	--	459	375	8.720	7.449	144	k.A.
2001	--	307	470	12.221	8.399	155	k.A.
2002	--	419	441	11.153	7.533	128	k.A.
2003	--	258	388	10.871	8.040	143	k.A.
2004	--	245	371	11.789	9.406	120	k.A.
2005	--	238	395	11.366	10.903	132	k.A.
2006	--	224	380	11.417	11.290	116	k.A.
2007	--	183	349	11.549	12.648	132	k.A.
2008	--	183	317	11.293	17.568	191	k.A.
2009	--	127	260	9.962	18.969	167	k.A.

119 Quelle: Zentrales Statistikamt, https://www.ksh.hu/docs/hun/xstadat/xstadat_eves/i_qvd002a.html?down=87 (Stand: 9.2.2016).

	staatl. Wirtschaftsorganisat. (Staatsbetrieb u.ä.)	**Genossenschaften**	**OHG**	**KG**	**GmbH**	**AG**	**weitere Unternehmungen mit Rechtspersönlichkeit**
2010	--	176	261	9.437	21.688	202	k.A.
2011	--	118	282	9.687	22.520	203	k.A.
2012	--	160	591	20.273	30.509	251	k.A.

2 Vertragsfreiheit

Das BGB 1959 ging bereits in seiner 1959 erlassenen Form vom Grundsatz der Vertragsfreiheit aus.[120] Demnach konnten die einzelnen Parteien sowohl ihren Vertragspartner frei wählen als auch im Konsens mit dem Vertragspartner den Inhalt des Vertrags frei aushandeln.[121] Die Grenzen der Vertragsfreiheit waren allerdings ein im Sozialismus recht weit ausgebauter Kontrahierungszwang, auf den unter Punkt c) i. näher eingegangen wird, sowie zahlreiche inhaltliche Vorgaben durch zwingendes Vertrags-, Planungs-, Preis-, Devisen- und anderes Recht. Der bürgerlich-rechtliche Grundsatz der Vertragsfreiheit wurde somit durch zahlreiche andere Rechtsvorschriften überlagert, die nach nicht-sozialistischer Dogmatik meist als öffentlich-rechtlich zu werten wären.[122]

a) Wegfall der staatlichen Planung

Ungarn ging bereits im Rahmen des „Neuen Ökonomischen Mechanismus", d.h. Ende der 1960er-Jahre, von der imperativen zur indikativen Planung über und setzte auch die indikativen Planziele immer lockerer.[123] Dennoch hielt § 7 Verf. bis zum 22.10.1989 an dem staatlichen volkswirtschaftlichen Plan als der Grundlage des Wirtschaftslebens fest, und in der Übergangsphase vom 23.10.1989 bis zum 24.6.1990 definierte § 9 Abs. 1 Verf. die Wirtschaftsform immerhin noch als „eine auch die Vorteile der Planung nutzende Marktwirtschaft". Auch an der internationalen Einbindung der ungarischen Wirtschaftsplanung änderte der „Neue

120 § 200 Abs. 1 BGB; diese Vorschrift galt unverändert bis zum Außerkrafttreten des BGB am 14.3.2014.

121 *Vékás* in *Grothusen* (Fn. 52), S. 258.

122 Die sozialistische Rechtslehre lehnte die Unterscheidung zwischen Privatrecht und öffentlichem Recht als bourgeois ab: *Brunner, Georg*: Einführung in das Recht der DDR, München 1979, S. 36; *Küpper*, Rechtsgeschichte Osteuropas (Fn. 52), S. 459–461.

123 *Brunner, Georg*: Regierungssystem, in *Grothusen* (Fn. 2), S. 213–249 (218–219); *Kálmán* (Fn. 9), S. 91–138.

Ökonomische Mechanismus" im Prinzip nichts: Die Volkswirtschaften des RGW stimmten formal ihre Planungen aufeinander ab,[124] was materiell v.a. die Vorherrschaft der wirtschaftlichen Interessen der Sowjetunion bedeutete. Von dieser sowjetischen Vorherrschaft konnte auch der „Neue Ökonomische Mechanismus" nicht abweichen.

Das Planungsgesetz des „Neuen Ökonomischen Mechanismus", das Gesetz 1972:VII (PlanG),[125] legte in § 4 den Grundsatz der indikativen Planung fest: Pläne waren nur für die staatlichen Institutionen der Wirtschaftslenkung verbindlich, nicht aber für die Unternehmen.[126] Die Unternehmen und die örtlichen Räte waren bei der Aufstellung ihrer jeweiligen Pläne recht frei und an die staatlichen Pläne nur sehr indirekt gebunden (§§ 21–28 PlanG). Den Unternehmen wurden die Planvorgaben durch das allgemeine staatliche Anreizsystem für die Wirtschaft, etwa durch Steuern und Kredite,[127] und ggf. durch individuelle Vorschriften der Wirtschaftsverwaltung vermittelt.

Für die Verträge, die die Unternehmen in Ausführung des Plans abschlossen, sah das BGB in seiner Ursprungsform von 1959 einen gesonderten Vertragstyp, den sog. Planvertrag (*tervszerződés*), vor (Kap. XXXV, §§ 397–409). Die Unternehmen traf eine Vertragsabschlusspflicht, um den Plan zu verwirklichen (§ 398 Abs. 1), und bei Streitigkeiten zwischen Unternehmen ermächtigte § 398 Abs. 2 die Staatsarbitrage, vertragliche Pflichten zwischen den Parteien zu begründen, zu ändern oder aufzuheben. Die Unternehmen waren dem Staat gegenüber verpflichtet, Ansprüche wegen Vertragsverletzung gegenüber der anderen Partei geltend zu machen (§ 404). Damit war der Planvertrag kein Koordinierungsinstrument zwischen autonom agierenden Wirtschaftssubjekten, sondern eine auf die Ebene zwischen zwei Unternehmen heruntergebrochene Konkretisierung der Planvorgaben.[128] Im Laufe der 1960er-Jahre weichten mehrere BGB-Änderungen die Strenge des Planvertrags immer mehr auf, bis die erwähnte BGB-Novelle von 1977[129] das Rechtsinstitut des Planvertrags ersatzlos aufhob.

Damit kam zwischen den Unternehmen im Rahmen der indikativen Planung und ggf. behördlicher Einzelweisungen die Vertragsfreiheit zur Geltung. Nach 1977 schlossen Unternehmen untereinander die üblichen Verträge ab: Kauf-, Liefer-, Miet-, Unternehmungs- oder Darlehensverträge sowie andere Vertragstypen, die das BGB vorsah. Die Vertragsfreiheit ermöglichte auch den Abschluss atypischer, im BGB nicht geregelter Verträge, denen allerdings die sozialistische

124 Einzelheiten bei *Kálmán* (Fn. 9), S. 100–103.
125 Gesetz 1972:VII über die volkswirtschaftliche Planung (Fn. 9).
126 Ausführlich zur formellen Bindungswirkung der Pläne *Kálmán* (Fn. 9), S. 104–117.
127 *Kálmán* (Fn. 9), S. 150–164.
128 *Brunner, Georg*: Die Planverträge im System des ungarischen Rechts, OER 1965, S. 106–128.
129 Fn. 10.

Zivilgerichtsbarkeit mit Skepsis und bisweilen mit Unverständnis gegenüberstand.[130] Allen diesen Vertragstypen war gemeinsam, dass ihrer Regelung im BGB die Vertragsfreiheit zugrunde lag. Unternehmen waren gemäß § 4 Abs. 1 Satz 2 BGB i.d.F. ab 1977 verpflichtet, „in ihren bürgerlich-rechtlichen Beziehungen in Übereinstimmung mit dem Erfordernis der plangemäßen ausgewogenen Entwicklung der Volkswirtschaft zu handeln". Diese generalklauselhafte Vorschrift schlug die Brücke von der Vertragsfreiheit des BGB zu den Vorgaben der Wirtschaftsplanung; diese Brücke spielte in der Praxis keine große Rolle,[131] weil einerseits § 4 Abs. 1 Satz 2 BGB zu vage war, um konkrete Rechte und Pflichten zu begründen, und weil andererseits die Planung selbst kaum noch direkte Ge- oder Verbote an konkrete Unternehmen enthielt. § 4 Abs. 1 Satz 2 BGB und damit die – wenn auch nur schwache – Bindung der Verträge an Planvorgaben wurden durch die BGB-Novelle v. 25.5.1991,[132] die in vielen Bereichen sozialistische Reste aus dem BGB entfernte, ersatzlos gestrichen. Das PlanG von 1972 war bereits mit Wirkung v. 15.9.1990 ersatzlos aufgehoben worden,[133] sodass die staatliche Kompetenz zur verbindlichen Planung der Wirtschaft im Sommer 1990 endete.

Parallel zum materiellen Planungsrecht entwickelte sich das Planungsorganisationsrecht, d.h. die Planungsbürokratie. 1947 wurde das Landesplanamt (*Országos Tervhivatal*) als oberste Planbehörde errichtet;[134] 1949 kam der Volkswirtschaftsrat (*Népgazdasági Tanács*) als oberste mit der Planung befasste Regierungsinstanz, d.h. als politische Aufsicht und Lenkung des staatlichen Planungswesens hinzu.[135] In unterschiedlicher Bezeichnung bestanden diese Einrichtungen während der gesamten Zeit des Sozialismus, bis der Volkswirtschaftliche Planungsausschuss des Ministerrats 1989 und das Landesplanamt 1990 aufgelöst wurden.[136]

Erstmals seit der Wende kehrte die Fidesz-Regierung terminologisch und verwaltungsorganisatorisch zur Wirtschaftsplanung zurück und schuf 2011 das

---

130 Zum fortwirkenden Fremdeln der ungarischen Ziviljustiz mit atypischen Verträgen s. *Küpper, Herbert*: Zivilrechtsprechung in Ungarn: Die Metro-Urteile und die ungarische Vertragsrechtsdogmatik, WiRO 1999, S. 366–371.

131 So bereits *Eörsi, Gyula* in *Eörsi, Gyula/Gellért, György* (Hrsg.): A Polgári Törvénykönyv magyarázata [Kommentar des Bürgerlichen Gesetzbuchs], Bd. 1, Budapest 1981, § 4 Rn. 3.

132 Gesetz 1991:XIV über die Änderung des Bürgerlichen Gesetzbuchs v. 25.5.1991 (Fn. 98).

133 Einzelheiten in Fn. 35.

134 § 3 Gesetzesartikel 1947:XVII über den Dreijahreswirtschaftsplan v. 11.7.1947, Országos Törvénytár (ungar. Gesetzblatt bis 1949, abgekürzt: OT) 1947 Nr. 13.

135 Gesetzesartikel 1949:XVI über die Errichtung des Volkswirtschaftsrates v. 11.6.1949, OT 1949 Nr. 11.

136 § 14 Regierungsverordnung 50/1990. (IX. 15.) Korm. über den Aufgaben- und Zuständigkeitsbereich des Finanzministers v. 15.9.1990, MK 1990 Nr. 91 (hob die Rechtsgrundlagen des Landesplanamts auf); Ministerratsbeschluss 1012/1989. (II. 5.) MT über die Aufhebung des Volkswirtschaftlichen Planungsausschusses des Ministerrats v. 5.2.1989, MK 1989 Nr. 8.

Volkswirtschaftliche Planungsamt (*Nemzetgazdasági Tervezési Hivatal*).[137] Seine Aufgabe bestand vorwiegend in der fachlichen Unterstützung der Wirtschaftspolitik der Regierung einschließlich der regierungsinternen Strategie- und Regionalplanungen; verbindliche Vorgaben konnte es v.a. innerhalb der Staatsverwaltung machen, nicht aber an private Wirtschaftsakteure. Ende 2014 wurde das Volkswirtschaftliche Planungsamt aufgelöst und seine Aufgaben im Rahmen der weiteren Zentralisierung der Regierungstätigkeit auf das Ministerpräsidialamt übergeleitet.[138]

b) Liberalisierung der Preise

Während die sozialistische Wirtschaftspolitik ab 1968 die Planung recht großzügig handhabte und den Unternehmen zunehmend Spielraum ließ, trifft dieser Befund auf die Preispolitik nicht zu. Die Preise unterlagen einer vergleichsweise intensiven staatlichen Regulierung. Auch im Bereich des Preisrechts ist wieder der Unterschied zwischen dem recht liberalen BGB und seinen „öffentlich-rechtlichen" Überlagerungen durch andere Rechtsvorschriften zu beachten. Besonders intensiv staatlich reguliert war der Preis der Arbeit, d.h. die Löhne.[139]

Das BGB ging von der Vertragsfreiheit der Parteien aus; lediglich für den Kaufvertrag sah § 366 BGB i.d.F. von 1959 vor, dass ein staatlich festgesetzter Preiskorridor aus zulässigen Mindest- und Höchstpreis von den Parteien des Kaufvertrags einzuhalten war. Falls die Parteien einen hiernach unzulässigen Preis vereinbarten, war der Vertrag nichtig oder, sofern das Planinteresse oder das Interesse der Parteien für die Aufrechterhaltung des Vertrags sprachen, galt der Vertrag mit einem erlaubten Preis. Fehlte es an einer Preisbestimmung der Parteien, galt der Mittelwert zwischen Mindest- und Höchstpreis. Die BGB-Novelle von 1977 entfernte diese Bestimmungen aus dem Kaufrecht und legte in § 226 BGB mit Wirkung für alle Vertragstypen fest, dass das staatliche Preisrecht für die Vertragsparteien verbindliche Preise oder Preiskorridore festlegen und sogar im laufenden Vertrag die zulässigen Preise ändern durfte.[140] An den Rechtsfolgen der Vereinbarung eines unzulässigen Preises, wie sie bis 1977 § 366 BGB festlegt hatte, änderte § 226 BGB i.d.F. ab 1977 nichts.[141] Die Bezugnahmen auf die staatlich festgelegten Preise

137 Regierungsverordnung 248/2011. (XII. 1.) Korm. über die Errichtung des Volkswirtschaftlichen Planungsamtes v. 1.12.2011, MK 2011 Nr. 142.

138 Regierungsverordnung 326/2014. (XII. 15.) Korm. über die Auflösung des Volkswirtschaftlichen Planungsamtes v. 15.12.2014, MK 2014 Nr. 176.

139 Die Studie „Ungebrochene Kontraktualisierung: Vertragsfreiheit, Vertragsstabilität und Vertragsdurchsetzung im ungarischen Arbeitsrecht" sowie *Kálmán* (Fn. 9), S. 165–169.

140 Aus einer staatlichen Änderung des Preises erwuchs den Parteien regelmäßig kein Rücktrittsrecht: Oberstes Gericht, AZ.: Legf. Bír. Gf. II. 30 670/1981, BH 1983 Nr. 205.

141 Zum Zusammenhang zwischen Vertrags- und Preisrecht s. *Kálmán* (Fn. 9), S. 169–180.

wurden 1990 durch das neue Preisgesetz[142] aus dem BGB gestrichen; in § 226 Abs. 3 BGB blieb nur noch ein Verweis darauf stehen, dass staatliche Preisregulierungen gemäß gesonderter Gesetze erfolgen konnten.

Eine Besonderheit galt gemäß § 226 Abs. 5 BGB i.d.F. ab 1977 für Außenhandelsverträge und daran anknüpfende inländische Verträge (d.h. die Verträge zwischen Außenhandelsunternehmen und inländischem Unternehmen, mit denen das Außenhandelsunternehmen die im Ausland erworbenen Rechte und Pflichten an das zur Erfüllung ausersehene inländische Unternehmen weitergab[143]). Diese Verträge waren nicht an die verbindlichen Preise gebunden, sofern im Einzelfall eine Rechtsvorschrift nicht doch eine Bindung vorsah. Dieser außenwirtschaftlichen Ausnahme von der innerstaatlichen Preisbindung lag die Erkenntnis zugrunde, dass bei Außenhandelsverträgen die ausländische Partei nicht dem ungarischen Preisrecht unterlag. Um der ungarischen Außenwirtschaft das Agieren auf dem Weltmarkt – insbesondere im Kontakt mit nicht sozialistischen Volkswirtschaften – zu ermöglichen, mussten sie von inländischen Beschränkungen möglichst freigestellt werden.[144] Auch diese Sonderregelung für den Außenhandel entfiel mit dem neuen Preisgesetz von 1990.

Die staatliche Regulierung der Preise im Wirtschaftsverkehr war dem Grunde nach in einer Reihe sukzessiv erlassener Regierungsverordnungen niedergelegt.[145] Grundsätzlich von der Preisregulierung ausgenommen waren die Arbeitslöhne;[146] hierfür bestanden separate Regularien zwischen Staat und Gewerkschaften. Ansonsten betraf die staatliche Preisregulierung sämtliche Preise für Waren und Dienstleistungen, sofern deren Höhe nicht durch völkerrechtliche Verträge (z.B. für Postdienstleistungen im Rahmen des Weltpostvereins) vorgegeben war. Erstmals 1967 beschränkte sich die Rahmennorm[147] für die Preisregulierung auf im Inland in Verkehr gebrachte Waren und Dienstleistungen, d.h. die staatlichen Preisvorgaben bezogen sich nicht mehr auf den Außenhandel. Die Außenhandelspreise blieben seitdem relativ ungeregelt und richteten sich nach dem, was Ungarn für seine

142 Gesetz 1990:LXXXVII (Fn. 37; PreisG).

143 Zu dieser Konstruktion s.o. Punkt I. 1. b).

144 *Eörsi/Gellért* (Fn. 131), Bd. 2, § 226 Rn. 9.

145 Ministerratsverordnung 46/1955. (VIII. 10.) M. T. über die Ordnung der Zuständigkeit der Preisregulierung v. 10.8.1955, MK 1955 Nr. 85; Regierungsverordnung 10/1957. (II. 24.) Korm. über die Organisation des Landespreisamtes und über die Zuständigkeit seines Präsidenten v. 24.2.1957, MK 1957 Nr. 23; Regierungsverordnung 56/1967. (XII. 19.) Korm. über die Preisregulierung v. 19.12.1967, MK 1967 Nr. 97; Ministerratsverordnung 41/1979. (XI. 1.) MT über die Preisregulierung v. 1.11.1979, MK 1979 Nr. 77; schließlich bis zum Ende des Sozialismus Ministerratsverordnung 38/1984. (XI. 5.) MT über die Preisregulierung v. 5.11.1984, MK 1984 Nr. 47.

146 Hierzu s. die Studie „Ungebrochene Kontraktualisierung: Vertragsfreiheit, Vertragsstabilität und Vertragsdurchsetzung im ungarischen Arbeitsrecht“ in diesem Band.

147 Regierungsverordnung 56/1967. (XII. 19.) Korm. (Fn. 145).

Ex- und Importe auf dem Weltmarkt oder im regulierten Verkehr mit den übrigen RGW-Staaten aushandeln konnte. Seit 1979 sollten die staatlichen Inlandspreise von Energie und Energieträgern sowie weiterer bestimmter Grundstoffe und Halbfertigwaren unter Berücksichtigung ihrer Weltmarktpreise vorgegeben werden.[148] Seit 1987 galten Inlandspreise, die de jure Außenhandelspreise beachten sollten, dies aber nicht taten, als unlauter und somit als wettbewerbswidrig.[149]

Staatliche Vorgaben konnten Fix-, Mindest- oder Höchstpreise, Preiskorridore oder behördlich vorgegebene Preisbildungsmechanismen vorsehen.[150] Im Regelfall wurde ein Preiskorridor und nicht ein Fixpreis festgelegt. In den zahlreichen branchenspezifischen Sonderregelungen z.B. für Landwirtschaft, Lebensmittel, Verbraucher- oder Rüstungsgüter kamen auch Fixpreise vor. Oberste Preisbehörde war das Landespreisamt (*Országos Árhivatal*).[151]

Bald nach der Wende erging ein vollkommen neues Preisrecht,[152] das grundsätzlich die Bestimmung der Preise im Wirtschaftsverkehr[153] den Beteiligten und ihren Marktverhältnissen überlässt. Bis 2009 enthielten §§ 3–6 PreisG Bestimmungen über eine Preismeldepflicht von Anbietern, die auf dem gegebenen Markt eine Monopol- oder Oligopolstellung innehatten; diese Vorschriften entfielen durch eine Novelle des Wettbewerbsrechts 2009. Für bestimmte Preise behält das PreisG die Vorgabe amtlicher Mindest- oder Höchstpreise bei, wobei diese nunmehr durch den zuständigen Minister oder die kommunale Selbstverwaltung festgelegt werden. In seiner Ursprungsfassung von 1990 sah das PreisG amtliche Preise u.a. für Energieträger und elektrische Energie, einige Grundnahrungsmittel, Lehrbücher und öffentliche Infrastrukturleistungen (Verkehr, Post, Fernsehen) vor;[154] Mindestpreise galten v.a. für einige landwirtschaftliche Produkte.

---

148 § 6 Ministerratsverordnung 41/1979. (XI. 1.) MT (Fn. 145), später Verfügung des Preisamtes 11/1983. (XII. 10.) ÁH über die Preisbildung von Energieträgern, industriellen Grundstoffen und Halbfertigprodukten in Anlehnung an die Außenhandelspreise v. 10.12.1983.

149 § 17 Gesetz 1984:IV (Fn. 21; das war das „sozialistische Wettbewerbsgesetz") i.V.m. § 3 Ministerratsverordnung 42/1987. (X. 13.) MT über die Festlegung unlauterer Preise v. 13.10.1987, MK 1987 Nr. 45.

150 Zu dieser Systematik zuletzt Verfügung des Präsidenten des Preisamtes 12/1988. (XII. 27.) ÁH über die Preisformen v. 27.12.1988, MK 1988 Nr. 68.

151 Seine letzte Rechtsgrundlage war die Ministerratsverordnung 23/1988. (IV. 8.) MT über die Aufgaben und Befugnisse des Landespreisamtes v. 8.4.1988, MK 1988 Nr. 12, ersatzlos aufgehoben mit Wirkung v. 1.1.1991.

152 Gesetz 1990:LXXXVII (Fn. 37, PreisG).

153 Die Preise für Verträge zwischen Privatpersonen waren auch im Sozialismus grundsätzlich unreguliert geblieben.

154 Durch Gesetz oder kommunale Satzung festgelegte Preise werden automatisch Bestandteil des Vertrags: Oberstes Gericht, AZ.: Legf.Bír. Pfv. VIII. 20.829/2009, BH 2010 Nr. 10.

Im Laufe der Zeit wurden einige Preisvorschriften in die speziellen Gesetze wie das Agrarordnungsgesetz, die Gesetze über elektrische Energie, Gas, Wasserversorgung oder Personenbeförderung ausgelagert. Insbesondere die staatlichen Eingriffe in die Verträge zur Senkung der Wohnnebenkosten, worauf sogleich unter Punkt v., Fallstudie 2, näher eingegangen wird, führten zu einer verstärkten Auslagerung der Kosten für kommunale Versorgungsleistungen u.ä. aus dem PreisG. 2017 sah das PreisG noch behördliche, d.h. ministerielle oder kommunale Regulierungen oder Festsetzungen von Preisen für Medikamente, Anschlüsse an die Fernwärmeversorgung, Taxen und Gebühren für die Einsichtnahme in das Firmenregister vor.

Für Verträge mit Auslandsberührung (Außenhandelsverträge) enthält das PreisG keine Sonderbestimmungen. Damit gelten seine Preisvorgaben auch für Ex- und Importverträge, die dem ungarischen Recht unterliegen. Welche Verträge mit Auslandsberührung dem ungarischen Recht unterliegen und welche nicht, ist eine Frage des internationalen Privatrechts (Kollisionsrechts), auf das unter Punkt c) iii. näher eingegangen wird.

Aus verfassungsrechtlicher Sicht hatte das Verfassungsgericht gegen eine staatliche Regulierung oder gar Festsetzung von Preisen nichts einzuwenden.[155]

c) Sonderprobleme

Neben diesen allgemeinen Liberalisierungstrends im Vertragsrecht, die für alle Rechtsordnungen im Übergang von der Plan- zur Marktwirtschaft typisch sind, gibt es entweder in (fast) allen Ländern oder auf einzelne Länder beschränkt gegenläufige Tendenzen, die sich nicht einfach in das Bild einer kontinuierlichen Liberalisierung einpassen lassen.

i Kontrahierungszwang

Der Kontrahierungszwang, der ein Rechtssubjekt zwingt, mit einem anderen konkreten Rechtssubjekt einen konkreten Vertrag abzuschließen, ist ein schwerer Eingriff in die Vertragsfreiheit. Im Sozialismus war der Zwang zum Vertragsschluss eine der Hauptverbindungsstellen zwischen dem liberalen Vertragsrecht des BGB und der Umsetzung der hoheitlichen Planvorgaben, während seit der Wende der Kontrahierungszwang eine Ausnahme ist, die zudem vor der objektiv-rechtlichen Verfassungsgarantie der Vertragsfreiheit rechtfertigungsbedürftig ist.[156]

Das sozialistische BGB in seiner ursprünglichen Fassung von 1959 sprach in § 199 einen Zwang zum Abschluss von Verträgen „im Interesse der Erfüllung der Pflichten aus dem Volkswirtschaftsplan" aus; Grundlage der so geschlossenen Verträge war der Plan. Das BGB 1959 folgte mithin dem Plan und gewährte

155 Verfassungsgerichtsentscheidung 19/2004. (V. 26.) AB v. 26.5.2004; hierzu s. *Salát/Sonnevend* in *Jakab*, Alkotmány kommentárja (Fn. 103), § 9 Rn. 19.

156 Näher zur verfassungsrechtlichen Absicherung der Vertragsfreiheit s.u. Punkt I. 5).

Vertragsfreiheit nur so weit, wie der Plan Spielraum ließ. Diese enge Bindung der Vertragsschließungspflicht an die Planvorgaben endete 1967, als eine umfassendere BGB-Novelle § 199 neu fasste; seitdem lautete er: „Eine Rechtsvorschrift kann den Abschluss eines Vertrags verbindlich machen". Die große BGB-Novelle von 1977 behielt die Vorschrift bei, die nunmehr ihren Platz in § 198 Abs. 2 BGB 1959 i.d.F. ab 1977 fand. Rechtsvorschriften waren auch die Pläne, sodass auch der neue § 199/§ 198 Abs. 2 BGB 1959 zur Umsetzung von Planvorgaben in konkrete Verträge dienen konnte. Da auch die Planung auf bloß indikative Pläne umgestellt wurde, wie oben unter Punkt I. 2. a) dargestellt, war ein Kontrahierungszwang durch Planvorschriften eher selten. Praktiziert wurde der Befehl zum Vertragsabschluss durch Einzelweisung, was sich jedoch nicht auf § 199 BGB 1959 stützen konnte, da diese Vorschrift ausdrücklich von „Rechtsvorschriften" sprach. Rechtsgrundlage der behördlichen Einzelweisung zum Vertragsschluss war vielmehr das Planungsrecht. Seit der BGB-Novelle von 1977 erlaubte § 198 Abs. 3 BGB 1959 zudem, dass staatliche Behörden Leistungspflichten, die üblicherweise in Verträgen niedergelegt werden, einseitig durch Verwaltungsakt und ohne Vertragsschluss vorzuschreiben; auf die so zustande kommenden Rechtsbeziehungen zwischen dem Erbringer und dem Empfänger der Leistung war Vertragsrecht entsprechend anzuwenden. § 198 Abs. 2–3 BGB 1959 galten bis zum Außerkrafttreten des Gesetzes. Im neuen BGB 2013 ist die vertragserzeugende Wirkung von Rechtsvorschriften und behördlichen Einzelweisungen in § 6:2 Abs. 3 geregelt.

Neben diesen allgemeinen Vorschriften ergab sich vom Erlass des BGB bis zu seiner Novellierung 1977 ein Kontrahierungszwang für die plangebundene Wirtschaft auch aus dem besonderen Vertragstyp des sog. Planvertrags (*tervszerződés*, §§ 397–409 BGB i.d.F. von 1959 bis 1977). Der Planvertrag war ein systemwidriger Vertragstyp, weil er sich nicht durch die typische Leistung definierte wie andere Verträge (z.B. Eigentumsverschaffung = Kauf oder Tausch, Gebrauchsüberlassung = Miete oder Leihe, Dienstleistungserbringung = Auftrag u.a.), sondern durch die Vertragssubjekte und den Abschlussgrund: Ein Planvertrag wurde zwischen den Subjekten der sozialistischen Wirtschaft zur Koordinierung ihrer Tätigkeiten bei der Planerfüllung geschlossen und konnte auf die Lieferung von Waren oder die Erbringung von Dienstleistungen gerichtet sein. Insoweit der Plan die genannten wirtschaftlichen Leistungen (Warenlieferung, Dienstleistung) vorsah, waren die Plansubjekte zum Abschluss eines Planvertrags verpflichtet. Dieser spezielle Kontrahierungszwang griff nur so weit, wie die staatliche Planung konkrete Leistungsbeziehungen vorgab, d.h. wurde nach der Umstellung auf indikative Planung immer unbedeutender. Schließlich hob die BGB-Novelle von 1977 den Vertragstyp des Planvertrags ersatzlos auf.

Größere praktische Bedeutung hatte der Kontrahierungszwang im Außenhandel. §§ 20, 22 AußHandG erlaubten es, Außenhandelsunternehmen zum Abschluss bestimmter Verträge anzuweisen. Grund hierfür war, dass Vertragsbeziehungen im Außenhandel regelmäßig Dreiecksbeziehungen waren, denn zwischen den ausländischen Vertragspartner und den ungarischen Vertragspartner war zur Wahrung des staatlichen Außenhandelsmonopols regelmäßig ein

Außenhandelsunternehmen zwischengeschaltet, sofern der ungarische Vertragspartner nicht ausnahmsweise über eine eigene Außenhandelslizenz verfügte. Falls sich der ausländische und der inländische Vertragspartner einig waren, konnten sie nicht selbst den Vertrag schließen, sondern die ungarische Seite musste einen Vertrag mit dem zuständigen Außenhandelsunternehmen schließen, welches seinerseits vertragliche Rechte und Pflichten gegenüber dem ausländischen Partner erwarb. Zum Abschluss dieses Vertrags konnte das Außenhandelsunternehmen ggf. durch Rechtsvorschrift oder Einzelweisung verpflichtet werden. Diese Möglichkeit der konkreten Verpflichtung des Außenhandelsunternehmens zum Vertragsschluss endete zusammen mit dem Außenhandelsmonopol 1990.

Seit 1990 hat der Kontrahierungszwang für Verträge im Außenhandel und darüber hinaus keine Bedeutung mehr. Die wenigen Fälle, in denen eine Rechtsvorschrift einer Partei den Abschluss eines Vertrags vorschreibt, betreffen rein inländische Rechtsbeziehungen wie die Personenbeförderung oder die Kfz-Haftpflicht.

ii Sprachschutzgesetzgebung im Außenhandel

Außer einem Schriftlichkeitserfordernis[157] sah das ungarische Recht keine besonderen Formvorschriften für Außenhandelsverträge vor – anders als z.B. das polnische Recht schrieb das ungarische Recht auch den Gebrauch der ungarischen Sprache nicht vor. Ungarische Arbeitnehmer, die über Sprachdiplome verfügten und die entsprechenden Fremdsprachenkenntnisse anwenden mussten – was in Außenhandelsunternehmen regelmäßig der Fall war –, erhielten Fremdsprachenzulagen, sodass eine Motivation für die Arbeit mit und in Fremdsprachen gesetzt wurde.

Heute gibt es eine Sprachschutzgesetzgebung in Bezug auf den inländischen öffentlichen Raum und zugunsten von Verbrauchern[158] sowie neuerdings in Bezug auf Verträge, die bestimmte, in Ungarn belegene Teile des öffentlichen Vermögens betreffen.[159] Diese Aspekte berühren den Außenhandel nicht.

157 Zunächst § 37 Abs. 1 Verordnung mit Gesetzeskraft 1960/11. über das Inkrafttreten und die Durchführung des Bürgerlichen Gesetzbuchs v. 12.4.1960, MK 1960 Nr. 28 (EGBGB), ersetzt durch § 6 Abs. 1 Verordnung des Ministers für Außenhandel 7/1974. (X. 17.) KkM über die Durchführung einzelner Bestimmungen des Gesetzes 1974:III über den Außenhandel v. 17.10.1974, MK 1974 Nr. 76 (AußHandVO).

158 Gesetz 2001:XCVI über die Veröffentlichung von Reklame und Geschäftsaufschriften, weiterhin von einigen Mitteilungen im öffentlichen Interesse in ungarischer Sprache v. 19.12.2001, MK 2001 Nr. 148. Näher hierzu *Küpper, Herbert*: Sprache und Recht in Ungarn seit der Wende, in *Chronowski, Nóra* (Hrsg.): „Adamante Notare". Essays in Honour of Professor Antal Ádám on the Occasion of his 75th Birthday, Pécs 2005, S. 83–104.

159 § 17 Abs. 3 Gesetz 2011:CXCVI über das nationale Vermögen v. 30.12.2011, MK 2011 Nr. 164 S. 40478.

iii Rechtswahl im Außenhandel (IPR)

1979 hielt der ungarische Gesetzgeber die Zeit für reif, das bis dahin ungeschriebene Kollisionsrecht in der IPR-VO[160] zu kodifizieren. Von Anfang an ging § 24 IPR-VO davon aus, dass Verträge primär dem Recht unterliegen, welches die Parteien bei Abschluss oder später wählen. Das Außenhandelsrecht machte den ungarischen Unternehmen ebenfalls keinerlei Vorgaben an das Recht, dem sie ihre Verträge zu unterstellen hatten. An dem Vorrang der Rechtswahl der Parteien in der IPR-VO hat sich bis heute nichts geändert; sie war seit der IPR-Novelle von 2009 in § 25 IPR-VO niedergelegt. 2017 erging eine Neuregelung des internationalen Privatrechts, die am 1.1.2018 in Kraft trat.[161] Sie ändert wenig an den im Zusammenhang dieser Studie relevanten Grundzügen des ungarischen internationalen Privatrechts, sondern passt dieses v.a. an die unionsrechtlichen Entwicklungen an. Der Vorrang der Rechtswahl ist nunmehr in § 50 Abs. 1 Satz 1 IPR-G niedergelegt.

Fehlte es an einer Rechtswahl, war auf Kaufverträge gemäß § 25 Buchst. a) IPR-VO a.F. das Recht des Verkäufers anwendbar. Demnach unterstanden, sofern die Parteien kein anderes Recht wählten, ungarische Exportverträge ungarischem Recht, während Verträge, mit denen Waren nach Ungarn importiert wurden, dem Recht des Exporteurs unterlagen. Die IPR-Novelle von 2009 hat die ausdrücklichen Regelungen für die verschiedenen Vertragsarten – wie z.B. die erwähnte für den Kaufvertrag – aufgehoben; seitdem knüpfen § 28 IPR-VO n.F., § 51 IPR-G an das Recht an, zu dem der Vertragsinhalt die nächste Bindung hat. Bei einem Kaufvertrag, der typischerweise durch den Kaufgegenstand bestimmt wird, dürfte das im Regelfall das Recht des Verkäufers sein, sodass sich in der Sache nichts geändert hat.[162]

Seit dem EU-Beitritt Ungarns verringert sich der Anwendungsbereich der IPR-VO zusehends, weil in immer mehr Bereichen Unionsrecht unmittelbar greift; diese Europäisierung des Kollisionsrechts war einer der Hauptgründe für die Neukodifizierung des internationalen Privatrechts 2017. Eine sachliche Änderung des geschilderten Rechtszustands ist damit nicht verbunden, da auch die Kollisionsvorschriften der EU vom Vorrang der Rechtswahl und der Anknüpfung des engsten inhaltlichen Zusammenhangs ausgehen.

---

160 Verordnung mit Gesetzeskraft 1979/13 über das internationale Privatrecht v. 31.5.1979 (IPR-VO, Fn. 16).

161 Gesetz 2017:XXVIII über das internationale Privatrecht v. 11.4.2017, MK 2017 Nr. 54 (IPR-G).

162 *Burián, László/Czigler, Dezső Tamás/Kecskés, László/Vörös, Imre*: Európai és magyar nemzetközi kollíziós magánjog, Budapest 2010, S. 213; *Darázs, Lénárd*: A fogyasztói szerződések új kollíziós jogi szabályrendszere [Das neue kollisionsrechtliche Regelsystem von Verbraucherverträgen], Magyar Jog 2010, S. 116–128; *Küpper*, Einführung in das ungar. Recht (Fn. 60), S. 191.

iv *Lizenz-, Registrierungs- und Genehmigungserfordernisse im Außenhandel*

Wie bereits unter Punkt I. 1. b) dargestellt, endete 1990 im Außenhandel der Numerus clausus inländischer Akteure (geborene und gekorene Außenhandelsunternehmen). Seitdem kann grundsätzlich jedes Rechtssubjekt grenzüberschreitende Verträge schließen und benötigt hierzu keinerlei Genehmigung, Lizenz oder Registrierung.

Ende 2010 schuf die soeben ins Amt gekommene Fidesz-Regierung sich durch eine Gesetzänderung die Möglichkeit, Import, Export und Transit von Waren und Dienstleistungen durch Gesetz oder Regierungsverordnung zu beschränken, soweit dies mit völkerrechtlichen Verträgen oder allgemeingültigen Rechtsakten der EU im Einklang steht. In solchen Fällen kann die Außenhandelsbehörde – d.h. das Ungarische Handelsgenehmigungsamt[163] – auch die Durchführung derartiger Importe, Exporte oder Transitleistungen an die vorherige Aufnahme in ein behördliches Register binden.[164]

Im materiellen Recht gibt es nur noch in Einzelfällen Genehmigungs- oder Meldeerfordernisse für Exportverträge, z.B. für sog. Dual-Use-Güter,[165] Nuklearmaterial,[166] Waffen,[167] bestimmte gefährliche Stoffe[168] oder genmodifizierte

163 Regierungsverordnung 320/2010. (XII. 27.) Korm. über das Ungarische Handelsgenehmigungsamt und die regionalen Eich- und technischen Sicherheitsämter v. 27.12.2010, MK 2010 Nr. 198.

164 §§ 140–140/E Gesetz 2004:XXIX über einige Gesetzesänderungen im Zusammenhang mit dem Beitritt zur Europäischen Union, über die Aufhebung von Gesetzesbestimmungen sowie über die Festlegung einiger gesetzlicher Bestimmungen i.d.F. des Änderungsgesetzes 2010:CV v. 12.11.2010, MK 2010 Nr. 171, IOR-Chronik WiRO 2011 S. 124. Das Verfahren sowie eine Auflistung der völker- und unionsrechtlich beschränkten Handelsgüter und Dienstleistungen enthält Regierungsverordnung 52/2012. (III. 28.) Korm. über den die Zollgrenze oder die Landesgrenze überschreitenden Handel mit einzelnen Waren, Dienstleistungen und Rechten, die einen materiellen Wert repräsentieren, v. 28.3.2012, MK 2012 Nr. 35.

165 §§ 9–15 Regierungsverordnung 13/2011. (II. 22.) Korm. über die Genehmigung des Außenhandelsverkehrs mit Dual-Use-Gütern v. 22.2.2011, MK 2011 Nr. 15, i.V.m. Verordnung (EG) Nr. 428/2009 des Rates vom 5. Mai 2009 über eine Gemeinschaftsregelung für die Kontrolle der Ausfuhr, der Verbringung, der Vermittlung und der Durchfuhr von Gütern mit doppeltem Verwendungszweck.

166 Regierungsverordnung 144/2011. (VII. 27.) Korm. über die Regelung des internationalen Verkehrs mit Nuklear- und nuklearen Dual-Use-Gütern v. 27.7.2011, MK 2011 Nr. 89, wieder in Verbindung mit der Verordnung (EG) Nr. 428/2009 (Fn. 165).

167 §§ 4–5 Regierungsverordnung 253/2004. (VIII. 31.) Korm. über Waffen und Munition v. 31.8.2004, MK 2004 Nr. 124; Regierungsverordnung 160/2011. (VIII. 18.) Korm. über die Genehmigung des Exports, des Imports, des Transfers und des Transits militärtechnischer Güter und Dienstleistungen sowie über den Nachweis der Unternehmungen v. 18.8.2011, MK 2011 Nr. 96 sowie weitere Regierungsverordnungen für bestimmte Waffen- und Rüstungsgüterarten.

168 Regierungsverordnung 123/2009. (VI. 12.) Korm. über die detaillierten Regeln des Meldeverfahrens im Zusammenhang mit der Ausfuhr beziehungsweise Einfuhr

Organismen.[169] Bestimmte Kulturgüter dürfen überhaupt nur vorübergehend, aber nicht dauerhaft außer Landes gebracht werden, und für den zeitweiligen Export ist eine Genehmigung erforderlich, während andere Kulturgüter bei Vorliegen einer Genehmigung auf Dauer ins Ausland verbracht werden dürfen.[170] Auch im landwirtschaftlichen Bereich sind noch einzelne Exportgenehmigungen vorgesehen. Importlizenzen und -meldungen sind ebenfalls nur für wenige Branchen und Produkte vorgeschrieben, z.B. wiederum für Dual-Use-Güter, Nuklearmaterial, Waffen, gefährliche Stoffe und genmodifizierte Organismen sowie bei bestimmten Medikamenten.[171] Bei Ein- und Ausfuhr von Müll gelten gemeinschaftsrechtlich vorgegebene Notifizierungspflichten, die den zuständigen Behörden im Einzelfall auch ein Einschreiten gegen konkrete Ein- oder Ausfuhren gestatten.[172] Alle die genannten Beispiele zeigen, dass es sich um Erzeugnisse handelt, die aus politischen, gesundheitlichen oder ähnlichen Gründen gefährlich oder heikel sind und daher einer besonderen Kontrolle unterliegen sollen; in etlichen Fällen beruht die Vorgabe einer Export- und/oder Importgenehmigung auf Unionsrecht. Steuerliche Gründe hingegen hat das Erfordernis einer Ex- und Importgenehmigung bei sog. Gefälleprodukten wie Mineralöl-, Tabak- und bestimmten Alkoholprodukten: Auf diese Weise soll die Entrichtung der in Ungarn fälligen Steuern sichergestellt werden.[173]

---

einzelner gefährlicher Stoffe und gefährlicher Produkte v. 12.6.2009, MK 2009 Nr. 79, i.V.m. Verordnung (EU) Nr. 649/2012 des Europäischen Parlaments und des Rates vom 4. Juli 2012 über die Aus- und Einfuhr gefährlicher Chemikalien.

169 § 13 Gesetz 1998:XXVII über die gentechnologische Tätigkeit v. 1.4.1998, MK 1998 Nr. 28.

170 §§ 55–56 Gesetz 2001:LXIV über den Schutz des Kulturerbes v. 10.7.2001, MK 2001 Nr. 78.

171 §§ 12–20/A Verordnung des Ministers für Gesundheit, Soziales und Familien 53/2004. (VI. 2.) ESzCsM über die Großhandels- und parallele Importtätigkeit mit Medikamenten v. 2.6.2004, MK 2004 Nr. 74.

172 Verordnung (EG) Nr. 1013/2006 des Europäischen Parlaments und des Rates vom 14. Juni 2006 über die Verbringung von Abfällen i.V.m. §§ 19–21 Gesetz 2012:CLXXXV über den Abfall v. 30.11.2012, MK 2012 Nr. 160, und Regierungsverordnung 180/2007. (VII. 3.) Korm. über den grenzüberschreitenden Mülltransport v. 3.7.2007, MK 2007 Nr. 87. Angesichts der Regelung der Materie in einer Verordnung der EU dürfte das in Art. XXI. Abs. 3 GrundG ausgesprochene Verbot des Imports von Müll nach Ungarn zum Zweck der endgültigen Lagerung teilweise leerlaufen.

173 §§ 103–110/B Gesetz 2003:CXXVII über die Gefällesteuer und die besonderen Regeln des Vertriebs von Gefälleprodukten v. 28.12.2003, MK 2003 Nr. 157, ersetzt durch Gesetz 2016:LXVIII über die Gefällesteuer v. 17.6.2016, MK 2016 Nr. 88, dessen §§ 14–33 die gefällesteuerrechtlichen Genehmigungen neu ordnen. Bei Tabakimporten gilt zudem ein Genehmigungserfordernis gemäß § 3 Regierungsverordnung 39/2013. (II. 14.) Korm. über die Herstellung von Tabakprodukten, über ihren Vertrieb und ihre Kontrolle, über kombinierte Warnungen sowie über

Abgesehen von diesen recht eng umrissenen Produkten und Branchen ist der Außenhandel genehmigungs- und registrierungsfrei. Beim Handel mit Drittstaaten ist allerdings ein Zollverfahren vorgesehen.

Als 1991 auf breiter Front die verwaltungsgerichtliche Überprüfung grundsätzlich aller Verwaltungsentscheidungen eingeführt wurde, gab es zunächst eine Negativliste mit bestimmten Entscheidungen, in denen der Verwaltungsrechtsschutz auch weiterhin ausgeschlossen war. Dazu gehörten zunächst auch „Verwaltungsbeschlüsse im Bereich der Genehmigung des Außenhandelsverkehrs mit Waren, Dienstleistungen und Rechten, die einen materiellen Wert verkörpern".[174] Erst mit dem Erlass eines neuen Verwaltungsverfahrensgesetzes 2004 entfiel diese Beschränkung, und seitdem kann ein Unternehmen gerichtlichen Schutz gegen die Nichterteilung oder Entziehung einer Außenhandelslizenz oder gegen die Erteilung einer solchen Lizenz an ein Konkurrenzunternehmen suchen.[175]

v Staatliche Eingriffe in den Vertragsinhalt

Das BGB von 1959 stellte in seiner Ursprungsform eine Mischung aus Vertragsfreiheit und Planhörigkeit dar. Es ging grundsätzlich von der Vertragsfreiheit aus, die es der Vertragspartei gestattete, selbst zu entscheiden, mit wem und worüber sie Verträge schließen oder auch nicht schließen wollte (§ 200 Abs. 1 BGB i.d.F. v. 1959). Daneben kannte das BGB aber zahlreiche Einfallstore für die staatliche Planung. Das Wichtigste war der bis 1977 bestehende Planvertrag, der von den Subjekten der sozialistischen Wirtschaft mit den Partnern und dem Inhalt abzuschließen war, wie es der Plan vorgab.[176] Darüber hinaus sah § 199 BGB i.d.F. von 1959 eine Bindung aller Verträge an Planvorgaben vor, und § 206 BGB i.d.F. von 1959 gestattete es dem Normgeber und den Behörden, durch Rechtsvorschrift oder Verwaltungsakt zwischen zwei Parteien vertragliche Beziehungen mit einem konkreten Inhalt zu kreieren. Gerichte konnten gemäß § 241 BGB i.d.F. von 1959 den Vertragsinhalt abändern, um ihn bei Dauerschuldverhältnissen an die Änderung der äußeren Umstände anzupassen (Kodifizierung der clausula rebus sic stantibus).[177]

---

die detaillierten Regeln der Anwendung der Gesundheitsschutzbuße v. 14.2.2013, MK 2013 Nr. 23.

174 § 74 Abs. 4 Buchst. d) Gesetz 1957:IV über die allgemeinen Regeln des Staatsverwaltungsverfahrens i.d.F. des Gesetzes 1991:XXVI über die Ausweitung der gerichtlichen Überprüfung von Beschlüssen der öffentlichen Verwaltung.

175 Näher hierzu *Küpper, Herbert*: § 13. Verwaltungsgerichtsbarkeit in Ungarn, in: *von Bogdandy, Armin/Huber, Peter M./Paužaitė-Kulvinskienė, Jurgita* (Hrsg.): Handbuch Ius Publicum Europaeum, Bd. 8: Staatliche Verwaltungsgerichtsbarkeit, zur Veröffentlichung vorgesehen 2018.

176 Zum Planvertrag s.o. Punkt I. 2. a), I. 2. c) i).

177 In Deutschland nahmen sich die Gerichte auch ohne ausdrückliche Klausel im dt. BGB die Rechtsmacht, Vertragsinhalte an geänderte Umstände anzupassen; erstmals geschah dies in den Jahren nach dem 1. Weltkrieg, als die Folgen von Kriegswirtschaft, Währungsverfall etc. vertragsrechtlich bewältigt werden mussten.

Wie bereits dargestellt, lockerte die BGB-Novelle von 1977 die Bindung der Verträge an die Planung. Dafür sah ab 1977 § 226 BGB vor, dass Rechtsvorschriften einzelne Inhaltselemente von Verträgen verbindlich vorgeben, ohne dass die Parteien davon abweichen konnten, und dass Rechtsvorschriften – wenn auch nur ausnahmsweise – den Inhalt bestehender Verträge abändern durften.[178] Automatisch änderte sich der Vertragsinhalt, wenn während seiner Laufzeit die staatlichen Preisvorgaben geändert wurden.[179] An der grundsätzlichen Klausel im BGB, dass der Staat durch Rechtsvorschriften in bestehende Vertragsverhältnisse eingreifen und deren Inhalt ändern kann, änderte die Wende nichts.[180] Im neuen BGB von 2013 findet sich eine entsprechende Vorschrift in § 6:60.[181] Auch an der Befugnis der Gerichte, Vertragsinhalte an geänderte Rahmenbedingungen anzupassen, änderte sich nach 1977 (§ 241 BGB 1959 i.d.F. v. 1977) und auch nach 2013 (§ 6:192) nichts.

Seit dem Regierungsantritt der nationalpopulistischen Fidesz-Regierung 2010 haben die staatlichen Eingriffe in die Vertragsfreiheit und in bestehende Vertragsverhältnisse deutlich zugenommen.[182] Exemplarisch seien hier die beiden Bereiche dargestellt, in denen die Eingriffe besonders stark waren: die sog. devisenbasierten Immobilienkredite und die Wohnnebenkosten. Beide betreffen zwar nicht den Außenhandel im eigentlichen Sinne, weisen aber dennoch eine typische Struktur

---

178 Zur diesbezüglichen Rechtsprechungspraxis *Eörsi/Gellért* (Fn. 131), Bd. 2, § 226.

179 Dazu s. auch Fn. 140.

180 Das Verfassungsgericht hatte nichts gegen § 226 BGB einzuwenden: Verfassungsgerichtsentscheidungen 32/1991. (VI. 6.) AB v. 6.4.1991, ABH 1991 S. 146, und 66/1995. (XI. 24.) AB v. 24.11.1995, ABH 1995 S. 333. Die letztgenannte Entscheidung erklärte allerdings sehr wohl eine konkrete gesetzliche Regelung für verfassungswidrig, die in laufende Verträge eingriff und die Zinsen von sehr alten Bausparverträgen anhob: Seit der letzten gesetzlichen Anpassung des Zinsniveaus seien die äußeren Umstände so weit stabil geblieben, dass kein verfassungsrechtlich akzeptabler Anlass bestehe, erneut durch Gesetz den Zinssatz zu ändern, weshalb die gesetzliche Regelung gegen den Rechtsstaat, die Gleichbehandlung (im Vergleich zu anderen Altdarlehensverträgen, deren Zinssatz nicht erfasst wurde) und die Menschenwürde verstoße.

181 *Osztovits, András* (Hrsg.): A Polgári Törvénykönyvről szóló 2013. évi V. törvény és kapcsolódó jogszabályok nagykommentárja [Großkommentar zum Gesetz 2013:V über das Bürgerliche Gesetzbuch und den Nebengesetzen], 4 Bde., Budapest 2014, Bd. 3, § 6:60; *Vékás, Lajos* (Hrsg.): A Polgári Törvénykönyv magyarázatokkal [Das Bürgerliche Gesetzbuch mit Kommentar], Budapest 2013, §§ 6:58–62 Rn. 3; *Wellmann, György* (Hrsg.): Polgári jog [Bürgerliches Recht], 6 Bde., Budapest 2013, Bd. V, S. 95.

182 Grundsätzlich zum Vordringen des Staates in die Sphäre der Wirtschaft seit 2010 s. *Gadó, Gábor*: A gazdasági alkotmányosság válsága Magyarországon [Die Krise der Wirtschaftsverfassungsstaatlichkeit in Ungarn], Gazdaság és Jog 2013/10, S. 3–9.

auf, die bei passendem Anlass auch im Außenhandel relevant werden kann: Der ungarische Verbraucher wird vom ungarischen Staat vor angeblicher Ausbeutung durch ausländische Marktanbieter – bei den Devisenkrediten durch die Banken, bei den Wohnnebenkosten durch die Anbieter kommunaler Versorgungsleistungen – geschützt, u.a., indem der Staat nachträglich die laufenden Verträge zugunsten des ungarischen Verbrauchers „korrigiert".

Die verfassungsrechtlichen Hürden in Eingriffe in die Vertragsfreiheit und bestehende Verträge sind dabei vergleichsweise gering. In Ermangelung einer ausdrücklichen Erwähnung der Vertragsfreiheit in der Verfassung gilt sie seit 1990 als objektiv-rechtliche Garantie, aber nicht als subjektives Grundrecht.[183] Den Weg der Ableitung der Vertragsfreiheit aus der subjektiv-rechtlichen allgemeinen Handlungsfreiheit und damit einer grundrechtlichen Interpretation der Vertragsfreiheit sind Verfassungsrechtsprechung und Lehre nicht gegangen.[184] 2014 ließ die Regierung in einem abstrakten Verfassungsauslegungsverfahren klären, inwieweit gesetzliche Eingriffe in bestehende Vertragsverhältnisse gestattet sind; das Verfassungsgericht interpretierte die einschlägige Vorschrift des Art. M) GrundG dahin gehend, dass die Vertragsfreiheit eben wegen ihres objektiv-rechtlichen Charakters in gewissem Ausmaß staatlichen Eingriffen – auch solchen in bestehende Vertragsbeziehungen – offensteht.[185]

Nachfolgend werden fallstudienhaft die staatlichen Eingriffe in laufende Verträge anhand der devisenbasierten Kredite und anhand der Wohnnebenkosten beschrieben.

Fallstudie 1: Devisenbasierte Kredite

Befeuert durch den Immobilienboom nahmen ab den späten 1990er-Jahren zahlreiche ungarische Haushalte Kredite zum Kauf von Wohnungen oder zum Bau von Häusern auf, die meist durch die gegenständliche Immobilie dinglich gesichert wurden. Da der Forint eine hohe Inflation und damit entsprechend hohe Kreditzinsen aufwies, waren bei den Kreditnehmern sog. devisenbasierte Kredite populär, die nominell auf westliche Währung lauteten. Die Bank zahlte den Forintbetrag aus, der der in Franken,

---

183 *Drinóczi, Tímea*: Gazdasági alkotmány és gazdasági alapjogok [Wirtschaftsverfassung und Wirtschaftsgrundrechte], Budapest, Pécs 2007, S. 156–162; *Küpper*, Die ungarische Verfassung (Fn. 102), S. 55–56; zur einschlägigen Verfassungsrechtsprechung s. *Küpper, Herbert*: Voreilige Unkenrufe oder Demontage des Rechtsstaats? Das ungarische Verfassungsgericht nach den ersten vier Jahren Fidesz-Herrschaft, JOR 56 (2015) S. 85–138 (116).

184 Mäßig kritisch hierzu *Salát/Sonnevend* in *Jakab*, Alkotmány kommentárja (Fn. 103), § 9 Rn. 13–18.

185 VerfGE 8/2014. (III. 20.) AB v. 20.3.2014, MK 2014 Nr. 41, hierzu AJRO, OER 2014 S. 378–379; *Karácsony, Gergely G.*: Hungarian Constitutional Court: The Unconstitutionality of Contracts and Amending Contracts via Legislative Measures, ICL Journal 2016/1, S. 129–135; *Küpper* (Fn. 183), JOR 56 (2015) S. 119.

manchmal auch in Euro oder Yen vereinbarten Kreditsumme entsprach, und die Kreditnehmer zahlten an Tilgung und Zinsen den Forintbetrag der in der Fremdwährung bestimmten Tilgungs- und Zinsrate. Die Kreditnehmer zahlten nur die niedrigen Zinssätze der jeweiligen Fremdwährung; im Gegenzug übernahmen sie das Wechselkursrisiko für den Fall, dass der Kurs des Forint sich verschlechtern sollte.

Dieses Risiko trat in der weltweiten Finanzkrise 2008 ein: Da in Ungarn sowohl die öffentliche Hand als auch die privaten Haushalte überaus stark verschuldet waren, wurde das Land eines der ersten Opfer der Finanzkrise. In der Folge verlor der Forint drastisch an Wert, sodass die Kreditnehmer immer mehr Forint aufwenden mussten, um die in Westwährungen ausgedrückten Tilgungs- und Zinsverpflichtungen bedienen zu können. Viele Haushalte konnten ihre Kreditpflichten nicht mehr bedienen, zumal in dem verschlechterten wirtschaftlichen Umfeld die Realeinkommen sanken und die Arbeitslosigkeit stieg.

Die Regierung versuchte zunächst marktkonform mit staatlichen Bürgschaften für Überbrückungskredite an unverschuldet arbeitslos gewordene Kreditnehmer zu helfen, griff allerdings auch schon in laufende Verträge ein und verbot den Banken, die devisenbasierten Kreditverträge einseitig zulasten der Kreditnehmer abzuändern.[186]

Die 2010 ins Amt gekommene nationalpopulistische Fidesz-Regierung erkannte das politische Potenzial, das darin lag, den „unschuldigen und ehrlich arbeitenden" ungarischen Kreditnehmer gegen die „bösen und betrügerischen" ausländischen Banken zu schützen, und griff zu einer Doppelstrategie: Zum einen änderte sie auf dem Gesetzeswege den Inhalt der Verträge zwischen Darlehensgeber und -nehmer, und zum anderen stoppte sie die Zwangsvollstreckung in die Immobilien, die den Krediten als Sicherheit dienen.[187] Auf die Eingriffe in den Vertragsinhalt wird hier eingegangen, während die Auswirkungen des Vollstreckungsmoratoriums auf die Durchsetzbarkeit vertraglicher Ansprüche unten unter Punkt II. 2. d) dargestellt werden.

Die gesetzgeberischen Eingriffe in den Vertragsinhalt erfolgten in mehreren Schritten:

- Ende 2010 verbot eine Änderung des Bankengesetzes den Darlehensgebern alle einseitigen Änderungen des Vertragsinhalts mit Ausnahme des Zinssatzes; in Bezug auf den Zinssatz hob dieselbe Änderung die Vertragsbestimmungen über

186 Gesetz 2009:XIII über die Änderung einiger Gesetze, die die Aufsicht über das finanzielle Vermittlungssystem betreffen, v. 3.4.2009, MK 2009 Nr. 43, IOR-Chronik WiRO 2009 S. 282.

187 Ausführlich zu beiden Teilen der Strategie *Küpper, Herbert*: Ungarn: Devisenbasierte Verbraucherkredite, WiRO 2015 S. 82–88, S. 110–117, S. 145–149, S. 180–185. Zu den Bedenken aus Sicht der Vertragsfreiheit s. *Juhász, Zoltán*: A szerződési szabadság és határai alkotmányjogi és magánjogi nézőpontból, valamint a „clausula rebus sic stantibus elve" [Die Vertragsfreiheit und ihre Grenzen aus verfassungsrechtlicher und privatrechtlicher Sicht sowie der Grundsatz „clausula rebus sic stantibus"], Közjogi Szemle 2015/1, S. 32–41.

den sog. Wechselkurskorridor[188] auf und legte die Banken bei der Berechnung der Tilgungs- und Zinsraten auf den amtlichen oder ihren hausinternen Mittelkurs fest. Schließlich schützte die Gesetzesänderung den Darlehensnehmer vor einigen negativen Folgen der Kündigung des Darlehensvertrags.[189]

- 2011 legte der Staat den für die Berechnung der Tilgungs- und Zinsraten anzuwendenden Umtauschkurs auf einem Niveau fest, das für die Banken deutlich schlechter als der amtliche Wechselkurs war.[190] Diese zunächst befristete Maßnahme wurde immer wieder verlängert und schließlich verstetigt.
- Ende 2011 gestattete ein weiteres Gesetz den Darlehensnehmern, ihr Darlehen zu günstigen Bedingungen abzulösen. Diese sog. Vorabtilgung begünstigte naturgemäß die gut verdienende Fidesz-Klientel, weshalb das Gesetz im Volksmund auch als „Staatssekretärs-Regel" bezeichnet wurde.[191] Spätere punktuelle Erweiterungen des Kreises der Begünstigten änderten nichts daran, dass dieses Gesetz v.a. Vermögenden gestattete, ihre lästigen Kreditverpflichtungen sehr preiswert zum Nachteil der Bank abzulösen. Eine Verfassungsbeschwerde von Banken gegen diese staatliche Verschiebung der Vertragslasten zu ihren Ungunsten wies das Verfassungsgericht als unbegründet ab, weil der Staat in Ausnahmefällen das Recht habe, in bestehende und laufende Schuldverhältnisse einzugreifen, um diese an geänderte Umstände anzupassen.[192]

---

188 Der in den meisten Verträgen vereinbarte Wechselkurskorridor erlaubte den Banken, bei der Berechnung des Forintbetrags der Kreditsumme den Devisenankaufkurs zugrunde zu legen, bei der Berechnung des Forintbetrags von Tilgung und Zins hingegen den Devisenverkaufskurs.

189 Gesetz 2010:XCVI über die im Interesse der Hilfe für Verbraucher, die Kredite zu Wohnungszwecken aufgenommen haben und in eine schwierige Lage geraten sind, notwendigen Änderungen einzelner Finanzgesetze v. 28.10.2010, MK 2010 Nr. 165, IOR-Chronik WiRO 2011 S. 91.

190 Gesetz 2011:LXXV über die Festlegung des Tilgungswechselkurses für Devisendarlehen und über die Ordnung der Zwangsveräußerungen von Wohnimmobilien v. 28.6.2011, MK 2011 Nr. 71, IOR-Chronik WiRO 2011 S. 314–315. Eine jedenfalls teilweise staatliche Entschädigung für die Banken sah Gesetz 2012:XVI über die Änderung des Gesetzes 2011:LXXV über die Festlegung des Tilgungswechselkurses für Devisendarlehen und über die Ordnung der Zwangsveräußerungen von Wohnimmobilien v. 28.3.2012, MK 2012 Nr. 35, vor; näher hierzu IOR-Chronik WiRO 2012 S. 217–218.

191 Gesetz 2011:CXXI über die Änderung einzelner Gesetze im Zusammenhang mit dem Schutz des Heims v. 26.9.2011, MK 2011 Nr. 110, IOR-Chronik WiRO 2012 S. 26–27. Zu den verfassungs- und unionsrechtlichen Bedenken s. *Szécsényi, László*/ *Vágvölgyi, Balázs*: Zwangstilgung von Devisenkrediten in Ungarn, eastlex 2012/1, S. 19–22.

192 Verfassungsgerichtsentscheidung 3048/2013. (II. 28.) AB v. 28.2.2013, ABK 2013 Nr. 5. Im ungarischen Schrifttum gab es durchaus Stimmen, die sich für die Verfassungswidrigkeit dieser staatlichen Eingriffe in den Vertragsinhalt aussprachen; in deutscher Sprache *Szécsényi, Vágvölgyi* (Fn. 191), eastlex 2012/1, S. 21.

- Ebenfalls Ende 2011 deckelte das Gesetz die erlaubte Höhe für Kreditzinsen – allerdings nur bei Neuverträgen, nicht in Bezug auf laufende Verträge.[193]
- Kurz vor Jahresende 2011 erging ein Gesetz, das dem Staat erlaubt, die Wohnungen überschuldeter Kreditnehmer aufzukaufen, damit der Kreditnehmer seinen Kredit abbezahlen kann. Die so verstaatlichten Wohnungen sollen den Kreditnehmern als Wohnung dienen oder auf dem Mietmarkt angeboten werden.[194]

Diese Maßnahmen belasteten zwar die Banken, aber brachten den Darlehensnehmern – mit Ausnahme vermögender Besserverdiener – kaum Entlastung. Die soziale Problematik blieb also bestehen, weshalb die Regierung 2013 mit Blick auf die im Frühjahr 2014 anstehenden Parlamentswahlen weitere Eingriffe in die bestehenden Verträge unternahm. Zugleich stieg der Druck auf die Regierung, weil zahlreiche Darlehensnehmer im Klagewege versuchten, ihre vertraglichen Verpflichtungen loszuwerden oder zumindest zu reduzieren, und die Gerichte sich nicht in der Lage sahen, durch Rechtsprechungstätigkeit einen im Wesentlichen sozialen Missstand zu beheben.

- Auf die Klagewelle reagierte zunächst die Kurie, wie das oberste Gericht seit 2012 wieder heißt. Sie erkannte sehr schnell, dass hinter dem Verfall des Forints und den devisenbasierten Immobilienkrediten eine gesamtgesellschaftliche und -wirtschaftliche Problematik stand, die die Instanzgerichte unmöglich im Wege der individuellen Vertragsanfechtung, -anpassung und -durchsetzung würden lösen können, und setzte eine Arbeitsgruppe ein. Um der divergierenden Rechtsprechung der Untergerichte eine einheitliche Linie zu verleihen und überhaupt um den Instanzgerichten eine Handreichung bei der rechtlichen Beurteilung devisenbasierter Immobilienkredite zu geben, erließ die Kurie 2013 einen Rechtseinheitlichkeitsbeschluss,[195] der als solcher für alle Gerichte verbindlich ist. Darin erklärte die Kurie – zum großen Ärger der Regierung – die Grundkonstruktion der Verträge (niedrigere Zinsen gegen Währungsrisiko) für zivilrechtlich unbedenklich und das vertragliche Synallagma für nicht unlauter. Die Frage, ob die Vertragsklauseln, mit denen sich die Banken ein einseitiges Recht zur Änderung der Verträge vorbehalten hatten, unlauter waren, ließ die Rechtseinheitlichkeitsentscheidung offen, weil ein diesbezügliches Vorabentscheidungsverfahren beim EuGH anhängig war.

---

193 Gesetz 2011:CXLVIII über die Änderung einzelner Finanzgesetze zur Beschränkung der Darlehenszinsen und des vollen Kreditgebührkoeffizienten sowie zur Gewährleistung einer transparenten Preisgestaltung v. 14.11.2011, MK 2011 Nr. 132, IOR-Chronik WiRO 2012 S. 90. Kritisch *Vecsey, Marc*: Wirkungen des neuen Zinsdeckelungsgesetzes auf die Vernichtbarkeit von Darlehensverträgen in Ungarn, WiRO 2012, S. 167–174.

194 Gesetz 2011:CLXX über die Gewährleistung von Obdach für natürliche Personen, die ihren Verpflichtungen aus Kreditverträgen nicht genügen können, v. 14.12.2011, MK 2011 Nr. 151, IOR-Chronik WiRO 2012 S. 121.

195 Rechtseinheitlichkeitsbeschluss in bürgerlich-rechtlichen Sachen 6/2013. PJE v. 16.12.2013, veröffentlicht in MK 2014 Nr. 3, in deutscher Übersetzung von *Küpper, Herbert* abgedruckt in WiRO 2015 S. 110–117.

Nachdem der EuGH im April 2014 diese Frage geklärt und die Lasten ausgewogen zwischen Banken und Verbrauchern verteilt hatte,[196] klärte die Kurie in einem weiteren Rechtseinheitlichkeitsbeschluss, wie die Maßstäbe des Europarechts auf das ungarische Recht und die ungarischen Fälle anzuwenden sind.[197]

- Nachdem die Rechtsprechung auf diese Weise die Maßstäbe geklärt hatte, wurde wiederum der Gesetzgeber aktiv und erklärte Teile der devisenbasierten Immobilienkredite, die den Banken bestimmte Rechte einräumten, für unlauter. Das Gesetz gewährte den Banken eine kurze Frist, vor Gericht in Prozessen gegen den ungarischen Staat die Lauterkeit ihrer Geschäftsbedingungen nachzuweisen.[198] Die Rechtsprechung behandelt diese Frist als Ausschlussfrist: Nach Ablauf der Frist gilt die gesetzliche Vermutung der Unlauterkeit als unwiderlegt und unwiderleglich.[199]
- Gleichzeitig klärte die Kurie in einem Präzedenzfall, dass Änderungen der wirtschaftlichen Rahmenbedingungen wie der Kursverfall des Forint keine höhere

---

196 Urteil des Gerichtshofs (Vierte Kammer) v. 30.4.2014 in Sachen Árpád Kásler und Hajnalka Káslerné Rábai ./. OTP Jelzálogbank (RS C-26/13).

197 Rechtseinheitlichkeitsbeschluss in bürgerlich-rechtlichen Sachen 2/2014. PJE v. 16.6.2014, MK 2014 Nr. 91, in deutscher Übersetzung von *Küpper, Herbert* abgedruckt in WiRO 2015 S. 145–149, vom Verfassungsgericht nicht beanstandet in seinen Entscheidungen 7/2015. (III. 19.) AB v. 19.3.2015, MK 2015 Nr. 35, und 11/2015. (V. 14.) AB v. 14.5.2015, MK 2015 Nr. 67.

Zu der vertragsrechtlichen Problematik im Fall von devisenbasierten Darlehensverträgen, die keine Verbraucherverträge darstellen, s. Kurie, AZ.: Kúria Pfv. VII. 21.598/2015., KD 2016 Nr. 178.

198 Gesetz 2014:XXXVIII über die Regelung einiger Fragen im Zusammenhang mit dem Rechtseinheitlichkeitsbeschluss der Kurie in Bezug auf die Verbraucherdarlehensverträge von Finanzinstituten v. 18.7.2014, MK 2014 Nr. 98; in deutscher Übersetzung von *Küpper, Herbert* abgedruckt in WiRO 2015 S. 180–185. Das Gesetz wurde durch das Verfassungsgericht in seinen Entscheidungen 34/2014. (XI. 14.) AB v. 14.11.2014 [hierzu die Urteilsbesprechung von *Gárdos-Orosz, Fruszina/Gárdos, Péter* in Jogesetek Magyarázata 2015/2, S. 3–15, sowie *Küpper* (Fn. 183), JOR 56 (2015) S. 119], 2/2015. (II. 2.) AB v. 2.2.2015, ABH 2015 S. 132, 7/2015. (III. 19.) AB v. 19.3.2015 (Fn. 197), und 3057/2015. (III. 31.) AB v. 31.3.2015, ABK 2015 Nr. 7, für verfassungskonform erklärt. Weitere gegen das Gesetz eingelegte Rechtssatzverfassungsbeschwerden waren aus formalen Gründen unzulässig: Verfassungsgerichtsverfügungen 3047/2015. (III. 2.) AB und 3048/2015. (III. 2.) AB, beide v. 2.3.2015, ABK 2015 Nr. 5, sowie 3083/2015. (V. 8.) AB und 3084/2015. (V. 8.) AB, beide v. 8.5.2015, ABK 2015 Nr. 10; 3087/2015. (V. 19.) AB v. 19.5.2015, ABK 2015 Nr. 11. Zum zweiten Verfassungsgerichtsurteil 2/2015. (II. 2.) gibt es eine Urteilsbesprechung von *Gárdos-Orosz, Fruzsina/Gárdos, Péter*: Az Alkotmánybíróság második határozata a pénzügyi intézmények fogyasztói kölcsönszerződéseiben alkalmazott egyoldalú szerződésmódosítási jogra vonatkozó törvényi szabályozásról [Die zweite Verfassungsgerichtsentscheidung über die gesetzliche Regelung in Bezug auf das einseitige Vertragsänderungsrecht, das die Finanzinstitute in Verbraucherdarlehensverträgen verwenden], Jogesetek Magyarázata 2016/3, S. 21–32.

199 Kurie, AZ.: Kúria Pfv. V. 20.477/2016, KD 2017 Nr. 22.

Gewalt darstellen, weil sie die Erfüllung nicht unmöglich machen. Daher ist das Gericht nicht berechtigt, einseitig den Vertragsinhalt devisenbasierter Immobilienkreditverträge unter Berufung auf höhere Gewalt abzuändern, wie etwa § 241 BGB 1959 dies ermöglichte.[200] Damit liegen die allgemeinen Vorschriften des BGB über gerichtliche Eingriffe in den Vertragsinhalt hier nicht vor; es gelten nur die speziellen gesetzlichen Interventionen in devisenbasierte Immobilienkredite.
- In der Folge ergingen weitere Gesetze, die v.a. die Einzelheiten der Rückzahlungen der Banken regelten. Aus der zuvor genannten Gesetzgebung und Rechtsprechung ergaben sich Überzahlungen der Kreditnehmer an die Banken, und mehrere Gesetze regelten minutiös, wie die Banken die Überzahlungen zu erstatten oder zu verrechnen hatten.[201] Insoweit diese Gesetze griffen, waren auch dingliche Kreditsicherheiten der Banken teilweise hinfällig.[202]
- Des Weiteren wurden die laufenden, auf ausländische Währungen lautenden Darlehensverträge kraft Gesetzes zu einem für die Kreditnehmer überaus günstigen, weil unter Marktniveau liegenden Umrechnungskurs auf Forint umgestellt, ohne dass allerdings die Banken hierfür die für Forintdarlehen übliche Zinshöhe verlangen dürfen.[203]
- Manche Kreditnehmer beriefen sich vor Gericht auf Formmängel. Dem folgte die Rechtsprechung nur zum Teil. Auch hier griff die Kurie wiederum mit einem

200 Kurie, AZ.: Kúria Pfv. I. 20.422/2013, KD 2014 Nr. 147. Zur gerichtlichen Abänderbarkeit s. *Papp, Tekla*: Zusammenhänge zwischen der Wirtschaftskrise und Vertragsverhältnissen in Ungarn und der Europäischen Union, OER 2012, S. 53–61.

201 Gesetz 2014:XL über die Regeln der Verrechnung, die in Gesetz 2014:XXXVIII über die Regelung einiger Fragen im Zusammenhang mit dem Rechtseinheitlichkeitsbeschluss der Kurie in Bezug auf die Verbraucherdarlehensverträge von Finanzinstituten niedergelegt ist, und über einige sonstige Regelungen v. 6.10.2014, MK 2014 Nr. 137, für verfassungskonform erklärt durch Verfassungsgerichtsentscheidungen 7/2015. (III. 19.) AB v. 19.3.2015 (Fn. 197) und 3057/2015. (III. 31.) AB v. 31.3.2015 (Fn. 198); Verordnung der Ungarischen Nationalbank 43/2014. (XI. 7.) MNB über die allgemeinen Regeln der Methode der Verrechnung, die im Hinblick auf die ungültigen Vertragsklauseln der Verbraucherdarlehensverträge der Finanzinstitute notwendig sind, v. 7.11.2014, MK 2014 Nr. 153; Gesetz 2015:II über die Änderung von Gesetzen im Zusammenhang mit den Verbraucherdarlehensverträgen der Finanzinstitute sowie von weiteren privatrechtlichen Gesetzen v. 27.2.2015, MK 2015 Nr. 23; Gesetz 2015:LII über die Änderung der Gesetze, die zum Einschreiten gegen die Missbräuche im Zuge der Abrechnung der Banken notwendig sind, v. 8.5.2015, MK 2015 Nr. 65; sowie weitere Ausführungsvorschriften v.a. der Ungarischen Nationalbank.

202 Kurie, AZ.: Gfv. VII.30.298/2016, KD 2017 Nr. 24.

203 Gesetz 2014:LXXVII über die Regelung der Fragen in Verbindung mit der Änderung der Devisenarten einzelner Verbraucherverträge und mit den Zinsregeln v. 5.12.2014, MK 2014 Nr. 168, hierzu IOR-Chronik, WiRO 2015 S. 121. Das Gesetz ist verfassungsgemäß, der gesetzgeberische Eingriff in die Vertragsfreiheit gerechtfertigt: Verfassungsgerichtsentscheidung 33/2015. (XII. 3.) AB v. 3.12.2015, MK 2015 Nr. 188.

Rechtseinheitlichkeitsbeschluss[204] ein und stellte fest, dass es ausreiche, wenn der schriftliche Vertragsinhalt bestimmbar sei, er müsse nicht bestimmt sein. Das betraf zum einen die Fälle, in denen der Darlehensbetrag nicht in der Fremdwährung, sondern in Forint ausgedrückt war: Sofern die Umrechnung zweifelsfrei möglich sei (was regelmäßig der Fall ist), genüge dies dem Schriftlichkeitserfordernis, das der Verbraucherschutz im Finanzwesen verlange. Dasselbe gelte für die Tilgungsraten, ihre Anzahl, ihr Betrag und ihr zeitlicher Takt: Sofern aus den Daten des Vertrags diese Elemente eindeutig festgestellt werden könnten, brauchten sie nicht ausdrücklich genannt zu werden.

Insgesamt ist die gesamte Politik zur Handhabung der Krise um die devisenbasierten Immobiliendarlehensverträge nicht nur von einer einseitigen Positionierung des Staates zulasten der Banken geprägt, sondern folgt auch einem Top-Down-Modell: Der handelnde Akteur ist einzig der Staat, der als Gesetzgeber und Aufsichtsbehörde (insbesondere in Gestalt der Ungarischen Nationalbank) in bestehende Vertragsverhältnisse eingreift. Die Banken als die eine Vertragspartei sind nur Rechtsunterworfene, die die recht minutiösen normativen Vorgaben des Staates umzusetzen haben und hierbei einer engen Aufsicht durch die Nationalbank unterliegen; in Verhandlungen mit dem Staat über die Ausgestaltung der diesbezüglichen Gesetzgebung haben sie sich praktisch nie durchsetzen können. Aber auch die Verbraucher, zu deren Gunsten der Staat angeblich handelt, bleiben reines Objekt: Auch ihre vertraglichen Positionen und Ansprüche unterliegen staatlicher Disposition, und die Krise hat weder die Gesetzgebung noch die Rechtsprechung dazu veranlasst, z.B. die – in Ungarn sehr restriktiv ausgestalteten – Verbandsrechte der Verbraucherschutzverbände auszuweiten oder auch nur großzügiger zu interpretieren.[205] Lediglich die Zivilrechtsprechung, insbesondere die Kurie, vertrat teilweise einen anderen Ansatzpunkt und ging, ausgehend von der Vertragsfreiheit, von der Verantwortung der Vertragsparteien für ihr eigenes Handeln aus, sofern dieses aus freien Stücken und ohne Täuschung erfolgt war.[206]

Als sich Ende 2015 eine vergleichbare Situation bei auf Schweizer Franken basierenden Verbraucherdarlehen zur Finanzierung von Autokäufen abzeichnete, griff der Gesetzgeber zu denselben Mitteln: legislative Eingriffe in den Vertragsinhalt zur Neuausrichtung des vertraglichen Synallagmas zulasten der darlehensgewährenden (meist ausländischen) Banken.[207]

---

204 Rechtseinheitlichkeitsbeschluss in bürgerlich-rechtlichen Sachen 1/2016. PJE v. 6.6.2016, MK 2016 Nr. 88.

205 Auf der klassischen sehr restriktiven Linie verbleibt z.B. das Urteil der Kurie, AZ.: Kúria Gfv. VIII.30.393/2014, KD 2015 Nr. 41.

206 Dem entspricht es, dass die Kurie, AZ.: Kúria Gfv. VII. 30.068/2016, KD 2016 NR. 209, betonte, dass bei der gerichtlichen Einzelfallprüfung nicht die Ungültigkeit des ganzen Vertrags im Vordergrund stehe, sondern für jede Vertragsklausel separat geprüft werden müsse, ob sie z.B. wegen des Verstoßes gegen Verbraucherschutzrecht ungültig sei. Ähnlich Kurie, AZ.: Kúria Gfv. VII.30.851/2016, KD 2017 Nr. 343.

207 Gesetz 2015:CXLV über die Regelung von Fragen im Zusammenhang mit der Umwechslung von Forderungen aus einzelnen Verbraucherdarlehensverträgen in Forint v. 2.10.2015, MK 2015 Nr. 142, IOR-Chronik WiRO 2016 S. 59.

Fallstudie 2: Wohnnebenkosten

Angesichts der desaströsen Wirtschaftslage und der 2014 anstehenden Parlamentswahlen begann Fidesz, sich 2013 Sorgen um seine Popularität zu machen. Neben den devisenbasierten Immobilienkrediten fand die Regierung noch ein weiteres populistisches Thema: die hohen Wohnnebenkosten.[208] Diese waren (und sind) in Ungarn höher als in den meisten anderen ehemals sozialistischen Ländern und erreichten fast deutsches Niveau – was auf die deutlich weniger verdienenden Haushalte einen enormen finanziellen Druck ausübte. Als Ursache diagnostizierte die Regierung die Monopolstrukturen bei der Versorgung der Haushalte mit den entsprechenden Leistungen.[209] Anstatt aber die Ursache zu beheben, ließ die Regierung die Monopole unangetastet und griff stattdessen in die laufenden Verträge dergestalt ein, dass die Gebühren, die die Versorger den Haushalten in Rechnung stellen können, von Gesetzes wegen gesenkt wurden, ohne dass den Anbietern Kompensationen gewährt wurden. Auch hier strich die Regierung wieder ihre Rolle als Beschützerin der „ehrlichen Ungarn" gegen die „internationalen Multis", die die Versorgungsmärkte angeblich beherrschten, hervor. Die Diskussionen über die wirtschaftliche Sinnhaftigkeit einer Maßnahme, die zu einem Ende der Investitionen in die Versorgungsinfrastruktur führt und somit für einen kurzfristigen Wohlstandsgewinn den zukünftigen Generationen große Infrastrukturlasten aufbürdet, konnten weder im öffentlich-rechtlichen Rundfunk noch in den der Regierung nahe stehenden privaten Medien geführt werden und beschränkten sich daher auf einige oppositionelle Zeitungen und Internetforen; auch seitens der EU wurden gewisse Bedenken angemeldet.[210] Kritiker argwöhnen, dass die negativen Auswirkungen auf die Infrastruktur ein Teil der Strategie sind, da der Verfall der Versorgungsnetzwerke u.ä. der Regierung später den angestrebten Vorwand bieten werde, die Netze wieder zu verstaatlichen.

Im Wesentlichen griff der Gesetzgeber durch die folgenden Vorschriften in die laufenden Verträge zwischen Versorgungsunternehmen und privaten Haushalten ein; alle diese Preis- und Gebührensenkungen belasteten einseitig die Versorger, denen ausdrücklich keinerlei Kompensationen zustehen:

- Zunächst wurde den Anbietern von Strom und Erdgas verboten, die auf diesen Produkten und ihrer Verteilung ruhenden öffentlichen Lasten an die Verbraucher weiterzugeben.[211]

208 Zur Rolle dieses Themas im Wahlkampf 2014 s. *Priebus* (Fn. 46), S. 76.

209 So dargelegt in der Präambel zu Gesetz 2013:LIV über die Durchführung der Senkung der Wohnnebenkosten v. 9.5.2013, MK 2013 Nr. 73, vorletzter Satz.

210 Gegen die angebliche Einmischung der EU verwahrte sich das ungarische Parlament mit der Politischen Erklärung 2/2013. (X. 22.) OGY über die Verteidigung der Wohnnebenkostensenkung gegenüber dem Druck, den die Bürokratie der Europäischen Union ausübt, v. 22.10.2013, MK 2013 Nr. 174.

211 Gesetz 2013:XII über die Änderung des Gesetzes 2007:LXXXVI über die elektrische Energie und des Gesetzes 2008:XL über die Erdgasversorgung v. 13.3.2013, MK 2013 Nr. 43.

- Gesetz 2013:XXIV führte erste, noch recht unspezifische Preissenkungen für Strom und Erdgas ein und berief sich dabei auf die staatliche Wächteraufgabe bei Monopolen. Zur Überwachung der staatlichen Eingriffe in die Versorgungsmärkte wurde das Ungarische Energie- und Öffentliche Versorgungsregulierungsamt gegründet, dessen Leiter vom Ministerpräsidenten ohne vorherige Ausschreibung ernannt wird und das dem Parlament gegenüber berichtspflichtig ist.[212]
- Gesetz 2013:LIV[213] senkte die Gebühren, die die Versorger von Erdgas, Strom, Fernwärme, Wasser und Müllentfernung dem Endverbraucher 2014 berechnen durften, auf ca. 90–97% der Preise von Anfang 2013. Dies wurde von den Verbraucherschutzbehörden überwacht.
- Ende 2013 folgte die Senkung der Gebühren für Abwasser und für Schornsteinfegerdienste um 10%.[214]
- Da die bisherigen Gesetze und die begleitende Regierungspropaganda in der Bevölkerung Erwartungen geweckt hatten, die diese Maßnahmen nicht befriedigen konnten, senkte Gesetz 2013:CLXVII die Verbraucherpreise für Strom, Erdgas und Fernwärme um weitere 11,1% ab.[215]
- Ende 2013 senkte ein weiteres Gesetz die Gebühren, die Banken von ihren Kunden verlangen können, auf vorgegebene Höchstbeträge ab.[216] Auch dieses Gesetz bildet einen Teil des Paketes, mit dem die Regierung die Versorgung mit wichtigen Grunddienstleistungen für die Bevölkerung billiger machen will.
- Ebenfalls Ende 2013 wurden die Gebühren, die Versorger für die gemeinsam genutzten Bereiche von Mehrfamilienhäusern und Genossenschaftsbauten in

212 Gesetz 2013:XXIV über die Änderung einiger Gesetze in Bezug auf die Energie im Interesse einer sozialen Versorgung mit öffentlichen Dienstleistungen und Gesetz 2013:XXII über das Ungarische Energie- und Öffentliche Versorgungsregulierungsamt, beide v. 27.3.2013, MK 2013 Nr. 51.

213 Nachweis in Fn. 209. Gesetz 2013:LXXIX über die Änderung des Gesetzes 2008:XL über die Erdgasversorgung v. 13.6.2013, MK 2013 Nr. 96, erstreckte die Gebührensenkung auf zuvor nicht erfasste Arten der Gasversorgung, z.B. in Flaschen.

214 Gesetz 2013:CXIV über die Senkung der Wohnnebenkosten in Bezug auf abgepumptes Abwasser sowie über die Änderung einiger Gesetze im Zusammenhang mit weiteren Senkungen der Wohnnebenkosten v. 27.6.2013, MK 2013 Nr. 108.

215 Gesetz 2013:CLXVII über die zur Senkung der Wohnnebenkosten notwendige Änderung einiger Gesetze v. 21.10.2013, MK 2013 Nr. 173. Begleitend will Gesetz 2013:CLXXXVIII über die einheitliche Gestaltung von Rechnungen von Versorgungsdienstleistern v. 21.11.2013, MK 2013 Nr. 193, den Endverbraucher in die Lage versetzen, die Durchführung der Kostensenkungen auf seiner Gebührenrechnung nachzuvollziehen.

216 Gesetz 2013:CLXXXIX über die Änderung des Gesetzes 2009:LXXXV über die Erbringung von Geldverkehrsdienstleistungen im Zusammenhang mit der Senkung der Finanzverbraucherkosten v. 21.11.2013, MK 2013 Nr. 193.

Rechnung stellen können, pauschal um 20% gesenkt. Für die Überwachung machte das Gesetz die Hausverwalter verantwortlich.[217]
- Eine dritte Welle von Senkungen der Wohnnebenkosten erfolgte kurz vor den Wahlen im Februar 2014, die weitere Senkungen der Haushaltspreise für Gas, Strom und Fernwärme in einer Größenordnung zwischen 3,3% und 6,5% in Aussicht stellte und die Nebenkostensenkungen auf Pflegeeinrichtungen und ähnliche Institutionen erstreckte.[218]
- Schließlich wurde im Oktober 2014 die Aufsicht der Verbraucherschutzbehörden über die Gebührensenkungen in einigen der betroffenen Sektoren verstärkt, angeblich weil Zehntausende Bürger dies gefordert hätten.[219]

Insgesamt erließ der Gesetzgeber eine große Anzahl von Maßnahmen, die hektisch – um vor den Wahlen den gewünschten propagandistischen Effekt zu erzielen – nachgebessert und eskaliert wurden. Ökonomische und ökologische Rationalität, ein sinnvolles Verhältnis zwischen Marktmechanismen und staatlicher Regulierung sowie die Nachhaltigkeit in der Politik gegenüber Versorgungsleistungen an Privathaushalte wurden ohne zu zögern Maßnahmen geopfert, von denen man sich einmalig Wählerstimmen erhoffte.

Zur Vorbereitung dieser gesetzlichen Eingriffe in die Preise der Versorgungsleistungen für Haushalte waren zuvor die bis dahin den örtlichen Selbstverwaltungen zustehenden Preisfestsetzungsbefugnisse entzogen und auf staatliche Behörden übergeleitet worden. Rechtliche Schritte einzelner Kommunen gegen die staatliche Festsetzung der kommunal erbrachten Versorgungsleistungen hatten keinen Erfolg; die Justiz betrachtete die Konzentration der Preisfestsetzung beim Staat als rechtmäßig.[220] Im Dezember 2016 wurden die staatlichen Preisregulierungsbefugnisse, die Ende 2016 hätten auslaufen sollen, über dieses Schlussdatum hinaus verlängert.[221] 2017 begannen erste größere staatliche Zuwendungen an die Leistungserbringer, denn die Verringerung der Gebühreneinnahmen führte zu dem vorhergesagten Stopp von Investitionen in die Infrastruktur, was sich zunehmend in Sicherheit und Qualität der Versorgungsleistungen negativ bemerkbar zu machen begann.[222]

---

217 Gesetz 2013:CCXXXI über die Änderung einiger Gesetze im Zusammenhang mit der Durchführung der Senkung der Wohnnebenkosten v. 21.12.2013, MK 2013 Nr. 216.

218 Gesetz 2014:XI über die Änderung einiger Gesetze im Zusammenhang mit der Senkung der Wohnnebenkosten und dem Verbraucherschutz v. 17.2.2014, MK 2014 Nr. 22.

219 Gesetz 2014:XLI über die Änderung einiger Gesetze über Versorgungsdienstleistungen v. 6.10.2014, MK 2014 Nr. 137. Die Berufung auf „die Ersuchen von Zehntausenden von Staatsbürgern" findet sich in der offiziellen Begründung der Regierungsvorlage, Allgemeiner Teil, 2. Abschnitt.

220 Kurie, Rechtseinheitlichkeitsbeschluss in Verwaltungssachen 2013. K.43, KD 2013 Heft 10.

221 Gesetz 2016:CLXXXIII über die Änderung einiger Energiegesetze zum Zweck der Preisregulierung v. 20.12.2016, MK 2016 Nr. 210.

222 Den Beginn machten die Wasser- und die Abfallwirtschaft: Gesetz 2017:LXV über die Änderung des Gesetzes 2011:CCIX über die Wasserversorgung durch öffentliche

d) Quantitative Beobachtungen

Der Außenhandel nahm seit der Wende tendenziell zu, obwohl es auch Jahre mit geringerem Außenhandelsvolumen gab. Die Angaben lauten wie folgt[223]:

Jahr	**Insgesamt**	**Davon:**			
		entwickelte Länder	**Darin: EU-Staaten**	**Mittel- und osteuropäische Länder**	**Entwicklungsländer**
1995 = 100					
Import					
1990	76,4	61,6	65,7		82,1
1991	81,7	81,6	75,8		101,6
1992	75,7	76,4	71,1		63,7
1993	91,0	84,2	79,5		88,8
1994	104,2	104,3	102,7	103,9	104,3
1995	**100,0**	**100,0**	**100,0**	**100,0**	**100,0**
1996	105,5	104,2	103,9	108,8	111,4
1997	133,4	136,3	134,8	113,9	163,7
1998	166,5	170,3	167,0	127,5	244,1
1999	190,3	194,8	191,4	135,2	308,6
2000	229,9	229,2	218,9	158,3	455,8
2001	239,2	236,9	224,5	161,1	503,4
2002	251,2	236,0	226,6	177,8	636,2
2003	276,7	252,7	239,8	200,3	765,5
Export					
1990	94,9	72,6	65,1		113,4
1991	90,0	88,3	83,3		106,6
1992	91,0	93,2	89,9		74,5
1993	79,0	78,7	74,6		84,9
1994	92,2	97,0	95,2	81,4	76,7
1995	**100,0**	**100,0**	**100,0**	**100,0**	**100,0**

Einrichtungen, MK 2017 Nr. 85, schuf einen staatlichen Unterstützungsfonds, und Gesetz 2017:LXVI über die Änderung des Gesetzes 2012:CLXXXV über den Abfall v. 8.6.2017, MK 2017 Nr. 85, leitete staatliche Mittel in die Abfallwirtschaft.

223 Quelle: Zentrales Statistikamt, https://www.ksh.hu/docs/hun/xstadat/xstadat_eves/i_qkt001.html (Stand: 9.2.2016).

1996	104,6	105,7	105,7	104,3	94,0
1997	135,8	139,9	141,1	130,6	100,8
1998	166,4	176,3	175,3	136,6	142,8
1999	192,9	213,2	211,5	123,9	168,3
2000	234,8	260,1	256,4	151,8	190,9
2001	253,0	277,3	274,2	176,3	195,5
2002	268,0	292,8	294,0	185,2	238,0
2003	292,5	312,5	312,7	223,4	275,1
Vorjahr = 100					
Import					
Jahr	Insgesamt	Davon:			
		entwickelte Länder	Darin: EU-Staaten	Mittel- und osteuropäische Länder	Entwicklungsländer
1990	94,8	96,5	93,8		122,4
1991	107,1	132,5	115,2		123,7
1992	92,4	93,6	93,8		62,7
1993	120,4	110,1	111,6		139,3
1994	114,5	124,0	129,4	90,2	117,6
1995	96,1	95,9	97,3	96,1	95,9
1996	105,5	104,2	103,9	108,0	111,4
1997	126,4	130,8	129,7	105,3	147,0
1998	124,9	125,0	123,8	112,1	149,1
1999	114,3	114,3	114,6	106,6	126,3
2000	120,8	117,7	114,4	117,7	147,7
2001	104,0	103,4	102,5	101,8	110,5
2002	105,1	99,6	100,9	110,4	126,4
2003	110,1	107,0	105,8	112,6	120,3
	EU-27	Länder außerhalb der EU	Insgesamt	Davon	
				EU-15	^neue EU-Staaten (EU-12)
2007	109,4	118,8	112,0	108,5	112,7
2008	103,9	105,5	104,3	102,8	108,3
2009	82,0	84,8	82,9	80,2	88,9
2010	114,9	115,7	115,1	112,2	124,5

2011	109,9	100,0	106,7	107,8	116,4
2012	102,0	95,4	99,9	102,5	100,7
Export					
Jahr	insgesamt	Davon:			
		entwi-ckelte Länder	Darin: EU-Staaten	Mittel- und osteuropäische Länder	Entwicklungsländer
1990	95,9	112,1	114,2		89,5
1991	95,1	121,7	128,1		94,0
1992	101,0	105,5	108,0		69,8
1993	86,9	84,3	82,8		114,2
1994	116,6	123,3	127,8	105,1	90,5
1995	108,4	103,0	105,1	122,9	130,2
1996	104,6	105,7	105,7	104,3	94,0
1997	129,9	132,3	133,6	125,2	107,2
1998	122,5	126,0	124,3	104,7	141,7
1999	115,9	120,9	120,6	90,7	117,8
2000	121,7	122,0	121,3	122,5	113,4
2001	107,7	106,7	106,9	116,1	102,9
2002	105,9	105,5	107,1	105,0	121,2
2003	109,1	106,8	106,4	120,6	115,5
	EU-27	Länder außerhalb der EU	Insgesamt	Davon	
				EU-15	^neue EU-Staaten (EU-12)
2007	116,4	113,5	115,8	113,8	124,8
2008	104,9	101,3	104,2	102,2	113,1
2009	87,9	84,7	87,3	88,3	84,5
2010	115,3	123,0	116,9	114,2	118,9
2011	107,6	117,2	109,9	104,6	116,2
2012	100,6	100,8	100,7	100,6	100,7

3 Kaufvertrag als Rechtsgrundlage der Lieferbeziehung zwischen ökonomisch gleich gestellten Wirtschaftssubjekten im Außenhandel

Das hier betrachtete Außenhandelsgeschäft ist im Regelfall ein Kaufvertrag. Nicht vergessen werde sollte allerdings, dass im Wirtschaftsverkehr zwischen sozialistischen Planwirtschaften auch Tauschverträge (die meist Barter-Geschäfte genannt wurden) eine größere praktische Bedeutung besaßen. Daher wäre eine Betrachtung des vertragsrechtlichen Regimes unvollständig, wenn nicht auch ein Blick auf die Regelung dieses speziellen Vertragstyps geworfen würde.

a) Rahmenbedingungen

Ungarn ist eine relativ kleine Volkswirtschaft. Zum Zeitpunkt der Machtergreifung der Kommunisten 1949 war es v.a. landwirtschaftlich orientiert. Industrie und Handel von überörtlicher oder gar grenzüberschreitender Bedeutung gab es fast nur in Budapest.

Zwischen 1944 und 1949 ergriffen die ungarischen Kommunisten, gestützt durch die Anwesenheit der Roten Armee im Land, scheibchenweise die Macht (sog. Salamitaktik, ungar.: *szalámitaktika*). Auch die Wirtschaft wurde bereits in dieser Zeit schrittweise sowjetisiert und der Vorgabe einer Planwirtschaft nach sowjetischem Muster angepasst. Zugleich war Ungarn als „letzter Satellit Deutschlands" Kriegsverlierer und wurde von der Sowjetunion in den 1940er- und frühen 1950er-Jahren auch so behandelt, etwa durch Entnahmen von Reparationen etc. Mit dem zunehmenden Systemgegensatz wurde Ungarns Status als Kriegsverlierer immer bedeutungsloser, und es ordnete sich ebenso in die sowjetisch dominierte sozialistische Staatenwelt ein wie die „Gewinner" Polen und Tschechoslowakei. Der Status als Kriegsverlierer äußerte sich allerdings darin, dass Ungarn erst Ende 1955 den Vereinten Nationen beitreten konnte.[224]

Ungarn gehörte am 25.1.1949 zu den Gründungsmitgliedern des Rats für Gegenseitige Wirtschaftshilfe und unterstand somit der Pflicht zur Planwirtschaft und dem Primat der sowjetischen Wirtschaftspolitik.[225] 1991 trat Ungarn aus und gehörte zu den ersten Staaten des ehemaligen RGW, der mit der EU ein Assoziierungsabkommen schloss. Das ungarische sog. „Europa-Abkommen"[226] gehörte

---

224 Die UN-Charta wurde ratifiziert durch Gesetz 1956:I v. 16.2.1956, MK 1956 Nr. 13.

225 Die Charta des RGW (14.12.1959, Sofia) ratifizierte Ungarn durch die Verordnung mit Gesetzeskraft 1960/16 v. 10.6.1960, MK 1960 Nr. 49; die ungarische Kündigung des Vertrags wurde innerstaatlich durch Gesetz 1991:XXXV v. 24.9.1991, MK 1991 Nr. 102, verkündet.

226 Europa-Abkommen über die Gründung einer Assoziation zwischen den Europäischen Gemeinschaften und ihren Mitgliedstaaten einerseits und der Republik Ungarn andererseits v. 16.12.1991, dt. BGBl. 1993 II 1473, in Ungarn ratifiziert durch Gesetz 1994:I v. 4.1.1994, MK 1994 Nr. 1. Die Bestimmungen über Marktzugang und Handel traten am 1.3.1992 in Kraft, der Rest folgte später.

daher zur ersten Generation derartiger Verträge der EU mit den östlichen Nachbarn; es nannte anders als Europa-Abkommen der zweiten und dritten Generation als Ziel nur den Übergang Ungarns zur Marktwirtschaft, stellte aber noch keine – noch nicht einmal eine vage – Beitrittsperspektive in Aussicht.[227] Der EU-Beitritt erfolgte zum 1.5.2004.[228] Als EU-Mitglied ist Ungarn automatisch auch Mitglied der Welthandelsorganisation.[229]

Bereits zu sozialistischen Zeiten trat Ungarn einigen „kapitalistischen" Handelsorganisationen und Einrichtungen bei[230]: dem GATT (1973),[231] dem Internationalen Währungsfonds (IMF, 1982)[232] und der Weltbank (Internationale Bank für Wiederaufbau und Entwicklung, IBRD, 1982) sowie deren Unterorganisationen Internationale Finanz-Corporation und Internationale Entwicklungsagentur (IFC und IDA, 1985). Auch dem UN-Kaufrecht trat Ungarn in den 1980er-Jahren bei.[233] Das UN-Kaufrecht strahlte allerdings nur wenig auf das ungarische Kaufrecht aus: Bis zum heutigen Tag gibt es kaum veröffentlichte Rechtsprechung staatlicher Gerichte zu diesem Vertragsrechtsregime; größer scheint seine Bedeutung vor Schiedsgerichten zu sein. Bei der Ausgestaltung des neuen BGB 2013 ist hingegen auch das UN-Kaufrecht als ein Vorbild unter vielen herangezogen worden.[234] Auch der „kleinen Schwester" des UN-Kaufrechts, dem Übereinkommen über die Verjährung beim internationalen Warenkauf, trat Ungarn noch gegen Ende des Sozialismus bei.[235]

Ebenfalls zu sozialistischen Zeiten erfolgte der Beitritt zum New Yorker Abkommen über die Anerkennung und Vollstreckung ausländischer Schiedssprüche

---

227 Kritisch hierzu *Zeh, Juli*: Recht auf Beitritt? Ansprüche von Kandidatenstaaten gegen die Europäische Union, Baden-Baden 2002.

228 Den Beitrittsvertrag verkündet innerstaatlich Gesetz 2004:XXX v. 30.4.2004, MK 2004 Nr. 60.

229 Deren Charta ratifizierte Gesetz 1998:IX v. 7.3.1998, MK 1998 Nr. 17.

230 Näher hierzu *Schönfeld* in *Grothusen* (Fn. 15), S. 411–416.

231 Die GATT-Mitgliedschaft von RGW-Staaten war nicht so ungewöhnlich; vor Ungarn waren bereits die Tschechoslowakei, Polen und Rumänien beigetreten.

232 Hier war Ungarn nach Rumänien das zweite RGW-Land: *Pissulla, P.*: Der Internationale Währungsfonds und seine Bedeutung für die osteuropäischen Länder – Rumänien, Ungarn, Polen, Hamburg 1983.

233 Übereinkommen der Vereinten Nationen über Verträge über den internationalen Warenkauf v. 11.4.1980 (Wiener Kaufrecht, in Englisch gängigerweise abgekürzt CISG – UN Convention on Contracts for the International Sale of Goods), in Ungarn ratifiziert durch die Verordnung mit Gesetzeskraft 1987/20. v. 29.11.1987, MK 1987 Nr. 55. Hierzu *Sándor, Tamás*: Az áruk nemzetközi adásvételéről szóló, 1980. évi bécsi egyezmény 35 éve [35 Jahre Wiener Abkommen über den internationalen Warenkauf von 1980], Jogtudományi Közlöny 2015, S. 59–60.

234 *Vékás, Lajos* (Hrsg.): Szakértői Javaslat az új Polgári Törvénykönyv tervezetéhez [Expertenentwurf zu einem neuen Bürgerlichen Gesetzbuch], Budapest 2008, S. 57 (*Lajos Vékás* war der Vorsitzende der Kodifikationskommission für das neue BGB).

235 Übereinkommen über die Verjährung beim internationalen Warenkauf v. 14.6.1974, ratifiziert durch Verordnung mit Gesetzeskraft 1989/1 v. 31.1.1989, MK 1989 Nr. 7.

v. 10.6.1958[236] und zum Genfer Europäischen Übereinkommen über die internationale Handelsschiedsgerichtsbarkeit v. 21.4.1961.[237] Den grenzüberschreitenden Rechtsverkehr erleichterten das Haager Übereinkommen über den Zivilprozess v. 1.3.1954[238] und das Haager Apostilleabkommen v. 5.10.1961.[239]

Auch einigen internationalen Zollvereinfachungsabkommen schloss sich bereits das sozialistische Ungarn an, so dem Abkommen von Kyoto v. 18.5.1973[240] und dem Genfer Abkommen zur Harmonisierung der Warenkontrollen an den Grenzen v. 21.10.1982.[241]

Nach der Wende intensivierte sich die internationale Zusammenarbeit des Landes auch in Bezug auf den grenzüberschreitenden Handel und seine Erleichterung. Ungarn trat dem Haager Beweisaufnahmeübereinkommen[242] und dem Haager Zustellungsübereinkommen[243] bei. Zahlreiche weitere Abkommen der Haager Konferenz für Internationales Privatrecht[244] zeichnete Ungarn allerdings nicht, nicht zuletzt, weil die fortschreitende Vergemeinschaftung des Kollisionsrechts für den mitgliedstaatlichen Gesetzgeber ohnehin nur noch wenig Raum lässt.

Als vergleichsweise kleine Volkswirtschaft ist Ungarn von den Geschehnissen auf dem Weltmarkt abhängig, ohne selbst allzu viel Steuerungsmacht zu besitzen. Während der Zugehörigkeit zum RGW wurde der Großteil des Außenhandels mit den anderen RGW-Staaten abgewickelt. Dort herrschten keine Marktmechanismen, sondern der RGW-interne Handel wurde genauso geplant wie das Wirtschaftsleben innerhalb eines RGW-Staates. Außerdem spielten wegen der

---

236 Ratifiziert durch Verordnung mit Gesetzeskraft 1962/25 v. 22.10.1962, MK 1962 Nr. 78. Zur heutigen Bedeutung s. *Horváth, Éva*: Mi lesz veled New York-i Konvenció? [Was wird aus Dir, New Yorker Konvention?], Magyar Jog 2010, S. 395–402.

237 Ratifiziert durch Verordnung mit Gesetzeskraft 1964/8 v. 26.3.1964, MK 1964 Nr. 18.

238 Ratifiziert durch Verordnung mit Gesetzeskraft 1966/8 v. 1.4.1966, MK 1966 Nr. 23; die Umsetzung erfolgt durch die Verordnung des Justizministers 4/1966. (VI. 15.) IM v. 15.6.1966, MK 1966 Nr. 39 (bis heute in Kraft).

239 Übereinkommen über die Befreiung ausländischer öffentlicher Urkunden von der Legalisation v. 5.10.1961, ratifiziert durch Verordnung mit Gesetzeskraft 1973/11 v. 8.5.1973, MK 1973 Nr. 32.

240 Internationales Übereinkommen zur Vereinfachung und Harmonisierung der Zollverfahren v. 18.5.1973, ratifiziert durch Verordnung mit Gesetzeskraft 1982/11 v. 7.6.1982, MK 1982 Nr. 33.

241 Internationales Übereinkommen zur Harmonisierung der Warenkontrollen an den Grenzen v. 21.10.1982, völkerrechtlich bindend für Ungarn seit dem 26.1.1984, kein Ratifizierungsakt im Magyar Közlöny nachgewiesen.

242 Übereinkommen über die Beweisaufnahme im Ausland in Zivil- und Handelssachen v. 18.3.1970, ratifiziert durch Gesetz 2004:CXVI v. 8.12.2004, MK 2004 Nr. 185.

243 Übereinkommen über die Zustellung gerichtlicher und außergerichtlicher Schriftstücke im Ausland in Zivil- oder Handelssachen v. 15.11.1965, ratifiziert durch Gesetz 2005:XXXVI v. 28.5.2005, MK 2005 Nr. 71.

244 Der Beitritt zur Konferenz selbst wurde innerstaatlich vollzogen durch die Regierungsverordnung 89/2006. (IV. 18.) Korm. v. 18.4.2006, MK 2006 Nr. 45.

zentralen Planung Geld- und Währungsfragen im Verkehr zwischen RGW-Staaten keine große Rolle. Innerhalb der „sozialistischen Arbeitsteilung" zwischen den RGW-Staaten wurde Ungarn die Rolle eines Herstellers und Exporteurs von landwirtschaftlichen Produkten, industriellen Investitionsgütern und in geringerem Umfang Konsumgütern zugewiesen, während es v.a. Energie, Rohstoffe und in geringerem Umfang Halbfertigwaren importierte.[245]

Seit den 1980er-Jahren überstieg der Handel mit Marktwirtschaften, insbesondere mit der seinerzeitigen EG, den Handel mit den RGW-Partnern. Außerhalb des RGW konnte Ungarn nur solche Produkte verkaufen, deren Qualität und Preis international konkurrenzfähig waren. Bereits in den 1980er-Jahren begann Ungarn daher, seine Exportpolitik und -förderung auf die Ausfuhr in Marktwirtschaften unter Weltmarktbedingungen auszurichten.

Diese Tendenz verstärkte sich nach dem Ende des RGW und dem Verlust der damit verbundenen sicheren, wenn auch wenig lukrativen Exportmärkte in Osteuropa. Die ungarischen Nachwende-Regierungen sahen wirtschaftliche Chancen für das Land hauptsächlich im Export hoch qualitativer Güter. Ein gutes Beispiel hierfür ist die Weinwirtschaft. Im Sozialismus wurde v.a. Masse produziert: Unmengen billigen Weins, der im Inland und in Osteuropa Abnehmer fand, im Westen – trotz seines niedrigen Preises – aber immer weniger. Das änderte sich mit dem neuen Weingesetz von 1997 und mehr noch mit dem von 2004:[246] Die Produktion von Billigweinen wurde zwar nicht verboten, aber die staatliche Förderung von Anbau und Export auf Produkte mit guter bis sehr guter Qualität konzentriert. Den Erfolg dieser Strategie zeigt ein Blick in ein beliebiges Weinregal eines deutschen Supermarkts: Ungarische Weine stehen nicht mehr unten im Regal neben den billigen makedonischen und serbischen Weinen, sondern auf Augenhöhe neben spanischen, chilenischen und südafrikanischen – zu entsprechenden Preisen.

Der Beitritt zur EU 2004 veränderte nichts an dieser grundlegenden Weltmarktausrichtung. Jedoch mussten im Vorfeld des Beitritts die Instrumente der Exportförderung an die Vorgaben des Gemeinschaftsrechts angepasst werden. Die allgemeine Wirtschaftsförderung betreibt die Ungarische Entwicklungsbank,[247] die ungarischen Unternehmen u.a. Kredite und Garantien zur Verfügung stellen kann. Auch wenn die Vorschriften den Außenhandel nicht gesondert erwähnen, können diese Instrumente im Einzelfall auch zur Förderung von Außenhandelsaktivitäten v.a. kleiner und mittlerer Unternehmen dienen. Speziell für die Unterstützung und Förderung des Außenhandels wurden als Bankdienstleister die Ungarische

245 *Schönfeld* in *Grothusen* (Fn. 15), S. 400–405. Zur abweichenden Warenstruktur im Außenhandel mit Hartwährungsländern s. *Grothusen*, ebd., S. 406–411.

246 Gesetze 1997:CXXI über den Traubenanbau und die Weinwirtschaft v. 29.11.1997, MK 1997 Nr. 106, und 2004:XVIII über den Traubenanbau und die Weinwirtschaft v. 9.4.2004, MK 2004 Nr. 44.

247 Rechtsgrundlage ist Gesetz 2001:XX über die Ungarische Entwicklungsbank Aktiengesellschaft v. 23.5.2001, MK 2001 Nr. 58.

Export-Import Bank Geschlossen Tätige Aktiengesellschaft (Eximbank) und als Versicherungsdienstleister die Ungarische Exportkredit-Versicherer Geschlossen Tätige Aktiengesellschaft (Mehib) geschaffen.[248] Aufgabe der Eximbank ist es, inländischen Unternehmen für deren Außenhandelsaktivitäten Kredite, Garantien und sonstige Bankdienstleistungen zur Verfügung zu stellen, während die Mehib für Außenhandelsaktivitäten Kredite, Garantien und Ausfälle versichert; hierbei kommt es nicht darauf an, ob das versicherte Risiko im Übrigen marktfähig oder nicht marktfähig ist. Bei der Mehib steht mehr noch als bei der Eximbank die Förderung des Exports aus Ungarn heraus im Mittelpunkt. Die Summe, die an staatlichen Garantien im laufenden Haushaltsjahr zur Verfügung gestellt werden kann, bestimmt das Jahreshaushaltsgesetz.[249]

Die seit 2010 amtierende Regierung steuert zumindest rhetorisch einen etwas anderen Kurs. Sie will die Deindustrialisierung Ungarns rückgängig machen und erreichen, dass Ungarn zur „Werkbank Europas" wird, was sie mit einer stark an sozialistische oder rechtsradikale Propaganda erinnernden Rhetorik des „Wertes der körperlichen Arbeit" verbrämt. Normativen Niederschlag hat diese Bevorzugung der Arbeit vor dem Kapital im neuen Grundgesetz in Art. M) Abs. 1 gefunden, wonach Ungarns Wirtschaft „auf der wertschöpfenden Arbeit" beruht. Das Adjektiv „wertschöpfend" kann neutral als wirtschaftswissenschaftlicher Begriff gelesen werden, aber auch in dem soeben dargestellten Sinn, dass damit die physische Produktion gemeint ist – im Gegensatz zu Handel und Finanzbranche, die eben keine Werte „schöpfen", sondern nur „verschieben".[250]

Tatsächlich ist es so, dass sich Budapest seit der Wende zu einem überregionalen Wirtschaftsverwaltungszentrum entwickelt hat, wo Konzernverwaltungen, Banken, Versicherungen u.ä. spezialisierte Dienstleistungen für ganz Mittel- und/oder Osteuropa erbringen und die Konzerngeschäfte in der gesamten Region koordinieren und verwalten. Dieser internationalisierte Bereich der Wirtschaft geriet seit der Finanzkrise 2008, die Ungarn wegen seiner hohen öffentlichen und privaten Verschuldung sehr schnell und sehr hart traf, in einen schlechten Ruf, und die an „wertschöpfende" Arbeit anknüpfende Rhetorik der Regierung bedient die Ressentiments der zurückgebliebenen Provinz, der seit der Wende deindustrialisierten und im Wesentlichen arbeitslosen sozialistischen Industriestädte sowie der verarmten „proletarischen" Außenbezirke der größeren Städte einschließlich der Hauptstadt gegen den internationalisierten *Hub* Budapest, der in deren Augen mit seiner Weltmarktvernetzung per Definition „unnational" sei und mit „nicht

248 Gemeinsame Rechtsgrundlage ist Gesetz 1994:XLII über die Ungarische Export-Import Bank Aktiengesellschaft und die Ungarische Exportkredit-Versicherer Aktiengesellschaft v. 26.4.1994, MK 1994 Nr. 44.

249 Zu den Volumina staatlicher Förderung und Garantieübernahme s.u. Punkt d).

250 Zum neuen Arbeitsverfassungsrecht s. die Studie „Ungebrochene Kontraktualisierung: Vertragsfreiheit, Vertragsstabilität und Vertragsdurchsetzung im ungarischen Arbeitsrecht" in diesem Band, Punkt I. 2. d).

wertschöpfenden" Handels- und Finanzgeschäften zur Verarmung des Rests des Landes beitrage.

Eine grundsätzliche Neuorientierung der Außenwirtschaft hat diese im Rhetorischen verbleibende Politik bislang noch nicht bewirkt. Ebenso sind die Instrumente staatlicher Exportförderung u.ä. im Wesentlichen unverändert. Die erwähnten Magyarisierungskampagnen sollen allerdings dazu beitragen, dass Ungarn für ausländische Unternehmen v.a. der Handels- und Finanzbranche unattraktiv wird und diese sich vom ungarischen Markt zurückziehen. So haben die Maßnahmen zum Schutz ungarischer Schuldner von devisenbasierten Immobilienkrediten gegenüber den darlehensgebenden (meist ausländischen) Banken nicht nur das Ziel, den verschuldeten ungarischen Haushalten konkret zu helfen,[251] sondern nach Bekunden der Regierung sollen sie auch dazu dienen, dass ausländische Banken und Finanzinstitute ihr Interesse am ungarischen Markt verlieren – damit der staatliche ungarische Bankensektor und die einheimischen, in Hand von Fidesz-Anhängern befindlichen Banken ohne die Konkurrenz ausländischer Wettbewerber den Markt übernehmen und kontrollieren können.

b) Rehabilitierung des Handelsrechts

In etlichen ehemals sozialistischen Staaten ging die Wende mit einer „Rehabilitierung des Handelsrechts" einher, d.h. es wurde wieder ein Recht für den Verkehr zwischen Kaufleuten eingerichtet. Angesichts des marktorientierten Charakters des Handelsrechts lag hierin regelmäßig ein deutlicher Bruch mit der Planwirtschaft.

Die Rechtsgeschichte hätte auch in Ungarn für die Wiedereinführung eines Handelsrechts gesprochen. Vor 1949 gab es eine Dichotomie zwischen kodifiziertem Handelsrecht und im Wesentlichen gewohnheitsrechtlichem bürgerlichem Recht.[252] Diese Dichotomie endete allerdings spätestens 1959 mit dem Erlass des BGB, das monistisch war, d.h. das bürgerliche und das Handelsrecht gleichermaßen regelte – soweit man diese Begriffe auf das sozialistische Recht überhaupt anwenden will.[253] Jedenfalls erhob das BGB 1959 den Anspruch, die zivilrechtlichen Verhältnisse sowohl zwischen den Bürgern als auch zwischen den sozialistischen Unternehmen zu regeln. Damit galt es für einen Kaufvertrag über ein gebrauchtes

---

251 Hierzu s.o. Punkt I. 2. c) v., Fallstudie 1.

252 Gesetzesartikel 1875:XXXVII über das Handelsgesetz v. 19.5.1875, OT 1875 Nr. 5 (Handelsgesetzbuch; einige wenige Paragraphen gelten bis heute fort). Zum unkodifizierten bürgerlichen Recht s. *Csizmadia, Andor/Kovács, Kálmán* (Hrsg.): Die Entwicklung des Zivilrechts in Mitteleuropa 1848–1944, Budapest 1970; *Küpper*, Rechtsgeschichte Osteuropas (Fn. 52), S. 311–312, 315–316; *Szladits, Károly* (Hrsg.): Magyar magánjog (Fn. 61), 6 Bde.

253 Zum ungarischen BGB von 1959 als gesetzgeberische Stellungnahme im sozialistischen Monismus-Dualismus-Streit s. *Küpper*, Rechtsgeschichte Osteuropas (Fn. 52), S. 459–461, 590–592; *Küpper*, Einführung in das ungar. Recht (Fn. 60), S. 197–198.

Kleidungsstück zwischen zwei Privaten ebenso wie für die Lieferung von Stahl oder Maschinen zwischen zwei Unternehmen.

Spätestens seit der Abschaffung des Vertragstyps „Planvertrag" 1977 unterstanden alle Kaufverhältnisse dem Kaufvertrag [hierzu sogleich Punkt c)]. Sonderregeln für Kauf- und Lieferbeziehungen zwischen Unternehmen ergaben sich nicht mehr im Vertragsrecht, sondern höchstens aus dem Planungsrecht, soweit dieses das Vertragsrecht des BGB überlagerte. Die geringen Besonderheiten der Verträge im Außenhandelsverkehr – z.B. der eventuelle Kontrahierungszwang für Außenhandelsunternehmen – ergaben sich aus dem Dreiecksverhältnis, welches durch die Zwischenschaltung eines Außenhandelsunternehmens zwischen ausländischem und inländischem Vertragspartner entstand.[254]

An der monistischen Grundkonzeption des BGB von 1959 änderte auch die Wende nichts. Soweit im Recht der Handelsverträge Fortentwicklungen notwendig waren, wurden diese innerhalb des BGB vorgenommen. An der Einheitlichkeit des Vertragsrechts für private und für Wirtschaftsverträge änderte sich nichts. Auch das neue BGB 2013 erhielt einen monistischen Charakter: Sein Vertragsrecht gilt für alle Arten von Verträgen zwischen zivilen und kommerziellen Vertragsparteien.[255] Besonderheiten des Handelsvertrags tragen punktuelle Sonderregeln z.B. zum Verzugszins Rechnung.

c) *Kaufrecht vor und nach der Wende*

Das bis dahin rein gewohnheitsrechtliche Kaufrecht[256] wurde erstmals durch das BGB 1959 in §§ 365–385 kodifiziert. In Bezug auf den gewöhnlichen Kaufvertrag regelte das Gesetz die Haupt- und Nebenpflichten der Parteien und die Gewährleistung für Sach- und Rechtsmängel. Im Vergleich dazu recht kurz wurden einige Sonderformen des Kaufvertrags, z.B. der Kauf nach Ansicht, der Kauf auf Probe, der Kauf mit Eigentumsvorbehalt oder das Vorkaufsrecht geregelt. Dieses Kaufrecht entsprach in wesentlichen Zügen dem Kaufrecht einer liberalen Marktwirtschaft mit Parteiautonomie und Verantwortung für die eigene Sphäre.

Für die sozialistische Wirtschaft hatten diese Vorschriften zunächst keine Bedeutung, weil Rechtsbeziehungen zwischen Unternehmen in Ausführung des Plans unter den Vertragstypus des Planvertrags[257] fielen, und zwar auch dann, wenn der Vertragsgegenstand der Kauf einer Sache (d.h. die Eigentumsübertragung an der Sache gegen Zahlung eines Preises) war. Damit sperrte der Planvertrag im Bereich des „Handelsrechts" den Kaufvertrag, für den nur die Rechtsbeziehungen zwischen Handelsunternehmen und Endverbraucher sowie zwischen Privatpersonen blieben. Der Planvertrag unterschied sich in manchem vom Kaufvertrag. Er war sehr

---

254 Zu diesen Besonderheiten s.o. Punkt I. 1. b).

255 Zur dahinter stehenden kodifikatorischen Absicht s. *Vékás*, Szakértői Javaslat (Fn. 234), S. 60.

256 Zum Kaufrecht vor 1949 s. die Nachweise in Fn. 252.

257 Zum Planvertrag s.o. Punkt I. 2. a).

viel enger an Planvorgaben gebunden; hier wirkten sich Planvorgaben unmittelbar auf den Vertragsinhalt aus und konnten z.B. zu einem Kontrahierungszwang führen. Die Rechtsfolgen bei mangelhafter oder ausbleibender Leistung waren sehr viel starrer, und die Parteien konnten nicht frei entscheiden, ob sie einen Mangel rügen, ihn auf sich beruhen lassen oder vielleicht gegen Herabsetzung des Preises akzeptieren wollten. Sie waren vielmehr grundsätzlich verpflichtet, ihre Rechte aus Vertragsverletzung gegenüber der anderen Partei geltend zu machen, und hatten sich hierbei am Planinteresse zu orientieren. Ansprüche aus Planverträgen waren grundsätzlich vor der staatlichen Planarbitrage geltend zu machen. 1977 fiel dieser Vertragstyp ersatzlos weg, und damit unterstanden auch die Lieferbeziehungen innerhalb der staatlichen Wirtschaft dem Kaufrecht.

Dieses war auch nach der BGB-Novelle von 1977 in §§ 365–377 BGB 1959 i.d.F. von 1977 geregelt. Die BGB-Novelle von 1977 ließ das Kaufrecht in weiten Teilen unverändert, sodass dessen grundsätzlich liberal-marktwirtschaftskonforme Regelungen auf Kaufbeziehungen innerhalb der Wirtschaft Anwendung fanden.

Für Kaufverträge im Außenhandelsverkehr galten einige Besonderheiten. Während das BGB 1959 grundsätzlich Formfreiheit für Verträge vorsah, unterlagen Außenhandelsverträge – d.h. die Verträge eines Außenhandelsunternehmens mit dem ausländischen Partner – zwingend einem Schriftlichkeitserfordernis.[258] Schriftlich waren allerdings auch die Planverträge zwischen den inländischen Plansubjekten abzuschließen (§ 399 Abs. 1 BGB 1959), jedoch waren sie anders als Außenhandelsverträge nicht ungültig, falls die Schriftform nicht beachtet wurde. Insofern war das Schriftlichkeitserfordernis für Außenhandelsverträge strenger.

Der Vertrag zwischen dem Außenhandelsunternehmen und dem ausländischen Partner war kein Planvertrag, denn jedenfalls die ausländische Partei unterlag nicht der ungarischen Wirtschaftsplanung; ein Planvertrag kam jedoch gemäß der Legaldefinition in § 397 BGB 1959 zwischen „sozialistischen Organisationen im Interesse der Verwirklichung des Volkswirtschaftsplans" zustande. Damit war der Außenhandelsvertrag je nach Gegenstand ein Kauf-, Miet-, Dienstleistungs- o.ä. Vertrag, aber jedenfalls kein Planvertrag. Der Vertrag zwischen dem Außenhandelsunternehmen und dem ungarischen Partner war hingegen in der Zeit von 1959 bis 1977 ein Planvertrag, der allerdings gegenüber einem rein inländischen Planvertrag gewisse Besonderheiten aufwies: Der Außenhandel hatte naturgemäß weniger enge Planvorgaben als die rein inländische Wirtschaftstätigkeit, sodass auch die Verträge zwischen Außenhandelsunternehmen und inländischem Unternehmen nicht so sehr durch die Wirtschaftsplanung vorgegeben waren. Dafür unterlag das Außenhandelsunternehmen engen Bindungen im Interesse der Durchführung der Außenhandelsverpflichtungen Ungarns, die bis zu Einzelweisungen durch den Außenhandelsminister gehen konnten; auch galt der besondere Kontrahierungszwang im Außenwirtschaftsverkehr.[259] Solange es den Planvertrag gab, war das Rechtsregime im Außenhandelsverkehr

258 § 37 EGBGB (Fn. 157), 1974 ersetzt durch § 6 AußHandVO (Fn. 157).
259 Zu diesem Kontrahierungszwang s.o. Punkte I. 2. b), I. 2. c) i.

mithin gespalten: Der ausländische Partner schloss mit dem ungarischen Außenhandelsunternehmen einen Kaufvertrag, während das Außenhandelsunternehmen die Rechte und Pflichten gegenüber dem ausländischen Partner mit einem Planvertrag an das inländische Unternehmen weitergab.

Nach der Aufhebung des Rechtsinstituts des Planvertrags 1977 galt Kaufrecht auch für das innerstaatliche Rechtsverhältnis zwischen dem Außenhandelsunternehmen und dem inländischen Unternehmen.

Nach dem Wegfall des staatlichen Außenhandelsmonopols, der jedem inländischen Rechtssubjekt gestattete, unmittelbar mit Ausländern Verträge abzuschließen, entfiel die Notwendigkeit für zwei Verträge. Im Außenhandel kommt seitdem zwischen Ausländer und Inländer unmittelbar ein Vertrag zustande, z.B. ein Kaufvertrag. Sofern er ungarischem Recht unterliegt, galten hierfür die auch nach der Wende nur wenig reformierten Vorschriften der §§ 365–377 BGB 1959. Diese Vorschriften setzen §§ 6:215–6:233 BGB 2013 fort.[260] Das ungarische Kaufrecht sieht sich vor demselben Problem wie auch das deutsche Kaufrecht: Es muss sehr heterogene Lebenssachverhältnisse wie den Kauf einer Schachtel Streichhölzer und den Kauf eines Atomkraftwerkes einer einheitlichen Regelung unterwerfen – für das Kaufrecht im ungarischen BGB stellt sich diese Problematik sogar noch schärfer als in Deutschland, wo es zumindest noch den Handelskauf des HGB gibt, während die monistischen ungarischen BGBs auch Käufe zwischen Kaufleuten mit den Mitteln des bürgerlichen Kaufrechts bewältigen müssen.

Der Tauschvertrag ist zwar ein verselbstständigter Vertragstyp. Auf ihn sind aber die Regeln des Kaufvertrags anwendbar: In Bezug auf ihre Leistung kommen jeder Partei des Tauschvertrags die Rechte und Pflichten des Verkäufers im Kaufvertrag zu (§ 386 BGB 1959 i.d.F. bis zum 28.2.1978, § 378 BGB 1959 i.d.F. ab dem 1.3.1978; § 6:234 BGB 2013). Die planungsrechtlichen und sonstigen Vorschriften außerhalb des Vertragsrechts, die v.a. zu sozialistischen Zeiten auf den Kaufvertrag einwirkten, betrafen ggf. auch den Tauschvertrag.

d) *Quantitative Beobachtungen*

Die Summen, die für die staatliche Förderung und Versicherung von Außenhandelsaktivitäten und Exportrisiken zur Verfügung stehen, regelt das jeweilige Jahreshaushaltsgesetz.[261] Es handelte sich im Verlauf der Jahre um die folgenden Beträge:

---

260 Zum Kaufrecht des BGB 2013 s. *Küpper, Herbert*: Ungarns neues BGB, Teil 8: Besonderes Vertragsrecht, WiRO 2015, S. 12–19. Zum Einfluss des UN-Kaufrechts auf den ungarischen Kaufvertrag s.o. Punkt a), des einheitlichen europäischen und angelsächsischen Rechts s. *Beale, Hugh*: A Comparison of the Contract Sections of the New Hungarian Civil Code with English Law and the Proposed Common European Sales Law, ELTE Law Journal 2014/1, S. 35–50.

261 2009: §§ 33–42 Gesetz 2008:CII über den Haushalt der Republik Ungarn für 2009 v. 21.12.2008, MK 2008 Nr. 186.

Ausgabenart **Jahr**	**Obergrenze für alle staatlichen Garantien, die die Regierung vergeben kann**	**Obergrenze der Förderausgaben der Ungarischen Entwicklungsbank**	**Obergrenze für Kredite, selbstschuldnerische Bürgschaften u.ä. für Eximbank und Mehib gemeinsam**
2009	100.000 Mio. HUF	3.000.000 Mio. HUF	850.000 Mio. HUF
2010	120.000 Mio. HUF	3.200.000 Mio. HUF	900.000 Mio. HUF
2011	100.000 Mio. HUF	3.600.000 Mio. HUF	900.000 Mio. HUF
2012	100.000 Mio. HUF	3.950.000 Mio. HUF	1.780.000 Mio. HUF
2013	100.000 Mio. HUF	4.200.000 Mio. HUF	2.050.000 Mio. HUF
2014	100.000 Mio. HUF	4.200.000 Mio. HUF	2.150.000 Mio. HUF
2015	100.000 Mio. HUF	4.550.000 Mio. HUF	2.150.000 Mio. HUF
2016	100.000 Mio. HUF	4.700.000 Mio. HUF	2.150.000 Mio. HUF

4 Zahlung

a) Übergang von der Tausch- zur Geldwirtschaft, Geldreformen

Die Tauschwirtschaft war v.a. in den Mangeljahren der unmittelbaren Nachkriegszeit von Bedeutung. Der Aufbau einer sozialistischen Wirtschaft drängte Tauschgeschäfte und Schwarzmarkt zunehmend zurück. Danach gab es Tauschgeschäfte v.a. im Außenhandelsverkehr mit anderen RGW-Planwirtschaften; hier wurden sie oft als Barter-Geschäfte bezeichnet.[262]

2010: §§ 55–63 Gesetz 2009:CXXX über den Haushalt der Republik Ungarn für 2010 v. 11.12.2009, MK 2009 Nr. 179.
2011: §§ 45–53 Gesetz 2010:CLXIX über den Haushalt der Republik Ungarn für 2011 v. 21.1.2010, MK 2010 Nr. 200.
2012: §§ 41–49 Gesetz 2011:CLXXXVIII über Ungarns zentralen Haushalt für 2012 v. 28.12.2012, MK 2012 Nr. 161.
2013: §§ 38–46 Gesetz 2012:CCIV über Ungarns zentralen Haushalt für 2013 v. 18.12.2012, MK 2012 Nr. 172.
2014: §§ 38–47 Gesetz 2013:CCXXX über Ungarns zentralen Haushalt für 2014 v. 21.12.2013, MK 2013 Nr. 216.
2015: §§ 47–56 Gesetz 2014:C über Ungarns zentralen Haushalt für 2015 v. 29.12.2014, MK 2014 Nr. 184.
2016: §§ 45–54 Gesetz 2015:C über Ungarns zentralen Haushalt für 2016 v. 3.7.2015, MK 2015 Nr. 97.

262 Auch im Ungarischen waren und sind im Außenhandelsverkehr die Begriffe *barterügylet* und *barterszerződés* (Bartergeschäft, Bartervertrag) gebräuchlich.

In einer voll entwickelten Planwirtschaft mit staatlichen Vorgaben an die Produktion, den Handel, die Preise, das Kreditvolumen etc. spielen Geld und Zahlung nur eine untergeordnete, eher symbolische Rolle. Ungarns Wirtschaft war nie so weit verplant, dass Geld und Preise vollständig vernachlässigenswerte Größen waren, und mit der Stärkung der Marktelemente ab dem „Neuen Ökonomischen Mechanismus“ gewannen auch Geld und Zahlung ein Mehr an Bedeutung.

Spätestens mit dem Planungsrecht des „Neuen Ökonomischen Mechanismus“, dem Plangesetz von 1972,[263] gehörten die Geldbeziehungen zum wichtigsten Steuerungsinstrument der indikativen Planung. § 30 Abs. 3 S. 1 PlanG 1972 zählte zu den im Plan verwendeten staatlichen Instrumenten der Wirtschaftslenkung „die Preispolitik und die Preisregulierung, die staatliche Finanzpolitik und die Regulierung der Unternehmenseinkommen, die Kreditpolitik, die Lohnregulierung“; an nicht finanziellen Steuerungsinstrumenten erwähnte die Vorschrift noch die Regelung der internationalen Wirtschaftsbeziehungen und die Gebietsentwicklung. Das macht deutlich, wie wichtig spätestens ab 1968/72 der Geldverkehr und die Finanzbeziehungen für die Planwirtschaft des „Neuen Ökonomischen Mechanismus“ waren. Tauschverträge kamen zwar auch in der plangesteuerten Wirtschaft weiterhin vor – im Außenhandel noch eher als im Binnenhandel –, aber sie waren der Ausnahme- und nicht der Regelfall.

b) Liberalisierung der Devisenwirtschaft, Wechselkurse

Geldschulden waren und sind im Inland grundsätzlich in Landeswährung zu begleichen, auf Fremdwährung lautende Geldschulden werden gemäß dem amtlichen Kurs umgerechnet (§ 231 BGB 1959, § 6:45 BGB 2013).

Gerade im Außenhandelsverkehr waren und sind Zahlungen effektiv in ausländischer Währung zu leisten. In sozialistischer Zeit betraf das v.a. die sog. Hartwährungsländer,[264] während im Handelsverkehr mit anderen sozialistischen Ländern, v.a. mit RGW-Ländern, seit 1964 der Transferrubel zugrunde gelegt wurde, wobei gegenseitige Forderungen über Clearingstellen miteinander verrechnet wurden.

§ 231 Abs. 3 BGB 1959 band bis zu seiner Aufhebung mit Wirkung ab dem 1.1.2002 die tatsächliche Zahlung in ausländischer Währung an die Vorschriften über die Devisenbewirtschaftung. Vor dem „Neuen Ökonomischen Mechanismus“ war die Devisenbewirtschaftung sehr strikt, aber auch nach 1968 blieben die Devisen einer der Wirtschaftsbereiche, in denen eine vergleichsweise strenge staatliche Regulierung und Kontrolle herrschte und Marktmechanismen nur sehr indirekt zum Tragen kamen. Das an den „Neuen Ökonomischen Mechanismus“ angepasste Devisenrecht erging 1974,[265] das im Laufe der Jahre immer wieder kleinere

263 Gesetz 1972:VII (PlanG, Fn. 9).

264 Im Verkehr mit ihnen diente der Devisenkurs zur Steuerung des Außenhandels: *Kálmán* (Fn. 9), S. 199–202.

265 Verordnung mit Gesetzeskraft 1974/1 über die Devisenbewirtschaftung v. 17.1.1974 (Fn. 54).

Lockerungen erfuhr, u.a. auch zugunsten des Devisenbesitzes Privater. Die von den Außenhandelsunternehmen erwirtschafteten Deviseneinnahmen gingen zentral an die Ungarische Nationalbank, und diese teilte Devisen für Importzwecke zu. Nach der Wende wurde die Devisenbewirtschaftung in abgeschwächter Form zunächst beibehalten, allerdings erwies sich das sozialistische Devisengesetz bald als nicht mehr praktikabel und wurde durch ein an marktwirtschaftliche Prinzipien angepasstes Gesetz ersetzt; Devisenbehörde blieb die Nationalbank.[266]

Erst im Vorfeld des EU-Beitritts schuf ein Gesetz von 2001 die Devisenbewirtschaftung und die Devisenbeschränkungen mit Wirkung v. 1.1.2002 ab.[267] Dieses Gesetz hob auch den devisenrechtlichen Vorbehalt in § 231 Abs. 3 BGB ersatzlos auf.

c) *Entstehung des privaten Bankensektors*

Das Bankwesen blieb auch im „Neuen Ökonomischen Mechanismus“ fest in staatlicher Hand. Zwar wurde v.a. in den 1980er-Jahren einzelnen westlichen Banken und Versicherungen der Zutritt auf den ungarischen Markt gestattet. Die heimischen Banken hingegen blieben weiterhin staatlich; einige davon hatten eine genossenschaftliche Organisationsform.

Nach der Wende wurde der Bank-, Kapital- und Versicherungsmarkt sukzessive freigegeben, und ausländische Unternehmen, insbesondere aus der EG, konnten ohne große Beschränkungen auf den ungarischen Markt eintreten. Parallel dazu wurden die meisten staatlichen Banken im Rahmen der sog. großen Privatisierung ab 1992 an kapitalkräftige – und damit fast zwangsläufig ausländische, d.h. westliche – Investoren verkauft.[268] An strategischen Institutionen des Finanzwesens wie der Ungarischen Nationalbank, der Ungarischen Export-Import Bank oder der Ungarischen Entwicklungsbank behielt der Staat das alleinige Eigentum, und seit 2010 baut der ungarische Staat verstärkt seine Beteiligung an Privatbanken aus.[269] Mehr noch nutzen Regierungsmitglieder ihre Stellung, um Anteile an privaten Banken zu erwerben.[270] Regierungskritische Stimmen argwöhnen daher, dass die sehr einseitig die Banken belastende Handhabung der devisenbasierten

---

266 Gesetz 1995:XCV über die Devisen v. 16.11.1995, MK 1995 Nr. 99.

267 Gesetz 2001:XCIII über die Beendigung der Devisenbeschränkungen (…) v. 17.12.2001 (Fn. 43).

268 Zur Privatisierung s.o. Punkt I. 1. b) ii.

269 So nutzte der Staat 2013 die Kapitalerhöhung bei der Széchenyi Handelsbank dazu, 49% der Aktien der bis dahin in ausschließlich privatem Eigentum stehenden Bank zu erwerben.

270 Heti világgazdaság (hvg.hu): A kormánybiztos cége is beszáll a Takarékbankba [Die Firma des Regierungsbeauftragten steigt auch in die Sparkassenbank ein], 7.2.2014, http://hvg.hu/gazdasag/20140207_A_kormanybiztos_cege_is_beszall_a_Takarek, login 16.4.2015.

Immobilienkredite durch den Gesetzgeber[271] nicht nur der Gewinnung von Wählerstimmen diente, sondern auch zum Ziel hat, den ungarischen Markt für ausländische Banken unattraktiv zu machen, sodass sie sich freiwillig zurückziehen; auf diese Weise gewinnt nicht nur der ungarische Staat eine verstärkte Kontrolle über das Bankenwesen, sondern die unter Beteiligung von Regierungsmitgliedern tätigen ungarischen Banken werden auch von Konkurrenten befreit. Diese Stimmen haben seit dem Zusammenbruch des regierungsnahen Investmentanbieters Quaestor im März 2015 und der Rolle, die einige Regierungsmitglieder einschließlich des Regierungschefs hierbei spielten, an Auftrieb gewonnen.[272]

d) EU-Integration

Die EU-Integration war eine Antriebsfeder für die Liberalisierungen nach der Wende, aber sie brachte kaum eigene Aspekte, da die Zielvorstellung für die Entwicklung des Landes ohnehin auf eine (soziale) Marktwirtschaft hinauslief. Die EU-Integration hatte hierauf insofern Einfluss, als sie ihre Vorstellung von einer Marktwirtschaft, soweit sie im Gemeinschaftsrecht niedergelegt war, durchsetzen konnte: Nur bei voller Kompatibilität der ungarischen Rechtsordnung mit dem Gemeinschaftsrecht (dem viel beschworenen *acquis communautaire*) kam ein Beitritt Ungarns in Betracht.[273] Damit hatten alternative Vorstellungen von Marktwirtschaft etc. keine Chance auf Durchsetzung.

Der ungarische Beitrittsvertrag enthält – wie die Beitrittsverträge mit allen übrigen ehemals sozialistischen Staaten – umfangreiche Übergangsbestimmungen. Ein Teil dieser Übergangsbestimmungen nimmt ganze Wirtschaftssektoren für eine gewisse Zeit von den Marktfreiheiten und anderem EU-Recht und damit von der vollen Wucht der Marktmechanismen aus, so z.B. auf ungarischen Wunsch den Markt für landwirtschaftlichen Boden (Kapitalverkehrsfreiheit) und bestimmte Teile der Landwirtschaft generell (Agrarmarkt) oder auf Wunsch einiger Altmitglieder deren Arbeitsmarkt (Arbeitnehmerfreizügigkeit).[274] In Einzelbereichen mag dies auch Auswirkungen auf den Außenhandel gehabt haben, soweit ungarische Schutzbestimmungen auch nach dem Beitritt vorübergehend Bestand haben durften.

---

271 Hierzu s.o. Punkt I. 2. c) v., Fallstudie 1.

272 *Engelhard, Karla*: Vernetzt, verwickelt, verzockt. Finanzskandal in Ungarn, tagesschau.de, 3.4.2014: http://www.tagesschau.de/ausland/brokerskandal-ungarn-101.html, login 16.4.2015; *Mayer, Gregor*: Ungarn: Broker-Skandal setzt Orbán unter Druck, der Standard, 30.5.2015, http://derstandard.at/2000013606911/Ungarischer-Broker-Skandal-setzt-Orban-unter-Druck, login 16.4.2015.

273 Zur Angleichung wichtiger Rechtsgebiete an das europäische Recht s. *Gobert* (Fn. 32).

274 Hierzu *Küpper, Herbert*: Der Zugang von EWR-Bürgern zum ungarischen Arbeitsmarkt in Phase 2 der Übergangsfrist, WiRO 2007 S. 97–101.

5 Zusammenfassung, innerstaatliche Debatte und Vorschläge

Seit der Jahrtausendwende und verstärkt seit dem EU-Beitritt ist in Ungarn eine große Enttäuschung zu verspüren. Die bei der Wende übertrieben großen Erwartungen an Demokratie und Marktwirtschaft sind – vorhersagbar – enttäuscht worden, nicht zuletzt, weil die Erwartungen gar nicht eingehalten werden konnten. Seitdem haben „Demokratie“ und „Markt“ in Ungarn mehrheitlich einen schlechten Klang; von der Wertetrias der Wende ist lediglich der Rechtsstaat nach wie vor positiv besetzt. Angeheizt durch die Finanz- und Wirtschaftskrise seit 2008 mehren sich die illiberalen Stimmen von links und v.a. von rechts, die eine Zurückdrängung der Marktmechanismen und eine Rückkehr zu einem wirtschaftslenkenden und redistributiven Staat fordern – wobei geflissentlich übersehen wird, dass zum einen dieses Modell unter Kádár bereits seine Untauglichkeit bewiesen hat und zum anderen der Staat wegen seiner enormen Überschuldung wesentlich dazu beigetragen hat, dass die internationale Finanzkrise ab 2008 Ungarn so besonders hart treffen konnte, d.h. als Akteur wesentlich mitverantwortlich ist für die jetzige Lage.

Seit 2014 heißt das frühere Außenministerium „Außenhandels- und Außenministerium“.[275] Mit diesem Neuzuschnitt des Ressorts ist auch die Absicht der Regierung verbunden, stärkeren Einfluss auf den Außenhandel zu nehmen.[276] Damit im Zusammenhang steht die Umressortierung der Eximbank: Seit 2015 ist nicht mehr das Wirtschaftsministerium, sondern das neue Außenhandels- und Außenministerium für sie zuständig.[277]

Diese allgemein illiberale und marktfeindliche Stimmung erzeugt das Klima, das der Regierung ermöglicht, bedenkenlos in bestehende Vertragsbedingungen einzugreifen, sie zu modifizieren und ihre Durchsetzbarkeit aufzuheben.[278] Bislang ist das, wie gezeigt, v.a. dann geschehen, wenn eine bestimmte Branche als gewissenlose ausländische Ausbeuter dargestellt werden kann, die dem ehrlichen ungarischen Arbeitnehmer das Geld aus der Tasche ziehe oder ihn gar betrüge.

Das ist aus der Sicht eines möglich staatsfreien Marktgeschehens umso fataler, als die seit 2010 amtierende nationalpopulistische Fidesz-Regierung bereits mehrfach gezeigt hat, dass sie ohne zu zögern in Marktprozesse und bestehende Vertragsbeziehungen eingreift, wenn dies kurzfristige Erfolge in der Wählergunst verspricht. Die wirtschaftlichen Folgen solcher Entscheidungen werden

---

275 § 1 Abs. 2 Buchst. f) Gesetz 2014:XX über die Aufzählung von Ungarns Ministerien v. 29.5.2014, MK 2014 Nr. 75.

276 *Priebus* (Fn. 46), S. 84.

277 Regierungsverordnung 93/2015. (IV. 9.) Korm. über die Änderung der Regierungsverordnung 232/2003. (XII. 16.) Korm. über die Voraussetzungen der durch die Eximbank auszahlbaren gebundenen Hilfskredite und über die detaillierten Regeln der Hilfskreditgewährung v. 9.4.2015, MK 2015 Nr. 48. Zur Eximbank s.o. Punkt 3. a).

278 Zu den staatlichen Eingriffen in Vertragsinhalte s.o. die beiden Fallstudien unter Punkt I. 2. c) v.; zu der damit verbundenen Aussetzung der Durchsetzbarkeit und Vollstreckbarkeit der Forderungen der Banken s.u. unter Punkt II. 2. d).

regelmäßig bewusst ausgeblendet, wie die Regierung in zahlreichen Interviews immer wieder klarstellt.

Neben kleineren staatlichen Eingriffen in anderen Feldern hat die Fidesz-Regierung v.a. in zwei Problemfeldern in bestehende Verträge eingegriffen: bei den sog. devisenbasierten Immobilienkrediten und im Bereich der Wohnnebenkosten. Die verfassungsrechtlichen Rahmenbedingungen und die hierzu verwendeten Mechanismen wurden bereits unter Punkt I. 2. c) v. dargestellt. Typisch ist, dass die ungarische Regierung es sich v.a. vor Wahlen angelegen sein lässt, den als schutzbedürftig und letztlich unmündig definierten ungarischen Verbraucher vor den Profitinteressen des ausländischen Kapitals zu schützen. Zu diesem Zweck werden weniger Marktstrukturen verbraucherfreundlich gestaltet oder Anreize für ein verbraucherfreundliches Verhalten gesetzt,[279] sondern v.a. hoheitlich die Austauschverhältnisse zwischen Verbraucher und Anbieter abgeändert (Top-down-Maßnahmen anstatt Stärkung von Bottom-up-Mechanismen). Dieses Schicksal kann, wenn die Regierung es für politisch opportun hält, auch Außenhandelsverträge ereilen. Anders als in der Zeit von 1990 bis 2010 können sich daher die Parteien eines Außenhandelsvertrags nicht darauf verlassen, dass der ungarische Staat das von den Vertragsparteien gefundene Gleichgewicht von Leistung und Gegenleistung akzeptiert und nicht aus politischer Opportunität darin eingreift.

Die wirtschaftspolitischen Maßnahmen der Fidesz-Regierung dienen selten einer kohärenten oder gar nachhaltigen Strukturierung der Wirtschaft, sondern i.d.R. dem Gewinn staatlicher Kontrolle über das Wirtschaftsgeschehen, kurzfristiger Wählergunst oder der Bereicherung der Anhängerschaft der Regierung. Dementsprechend lässt die wirtschaftliche Gesundung des Landes auf sich warten.

Eine echte wirtschaftspolitische Diskussion findet in Ungarn kaum statt. Der öffentlich-rechtliche Rundfunk steht für eine regierungs- oder sonst kritische Debatte nicht mehr als Forum zur Verfügung, und auch der regierungstreue Teil der Presse beschränkt sich auf unreflektiertes Gutheißen. In der oppositionellen Presse gibt es naturgemäß Gegenstimmen, die allerdings vorwiegend politisch und weniger fachlich diskutieren. Eine sachbezogene, sich nicht nach Parteigrenzen ausrichtende öffentliche Debatte über das Pro und Kontra wirtschaftspolitischer Maßnahmen, Absichten und Strategien kann so nicht entstehen, und die Fachdebatte der Ökonomen – die es durchaus gibt – hat keine Ausstrahlung auf die Öffentlichkeit und auch nicht auf die politische Willensbildung.

---

279 So stellte der Gesetzgeber selbst in der Präambel zu Gesetz 2013:LIV fest, dass die hohen Wohnnebenkosten eine Folge fehlenden Wettbewerbs in diesem Bereich seien (s. Fn. 209). Dasselbe Gesetz verfestigte aber noch die beklagten Monopole und schuf „Abhilfe", indem es die Kosten der Versorgungsleistungen, die den Haushalt in Rechnung gestellt werden können, ex lege absenkte. Nach Ansicht der Kritiker dieser Gesetzgebung hat der Staat kein Interesse an einer Diversifizierung der Anbieter von kommunalen Dienstleistungen, weil er in einem politisch günstigen Moment diesen Sektor wieder verstaatlichen will, was bei Monopolen einfacher ist als bei einer pluralen Anbieterstruktur.

Verfassungsrechtlich sind die genannten gesetzlichen Eingriffe in die Vertragsfreiheit u.a. deshalb möglich, weil die Vertragsfreiheit seit der Wende nicht als subjektives Grundrecht, sondern als objektive Schutzbestimmung interpretiert wird. Die ausdrückliche Formulierung der Vertragsfreiheit als Grundrecht in der Verfassung, sinnvollerweise flankiert durch die Wiederaufnahme der (ggf. sozialen) Marktwirtschaft in das Verfassungsrecht,[280] könnte zumindest die verfassungsrechtliche Eingriffsschwelle erhöhen und es dem Gesetzgeber verwehren, einseitig und kompensationslos erworbene Vertragspositionen der einen Vertragspartei wegzunehmen und damit die andere Vertragspartei zu begünstigen. Derartige marktwirtschaftsfreundliche Änderungen der Verfassung sind allerdings zurzeit nicht absehbar, zumal die seit dem Erlass des Grundgesetzes vorgenommenen fünf Änderungen – soweit sie überhaupt Wirtschaftsfragen betrafen – stets die interventionistische Stellung des Staates gestärkt haben.

II Wandel der Rechtsdurchsetzung vom Sozialismus zum Postsozialismus

Wie zuvor unter Punkt I. gesehen, konnten eine immer größere Anzahl von Rechtssubjekten in immer weiterem Umfang und mit immer weniger Restriktionen Rechte und Pflichten im Außenhandel erwerben. Erst seit 2010 erfährt diese „Tendenz der zunehmenden Liberalisierung" eine partielle Wende dergestalt, dass der Staat in steigendem Maße Restriktionen für die Vertragsfreiheit aufstellt und auch in bestehende Verträge eingreift.

Es ist eine juristische Binsenweisheit, dass Ansprüche nur so viel wert sind, wie ihr Inhaber durchsetzen kann. Sowohl im Sozialismus als auch im heutigen Rechtsstaat gilt das staatliche Gewaltmonopol, sodass die Durchsetzung von Ansprüchen, auch solchen privater Natur zwischen privaten Rechtssubjekten, eine staatliche Aufgabe ist. Diese Durchsetzung unterteilt sich in zwei Etappen: die offizielle Anerkennung des Anspruchs durch ein Gericht oder Schiedsgericht (Erkenntnisverfahren) und die zwangsweise Durchsetzung dieses anerkannten Anspruchs gegenüber einem Schuldner, der nicht leisten will (Zwangsvollstreckung).

In dem vorangegangenen bayerischen Forschungsverbund Forost hat das Institut für Ostrecht München die Reform der osteuropäischen Justiz sowie die Rechtsdurchsetzung im Wandel vom Sozialismus zum Postsozialismus bereits recht detailliert untersucht, auch in Bezug auf Ungarn.[281] Auf diese Vorarbeiten stützt

---

280 Zwischen 1989 und 2011 nannte die alte Verfassung die soziale Marktwirtschaft als Wirtschaftsform; das 2012 in Kraft getretene Grundgesetz vermeidet das Wort „Markt" auffällig.

281 *Küpper, Herbert*: Justizreform in Ungarn, forost Arbeitspapier Nr. 23, München 2004, im Volltext kostenfrei einsehbar unter http://www.forost.lmu.de/fo_library/forost_Arbeitspapier_23.pdf; *Küpper, Herbert*: Die Vollstreckung von Gerichtsurteilen

sich diese Studie und verzichtet darauf, dasjenige im Detail zu wiederholen, was dort bereits erforscht und veröffentlicht worden ist.

1 Hoheitliche Durchsetzung des vertraglichen Anspruchs

a) Gerichtsbarkeit

i Beschreibung der Reformen

Die Regelung der Gerichtsbarkeit ist in zweierlei Hinsicht für die Durchsetzung von Rechten aus Verträgen, speziell aus grenzüberschreitenden Lieferverträgen, von Belang. Zum einen spielt die Zuständigkeit der Gerichte eine Rolle, zum anderen sind Gerichtsorganisation und Gerichtsaufbau von Bedeutung.

Zuständigkeit der Gerichte

Seit dem Erlass des BGB 1959 bestimmte dessen § 7, dass die Durchsetzung der gesetzlich gewährleisteten Rechte die Pflicht jedes staatlichen Organs sei und dass ihre Durchsetzung auf dem Gerichtswege erfolge, soweit eine Rechtsvorschrift nichts anderes vorsah. Diese Vorschrift galt auch nach der großen BGB-Novelle von 1977 unverändert weiter, und in § 1:6 BGB 2013 ist zwar die Verpflichtung aller staatlichen Organe zur Rechtsdurchsetzung entfallen, aber die Verweisung der Rechtsdurchsetzung auf den Gerichtsweg – vorbehaltlich einer anderweitigen gesetzlichen Regelung – wurde beibehalten.

Auf Verfassungsebene wurde die Rechtsschutzfunktion der Gerichte objektivrechtlich seit 1949 garantiert,[282] während eine subjektiv-rechtliche Garantie für Bürger und Unternehmen, sich mit Streitfällen an das Gericht wenden zu können, erst zu Beginn der Wende, im Oktober 1989, in der Verfassung verankert wurde.[283] Die Garantie bezieht sich nur auf den abstrakten Rechtsweg; ein Verfassungsrecht auf einen konkreten, nämlich den gesetzlichen Richter hingegen kennt die ungarische Verfassungsordnung – anders als z.B. die deutsche – bis heute nicht.[284]

---

in Ungarn unter besonderer Berücksichtigung der Vollstreckung ausländischer Urteile, forost Arbeitspapier Nr. 28, München 2005, im Volltext kostenfrei einsehbar unter http://www.forost.lmu.de/fo_library/forost_Arbeitspapier_28.pdf; *Solotych, Stefanie* u.a.: Justiz in Osteuropa. Ein aktueller Überblick, forost Arbeitspapier Nr. 6, München 2002, im Volltext kostenfrei einsehbar unter http://www.forost.lmu.de/fo_library/forost_Arbeitspapier_06.pdf.

282 § 41 Abs. 1 Verf. i.d.F. bis zum 25.4.1972, § 50 Abs. 1 Verf. i.d.F. v. 26.4.1972 bis zum Außerkrafttreten der Verf. am 31.12.2011; Art. 25 Abs. 2 Buchst. a), b) GrundG.

283 § 57 Abs. 1, 5 Verf. i.d.F. ab dem 23.10.1989 bis zum Außerkrafttreten der Verf. am 31.12.2011; Art. XXVIII. Abs. 1, 7 GrundG. Hierzu *Küpper, Herbert* in *Jakab*, Alkotmány kommentárja (Fn. 103), § 50 Rn. 13–24, speziell zur Garantie für Unternehmen Rn. 18–20.

284 Zu den Missbräuchen im Zusammenhang mit der richterlichen Zuständigkeit ab 2011 sogleich unten.

In der Ursprungsfassung des BGB 1959 verwies dessen § 398 Abs. 2 die Rechtsstreitigkeiten um den Abschluss eines Planvertrags[285] und um die daraus resultierenden Rechte und Pflichten vor die Staatsarbitrage, die in Ungarn „Schiedsausschuss" (*döntőbizottság*) genannt wurde. Diese Staatsarbitrage nach sowjetischem Vorbild[286] war im Zuge der Sowjetisierung in allen Satellitenstaaten der UdSSR eingeführt worden, bildete kein Teil der Justiz, sondern der Exekutive, und war nicht der Verwirklichung der Rechte und Pflichten der Plansubjekte, sondern der Umsetzung des Plans verpflichtet. Damit war für Streitigkeiten zwischen Unternehmen nicht die Justiz zuständig, sondern das System von Schiedsausschüssen; maßgeblich war die Planverwirklichung und nicht der subjektive vertragliche oder gesetzliche Anspruch des Unternehmens.

Die BGB-Novelle von 1977 hob den Planvertrag als Vertragstyp ersatzlos auf.[287] Damit entfiel auch der Verweis auf die Schiedsausschüsse.

Tatsächlich war die Durchsetzung vertraglicher Ansprüche auch im Bereich der plangebundenen Wirtschaft und der Unternehmen bereits ab 1972/73 auf die Gerichte übertragen worden. 1972 erfolgte im Rahmen einer umfassenden Verfassungsreform auch eine Reform der Justiz, die ihren Niederschlag im Erlass eines neuen Gerichtsverfassungsgesetzes (GVG) fand.[288] Ab dem Inkrafttreten des GVG zum 1.1.1973 gab es keine Schiedsausschüsse mehr, und gemäß § 2 Abs. 1 Buchst. a) GVG 1972 gehörte der Schutz der Rechte und gesetzlichen Interessen der staatlichen, gesellschaftlichen und wirtschaftlichen Einheiten in den Zuständigkeitsbereich der Gerichte. Wirtschaftsstreitigkeiten zwischen Unternehmen behandelte das Gerichtsverfassungsrecht grundsätzlich als bürgerlich-rechtliche Streitigkeiten i.S.v. § 3 Abs. 1 Buchst. b) GVG 1972.[289]

Die Abschaffung der Staatsarbitrage und die Übertragung von Wirtschaftsstreitigkeiten auf die ordentlichen Gerichte standen in engem Zusammenhang mit dem „Neuen Ökonomischen Mechanismus": Dieser führte erste Marktelemente in die Wirtschaft ein oder simulierte diese zumindest. Planung und Steuerung wurden auf indikative Lenkungsmechanismen beschränkt, um den Unternehmen eigenverantwortliche Handlungsspielräume zu eröffnen. Diese sollten die Unternehmen durch eine eigenverantwortliche Koordinierung untereinander nutzen, und das klassische Koordinierungsinstrument zwischen an eigenen Interessen orientierten und über ihre Interessen und Güter verfügungsberechtigten Marktteilnehmern ist der Vertrag. Wenn der „Neue Ökonomische Mechanismus" funktionieren sollte, mussten also vertraglich erworbene Ansprüche geschützt und durchsetzbar sein. Hierfür waren die auf Planerfüllung ausgerichteten, in der Exekutive angesiedelten

285 Zum Vertragstyp des Planvertrags s.o. Punkt I. 2. a).
286 *Küpper*, Rechtsgeschichte Osteuropas (Fn. 52), S. 533, 563; *Terebilov, Vladimir*: The Soviet Court, Moskau 1986, S. 104–109. Näher hierzu der Länderbericht Russland.
287 Dazu s.o. Punkt I. 2. a).
288 Gesetz 1972:IV über die Gerichte v. 8.7.1972 (Fn. 18).
289 *Brunner* in *Grothusen* (Fn. 123), S. 239–242.

Schiedsausschüsse nicht das richtige Mittel, sondern man übertrug die Streitigkeiten um vertragliche Ansprüche den Organen, die hierfür auch in Marktwirtschaften zuständig sind: den ordentlichen Gerichten. Diese hatten gemäß § 2 Abs. 2 GVG 1972 im Sinne der „Erfordernisse der sozialistischen Gesetzlichkeit" zu urteilen – das war zwar weniger als die Gebundenheit rechtsstaatlicher Gerichte an Recht und Gesetz,[290] aber immerhin stellte die Formulierung klar, dass vertraglich erworbene Ansprüche durchzusetzen waren, ohne dass hierbei der Plan als relevanter Faktor einbezogen wurde. Damit die ordentlichen Gerichte ihre Aufgabe bei der Durchsetzung vertraglicher Ansprüche marktkonform (wenn auch im Sinne des teilweise nur simulierten Marktes im „Neuen Ökonomischen Mechanismus") ausüben konnten, mussten sie nach Gesetz und Vertrag, d.h. politikfrei entscheiden können. Tatsächlich hielt sich der sozialistische ungarische Staat bei der politischen Einflussnahme auf Wirtschaftsprozesse sehr zurück. In der Regel konnten daher ungarische Gerichte Wirtschaftsstreitigkeiten ab 1973 in faktisch gewährter sachlicher Unabhängigkeit entscheiden.

Falls eine Partei des Wirtschaftsprozesses ein Unternehmen war, das Außenhandelstätigkeit durchführte, und der Prozessgegenstand sich auf den Außenhandel bezog, war das Hauptstädtische Gericht ausschließlich zuständig, d.h. ein derartiger Prozess konnte nicht vor die Komitatsgerichte außerhalb Budapests kommen [§ 367 Buchst. a) ZPO]. Dieser ausschließliche Gerichtsstand des Hauptstädtischen Gerichts wurde 1972 mit der Abschaffung der Staatsarbitrage eingerichtet und galt bis Ende 1992. Im abgeschotteten Raum einer sozialistischen Rechtsordnung waren Prozesse mit Auslandsberührung selten, und die Konzentration beim Hauptstädtischen Gericht erlaubte dort ein Minimum an Spezialisierung in dieser ungewöhnlichen Materie und damit ein Minimum an Professionalität. Seit dem 1.1.1993 gelten für Prozesse mit Außenhandelsbezug die normalen Zuständigkeitsvorschriften, sodass sie vor jedem Komitatsgericht (seit 2012: Gerichtshof) auftreten können.[291]

Wie bereits zu Beginn dieses Unterkapitels erwähnt, garantiert die ungarische Verfassung zwar den Zugang zur Justiz allgemein, aber nicht den gesetzlichen Richter. Das Fehlen einer ausdrücklichen derartigen Garantie war nach der Wende lange Zeit kein Problem, da Gesetzgebung und Praxis den Parteien ihren gesetzlichen Richter gewährleisteten. Ab 2012 sah das Grundgesetz hingegen zunächst vor, dass das der Exekutive nahestehende Landesgerichtsamt (das die Verwaltung

290 *Kulcsár, Kálmán*: Grundlagen und Praxis der sozialistischen Gesetzlichkeit in Ungarn, in: *Bender, Gerd*/*Falk, Ulrich* (Hrsg.): Recht im Sozialismus: Analysen zur Normdurchsetzung in osteuropäischen Nachkriegsgesellschaften, Bd. 3: Sozialistische Gesetzlichkeit, Frankfurt/Main 1999, S. 41–58. Zur Rolle der sozialistischen Gesetzlichkeit im Bereich der staatlichen Wirtschaftslenkung s. *Kálmán* (Fn. 9), S. 317–328: „Über- und Unternormierung zugleich".

291 Eine Handreichung für die Handhabung ausländischer Bezüge und Elemente im Prozess gibt dem einzelnen Richter die Unterrichtung des Justizministers 8001/2001. (IK.4.) IM über die Erledigung von Sachen mit internationalem Bezug v. 30.4.2001, Igazságügyi Közöny (Mitteilungsblatt des Justizministeriums, IK) 2001 Nr. 14.

des Justizapparates und der Richterlaufbahnen zur Aufgabe hat) und der Generalstaatsanwalt im Interesse einer zügigen Prozessbearbeitung Verfahren vor einem anderen als dem gesetzlich vorgesehenen Gericht anhängig machen und bereits anhängige Verfahren auf ein anderes Gericht übertragen konnten.[292] Auch wenn eine solche Maßnahme dem Text der Vorschrift nach nur den Zweck der Entlastung überlasteter Gerichte haben durfte, sah die Praxis anders aus: Prozesse, an denen Personen aus der Fidesz-Parteiführung beteiligt waren oder die aus politischen Gründen als heikel galten, wurden an den der Fidesz-Führung besonders nahe stehenden und gefällig geltenden Gerichtshof in Kecskemét gegeben, weil dort eine politisch erwünschte Urteils-„findung" als sicher galt. Aber auch wenn die Übertragung eines laufenden Prozesses aus Gründen der besseren Verteilung von Kapazitäten erfolgte, war sie nicht problemfrei: Derartige Maßnahmen hatten regelmäßig die Verlagerung eines Großprozesses weg von den überlasteten Budapester Gerichten hin zu Gerichten in der Provinz zum Inhalt – mit dem Ergebnis, dass sämtliche Prozessparteien und ihre Rechtsbeistände, sämtliche Zeugen und andere Prozessbeteiligten (die in diesen wirtschaftlich relevanten Großprozessen regelmäßig alle in Budapest ansässig waren) für jeden einzelnen Prozesstermin lange und umständliche Pendelwege auf sich nehmen mussten. Aus grundsätzlichen Erwägungen zur richterlichen Unabhängigkeit und unparteiischen Prozessbehandlung, aber auch wegen der politisch geprägten Praxis der Handhabung dieser Befugnis kritisierten Europarat und Europäische Union die Regelung vehement, und Mitte 2013 musste sich die ungarische Regierung dem europäischen Druck beugen und schaffte die Eingriffsmöglichkeit der Exekutive in das Recht auf den gesetzlichen Richter wieder ab.

Bei der internationalen Zuständigkeit ungarischer Gerichte sah die IPR-VO in ihrer sozialistischen Fassung keine Besonderheiten im Bereich des Außenhandels vor. Für in Ungarn registrierte Rechte des gewerblichen Eigentums schrieb § 55 Buchst. g) IPR-VO a.F. eine ausschließliche Zuständigkeit ungarischer Gerichte vor; spiegelbildlich war die Zuständigkeit ungarischer Gerichte gemäß § 56 Buchst. c) IPR-VO a.F. bei ausländischen Rechten des gewerblichen Eigentums ausgeschlossen. Den Parteien eines Vertrags „mit internationalem wirtschaftlichem Inhalt" stellte § 62 IPR-VO die Vereinbarung der Zuständigkeit ungarischer oder ausländischer Gerichte oder Schiedsgerichte völlig frei. Damit hatten die Außenhandelsunternehmen die Freiheit, sich den Wünschen der ausländischen Geschäftspartner

292 Zunächst Art. 11 Abs. 3–4 Übergangsbestimmungen von Ungarns Grundgesetz (31.12.2011), MK 2011 Nr. 166 (GrundG-Einführungsgesetz), in deutscher Übersetzung von *Küpper* in *Küpper*, Ungarns Verfassung (Fn. 102), S. 261–276; nachdem das Verfassungsgericht in dem Urteil 45/2012. (XII. 29.) AB v. 29.12.2012, ABH 2012 S. 347, diese und zahlreiche andere Bestimmungen des GrundG-Einführungsgesetzes aus formalen Gründen als verfassungswidrig aufhoben hatte, überführte der Verfassunggeber die Regelung im Rahmen der Vierten Änderung von Ungarns Grundgesetz v. 25.3.2013 in Art. 27 Abs. 4 GrundG. Die Vorschrift wurde ersatzlos

anzupassen. Die IPR-Novelle v. 3.11.2000[293] fasste nicht zuletzt mit Blick auf den sich nähernden EU-Beitritt die Vorschriften zur internationalen Zuständigkeit neu und differenzierte sie weiter aus. Danach waren ungarische Gerichte grundsätzlich zuständig, falls der Beklagte seinen Sitz oder Wohnsitz in Ungarn hat (allgemeine internationale Zuständigkeit gemäß § 54 IPR-VO). Eine zusätzliche besondere internationale Zuständigkeit eröffnete § 55 IPR-VO für vertragliche Ansprüche, falls der Erfüllungsort in Ungarn liegt; bei einem Kaufvertrag ist der Erfüllungsort der Ort der Übergabe des Kaufgegenstands, soweit die Parteien nichts anderes vereinbaren. Für arbeitsrechtliche Ansprüche waren ungarische Gerichte gemäß § 61 IPR-VO auch zuständig, falls die gewöhnliche Arbeitsverrichtung in Ungarn erfolgt oder der Sitz des Arbeitgebers in Ungarn ist. Die erwähnte ausschließliche und ausgeschlossene internationale Zuständigkeit Ungarns für registrierte gewerbliche Schutzrechte behielten § 62/A Buchst. f), § 62/C Buchst. f) IPR-VO bei. Die Wiedereinführung eines Gesellschaftsrechts 1988 warf auch Fragen der internationalen Zuständigkeit auf: Ausschließlich zuständig waren ungarische Gerichte für Status-, Register- und Insolvenzfragen von in Ungarn eingetragenen juristischen Personen [§ 62/A Buchst. g) IPR-VO], während in vergleichbaren Angelegenheiten von im Ausland eingetragenen juristischen Personen § 62/C Buchst. g) IPR-VO die Zuständigkeit ungarischer Gerichte ausschloss. Liberalisiert wurde die Möglichkeit der Parteivereinbarung über die internationale Zuständigkeit: Seit 2000 setzte § 62/F IPR-VO für wirksame Gerichtsstandsvereinbarungen nicht mehr einen Vertrag „mit internationalem wirtschaftlichem Inhalt" voraus, sondern erlaubte die Wahl in allen Vermögensangelegenheiten. Grundsätzlich muss die Wahl schriftlich erfolgten, aber im „internationalen Handel" akzeptiert die IPR-VO darüber hinaus jede Form, „die den Handelsbräuchen entspricht, welche die Parteien kannten oder kennen mussten".

Die Neuregelung des internationalen Privatrechts 2017 änderte an dem dargestellten Rechtszustand nichts Wesentliches. Grundsätzlich können die Parteien gemäß §§ 91, 99 IPR-G in vermögensrechtlichen Streitigkeiten ausdrücklich oder stillschweigend einen Gerichtsstand vereinbaren. Als Vereinbarung gilt auch, wenn sich der Beklagte ohne Rüge auf den vom Kläger gewählten Gerichtsstand einlässt. Eine Grenze für Gerichtsstandsvereinbarungen bilden die ausschließlichen oder ausgeschlossenen Gerichtsstände gemäß §§ 88,89 IPR-G, wozu etwa Immobilien- oder Zwangsvollstreckungsprozesse gehören. Wenn die Parteien nichts vereinbaren, gelten die allgemeinen Vorschriften über die internationale Zuständigkeit ungarischer Gerichte. Bei Kaufverträgen ist das laut § 93 Buchst. a) IPR-G der Ort, an dem die Kaufsache zu übergeben ist oder wäre. Zahlreiche Vorschriften der alten IPR-VO werden im IPR-G nicht fortgesetzt, weil sie mittlerweile

aufgehoben durch die Fünfte Änderung von Ungarns Grundgesetz v. 26.9.2013. Näher zu dieser Befugnis des Landesgerichtsamtes *Küpper*, a.a.O. S. 120–121, 159–161.

293 Gesetz 2000:CX v. 3.11.2000, MK 2000 Nr. 108.

eine unionsrechtliche Regelung erfahren haben und daher durch mitgliedstaatliche Vorschriften nicht mehr normiert werden können. Daher ist das neue IPR-G immer zusammen mit dem unionsrechtlichen Kollisions- und Zuständigkeitsrecht zu lesen.

Für manche Arten von Streitigkeiten erlaubt das ungarische Recht traditionell oder neuerdings die Austragung vor Foren, die nicht der Justiz angehören. So können bei Wirtschaftsstreitigkeiten seit 1994 Schiedsgerichte angerufen werden.[294] Weitere Bereiche sind der Besitzschutz v.a. bei Immobilien durch die Gemeindeverwaltung oder die Regelung familienrechtlicher Beziehungen durch die Vormundschaftsbehörden; sie sind im Rahmen dieser Studie nicht von Belang.

Gerichtsorganisation und -aufbau

Die seit dem 19. Jh. in vier Hierarchiestufen organisierte Justiz wurde 1950 nach sowjetischem Vorbild auf drei Stufen reduziert: örtliche Gerichte (zeitweise auch als Kreisgerichte oder Stadtgerichte bezeichnet), darüber die Komitatsgerichte (in Budapest hieß diese Hierarchiestufe Hauptstädtisches Gericht) und an der Spitze das Oberste Gericht.[295]

Als 1972 die Zuständigkeit für Wirtschaftsstreitigkeiten auf die ordentliche Justiz übertragen wurde, wurden für bürgerlich-rechtliche Streitigkeiten in erster Instanz grundsätzlich die örtlichen Gerichte für zuständig erklärt. Nur wenn der Streitwert eine bestimmte Summe überstieg, waren die Komitatsgerichte in erster Instanz zuständig; das war für Streitigkeiten zwischen Unternehmen häufig der Fall. Außerdem waren typische Arten von Wirtschaftsstreitigkeiten wie der Schutz des gewerblichen Eigentums, die Anfechtung der Beschlüsse von Unternehmensorganen oder Firmensachen unabhängig vom Streitwert in erster Instanz bei den Komitatsgerichten angesiedelt (§ 18 Abs. 2 GVG 1972 i.V.m. § 23 ZPO i.d.F. ab dem 1.1.1973). Damit waren die Komitatsgerichte und insbesondere das Hauptstädtische Gericht die Gerichtsebene, die sich mit Wirtschaftsstreitigkeiten in erster Instanz auseinandersetzte. Dem trug das GVG 1972 Rechnung, indem es an den Komitatsgerichten nicht nur Spruchkörper für Straf- und für bürgerlich-rechtliche Sachen errichtete, sondern auch für Wirtschaftsstreitigkeiten. Für Berufungen gegen die Urteile der Komitatsgerichte war gemäß § 30 Abs. 1 Buchst. b) GVG 1972 das Oberste Gericht zuständig. Auch dort gab es besondere Spruchkörper für Wirtschaftssachen.

Aus ideologischen Gründen wurde die Beteiligung des Volkes an der Rechtsprechung sehr betont. Hierfür kannte das sozialistische Gerichtsverfassungsrecht die Institution des sog. Volksbeisitzers. Jedoch sah § 11 ZPO i.d.F. ab dem 1.1.1973 vor,

---

294 Dazu sogleich unten Punkt II. 1. b).

295 § 36 Verf. i.d.F. des Verfassungsänderungsgesetzes 1950:IV v. 10.12.1950. Zur Sowjetisierung der ungarischen Justiz s. *Magyar, Josef*: Die Gerichtsverfassung in Ungarn, in: *Maurach, Reinhard* u.a.: Fragen der Gerichtsverfassung im Ostblock, Studien des Instituts für Ostrecht München Bd. 2, Berlin o.J., S. 19–31 (19–26).

dass u.a. Prozesse wegen vertraglicher Ansprüche in erster Instanz von einem Einzelrichter ohne Beteiligung von Volksbeisitzern zu entscheiden waren, in zweiter Instanz hingegen von einem Senat aus drei Berufsrichtern. Die Abwesenheit von Volksbeisitzern trug zur Verrechtlichung, Entpolitisierung und Entideologisierung von Forderungsprozessen bei.[296]

Nach der Wende blieb die Ziviljustiz, die ja seit 1972/73 relativ entpolitisiert in Wirtschaftssachen urteilen konnte, zunächst auf dem Vorwendeniveau stehen. Erst die große Justizreform von 1997 führte die 1950 abgeschaffte Gerichtsebene der Tafelgerichte[297] wieder ein, sodass die Gerichtspyramide seitdem aus den örtlichen Gerichten (seit 2012: Kreisgerichte), den Komitatsgerichten und dem Hauptstädtischen Gericht (seit 2012: Gerichtshöfe), den Tafelgerichten/Gerichtstafeln und dem Obersten Gericht (seit 2012: Kurie) besteht. An der Ansiedlung der erstinstanzlichen Zuständigkeit für Wirtschaftsstreitigkeiten bei den Komitatsgerichten (Gerichtshöfen) hat sich nichts geändert. Die Wiedereinführung der Tafelgerichte hat hingegen dazu geführt, dass nunmehr die Berufung in vielen Fällen nicht mehr an das Oberste Gericht geht, sondern an die Tafelgerichte, von wo aus ggf. eine Revision zum Obersten Gericht (zur Kurie) möglich ist. Auch an der Existenz besonderer Spruchkörper für Wirtschaftssachen hat die Justizreform von 1997 nichts geändert.

ii Kritik im Lichte der Rechtswirklichkeit[298]

Die gerichtliche Durchsetzung vertraglicher Ansprüche funktioniert im Prinzip. Hinderlich ist das niedrige fachliche Niveau vieler Untergerichte und ihre textualistische Herangehensweise an Norm- und Vertragstext, verbunden mit einer Schwäche der teleologischen Auslegung. Dies geht einher mit einer oft sehr formalistischen Handhabung des Prozessverlaufs, der von modernem Fallmanagement häufig noch weit entfernt ist. Dennoch ist die durchschnittliche Prozessdauer in Ungarn niedriger als z.B. in Deutschland.

Unsicherheiten erwecken gerade an den Untergerichten Prozesse, die ein ausländisches Element enthalten. Wegen der dezentralen Zuständigkeit hat der ungarische Richter – hierin seinem deutschen Kollegen ähnlich – keine Gelegenheit, sich auf Auslandselemente zu spezialisieren. Dementsprechend unsicher reagieren ungarische Gerichte auf Prozesse, die ausländische Elemente enthalten, und tendieren dazu, sie entweder in die Länge zu ziehen oder das ausländische Element zu ignorieren.

---

296 *Boros, László/Gyulavári, Ágnes/Fleck, Zoltán*: Die Beteiligung von Laien an der Rechtspflege im sozialistischen Ungarn, in *Bender/Falk* (Fn. 3), S. 147–199.

297 Ungar.: *ítélőtábla*. Diese Gerichtsebene kann auch mit Gerichtstafel übersetzt werden. Zur Wiedereinführung s. *Küpper, Herbert/Tildi, Balázs*: Ungarn: Die Eröffnung der ersten Tafelgerichte, JOR 45 (2004) S. 269–279.

298 Hierzu s. *Küpper*, Einführung in das ungar. Recht (Fn. 60); *Küpper*, die in Fn. 41 und 281 nachgewiesene Literatur.

Ignoriert wird von den Untergerichten regelmäßig auch die Anwendbarkeit ausländischen Rechts. Falls das internationale Privatrecht die Anwendung einer ausländischen Rechtsordnung befiehlt, versuchen ungarische Richter dies zu umgehen und zur Anwendbarkeit ungarischen Rechts zu kommen. Dasselbe gilt für Verträge, für die die Parteien eine ausländische Rechtsordnung gewählt haben. Nur wenn die Parteien sehr insistieren, kommt das ungarische Gericht seiner Pflicht zur Anwendung des ausländischen Rechts nach. Hierfür besteht in Ungarn keine eigene wissenschaftliche Infrastruktur, sondern der ungarische Richter ist nach langem Warten auf die meist unbrauchbaren Auskünfte angewiesen, die im Wege der internationalen Rechtsauskünfte vom Geltungsstaat des ausländischen Rechts im Wege über die Justiz- und Außenministerien erteilt werden.

Für Verträge mit ausländischem Element, insbesondere für Verträge, die nicht dem ungarischen Recht unterliegen, ist die ungarische Justiz daher nicht attraktiv, ungeachtet ihrer relativ kurzen Prozessdauern. Üblich sind im Wirtschaftsverkehr in solchen Fällen Schiedsgerichtsklauseln oder Gerichtsstandsvereinbarungen in Bezug auf ein nicht ungarisches Gericht.

iii Quantitative Beobachtungen

In Ungarn gibt es neben dem Kúria genannten obersten Gericht fünf Tafelgerichte, 20 Gerichtshöfe (je einen pro Komitat und in der gleichgestellten Einheit Hauptstadt), 20 erstinstanzliche Verwaltungs- und Arbeitsgerichte und 117 Kreis- und Bezirksgerichte (6 Bezirksgerichte in Budapest, 111 Kreisgerichte außerhalb der Hauptstadt).

Da es an einer gegliederten Justizstatistik fehlt, ist die genaue Anzahl der Rechtsstreitigkeiten über vertragliche Ansprüche oder gar die Anzahl der Rechtsstreitigkeiten mit Auslandsbezug nicht festzustellen. Seit der Wende liegt der jährliche erstinstanzliche Eingang an Prozessen bei ca. 150.000 bürgerlichen Sachen (nur 1994–1998 waren es deutlich mehr), bei ca. 11–16.000 Wirtschaftssachen (auch hier mit einer Spitze 1994–1998) und bei ca. 15–25.000 Verwaltungs- und Arbeitssachen.[299]

b) Schiedsgerichtsbarkeit

i Beschreibung der Reformen

Im sozialistischen Ungarn gab es bereits seit 1972 eine Schiedsgerichtsbarkeit, die westlichen Vorstellungen nahe kam.[300] Die ZPO-Novelle von 1972[301] fügte ein

---

299 Quelle: Zentrales Amt für Statistik, https://www.ksh.hu/docs/hun/xstadat/xstadat_eves/i_zjb001.html (Stand: 9.2.2016).

300 Zu den vorsozialistischen Vorläufern s. *Kecskés, László*: A választottbíráskodás magyarországi gyökerei [Die Wurzeln der Schiedsgerichtsbarkeit in Ungarn], Magyar Jog 2012, S. 257–267.

301 Verordnung mit Gesetzeskraft 1972/26 v. 23.11.1972, MK 1972 Nr. 94.

Kapitel XXIV „Schiedsgerichtsverfahren" in die ZPO ein.[302] Das Schiedsverfahren konnte von den Parteien vertraglich als Alternative zur staatlichen Gerichtsbarkeit vereinbart werden. Ein solcher Schiedsvertrag war stets zulässig, falls der Streitgegenstand zwischen einer ungarischen Wirtschaftsorganisation und einer ausländischen Partei oder nur zwischen Ausländern bestand; bei rein inländischen Wirtschaftsstreitigkeiten konnten Rechtsvorschriften die Wahl eines Schiedsgerichts ermöglichen.[303] Damit war die Schiedsgerichtsbarkeit im sozialistischen Ungarn v.a. die Domäne von Außenhandelsstreitigkeiten.[304] Bei der Ungarischen Wirtschaftskammer wurde ein ständiges Schiedsgericht errichtet. Daneben trat Ungarn den einschlägigen Abkommen über die internationale Schiedsgerichtsbarkeit bei.[305] Dieses System der Schiedsgerichtsbarkeit bestand zunächst auch über die Wende hinaus bis zur umfassenden Schiedsgerichtsbarkeitsreform 1994.

Die Schiedsgerichtsbarkeit als vollwertige Alternative zur staatlichen Gerichtsbarkeit wurde 1994 eingeführt[306] und auch im BGB verankert (§ 7 Abs. 2 BGB 1959 i.d.F. ab 13.12.1994[307]). Es steht den Parteien frei, sich an die staatliche Justiz zu

302 Vergleichbare Vorschriften hatten zuvor in §§ 17–19 Verordnung mit Gesetzeskraft 1952/22. über das Inkraftsetzen und die Durchführung des Gesetzes 1952:III über die Zivilprozessordnung v. 28.12.1952, MK 1952 Nr. 86 (EVO-ZPO) ein Schattendasein geführt.

303 Von Bedeutung war v.a. § 111 der Verordnung des Ministerrats 7/1978. (II. 1.) MT über die Liefer- und Unternehmungsverträge der Wirtschaftsorganisationen v. 1.2.1978, MK 1978 Nr. 6, i.V.m. der Verordnung des Justizministers 8/1978. (XII. 5.) IM über die Schiedsgerichte, die in Rechtsstreitigkeiten aus Lieferungs- und Unternehmungsverträgen zwischen Wirtschaftsorganisationen tätig werden, v. 5.12.1978, MK 1978 Nr. 83, die zwischen den Unternehmen der sozialistischen Wirtschaft in weitem Umfang eine Streitschlichtung durch Schiedsgerichte – nicht zu verwechseln mit der 1972 abgeschafften Staatsarbitrage – erlaubten, soweit die Unternehmen sich hierauf vertraglich einigten.

304 Zur allmählichen Zunahme auch inländischer Schiedsverfahren s. *Horváth, Éva*: A választottbírósági törvény „születéséről" [Über die „Geburt" des Schiedsgerichtsgesetzes], Gazdaság és Jog 3/2010, S. 22–26 (22–23).

305 Dazu oben Punkt I. 3. a).

306 Gesetz 1994:LXXI über die Schiedsgerichtsbarkeit v. 28.11.1994 (Fn. 39), ersetzt durch Gesetz 2017:LX über die Schiedsgerichtsbarkeit vom 8.6.2017, MK 2017 Nr. 85. Zur Entstehung dieses Gesetzes s. *Horváth* (Fn. 304).

307 Das BGB 2013 enthält keine allgemeine Schiedsgerichtsklausel, sondern ermöglicht in verschiedenen Fallkonstellationen die Vereinbarung einer schiedsgerichtlichen Streitbeilegung: so bei Vereinen für Streitigkeiten aus dem Mitgliedschafts- und Vereinsverhältnis in § 3:87, bei Wirtschaftsgesellschaften in allen Mitgliedschaftsfragen in § 3:92 und ebenso für Genossenschaften in § 3:330. Andererseits verbietet das BGB 2013 in Übereinstimmung mit Unionsrecht die ausschließliche Zuständigkeit von Schiedsgerichten bei Verbraucherverträgen in § 6:104 Abs. 1 Buchst. i). Dass eine allgemeine Verweisung auf die Schiedsgerichtsbarkeit im BGB 2013 fehlt, ist unschädlich, weil das Schiedsgerichtsgesetz selbst den Weg zu den

wenden oder entweder von vornherein oder auch nach Entstehen eines Streits zu vereinbaren, ihre Rechtsstreitigkeiten vor ein Schiedsgericht zu bringen. Voraussetzung war unter dem Schiedsgerichtsgesetz 1994, dass der Streitgegenstand mit der beruflichen oder geschäftlichen Tätigkeit mindestens einer der Parteien zusammenhängt.[308] Ein ausländisches Element war nicht mehr notwendig. Das Schiedsgerichtsgesetz 2017 ist ebenfalls auf handelsrechtliche Streitigkeiten beschränkt. Das bedeutet, dass die Schiedsgerichtsbarkeit für beiderseitig private Streitigkeiten ausgeschlossen ist; hier ebenso wie in Familien- und Zwangsvollstreckungssachen ist die staatliche Justiz zwingend. Andererseits ist die staatliche Gerichtsbarkeit im Erkenntnisverfahren ausgeschlossen, falls eine wirksame Schiedsvereinbarung zwischen den Parteien vorliegt.

Das gesetzlich vorgesehene Schiedsgerichtsverfahren ist gerichtsähnlich ausgestaltet. Durch Vertrag können die Parteien hiervon abweichen. Auch die Entscheidung ist rechtsförmig und stellt einen Vollstreckungstitel dar.[309]

Ständige Schiedsgerichte bestehen z.B. bei der Ungarischen Handels- und Industriekammer, der Agrarkammer oder bei der Wertpapierbörse.[310] Der Weg zu ausländischen und internationalen Schiedsgerichten ist ebenfalls zulässig. Daneben können die Parteien ihr eigenes Schiedsgericht errichten (Ad-hoc-Schiedsgericht), an das das Schiedsgerichtsgesetz bestimmte Mindestanforderungen im Interesse eines fairen Verfahrens stellt. Ein Schiedsgericht, das diesen Anforderungen nicht genügt, kann nicht die staatliche Justiz ersetzen und keine Entscheidungen erlassen, die durch den Staat vollstreckt werden.[311]

Schiedsgerichten generalklauselartig eröffnet. Zur Problematik der schiedsgerichtsbezogenen Bestimmungen im BGB 2013 *Küpper, Herbert*: Ungarns neues BGB – Teil 2: Grundprinzipien und Personenrecht, WiRO 2014 S. 174–178 (175–176). Zum Schiedsvertrag s. auch *Lukács, Józsefné*: Választottbírósági alávetés [Unterwerfung unter die Schiedsgerichtsbarkeit], Gazdaság és Jog 2014/4, S. 24–26.

308 Seit 2011 bestehen gewisse Beschränkungen, falls der Streitgegenstand mit öffentlichem Vermögen zusammenhängt, sodass z.B. in Konzessions- und ähnlichen Sachen ggf. der Weg zu den staatlichen Gerichten obligatorisch ist: *László, András Dániel*: Választottbíráskodás nemzeti vagyonnal kapcsolatos ügyekben [Schiedsgerichtsbarkeit in Angelegenheiten im Zusammenhang mit dem nationalen Vermögen], Magyar Jog 2015, S. 152–160.

309 Rechtsvergleichend *Timár, Kinga*: The Legal Relationship between the Parties and the Arbitral Institution, ELTE Law Journal 2013/1, S. 103–122.

310 § 12 Abs. 2 Gesetz 1999:CXXI über die Wirtschaftskammern v. 23.12.1999, MK 1999 Nr. 120; § 376 Gesetz 2001:CXX über den Kapitalmarkt v. 25.12.2001, MK 2001 Nr. 154. Zur ausschließlichen Zuständigkeit des Schiedsgerichts der Wertpapierbörse s. die Besprechung eines Urteils des IHK-Schiedsgerichts bei *Szakál, Róbert*: Hatásköri határvonal [Zuständigkeitsgrenze], Gazdaság és Jog 1/2009, S. 26.

311 Die staatlichen Gerichte sind vergleichsweise streng bei der Beurteilung einer wirksamen Schiedsabrede und tendieren dazu, unter Berufung auf Mängel im Schiedsvertrag oder im Schiedsverfahren ihre Zuständigkeit zu bejahen: *Murányi, Katalin*: Az állami bíróságoknak a választottbíróságok működéséhez kapcsolódó

An diesen 1994 geschaffenen Grundzügen der Schiedsgerichtsbarkeit wurde in der Folge nichts Wesentliches mehr geändert; Reformen und Änderungen betrafen v.a. Details.[312] Eine neuere Entwicklung in Ungarn ist die Mediation. Sie wird in immer mehr Rechtsbereichen eingeführt; in einigen wie dem Verbraucherschutz ist sie – nicht zuletzt aufgrund unionsrechtlicher Vorgaben – obligatorisch.[313] Für die hier betrachteten außenwirtschaftlichen Verträge und die daraus entstehenden Streitigkeiten ist die innerstaatliche Mediation von nachrangiger Bedeutung.

ii Kritik im Lichte der Rechtswirklichkeit

Wie bereits unter Punkt II. 1. a) ii. dargelegt, ist die Schiedsgerichtsbarkeit v.a. im Wirtschaftsverkehr eine beliebte Alternative, um Schwächen der ungarischen staatlichen Zivilgerichtsbarkeit zu umgehen. Wie die sogleich unter Punkt iii. dargestellte Statistik zeigt, sind es allerdings weniger die ungarischen Schiedsgerichte, die bei ausländischen Vertragspartnern bevorzugt werden.

iii Quantitative Beobachtungen

Das Aufkommen an Schiedsverfahren beim Ständigen Schiedsgericht der Ungarischen Handels- und Industriekammer schwankt, und auch der Anteil an auslandsbezogenen Verfahren unterliegt starken Schwankungen[314]:

gyakorlata és gondolatok az esetleg szükséges jogszabály módosításokról [Die Praxis der staatlichen Gerichte im Zusammenhang mit dem Betrieb der Schiedsgerichte und Gedanken zu eventuell nötigen Änderungen von Rechtsvorschriften], Magyar Jog 2011, S. 193–208.

312 Näher zur Schiedsgerichtsbarkeit seit 1994 *Pikó, Rita*: Schiedsgerichtsbarkeit in Ungarn, Heidelberg 1998.

313 *Gyengéné Nagy, Márta*: Mediáció az igazságszolgáltatásban [Mediation in der Justiz], Magyar Jog 2009, S. 681–692; *Julesz, Máté*: Mediation im heutigen Ungarn, JOR 55 (2014) S. 251–257; *Szekeres, Diána*: A gazdasági mediációról és a magyar választott bíráskodást érintő változásokról [Über die wirtschaftliche Mediation und die Änderungen, die die ungarische Schiedsgerichtsbarkeit betreffen], in: *Bencsik, András/Fülöp, Péter* (Hrsg.): Jogász Doktoranduszok I. Pécsi Találkozója. Tanulmánykötet [Tagungsband des 1. Pécser Treffens von Doktorstudierenden des Rechts], Pécs 2011, S. 185–190; *Szekeres, Diána*: A gazdasági mediációról [Über die wirtschaftliche Mediation], Gazdaság és Jog 2012/5, S. 11–16.

314 Angaben nach *Horváth* (Fn. 304), S. 23. Weitere statistische Angaben finden sich bei *Lukács, Józsefné*: A Magyar Kereskedelmi és Iparkamara mellett szervezett Állandó Választottbíróság 2006–2010. évi tevékenységének számszerű adatai [Zahlenmäßige Angaben der Tätigkeit des Ständigen Schiedsgerichts bei der Ungarischen Handels- und Industriekammer 2006–2010], Magyar Jog 2011, S. 559–565.

Jahr	Fälle insgesamt	Davon: Fälle zwischen internationalen Parteien	Davon: Fälle zwischen ungarischen Parteien
2009	262	23	239
2008	291	37	254
2007	264	30	234
2006	411	42	369
2005	1417	62	1355
2004	381	41	340
2003	590	137	453
2002	394	30	364
2001	255	49	206
2000	202	75	127
1999	204	71	133
1998	181	67	114
1997	175	50	125
1996	161	71	90
1995	137	52	85

Aus den Zahlen geht hervor, dass die ungarische Schiedsgerichtsbarkeit bei ausländischen Vertragspartnern ungarischer Unternehmen nicht allzu beliebt ist. Es liegt nahe, dass in grenzüberschreitenden Vertragsbeziehungen, in denen die Parteien die Schiedsgerichtsbarkeit der staatlichen Gerichtsbarkeit vorziehen, internationale oder ausländische Schiedsgerichte und nicht das ungarische Schiedsgericht vereinbart werden. Ein häufig vereinbartes Schiedsgericht ist das in Wien.

c) Öffnung gegenüber ausländischen Titeln

Das sozialistische Recht war – selbst in vergleichsweise liberalen und offenen Systemen wie dem ungarischen „Neuen Ökonomischen Mechanismus" – gegenüber der Außenwelt recht abgeschottet. Diese prinzipielle Abschottung der Innen- von der Außenwelt endete erst mit der Wende 1989/1990, als z.B. auf Verfassungsebene dem Völkerrecht eine Stellung auch im innerstaatlichen Rechtsraum eingeräumt wurde.[315]

315 § 7 Verf. i.d.F. ab dem 23.10.1989, inhaltlich fortgeführt von Art. Q) Abs. 3 GrundG. Näher hierzu *Küpper, Herbert*: Völkerrecht, Verfassung und Außenpolitik in Ungarn, ZaöRV 1998, S. 239–289.

i Gerichtsstandsklauseln

Bereits seit der Kodifizierung des internationalen Privatrechts 1979 erlaubten die einschlägigen Vorschriften im internationalen Wirtschaftsverkehr die Vereinbarung von Gerichtsstandsklauseln.[316] Während § 62 IPR-VO a.F. diese Wahlfreiheit ursprünglich auf „Verträge mit internationalem wirtschaftlichem Inhalt" beschränkte, erstreckt sich die Wahl der Parteien seit der IPR-Reform von 2000 auf alle „vermögensrechtlichen Angelegenheiten" (§ 62/F IPR-VO, § 99 IPR-G). Im „internationalen Handel" gelten gemäß § 62/F Abs. 1 Buchst. d) IPR-VO, § 99 Abs. 3 Buchst. d) IPR-G noch nicht einmal die gesetzlichen Formerfordernisse der Schriftlichkeit etc., sofern die Form den einschlägigen Handelsbräuchen entspricht. Damit ist der Außenhandelsverkehr im Wesentlichen schon seit 1979 vollständig frei, den Gerichtsstand im Einvernehmen mit dem ausländischen Vertragspartner zu vereinbaren.

In der Rechtspraxis scheinen Gerichtsstandsvereinbarungen auf keine Akzeptanzschwierigkeiten zu stoßen. Die ungarischen Gerichte fordern ein gewisses Maß an Konkretheit: Akzeptiert wird nur eine solche Vereinbarung, die auf die Gerichte eines konkreten Staates oder auf ein konkretes ausländisches Gericht verweist.[317] In grenzüberschreitenden Vertragsbeziehungen sind ungarische Gerichte zurückhaltend bei der Auslegung von Merkmalen, die die ausschließliche ungarische Zuständigkeit begründen und damit Gerichtsstandsvereinbarungen ungültig machen: Wenn ein grenzüberschreitender Vertrag mit dinglichen Sicherheiten gesichert wird, die in ungarischen Registern wie dem Grundbuch oder dem Pfandregister eingetragen werden (z.B. Hypotheken oder Registerpfandrechte), bewirkt diese ungarische Registrierung des Sicherungsrechts keine ausschließliche ungarische internationale Zuständigkeit für den ganzen Vertrag, sondern die Vertragsbeziehungen unterliegen weiter den allgemeinen Vorschriften, sodass die Parteien ggf. auch die Zuständigkeit anderer als ungarischer Gerichte vereinbaren können.[318]

Andererseits lehnen ungarische Gerichte ihre internationale Zuständigkeit ab, falls die Parteien einen Prozess vor die ungarische Justiz bringen wollen, der keinen Bezug zum Inland aufweist.[319]

ii Anerkennung und Vollstreckbarerklärung ausländischer Gerichtsurteile[320]

Bereits die IPR-VO von 1979 ging in ihrer Ausgangsfassung davon aus, dass ausländische Gerichtsurteile anzuerkennen und zu vollstrecken sind, sofern nicht

316 Dazu oben Punkt II. 1. a) i.

317 Oberstes Gericht, BH 2004 Nr. 153.

318 Oberstes Gericht, BH 2003 Nr. 255.

319 Oberstes Gericht, BH 2001 Nr. 435; BH 2004 Nr. 376; hierzu *Küpper*, Einführung in das ungar. Recht (Fn. 60), S. 194.

320 Ausführlich hierzu *Küpper*, Die Vollstreckung von Gerichtsurteilen in Ungarn, forost Arbeitspapier Nr. 28 (Fn. 281).

eine ausschließliche Zuständigkeit ungarischer Gerichte besteht (§ 70 IPR-VO a.F.). Negative Voraussetzung war gemäß § 73 Abs. a) IPR-VO a.F., dass das ausländische Urteil nicht gegen die ungarische öffentliche Ordnung (*ordre public*) verstieß, wobei § 7 Abs. 2 IPR-VO klarstellte, dass ein Verstoß gegen den ungarischen ordre public nicht alleine darin begründet ist, dass der andere Staat ein anderes gesellschaftliches und wirtschaftliches System hat als Ungarn. Zu sozialistischen Zeiten hieß das, dass auch Urteile aus dem „kapitalistischen" Ausland anerkannt und vollstreckt werden konnten. Die *Ordre-public*-Klausel in § 12 IPR-G führt diese Bestimmung, die nach 1990 ihre Bedeutung im Wesentlichen verloren hatte, nicht fort.

§ 74 IPR-VO a.F. band allerdings die Anerkennung und Vollstreckung von ausländischen Gerichts- und Schiedsgerichtsurteilen in Vermögenssachen an das Vorliegen eines völkerrechtlichen Vertrags – z.B. die Verträge über internationale Schiedsgerichtsbarkeit, denen Ungarn beigetreten war[321] – oder der Gegenseitigkeit mit dem ausländischen Staat; das Vorliegen von Gegenseitigkeit bestätigte im Zweifelsfall der Justizminister. Ausschließlich zuständig für die Anerkennung ausländischer Schiedsgerichtsentscheidungen war das Hauptstädtische Gericht, während ausländische Gerichtsurteile vom für den Sitz des Schuldners zuständigen örtlichen Gericht anerkannt wurden.[322] Diese ausschließliche Zuständigkeit endete mit dem Erlass des ZwVollstrG 1994: § 16 Buchst. c) ZwVollstrG erklärt das örtliche Gericht (heute: Kreisgericht) am Sitz des Schuldners für zuständig.

Die Anerkennung und Vollstreckung ausländischer Urteile wurde 2000 novelliert.[323] Nunmehr verlangte § 72 IPR-VO i.d.F. ab dem 1.5.2001 für die Anerkennung aller ausländischen Gerichtsurteile das Vorliegen von Gegenseitigkeit, d.h. für nichtvermögensrechtliche Urteile wird die Hürde zumindest theoretisch höher gelegt. Zugleich wurde sie für vermögensrechtliche ausländische Gerichtsurteile abgesenkt, denn § 73 Abs. 2 Buchst. b) IPR-VO setzte ab 2001 keine Gegenseitigkeit mit dem Gerichtsstaat mehr für den Fall voraus, dass die Zuständigkeit des ausländischen Gerichts nicht auf Gesetz, sondern auf Parteivereinbarung (Gerichtsstandsvereinbarung) beruht. Das neue internationale Privatrecht beschränkt das Erfordernis der Gegenseitigkeit in § 113 IPR-G auf vermögensrechtliche Entscheidungen; die Gegenseitigkeit ist nicht erforderlich, wenn die Zuständigkeit des ausländischen Gerichts auf einer Parteivereinbarung beruhte.

Das Verfahren regeln §§ 205–210/B ZwVollstrG 1994. Es gelten nur wenige Besonderheiten gegenüber der Vollstreckung inländischer Urteile. Insbesondere muss auf Aufforderung des Vollstreckungsgerichts eine beglaubigte ungarische Übersetzung der ausländischen Entscheidung beigebracht werden. Eine verfahrensmäßige Erleichterung brachte das ZwVollstrG i.V.m. § 74 IPR-VO i.d.F. ab 2000,

---

321 Dazu oben Punkt I. 3. a).

322 §§ 11, 113 Verordnung mit Gesetzeskraft 1979/18 über die Zwangsvollstreckung v. 5.11.1979, MK 1979 Nr. 62.

323 IPR-Änderungsgesetz 2000:CX v. 3.11.2000 (Fn. 293). Zum neuen Recht s. *Küpper*, Einführung in das ungar. Recht (Fn. 60), S. 195–196.

wonach die Anerkennung eines ausländischen Urteils kein gesondertes Verfahren mehr erfordert, sondern im Rahmen des normalen Vollstreckungsverfahrens geprüft wird. Im neuen Recht enthält § 122 Abs. 1 S. 1 IPR-G diese Regelung. Ist die Frage der Anerkennung und Vollstreckbarkeit positiv beantwortet, erfolgt die Vollstreckung gemäß den Vorschriften, die für inländische Urteile gelten.[324]

Der Vorbehalt des *ordre public* gilt auch heute noch: Urteile, die gegen tragende Grundsätze des ungarischen Rechts oder des ungarischen Gerechtigkeitsgefühls verstoßen, können nicht anerkannt und vollstreckt werden. Diese Notbremse im internationalen Rechtsverkehr spielt für Gerichtsurteile in Handelsbeziehungen regelmäßig keine Rolle; die veröffentlichte Rechtsprechung zu *ordre-public*-widrigen Gerichtsurteilen bezieht sich fast ausnahmslos auf familien- und erbrechtliche Fälle.[325]

In der Rechtspraxis ist die gesamte Zwangsvollstreckung defizitär, obwohl das ZwVollstrG seiner Konzeption nach überaus gläubigerfreundlich ist und die richtigen Anreize setzt. Dennoch können Gläubiger ihre titulierten Forderungen in Ungarn nur unter größten Schwierigkeiten vollstrecken. Dies gilt auch für ausländische Titel, wobei die Mängel der ungarischen Vollstreckung in- und ausländische Titel gleichermaßen betreffen.[326] Die Schwierigkeiten liegen nicht so sehr in der Stufe der Anerkennung und Vollstreckbarerklärung – obwohl auch hier bisweilen aus der Praxis über langwierige und unnötig formalistische Verfahren berichtet wird –, sondern bei der weiter unten dargestellten eigentlichen Vollstreckung, d.h. der Wegnahme von Schuldnervermögen im Interesse des titulierten Gläubigers.

iii Anerkennung und Vollstreckbarerklärung ausländischer Schiedssprüche

Während des Sozialismus und in den ersten Wendejahren unterlagen die Anerkennung und Vollstreckung ausländischer Schiedsurteile den zuvor unter Punkt ii. dargestellten Vorschriften der IPR-VO. Im Wesentlichen wurden solche Schiedsurteile vollstreckt, deren Anerkennung durch einen völkerrechtlichen Vertrag wie das New Yorker Abkommen vorgesehen war.

Die Vollstreckung von Schiedsgerichtsurteilen regelt seit seinem Erlass das Schiedsgerichtsgesetz von 1994.[327] §§ 58–60 Schiedsgerichtsgesetz 1994 sahen seit dem Erlass des Gesetzes ein einheitliches Vollstreckungsregime für in- und ausländische Schiedsurteile vor. Im neuen Recht treffen §§ 53–54 Schiedsgerichtsgesetz 2017 vergleichbare Regelungen. Danach haben alle Schiedsurteile dieselbe Geltung wie ein (inländisches) Gerichtsurteil. Allerdings kann das ungarische Vollstreckungsgericht die Vollstreckung ablehnen, falls das Schiedsurteil gegen

---

324 § 74/A IPR-VO/§ 122 Abs. 4 IPR-G i.V.m. ZwVollstrG.

325 *Küpper*, Die Vollstreckung von Gerichtsurteilen in Ungarn, forost Arbeitspapier Nr. 28 (Fn. 281), S. 83–84.

326 Ausführlich zu diesem Mängeln *Küpper*, Die Vollstreckung von Gerichtsurteilen in Ungarn, forost Arbeitspapier Nr. 28 (Fn. 281). Das dort Gesagte gilt auch heute noch.

327 Gesetz 1994:LXXI über die Schiedsgerichtsbarkeit v. 28.11.1994 (Fn. 39).

die ungarische öffentliche Ordnung (*ordre public*) verstößt. Schiedsurteile in einer fremden Sprache sind zusammen mit einer beglaubigten ungarischen Übersetzung beim ungarischen Vollstreckungsgericht einzureichen.[328]

Mit dem Erlass des ZwVollstrG 1994 sind die ausschließlichen Gerichtszuständigkeiten auch für die Anerkennung und Vollstreckung ausländischer Schiedsurteile entfallen: Gemäß § 16 Buchst. d) ZwVollStrG ist das Komitatsgericht (heute: Gerichtshof) am Sitz des Vollstreckungsschuldners für die Ausstellung des Vollstreckungsblatts zuständig.

Die bei der Vollstreckung in- und ausländischer Gerichtsurteile auftretenden praktischen Schwierigkeiten[329] gelten auch für Schiedsgerichte. Auch hier ist der Missstand allgemeiner Natur und betrifft nicht nur aus-, sondern genauso auch inländische Titel.

d) Reformen im Zivilprozess im Hinblick auf Erkenntnis- und Mahnverfahren

Der Zivilprozess wurde bis Ende 2017 in der Zivilprozessordnung von 1952[330] niedergelegt. Nach der Wende wurde sie in vielen Teilen dem neuen System angepasst, bewahrt aber noch so manches Sozialistische. Spätestens mit dem Erlass eines neuen BGB 2013 war klar, dass das Zivilverfahrensrecht komplett neu kodifiziert werden muss. Eine Kodifikationskommission wurde eingesetzt,[331] und 2016 wurde eine neue ZPO erlassen, die am 1.1.2018 in Kraft trat.[332]

Die recht starre stalinistische ZPO von 1952 erfuhr 1972 umfangreiche Änderungen,[333] die die materiellen Änderungen des „Neuen Ökonomischen Mechanismus" auch im Zivilprozess berücksichtigen sollten. Der größeren wirtschaftlichen Bewegungsfreiheit der Unternehmen und der Ersetzung der Staatsarbitrage durch das zivilprozessuale Streitverfahren entsprach der obrigkeitliche Prozess nicht mehr; die ZPO-Novelle von 1972 erweiterte die prozessuale Handlungsfreiheit der Parteien. Der sozialistische Offizialprozess wurde um Elemente des Parteibetriebs

---

328 Zur Praxis *Kecskés, László*/*Murányi, Katalin*: A hazai és külföldi választottbírósági ítéletek végrehajtásának elrendelésével kapcsolatos gyakorlati tapasztalatok Magyarországon [Praktische Erfahrungen im Zusammenhang mit der Anordnung der Vollstreckung in- und ausländischer Schiedsgerichtsurteile in Ungarn], Magyar Jog 2013, S. 129–138.

329 Dazu zuvor Punkt ii.

330 Gesetz 1952:III über die Zivilprozessordnung v. 6.6.1952, MK 1952 Nr. 48.

331 Regierungsbeschluss 1267/2013. (V. 17.) Korm. über die zivilprozessrechtliche Kodifikation v. 17.5.2013, MK 2013 Nr. 78; hierzu *Küpper, Herbert*: Ungarns neues BGB – Teil 9: Gesetzliche Schuldverhältnisse, Wertpapiere, Zivilprozess, WiRO 2015 S. 46–50 (49–50).

332 Gesetz 2016:CXXX über die Zivilprozessordnung vom 2.12.2016, MK 2016 Nr. 190.

333 Verordnung mit Gesetzeskraft 1972/26. über die Änderung der Zivilprozessordnung v. 23.11.1972 (Fn. 19).

(wenn auch noch nicht der Parteiherrschaft) angereichert und zeigte damit dieselbe Mischung zwischen staatlicher Lenkung und individueller Freiheit wie das zugrunde liegende materielle Recht und die Politik des „Neuen Ökonomischen Mechanismus". Dennoch wurde der Zivilprozess auch nach 1972 im Wesentlichen vom Amtsbetrieb beherrscht: Die Parteien konnten nur begrenzt über den Streitstoff bestimmen und unterlagen in Vielem der Lenkung durch das Gericht. Das Gericht brauchte ungünstige Verzichts- und Anerkennungserklärungen sowie Vergleiche der Parteien auch dann nicht anzuerkennen, falls sie nach Belehrung durch das Gericht seitens der benachteiligten Partei bekräftigt wurden (§ 4 ZPO). Das Oberste Gericht konnte jederzeit jeden Rechtsstreit an sich ziehen (§ 23/A ZPO). Die Staatsanwaltschaft hatte zahlreiche Interventionsrechte „aus wichtigem staatlichen oder gesellschaftlichem Interesse beziehungsweise falls der Berechtigte aus irgendeinem Grund zum Schutz seiner Rechte nicht fähig ist" (§ 2/A ZPO). Außerdem hatte das Gericht von Amts wegen die „objektive Wahrheit" zu erforschen (§ 3 ZPO), während in einem rechtsstaatlichen Zivilprozess auch die Tatsachen insoweit der Disposition der Parteien unterliegen, dass das Gericht von durch Kläger und Beklagtem übereinstimmend zugrunde gelegten Tatsachen auch dann nicht abweichen darf, falls sie nicht der „objektiven Wahrheit" entsprechen.[334]

Im weiteren Verlauf, v.a. in den 1980er-Jahren, wurde die Dispositionsfreiheit der Parteien zunehmend ausgebaut. Dennoch war mit der Wende klar, dass sich auch der Zivilprozess von Grund auf würde wandeln müssen: Der überkommene, nur teilweise der Parteiherrschaft unterstellte sozialistische Amtsbetrieb entsprach weder den gewandelten verfassungsrechtlichen Vorgaben noch den Erfordernissen und Realitäten einer Marktwirtschaft.

Nach der Wende dauerte es einige Jahre, bis der Zivilprozess vom Amts- auf den Parteibetrieb umgestellt wurde. Von besonderer Bedeutung waren ZPO-Novellen in den Jahren 1995 und 1999.[335] Dennoch konnten auch sie nicht alle sozialistischen Überbleibsel im Zivilprozessrecht beseitigen. Bis zum Außerkrafttreten der ZPO 1952 zum 31.12.2017 war der ungarische Zivilprozess im Vergleich zu seinem deutschen Pendant von einer starken Intervention des Richters und dessen Bemühen, die „objektive Wahrheit" notfalls auch gegen den Willen beider Parteien zu suchen, geprägt – was teilweise an den sozialistischen Resten im Prozessrecht und mehr noch an der aus dem Sozialismus ererbten richterlichen Mentalität liegt, in welche der richterliche Nachwuchs auch nach der Wende bis heute sozialisiert wird.[336] Da diese Bedeutung der „objektiven Wahrheit" im Zivilprozess weniger in

---

334 So etwa im deutschen Zivilprozess gemäß § 138 Abs. 3 dt. ZPO.

335 Gesetze 1995:LX v. 30.6.1995, MK 1995 Nr. 56, und 1999:CX v. 18.12.1999, MK 1999 Nr. 116.

336 *Küpper*, Justizreform in Ungarn, forost Arbeitspapier Nr. 23 (Fn. 41), S. 45; *Küpper*, Einführung in das ungar. Recht (Fn. 60), S. 177–179; *Küpper, Herbert*: Materielle Wahrheit im ungarischen Zivilprozess de lege lata und de lege ferenda, OER 2015, S. 385–396.

Rechtsvorschriften als vielmehr in der richterlichen Mentalität verankert ist, bleibt abzuwarten, inwieweit die neue ZPO 2016 hier eine Änderung in Richtung Parteiprozess bringen wird.

Für die Beteiligung ausländischer Prozessparteien ist von Bedeutung, dass die ZPO seit ihrem Erlass von einem ausländischen Kläger verlangte, Sicherheit für die Prozesskosten zu leisten, falls der Beklagte dies beantragt hat (§ 89 ZPO). In der neuen ZPO 2016 beschränken §§ 595–596 diese Vorsichtsmaßnahme auf Kläger mit Sitz oder Wohnsitz außerhalb des EWR. Leistet der ausländische Kläger die Sicherheit nicht fristgemäß, muss das Gericht den Prozess einstellen [§ 157 Buchst. c) ZPO 1952, § 241 Abs. 1 Buchst. d) ZPO 2016]. Auch wenn die Prozesskosten in Ungarn – ebenso wie in anderen sozialistischen Staaten – nicht hoch waren und auch heute noch als vergleichsweise erschwinglich zu bezeichnen sind, erschwert diese Sicherheitsleistung den Zugang ausländischer Kläger zur Justiz, indem sie eine Hürde schafft, die Inländer nicht zu gegenwärtigen haben.

Die Möglichkeit, einen ausländischen Geschäftspartner vor ungarischen Gerichten zu verklagen, wurde durch die Einführung des Instituts des Zustellungsbevollmächtigten 2008 verbessert. Sofern eine ausländische Wirtschaftsgesellschaft in Ungarn eine Zweigniederlassung o.ä. oder einen ins Firmenregister eingetragenen Zustellungsbevollmächtigten (etwa weil sie an einer ungarischen Wirtschaftsgesellschaft Beteiligungen hält) hat, sind diese im Zivilprozess gegen die ausländische Unternehmung kraft § 101/A ZPO 1952, §§ 142–143 ZPO 2016 zustellungsbevollmächtigt. Das erspart dem ungarischen Kläger die teure und langwierige Zustellung seiner Klage im Ausland am Sitz der ausländischen Wirtschaftsgesellschaft.

2 Zwangsvollstreckung als Durchsetzung vertraglicher Ansprüche

a) Schaffung von Vollstreckungsinstitutionen

Das klassische sozialistische Recht vertraute nach sowjetischem Vorbild die Vollstreckung gerichtlicher Urteile den Gerichten an. Bei den Gerichten in Ungarn waren seit 1955 dort angestellte Gerichtsvollzieher tätig,[337] die aber als Angestellte des Gerichts wenig Interesse an konfliktreichen Vollstreckungshandlungen hatten. Immerhin konnten Geldforderungen gegen staatliche Unternehmen, die ein Konto bei der Ungarischen Nationalbank unterhielten, durch Zugriff der Bank auf den Kontobestand vollstreckt werden. Wo die Durchführung eines Gerichtsurteils politisch besonders erwünscht war, übte der Staat politischen Druck aus; ansonsten zeigte er sich an der Vollstreckung von Urteilen recht desinteressiert. Auch die Justizreform von 1972 hielt an diesem ineffizienten System fest (§§ 41–43 GVG

---

337 Verordnung mit Gesetzeskraft 1955/21 über die gerichtliche Vollstreckung v. 26.7.1955, MK 1955 Nr. 80. Dazu s. *Brunner* in *Grothusen* (Fn. 123), S. 246.

1972), sodass die Vollstreckung eines der größten Problemfelder der ungarischen Justiz im Spätsozialismus und der unmittelbaren Nachwendezeit war. Besonders gravierend waren die Missstände in der Vollstreckung von Unterhaltsansprüchen gegenüber zahlungsunwilligen Vätern.

Erst 1994 erfuhr das Vollstreckungsrecht eine Neuregelung[338]: Sowohl die Institutionen als auch das Verfahrensrecht wurden radikal im Sinne einer gläubigerfreundlichen Vollstreckung reformiert. Die Vollstreckungshandlungen, die ein Gericht vornehmen kann (z.B. die Ausstellung des vollstreckbaren Titels oder die Anordnung von Konten- oder Lohnpfändung), wurden den Vollstreckungsgerichten übertragen: in den meisten Fällen das am Wohnsitz oder Sitz des Schuldners oder am Ort des der Vollstreckung unterliegenden Vermögens bestehende örtliche Gericht (seit 2012: Kreisgericht), bei Auslandsberührungen oder Schiedsgerichtsurteilen bisweilen auch das Komitatsgericht (Gerichtshof). An diesen Gerichten sind häufig besondere Richter speziell für Vollstreckungssachen abgestellt, die aber ihre Zuständigkeiten in weitem Umfang auf Vollstreckungspfleger, d.h. auf Vollstreckungssachen spezialisierte Rechtspfleger, delegieren können und dies auch tun.[339]

Wichtiger noch als die Reform im Bereich der Vollstreckungsgerichte ist die Schaffung eines eigenständigen Gerichtsvollzieherdienstes. Die vorhandenen bei Gericht angestellten Vollstreckungsbeamten wurden nicht entlassen, aber dieses Modell läuft aus; ein Restbestand an derartigen Vollstreckungsbeamten ist für die Durchsetzung staatlicher Ansprüche zuständig. In der Durchsetzung der Ansprüche Privater werden sie ersetzt durch die neuen Gerichtsvollzieher, die den Status von Gebührenbeamten (ähnlich Notaren in Deutschland oder Ungarn) haben und hoheitliche Gewalt ausüben, aber vom Staat kein Gehalt beziehen, sondern von den Gebühren leben, die sie vom Vollstreckungsgläubiger erhalten. Der Vollstreckungsgläubiger ist Auftraggeber des Gerichtsvollziehers, der im Interesse seines Mandanten zu handeln hat; die Vollstreckungskosten sind Teil der Rechtsverfolgungskosten und werden vom Gerichtsvollzieher beim Vollstreckungsschuldner gleich zusammen mit der titulierten Forderung vollstreckt. Besonders gläubigerfreundlich ist die Gebührenregelung: Der Großteil der Gebührenansprüche des Gerichtsvollziehers entsteht erst, wenn die Vollstreckung erfolgreich ist und beim Vollstreckungsgläubiger Befriedigung eintritt, sodass der Gerichtsvollzieher ein Eigeninteresse am Erfolg der Vollstreckung hat.[340]

---

338 ZwVollstrG 1994:LIII v. 11.5.1994 (Fn. 40).

339 §§ 260–262 ZwVollstrG; hierzu *Küpper*, Vollstreckung von Gerichtsurteilen, forost Arbeitspapier Nr. 28 (Fn. 281), S. 22–24.

340 *Küpper*, Vollstreckung von Gerichtsurteilen, forost Arbeitspapier Nr. 28 (Fn. 281), S. 24–25, 64–68.

b) Vollstreckungsrechtliche Prozessreformen

Das Zwangsvollstreckungsgesetz von 1994 schuf verschiedene Vollstreckungsverfahren, je nach Art des Urteilsinhalts, der zu vollstrecken ist: Zahlung einer Geldsumme, Herausgabe von Gegenständen, bestimmte Handlungen oder Unterlassungen, Herausgabe eines Kindes, Verhalten im Wettbewerb etc. Bei der Vollstreckung von Titeln, die auf die Zahlung einer Geldsumme lauten, wird verfahrensrechtlich unterschieden, in welche Art Vermögensgegenstand vollstreckt wird: bewegliches Vermögen, unbewegliches Vermögen, Bankkonten, Arbeitslohn, sonstige Forderungen gegenüber Dritten etc. Die Differenzierungen und ihre verfahrensrechtliche Ausgestaltung entsprechen in Vielem den Vorkehrungen im deutschen Vollstreckungsrecht und erscheinen daher aus Sicht eines deutschen Juristen im Wesentlichen sachgerecht, wenngleich bisweilen ein wenig umständlich und formalistisch.[341]

Das Verfahren ist in erster Linie an den Interessen des Gläubigers orientiert. So haben Vollstreckungsgerichte und Gerichtsvollzieher das Recht, in öffentliche Register wie Grundbuch, Kfz-Register etc. Einblick zu nehmen, um Vermögen des Vollstreckungsschuldners aufzuspüren. Soweit diese Register bereits digitalisiert sind, haben Gerichtsvollzieher auch das Recht, sie „rückwärts" zu lesen: Als Suchfunktion reicht der Name des Schuldners aus, um die in seinem Eigentum stehenden Immobilien, Kfz oder sonstigen registrierten Vermögenswerte zu finden; die Kenntnis z.B. der Katasternummer oder des Kennzeichens ist hierfür nicht notwendig. Das kann das Auffinden von Schuldnervermögen sehr erleichtern.

c) Rechtsentwicklung bei der Gläubigerbevorzugung

Das gesamte Zwangsvollstreckungsrecht, wie es 1994 geschaffen und seitdem in seinen Grundzügen beibehalten, aber in zahlreichen Details geändert und fortentwickelt wurde, will v.a. den Interessen des Gläubigers dienen, allerdings auch legitime Interessen des Schuldners oder betroffener Dritter schützen.

i Wegfall der Bevorzugung des Staates in der Privatvollstreckung

In den stalinistischen Vorschriften über die Zwangsvollstreckung genossen der Staat und die Forderung öffentlicher Einrichtungen gewisse vollstreckungsrechtliche Privilegien.[342] Aber bereits das 1979 grundlegend novellierte sozialistische Vollstreckungsrecht behandelte den Staat und die staatlichen, halbprivaten und privaten Unternehmen gleich: Als Vollstreckungsgläubiger unterlagen sie alle demselben Verfahren. Lediglich Privatpersonen standen für die Durchsetzung

---

341 *Küpper*, Vollstreckung von Gerichtsurteilen, forost Arbeitspapier Nr. 28 (Fn. 281), S. 35–57.

342 § 14 Verordnung mit Gesetzeskraft 1955/21 über die Zwangsvollstreckung v. 26.7.1955, MK 1955 Nr. 80.

ihrer Forderung nicht alle Vollstreckungswege zur Verfügung, was u.a. zu den erwähnten Missständen in der Vollstreckung gegen säumige Unterhaltsschuldner führte. Der Staat bedurfte auch nicht besonderer vollstreckungsrechtlicher Privilegien, um an sein Geld zu kommen, weil zahlreiche Forderungen des Staates und anderer öffentlicher Einrichtungen auf dem Verwaltungswege eingetrieben werden konnten: Die zuständige Behörde konnte sich selbst einen Titel in Gestalt eines Leistungsbescheides ausstellen und diesen Titel bei Nichtzahlung im Wege der Verwaltungsvollstreckung eintreiben – ein deutlich effizienterer Weg als die umständliche gerichtliche Einklagung und anschließende Vollstreckung durch Gerichtsorgane.

Ein gewisses Privileg für den Staat ist dem Vollstreckungsrecht allerdings nicht fremd: Falls die Vollstreckung in das Schuldnervermögen mehrere Forderungen befriedigen soll und die Summe, die bei der Vollstreckung erzielt wird, nicht für alle Forderungen reicht, stellt § 165 ZwVollstrG eine Reihenfolge für die Befriedigung auf: zunächst Unterhalts- und Lohnansprüche, dann Strafzahlungen an den Staat, Steuer-, Gebühren- und Sozialversicherungsforderungen und dann erst die Forderungen Privater.[343] In der Einzelvollstreckung gemäß ZwVollstrG spielt diese Reihenfolge in der Praxis keine große Rolle, denn wenn die erzielte Summe nicht ausreicht, stehen ja in der Regel weitere Vermögensgegenstände des Schuldners zur Verfügung, in die die Vollstreckung fortgesetzt werden kann; von größerer praktischer Bedeutung ist die parallele Rangfolgenregelung in der Insolvenz, in der ja das gesamte Schuldnervermögen an die Gläubiger verteilt wird und regelmäßig nicht für alle Forderungen ausreicht.

Weiter relativiert wird die Bedeutung des Zwangsvollstreckungsverfahrens für staatliche Forderungen durch die Tatsache, dass der Staat auch nach der Wende viele seiner Forderungen selbst, d.h. auf dem Verwaltungsweg, mit einem durchsetzbaren Titel versehen und diesen wiederum auf dem Verwaltungsweg eintreiben kann. Das Steuerverfahrensrecht enthält umfangreiche Vorschriften über die Eintreibung von Steuern, Gebühren und ähnlichen Forderungen der öffentlichen Hände,[344] und zahlreiche Verwaltungsgesetze verweisen darauf, dass eventuelle Forderungen der öffentlichen Hände gegenüber dem Einzelnen „wie Steuern“ eingetrieben werden können.

ii Reminiszenzen des Vollstreckungsautomatismus im Kommunismus

Bereits das orthodox stalinistische ungarische Recht kannte ein vereinfachtes Vollstreckungsverfahren bei Urteilen gegen staatliche Unternehmen: Falls nicht nur das verurteilte staatliche Unternehmen, sondern auch der Vollstreckungsgläubiger

343 So bereits das sozialistische Recht: § 105 Buchst. d), j) Verordnung mit Gesetzeskraft 1979/18 über die Zwangsvollstreckung v. 5.11.1979 (Fn. 322).

344 Nach der Wende zunächst §§ 87–95 Gesetz über die Ordnung der Besteuerung v. 16.12.1990, MK 1990 Nr. 127; ersetzt durch §§ 144–164/A Gesetz 2003:XCII über die Ordnung der Besteuerung v. 14.11.2003, MK 2003 Nr. 131.

ein Konto bei der Ungarischen Nationalbank besaßen, konnte die Nationalbank den gerichtlich zugesprochenen Betrag vom Konto des Schuldners auf das des Gläubigers umbuchen. Da Privatpersonen keine Konten bei der Nationalbank besaßen, beschränkte sich diese Möglichkeit der vereinfachten Vollstreckung auf Unternehmen und staatliche Organe.[345] Insoweit ausländische Unternehmen zu jener Zeit bereits Zugang zum ungarischen Markt hatten und ein Konto bei der Nationalbank führten, stand auch ihnen die vereinfachte Vollstreckung im Bankwege grundsätzlich offen.

Das novellierte Vollstreckungsrecht von 1979 trug der gesteigerten Formenvielfalt für wirtschaftliche Akteure dadurch Rechnung, dass es grundsätzlich dem Staat, staatlichen Einrichtungen, gesellschaftlichen Organen und Vereinigungen und eben auch den Wirtschaftsorganisationen (staatliche, halbstaatliche und – soweit zulässig – private Unternehmen, Genossenschaften, später auch Einzelgewerbetreibende) erlaubte, titulierte Forderungen gegeneinander durch Zugriff der kontoführenden Bank (die nicht mehr zwingend die Nationalbank sein musste) auf das Schuldnerkonto durchzusetzen.[346] Die Vorschriften beschränken sich nicht auf inländische Wirtschaftsorganisationen, sodass auch ein ausländisches Unternehmen, dem es gestattet war, ein Konto in Ungarn zu führen, seine durch ein ungarisches (ggf. auch durch ein ausländisches) Gericht titulierten Forderungen gegen ein ungarisches Unternehmen auf diese vereinfachte Weise durchsetzen konnte. Privatpersonen war es bis 1985 ausdrücklich verboten, ihre Forderungen auf diese Art durchzusetzen. Einzelne, über das ganze Vollstreckungsrecht verstreute kleinere Bevorzugungen des Staates und auch zugunsten von Unternehmen u.ä. erklärte das Verfassungsgericht 1991 für verfassungswidrig.[347] Dementsprechend ermöglicht das Vollstreckungsrecht seit 1994 jedem Vollstreckungsgläubiger unabhängig von seiner Rechtsform etc. die Vollstreckung im Bankwege, indem er Zugriff auf die Konten des Schuldners nimmt.[348] Die veröffentlichte Rechtsprechung zu dieser Vollstreckung im Bankwege ist überschaubar und bezieht sich nur auf inländische Gläubiger; daher ist anzunehmen, dass dieses Verfahren der vereinfachten „Kontopfändung“ zwischen Unternehmen keine allzu große Bedeutung besitzt und insbesondere von ausländischen Unternehmen als Gläubiger kaum genutzt wird.

Noch weiter als die geschilderten vereinfachten Vollstreckungsformen im Bankwege gehen Privilegien, die es dem Gläubiger erlauben, sich selbst einen Titel auszustellen, sodass er es nicht nötig hat, seine Forderung in einem gerichtlichen Erkenntnisverfahren titulieren zu lassen. Diese Befugnis ist typisch für die

345 Verordnung des Ministerrats 60/1952. (VII. 6.) MT über die Zwangsvollstreckung gegen staatliche Unternehmen v. 6.7.1952, MK 1952 Nr. 56.

346 § 8 Verordnung mit Gesetzeskraft 1979/18 über die Zwangsvollstreckung v. 5.11.1979 (Fn. 322).

347 Verfassungsgerichtsentscheidung 50/1991. (X. 3.) AB v. 3.10.1991, ABH 1991 S. 251.

348 §§ 6, 80 Verordnung mit Gesetzeskraft 1979/18 über die Zwangsvollstreckung v. 5.11.1979 (Fn. 322).

öffentliche Verwaltung, die Leistungsbescheide erlassen und diese dann zwangsweise durchsetzen kann, ohne dass dies zuvor gerichtlich gutgeheißen werden muss. Über die öffentliche Verwaltung hinaus gab und gibt es in Ungarn nur wenige Bereiche, in denen ein solcher sog. Vollstreckungsautomatismus besteht. Von besonderer Bedeutung ist das Arbeitsrecht, denn der Arbeitgeber darf grundsätzlich seine Forderungen aus dem Arbeitsverhältnis durch schriftliche Aufforderung an den Arbeitnehmer geltend machen und danach ggf. durch Abzüge vom Lohn durchsetzen.[349]

iii Elemente der Gesamtvollstreckung in der Privatvollstreckung

Das Recht eines Gläubigers, sich an die bereits durch einen anderen Gläubiger eingeleitete und vorfinanzierte Vollstreckung mit seiner Forderung „anzuhängen", kennt das ungarische Recht – anders als z.B. das bulgarische[350] – nicht. Falls mehrere Gläubiger unabhängig voneinander die Vollstreckung in ein- und denselben Gegenstand des Schuldners einleiten, wird das Verfahren bei dem Gerichtsvollzieher gebündelt, der zuerst mit dem Vollstreckungsgegenstand befasst war. Die Erlöse aus der Verwertung des Vollstreckungsgegenstands werden nicht nach der zeitlichen Reihenfolge der Vollstreckungsverfahren verteilt, sondern gemäß den zuvor unter Punkt i) dargestellten Kriterien des § 165 ZPO, die v.a. den Staat privilegieren; die privaten Forderungen werden zu gleichen Teilen berücksichtigt unabhängig davon, wann der Forderungsinhaber das Vollstreckungsverfahren eingeleitet hat.[351]

d) Rechtsentwicklung bei der Schuldnerbevorzugung

Das seit 1994 geltende Zwangsvollstreckungsrecht ist sehr gläubigerfreundlich. Legitime Interessen des Schuldners werden v.a. bei der Definition des vollstreckbaren Vermögens berücksichtigt: Ein Minimum an Einkommen und Vermögen muss dem Schuldner für den eigenen Lebensunterhalt verbleiben, und auch Vermögensgegenstände, die dem Einkommenserwerb des Schuldners dienen, sind von der Vollstreckung weitgehend freigestellt.

Fallstudie 1: Devisenbasierte Kredite (Fortsetzung)

Die Eingriffe der Regierung in die Rechtsverhältnisse zwischen Kreditgeber und Kreditnehmer bei devisenbasierten Immobilienkrediten haben auch eine vollstreckungsrechtliche

---

349 §§ 161–162 Gesetz 1992:XXII über das Arbeitsgesetzbuch v. 4.5.1992, MK 1992 Nr. 45; ersetzt durch §§ 155 Abs. 4, 161 Gesetz 2012:I über das Arbeitsgesetzbuch v. 6.1.2012, MK 2012 Nr. 2.

350 Näher hierzu der Länderbericht Bulgarien.

351 Näher hierzu *Küpper*, Vollstreckung von Gerichtsurteilen, forost Arbeitspapier Nr. 28 (Fn. 281), S. 31–33.

Seite:[352] Ab 2011 wurde es den Banken sukzessive unmöglich gemacht, auf die als Sicherheit für die Darlehen gewährten Immobilien zuzugreifen und sich aus der Vollstreckung dieser Sicherungsimmobilien zu befriedigen. Diese Vollstreckungs- und Verwertungsverbote haben zwei Komponenten: Einerseits verbieten sie, dass Ansprüche aus devisenbasierten Immobilienkrediten im Wege der Vollstreckung in die als Sicherheit bestellten Immobilien durchgesetzt werden, und andererseits verbieten sie die vollstreckungsbedingte Räumung der vom Schuldner und seiner Familie bewohnten Wohnung. Dahinter stehen nach Regierungsangaben zwei Absichten: Zum einen sollen – wie auch bei den staatlichen Eingriffen in die Vertragsinhalte – die ungarischen Darlehensnehmer gegenüber den ausländischen Darlehensgebern (Banken) einseitig geschützt werden. Zum anderen dient das Vollstreckungsmoratorium auch dem Schutz des Immobilienmarktes: Es soll verhindern, dass vollstreckungsbedingt eine große Anzahl von Immobilien auf den Markt geworfen werden und so die Preise zusammenbrechen.

Zu den wesentlichen gesetzgeberischen Maßnahmen zur Verhinderung der Zwangsvollstreckung in Immobilien, die devisenbasierte Immobilienkredite sichern, gehörte u.a. Gesetz 2011:XVIII,[353] das die Zwangsvollstreckung in Wohnraum, der vom Schuldner selbst bewohnt wird, zunächst vorläufig verbot; dieses Verbot wurde mehrfach verlängert und gilt mittlerweile unbefristet. Parallel dazu wurde die Verwertung von Kreditsicherheiten außerhalb der Zwangsvollstreckung verboten.[354] Gesetz 2011:LXXV[355] schrieb nicht nur den für Umrechnungen anzuwendenden Devisenumtauschkurs fest, sondern beschränkte zudem die Quote der als Sicherheit gegebenen Immobilien, die im Wege der Vollstreckung zwangsveräußert werden können, auf 2% des Gesamtsicherungsbestands je Quartal und Komitat. 2013 wurde die Vollstreckung in Wohnimmobilien generell auf Fälle beschränkt, in denen sich der Schuldner hartnäckig weigert zu zahlen,[356] und 2014 schließlich wurden sämtliche Beschränkungen und Verbote in Bezug auf die Vollstreckung in Immobilien, die zur Sicherung von devisenbasierten Immobilienkrediten gegeben worden waren, auf unbestimmte Zeit

---

352 *Pfeiffer, János József*: A devizaperek másként, avagy a végrehajtás megszüntetése iránti perek, és ami mögöttük van [Die Devisenprozesse einmal anders, oder die Prozesse auf Einstellung der Zwangsvollstreckung und was sich dahinter verbirgt], Gazdaság és Jog 2016/9, S. 14–20.

353 Gesetz 2011:XVIII über die Änderung des Gesetzes 1994:LIII über die Zwangsvollstreckung v. 22.3.2011, MK 2011 Nr. 30, hierzu IOR-Chronik WiRO 2011 S. 218; Schwerpunkte der Rechtsentwicklung 2011, JOR 53 (2012) S. 119.

354 Regierungsverordnung 58/2011. (IV. 12.) Korm. über die Änderung der Regierungsverordnung 12/2003. (I. 30.) Korm. über die Regeln der Verwertung von Pfandgegenständen außerhalb der Zwangsvollstreckung v. 12.4.2011, MK 2011 Nr. 38, hierzu IOR-Chronik WiRO 2011 S. 254; Schwerpunkte der Rechtsentwicklung 2011, JOR 53 (2012) S. 119.

355 S.o. Fn. 190.

356 Gesetz 2013:XCIX über die Änderung einiger Gesetze im Zusammenhang mit der Zwangsvollstreckung v. 21.6.2013, MK 2013 Nr. 102, hierzu IOR-Chronik WiRO 2013 S. 313.

verstetigt.[357] Dennoch kam es auch weiterhin immer wieder zu Vollstreckungen in Wohnimmobilien, woraufhin Gesetz 2017:XIV[358] vorschrieb, dass die Versteigerung nur dann erfolgreich ist, falls das Höchstgebot mindestens den Schätzpreis (ggf. auch 70% des Schätzpreises) erreicht; bleibt das Höchstgebot unter dieser Schwelle, ist die Versteigerung gescheitert.

Im Ergebnis wurde den Gläubigern der devisenbasierten Immobilienkredite durch den Staat fast jede Möglichkeit genommen, ihre vertraglich mit den Darlehensnehmern vereinbarten Sicherungsrechte auszuüben. Einen Ersatz hierfür erhielten die Darlehensgeber nicht. Diese Maßnahmen betreffen zwar die hier interessierenden Außenhandelsverträge nicht unmittelbar. Die politische Ratio, die zu diesen Maßnahmen geführt hat – Schutz der als schwach und unmündig definierten ungarischen Vertragspartei gegenüber dem als aggressiv, unlauter und unfair definierten „internationalen Kapital" – kann aber auch jederzeit im Außenhandel zu ähnlichen Maßnahmen führen, wenn sich die Regierung hiervon Erfolg beim ungarischen Wähler verspricht.

e) Kritik im Lichte der Rechtswirklichkeit

Abgesehen von den jüngsten Eingriffen des Gesetzgebers in die Durchsetzung von Forderungen aus devisenbasierten Immobilienkrediten ist das ungarische Recht überdurchschnittlich gläubigerfreundlich: Es vertraut die Vollstreckung einem quasi freiberuflichen Gerichtsvollzieher an, der im Auftrag des Vollstreckungsgläubigers tätig wird und den Großteil seines Vergütungsanspruchs erst bei erfolgreicher Vollstreckung erwirbt. Diesen Gerichtsvollzieher stattet es mit weitgehenden Vollmachten zur Auffindung von Schuldnervermögen aus. Außerdem hat der Gläubiger Rechtsbehelfe gegen untätige Gerichtsvollzieher und gegen weitere Akteure, die versuchen, seine Vollstreckungshandlungen zu behindern, während die Rechtsbehelfe des Schuldners und beteiligter Dritter so ausgestaltet sind, dass sie möglichst nicht zu Verzögerungen führen. Obwohl damit der Gesetzgeber – abgesehen von Mängeln im Detail – auf normativer Ebene alles „richtig gemacht" hat, um eine den Interessen des Gläubigers gerecht werdenden Vollstreckung zu normieren, funktioniert die Zwangsvollstreckung in der Praxis nicht. Die Erfolgsquoten der Vollstreckung in Ungarn sind minimal. Die im Rahmen des Forschungsverbunds Forost festgestellten Mängel und ihre Ursachen bestehen bis heute unverändert fort.[359]

---

357 Gesetz 2014:XVII über die Änderung des Gesetzes 1994:LIII über die Zwangsvollstreckung v. 15.5.2014, MK 2014 Nr. 71, hierzu IOR-Chronik WiRO 2014 S. 282; Schwerpunkte der Rechtsentwicklung 2014, JOR 56 (2015) S. 206–207.

358 Gesetz 2017:XIV über die Änderung des Gesetzes 1994:LIII über die Zwangsvollstreckung v. 16.3.2017, MK 2017 Nr. 37.

359 *Gyovai, Márk*: Ingatlanárverések a végrehajtói gyakorlatban [Immobilienversteigerungen in der Vollstreckungspraxis], Magyar Jog 2015, S. 41–50; *Küpper*, Vollstreckung von Gerichtsurteilen, forost Arbeitspapier Nr. 28 (Fn. 281); *Samodai*,

f) Quantitative Beobachtungen

Die Befunde und Beobachtungen der Studie im Rahmen des Forschungsverbunds Forost gelten auch heute noch im Wesentlichen unverändert.[360]

3 Privatrechtliche Durchsetzung vertraglicher Ansprüche

Der privatrechtlichen Durchsetzung vertraglicher Ansprüche steht das ungarische Recht traditionell reserviert gegenüber, und das hat sich auch nach der Wende nicht geändert. Im Rahmen der Vertragsfreiheit und Parteiautonomie steht es den Parteien frei, einvernehmliche Lösungen zu suchen und zu vereinbaren. Der Staat stellt seine Zwangsgewalt aber fast nur im Rahmen der Zwangsvollstreckung zur Verfügung und gestattet auch Privaten nur in geringem Umfang, einseitig ihre Ansprüche auch gegen den Willen des Anderen durchzusetzen. Das Beispiel des Arbeitgebers, der wegen eigener Ansprüche auf den Lohn seiner Arbeitnehmer zugreifen kann, wurde schon erwähnt.[361]

András: Gondolatok a bírósági végrehajtási árverés sikeressé tételéhez [Gedanken darüber, wie die Zwangsvollstreckungsversteigerung erfolgreich gemacht werden kann], Gazdaság és Jog 12/2011, S. 8–13.

360 *Küpper*, Vollstreckung von Gerichtsurteilen, forost Arbeitspapier Nr. 28 (Fn. 281).

361 S.o. Punkt II. 2. c) ii.

4 Zusammenfassung, innerstaatliche Debatte und Vorschläge

Mit dem Neuerlass der ZPO 2016 und des Schiedsgerichtsrechts 2017 wurde das Zivilverfahrensrecht umfassend neu gefasst. Diese Kodifikationsarbeiten umfassen nicht die Zwangsvollstreckung. Dennoch bestehen auch für die Zwangsvollstreckung Reformpläne; im April 2015 legte das Justizministerium einen ersten Entwurf vor. Dieser sieht institutionelle Veränderungen vor, v.a. soll die Gerichtsvollzieherkammer mit ihrer Selbstverwaltung durch ein der Regierung unmittelbar unterstelltes „Ungarisches Gerichtsvollziehercorps" (*Magyar Bírósági Végrehajtói Kar*) ersetzt werden. Für die Zukunft will das Justizministerium auch am materiellen Vollstreckungsrecht substanzielle Änderungen vornehmen, die „die Menschenwürde des Schuldners" besser als bisher berücksichtigen, d.h. die die Akzente weg von der Gläubigerfreundlichkeit hin zum Schuldnerschutz verschieben. Dieser geplante Abbau von Gläubigerrechten im Vollstreckungsrecht steht im Zusammenhang mit den in den Fallstudien dargestellten staatlichen Eingriffen in den Inhalt, die Stabilität und die Durchsetzbarkeit bestehender Verträge im Bereich der devisenbasierten Immobilienkredite und der Versorgungsleistungen für Wohnungen: Der ungarische Leistungsnehmer wird zunehmend geschützt vor dem – regelmäßig ausländischen – Leistungserbringer.

Anhang: Tabelle mit Chronologie

Rege-lungs-materie Jahr	**Wirtschafts-verfassung/-politik**	**Völkerrechtl. Verträge**	**Juristische Personen**	**Vertragsfreiheit (v.a. Kauf- und Arbeitsverträge)**	**Außenhandel und Devisen**	**Eigentumsord-nung**	**Durchsetzung von Ansprüchen**	**Vollstreckung**
1949	*Planwirtschaft*	*Rat für Gegenseitige Wirtschaftshilfe (RGW, engl.: COMECON)*	*Abschaffung des Gesellschaftsrechts*	*faktische Außerkraftsetzung weiter Teile des HGB*	*Staatsmonopol im Außenhandel, Devisenbewirtschaftung*	*Einführung der sozialistischen Eigentumstrias*	*gerichtlicher Rechtsschutz nur obj. Verfassungsgarantie, kein subj. Grundrecht - Staatsarbitrage als Mittel der Streitschlichtung zwischen Unternehmen*	
1950							REDUZIERUNG DER VIER GERICHTSEBENEN AUF DREI	

Rege-lungs-materie **Jahr**	**Wirtschafts-verfassung/-politik**	**Völkerrechtl. Verträge**	**Juristische Personen**	**Vertragsfreiheit (v.a. Kauf- und Arbeitsverträge)**	**Außenhandel und Devisen**	**Eigentumsord-nung**	**Durchsetzung von Ansprüchen**	**Vollstreckung**
1955								*- Zwangsvollstre-ckung wird den Gerichten über-tragen* *- Staat als Gläubi-ger wird gegenüber anderen Gläubigern privilegiert*
1959			*Personenrecht der sozialist. Wirtschaft*	– ERSTMALIGE KODIFIZIERUNG DES BÜRGERLICHEN RECHTS: MONISTI-SCHES BGB *– Planvertrag als stark regulierter Ver-tragstyp der plange-bundenen Wirtschaft*		*Verankerung der sozialist. Eigen-tumstrias im BGB*	*Streitigkeiten aus Planverträgen gehen zwingend vor die Staatsarbitrage*	
1962		New Yorker Abk. über Anerken-nung u. Vollstr. ausländ. Schieds-sprüche v. 1958						
1964		Europ. Übk. internat. Han-delsschieds-gerichtsbarkeit v. 1961						

Rege-lungs-materie **Jahr**	**Wirtschafts-verfassung/-politik**	**Völkerrechtl. Verträge**	**Juristische Personen**	**Vertragsfreiheit (v.a. Kauf- und Arbeitsverträge)**	**Außenhandel und Devisen**	**Eigentumsord-nung**	**Durchsetzung von Ansprüchen**	**Vollstreckung**
1966		Haager Abk. über den Zivil-prozess						
1967				Preisregulierung umfasst nicht mehr den Außenhandel				
1968	Neuer Ökon. Mechanismus							
1971						Streichung der sozialistischen Eigentumstrias im Strafrecht		
1972	Verfassungs-reform						– Justizreform – Abschaffung der Staatsarbitrage, Wirtschaftsstreitig-keiten gehören vor die ordentlichen Gerichte – Anreicherung des Zivilprozesses um Elemente der Dis-positionsfreiheit der Parteien – Einführung echter Schiedsgerichte v.a. für Streitigkeiten im Außenhandel	

Rege-lungs-materie Jahr	**Wirtschafts-verfassung/-politik**	**Völkerrechtl. Verträge**	**Juristische Personen**	**Vertragsfreiheit (v.a. Kauf- und Arbeitsverträge)**	**Außenhandel und Devisen**	**Eigentumsord-nung**	**Durchsetzung von Ansprüchen**	**Vollstreckung**
1973		– GATT – Haager Apostilleübereink.					AUSSCHLIESSLICHE ZUSTÄNDIGKEIT DES HAUPTSTÄDT. GERICHTS FÜR AUSSENHANDELS-PROZESSE	
1977			unfassende Rechtsfähigkeit; – Rechtsform der wirtschaftl. Vereinigung (z.B. für Joint Ventures)	Aufhebung des Vertragstyps „Planvertrag“: damit unterfallen Kaufbeziehungen zwischen Unternehmen dem Kaufvertrag	Freistellung von Außenhandelsverträgen von staatl. Preisfestsetzung im BGB	Liberalisierung der sozialistischen Eigentumstrias		
1979					internat. Privatrecht mit Freiheit der Rechtswahl			– Vollstreckung ausländ. Gerichts- und Schiedsgerichtsentscheidungen in Vermögenssachen aufgrund völkerrechtl. Vertrags oder Gegenseitigkeit möglich – Wegfall der Vollstreckungsprivilegien des Staates

Rege-lungs-materie **Jahr**	**Wirtschafts-verfassung/-politik**	**Völkerrechtl. Verträge**	**Juristische Personen**	**Vertragsfreiheit (v.a. Kauf- und Arbeitsverträge)**	**Außenhandel und Devisen**	**Eigentumsord-nung**	**Durchsetzung von Ansprüchen**	**Vollstreckung**
1982		– Internationaler Währungsfonds – Welt-bank (IBRD) – Internat. Abk. zur Vereinfa-chung und Har-monisierung der Zollverfahren						
1985		– IFC – IDA						
1986		Abk. zur Har-monisierung der Warenkontrollen an den Grenzen	Marktaustritt (Liquidation)					
1987		UN-Kaufrecht						
1988			Gesellschafts-recht		partielle Freigabe des Außenhandels	EINSETZEN DER „WILDEN" PRIVA-TISIERUNG		
1989	soziale Markt-wirtschaft, „Vorteile der Planung" statt Plan-wirtschaft	Übereinkommen über die Ver-jährung beim internationalen Warenkauf	Firmenregis-terrecht mit Eintragungs-anspruch: volle Gründungs-freiheit	liberales Streikrecht		– verfassungs-rechtl. Gleich-stellung der Eigentumsfor-men; - Formpriva-tisierung als erster Schritt der kommerziellen Privatisierung	subjektive Garantie des gerichtlichen Rechtswegs in der Verfassung	

Rege-lungs-materie **Jahr**	**Wirtschafts-verfassung/-politik**	**Völkerrechtl. Verträge**	**Juristische Personen**	**Vertragsfreiheit (v.a. Kauf- und Arbeitsverträge)**	**Außenhandel und Devisen**	**Eigentumsord-nung**	**Durchsetzung von Ansprüchen**	**Vollstreckung**
1990	– Ende der Wirtschafts-planung; – *Vertrags-freiheit in der neuen Verf. ist nur ein objek-tives Schutz-gut und kein subjektives Grundrecht*		Einzelunterneh-mung	– weit gehender Wegfall der staatl. Preisfestsetzung und -bindung; – Wegfall der behördlichen Anweisung zum Abschluss von Außenhandelsver-trägen	Aufhebung des Staats-monopols	Einsetzen der „kleinen" Privati-sierung		
1991		– Kündigung des RGW-Vertrags – 16.12.1991 Europa-Abkom-men EG-Ungarn			*behördliche Entschei-dungen im Außenhan-del (Lizenzen) bleiben vom neu eingeführten Verwaltungsrechts-schutz ausgenommen*	– Aufhebung der Eigentumstrias im BGB; – Konzession		
1992				Arbeitsgesetzbuch mit Vertragsfreiheit	– Lockerung der Devisenbewirtschaf-tung – 1.3.1992: Inkraft-treten der Teile des Europa-Abkommens über Marktzugang und Handel	Einsetzen der sog. „großen" (kommerziellen) Privatisierung		
1993		Europäische Menschenrechts-konvention					KEINE AUSSCHLIESSL. ZUSTÄNDIGKEIT DES HAUPTSTÄDT. GERICHTS FÜR AUSSENHANDELS-PROZESSE MEHR	

Rege-lungs-materie **Jahr**	**Wirtschafts-verfassung/-politik**	**Völkerrechtl. Verträge**	**Juristische Personen**	**Vertragsfreiheit (v.a. Kauf- und Arbeitsverträge)**	**Außenhandel und Devisen**	**Eigentumsord-nung**	**Durchsetzung von Ansprüchen**	**Vollstreckung**
1994					Schaffung einer institutionalisierten Außenhandelsför-derung durch Exim-bank und Mehib (Außenhan-delsversicherer)		Schiedsgerichtsbar-keit mit voller Wahl-freiheit der Parteien	Reform der Zwangsvollstre-ckung: Schaffung eines freiberufli-chen Gerichtsvoll-zieherdienstes und eines gläubiger-freundlichen Voll-streckungsrechts
1995							Stärkung des Partei-betriebs im Zivil-prozess	
1997		Welthandels-organisation (WTO)					WIEDEREINFÜH-RUNG DER VIERTEN GERICHTSEBENE	
1999							weitgehende Umstellung des Zivilprozesses auf den Parteibetrieb	
2000								Befreiung ausländ. vermögensrechtl. Gerichtsurteile vom Erfordernis der Gegenseitig-keit, falls die aus-länd. Zuständigkeit auf einer Gerichts-standsvereinba-rung beruht

Rege-lungs-materie **Jahr**	**Wirtschafts-verfassung/-politik**	**Völkerrechtl. Verträge**	**Juristische Personen**	**Vertragsfreiheit (v.a. Kauf- und Arbeitsverträge)**	**Außenhandel und Devisen**	**Eigentumsord-nung**	**Durchsetzung von Ansprüchen**	**Vollstreckung**
2002					Ende der Devisenbe-wirtschaftung			
2004	EU-Beitritt, gemeinsamer Markt	– Ratifikation EU-Beitrittsver-trag – Haager Beweisaufnah-meübereink.			Erstreckung des Ver-waltungsrechtsschut-zes auch auf behördl. Entscheidungen im Zusammenhang mit Außenhandels-lizenzen			
2005		Haager Zustel-lungsübereink.						
2006		Haager Konfe-renz über Int. Privatrecht						
2008							Zustellungsbevoll-mächtiger: erleich-tert Klagen ungar. Kläger gegen ausländische Gesell-schaften vor ungar. Gerichten	
2009				*devisenbasierte Immobilienkre-dite: Verbot der einseitigen Vertrags-änderung durch die Bank*				

***Rege-lungs-materie* Jahr**	**Wirtschafts-verfassung/-politik**	**Völkerrechtl. Verträge**	**Juristische Personen**	**Vertragsfreiheit (v.a. Kauf- und Arbeitsverträge)**	**Außenhandel und Devisen**	**Eigentumsord-nung**	**Durchsetzung von Ansprüchen**	**Vollstreckung**
2010	*illiberaler Staat*			*devisenbasierte Immobilienkre-dite: staatl. Ein-griffe in den Inhalt bestehender Verträge (dauern an bis heute)*				
2011	*– neue Verfas-sung (Grund-gesetz): keine Erwähnung der Markt-wirtschaft mehr, Ver-tragsfreiheit bleibt nur objekti-ver Wert;* *- Wieder-errichtung eines „Volkswirt-schaftlichen Planungs-amtes“*		*Eingriffe der Regierung in den Markt-austritt sog. „strategischer Unternehmen“*				*Exekutive und Generalstaatsanwalt erhalten das Recht, künftige und anhän-gige Prozesse vor ein anderes als das zuständige Gericht zu bringen.*	*Aussetzung der Zwangsvoll-streckung von Ansprüchen aus devisenbasierten Immobilienkrediten in die als Sicherheit gegebenen Immobi-lien (dauert an bis heute)*
2012				Arbeitsgesetzbuch mit Ausweitung der Vertragsfreiheit und Abbau von Arbeit-nehmerrechten im individ. und kollekt. Arbeitsrecht				

Rege-lungs-materie **Jahr**	**Wirtschafts-verfassung/-politik**	**Völkerrechtl. Verträge**	**Juristische Personen**	**Vertragsfreiheit (v.a. Kauf- und Arbeitsverträge)**	**Außenhandel und Devisen**	**Eigentumsord-nung**	**Durchsetzung von Ansprüchen**	**Vollstreckung**
2013	*Einsetzung der Magyari-sierungskam-pagnen der Regierung*			– neues BGB mit weit gehend disposi-tivem Vertragsrecht *- Einsetzen der gesetzlichen Absen-kung der Gebühren für kommunale Ver-sorgungsleistungen (Wohnnebenkosten) (dauern bis heute an)*			Exekutive kann keine Prozesse mehr an andere Gerichte verlegen.	
2014	*Überleitung der volkswirt-schaftlichen Planungs-befugnisse auf das Minister-präsidialamt*			*devisenbasierte Immobilienkre-dite: Umstellung laufender Verträge auf Forint kraft Gesetzes mit gesetz-licher Deckelung der Zinssätze*				
				devisenbasierte Ver-braucherdarlehen für Autokauf: gesetz-liche Eingriffe in den Inhalt der Verträge				
2017							^NEUE ZPO ^NEUES GESETZ ÜBER DIE SCHIEDS-GERICHTE	

Rege-lungs-materie Jahr	**Wirtschafts-verfassung/-politik**	**Völkerrechtl. Verträge**	**Juristische Personen**	**Vertragsfreiheit (v.a. Kauf- und Arbeitsverträge)**	**Außenhandel und Devisen**	**Eigentumsord-nung**	**Durchsetzung von Ansprüchen**	**Vollstreckung**
	Wirtschafts-verfassung/-politik	**Völkerrechtl. Verträge**	**Juristische Personen**	**Vertragsfreiheit (v.a. Kauf- und Arbeitsverträge)**	**Außenhandel und Devisen**	**Eigentumsord-nung**	**Durchsetzung von Ansprüchen**	**Vollstreckung**

gerade Type, Times New Roman: Maßnahmen mit der Tendenz, die Wirtschaft zu öffnen, den Handlungsspielraum der Wirtschaftsakteure zu erweitern, die Stabilität und Durchsetzbarkeit privater Verträge zu erhöhen und die Vollstreckung an den Interessen des Gläubigers (unter Berücksichtigung der Interessen des Schuldners) auszurichten.
kursive Type, Arial: Maßnahmen mit der Tendenz, staatliche Befehle an die Stelle des Marktes zu setzen, den Handlungsspielraum der Wirtschaftsakteure einzuengen und/oder staatlicher Kontrolle zu unterstellen, staatliche Eingriffe in private Verträge zu ermöglichen oder zu fördern und die Durchsetzbarkeit und Vollstreckung vertraglicher und anderer individueller Rechtspositionen an staatlich definierten Interessen auszurichten
KAPITÄLCHEN, COMIC SANS: im Hinblick auf die oben genannten Tendenzen neutrale Maßnahme

STABILITÄT UND DURCHSETZUNG VON ARBEITSVERTRÄGEN:

Tina de Vries

Paradigmenwechsel ohne Wandel: Vertragsfreiheit, Vertragsstabilität und Vertragsdurchsetzung im polnischen Arbeitsrecht

Abstract: Polish labour law is laid down primarily in the Constitution and in the Labour Code of 1974. The end of the communist rule led to a far reaching redefinition of the constitutional order but hardly affected the labour law which to a large extent remained unchanged by the transformation of the planned economy into a market economy. Today, Poland's labour law is characterized by a strong protection of the workforce, and the social system is well developed. Special labour chambers in the ordinary courts protect the employees' contractual rights and enforce the Labour Code. Furthermore, a multi-layer system of dispute resolution ranging from mediation and arbitration to, finally, strikes and court procedures is designed to resolve collective labour disputes.

Keywords: Polen, Arbeitsrecht, Arbeitsvertrag

Einleitung

In Polen wurde das Arbeitsrecht 1974 im Arbeitsgesetzbuch (ArbGB) geregelt. Zentrales Element des Arbeitsrechts ist der (individuelle) Arbeitsvertrag, der in Art. 22 ArbGB geregelt ist. Daneben gibt es Regelungen zu Tarifverträgen (kollektiven Arbeitsverträgen) in den Art. 238 ff. ArbGB. Es gelten ergänzend die Normen des Zivilgesetzbuchs (ZGB).

In der Verfassung von 1997 wird ein Recht auf Berufsfreiheit garantiert[1]:

Artikel 65 [Berufsfreiheit; Bekämpfung der Arbeitslosigkeit]

(1) Jedermann hat das Recht auf freie Wahl und Ausübung des Berufes sowie auf freie Wahl des Arbeitsplatzes. Die Ausnahmen regelt das Gesetz.
(2) Eine Arbeitspflicht darf nur durch Gesetz auferlegt werden.
(3) Ständige Beschäftigung von Kindern unter 16 Jahren ist verboten. Formen und Charakter der zugelassenen Beschäftigung regelt das Gesetz.
(4) Die Mindestlöhne oder Verfahren zur Bestimmung von Mindestlöhnen regelt das Gesetz.
(5) Die öffentliche Gewalt verfolgt eine Politik, die auf volle und produktive Beschäftigung zielt, indem sie Programme zur Bekämpfung der Arbeitslosigkeit

---

1 Quelle der Übersetzung der Vorschriften der Verfassung von 1997: *Tina de Vries* in *Hufeld, Ulrich/Epiney, Astrid/Merli, Franz* (Hrsg.): Europäisches Verfassungsrecht, 3. Aufl. Baden-Baden 2014, S. 567–604.

ausführt, Berufsberatung und -schulung, Beschäftigung bei der öffentlichen Hand und Beschäftigungsmaßnahmen organisiert und fördert.

Hinzu kommen weitere verfassungsrechtliche Regelungen über die Koalitionsfreiheit, gesunde und hygienische Arbeitsbedingungen und soziale Versorgung. Ein Recht auf Arbeit sieht die polnische Verfassung ausdrücklich jedoch nicht vor.

I Normative Bindung vs. Vertragsfreiheit

Für den Arbeitsvertrag gilt – durch die subsidiäre Anwendbarkeit des ZGB (Art. 353[1] ZGB)[2] rechtlich begründet – Vertragsfreiheit wie für alle Verträge. Das polnische Arbeitsrecht lässt zudem neben dem Arbeitsvertrag im engeren Sinne, auf den das Arbeitsgesetzbuch mit seinen den schwächeren Vertragspartner (den Arbeitnehmer) schützenden Normen wie z.B. Arbeitszeitregelungen oder Kündigungsschutz Anwendung findet, weitere dem Arbeitsvertrag ähnliche Verträge zu. Diese sind z.B. der Managervertrag, der ein atypischer oder gemischttypischer Vertrag – meist mit Elementen des Auftrags oder Dienstvertrags – des ZGB ist.

1 Der individuelle Arbeitsvertrag in der Normenhierarchie

Die polnische Normhierarchie sieht an der Spitze die Verfassung, dann die ratifizierten internationalen Abkommen, die einfachen Gesetze und schließlich den individuellen Vertrag vor. Im Arbeitsrecht besteht dazu die Besonderheit, dass noch vor dem individuellen Arbeitsvertrag höher in der Normhierarchie Arbeitsschutzgesetze, Verordnungen z.B. zu den Anforderungen an bestimmte Berufe oder zu Ausbildungsvoraussetzungen, dann die kollektiven Arbeitsverträge (Tarifverträge) und Betriebsvereinbarungen angesiedelt sind.

2 Verfassungsrechtliche Rahmenbedingungen

a) Die Verfassung von 1976

In der Volksrepublik Polen (VRP) galt zunächst die kleine Verfassung von 1947, dann die am Vorbild der sowjetischen Verfassung von 1936 ausgerichtete Verfassung von 1952, die 1976 geändert wurde. Die beiden Letzteren enthielten auch Bestimmungen hinsichtlich des Rechts auf Arbeit, das unter der Prämisse der sozialistischen Ideologie und im Wirtschaftsbereich der Planwirtschaft stand. In

---

2 **Art. 353[1] ZGB.** Die Vertragsparteien können ihr Rechtsverhältnis nach freiem Willen gestalten, soweit dessen Inhalt und Ziel der Besonderheit (der Natur) des Rechtsverhältnisses, dem Gesetz und den Grundsätzen des gesellschaftlichen Zusammenlebens nicht widerspricht.

Quelle der Übersetzung der Vorschriften des aktuellen BGB: *Tina de Vries* in Institut für Ostrecht München (Hrsg.), Handbuch Wirtschaft und Recht in Osteuropa (WiRO-Handbuch), Loseblatt, München, Länderteil Polen, Dokument PL 200.

der Verfassung von 1976 enthielt Art. 11 die Grundlagen der gesellschaftlich-wirtschaftlichen Ordnung[3]:

> **Art. 11.** Abs. 1. Die Grundlage der gesellschaftlich-wirtschaftlichen Ordnung der VRP bildet das sozialistische Wirtschaftssystem, das sich auf die vergesellschafteten Produktionsmittel und die sozialistischen Produktionsverhältnisse stützt.
> Abs. 2. Die VRP entwickelt das wirtschaftliche und kulturelle Leben des Landes auf der Grundlage des nationalen sozioökonomischen Plans.
> Abs. 3. Hauptziel der gesellschaftlich-wirtschaftlichen Politik der VRP ist die systematische Verbesserung der Lebensbedingungen, der sozialen und kulturellen Bedingungen der Gesellschaft, die ständige Entwicklung der Produktionskräfte des Landes, die Stärkung der Verteidigungskraft und der Unabhängigkeit des Vaterlandes.
> Abs. 4. Der Staat besitzt das Monopol des Außenhandels.
> Art. 19 enthielt in gewisser Weise eine Arbeitspflicht.
> **Art. 19.** Abs. 1. Die Arbeit ist Recht, Pflicht und Ehrensache eines jeden Bürgers. Durch seine Arbeit, die Einhaltung der Disziplin, den Arbeitswettbewerb und die Vervollkommnung der Arbeitsmethoden festigt das werktätige Volk in Stadt und Land die Kraft und Macht des Vaterlandes, hebt den Wohlstand des Volkes und beschleunigt die volle Verwirklichung der sozialistischen Gesellschaftsordnung.
> Abs. 2. Den Aktivisten und Veteranen der Arbeit gilt die allgemeine Achtung des Volkes.
> Abs. 3. Die Volksrepublik Polen verwirklicht in immer vollkommenerem Maße den Grundsatz: „Jeder nach seinen Fähigkeiten, jedem nach seiner Leistung".

Das sozialistische Recht auf Arbeit war in Art. 68 Verf. ziemlich zu Beginn des Grundrechtskapitels der Verfassung geregelt. Vorher stellte Art. 67 Verf. eine Verbindung zwischen den Freiheiten der Bürger und den Errungenschaften des werktätigen Volkes her, indem er regelte, dass die VRP die Rechte und Freiheiten der Bürger stärkte und erweiterte, indem sie die Errungenschaften des werktätigen Volkes festigte und mehrte.

> **Art. 68.** Abs. 1. Die Bürger der VRP haben das Recht auf Arbeit, das heißt das Recht auf Beschäftigung gegen Entlohnung entsprechend der Quantität und Qualität ihrer Arbeit.
> Abs. 2. Das Recht auf Arbeit wird gesichert durch das sozialistische Wirtschaftssystem, die planmäßige Entwicklung der Produktionskräfte, die rationelle Ausnutzung aller Produktionsfaktoren, die ständige Einführung des wissenschaftlich-technischen Fortschritts in der Volkswirtschaft sowie das

---

3 Quelle der Übersetzung der Vorschriften der Verfassung von 1952/76: http://www.verfassungen.eu/pl/verf76-i.htm (zuletzt: 28.3.2018).

> Bildungssystem und das System der Anhebung der Berufsqualifikationen. Die ordnungsgemäße Verwirklichung des Rechts auf Arbeit wird durch das sozialistische Arbeitsrecht gesichert.

Weitere Regelungen mit arbeitsrechtlichem Bezug waren in den folgenden Artikeln der Verfassung geregelt, wie beispielsweise in Art. 69 das Recht auf Erholung oder in Art. 70 das Recht auf Gesundheitsschutz sowie auf Hilfeleistung bei Krankheit oder Arbeitsunfähigkeit.

b) Von der Übergangsverfassung seit der Wende bis zur Verfassung von 1997

Die Zeit von 1989 bis 1997 war aus verfassungsrechtlicher Sicht dadurch gekennzeichnet, dass eine Übergangsverfassung galt und die verschiedensten gesellschaftlichen Gruppen sich mit der Frage der Verfassungsgebung befassten und Projekte entwarfen. Im Wesentlichen galten in dieser Zeit die in Kraft gebliebenen Vorschriften der Verfassung von 1976 sowie die sog. „kleine Verfassung" von 1992, die jedoch im Wesentlichen Staatsorganisationsrecht enthielt. Durch die Verfassungsänderungen vom Dezember 1989 wurde der Systemwechsel, der sich nach den Wahlen vom September 1989 und dem faktischen Fall des Einparteiensystems angekündigt hatte, institutionell vollzogen.[4]

Die Änderungen betrafen den Staatsnamen, die Statussymbole, die Einführung des Demokratie-, des Rechtsstaats- und des Sozialstaatsprinzips, die Streichung der Adjektive sozialistisch und anderer Formulierungen, die sich auf die sozialistische Staatsform bezogen, die Stärkung des individuellen Eigentums, die Einführung des Grundsatzes der Freiheit der wirtschaftlichen Tätigkeit, darunter die Aufhebung des Außenhandelsmonopols des Staates sowie andere Reformen. Insgesamt trugen die Verfassungsänderungen jedoch weiter einen provisorischen Charakter, weil später eine vollständige Verfassung verabschiedet werden sollte und die durchgeführten Änderungen nicht immer konsequent durchgehalten wurden.[5] Das Recht auf Arbeit war weiterhin in Art. 68 der geänderten Verfassung verblieben. Er lautete nunmehr:[6]

> **Art. 68.** Die Bürger der Republik Polen haben das Recht auf Arbeit, das heißt das Recht auf Beschäftigung gegen Entlohnung entsprechend der Quantität und Qualität ihrer Arbeit.

Der frühere Abs. 2 wurde gestrichen.

Seit der Verabschiedung der neuen polnischen Verfassung 1997 ist das Recht auf Arbeit in der in der Einleitung zitierten Form in Art. 65 geregelt.

---

4 *W. Sokolewicz*, Rzeczpospolita Polska – demokratyczne państwo prawo (Die Republik Polen – ein demokratischer Rechtsstaat), Państwo i prawo, 1990, Heft 4, S. 15.

5 Ebd. S. 17.

6 Übersetzung der Autorin.

3 Das gesetzliche Arbeitsrecht

a) Das Arbeitsgesetzbuch von 1974[7]

In Polen wurde 1974 erstmals ein Arbeitsgesetzbuch erlassen, das in geänderter Fassung bis heute gilt. Seine Einleitungsvorschrift lautete 1974[8]:

> **Art. 1.** Das Arbeitsgesetz legt die Rechte und Pflichten der Arbeitnehmer fest und dient der Stärkung sozialistischer Arbeitsbeziehungen.
>
> Art. 11 ArbGB 1974 regelte den Grundsatz der freien Wahl des Arbeitsplatzes und der Art der Arbeit:
>
> **Art. 11.** Die Begründung des Arbeitsverhältnisses, ohne Hinsicht auf seine Rechtsgrundlage, erfordert eine übereinstimmende Willenserklärung des Arbeitsbetriebs und des Arbeitnehmers.

Konsequenz der Anerkennung der Arbeit als Gegenstand der Bürgerrechte sowie als Grundlage menschlicher Werte sollte die Achtung der vollen Freiheit der Wahl der Art und des Ortes der Arbeit sein.[9] Die Einstellung von Arbeitnehmern erfolgte in der VRP so, dass die Betriebe verpflichtet waren, freie Stellen an die Behörden (Ministerium für Arbeit an der Spitze, in den Regionen die Wojewoden, Stadtpräsidenten oder Stadtvorsteher[10]) zu melden. Auch die Arbeitnehmer mussten sich als arbeitssuchend melden, wenn sie keinen Arbeitsplatz hatten. Diese Behörden nahmen dann die Arbeitsvermittlung vor, wobei weder der Betrieb noch der Arbeitnehmer verpflichtet waren, einen Arbeitsvertrag abzuschließen. Es konnten jedoch Sanktionen verhängt werden, wenn dies nicht geschah: Dem Betrieb wurden dann keine weiteren Arbeitssuchenden mehr gemeldet, und der Arbeitnehmer wurde nach drei abgelehnten Stellen wieder an den Anfang der Liste der Arbeitssuchenden gestellt und musste daher länger auf ein weiteres Stellenangebot warten.[11]

Der Arbeitsvertrag wurde definiert als übereinstimmende Willenserklärungen des Arbeitnehmers und des Betriebs, die das Arbeitsverhältnis in Kraft setzten.[12] Der Arbeitsvertrag konnte auf unbestimmte Zeit, befristet oder zur Verrichtung einer bestimmten Arbeit geschlossen werden.[13] Er war grundsätzlich schriftlich zu schließen. Ein Arbeitsverhältnis konnte aber auch durch konkludentes Verhalten entstehen.[14] Der Inhalt des Arbeitsverhältnisses wurde nicht nur durch

---

7 Kodeks Pracy (Arbeitsgesetzbuch) vom 26. Juni 1974, einheitliche Fassung in Dziennik Ustaw (polnisches Gesetzblatt, abgekürzt Dz. U.) 2016, Pos. 1666 (mit späteren Änderungen), nachfolgend abgekürzt: „ArbGB".

8 Quelle der Übersetzung der Vorschriften des aktuellen Arbeitsgesetzbuchs: *Danusz Adamiak* in WiRO-Handbuch (Fn. 2), PL 600.

9 *W. Piotrowski*, Stosunek pracy (Arbeitsverhältnis), Poznań 1977, S. 16.

10 Ebd. S. 17.

11 Ebd. S. 19.

12 Ebd. S. 33.

13 Ebd.

14 Ebd. S. 35.

den Arbeitsvertrag selbst bestimmt, sondern gemäß Art. 56 ZGB, der bis heute unverändert gilt, entfaltete es auch die sich aus dem Gesetz, den Grundsätzen des gesellschaftlichen Zusammenlebens und den guten Sitten ergebenden Wirkungen. Die Essentialia eines Arbeitsvertrags waren die Art der Arbeit, der Beginn des Arbeitsverhältnisses und die Vergütung.[15] Das Arbeitsverhältnis endete durch Willenserklärung (Kündigung) oder durch ein bestimmtes Ereignis (z.B. Tod des Arbeitnehmers, Ablauf einer bestimmten Frist).[16]

Zusammenfassend ist für die Zeit nach Inkrafttreten des ArbGB 1974 bis zur Wende festzustellen, dass die rechtliche Regelung der Arbeitsverhältnisse den heutigen rechtlichen Bedingungen – auch durch die Weitergeltung des ArbGB – durchaus vergleichbar erscheint. Die Wirtschaft war zwar eine Planwirtschaft, aber die Beschäftigung wurde durch Arbeitsvermittlung organisiert, und ein rechtlicher Zwang zur Arbeit existierte in dieser Zeit nicht.[17]

b) Das Arbeitsgesetzbuch von 1974 seit der Wende

Ab 1996 wurde ArbGB in vieler Hinsicht abgeändert. Neu gefasst wurde auch die Eingangsvorschrift; sie lautete ab 1996:[18]

> **Art. 1.** Das Arbeitsgesetzbuch regelt die Rechte und die Pflichten der Arbeitnehmer und der Arbeitgeber.

Unter dem Begriff des Arbeitsrechts wird heute in der polnischen Rechtsordnung die Gesamtheit der Rechtsnormen verstanden, die die mit menschlicher Arbeit verbundenen Verhältnisse regeln. Unter Arbeit versteht man eine körperliche oder geistige Tätigkeit eines Menschen, die auf die Erzeugung materieller oder immaterieller Güter gerichtet ist. Das Arbeitsrecht regelt alle beruflichen Tätigkeiten, die entgeltlich und freiwillig geleistet werden. Die Verpflichtung zur Leistung einer bestimmten Arbeit muss also von dem Leistenden freiwillig übernommen werden; es ist unerheblich, ob er sich durch einen Vertrag oder ein einseitiges Rechtsgeschäft, z.B. durch Ernennung, Bestellung oder Wahl verpflichtet. Dementsprechend stellen solche Tätigkeiten keine Arbeit dar, die zwar freiwillig, aber unentgeltlich geleistet werden, wie etwa ehrenamtliche Tätigkeiten. Die Verhältnisse, die bei dieser Gelegenheit entstehen, werden durch das Gesetz über die gemeinnützige Tätigkeit und das Volontariat geregelt.

Das Merkmal der Entgeltlichkeit der Leistung bewirkt, dass sich die leistende Person in einer wirtschaftlich abhängigen Stellung gegenüber dem Arbeitgeber

---

15 Ebd. S. 37.

16 Ebd. S. 56.

17 Zu den vergleichbaren Bedingungen im sozialistischen Ungarn s. die Studie „Grundkonstante Kontraktualisierung: Vertragsfreiheit, Vertragsstabilität und Vertragsdurchsetzung im ungarischen Arbeitsrecht“ in diesem Band, Punkt I. 6.

18 Übersetzung der älteren Fassungen der Vorschriften des Arbeitsgesetzbuchs von der Autorin.

befindet. Es wird daher von einer „weisungsgebundenen Arbeit“ gesprochen, die unter Leitung und zugunsten des einstellenden Arbeitgebers ausgeführt wird, wobei die Weisungsgebundenheit das wesentliche Unterscheidungsmerkmal ist, das das Arbeitsverhältnis von anderen, ähnlichen Rechtsverhältnissen unterscheidet. Eine entgeltliche Arbeit, die auf eigenes Risiko und auf eigene Rechnung geleistet wird, wird von den arbeitsrechtlichen Regelungen nicht erfasst.

Zusammenfassend kann man feststellen, dass das polnische Arbeitsrecht jede menschliche Arbeit regelt, die freiwillig, weisungsabhängig, persönlich, entgeltlich und in der Regel kooperativ geleistet wird. Die Arbeit leistende Person wird Arbeitnehmer genannt, ihre Arbeit übt sie zugunsten und unter den Weisungen eines Arbeitgebers aus.

Eine Definition des Arbeitsrechts enthält Art. 9 ArbGB. Diese Vorschrift definiert das Arbeitsrecht als „die Vorschriften, die die Rechte und Pflichten von Arbeitnehmern und Arbeitgebern bestimmen, sowie Bestimmungen von Tarifverträgen und anderen auf einem Gesetz gestützten Gruppenvereinbarungen, Ordnungen und Satzungen, welche Rechte und Pflichten der Parteien eines Arbeitsverhältnisses regeln“.[19]

Dem Arbeitsrecht kommen eine Schutzfunktion, eine Organisationsfunktion und eine Erziehungsfunktion zu. Die Schutzfunktion kann man als grundlegend für das Arbeitsrecht bezeichnen. Sie ist darauf zurückzuführen, dass das Arbeitsrecht im 19. Jahrhundert zum Schutz der Arbeitnehmer vor Ausbeutung in den frühkapitalistischen Arbeitsbedingungen entwickelt wurde. Die Abhängigkeit des Arbeitnehmers vom Arbeitgeber ist auch heute noch für das Arbeitsverhältnis kennzeichnend. Ausdruck der Schutzfunktion des Arbeitsrechts sind z.B. der Schutz vor Überanstrengung, die Gewährleistung angemessener Arbeitsbedingungen oder der Schutz vor einer unfairen Lohngestaltung. Dies wurde in verschiedenen Vorschriften des polnischen ArbGB konkret ausgestaltet. Das ArbGB enthält Mindeststandards zum Schutz der Arbeitnehmer. Gegenüber den Vorschriften des ArbGB für die Arbeitnehmer ungünstigere Regelungen dürfen durch untergesetzliche Rechtsakte im Bereich des Arbeitsrechts nicht getroffen werden.

Die Schutzfunktion stützt sich neben den Vorschriften des ArbGB auf ein System staatlicher Institutionen. An erster Stelle ist hier die staatliche Arbeitsinspektion zu nennen. Weiter werden die Arbeitnehmerrechte durch bestimmte Mechanismen der gewerkschaftlichen Kontrolle geschützt. Für den gerichtlichen Schutz der Arbeitnehmer ist das Zivilverfahrensrecht maßgeblich, das den Anforderungen an die Arbeitsgerichtsbarkeit entsprechende Abweichungen vom allgemeinen Zivilverfahren bereithält, wobei der Unterschied vor allem in der Gewährung besonderer Rechte für die Arbeitnehmer besteht. Die Arbeitsgerichtsbarkeit in Polen stützt sich auf eine Struktur von Abteilungen für Arbeits- und Sozialrecht bei den ordentlichen Gerichten, die für die Anwendung des Arbeitsrechts zuständig sind.

19 Quelle der Übersetzung s. Fn. 8.

Die praktische Bedeutung der Schutznormen des Arbeitsrechts nimmt gegenwärtig in Polen zu. Dies ist erkennbar an einem Wandel der Rechtskultur. Die Arbeitnehmer werden sich ihrer Rechte bewusster und versuchen sie aktiver durchzusetzen. Dies wird auch durch die positive wirtschaftliche Entwicklung in Polen getragen, in der die sinkende Arbeitslosigkeit und die Abwanderung von qualifizierten Arbeitskräften ins EU-Ausland dazu beitragen, dass bereits in einigen Branchen ein Arbeitskräftemangel besteht.

Mit der Organisationsfunktion werden im Rahmen des Arbeitsrechts die Interessen des Arbeitgebers an der Erfüllung der Aufgaben seines Betriebs angesprochen. Im Rahmen der Organisationsfunktion des Arbeitsrechts geht es somit um eine gute Arbeitsorganisation im Betrieb und infolgedessen um die Erhöhung der Effektivität der Arbeitsleistung, die zur Produktion konkurrenzfähiger, qualitativ hochwertiger Produkte beiträgt. Das Arbeitsrecht stellt dem Arbeitgeber hierzu bestimmte Rechtsinstrumente zur Verfügung, die einen optimalen Ablauf des Arbeitsprozesses gewährleisten sollen. Dazu gehören unter anderem das Recht auf freie Gestaltung des Personaleinsatzes, das Recht zur Verteilung der einzelnen Aufgaben oder die Anwendung von Mitteln zur Motivation, aber auch zur Disziplinierung.

Bei der Erziehungsfunktion schließlich handelt es sich um die Rolle der Arbeit bei der Gestaltung der menschlichen Persönlichkeit. Es wird betont, dass die Arbeit und die dort erbrachten Leistungen Einfluss auf die Lebensqualität haben. Bestimmte Prinzipien des Arbeitsrechts, u.a. die Pflicht zur Achtung der Würde oder der Grundsatz der Gleichbehandlung in der Beschäftigung, tragen zur Entwicklung von staatlicherseits gewünschten Verhaltensmustern bei, die auch außerhalb der Arbeit wirken. Die Erziehungsfunktion hatte ihren Ursprung in der früheren sozialistischen Rechtslehre. Sie wird aber weiterhin für das polnische Arbeitsrecht konstatiert.

4 Der Tarifvertrag

1991 traten in Polen die Gesetze über die Gewerkschaften und die Arbeitgeberverbände in Kraft. Diese regeln im Wesentlichen die Berechtigungen der Tarifparteien. Im Sozialismus gab es sogenannte Betriebsräte, die die Arbeitnehmer in den Betrieben vertraten. Diese wurden auf Unternehmensebene gebildet und geheim gewählt. Es gab sie in Betrieben, die mindestens 20 Personen beschäftigten, in kleineren Betrieben fungierte ein Delegierter der Gewerkschaft. Grundaufgabe des Betriebsrats war es, die Interessen der Arbeitnehmer gegenüber der Betriebsverwaltung zu vertreten und bei Streitigkeiten und Unstimmigkeiten zu vermitteln, weiter die Einhaltung des Arbeitsrechts zu überwachen, insbesondere die Gesundheits- und Sicherheitsvorschriften. Die Betriebsräte waren auch zuständig für die Aktivitäten im Bereich der sozialen Angelegenheiten, für die materielle Unterstützung der Mitglieder u.a. Im Sozialismus wurden die Betriebsräte der Kommunistischen Partei vollständig untergeordnet und zunehmend bürokratisiert, insbesondere durch ihre Eingliederung in die Konferenz der Selbstverwaltung der

Arbeitnehmer, was bedeutete, dass sie nicht die grundlegende Funktion der Verteidigung der Interessen der Arbeitnehmer erfüllen konnten.

Heute ist das Tarifrecht im ArbGB geregelt:

> **Art. 18/1.** § 1. Die Arbeitnehmer und Arbeitgeber haben das Recht, Organisationen zum Zwecke der Vertretung und des Schutzes eigener Rechte und Interessen zu gründen und ihnen beizutreten.
> § 2. Die Grundsätze der Gründung und Tätigkeit der in § 1 genannten Organisationen bestimmen das Gesetz über die Gewerkschaften, das Gesetz über die Arbeitgeberorganisationen sowie andere Rechtsvorschriften.

Der Tarifvertrag wird definiert als eine normative Vereinbarung zwischen einer oder mehreren Gewerkschaften und einem oder mehreren Arbeitgebern oder einer Arbeitgeberorganisation, deren Bestimmungen die Vertragsparteien, aber auch die Arbeitnehmer erfassen, die bei den den Vertrag abschließenden Arbeitgebern beschäftigt sind.

Im Arbeitsgesetzbuch wird zwischen einem betrieblichen Tarifvertrag und einem überbetrieblichen Tarifvertrag unterschieden. Tarifverträge haben allgemeinen Charakter. Sie dürfen grundsätzlich für jeden Betrieb geschlossen werden.

Ein überbetrieblicher Tarifvertrag kann für mehrere Betriebe eines Arbeitgebers oder auf mehrere Betriebe unterschiedlicher Arbeitgeber gelten. Er kann sich auf eine Branche, eine Berufsgruppe, ein bestimmtes Gebiet oder eine Gruppe von Betrieben erstrecken. Der Umfang des Tarifvertrages ist im Einzelnen von dem Willen der beteiligten Tarifparteien abhängig.

Ein betrieblicher Tarifvertrag wird für einen Betrieb durch den Arbeitgeber und die in dem Betrieb tätigen Gewerkschaften geschlossen. Er kann in Ausführung eines überbetrieblichen Tarifvertrages oder unabhängig davon geschlossen werden.

Die Vereinigungsfreiheit, die bereits in der Verfassung garantiert wird, gilt grundsätzlich im gleichen Umfang für Arbeitgeber und Arbeitnehmer. Im Rahmen der Vereinigungsfreiheit steht den Arbeitgebern das Recht zu, ohne vorherige Zustimmung und nach eigenem Ermessen Vereinigungen (Organisationen) zu gründen und unter der Voraussetzung, dass die Satzung beachtet wird, einer solchen Organisation beizutreten. Die Vereinigungsfreiheit umfasst auch das Recht, Satzungen und andere innere Richtlinien der Arbeitgeberverbände und der Gewerkschaften zu beschließen, die Vertreter der Arbeitgeberverbände und der Gewerkschaften frei zu wählen, einen Vorstand zu berufen und einen Tätigkeitsplan zu entwickeln. Die Vereinigungsfreiheit berechtigt auch dazu, Föderationen und Konföderationen von Arbeitgeberverbänden und Gewerkschaften zu gründen sowie ihnen beizutreten. Das betrifft auch internationale Arbeitgeberverbände und Gewerkschaften.

Im ArbGB wird die Koalitionsfreiheit einfach-gesetzlich nochmals bestätigt. Hier werden die Rechtssubjekte bestimmt, die tariffähig sind: die Arbeitgeberverbände und die Gewerkschaften. Die Einzelheiten zu ihrer Gründung und ihrer Tätigkeit werden in besonderen Gesetzen weiter konkretisiert.

5 Das Zustandekommen von Arbeitsrecht im Rahmen der Tripartität

Der Grundsatz des sozialen Dialogs findet sich bereits in der Verfassung, die bestimmt, dass der Dialog und die Zusammenarbeit der gesellschaftlichen Partner einen der Pfeiler des wirtschaftlichen Systems bilden.

In Polen gibt es seit 1994 die dreiseitige Kommission zu gesellschaftlichen und wirtschaftlichen Fragen, die diesen Dialog maßgeblich führt. Sie wurde auf Beschluss der Regierung gegründet, seit 2001 handelt sie aufgrund des Gesetzes über die dreiseitige Kommission. Sie setzt sich aus Vertretern der Regierung, der privaten Arbeitgeberverbände sowie der Gewerkschaften zusammen.

Die Kommission führt den gesellschaftlichen Dialog und nimmt zu gesellschaftlichen und wirtschaftlichen Fragen Stellung. Zu ihren Kompetenzen zählen die Feststellung der Indikatoren des Lohnwachstums in den Betrieben und den Haushalten sowie die Vorbereitungsarbeiten für den Staatshaushalt. Zudem nimmt sie Stellung zur Höhe der Sozialleistungen und erörtert Angelegenheiten von hoher gesellschaftlicher Bedeutung, die ein Mitglied in die Kommission getragen hat. Die Kommission kann eine Sache mit einem gemeinsamen Memorandum abschließen, dessen Gegenstand die gegenseitigen Verpflichtungen der Parteien sind und das dem Ausgleich der Interessen der Arbeitnehmer, der Arbeitgeber und dem Gemeinwohl dient.

Dreiseitige Kommissionen bestehen auch in den Woiwodschaften.

6 Kontrahierungszwang

In Polen gab und gibt es während der Geltung des ArbGB keine Pflicht, ein bestimmtes Arbeitsverhältnis einzugehen (s.o.). Die Arbeitsvermittlung konnte jedoch den Arbeitssuchenden bei dreimaligem Ablehnen einer Stelle hinter andere Bewerber zurückstellen.

II Die Stellung des Arbeitgebers

> Art. 3 ArbGB hatte von 1974 bis 1996 folgenden Wortlaut[20]:
> **Art. 3.** Ein Arbeitsbetrieb ist eine Organisationseinheit, auch wenn sie keine Rechtspersönlichkeit besitzt. Insbesondere ist ein Arbeitsbetrieb ein Staatsunternehmen, eine Behörde oder eine andere staatliche Organisationseinheit, eine Genossenschaft, eine soziale Organisation.

In der geltenden Fassung lautet er:

20 Quelle der Übersetzung s. Fn. 18.

Art. 3. Ein Arbeitgeber ist eine Organisationseinheit, auch wenn sie keine Rechtspersönlichkeit besitzt, sowie eine natürliche Person, sofern sie Arbeitnehmer beschäftigen.

1 Der Arbeitgeberbegriff

Im Sozialismus war der Begriff des Arbeitgebers gleichbedeutend mit einem Arbeitsbetrieb. Individuelle Beschäftigungen mit natürlichen Personen unterfielen somit nicht dem ArbGB.

Heute ist der Begriff des Arbeitgebers dahin gehend im ArbGB geregelt, dass ein Arbeitgeber eine Organisationseinheit auch ohne Rechtspersönlichkeit sowie eine natürliche Person sein kann, sofern er Arbeitnehmer beschäftigt. Entscheidendes Kriterium ist die Beschäftigung von Arbeitnehmern. Zu den Organisationseinheiten, die Arbeitnehmer beschäftigen, gehören insbesondere Handelsgesellschaften, Behörden, staatliche Unternehmen, soziale Einrichtungen sowie Vereine, welche selbstständig als Arbeitsverhältnisse begründende Parteien auftreten. Ist der Betrieb auf dem gesamten Staatsgebiet tätig, so sind seine einzelnen Filialen – in Fällen von großen Gesellschaften seine Organisationseinheiten – als Arbeitgeber zu betrachten, soweit sie im Rahmen ihrer Selbstständigkeit berechtigt sind, Arbeitnehmer einzustellen.

Über die Tatsache, ob eine Person i.S.d. genannten Arbeitgeberdefinition Arbeitnehmer beschäftigt, entscheidet nicht die faktische Beschäftigung von Arbeitnehmern. Gemeint ist hier ausschließlich eine selbstständige, also von der oben dargestellten Struktur unabhängige Begründung und Verwirklichung von Arbeitsverhältnissen mit Personen, die ihre Bereitschaft zur Arbeitsaufnahme in dem jeweiligen Betrieb erklären, da es in erster Linie auf die Fähigkeit der Organisationsstruktur ankommt, arbeitsrechtliche Rechte auszuüben und arbeitsrechtliche Verpflichtungen einzugehen.

Der polnische Gesetzgeber betont ausdrücklich, dass die Rechtsfähigkeit entbehrlich ist, um eine Organisationseinheit, die Arbeitnehmer beschäftigt, als einen Arbeitgeber anzuerkennen. Daher können auch solche Organisationseinheiten Parteien des Arbeitsverhältnisses (Arbeitgeber) sein, die zivilrechtlich nicht rechtsfähig sind.

2 Änderungen in der Person des Arbeitgebers

Die Liquidation oder die Insolvenz des Arbeitgebers stellt einen besonderen Kündigungsgrund dar. Anders ist die Situation beim Übergang des Betriebs oder eines Teils auf einen anderen Arbeitgeber. Der Übergang des Betriebs oder eines Teils des Betriebs auf einen anderen Arbeitgeber kann eine Kündigung des Arbeitsverhältnisses durch den Arbeitgeber nicht begründen, wie Art. 23/1 ArbGB klarstellt:

Art. 23/1. § 1. Im Falle des Übergangs des Betriebs oder eines Teils des Betriebs auf einen anderen Arbeitgeber wird dieser, vorbehaltlich der Regelung in § 5, von Rechts wegen Partei der bisherigen Arbeitsverhältnisse.
§ 2. Für die sich aus dem Arbeitsverhältnis ergebenden Verbindlichkeiten, die vor dem Übergang eines Betriebsteils auf einen anderen Arbeitgeber entstanden sind, haften der bisherige und der neue Arbeitgeber gesamtschuldnerisch.
§ 3. Sind bei den in § 1 genannten Arbeitgebern keine betrieblichen Gewerkschaften tätig, so informieren der bisherige und der neue Arbeitgeber schriftlich ihre Arbeitnehmer über die vorgesehene Zeit des Übergangs des Betriebes oder des Teils des Betriebes auf einen anderen Arbeitgeber, über seine Gründe, über die rechtlichen, ökonomischen und sozialen Auswirkungen auf die Arbeitnehmer sowie über die beabsichtigten Handlungen betreffend die Beschäftigung von Arbeitnehmern, insbesondere hinsichtlich der Arbeits-, Vergütungs- und Umschulungsbedingungen; die Erteilung der Informationen soll mindestens 30 Tage vor dem Termin des Übergangs des Betriebes oder seines Teils auf einen anderen Arbeitgeber erfolgen.
§ 4. Innerhalb von zwei Monaten ab dem Übergang des Betriebes oder seines Teils auf einen anderen Arbeitgeber kann der Arbeitnehmer das Arbeitsverhältnis mit Einhaltung einer siebentägigen Vorlauffrist ohne Einhaltung einer Kündigungsfrist auflösen. Die Auflösung des Arbeitsverhältnisses in diesem Verfahren bewirkt für den Arbeitnehmer die Rechtsfolgen, welche die Vorschriften des Arbeitsrechts mit der Auflösung des Arbeitsverhältnisses durch den Arbeitgeber mit Einhaltung der Kündigungsfrist verknüpfen.
§ 5. Mit dem Tag der Übernahme des Betriebs oder seines Teils ist der Arbeitgeber verpflichtet, den Arbeitnehmern, die bisher auf einer anderen Grundlage als der eines Arbeitsvertrages Arbeitsleistungen erbracht haben, neue Arbeits- und Vergütungsbedingungen anzubieten sowie eine Frist, die nicht kürzer als sieben Tage ist, für die Annahme oder Ablehnung der angebotenen Bedingungen einzuräumen. Für den Fall, dass keine neuen Arbeits- und Vergütungsbedingungen vereinbart werden, wird das bisherige Arbeitsverhältnis nach Ablauf der Kündigungsfrist aufgelöst; die Kündigungsfrist wird ab dem Tage gerechnet, an dem der Arbeitnehmer die Erklärung über die Ablehnung der Annahme der angebotenen Bedingungen abgegeben hat oder sie hätte abgeben können. Die Vorschrift des § 4 Satz 2 findet entsprechende Anwendung.
§ 6. Der Übergang des Betriebes oder seines Teils auf einen anderen Arbeitgeber kann keinen Grund für die Kündigung des Arbeitsverhältnisses durch den Arbeitgeber darstellen.

Im Fall des Übergangs des Betriebs oder eines Teils des Betriebs auf einen anderen Arbeitgeber wird dieser grundsätzlich automatisch Partei der bisherigen Arbeitsverhältnisse. Für die sich aus dem Arbeitsverhältnis ergebenden Verbindlichkeiten, die vor dem Übergang eines Betriebsteils auf einen anderen Arbeitgeber entstanden sind, haften der bisherige und der neue Arbeitgeber gesamtschuldnerisch.

Sind bei dem alten oder dem neuen Arbeitgeber betriebliche Gewerkschaften tätig, so informieren der bisherige und der neue Arbeitgeber diese schriftlich über den vorgesehenen Zeitpunkt des Übergangs des Betriebs oder eines Teils des Betriebs auf den anderen Arbeitgeber, über die Gründe dafür, über die rechtlichen, ökonomischen und sozialen Auswirkungen auf die Arbeitnehmer sowie über die beabsichtigten Handlungen betreffend die Beschäftigung von Arbeitnehmern, insbesondere hinsichtlich der Arbeits-, Vergütungs- und Umschulungsbedingungen. Diese Informationen sollen mindestens 30 Tage vor dem Termin des Übergangs des Betriebs oder seines Teils mitgeteilt werden.

Sind keine Betriebsgewerkschaften vorhanden, so müssen der alte und der neue Arbeitgeber die Arbeitnehmer selbst darüber informieren.

3 Rechte und Pflichten des Arbeitgebers im Arbeitsverhältnis

Der Arbeitgeber hat das Recht, vom Arbeitnehmer im Rahmen der Bestimmungen des Arbeitsvertrags dessen Arbeitsleistung zu fordern. Es gelten, wie bereits dargestellt, zusätzlich die Gesetze, Tarifverträge, Betriebsvereinbarungen usw. Er hat das Recht, den Arbeitnehmern Weisungen zu erteilen.

Die gesetzliche Norm ist Art. 94 ArbGB. In der ursprünglichen Fassung, die von 1974 bis 1995 galt, lautete er folgendermaßen:

Art. 94. Der Arbeitsbetrieb ist insbesondere verpflichtet:

1) die Arbeitnehmer, die eine Arbeit aufnehmen, mit dem Umfang ihrer Pflichten, mit der Art und Weise der Arbeitsausführung auf dem zugewiesenen Arbeitsplatz sowie mit ihren grundlegenden Rechten bekannt zu machen,
2) die Arbeit so zu organisieren, dass die Arbeitszeit vollständig genutzt wird und die Arbeitnehmer unter Nutzung ihrer Begabungen und Qualifikationen eine hohe Produktivität und ordnungsgemäße Qualität der Arbeit erreichen,
3) dafür zu sorgen, dass die Arbeitsordnung und -disziplin eingehalten werden,
4) sichere und hygienische Bedingungen am Arbeitsplatz zu gewährleisten und die Arbeitnehmer systematisch auf dem Gebiet der Sicherheit und Hygiene am Arbeitsplatz zu schulen,
5) fristgerecht und ordnungsgemäß die Vergütung auszuzahlen,
6) den Arbeitnehmern die Steigerung der beruflichen Qualifikationen zu erleichtern,
7) den Arbeitnehmern, die die Beschäftigung nach Beendigung der Berufs- oder einer Hochschule aufnehmen, Bedingungen zu schaffen, welche die Anpassung an die ordnungsgemäße Arbeitsausführung erleichtern,
8) die sozialen Bedürfnisse der Arbeitnehmer im Rahmen der vorhandenen Mittel zu befriedigen,
9) gerechte und objektive Kriterien für die Beurteilung der Arbeitnehmer und ihrer Arbeitsergebnisse anzuwenden,
10) auf die Gestaltung der Grundsätze des gesellschaftlichen Zusammenlebens im Betrieb Einfluss zu nehmen.

In der geltenden Fassung lautet Art. 94 ArbGB:

Art. 94. Der Arbeitsgeber ist insbesondere verpflichtet:

1) die Arbeitnehmer, die eine Arbeit aufnehmen, mit dem Umfang ihrer Pflichten, der Art und Weise der Arbeitsausführung auf dem zugewiesenen Arbeitsplatz sowie mit ihren grundlegenden Rechten bekannt zu machen,
2) die Arbeit so zu organisieren, dass die Arbeitszeit vollständig genutzt wird und die Arbeitnehmer unter Nutzung ihrer Begabungen und Qualifikationen eine hohe Produktivität und ordnungsgemäße Qualität der Arbeit erreichen,
2a) die Arbeit auf eine solche Weise zu organisieren, dass sie die Arbeitsbelastung verringert, insbesondere die monotonen Arbeiten und die Arbeiten in einem im Voraus bestimmten Tempo,
2b) Diskriminierungen bei der Arbeit entgegenzuwirken, insbesondere jedoch solchen aufgrund des Geschlechts, des Alters, einer Behinderung, der Rasse, der Religion, der Nationalität, der politischen Überzeugung, der Gewerkschaftsangehörigkeit, der ethnischen Herkunft, der Konfession, der geschlechtlichen Ausrichtung und auch aufgrund einer Beschäftigung auf bestimmte oder unbestimmte Zeit oder im vollen oder nicht vollen Ausmaß der Arbeitszeit,
3) (aufgehoben)
4) sichere und hygienische Bedingungen am Arbeitsplatz zu gewährleisten und die Arbeitnehmer systematisch auf dem Gebiet der Sicherheit und Hygiene am Arbeitsplatz zu schulen,
5) fristgerecht und ordnungsgemäß die Vergütung auszuzahlen,
6) den Arbeitnehmern die Steigerung der beruflichen Qualifikationen zu erleichtern,
7) den Arbeitnehmern, die die Beschäftigung nach Beendigung der Berufs- oder einer Hochschule aufnehmen, Bedingungen zu schaffen, welche die Anpassung an die ordnungsgemäße Arbeitsausführung erleichtern,
8) die sozialen Bedürfnisse der Arbeitnehmer im Rahmen der vorhandenen Mittel zu befriedigen,
9) gerechte und objektive Kriterien für die Beurteilung der Arbeitnehmer und ihrer Arbeitsergebnisse anzuwenden,
9a) die Dokumentation in Angelegenheiten des Arbeitsverhältnisses, sowie die Personalakten der Arbeitnehmer zu führen,
10) auf die Gestaltung der Grundsätze des gesellschaftlichen Zusammenlebens im Betrieb Einfluss zu nehmen.

Insgesamt sind für den Arbeitgeber mehr Pflichten entstanden.

Der Arbeitgeber hat gegenüber seinen Arbeitnehmern insbesondere folgende allgemeine Pflichten: Zu Beginn des Arbeitsverhältnisses entsteht die Pflicht, den Arbeitnehmer vorschriftsmäßig einzustellen. Dies bedeutet, dass der Arbeitnehmer entsprechend seiner Qualifikationen, seinem Gesundheitszustand und für Arbeiten, die für den konkreten Arbeitnehmer zulässig sind, eingestellt wird, und dass der Arbeitnehmer über den Umfang seiner Rechte und Pflichten belehrt werden muss. Außerdem muss er eingearbeitet werden.

Der Arbeitgeber ist weiter zuständig für die Sicherstellung der Arbeitsordnung und der Arbeitsdisziplin, für sichere und hygienische Arbeitsbedingungen. Er hat Schulungen im Bereich der Arbeitssicherheit und -gesundheit durchzuführen. Ihm obliegt die termingerechte und gesetzmäßige Auszahlung der Arbeitsvergütung. Außerdem hat er die Pflicht, die berufliche Qualifikation der Arbeitnehmer zu erleichtern und zu verbessern, Berufs- oder Hochschulabsolventen eine Einarbeitung in die richtige Ausführung der Arbeit zu ermöglichen, entsprechend den betrieblichen Möglichkeiten die sozialen und kulturellen Bedürfnisse der Arbeitnehmer zu befriedigen, die Anwendung objektiver und gerechter Kriterien für die Beurteilung der Arbeitnehmer und ihrer Arbeitsergebnisse einzusetzen, die Grundsätze des gesellschaftlichen Zusammenlebens im Arbeitsbetrieb festzulegen und bei der Beendigung des Arbeitsverhältnisses dem Arbeitnehmer umgehend ein Arbeitszeugnis auszustellen.

Der Arbeitgeber haftet nach den Grundsätzen der materiellen Haftung und der Übertretungshaftung. Zudem trifft ihn eine strafrechtliche Verantwortlichkeit.

Zahlt der Arbeitgeber den Lohn nicht rechtzeitig aus, so schuldet er dem Arbeitnehmer zudem die Verzugszinsen.

4 Behördliche Aufsicht über den Arbeitgeber

Die Aufsicht über den Arbeitgeber übt in erster Linie die Arbeitsinspektion aus. Ihre Befugnisse sind im Gesetz über die staatliche Arbeitsinspektion geregelt, das erstmalig 1981 verabschiedet, 2001 in einheitlicher Fassung neu verkündet und 2007 durch ein neues Gesetz gleichen Titels ersetzt wurde. In der ursprünglichen Fassung war die Arbeitsinspektion zuständig, die Einhaltung des Arbeitsrechts, insbesondere die Vorschriften über die Arbeitssicherheit und -hygiene, zu kontrollieren, sie unterstand dem Staatsrat und hatte Filialen in den Bezirken. Dazu konnten die Arbeitsinspektoren das Gelände von Betrieben betreten und kontrollieren. Der Arbeitsbetrieb hatte, ihnen dabei zur Seite zu stehen und insbesondere Dokumente zugänglich zu machen. Der Arbeitsinspektor konnte auch mit den Betriebsräten sprechen. Stellte der Arbeitsinspektor Verletzungen des Arbeitsrechts fest, insbesondere der Arbeitssicherheit und -hygiene, konnte er Anweisungen bis hin zur Schließung des Betriebes verhängen.

Nach heutiger Rechtslage ist die Arbeitsinspektion das Organ der Aufsicht und Kontrolle der Einhaltung des Arbeitsrechts, insbesondere der Vorschriften über die Grundsätze der Arbeitssicherheit- und -hygiene und auch der Rechtmäßigkeit der Beschäftigung und anderer bezahlter Arbeit (Art. 1 Gesetz über die staatliche Arbeitsinspektion). Dabei untersteht die Arbeitsinspektion heutzutage dem Sejm, dessen Arbeitsschutzrat die Aufsicht führt. Zur Arbeitsinspektion gehören Gutachter für Arbeitsschutz und -hygiene.

Eine Verletzung seiner Pflichten kann für den Arbeitgeber bedeuten, dass er ein Bußgeld zahlen und er sich in besonders schweren Fällen auch strafrechtlich verantworten muss. Das Bußgeld kann bis zu 5.000,– PLN betragen und wird durch die staatliche Arbeitsinspektion verhängt. In der Praxis wird die Arbeitsinspektion in der Regel auf Antrag eines Arbeitnehmers oder einer Betriebsgewerkschaft tätig, in größeren Unternehmen sind jedoch jährliche Inspektionen üblich.

5 Obligatorische soziale Mindeststandards

a) Verfassungsebene

Die sozialistische Verfassung enthielt verschiedene soziale Grundrechte in Bezug auf die Arbeit, auf Wohnung, Bildung usw. So regelte Art. 11 Abs. 3 Verf., dass das Hauptziel der gesellschaftlich-wirtschaftlichen Politik der VRP die systematische Verbesserung der Lebensbedingungen, der sozialen und kulturellen Bedingungen der Gesellschaft, die ständige Entwicklung der Produktionskräfte des Landes, die Stärkung der Verteidigungskraft und die Unabhängigkeit des Vaterlandes sei. Im Grundrechtsteil regelten Art. 68 Verf. das Recht auf Arbeit, Art. 69 Verf. das Recht auf Erholung, Art. 70 Verf. das Recht auf Gesundheitsschutz und Hilfe bei Krankheit und Arbeitsunfähigkeit, Art. 71 Verf. das Recht auf Zugang zur natürlichen Umwelt und die Pflicht zum Umweltschutz und Art. 72 Verf. das Recht auf Bildung. Die Bestimmungen der Verfassung waren jedoch mehr Programmnormen als rechtlich verbindlich, und es gab keine Kontrollinstanzen, die die Einhaltung der Normen sicherstellen konnten.

In der neuen Verfassung von 1997 sind ebenfalls einige soziale Grundrechte enthalten wie beispielsweise das „Recht auf Arbeit“ in Art. 65 Abs. 5:

> **Art. 65.** Abs. 5. Die öffentlichen Gewalten verfolgen eine Politik, die eine produktive Vollbeschäftigung anstrebt durch die Realisierung von Programmen zur Bekämpfung der Arbeitslosigkeit, darunter der Organisation und der Unterstützung von Berufsberatung und beruflicher Schulung sowie der öffentlichen Arbeiten und der Arbeitssubvention.

Dieses ist jedoch nicht als durchsetzbarer Rechtsanspruch ausgestaltet, sondern lediglich als eine Art Verfassungsauftrag, dessen Verwirklichung die Regierung anstreben muss. Gleiches gilt für das Recht auf Wohnung, das in Art. 75 Abs. 1 Verf. geregelt ist:

> **Art. 75.** Abs. 1. Die öffentlichen Gewalten betreiben eine Politik, die der Befriedigung der Wohnbedürfnisse der Bürger förderlich ist und die insbesondere der Obdachlosigkeit entgegenwirkt, sie unterstützen die Entwicklung des sozialen Wohnungsbaus und fördern die Bemühungen der Bürger, Wohneigentum zu erlangen.
>
> Art. 81 Verf. bestimmt, dass die sozialen Rechte nur in den im Gesetz bestimmten Grenzen geltend gemacht werden können.

b) *„Klassische" Mindeststandards im Arbeitsgesetzbuch*

Das ArbGB enthielt seit der ersten Version bestimmte Mindeststandards des Arbeitnehmerschutzes, die später erweitert und konkretisiert wurden, wie die Rechte auf Gleichbehandlung der Arbeitnehmer (Art. 10 ArbGB), auf einen würdigen Lohn (Art. 13 ArbGB), auf Erholung (Art. 14 ArbGB), auf Weiterbildung (Art. 17 ArbGB) u.a.

III Die Stellung des Arbeitnehmers

1 Freie Wahl des Arbeitsplatzes

Der Arbeitnehmer kann seinen Arbeitsplatz wählen. Bevor der Arbeitsvertrag geschlossen wird, kommt es zur Anbahnung des Arbeitsverhältnisses. Hier spielt die Arbeitsvermittlung eine Rolle. In Polen werden Arbeitsplätze durch die staatliche Arbeitsvermittlung, z.B. durch die Kreisarbeitsämter, vermittelt, die eine kostenlose Stellenvermittlung anbieten, die Hochschulen, die Schnittstellen zur Vermittlung von Hochschulabsolventen bereitstellen, Stellenanzeigen in Zeitungen oder dem Internet sowie für Führungskräfte durch Personalvermittlungsbüros (Headhunter).

2 Perioden der Unsicherheit: Probezeit, Befristung, Teilzeit

Arbeitsverhältnisse auf Probe sind in Polen möglich, bedürfen dann aber der ausdrücklichen Bezeichnung als „Probearbeitsvertrag". Der Probezeitvertrag bildet eine besondere Art des Arbeitsvertrages, die es dem Arbeitgeber ermöglicht, die beruflichen und persönlichen Eigenschaften des Arbeitnehmers im Hinblick auf die zu erfüllenden Aufgaben zu prüfen. Die Probezeit darf grundsätzlich drei Monate nicht überschreiten. Eine einmalige Verlängerung oder ein Neuabschluss des Probearbeitsverhältnisses wiederum für drei Monate ist nur dann erlaubt, wenn seit der Auflösung oder dem Erlöschen des letzten Arbeitsvertrages mindestens drei Jahre vergangen sind. Ein Verstoß gegen diese Regelung bewirkt allerdings nicht die Nichtigkeit des über drei Monate hinausgehenden Arbeitsvertrags. Er kann jedoch nach den Umständen des Einzelfalls gegebenenfalls als unbefristeter Arbeitsvertrag angesehen werden. Mit dem Ablauf der Probezeit wird der Vertrag aufgelöst, und der Arbeitgeber kann sich von dem Mitarbeiter trennen, ohne dass es einer ausdrücklichen Kündigung bedürfte.

In einem Arbeitsvertrag kann auch eine Befristung vereinbart werden. Für die Befristung eines Arbeitsvertrages muss ein bestimmter Grund vorliegen. Dieser kann in wirtschaftlichen Umständen liegen, wie dies beispielsweise bei einem kurzfristigen gesteigerten Arbeitskräftebedarf der Fall ist.

Befristete Arbeitsverträge sind in Polen Arbeitsverträge, in denen die Dauer der Vertragsgeltung durch Festlegung eines kalendarischen Zeitpunktes festgelegt wird, bis zu dem der Arbeitsvertrag befristet ist (z.B. Dauer des Arbeitsverhältnisses bis zum 31. Dezember 2018).

Der zulässigen Dauer eines einzelnen befristeten Arbeitsvertrages wird im ArbGB keine Höchstgrenze gesetzt. Tatsächlich führte dies in der Praxis dazu, dass in einigen Fällen die befristeten Verträge über Jahre vereinbart wurden, ohne dass es tatsächlich einen sachlichen Grund für die Befristung gab. In Polen wird diese Praxis aufgrund der sozioökonomischen Bestimmung des Arbeitsvertrages, die eine Schranke für die grundsätzlich von der Vertragsfreiheit der Parteien umfasste Vertragsdauer bildet, missbilligt. Eine konkrete Höchstdauer wurde aber bislang durch die Rechtsprechung noch nicht festgelegt. Sollte sich jedoch herausstellen, dass ein Arbeitsvertrag ohne ein wirtschaftliches Interesse seitens des Arbeitgebers oder um Kündigungsvorschriften zu umgehen befristet wurde, so kann der befristete Arbeitsvertrag als unbefristet angesehen werden.

Nach polnischem Recht kann ein Arbeitsverhältnis nur dreimal nacheinander für aufeinander folgende Zeitperioden befristet abgeschlossen werden, und die Höchstdauer der aufeinanderfolgenden Befristungen darf insgesamt 33 Monate nicht übersteigen.

Teilzeitvereinbarungen sind im polnischen Recht möglich. Die Teilzeit muss im Arbeitsvertrag ausdrücklich vereinbart werden. Der Abschluss eines Arbeitsvertrages, der eine Teilzeitbeschäftigung vorsieht, darf für den Arbeitnehmer nicht zu weniger günstigen Arbeitsbedingungen oder einem weniger günstigen Arbeitsentgelt im Vergleich zu den Arbeitnehmern, die die gleiche oder eine ähnliche Arbeit in Vollzeit ausüben, führen, wobei jedoch die Verhältnismäßigkeit der Vergütung für die Arbeit und der anderen mit der Arbeit in Verbindung stehenden Leistungen zur Länge der Arbeitszeit des Arbeitnehmers berücksichtigt wird.

Der Gesetzgeber sieht eine Teilzeitbeschäftigung aber als weniger günstig für den Arbeitnehmer als die Vollzeitbeschäftigung an. Daher soll der Arbeitgeber nach Möglichkeit einem Antrag des Arbeitnehmers auf Erweiterung der Arbeitszeit von einer Teilzeit- in eine Vollzeitbeschäftigung stattgeben.

3 Zulassung ausländischer Arbeitnehmer auf den heimischen Arbeitsmarkt

Seit 2004 ist Polen EU-Mitglied. Daher gelten für den Zugang von EU-Bürgern die Regeln des europäischen Rechts.

Alle EU-Bürger können in Polen bei einem in Polen ansässigen Unternehmen eine weisungsabhängige Beschäftigung, d.h. eine Beschäftigung im Rahmen eines Arbeitsverhältnisses, aufnehmen, ohne hierfür eine spezielle Genehmigung zu benötigen. EU-Bürger, die bei einer polnischen Firma angestellt sind und ihre Arbeit auf dem Gebiet Polens verrichten, haben die gleichen Rechte und Pflichten wie polnische Arbeitnehmer. Daher unterliegen sie dem polnischen Sozialversicherungssystem und sind auch verpflichtet, in Polen Lohnsteuer zu zahlen. Der polnische Gesetzgeber hat zur Erleichterung der Anwerbung ausländischer Arbeitnehmer auf die sonst übliche Sprachenregelung, die verlangt, dass sämtliche Verträge auf Polnisch abgeschlossen werden müssen, verzichtet. Der Arbeitsvertrag mit einem ausländischen Arbeitnehmer kann daher auch in dessen Muttersprache abgefasst werden.

Für Ausländer aus Drittstaaten gilt im Wesentlichen dasselbe wie für Ausländer aus EU-Staaten. Sie müssen – je nach Herkunftsland – allerdings u.U. zusätzlich ein Visum beantragen. Außerdem müssen sie zur Arbeitsaufnahme eine Aufenthalts- und Arbeitserlaubnis besitzen.

EU-Unternehmen haben das Recht, im Rahmen der in der EU geltenden Dienstleistungsfreiheit auf dem Gebiet des polnischen Staates Aufträge auszuführen und dafür ihr Personal einzusetzen.

4 Die Beendigung eines Arbeitsverhältnisses: Kündigung und Abfindung

a) Kündigung durch den Arbeitnehmer

Das Arbeitsgesetzbuch regelt die Beendigung eines Arbeitsvertrags wie folgt:

Art. 30. § 1. Der Arbeitsvertrag wird aufgelöst:

1) kraft einer Vereinbarung der Parteien,
2) durch Erklärung einer der Parteien mit Einhaltung der Kündigungsfrist (Auflösung des Arbeitsvertrages durch Kündigung),
3) durch Erklärung einer der Parteien ohne Einhaltung der Kündigungsfrist (Auflösung des Arbeitsvertrages ohne Kündigung),
4) durch Ablauf des Zeitraums, für den der Arbeitsvertrag abgeschlossen wurde,
5) (aufgehoben)

§ 2. Der Arbeitsvertrag für eine Probezeit wird mit Ablauf dieses Zeitraums aufgelöst; vor seinem Ablauf kann der Arbeitsvertrag durch eine Kündigung aufgelöst werden.

§ 2/1. Falls die Kündigungsfrist eines Arbeitsvertrages eine Woche oder einen Monat oder ein Vielfaches hiervon beträgt, endet sie entsprechend an einem Samstag oder an dem letzten Tag des Monats.

§ 3. Die Erklärung jeder der Parteien über die Kündigung oder die Auflösung des Arbeitsvertrages ohne Kündigung hat schriftlich zu erfolgen.

§ 4. Die Erklärung des Arbeitgebers über die Kündigung eines auf unbestimmte Zeit abgeschlossenen Arbeitsvertrages oder über die Auflösung des Arbeitsvertrages ohne Kündigung hat den Grund der Kündigung oder der Auflösung des Vertrages zu enthalten.

§ 5. Die Erklärung des Arbeitgebers über die Kündigung oder die Auflösung des Arbeitsvertrages ohne Kündigung hat eine Belehrung über das dem Arbeitnehmer zustehende Recht zur Berufung zum Arbeitsgericht zu enthalten.

Art. 32. § 1. Jede Partei kann durch Kündigung einen Arbeitsvertrag auflösen.
§ 2. Die Auflösung des Arbeitsvertrages tritt mit Ablauf der Kündigungsfrist ein.

Neben der oben zitierten Regelung der Problematik der Beendigung von Arbeitsverhältnissen im ArbGB gibt es für spezielle Fälle der Beendigung von Arbeitsverhältnissen auch in einigen Sondergesetzen Regelungen. Für die spezielle Situation bei Gruppenentlassungen gilt das Gruppenentlassungsgesetz, das die Richtlinie 98/59/EG vom 20.07.1998 in polnisches Recht umsetzt und das nicht nur das zu beachtende Verfahren, sondern auch die Rechte der entlassenen Arbeitnehmer wie beispielsweise Abfindungen u.a. regelt. Daneben gibt es eine ganze Reihe weiterer Gesetze, die mehr oder weniger detailliert die Beendigung von Arbeitsverhältnissen für bestimmte Arbeitnehmergruppen regeln, z.B. die der Beamten, Lehrer oder kommunalen Beschäftigten. Schließlich gibt es eine weitere Gruppe von Vorschriften, die außerhalb des ArbGB zu finden sind und die bestimmte Schutzvorschriften enthalten, die einigen Arbeitnehmern wegen ihrer ausgeübten Funktion zustehen. In der Praxis sind vor allem die Sondervorschriften der Gewerkschaftsmitglieder relevant.

Die Parteien können jederzeit den Arbeitsvertrag durch übereinstimmende Willenserklärungen auflösen. Ein Aufhebungsvertrag ist weder frist- noch formgebunden, d.h. er kann jederzeit aufgehoben werden und er kann auch mündlich geschlossen werden. Besondere Kündigungsschutzrechte für besonders geschützte Arbeitnehmergruppen wie z.B. Eltern, Schwangere, Gewerkschaftsfunktionäre u.a. gelten für ihn nicht.

Beiden Parteien steht auch das Recht zu, das Arbeitsverhältnis zu kündigen. Die Kündigung, vor allem des unbefristeten Vertrages, ist nach der Rechtsprechung die „normale Weise der Auflösung des Arbeitsverhältnisses".

Der Arbeitnehmer kann seinem Arbeitgeber fristlos kündigen, wenn dieser grundlegende Arbeitnehmerrechte schwerwiegend verletzt hat. In der Praxis geht es hier vor allem um Verzögerungen bei der Lohnauszahlung und um Mobbingfälle. Die Voraussetzung ist auch dann erfüllt, wenn die Arbeit gesundheitsschädigend ist, dies durch den sozialen Gesundheitsdienst festgestellt wurde und der Arbeitgeber diesem Zustand nicht abhilft, z.B. indem er dem Arbeitnehmer innerhalb der durch den sozialen Gesundheitsdienst gesetzten Frist eine seinem Gesundheitszustand und seiner beruflichen Qualifikation entsprechende Stelle anbietet.

In dem Fall einer berechtigten fristlosen Kündigung steht dem Arbeitnehmer bis zum Ablauf der ordentlichen Kündigungsfrist sein Lohn zu, und ihm dürfen durch die fristlose Kündigung keine Nachteile beim Bezug von Leistungen aus der Arbeitslosenversicherung entstehen.

Die fristlose Kündigungserklärung des Arbeitnehmers hat schriftlich unter Angabe der Begründung für die Vertragsauflösung zu erfolgen. Auch hier gilt, dass die Kündigung nicht nach Ablauf eines Monats ab Kenntnisnahme der die Kündigung begründenden Umstände durch den Arbeitnehmer erfolgen darf.

b) Kündigung durch den Arbeitgeber

Die formellen Voraussetzungen der Kündigung des Arbeitgebers sind im ArbGB geregelt. Verlangt wird vor allem die Schriftform der Kündigungserklärung. Der

Arbeitgeber muss in der Kündigungserklärung eines unbefristeten Arbeitsvertrags die Gründe für die Kündigung des Vertrages angeben. Die Kündigung ist auch mit einer Belehrung über das dem Arbeitnehmer zustehende Recht auf Anrufung des Arbeitsgerichts enthalten. Schließlich ist in der Kündigung die Kündigungsfrist zu nennen.

Der Kündigungsgrund muss wahr und konkret sein. Die untergerichtliche Rechtsprechung hat anhand dieser Kriterien eine umfangreiche Kasuistik entwickelt, wann eine Kündigung begründet oder eben nicht begründet ist.

Die Auflösung eines Arbeitsvertrages im Wege der Kündigung erfolgt mit Ablauf der Kündigungsfrist. Die Länge der Frist ist gesetzlich geregelt, getrennt für verschiedene Arbeitsvertragsarten. Es sind aber nicht nur die Kündigungsfristen zu beachten, sondern auch bestimmte Kündigungstermine. In Polen ist eine ordentliche Kündigung des Arbeitsverhältnisses durch den Arbeitgeber während des Urlaubs des Arbeitnehmers oder anderer entschuldigter Abwesenheit unzulässig.

Der Arbeitgeber ist berechtigt, den Arbeitnehmer während der Kündigungsfrist freizustellen.

Im polnischen Recht werden zwei Gruppen von geschützten Arbeitnehmern unterschieden, bei denen wegen persönlicher oder familiärer Umstände und wegen der ausgeübten Funktionen Kündigungsverbote bestehen. Das sind zum einen kranke und behinderte Personen, Jugendliche und Schwangere und zum anderen Betriebsratsmitglieder und ähnliche Arbeitnehmer.

Die Kündigung eines Arbeitnehmers wird dadurch einer gewissen Kontrolle unterworfen, dass die Gewerkschaft ein Recht auf Anhörung hat.

Zusammenfassend ist zu bemerken, dass der aufgrund der Vorschriften des ArbGB in der Arbeitsrechtslehre formulierte sogenannte allgemeine Schutz der Stabilität des Arbeitsverhältnisses, der insbesondere auch durch die Begrenzung der Kündigungsmöglichkeiten verwirklicht wird, in der Praxis nicht besonders weit reicht. Dies vor allem aus dem Grund, dass die dargestellten Schutzvorschriften sich nur auf diejenigen Arbeitnehmer beziehen, die mit einem unbefristeten Arbeitsvertrag angestellt sind. Darüber hinaus ist darauf hinzuweisen, dass die Pflicht zur Konsultation mit der betrieblichen Gewerkschaft natürlich nur denjenigen Arbeitgeber betrifft, bei dem eine solche Organisation tätig ist. In der Praxis sind die Zahl der Gewerkschaften und deren Stärke, besonders bei Privatunternehmern, sehr gering.

Art. 52 ArbGB ermöglicht auch eine fristlose Kündigung des Arbeitsvertrages. Da die Auflösung des Arbeitsverhältnisses ohne Wahrung der Kündigungsfrist unverzüglich erfolgt, sieht das ArbGB einen abschließenden Katalog von rechtfertigenden Gründen vor. Darüber hinaus verlangt die Rechtsprechung der polnischen Arbeitsgerichte, dass diese Vorschriften „ausnahmsweise und vorsichtig" angewendet werden. Die fristlose Kündigung seitens des Arbeitgebers erfolgt meisten aus vom Arbeitnehmer verschuldeten Gründen.

Art. 52. § 1. Der Arbeitgeber kann den Arbeitsvertrag wegen des Verschuldens des Arbeitnehmers ohne Kündigung auflösen, im Falle:
1) einer schweren Verletzung der grundlegenden Arbeitspflichten durch den Arbeitnehmer,
2) der Begehung durch den Arbeitnehmer während der Dauer des Arbeitsvertrages einer Straftat, welche eine weitere Beschäftigung in der von ihm eingenommenen Stellung unmöglich macht, sofern die Straftat offensichtlich oder durch ein rechtskräftiges Urteil festgestellt worden ist,
3) eines durch den Arbeitnehmer verschuldeten Verlustes der zur Ausübung der Arbeit in der von ihm eingenommenen Stellung notwendigen Berechtigungen.

§ 2. Die Auflösung des Arbeitsvertrages ohne Kündigung wegen des Verschuldens des Arbeitnehmers darf nicht nach Ablauf eines Monats ab dem Zeitpunkt erfolgen, an dem der Arbeitgeber die Umstände erfahren hat, welche die Auflösung des Vertrages rechtfertigen.

§ 3. Der Arbeitgeber trifft die Entscheidung über die Auflösung des Arbeitsvertrages nach Einholung einer Stellungnahme der betrieblichen Gewerkschaftsorganisation, die den Arbeitnehmer vertritt, der er den Grund für die Auflösung des Vertrages mitteilt. Bestehen Einwände gegen die Begründetheit der Auflösung des Vertrages, so teilt die betriebliche Gewerkschaftsorganisation ihre Auffassung unverzüglich, jedoch nicht später als innerhalb von drei Tagen, mit.

Bevor der Arbeitgeber die außerordentliche Kündigung erklärt, hat er ebenso wie bei der ordentlichen Kündigung die Betriebsgewerkschaft, die den Arbeitnehmer vertritt, zu konsultieren und deren Meinung über die Kündigung anzuhören, andernfalls ist die Kündigung unwirksam. Bestehen Einwände gegen die Kündigung, so hat die Gewerkschaft sie dem Arbeitgeber unverzüglich, spätestens innerhalb von drei Tagen mitzuteilen. Nach Auswertung der Stellungnahme der Gewerkschaft oder nach Ablauf der Frist kann der Arbeitgeber die Kündigung aussprechen.

Der Ausspruch der fristlosen Kündigung beendet das Arbeitsverhältnis ab sofort. Ist die außerordentliche Kündigung nach dem ArbGB gerechtfertigt, so verliert der Arbeitnehmer seinen Anspruch auf Arbeitslosengeld für die ersten 180 Tage nach der Kündigung.

Wurde einem Arbeitnehmer der Arbeitsvertrag unter Verletzung der Vorschriften über die Kündigung von Arbeitsverträgen – sei es der formellen oder der materiellen Voraussetzungen – fristlos gekündigt, so hat er einen Anspruch auf Wiedereinstellung unter den bisherigen Bedingungen oder auf Schadensersatz.

c) Abfindung

Abfindungen werden vor allem bei Aufhebungsverträgen und Massenentlassungen gezahlt. Die Abfindung, die wegen einer Kündigung aus vom Arbeitnehmer unabhängigen Gründen, d.h. wegen einer Massenentlassung gezahlt wird, wird nach

Beendigung des Arbeitsverhältnisses ebenfalls entsprechend den Bestimmungen, die in der Vereinbarung vorgesehen sind, fällig. Außerdem wird die Abfindung wegen nicht in Anspruch genommenen Urlaubs fällig.

5 Nebenbeschäftigung und nachvertragliches Wettbewerbsverbot

a) Nebenbeschäftigung

Ein Arbeitnehmer kann Nebentätigkeiten ausüben, soweit dadurch seine Arbeitsleistung nicht beeinträchtigt wird und er dem Arbeitgeber keine Konkurrenz macht.

Der Arbeitnehmer muss dem Arbeitgeber seine Absicht, ein weiteres Arbeitsverhältnis oder ein sonstiges auf Arbeitsleistung gerichtetes Rechtsverhältnis einzugehen, vorab mitteilen. Der Arbeitgeber darf dies nur verbieten, wenn der Arbeitnehmer dadurch gegen ein Wettbewerbsverbot verstoßen würde.

b) Nachvertragliches Wettbewerbsverbot

Das polnische ArbGB erlaubt es grundsätzlich, durch einen gesonderten Vertrag einen Bereich zu bestimmen, in dem der Arbeitnehmer gegenüber dem Arbeitgeber weder eine Wettbewerbstätigkeit ausüben noch eine Arbeit im Rahmen eines Arbeitsverhältnisses oder auf einer anderen Grundlage zugunsten eines Rechtssubjektes leisten darf, das eine solche Tätigkeit ausübt. Verletzt der Arbeitnehmer dieses Wettbewerbsverbot, so kann der Arbeitgeber, der infolge der Verletzung einen Schaden erlitten hat, von dem Arbeitnehmer Schadensersatz nach den im ArbGB bestimmten Grundsätzen verlangen. Die einschlägigen Bestimmungen des ArbGB lauten:

> **Art. 101/1.** § 1. In dem in einem gesonderten Vertrag bestimmten Bereich darf der Arbeitnehmer gegenüber dem Arbeitgeber weder eine Wettbewerbstätigkeit ausüben noch eine Arbeit im Rahmen eines Arbeitsverhältnisses oder auf einer anderen Grundlage zugunsten eines Rechtssubjektes leisten, das eine solche Tätigkeit ausübt (Wettbewerbsverbot).
> § 2. Ein Arbeitgeber, der infolge einer Verletzung durch einen Arbeitnehmer des in einem Vertrag vorgesehenen Wettbewerbsverbots einen Schaden erlitten hat, kann von dem Arbeitnehmer den Ersatz dieses Schadens gemäß den Grundsätzen, die in den Vorschriften des 5. Teils Abschnitt i bestimmt sind, verlangen.
>
> **Art. 101/2.** § 1. Die Vorschrift des Art. 101/1 § 1 wird entsprechend angewendet, wenn ein Arbeitgeber und ein Arbeitnehmer, der zu besonders wichtigen Informationen Zugang hat, deren Offenbarung den Arbeitgeber der Gefahr des Schadenseintritts aussetzen könnte, einen Vertrag über das Wettbewerbsverbot nach Beendigung des Arbeitsverhältnisses abschließen. Vorbehaltlich der Vorschriften des § 2 und 3 werden in diesem Vertrag auch die Dauer der Geltung

des Wettbewerbsverbots sowie die Höhe der dem Arbeitnehmer vom Arbeitgeber zustehenden Entschädigung geregelt.
§ 2. Das in § 1 genannte Wettbewerbsverbot verliert seine Geltung vor Ablauf der Zeit, für die der in dieser Vorschrift vorgesehene Vertrag abgeschlossen wurde, wenn die Gründe entfallen sind, welche das Wettbewerbsverbot rechtfertigen, oder wenn der Arbeitgeber seine Pflicht zur Entschädigungszahlung nicht erfüllt.
§ 3. Die in § 1 genannte Entschädigung darf nicht niedriger als 25% der durch den Arbeitnehmer vor der Beendigung des Arbeitsverhältnisses während einer Zeit, die der des Wettbewerbsverbots entspricht, bezogenen Vergütung sein; die Entschädigung kann in monatlichen Raten ausgezahlt werden. Im Falle eines Streits über die Entschädigung entscheidet das Arbeitsgericht.

Das Wettbewerbsverbot dient dem Schutz der Arbeitgeberinteressen vor einer Konkurrenz durch die Tätigkeit ihrer Arbeitnehmer, wobei das Arbeitgeberinteresse in erster Linie darin besteht, konkurrenzfähig zu bleiben. Darüber hinaus dient ein Wettbewerbsverbot auch dem öffentlichen Interesse; es fördert ordnungsgemäße Marktmechanismen, indem der Grundsatz der guten Sitten durchgesetzt wird. Das Wettbewerbsverbot gilt allerdings nur dann, wenn es in einem besonderen Vertrag – zusätzlich zum Arbeitsvertrag – schriftlich vereinbart wurde, ansonsten ist es unwirksam. Wettbewerbsverbote können auch nach anderen Vorschriften als denen des Arbeitsrechts abgeschlossen werden. Besonders zu erwähnen ist hier das Gesetz über die Bekämpfung des unlauteren Wettbewerbs, in dem auch ein Wettbewerbsverbot enthalten ist.

6 Soziale Absicherung der Arbeitnehmer

Nach 1945 funktionierten die bestehenden Sozialversicherungen der Vorkriegszeit zunächst weiter.[21] Im Jahr 1944 wurde die Verordnung über vorläufige Sozialversicherungen erlassen. Bereits im Mai 1945 gab es Versicherungsinstitutionen in Polen, die auch schon vor dem Zweiten Weltkrieg tätig waren. In der Sozialversicherungsanstalt wurden Versicherungsräte gebildet, deren Mitglieder Gewerkschaftsvertreter waren. Im Jahr 1948 gab es sechs Filialen der Sozialversicherungsanstalt ZUS für die Rentenversicherung.[22] Ihre Organisation wurde auch auf die sogenannten wiedergewonnenen Territorien erstreckt. Ein Dekret von 1946 standardisierte die Versicherungsvorschriften. Im selben Jahr wurden Sozialversicherungsgerichte errichtet, die bis zur Einrichtung des Obersten Verwaltungsgerichts im Jahre 1980 die einzigen Verwaltungsgerichte waren. Mit Inkrafttreten des ArbGB wurden sie mit den Arbeitsgerichten zusammengelegt. 1949 wurde die Versicherung in den staatlichen Wirtschaftsplan aufgenommen, 1950 ging das Budget

---

21 *P. Makarzec*, Ubezpieczenia społeczne w Polsce Ludowej (Die Sozialversicherung in Volkspolen), Zeszyty Naukowe WSEI seria: Administracja, 3 (1/2013), S. 104.
22 Ebd.

der Sozialversicherung in den zentralen Staatshaushalt über. Im Jahr 1955 wurde die Sozialversicherungsanstalt liquidiert und 1960 wiedererrichtet und direkt durch den Präsidenten des Ministerrates verwaltet. 1972 wurde die ZUS unter der Leitung des Ministeriums für Arbeit, Bezahlung und Sozialhilfe gestellt. Aufgrund eines Gesetzes von 1986 wurde der Sozialversicherungsfonds eingerichtet (Fundusz Ubezpieczeń Społecznych, FUS).

Nach 1945 gab es zunächst nur eine Renten- und Krankenversicherung, deren Renten sehr niedrig waren.[23] Die Arbeitslosenversicherung wurde mit der Errichtung des Sozialismus abgeschafft, und ihre Mittel wurden für die Schulung von Arbeitern verwendet.[24] Im Jahr 1954 wurde den Arbeitern das Recht auf Lohnfortzahlung für eine Zeit von 30 Tagen Krankheit im Jahr und für die Notwendigkeit der Betreuung von kranken Kindern eingeführt.[25]

Mit dem Erlass des ArbGB 1974 wurden die Sozialversicherungsgerichte mit den Arbeitsgerichten in den Bezirksgerichten für Arbeit und Sozialversicherungen zusammengelegt. Es erfolgte auch eine Reform der Lohnfortzahlung im Krankheitsfall.[26]

Im Jahr 1974 wurde das Gesetz über die Geldleistungen der Sozialversicherungen im Falle von Krankheit und Mutterschaft erlassen, das das bislang geltende Gesetz aus dem Jahr 1933, das vielfach geändert worden war, ablöste. Dieses Gesetz führte eine einheitliche Lohnfortzahlung für Krankheit und Mutterschaft in Höhe von 100% des Lohnes ein, die auch für die Betreuung von kranken und gesunden Kindern sowie die Betreuung von kranken Familienangehörigen galt.[27]

In den 1970er-Jahren wurden aufgrund des schnellen Anwachsens der Löhne die Renten und Mindestrenten erhöht und verschiedene Formen von Zuzahlungen eingeführt.[28] Im Jahr 1990 war die Zahl der Versicherten wie folgt[29]:

1. Arbeitnehmer: 13,1 Mio.;
2. Mitglieder von landwirtschaftlichen genossenschaftlichen Produktionsbetrieben: 150.000;
3. Handwerker: 710.000;
4. Agenten und aufgrund von Dienstverträgen Beschäftigten: 129.000;
5. Freischaffende: 15.000;
6. Geistliche: 27.000;
7. individuelle Landwirte: ca. 2 Mio.

23 Ebd. S. 107.
24 Ebd. S. 106.
25 Ebd. S. 107.
26 Ebd. S. 109.
27 Ebd. S. 110.
28 Ebd.
29 Ebd.

In der Praxis waren alle von dem Sozialversicherungssystem umfasst. Lediglich 0,3% der Bevölkerung waren am Ende der 1980er-Jahre nicht sozialversichert.

Das heutige System der sozialen Sicherung besteht aus dem System der Sozialversicherung und der sozialen Sicherheit, dem System der Krankenversicherung, den Leistungen bei Arbeitslosigkeit und den Leistungen zur Familie.

Die Aufgaben im Bereich der sozialen Sicherung nehmen mehrere Träger wahr, von denen die folgenden die wichtigsten sind:

- Zakład Ubezpieczeń Społecznych (ZUS, Sozialversicherungsanstalt): Geldleistungen aus der Sozialversicherung;
- Kasa Rolniczego Ubezpieczenia Społecznego (KRUS, Kasse Landwirtschaftlicher Sozialversicherung): Leistungen aus der Sozialversicherung der Landwirte;
- Ministerstwo Pracyi Polityki Społecznej (Ministerium für Arbeit und Sozialpolitik): Leistungen im Fall von Arbeitslosigkeit, Leistungen an Familien, Sozialleistungen und Sozialhilfe;
- Narodowy Fundusz Zdrowia (NFZ, Nationaler Gesundheitsfonds): Sachleistungen aus der Krankenversicherung;
- Otwarte Fundusze Emerytalne (OFE, Offener Pensionsfonds): Finanzierungen im Rahmen der II. und der III. Rentensäule, betriebliche Alterssicherungsprogramme.

Die Versicherungspflicht für den Fall bestimmter sozialer Risiken sowie Leistungsgarantien im Fall des Eintretens des jeweiligen Risikos sind in zahlreichen Rechtsakten festgeschrieben. Regelungen befinden sich bereits in der Verfassung. Die detaillierten Regelungen hinsichtlich der einzelnen Bereiche der sozialen Sicherung sind in besonderen Gesetzen enthalten.

Das Gesetz über das System der Sozialversicherungen enthält die allgemeinen Regelungen, die für alle diese Versicherungsarten gelten, u.a. die Grundsätze der Versicherungspflicht, die Beiträge, die Regeln eines Verzeichnisses der Versicherten, die Tätigkeit der Sozialversicherungsanstalt (ZUS) und des Sozialversicherungsfonds.

Die Sozialversicherungsanstalt ZUS ist eine zentrale Behörde mit Rechtspersönlichkeit, die die Sozialversicherungen verwaltet. An sie werden sämtliche Versicherungsbeiträge abgeführt, und dort werden die relevanten Daten bearbeitet. Die Sozialversicherungsanstalt verfügt über den Sozialversicherungsfonds, in ihn werden die Beiträge eingezahlt, mit denen die Leistungen der Sozialversicherung finanziert werden.

Das System beruht auf der Versicherungsmethode. Das bedeutet, dass die Beiträge in einem Fonds getätigt werden und die Versicherungsleistungen aus diesem Fonds ausgezahlt werden. Das Sozialversicherungssystem ist getragen durch die Grundsätze der Gleichbehandlung, der staatlichen Garantie für die Leistungen der Sozialversicherung, den Grundsatz der Pflichtversicherung und den Grundsatz der Gegenseitigkeit der Leistungen.

In unterschiedlichen Lebenslagen können folgende Leistungen gewährt werden:

- wegen Krankheit und Mutterschaft: Krankengeld- und Mutterschaftsgeld, Betreuungsgeld, Übergangsgeld sowie Rehabilitationsleistungen;
- wegen Krankheit: Krankenversicherungsleistungen;
- wegen Erwerbsminderung: Erwerbsminderungsrente und Ausbildungsrente;
- wegen Alters: Altersrente, Rentenpflegezulage;
- im Todesfall des Familienernährers: Hinterbliebenenrente und Vollwaisen-Hinterbliebenenrentenbeihilfe;
- wegen Arbeitsunfällen und wegen Berufskrankheiten: einmalige Entschädigung;
- Leistungen bei Krankheit, Erwerbsminderung und im Todesfall des Familienernährers: Leistungen zur Gesundheit im Bereich der Zahnmedizin, Schutzimpfungen, Rückerstattung der Kosten für den Kauf orthopädischer Hilfsmittel, Untersuchung zu Alkohol, Rauschmitteln usw.;
- sonstige: Bestattungsbeihilfe, Sozialrente, Vorruhestandsleistung und die Überweisung zur Heilbehandlungsrehabilitation im Rahmen der Rentenprävention der ZUS.

Es besteht Sozialversicherungspflicht. Kraft Gesetzes entsteht ein Sozialversicherungsverhältnis mit jedem, der in einem Arbeitsverhältnis steht, unabhängig davon, ob dies durch Arbeitsvertrag oder aufgrund einer anderen Rechtsgrundlage begründet wurde. Mit Abschluss des Arbeitsvertrages hat der Arbeitgeber zudem die Pflicht, den Arbeitnehmer bei der Unfallversicherung zu versichern.

Die Höhe der Beiträge zu den Sozialversicherungen bestimmt sich nach einem Prozentsatz, der für alle Versicherten gleich ist. Nur bei der Unfallversicherung spielt auch eine Risikoabschätzung eine Rolle. Bemessungsgrundlage für die Beiträge sind die monatlichen Einkünfte des Arbeitnehmers. Von ihrem Bruttoverdienst müssen Arbeitnehmer in Polen ca. 29,9 Prozent für die Sozialversicherungen abführen.

Anspruch auf Altersrente haben ab Oktober 2017 Personen, die nach dem 31. Dezember 1949 geboren wurden, Frauen im Alter von 60 Jahren, die mindestens 20 Jahre lang Beitragszeiten oder beitragsfreie Zeiten vorweisen können, sowie Männer im Alter von 65 Jahren, die mindestens 25 Jahre an Beitragszeiten oder beitragsfreien Zeiten zurückgelegt haben.

IV Mechanismen des Interessenausgleichs

1 Verbandswesen der Tarifparteien

Im Gesetz über die Arbeitgeberverbände sind die Gründung und die Tätigkeit der Arbeitgeberverbände geregelt. Dieses Gesetz enthält keine ausdrückliche Definition eines Arbeitgeberverbands, es nennt aber Kriterien, wann man von einem Arbeitgeberverband sprechen kann. Dies ist dann der Fall, wenn es sich um eine Vereinigung von Arbeitgebern handelt, wobei der oben dargestellte Begriff des Arbeitgebers nach dem ArbGB zugrunde gelegt wird, und wenn die Aufgabe dieser

Vereinigung darin besteht, die Rechte ihrer Mitglieder gegenüber den Gewerkschaften und der öffentlichen Hand zu schützen und die Interessen ihrer Mitglieder gegenüber diesen Organisationen oder staatlichen Organen zu vertreten. Weitere notwendige Merkmale sind das Recht auf Selbstverwaltung, die Unabhängigkeit von den Organen des Staates, die Freiwilligkeit der Mitgliedschaft in der Organisation, eine in gewissem Sinne formalisierte Binnenstruktur und ein formalisiertes System der Vertretung nach außen. Auch die Dauerhaftigkeit des Verbands, d.h. die Unabhängigkeit des Bestehens des Verbands von einem Mitgliederwechsel sowie die Gründung auf unbefristete Zeit, sind Merkmale, die ein Arbeitgeberverband erfüllen muss. Schließlich muss die innere Organisationsstruktur des Verbands gewisse demokratische Elemente enthalten, oder anders ausgedrückt: Es darf keine despotische Struktur geben.

Die Aufgaben der polnischen Arbeitgeberverbände sind mit denen der deutschen Verbände durchaus vergleichbar, zumal bestimmte Aufgaben sich auch schon aus dem internationalen Recht, z.B. aus den Konventionen der ILO ergeben. So gehören auch in Polen die Förderung und der Schutz der Interessen ihrer Mitglieder in ökonomischer und sozialer Hinsicht zu den Aufgaben eines Arbeitgeberverbands. Diese Interessen vertritt der Arbeitgeberverband gegenüber den Gewerkschaften, aber auch gegenüber staatlichen Stellen.

Faktisch sind die Arbeitgeberverbände in Polen nach Branchen organisiert sowie nach Regionalgruppen.

Die Koalitionsfreiheit gilt natürlich auch für die Arbeitnehmer. Sie können Gewerkschaften gründen und ihnen nach ihrer Wahl beitreten, wobei sie selbstständig entscheiden können, welche Organisation sie gründen oder welcher Organisation sie beitreten. Die Koalitionsfreiheit umfasst auch das Recht, keiner Gewerkschaft beizutreten oder aus einer Gewerkschaft auszutreten.

Die Rechte der Gewerkschaften sind in Polen im Gesetz über die Gewerkschaften geregelt. Dieses konkretisiert auch die Koalitionsfreiheit und bestimmt u.a., dass ein Arbeitnehmer, der ein Gewerkschaftsmitglied ist, nicht diskriminiert werden darf.

Auch für die Gewerkschaften gelten – wie für die Arbeitgeberverbände – das Selbstverwaltungsprinzip und die Unabhängigkeit der Organisation der Gewerkschaft. Der Grundsatz der Unabhängigkeit der Gewerkschaft, d.h. einer Vereinigung von Arbeitnehmern, die nach den Bestimmungen des Gesetzes über die Gewerkschaften gegründet wurde und auf dessen Grundlage tätig ist, besteht darin, dass staatliche Verwaltungsorgane, Arbeitgeberverbände und andere Organisationen wie z.B. Berufsorganisationen oder politische Parteien keinen Einfluss auf die Gewerkschaften ausüben. Keiner dieser Verbände darf in die Tätigkeiten der Gewerkschaft eingreifen. Nur die Gewerkschaft selbst bestimmt über ihre Struktur und ihre sämtlichen Aktivitäten, insbesondere hinsichtlich der Mitgliedschaft und der Wahl zu ihren Organen. Eine weitere Konkretisierung der Koalitionsfreiheit besteht in der Verpflichtung des Arbeitgebers, einer betrieblichen Gewerkschaft Räumlichkeiten und technische Ausstattung zur Verfügung zu stellen, und ihre

Funktionäre von der Arbeit freizustellen, soweit dies für ihre Tätigkeit notwendig ist.

Die Aufgaben und Kompetenzen der Gewerkschaften bestehen auf unterschiedlichen Gebieten, im Bereich des individuellen und des kollektiven Arbeitsrechts. Zudem haben die überbetrieblichen Gewerkschaften weitere Befugnisse.

Einer bestehenden Gewerkschaft können alle beitreten, die auch eine Gewerkschaft gründen können, und zusätzlich können in eine Gewerkschaft Heimarbeiter, Arbeitslose und Rentner eintreten.

Aufgabe der Gewerkschaften ist es nach der Formulierung im Gesetz über die Gewerkschaften, die Rechte der Arbeitnehmer sowie ihre beruflichen und sozialen Interessen zu verteidigen. Die Gewerkschaften vertreten die Arbeitnehmer, verteidigen ihre Würde, ihre Rechte sowie ihre materiellen und immateriellen, kollektiven und individuellen Interessen.

Tatsächlich sind die Gewerkschaften in Polen – ebenso wie die Arbeitgeberverbände – nach Branchen organisiert. In Polen existierten 2014 etwa 12.900 Gewerkschaften. Grund dafür ist, dass es viele Betriebsgewerkschaften gibt. 2014 zählten die Gewerkschaften etwa 1,6 Mio. Mitglieder. 2014 waren unter den 19.500 registrierten Gewerkschaften 12.900 aktiv tätig. Den größten Teil bildeten die Betriebsgewerkschaften (78 Prozent), danach die interbetrieblichen Gewerkschaften (18 Prozent) und schließlich die Gewerkschaftsverbände, von denen insgesamt 2 Prozent aktiv tätig waren. Am wenigsten aktiv waren die außerbetrieblichen Gewerkschaften.

Bei den Gewerkschaften wird zwischen der allgemeinen und der besonderen Tariffähigkeit unterschieden. Mit der Registrierung wird eine Gewerkschaft allgemein tariffähig. Um jedoch einen bestimmten Tarifvertrag schließen zu können, muss sie auch die besondere Tariffähigkeit haben. Diese hängt von der Anzahl der Mitglieder der Gewerkschaft ab, die sie in einem Betrieb oder in einem Bereich, in dem die Gewerkschaft tätig wird, hat. Die Voraussetzungen, die erfüllt werden müssen, damit eine Gewerkschaft als repräsentativ anerkannt wird, sind für die betriebliche und die überbetriebliche Ebene gesondert geregelt.

Da eine der Tarifvertragsparteien eine Gewerkschaft ist, ist der Abschluss eines betrieblichen Tarifvertrages für einen Betrieb unmöglich, in dem keine Gewerkschaften tätig sind.

2 Kollektives Arbeitsrecht (Tarifverträge) als Mittel der Interessendurchsetzung

Ein Tarifvertrag i.S.d. Vorschriften des ArbGB wird dahin gehend definiert, dass hierunter eine normative Vereinbarung zwischen Gewerkschaft(en) und Arbeitgeber(n) zu verstehen ist, deren Bestimmungen die Vertragsparteien, aber auch die Arbeitnehmer erfassen, die bei den den Vertrag abschließenden Arbeitgebern beschäftigt sind. Die zentrale Vorschrift zum Tarifvertrag findet sich in Art. 241/5 ArbGB:

Art. 241/5. § 1. Der Tarifvertrag wird in schriftlicher Form für eine unbestimmte oder eine bestimmte Zeit abgeschlossen.
§ 2. Im Tarifvertrag wird sein Geltungsbereich bestimmt und der Sitz der Vertragsparteien angegeben.
§ 3. Vor Ablauf der Geltungsfrist eines für eine bestimmte Zeit geschlossenen Tarifvertrages können die Parteien seine Geltung für eine bestimmte Zeit verlängern oder den Tarifvertrag zu einem für unbestimmte Zeit abgeschlossenen Tarifvertrag erklären.

Das Merkmal der normativen Vereinbarung bedeutet, dass die Regelungen des Tarifvertrages direkt auf die Arbeitsverhältnisse, auf die der Tarifvertrag bezogen ist, Anwendung findet. Aufgrund des Grundsatzes der Arbeitnehmerprivilegierung werden die für die Arbeitnehmer ungünstigeren Bestimmungen des ArbGB oder des individuellen Arbeitsvertrages oder der Arbeitsordnung des Betriebs mit dem Inkrafttreten des Tarifvertrages durch die dort getroffenen Bestimmungen ersetzt. Dies bedeutet für künftig abzuschließende Arbeitsverträge und andere Rechtsakte wie Betriebsordnungen, dass diese ab dem Tag des Inkrafttretens des Tarifvertrages die tarifvertraglichen Regelungen, die die Arbeitnehmer schützen, nicht unterschreiten dürfen.

Soweit aber die in dem Tarifvertrag getroffenen Vorschriften für die Arbeitnehmer unvorteilhafter sind als die bisher im Arbeitsvertrag oder der Betriebsordnung geltenden, ohne dass sie aber gegen höherrangiges Recht, beispielsweise das ArbGB, verstoßen, bleiben die bisherigen Bestimmungen in Kraft. Sie können im Einzelfall nur durch eine vertraglich zu regelnde Änderung des Arbeitsvertrages oder durch eine Änderungskündigung geändert werden.

Das Arbeitsgesetzbuch kennt zwei Arten von Tarifverträgen: betriebliche und überbetriebliche. Der betriebliche Tarifvertrag wird nur für den Betrieb eines Arbeitgebers zwischen dem Arbeitgeber für diesen Betrieb und den in diesem Betrieb tätigen Gewerkschaften geschlossen. Ein betrieblicher Tarifvertrag kann entweder vollkommen unabhängig von einem überbetrieblichen Tarifvertrag oder in Ausführung eines überbetrieblichen Tarifvertrages geschlossen werden. Der überbetriebliche Tarifvertrag erstreckt sich auf mehrere Betriebe und mehrere Arbeitgeber. Er wird entweder als Branchentarifvertrag für eine bestimmte Branche, für eine Berufsgruppe oder für alle Betriebe einer Branche in einem bestimmten Gebiet geschlossen. Dies ist abhängig von den Tarifparteien und ihrer Tariffähigkeit.

Hinsichtlich des Regelungsgegenstands von Tarifverträgen haben die Tarifparteien einen großen Gestaltungsspielraum. Die Grenze dieser Tarifvertragsfreiheit bildet erstens das ArbGB, indem es den Mindestschutz für die Rechte der Arbeitnehmer festlegt, zweitens der Grundsatz, dass das Risiko, das mit dem Unternehmen verbunden ist, vom Arbeitgeber getragen wird und dieser insofern auch über die Führung des Unternehmens bestimmt, sowie schließlich drittens die allgemeinen Gesetze und die öffentliche Ordnung.

Üblicherweise enthält der Tarifvertrag einen schuldrechtlichen Teil, in dem die Anwendung, die Einhaltung und die Dauer des Tarifvertrages geregelt werden können, sowie einen normativen Teil, in dem die Voraussetzungen, denen der Inhalt eines Arbeitsverhältnisses zu entsprechen hat, geregelt werden.

Es wird in der polnischen Literatur vermutet, dass die überwiegende Anzahl der Tarifverträge in erster Linie die Lohnbedingungen regelt, da die Arbeitsbedingungen im ArbGB und anderen geltenden Vorschriften bereits ausführlich festgelegt werden und dabei das Niveau der Arbeitnehmerrechte relativ hoch ist.[30]

Das Verhältnis der Kollektivverträge untereinander ist im ArbGB nur für das Verhältnis betrieblicher/überbetrieblicher Tarifvertrag ausdrücklich geregelt. Das ArbGB enthält insofern folgerichtig eine Vorschrift, nach der die Bestimmungen eines betrieblichen Tarifvertrages für die Arbeitnehmer nicht weniger günstig sein dürfen als die Bestimmungen des für sie geltenden überbetrieblichen Tarifvertrages. In der Praxis gibt es zwischen diesen Tarifverträgen nur wenige Konflikte, da meist ohnehin nur Betriebstarifverträge geschlossen werden.

Das Inkrafttreten eines Tarifvertrages erfordert neben der Einhaltung der Schriftform seine Registrierung. Diese dient der Sicherheit des Rechtsverkehrs und der Kontrolle der Rechtmäßigkeit der Vertragsbestimmungen. Bei der Registrierung wird auch eine Rechtmäßigkeitskontrolle durchgeführt. Der Arbeitgeber ist verpflichtet, die Arbeitnehmer über das Inkrafttreten, die Änderungen sowie über die Kündigung und Auflösung des Tarifvertrages zu benachrichtigen. Außerdem hat er der betrieblichen Gewerkschaft eine notwendige Anzahl von Vertragsexemplaren zu liefern und Arbeitnehmern auf deren Verlangen den Tarifvertragstext zur Einsichtnahme zur Verfügung zu stellen und seinen Inhalt zu erklären.

Der Tarifvertrag enthält Regelungen über seine Dauer und die Änderung oder Kündigung des Tarifvertrages. Der Tarifvertrag wird nach dem ArbGB durch die einvernehmlichen schriftlichen Erklärungen der Parteien aufgelöst. Er endet zudem mit Ablauf der Zeit, für die er abgeschlossen wurde, oder im Fall einer Kündigung durch eine der Parteien mit Ablauf der Kündigungsfrist. Nach dem ArbGB müssen Betriebe ohne gewerkschaftliche Vertretung eine Vergütungsordnung einführen, wenn bei ihnen mindestens 20 Personen beschäftigt sind.

Tarifverträge können mit Rücksicht auf die finanzielle Situation des Arbeitgebers auch ausgesetzt werden, wenn die Tarifvertragsparteien eine Vereinbarung über die Aussetzung der Anwendung des Tarifvertrages und gleichzeitig des überbetrieblichen Tarifvertrages oder aber eines dieser Tarifverträge treffen. Dies kann aber nur für einen Zeitraum von nicht mehr als drei Jahren vereinbart werden.

Die Allgemeinverbindlichkeitserklärung von Tarifverträgen ist in Art. 241/18 ArbGB geregelt:

---

30 Zu der vergleichbaren Lage im heutigen Ungarn s. die Studie „Grundkonstante Kontraktualisierung: Vertragsfreiheit, Vertragsstabilität und Vertragsdurchsetzung im ungarischen Arbeitsrecht“ in diesem Band, Punkt I. 4.

> **Art. 241/18.** § 1. Der für Arbeitsangelegenheiten zuständige Minister kann auf gemeinsamen Antrag einer überbetrieblichen Gewerkschaft und einer Arbeitgeberorganisation, die einen überbetrieblichen Tarifvertrag abgeschlossen haben – sofern ein wichtiges gesellschaftliches Interesse dies erfordert – im Wege einer Rechtsverordnung die Anwendung dieses Tarifvertrages ganz oder teilweise auf Arbeitnehmer, die bei einem Arbeitgeber beschäftigt sind, der von keinem überbetrieblichen Tarifvertrag erfasst wird, der weiterhin die gleiche oder eine ähnliche wirtschaftliche Tätigkeit wie diejenigen Arbeitgeber ausübt, die von diesem Tarifvertrag erfasst sind, was aufgrund besonderer Vorschriften, die die Einordnung der wirtschaftlichen Tätigkeit betreffen, festgestellt wird, erweitern, was nach der Einholung einer Stellungnahme dieses Arbeitgebers oder einer durch ihn genannten Arbeitgeberorganisation und einer betrieblichen Gewerkschaft – wenn eine solche bei dem Arbeitgeber tätig ist – geschieht.
> § 2. Ein Antrag auf die Erweiterung der Anwendung des überbetrieblichen Tarifvertrages hat die Bezeichnung des Arbeitgebers und dessen Sitz, die Begründung für die Erweiterung der Anwendung des überbetrieblichen Tarifvertrages sowie die Informationen und Dokumente zu enthalten, die für die Bestimmungen der in § 1 genannten Anforderungen unerlässlich sind.
> § 3. (aufgehoben)
> § 4. Die Erweiterung der Vertragsanwendung gilt nicht länger, als die Arbeitgeber von einem anderen überbetrieblichen Tarifvertrag erfasst werden.
> § 5. Auf einen Antrag auf Rücknahme der Erweiterung der Vertragsanwendung finden die Vorschriften der §§ 1–3 und Art. 2418 § 2 entsprechende Anwendung.

Eine Allgemeinverbindlichkeitserklärung von Tarifverträgen kann durch Verordnung des zuständigen Arbeitsministers geschehen. Voraussetzung ist ein gemeinsamer Antrag des Arbeitgeberverbands und der überbetrieblichen Gewerkschaft, die einen überbetrieblichen Tarifvertrag geschlossen haben, den subjektiven Anwendungsumfang des ganzen oder eines Teils des Tarifvertrages auf die Arbeitnehmer zu erweitern, die bei einem Arbeitgeber eingestellt sind, der von keinem überbetrieblichen Tarifvertrag erfasst wird. Weitere Voraussetzung ist, dass dieser Arbeitgeber dieselbe oder eine ähnliche wirtschaftliche Tätigkeit ausübt wie die Vertragsparteien und dass ein wichtiges gesellschaftliches Interesse für die Allgemeinverbindlichkeitserklärung vorliegt.

3 Betriebsverfassung

Bis zur Wende gab es überall Betriebsräte, die jedoch in die Polnische Vereinigte Arbeiterpartei eingebunden waren. Die heutige Regelung zur Betriebsverfassung ist Art. 18/2 ArbGB:

> **Art. 18/2.** Die Arbeitnehmer nehmen an der Führung des Betriebes in dem in besonderen Vorschriften geregelten Umfang und nach den dort geregelten Grundsätzen teil.

Die in diesem Artikel genannten Gesetze sind insbesondere das Gesetz über die Information und die Konsultationen mit den Arbeitnehmern, das Gesetz über die Staatsbetriebe sowie das Gesetz über die Europäischen Betriebsräte. Durch das Gesetz über die europäischen Betriebsräte wurde die Richtlinie 94/45/EG des Rates vom 22. September 1994 über die Einsetzung eines Europäischen Betriebsrats oder die Schaffung eines Verfahrens zur Unterrichtung und Anhörung der Arbeitnehmer in gemeinschaftsweit operierenden Unternehmen und Unternehmensgruppen in das polnische Recht eins zu eins umgesetzt.

Nach dem Gesetz über die Information und die Konsultationen mit den Arbeitnehmern, das für alle Betriebe gilt, wird ein Arbeitnehmerrat gebildet. Dieser Arbeitnehmerrat wird in Polen bei privaten Betrieben gebildet, die mehr als 50 Angestellte haben. Die Größe des Rats hängt von der Anzahl der Beschäftigten in einem bestimmten Unternehmen ab. Die Anzahl seiner Mitglieder beträgt:

- drei Mitglieder bei einem Arbeitgeber, der 50 bis 250 Personen beschäftigt;
- fünf Mitglieder bei einem Arbeitgeber, der 251 bis 500 Personen beschäftigt;
- sieben Mitglieder bei einem Arbeitgeber, der über 500 Personen beschäftigt.

Der Rat wird gewählt. Zwischen dem Arbeitnehmerrat und der Betriebsleitung wird ein Vertrag geschlossen, in dem die Grundsätze der Zusammenarbeit festgelegt werden, wie die Art und das Verfahren der Konsultationen mit dem Rat, die Schlichtung von Streitigkeiten des Rats mit der Betriebsleitung z.B. durch eine paritätisch besetzte Kommission, einen Mediator usw. Außerdem können Kostenfragen in dem Vertrag geregelt werden. Der Arbeitgeber konsultiert mit den Arbeitnehmern oder ihren Vertretern alle Tätigkeiten, die mit der Arbeitssicherheit und -hygiene verbunden sind.

4 Massenentlassungen

Eine Massenentlassung liegt nach polnischem Recht vor, wenn mindestens

- zehn Personen von weniger als 100 Arbeitnehmern,
- 10 Prozent einer Belegschaft zwischen 100 bis 300 Arbeitnehmern oder
- 30 Personen einer Belegschaft, die mindestens 300 Arbeitnehmer umfasst,

innerhalb von 30 Tagen gekündigt wird. Zu den Gekündigten zählen auch solche Arbeitnehmer, mit denen die Auflösung des Arbeitsverhältnisses im beiderseitigen Einvernehmen vereinbart wurde.

Es sind die betrieblichen Gewerkschaften sowie das Kreisarbeitsamt zu informieren über:

- die Zahl der beschäftigten und gekündigten Arbeitnehmer,
- die Kündigungsgründe,
- die von der Kündigung betroffenen Arbeitsgruppen,
- den Zeitraum der Kündigung,
- die Kriterien für die Auswahl der gekündigten Arbeitnehmer,

- die Reihenfolge der Kündigung und
- zusätzliche mit der Kündigung verbundene Leistungen.

Der Arbeitgeber und die betrieblichen Gewerkschaften sollen innerhalb von 20 Tagen nach der Information der Gewerkschaften über die Kündigungsbedingungen eine Vereinbarung schließen, in der das mit der Massenentlassung verbundene Verfahren und die besonderen Pflichten des Arbeitgebers, z.B. hinsichtlich der Abfindung der Arbeitnehmer, geregelt werden.

Scheitern die Verhandlungen, so hat der Arbeitgeber eine Kündigungsordnung zu erlassen. Dies gilt auch, wenn im Betrieb keine Gewerkschaften tätig sind. In diesem Fall ist die Kündigungsordnung mit sonstigen Vertretern der Arbeitnehmer zu besprechen. Über die Vereinbarung oder die Kündigungsordnung hat der Arbeitgeber wiederum das Kreisarbeitsamt zu informieren. Die Kündigungen können dann 30 Tage nach Information des Kreisarbeitsamtes ausgesprochen werden.

Bei einer Massenentlassung finden die allgemeinen Kündigungsschutzvorschriften keine Anwendung. Eine Ausnahme bilden die Normen zum Schutz der Arbeitnehmer, die innerhalb von vier Jahren das Rentenalter erreichen, die Vorschriften zum Schutz der Schwangeren, Mütter und Wehrdienstleistenden.

Nur wenn die Weiterbeschäftigung eines Arbeitnehmers, der zu einer der genannten Gruppen zählt, in seiner bisher ausgeübten Tätigkeit unmöglich ist, kann der Arbeitgeber das Arbeitsverhältnis kündigen. Führt dies zu Lohneinbußen, so hat der Arbeitnehmer bis zum Ende der Schutzfrist Anspruch auf einen Ausgleichszuschlag. Allein wenn die Massenentlassung aufgrund der Insolvenz des Unternehmens erfolgt, entfällt der besondere Kündigungsschutz.

Eine Klagemöglichkeit gegen die Sozialauswahl bei betriebsbedingten Massenentlassungen vor dem Arbeitsgericht gibt es allerdings nicht.

Das Arbeitsverhältnis wird durch eine ordentliche Kündigung beendet. Die Kündigung ist nur rechtmäßig, wenn zuvor das Verfahren der Massenentlassung korrekt durchlaufen wurde. Ist dies der Fall, hat die im Rahmen der Massenentlassung ausgesprochene Einzelkündigung dieselben Wirkungen wie jede andere ordentliche Kündigung.

Dem Arbeitnehmer, dem durch Massenentlassung gekündigt wurde, steht u.U. ein Anspruch auf Wiedereinstellung zu, wenn der Arbeitgeber einen Arbeitnehmer derselben Berufsgruppe wie der gekündigte Arbeitnehmer wieder einstellt und der Arbeitnehmer außerdem innerhalb eines Jahres seit seiner Entlassung seine Rückkehr zur Arbeit meldet. Die Wiedereinstellung muss innerhalb von 15 Monaten seit der Auflösung des Arbeitsverhältnisses erfolgen.

5 Arbeitskampf

Der Arbeitskampf ist ebenfalls im ArbGB und im Gesetz über die Lösung kollektiver Konflikte[31] geregelt. Beim Vorliegen des Tatbestands eines kollektiven

31 Ustawa o rozwiązaniu sporów zbiorowych, einheitliche Fassung Dz. U. 2015, Pos. 295 (GLKK).

Konflikts müssen mehrere abgestufte ADR-Verfahren durchgeführt werden, um einen Streik, der nur das äußerste Mittel der Auseinandersetzung ist, zu vermeiden.

Ein kollektiver Konflikt liegt bei einer Streitigkeit über die Rechte und die Interessen der Tarifparteien vor. Zu diesen zählen insbesondere die Arbeitsbedingungen sowie alle Elemente, die das Arbeitsverhältnis gestalten. Diese sind abzugrenzen von der bloßen Arbeitsausführung. Weiter zählen hierzu die Vergütungsbedingungen, d.h. alle Fragen, die mit der Vergütung zu tun haben, die Sozialleistungen wie z.B. die Erholung der Beschäftigten, die betrieblichen Fortbildungsmöglichkeiten sowie schließlich die Rechte und Freiheiten der Gewerkschaften.

Beim Vorliegen eines kollektiven Konflikts finden zunächst Verhandlungen zwischen dem Arbeitgeber und den Gewerkschaften statt. Scheitern diese, so ist auf zweiter Stufe eine Mediation durchzuführen. Der Arbeitsminister führt eine Mediatorenliste. Während der Mediation kann der Mediator verschiedene Maßnahmen anregen, z.B. dass noch mehr Feststellungen über die Natur des Streits getroffen werden sollen oder dass die wirtschaftliche und finanzielle Situation des Betriebs geprüft werden soll. Die Mediation schließt mit einer Vereinbarung oder mit einem Protokoll ab, in dem die unterschiedlichen Standpunkte der Parteien dargelegt werden. Verweigert der Arbeitgeber die Teilnahme an der Mediation, so liegen die Voraussetzungen für einen Streik vor.

Erst wenn auch die Mediation ohne Einigung bleibt, steht der Gewerkschaft die Möglichkeit offen, entweder ein Verfahren vor einem sozialen Schlichtungskollegium einzuleiten oder direkt einen Streik zu beginnen. Wählen die Gewerkschaft und der Arbeitgeberverband das Verfahren vor dem Schiedsgericht, so wird dieses, wenn es sich um eine Auseinandersetzung auf betrieblicher Ebene handelt, bei einem am Bezirksgericht angesiedelten Schiedsgerichtskolleg durchgeführt. Handelt es sich um eine überbetriebliche Streitigkeit, so ist das Kolleg für gesellschaftliche Schiedsgerichtsbarkeit beim Obersten Gericht zuständig. Die Entscheidungen der Kollegien sind i.d.R. für die Parteien verbindlich.

Ein Streik ist nach der gesetzlichen Definition die „kollektive Verweigerung der Arbeitsleistung durch die Arbeitnehmer zum Zweck der Lösung einer kollektiven Auseinandersetzung" (Art. 17 Abs. 1 GLKK). Er ist nur dann rechtmäßig, wenn ein kollektiver Konflikt vorliegt und die eben dargestellten ADR-Verfahren zu seiner Vermeidung vorher erfolglos geblieben sind.

Ausgeschlossen ist ein Streik bei Beamten sowie allgemein, wenn als Folge des Streiks eine Gefährdung des Lebens, der Gesundheit oder der Staatssicherheit einträte. Ein Streik ist weiterhin nur dann legal, wenn zusätzlich die Verhältnismäßigkeit der Arbeitnehmerforderung in Bezug auf den zu erwartenden Schaden beim Arbeitgeber gewahrt bleibt. Der Tarifvertrag muss zudem gekündigt sein, und die Arbeitnehmer müssen dem Streik zugestimmt haben. Der Streik muss mindestens fünf Tage vor seinem Beginn erklärt werden.

Unter Beachtung der geschilderten Voraussetzungen ist der Streik rechtmäßig. Folge eines rechtmäßigen Streiks ist es, dass derjenige, der eine rechtmäßige Initiierung oder Führung einer kollektiven Auseinandersetzung behindert, mit einer Geldstrafe oder einer Freiheitsstrafe bestraft werden kann. Weiter haftet die

Gewerkschaft, die den Streik organisiert hat, nach den allgemeinen Grundsätzen des ZGB für Schäden, die infolge der Verletzung einschlägiger Vorschriften bei der Durchführung eines Streiks eintreten.

Die Arbeitnehmer behalten während eines rechtmäßigen Streiks ihr Recht auf Zahlung der Sozialversicherungsbeiträge, ihr Lohn wird aber nicht weitergezahlt.

Gegenwärtig wird die Aussperrung im polnischen Recht nicht behandelt. Allerdings besteht eine Strafbewährung für die Behinderung eines legalen Streiks, worunter gegebenenfalls auch eine Aussperrung fallen könnte.

6 Arbeitsgerichtsbarkeit

Zuständig für Streitigkeiten aus einem Arbeitsverhältnis sind die Arbeitsgerichte, die als besondere Spruchkörper am Rayonsgericht vorhanden sind, die Arbeits- und Sozialversicherungsgerichte, die als besondere Abteilungen der Bezirksgerichte tätig sind, und die Arbeits- und Sozialversicherungsgerichte als besondere Abteilungen der Berufungsgerichte (in der zweiten Instanz). Gegen die erstinstanzliche Entscheidung ist die Berufung statthaft. Diese wird bei Rayonsgerichtsurteilen vom Bezirksgericht und bei erstinstanzlichen Entscheidungen des Bezirksgerichts durch das Berufungsgericht entschieden.

Eine Kassation an das Oberste Gericht ist gegen ein Urteil oder einen das Verfahren beendenden Beschluss des Gerichts zweiter Instanz statthaft. Allerdings ist die Kassation nur begrenzt zulässig, nämlich bei der Verletzung materiellen Rechts oder der Verletzung von Verfahrensvorschriften, wenn der Verstoß einen wesentlichen Einfluss auf den Ausgang der Sache haben könnte.

Die Rayonsgerichte entscheiden in erster Instanz u.a. über die Feststellung des Bestehens eines Arbeitsverhältnisses, die Feststellung der Unwirksamkeit der Kündigung des Arbeitsvertrages oder einer anderen Auflösung des Arbeitsverhältnisses, über Entschädigungszahlungen aufgrund einer rechtswidrigen Kündigung, Ordnungsstrafen sowie die Ausstellung des Arbeitszeugnisses.

Die Bezirksgerichte sind in erster Instanz zuständig für Streitigkeiten über immaterielle Rechte und mit ihnen geltend gemachte vermögensrechtliche Ansprüche, deren Wert 75.000,– PLN übersteigt.

Örtlich zuständig ist entweder das Gericht der allgemeinen Zuständigkeit des Beklagten, das Gericht, in dessen Bezirk die Arbeit geleistet wird, oder das Gericht, in dessen Bezirk der Arbeitgeber seinen Sitz hat.

Für die individuellen Auseinandersetzungen sind normalerweise die Arbeitsgerichte zuständig. Für kollektive Auseinandersetzungen zwischen Arbeitnehmern und einem oder mehreren Arbeitgebern gibt es nach polnischem Recht ein besonderes Verfahren, das in dem Gesetz über kollektive Konflikte geregelt wird. Hiernach können Gegenstand eines kollektiven Konflikts Rechte und Interessen der Parteien sein. Das Gesetz sieht eine Aufzählung der Streitgegenstände vor, dazu gehören insbesondere:

- Arbeitsbedingungen;
- Vergütungsbedingungen, d.h. alle Fragen, die mit dem Lohn zusammenhängen;
- Sozialleistungen, d.h. Streitigkeiten zu Fragen, die mit der Erholung der Arbeitnehmer, mit betrieblichen Kultur- und Bildungsaktivitäten oder der materiellen Hilfe für Arbeitnehmer verbunden sind;
- Rechte und Freiheiten der Gewerkschaften.

Ein kollektiver Konflikt kann nur zwischen einem Arbeitgeber und den Arbeitnehmern entstehen. Eine Streitigkeit, an der Staatsorgane oder Organe der territorialen Selbstverwaltung beteiligt sind, können keine kollektiven Streitigkeiten i.S.d. Gesetzes sein.

Nur wenn tatsächlich mehrere Personen von der Streitigkeit betroffen sind, handelt es sich um einen kollektiven und nicht um einen individuellen Konflikt. Das Verfahren eines kollektiven Konflikts ist mithin nicht zulässig, wenn es um eine bloße individuelle Forderung, einen konkreten Arbeitnehmeranspruch geht. Hierfür ist das Arbeitsgericht, dessen Zuständigkeit nach allgemeinen Kriterien zu bestimmen ist, zuständig.

Denkbar sind auch weitere kollektive Konflikte zu anderen Themen. Diese unterfallen dann allerdings nicht den speziellen Regelungen des Gesetzes über kollektive Konflikte und können in anderen Verfahren geltend gemacht werden.

Prof. Dr. Dr. h.c. Herbert Küpper

Grundkonstante Kontraktualisierung: Vertragsfreiheit, Vertragsstabilität und Vertragsdurchsetzung im ungarischen Arbeitsrecht

Abstract: Continuous Contractualisation: Freedom of Contract, Contract Stability and Contract Enforcement in Hungarian Labour Law

All legal systems in Europe strongly regulate labour contracts in order to protect the weaker party. This was true for communist legal systems, too. Therefore, the labour contract is a good contrast to the very liberal legal regime of trans-border contracts of sale. After the end of communism, there were changes in the labour law and, more specific, in the law governing the conclusion, the stability and the enforcement of labour contracts. These changes may be interpreted under the paradigm of liberalisation. Yet, the "liberalisation" in labour law and labour contract law employed different mechanisms and produced different results from the mechanisms and results of the liberalisation of the trans-border contracts of sale. One difference is that the labour contract continues to be the object of numerous aspects of public policy such as social and employment politics whereas the contracts among enterprises are no longer governed by public interests. Yet, the contractualisation of the post-socialist labour law reduced the number of obligatory rules and widened the scope of freedom of contract in labour law, too. Since 2010, the legal framework of labour relations in Hungary has developed strong contradictions: government rhetoric and the new Constitution praise the value of (physical) labour in a way that strongly reminds of the labour ethos of leftist and rightist totalitarian regimes, whereas the new Labour Code reduced a large number of employees' rights as well as the role of the trade unions and thus strengthened the position of the employers.

Keywords: Ungarn, Arbeitsrecht, Arbeitsvertrag

Einleitung

Der Arbeitsvertrag ist das Paradebeispiel eines rechtlich besonders eingehegten Vertrags. Die Vertragsfreiheit im Arbeitsrecht ist daher ein gutes Gegenbeispiel zum besonders freien grenzüberschreitenden Kaufvertrag zwischen Unternehmen (Außenhandelsvertrag).[1] Hinzu kommt beim Arbeitsvertrag ein spezifisch kollektives Element der Interessenformulierung, -artikulation und -durchsetzung (Tarifvertrag), das der klassischerweise zwischen Käufer und Verkäufer geschlossene Außenhandelsvertrag nicht aufweist.

---

1 Zum Außenhandelsvertrag s. die Studie „Von der liberalen Planwirtschaft zur illiberalen Marktwirtschaft: Vertragsstabilität und Vertragsdurchsetzung in Ungarn" in diesem Band.

Auch im Arbeitsrecht und in der rechtlichen Normierung des Arbeitsvertrags hat es deutliche Wandlungen vom kommunistischen zum postsozialistischen System gegeben, die ebenso in das Paradigma der Liberalisierung passen wie die Entwicklung des Rechts des Außenhandelsvertrags. Wegen der besonderen Schutzbedürftigkeit des Arbeitnehmers und der Einstrahlung öffentlicher, sozial- und beschäftigungspolitischer Interessen auf das Rechtsverhältnis zwischen Arbeitgeber und Arbeitnehmer stellte und stellt sich diese Liberalisierung allerdings anders dar als im Außenhandel. Im Arbeitsrecht besteht die Liberalisierung in erster Linie aus einer „Kontraktualisierung" der Beziehungen, d.h. aus dem Abbau zwingender staatlicher Regelungen zugunsten kollektiv- und v.a. individualvertraglicher Regelungsspielräume.

Das Arbeitsrecht gehörte zum „Hausgut" sozialistischer Gesetzgebung. Ein System, dessen Ideologie sich auf den werktätigen Proletarier konzentriert, dessen Befreiung aus überkommenen Fesseln propagiert und daher „Arbeit" zu einem zentralen Begriff erhebt, kommt nicht umhin, das Arbeitsverhältnis eben dieser Proletarier zu regeln, um die bisherige Ausbeutung durch den Arbeitgeber zu beenden. Daher gehörte ein arbeitsrechtlicher Kodex zu den ersten Legislativakten des jungen revolutionären Russlands: Trotz einer grundsätzlich ablehnenden Haltung gegenüber dem Recht erging am 4.11.1918 das Arbeitsgesetzbuch der RSFSR,[2] dessen Schwerpunkt auf der Einführung sozialer Mindeststandards (z.B. Achtstundentag, Sechstagewoche, Schutz von Minderjährigen und Frauen), aber auch auf der Statuierung einer allgemeinen Arbeitspflicht lag. Seit dieser ersten sozialistischen Arbeitsrechtskodifikation gehörte das Arbeitsrecht zu den ideologienäheren Materien der sozialistischen Rechtsordnungen.[3]

Das galt auch für Ungarn. Daher vollzog das ungarische Arbeitsrecht die Liberalisierungen des „Neuen Ökonomischen Mechanismus"[4] nur bedingt nach. Insbesondere die umfangreichen sozialen Schutzstandards, die sozialistische Arbeitsgesetzbücher den Beschäftigten gewährten, wurden von der verstärkten Einführung von Marktmechanismen ab 1968 nicht berührt. Dennoch erzwang der „Neue Ökonomische Mechanismus" auch im Arbeitsrecht Anpassungen, und den Parteien des Arbeitsverhältnisses wurde in manchen Fragen mehr Bewegungsspielraum eingeräumt, den sie durch kollektive und individuelle Abreden füllen konnten.

---

2 Zum russischen Arbeitsgesetzbuch im Kontext der Gesetzgebung des sog. militanten Kommunismus s. *Küpper, Herbert*: Einführung in die Rechtsgeschichte Osteuropas, Studien des Instituts für Ostrecht München Bd. 54, Frankfurt/M. 2005, S. 465–478; aus sowjetischer Sicht *Aleksandrov, N.G.* (Hrsg.): Lehrbuch des sowjetischen Arbeitsrechts, Berlin 1952, S. 83–92.

3 *Maurach, Reinhart/Rosenthal, Walther* (Hrsg.): Das Arbeitsrecht im Ostblock, Studien des Instituts für Ostrecht Bd. 7, Frankfurt/M. 1959.

4 Zum „Neuen Ökonomischen Mechanismus" in Ungarn ab 1968 s. „Von der liberalen Planwirtschaft zur illiberalen Marktwirtschaft: Vertragsstabilität und Vertragsdurchsetzung in Ungarn" in diesem Band, Einleitung, dort m.w.N.

I Normative Bindung vs. Vertragsfreiheit

Der individuelle Vertrag ist grundsätzlich Ausdruck der Freiheit der Parteien. Gerade im Arbeitsrecht ist dieser Individualvertrag, der Arbeitsvertrag, in ein Korsett aus höherrangigen Normen eingebunden. Diese höherrangigen Normen bestimmen wesentlich, welchen Spielraum die Parteien bei der Aushandlung von Verträgen haben, und wie sie ihre vertraglich vereinbarten Rechte durchsetzen können.

1 Der individuelle Arbeitsvertrag in der Normenhierarchie

Der Vertrag legt das zwischen den Parteien individuell geltende Recht fest. Paradigmatisch drückt dies Art. 1134 Abs. 1 des französischen Code civil aus: „*Les conventions légalement formées tiennent lieu de loi à ceux qui les ont faites*". Dieser Satz kann in vollem Umfang auch auf den Individualarbeitsvertrag übertragen werden und gilt nicht nur in Frankreich, sondern generell in kontinentaleuropäischen Rechtsordnungen. Der Ausgangspunkt des angelsächsischen Rechts ist ein wenig anders, weil es einen Vertrag als ein System von Versprechungen (*promise*) ansieht, welche durch das Recht für verbindlich erklärt und mithilfe rechtlicher Mechanismen zwangsweise durchgesetzt werden können.[5] Beide Rechtsfamilien gehen davon aus, dass der Vertrag eine Rechtsquelle ist. Als solche muss er sich in die Rechtsquellenhierarchie einordnen.

Der Vertrag und damit auch der Individualarbeitsvertrag steht in der Rechtsquellenhierarchie weit unten: Das höherrangige Recht gibt den Rahmen vor, in dem sich die Vertragsparteien gegenseitig binden können. Höherrangiges Recht ist grundsätzlich das staatliche Recht, ggf. einschließlich kommunaler Satzungen u.ä. Beim Arbeitsvertrag kommt noch eine weitere Stufe höherrangigen Rechts hinzu: der Tarifvertrag als kollektiver Vertrag zwischen Arbeitgeber(vertretung) und Arbeitnehmervertretung. Auch diese für das Arbeitsrecht spezifische Rechtsquelle setzt den Rahmen für die Vertragsfreiheit und die Vertragsdurchsetzung im Bereich des Arbeitsrechts und ist zugleich ein Produkt der Vertragsfreiheit der Tarifparteien.

2 Verfassungsrechtliche Rahmenbedingungen

An der Spitze der ungarischen Rechtsquellenhierarchie steht spätestens seit 1949 die Verfassung. Wenn man von dem kurzen revolutionären Intervall 1918/19 absieht, verfügte das Land bis 1949 über keine geschriebene Verfassung, sondern über ein System einfacher Gesetze mit verfassungsrechtlichem Inhalt; diese

---

5 Paradigmatisch § 1 (2d) American Restatement of the Law of Contracts (1981): „*A contract is a promise or set of promises for the breach of which the law gives a remedy, or the perfomance of which the law in some way recognises as a duty*". Dieses Common-Law-Konzept des Vertrags geht zurück auf *Wichals* v. *Johns*, (1599) Cro. Eliz., 703.

wurden als Kardinalgesetze bezeichnet. Die Verfassung der Volksrepublik Ungarn vom 20.8.1949 war somit Ungarns erste dauerhafte chartalische Verfassung.[6] Sie wurde 1972 im Rahmen der sog. zweiten sozialistischen Verfassungsgebungswelle grundlegend novelliert, blieb aber formal als dasselbe Gesetz in Kraft.[7]

Dasselbe galt während der Wende 1989/1990: Mehrere umfassende Änderungsgesetze gestalteten den Inhalt der Verfassung von einem spätsozialistischen hin zu einem auf Demokratie, Rechtsstaatlichkeit und staatlichem Respekt vor dem Individuum beruhenden Grundgesetz um und änderten den Titel von „Verfassung der Volksrepublik Ungarn" in „Verfassung der Republik Ungarn". Eine formell neue Verfassung erging jedoch in dieser Phase der Wende nicht, sondern es verblieb bei Gesetz 1949:XX,[8] sodass wir in Ungarn das Paradox vorfinden, dass es mit als erstes Land verfassungsrechtlich Abschied von der sozialistischen Diktatur nahm, andererseits aber als letztes ehemals sozialistisches Land eine auch formal postsozialistische Verfassung erließ. Diese postsozialistische Verfassung erging 2011 in Gestalt von Ungarns Grundgesetz, das seit seinem Erlass bereits sechs Änderungen erfuhr.[9]

a) Die stalinistische Verfassung von 1949

Im Sozialismus war „Arbeit" einer der zentralen Begriffe des ideologischen Systems. In den Verfassungen sozialistischer Staaten, die ohnehin eher ideologische

---

6 Gesetz1949:XX über die Verfassung der Volksrepublik Ungarn v. 20.8.1949, MK 1949 Nr. 174.

7 Zur Einordnung der ungarischen Verfassungsreform in den Gesamtkontext der sog. zweiten sozialistischen Verfassunggebungswelle der späten 1960er- und der 1970er-Jahre s. *Brunner, Georg*: Das System der obersten Staatsorgane in Ungarn nach der Verfassungsreform von 1972, WGO-MfOR 1973, S. 23–37; *Küpper*, Rechtsgeschichte Osteuropas (Fn. 2), S. 593–595.

8 Näher hierzu *Küpper, Herbert*: Die ungarische Verfassung nach zwei Jahrzehnten des Übergangs. Einführung mit Textübersetzung, Studien des Instituts für Ostrecht München Bd. 56, Frankfurt/M. 2007.

9 Ungarns Grundgesetz (25. April 2011), MK 2011 Nr. 43; hierzu *Kelemen, Katalin*: The New Hungarian Constitution: Legal Critiques from Europe, RCEEL 2017/1, S. 1–49; *Küpper, Herbert*: Ungarns Verfassung vom 25. April 2011, Studien des Instituts für Ostrecht Bd. 70, Frankfurt/M. 2012; *Küpper, Herbert*: Ungarns neues Grundgesetz von 2011 und seine Änderungen, WiRO 2013, S. 353–360, 2014, S. 8–13; *Navracsics, Tibor*: Richtungsweisend. Die Änderungen des Grundgesetzes in Ungarn, OE 4/2013, S. 13–20; *Sólyom, László*: Ende der Gewaltenteilung. Zur Änderung des Grundgesetzes in Ungarn, OE 4/2013, S. 5–11; *Sólyom, László*: Normenhierarchie in der Verfassung und verfassungswidrige Verfassungsänderungen?, JOR 55 (2014), S. 11–24; *Tóth, Gábor Attila*: Macht statt Recht. Deformation des Verfassungssystems in Ungarn, Osteuropa 4/2013, S. 21–28; *Zeller, Judit*: Nicht so beständig ... Die jüngsten Novellen des Grundgesetzes Ungarns im Kontext der Entscheidungen des Verfassungsgerichts, OER 2013, S. 307–325.

als rechtliche Dokumente waren, fanden sich daher etliche Äußerungen zur Arbeit und zu denen, die die Arbeit verrichten. Die ungarische Verfassung in ihrer stalinistischen Fassung von 1949 erklärte die Volksrepublik Ungarn zum „Staat der Arbeiter und werktätigen Bauern" (§ 2 Abs. 1) und übertrug die Ausübung der Volkssouveränität auf „die Werktätigen von Stadt und Land" (§ 2 Abs. 2 Satz 2), d.h. ging nicht von einer vollen Volkssouveränität aus, sondern von der Klassensouveränität der Werktätigen. Zu den Staatsaufgaben gemäß § 3 Verf. gehörte u.a. der Kampf gegen jede Form der Ausbeutung des Menschen, was durch ein „enges Bündnis der Arbeiterschaft und der werktätigen Bauerschaft unter Führung der Arbeiterklasse" verwirklicht werden sollte.

Die Mehrzahl der Produktionsmittel sollte dem Staat, öffentlichen Einrichtungen oder Genossenschaften gehören, allerdings war das Privateigentum an Produktionsmitteln nicht komplett verboten (§ 4 Abs. 1 Verf.). Daraus ergab sich zwingend, dass die Arbeitgeberrolle im Wesentlichen vom Staat, öffentlichen Einrichtungen oder Genossenschaften ausgeübt wurde, während Arbeitsverhältnisse mit privaten Arbeitgebern nur sehr beschränkt existieren konnten. Von diesen öffentlichen Arbeitgebern erwartete § 5 Verf., dass sie „das materielle und kulturelle Niveau der Werktätigen ständig anheben".

Zum sozialistischen Kult um die Arbeit gehörte auch, dass die „Grundlage der gesellschaftlichen Ordnung [...] die Arbeit" war (§ 9 Abs. 1 Verf.) und die Garantie des Eigentums nur das „mit Arbeit erworbene Eigentum" schützte (§ 8 Abs. 1 Verf.). § 9 Abs. 2 Verf. sprach eine allgemeine Arbeitspflicht aus, und § 9 Abs. 4 setzte der Staatsaktivität das sozialistische Motto „Jeder nach seiner Fähigkeit, jedem nach seiner Arbeit" zum Ziel.

Innerhalb des Grundrechtekatalogs am Ende der Verfassung stand das Recht auf Arbeit und auf arbeitsangemessene Vergütung an erster Stelle (§ 45 Abs. 1 Verf.). Die Umsetzung dieses Rechts war, wie im Sozialismus üblich, nicht dem Grundrechtsträger anvertraut, sondern dem Staat, der dies v.a. durch die Bewirtschaftung der Arbeitskräfte und die allgemeine Entwicklung der Wirtschaft tat, wie § 45 Abs. 2 Verf. festlegte. Ein an die Arbeit anknüpfendes Grundrecht war das Recht auf Ruhezeiten und Urlaub (§ 46 Verf.). Die allgemeine Gleichberechtigung der Frau wurde speziell noch einmal für die Arbeitswelt wiederholt (§ 50 Verf.).

b) Die entstalinisierte sozialistische Verfassung von 1972

1972 wurde die ungarische Verfassung entstalinisiert und neu verkündet.[10] Da der Sozialismus weiterhin die offizielle Ideologie blieb, änderte sich am Pathos in Bezug auf die Arbeit nichts Wesentliches. Allerdings wurde die Klassensouveränität auf eine breitere Basis gestellt, indem neben Arbeiterschaft und vergenossenschaftlicher Bauernschaft auch die Intellektuellen und die übrigen werktätigen

10 Gesetz 1972:I über die Änderung von Gesetz 1949:XX und über den einheitlichen Text der Verfassung der Volksrepublik Ungarn v. 26.4.1972, MK 1972 Nr. 32.

Teile der Bevölkerung an der Volkssouveränität teilhatten (§ 2 Abs. 3 Verf.). Dennoch blieb die Arbeiterklasse die führende Klasse der Gesellschaft (§ 2 Abs. 3), und ihre marxistisch-leninistische Partei war die leitende Kraft (§ 3 Verf.). Die Grundlage der Sozialordnung sollte weiterhin die Arbeit sein (§ 14 Abs. 1 Verf.), unverändert galten auch die allgemeine Arbeitspflicht (§ 14 Abs. 2 Verf.), das bereits zitierte sozialistische Motto (§ 14 Abs. 4 Verf.) und die Grundrechte auf Arbeit und arbeitsangemessene Vergütung (§ 55 Verf.) sowie auf Ruhe- und Urlaubszeiten (§ 56 Verf.). § 55 Abs. 2 Verf. behielt die Bezugnahme auf die staatliche Bewirtschaftung der Arbeitskräfte bei.

Die weitreichenden Verstaatlichungen des Stalinismus spiegelten sich in § 6 Verf., wonach das gesellschaftliche Eigentum an Produktionsmitteln die Grundlage der sozialen Ordnung war. Damit wurde zugleich die Existenz privater Arbeitgeber mehr oder weniger negiert.

c) Die Verfassung seit der Wende 1989/1990

Nach der etappenweisen Umgestaltung des Verfassungstexts 1989/90 in eine demokratisch-rechtstaatliche Verfassung mit Respekt vor den Grundrechten war von der Arbeiterklasse und überhaupt von Klassen keine Rede mehr. Stattdessen galt die Volkssouveränität (§ 2 Abs. 2 Verf.). Auch die wirtschaftslenkende Funktion des Staates verschwand aus der Verfassung und wurde durch die Marktwirtschaft (§ 9 Abs. 1 Verf.) bzw. die soziale Marktwirtschaft (Präambel Verf.) ersetzt. Öffentliches und Privateigentum stellte § 9 Abs. 1 Verf. rechtlich gleich, was dem Verfassungsgericht in den Nachwendejahren die Handhabe gab, zahlreiche einfach-gesetzliche Privilegierungen des öffentlichen Eigentums, die aus dem Sozialismus überkommen waren, als verfassungswidrig aufzuheben.[11]

Die schrittweise Umgestaltung des sozialistischen Verfassungstexts bewirkte, dass deutlich mehr sozialistische Überreste im ungarischen Verfassungstext überlebten als in den neu erlassenen postsozialistischen Verfassungen der übrigen ehemals sozialistischen Staaten.[12] Dazu gehörte zunächst die Beibehaltung eines der Formulierung nach subjektiven Rechts auf Arbeit (§ 70/B Verf.), gepaart mit dem neuen Recht auf freie Wahl des Arbeitsplatzes, das an die Stelle der sozialistischen

---

11 Näher hierzu *Sólyom, László* in *Brunner, Georg/Sólyom, László*: Verfassungsgerichtsbarkeit in Ungarn. Analysen und Entscheidungssammlung 1990–1993, Baden-Baden 1995, S. 95–97.

12 *Jakab, András/Hollán, Miklós*: Die dogmatische Hinterlassenschaft des Sozialismus im heutigen Recht: Das Beispiel Ungarn, JOR 46 (2005), S. 11–40; *Küpper, Herbert*: Sozialistische Überreste in den Verfassungen der neuen EU-Mitgliedstaaten im Lichte des gemeinschaftsrechtlichen Homogenitätsgebots, JOR 48 (2007), S. 203–261; *Küpper, Herbert*: Die „unvollendete Revolution“: Sozialistische Überreste in der ungarischen Verfassung, SOE 2008, S. 183–199; *Küpper, Herbert*: A szocialista maradványok szerepe a magyar alkotmányban [Die Rolle der sozialistischen Überreste in der ungarischen Verfassung], Fundamentum 4/2007, S. 53–60. .

Arbeitspflicht trat. Das Recht auf ein Einkommen, das sich an Quantität und Qualität der geleisteten Arbeit orientiert, blieb ebenfalls nach 1989/90 erhalten (§ 70/B Abs. 3 Verf.). Neu formuliert wurde das Recht auf gleichen Lohn für gleiche Arbeit (§ 70/B Abs. 2 Verf.). Das subjektive Recht auf Arbeit löst in einer Marktwirtschaft einen Zielkonflikt aus: Wenn der Staat den subjektiven Anspruch auf einen Arbeitsplatz einlösen will, muss er über alle oder jedenfalls die große Mehrheit der Arbeitsplätze verfügen, wie es im Sozialismus der Fall war; dies würde jedoch gegen die verfassungsrechtliche Vorgabe der Marktwirtschaft verstoßen und auch das Recht auf die freie Wahl des Arbeitsplatzes (sowie die Unternehmensfreiheit gemäß § 9 Abs. 2 Verf.) beeinträchtigen. Das Verfassungsgericht löste das Dilemma zugunsten von Wahlfreiheit und Marktwirtschaft: Es interpretierte das als subjektives soziales Grundrecht formulierte Recht auf Arbeit in ein Abwehrrecht gegen staatliche Eingriffe in die freie Arbeitsplatzwahl sowie in eine Staatszielbestimmung zur Beschäftigungsförderung und sozialen Absicherung von Arbeitslosen um.[13]

Auch einige weitere an die Arbeit anknüpfende, für sozialistische Verfassungen typische Grundrechte wurden beibehalten, so z.B. der Schutz von Frauen und Jugendlichen am Arbeitsplatz (§ 66 Abs. 3 Verf.) oder das Recht auf Ruhezeiten und Urlaub (§ 70/B Abs. 4 Verf.). Neu war das Recht, wirtschaftliche und andere Interessenvertretungen frei zu gründen und zu streiken (§ 70/C Verf.).[14]

Insgesamt beendete die Verfassung ab 1989/90 die ideologische Vereinnahmung von Arbeit, Arbeitnehmern und Arbeitsverhältnissen und eröffnete mit der Beendigung des Arbeitszwangs, der Garantie der Freiheit der Arbeitsplatzwahl sowie der Marktwirtschaft als Staatszielbestimmung den Weg für eine freie Aushandlung von Arbeitsverhältnissen durch die Parteien. Zugleich blieben gewisse soziale Mindeststandards in der Verfassung garantiert, und auch die Rolle der Tarifparteien wurde durch die Verfassung anerkannt. Mithin handelte es sich ab 1990 um eine typische Arbeitsverfassung einer liberalen demokratischen Marktwirtschaft.

d) Das Grundgesetz von 2011

Das Grundgesetz von 2011, das für sich in Anspruch nimmt, den Sozialismus und die von Einigen als halbherzig empfundene Übergangsphase von 1990 bis 2010 endgültig zu überwinden und eine echte postsozialistische Ordnung zu schaffen,

---

13 VerfGE 327/B/1992. AB, ABH 1995 S. 604; *Drinóczi, Tímea*: Gazdasági alkotmány és gazdasági alapjogok [Wirtschaftsverfassung und wirtschaftliche Grundrechte], Budapest, Pécs 2007, S. 213–254; *Juhász, Gábor* in *Jakab, András* (Hrsg.): Az Alkotmány kommentárja [Verfassungskommentar], 2 Bde., Budapest 2009, Bd. 2, § 70/B, Rn. 17–20, 25–28.

14 Dazu gehörte auch – im Gegensatz zum Sozialismus – die negative Freiheit, d.h. der Arbeitnehmer kann nicht gezwungen werden, sich gegen seinen Willen von einer (möglicherweise sogar Monopol-) Gewerkschaft vertreten zu lassen: VerfGE 8/1990. (IV. 23.) AB v. 23.4.1990, ABH 1990 S. 42.

kehrt im Bereich der Arbeitsverfassung in manchem zu den Zuständen vor 1990 zurück.[15]

Auffälliges Element dieser Rückkehr ist die erneute ideologische Aufladung der Arbeit. Diese Aufladung findet sich nicht nur in zahlreichen Verlautbarungen der Regierung, die wieder eine „arbeitsbasierte Wirtschaft und Gesellschaft" schaffen will,[16] sondern spiegelt sich auch im Verfassungstext wider.[17] Laut Präambel – die anders als in den meisten anderen Staaten ausdrücklich normative Kraft hat [Art. R) Abs. 3 GrundG] – sind „die Arbeit und die Leistungen des menschlichen Geistes die Grundlage der Kraft einer Gemeinschaft und der Würde jedes Menschen". Nimmt man das ernst, dann entspringt die Würde des Menschen nicht dessen Menschsein, sondern der Arbeit, die er für die Gemeinschaft leistet – was im Umkehrschluss bedeutet, dass wer nicht (für die Gemeinschaft) arbeitet, auch keine oder jedenfalls weniger Würde hat und mithin verminderten Schutz genießt; die Nähe dieser Formulierung zum sozialistischen[18] und auch nationalsozialistischen Arbeitsethos ist offenbar.

Gemäß der zentralen Vorschrift zur Wirtschaftsverfassung in Art. M) Abs. 1 GrundG „beruht Ungarns Wirtschaft auf der wertschöpfenden Arbeit und der Freiheit der Unternehmung". Mit „wertschöpfender Arbeit" (*értékteremtő munka*) kann gemeint sein, dass jede Arbeit als wertschöpfend angesehen wird; in diesem Sinne kann man das Adjektiv als eine Art wirtschaftswissenschaftlicher Beschreibung von „Arbeit" verstehen.[19] Eine andere im Text angelegte Lesart stellt der „wertschöpfenden" Arbeit eine „nicht wertschöpfende" Tätigkeit entgegen, z.B. die keine Güter herstellenden Bereiche Handel und Banken; in dieser Version kann man auch antisemitische Tendenzen aus dem Adjektiv „wertschöpfend" herauslesen,[20] was allerdings nicht zwingend ist. In der Verfassungspraxis hat diese Formulierung noch keine Rolle gespielt. Jedenfalls stellt das Grundgesetz die Arbeit

15 Zum parallelen Phänomen im Bereich der Vertragsfreiheit allgemein s. „Von der liberalen Planwirtschaft zur illiberalen Marktwirtschaft: Vertragsstabilität und Vertragsdurchsetzung in Ungarn" in diesem Band.

16 So betonte Regierungschef *Viktor Orbán* in seiner Rede vor der Stiftung der Freunde Ungarns 2015, dass die Zeit der westeuropäischen Wohlfahrtsgesellschaften vorbei sei und an ihre Stelle der von ihm propagierte „Aufbau einer arbeitsbasierten Gesellschaft" (*munkaalapú társadalom felépítése*) treten werde: http://www.bonazoltan.hu/index.php/hirekmenu/98-munkaalapu-tarsadalom-felepitese-a-feladat (1.3.2016).

17 Der Regierungsstandpunkt ist auf Deutsch nachzulesen bei *Ablonczy, Bálint*: Gespräche über das Grundgesetz Ungarns. Bálint Ablonczy im Gespräch mit József Szájer und Gergely Gulyás, Budapest 2012, S. 121–124.

18 Art. 12 Abs. 2 Verf. der UdSSR v. 5.12.1936 (die sog. Stalin-Verfassung): „*Kto ne rabotaet, tot ne est*" („Wer nicht arbeitet, soll auch nicht essen").

19 *Jakab, András*: Az új Alaptörvény keletkezése és gyakorlati következményei [Die Entstehung und die praktischen Folgen des neuen Grundgesetzes], Budapest 2011, S. 195.

20 *Küpper*, Ungarns Verfassung (Fn. 9), S. 85.

neben der Unternehmensfreiheit in den Mittelpunkt des Wirtschaftssystems und treibt einen gewissen rhetorischen Kult um sie.

Positiv zu bewerten ist hingegen die Abschaffung des in der alten Verfassung ohnehin nur auf dem Papier gegebenen subjektiven Grundrechts auf Arbeit. Stattdessen gewährt Art. XII. GrundG jedermann das Recht auf freie Wahl der Arbeit und der Beschäftigung sowie der Unternehmung. Zugleich verpflichtet Art. XII. Abs. 2 GrundG den Staat, nach Möglichkeit jedem Arbeitswilligen und -fähigen die Voraussetzungen für eine Beschäftigung zu schaffen, d.h. eine aktive Arbeitsmarktpolitik zu betreiben. Zur staatlichen Einrichtung konkreter Arbeitsplätze verpflichtet die Vorschrift den Staat ausdrücklich nicht,[21] sodass sich Art. XII. GrundG deutlich reibungsfreier in eine Marktwirtschaft einpasst als der alte § 70/B Verf.

An die sozialistische Arbeitspflicht mit ihrem starken moralischen Einschlag[22] erinnert die Regel in Art. XII. Abs. 1 Satz 2 GrundG:[23] „Jeder ist verpflichtet, durch eine seinen Fähigkeiten und Möglichkeiten entsprechende Arbeitsverrichtung zum Wachstum der Gemeinschaft beizutragen".[24] Im Sozialismus lautete die vergleichbare Vorschrift von 1949 bis 1972: „Es ist das Recht, die Pflicht und eine Ehrensache jedes arbeitsfähigen Bürgers, gemäß seinen Fähigkeiten zu arbeiten",[25] und von 1972 bis 1989: „Es ist das Recht und die Pflicht jedes arbeitsfähigen Staatsbürgers, gemäß seinen Fähigkeiten zu arbeiten".[26] Verfassungspraktische Relevanz hat die Vorschrift des Art. XII. Abs. 1 Satz 2 GrundG noch nicht erlangt. In der Literatur wird vorgeschlagen, dass man sie nicht als Ermächtigungsgrundlage für Zwangsarbeit sehen solle, sondern lediglich als Grundlage, die Gewährung bestimmter Sozialleistungen an Arbeitsleistung zu knüpfen.[27]

Die Arbeitsbeziehungen regelt Art. XVII. GrundG. Dort finden sich zum einen die sozialen Mindeststandards wie das Recht auf gesunde und sichere Arbeitsbedingungen und auf tägliche und wöchentliche Ruhezeiten sowie bezahlten Urlaub (Art. XVII. Abs. 3–4 GrundG); dieser Katalog von Arbeitnehmerschutzstandards ist etwas länger als im Vorgängerdokument, das sich auf die Ruhezeiten und den Urlaub beschränkte. Den Schutz der Jugendlichen und Eltern am Arbeitsplatz

---

21 VerfGE 3146/2013. (VII. 16.) AB, ABH 2013 S. 2010.

22 Zum vorwiegend moralischen und weniger rechtlichen Charakter der Arbeitspflicht im sozialistischen Ungarn s.u. Punkt I. 6.

23 Zu den Anklängen an einen typisch totalitären Arbeitspathos s. *Küpper*, Ungarns Verfassung (Fn. 9), S. 85–88.

24 Übersetzung von *Herbert Küpper* in *Hufeld, Ulrich/Epiney, Astrid/Merli, Franz* (Hrsg.): Europäisches Verfassungsrecht, 3. Aufl. Baden-Baden 2014, S. 742–780.

25 § 9 Abs. 2 Verf. Ungarn i.d.F. v. 20.8.1949 bis zum 25.4.1972 (Übersetzung des Autors).

26 § 14 Abs. 2 Verf. Ungarn i.d.F. v. 26.4.1972 bis zum 22.10.1989 (Übersetzung des Autors).

27 *Csink, Lóránt/Schanda, Balázs/Varga, András Zs.* (Hrsg.): The Basic Law of Hungary. A First Commentary, Dublin 2012, S. 87; *Jakab* (Fn. 19), S. 215–216.

regelt Art. XVII. GrundG. Neu in dieser Ausführlichkeit sind die Vorschriften zu den Tarifbeziehungen in Art. XVII. Abs. 1–2 GrundG. Sie lauten[28]:

> „(1) Arbeitnehmer und Arbeitgeber arbeiten – unter Berücksichtigung der Sicherung von Arbeitsplätzen, der Nachhaltigkeit der Volkswirtschaft und auch anderer gemeinschaftlicher Zwecke[29] – zusammen.
>
> (2) [30] Die Arbeitnehmer, die Arbeitgeber sowie ihre Organisationen haben gemäß den Bestimmungen in einem Gesetz das Recht, miteinander zu verhandeln, auf dieser Grundlage Tarifverträge abzuschließen und zum Schutz ihrer Interessen gemeinsam aufzutreten, was das Recht der Arbeitnehmer auf Arbeitseinstellung einschließt."

Art. XVII. Abs. 1 GrundG unterstellt die Tarifparteien und ihre Zusammenarbeit einer Zweckbindung. Arbeitnehmer und Arbeitgeber sowie ihre Verbände kooperieren nicht aus und im Eigeninteresse, sondern um öffentliche Zwecke zu befördern: Sicherung von Arbeitsplätzen, Nachhaltigkeit der Volkswirtschaft. Die Blankettformulierung „andere gemeinschaftliche Zwecke" bindet die Tarifparteien in ihrer Kooperation an die politischen Ziele der Regierung, denn es ist die Regierung, die „gemeinschaftliche Zwecke" festlegt (Art. 15 Abs. 1 GrundG).

Art. XVII. Abs. 2 GrundG enthält erstmals eine Regelung der Tarifverträge auf Verfassungsebene. Damit sind sie als Rechtsquellenart besonders abgesichert. Das etwas gewundene Wort „Arbeitseinstellung" (*munkabeszüntetés*) meint den Streik, obwohl es bei wörtlichem Verständnis auch die Aussperrung der Arbeitgeber umfasst. Der bisweilen übertriebene Sprachpurismus des Grundgesetzes wollte den im Ungarischen gebräuchlichen Anglizismus *sztrájk* vermeiden,[31] den noch § 70/C Abs. 2–3 Verf. verwendet hatte.[32] Um die im Wort „Arbeitseinstellung" angelegten Missverständnisse auszuschließen, wurde durch die vierte Verfassungsänderung durch Einfügung der Formulierung „der Arbeitnehmer" klargestellt, dass

---

28 Übersetzung des Autors, Quelle s. Fn. 24.

29 Anm.d.Ü.: Im Original: *cél*; die kann ebenso „Zweck" wie „Ziel" bedeuten.

30 Art. XVII. Abs. 2 neu gefasst durch die vierte Änderung von Ungarns Grundgesetz (25.3.2013) mit Wirkung vom 1.4.2013. Bis zum 31.3.2013 lautete der Absatz: „(2) Die Arbeitnehmer, die Arbeitgeber sowie ihre Organisationen haben gemäß den Bestimmungen in einem Gesetz das Recht, miteinander zu verhandeln, auf dieser Grundlage Tarifverträge abzuschließen, zum Schutz ihrer Interessen gemeinsam aufzutreten oder eine Arbeitseinstellung abzuhalten.".

31 *Jakab* (Fn. 19), S. 219–220; *Küpper*, Ungarns Verfassung (Fn. 9), S. 71.

32 § 70/C Abs. 2 Verf. i.d.F. ab dem 23.10.1989, § 70/C Abs. 3 Verf. i.d.F. ab dem 25.6.1990. Ebenso Gesetz 1989:VII über den Streik v. 12.4.1989, MK 1989 Nr. 22 (StreikG) [*sztrájk*(...)]. Hierzu unten Punkt IV. 5.

nur Arbeitseinstellungen seitens der Arbeitnehmer (Streik), aber nicht seitens der Arbeitgeber (Aussperrung u.ä.) von dieser Vorschrift geschützt werden.[33]

3 Das gesetzliche Arbeitsrecht

In vorsozialistischer Zeit wurde das Arbeitsverhältnis bei privaten Arbeitgebern zum besonderen Vertragsrecht gezählt. Als solches teilte es das Schicksal des gesamten bürgerlichen Rechts in Ungarn: Es war unkodifiziert.[34] Lediglich einzelne Aspekte wie z.B. in Bezug auf Gesinde, Lehrlinge u.ä. waren positiv geregelt. Im Gegensatz dazu galt das Anstellungsverhältnis im öffentlichen Dienst, v.a. von Beamten, Richtern u.ä., als Teil des öffentlichen Rechts und war in öffentlich-rechtlichen Gesetzen niedergelegt.

a) Das stalinistische Arbeitsgesetzbuch von 1951

Seit der Machtübernahme der Sozialisten bildet das Arbeitsgesetzbuch die zentrale rechtliche Regelung des Arbeitsrechts. Das erste umfassende Arbeitsgesetzbuch war die stalinistische Kodifikation von 1951.[35] Es war monistisch in dem Sinne, dass es sich gemäß seinem § 5 auf jeden Arbeitgeber und jeden in einem Arbeitsverhältnis stehenden Werktätigen[36] erstreckte. Ausdrücklich bezog § 150 ArbGB 1951 auch die privaten Arbeitgeber ein. Noch wichtiger am Monismus war aber die Abschaffung des Sonderarbeitsrechts für den öffentlichen Dienst: Auch dieser unterfiel grundsätzlich dem ArbGB 1951, wobei § 151 ArbGB 1951 Verordnungen erlaubte, u.a. bestimmte Teile der (v.a. Leistungs-)Verwaltung, aber auch manche andere Branchen von einzelnen Vorschriften des ArbGB auszunehmen.[37]

---

33 *Serák, István*: A munkaharc joga az új alkotmányban [Das Recht des Arbeitskampfs in der neuen Verfassung], Jogtudományi Közlöny 2011, S. 187–192.

34 Eine umfangreiche Darstellung des Rechts des Arbeitsvertrags enthält *Szladits, Károly* (Hrsg.): Magyar Magánjog [Ungarisches Privatrecht], Bd. IV: Kötelmi jog különös része [Besonderer Teil des Schuldrechts], Budapest 1942, S. 546–662.

35 Verordnung mit Gesetzeskraft 1951/7 Arbeitsgesetzbuch v. 31.1.1951, MK 1951 Nr. 17–18 (ArbGB 1951).

36 Werktätige, die nicht in einem Arbeitsverhältnis standen und somit einen vollkommen anderen Status genossen, waren – nach sowjetischem Vorbild – v.a. die in Genossenschaften zusammengeschlossenen Bauern: Auch wenn die Genossenschaft faktisch wie ein Arbeitgeber auftrat, so waren die Bauern doch Genossen und somit „Miteigentümer“ und „Gesellschafter“ der Genossenschaft, aber eben nicht deren abhängig Beschäftigten. Vergleichbares galt für kleingewerbliche Genossenschaften und ihre Genossen.

37 Zur dogmatischen Aufgliederung des besonderen Teils des sozialistischen ungarischen Arbeitsrechts in ein Arbeitsrecht der Beschäftigungsverhältnisse (egal ob bei einem Unternehmen oder beim Staat) einerseits und in ein Recht der genossenschaftlichen Arbeitsverhältnisse andererseits s. *Weltner, Andor*: A magyar munkajog [Das ungarische Arbeitsrecht], 2. Aufl. Budapest 1958, S. 14.

§ 6 Abs. 1 ArbGB 1951 nannte die Rechtsquellen des Arbeitsverhältnisses: staatliches Recht (Gesetze, Verordnungen etc.) und ihm entsprechende Tarifverträge, behördliche Anweisungen und Allgemeinakte. Auffällig ist, dass der Arbeitsvertrag fehlte: Er diente nur dem Vollzug höherrangigen Rechts, d.h. eine individuelle Abweichung z.B. vom ArbGB war selbst zugunsten des Beschäftigten nicht zulässig (§ 19 ArbGB 1951). Staatliches Arbeitsrecht war grundsätzlich zwingend. Auch Tarifverträge waren weitgehend an die Vorgaben des staatlichen Rechts gebunden und durften nicht von ihnen abweichen (§ 10 ArbGB 1951). Als Aufgabe des Tarifvertrags definierte § 7 ArbGB 1951 die Gewährleistung der Voraussetzungen, die die Planerfüllung und -übererfüllung ermöglichten, sowie die Verpflichtung der Arbeitnehmer zu eben dieser Planerfüllung und -übererfüllung; außerdem wurden im Tarifvertrag die staatlichen Lohnrichtlinien für den Betrieb umgesetzt. Weitere Präzisierungen des Arbeitsrechts nahmen nicht Tarifverträge vor, sondern Regierungs- und Ministerverordnungen, deren Ermächtigungsgrundlagen das ArbGB enthielt.

Tarifverträge wurden zwischen Unternehmen (Arbeitgeber) und dem im Unternehmen bestehenden Betriebsausschuss im Namen der Arbeitnehmer geschlossen. Der Betriebsausschuss stand unter der Kontrolle der Gewerkschaften, die ihrerseits Teil des Systems waren.[38] Der Bewegungsspielraum der konkreten Tarifparteien reichte immer nur so weit, wie staatliche Stellen dies zuließen, denn zur Geltung eines Tarifvertrags war nicht nur der Abschluss zwischen den Parteien notwendig, sondern auch die Zustimmung der Gewerkschaft und des zuständigen Ministers. Damit waren Tarifverträge faktisch Teil der staatlichen Lenkung der Arbeitsbedingungen, aber keine autonome Aushandlung von Vertragsbedingungen durch die Tarifparteien. Jenseits der staatlichen Unternehmen waren Tarifverträge unzulässig: bei unmittelbar staatlichen Beschäftigungsverhältnissen, bei Genossenschaften und bei privaten Arbeitgebern.[39]

Die Gewerkschaften als Teil des Systems waren zudem in die Ausgestaltung staatlichen Arbeitsrechts mit einbezogen. § 6 Abs. 2 ArbGB 1951 räumte dem Landesrat der Gewerkschaften ein Mitwirkungsrecht bei der Planung arbeitsbezogener Rechtsnormen einschließlich der Lohnrichtlinien ein.[40]

Auf betrieblicher Ebene spielten neben Weisungen der Behörden die Normativakte der Betriebsleitung, etwa Betriebssatzungen u.ä., eine wichtige Rolle. Sie regelten zahlreiche Aspekte der Arbeitsbedingungen im Betrieb und waren auch

---

38 *Burant, Stephen* (Hrsg.): Hungary. A country study, 2. Aufl., Washington D.C. 1990, S. 88–90; *Furtak, Robert*: Die politischen Systeme der sozialistischen Staaten, München 1979, S. 223; *Nohlen, Dieter* u.a. (Hrsg.): Lexikon der Politik, Bd. 4: Die östlichen und südlichen Länder, München 1997, Stichwort Gewerkschaften (östliche Länder), S. 225–226.

39 *Weltner, Andor/Nagy, László*: A magyar munkajog [Das ungarische Arbeitsrecht], 2 Bde. Budapest 1978, Bd. 1, S. 67–68.

40 *Weltner* (Fn. 37), S. 96–107.

für den Individualarbeitsvertrag verbindlich. Sie engten somit den Spielraum dessen ein, worauf sich die Vertragsparteien im Arbeitsvertrag wirksam einigen konnten. Erlassen wurden sie von der Betriebsleitung, die Gewerkschaften waren beteiligt.

Im Arbeitsvertrag waren zwar Arbeitgeber und Arbeitsbereich geregelt. Sofern es aus volkswirtschaftlichen Gründen wünschenswert war, konnte der Arbeitnehmer innerhalb des Betriebs in einen anderen Arbeitsbereich und auch zu einem anderen Arbeitgeber versetzt werden. Hiergegen konnte der Arbeitnehmer zwar nachträglich Beschwerde erheben, aber seine Zustimmung zu dieser einseitigen wesentlichen Veränderung zentraler Bestimmungen des Individualarbeitsvertrags war nicht notwendig (§§ 133–138 ArbGB 1951). Insofern waren Arbeitsverträge einseitig instabil: Der Arbeitgeber konnte zentrale Teile des Vertrags ohne Zustimmung des Arbeitnehmers abändern. Im Übrigen war für Änderungen des Arbeitsvertrags – für die inhaltlich wegen des weitgehend zwingenden Charakters des staatlichen Rechts und der Tarifverträge ohnehin wenig Spielraum bestand – bei übereinstimmendem Willen der Parteien möglich.

In der weiteren Folge wurden die Vorschriften über die Gewerkschaften und die Tarifverträge teils präzisiert, teils in Details abgeändert. Eine größere Änderung 1964[41] erweiterte die Kündigungsmöglichkeiten beider Parteien in Bezug auf den Individualarbeitsvertrag und räumte der Betriebsleitung mehr Disziplinargewalt über die Beschäftigten ein. An der Grundkonstruktion eines zwingenden Arbeitsrechts mit scheinautonomen Elementen wie dem Tarifvertrag änderte sich nichts.

b) Das poststalinistische Arbeitsgesetzbuch von 1967

Der „Neue Ökonomische Mechanismus“ machte auch ein neues Arbeitsrecht notwendig, das der Ausweitung der Marktelemente auf der Arbeitgeberseite besser angepasst war. Dieses neue Arbeitsrecht erging bereits sehr früh, in der Phase der Vorbereitungen des Mechanismus, in Gestalt des Arbeitsgesetzbuchs von 1967.[42]

Am zwingenden Charakter des staatlichen Arbeitsrechts und der Tarifverträge änderte sich nichts Wesentliches. § 8 ArbGB 1967 unterstellte alle Arbeitsverhältnisse der Hierarchie aus staatlichem Recht und Tarifverträgen. Immerhin erkannte § 8 Abs. 3 ArbGB 1967 an, dass eine staatliche Rechtsvorschrift Tarifverträgen eine Befugnis zur Abweichung einräumen konnte, und § 10 Abs. 1 ArbGB 1967 gestattete den Tarifverträgen ausdrücklich, im Rahmen des höherrangigen Rechts die Rechte und Pflichten aus Arbeitsverhältnissen zu regeln. Formal weitete das ArbGB 1967 die kollektive Vertragsfreiheit der Parteien aus, denn gemäß § 10 Abs. 2, § 13 Abs. 1 ArbGB 1967 wurde der Tarifvertrag durch das Unternehmen und die Gewerkschaft geschlossen, während von einer Zustimmung des Ministers

41 Verordnung mit Gesetzeskraft 1964/29 über die Regelung einiger Fragen, die das Arbeitsverhältnis berühren, v. 18.12.1964, MK 1964 Nr. 78.

42 Gesetz 1967:II über das Arbeitsgesetzbuch v. 8.10.1967, MK 1967 Nr. 67 (ArbGB 1967).

keine Rede mehr war. Ein wesentlicher Bedeutungswandel der Tarifverträge in der Praxis war mit dieser Gesetzesänderung nicht verbunden. Für Beschäftigte bei Staatsorganen, privaten Arbeitgebern und Genossenschaften waren auch weiterhin Tarifverträge unzulässig.

Aus der Sicht der individuellen Vertragsfreiheit, insbesondere der Freiheit, Arbeitsverträge mit einem von den Parteien gewollten Inhalt abzuschließen, waren eventuelle Verschiebungen des Regelungsortes weg aus dem staatlichen Recht und hin zu Tarifverträgen kaum von Belang: Die Gewerkschaften waren Teil des Systems, sodass auch die von ihnen abgeschlossenen Tarifverträge „von oben“ dekretierte Rahmenbedingungen für den individuellen Vertrag bildeten.[43] Auch unter der Geltung des ArbGB 1967 waren die Gewerkschaften an der Formulierung arbeitsbezogener staatlicher Rechtsvorschriften zu beteiligen (§ 12 ArbGB 1967).[44] Zudem organisierten sie den Urlaub der Werktätigen (§ 17 Abs. 2 ArbGB 1967) und waren auch in weitere soziale Leistungen involviert.

An der Rolle der Normativakte der Betriebsleitung zur Gestaltung der Arbeitsverhältnisse – und damit auch zum zulässigen Inhalt individueller Arbeitsverträge – änderte sich nichts Wesentliches.[45]

Im weiteren Verlauf unterlag das ArbGB 1967 zahlreichen Änderungen, die meist nur Details modifizierten. Eine umfangreichere Novelle 1979 reagierte auf die Bedürfnisse des „Neuen Ökonomischen Mechanismus“, der auf den Abbau und ggf. die Schließung unrentabler Unternehmen und Wirtschaftszweige drängte. Die Änderung vereinfachte die sog. „Arbeitskraftbewirtschaftung“ (*munkaerőgazdálkodás*) durch den Staat, indem Arbeitnehmer nunmehr leichter von einem Arbeitsplatz auf einen anderen Arbeitsplatz umgesetzt werden konnten. Dies geschah zu dem ausdrücklich benannten Zweck, Arbeitskräfte aus unrentablen Wirtschaftsbereichen abzuziehen und in profitableren Bereichen weiterzubeschäftigen und durch Umsetzung die politisch unerwünschte Arbeitslosigkeit zu vermeiden.[46]

Im Übrigen wurde die Arbeitskräftebewirtschaftung im Zuge des „Neuen Ökonomischen Mechanismus“ ebenfalls teilweise auf Marktmechanismen umgestellt, und in manchen Bereichen mussten die Unternehmen um Arbeitnehmer werben. Gerade gut ausgebildete Kräfte wurden nicht einfach zugewiesen, sondern konnten

---

43 Dies galt auch für die Bestimmungen über den Lohn, denn die Lohnpolitik war einer der Hebel, mit denen der Staat im „Neuen Ökonomischen Mechanismus“ Unternehmen und die Wirtschaft als Ganzen lenkte: *Burant* (Fn. 38), S. 123; *Marer, Paul*: Economic system, in *Grothusen, Klaus-Detlev* (Hrsg.): Ungarn, Südosteuropa-Handbuch Bd. V, Göttingen 1987, S. 276–301 (286–287).

44 Umfassend zur Rolle der Gewerkschaften im Betrieb und bei der Ausgestaltung der Arbeitsbeziehungen *Weltner/Nagy* (Fn. 39), Bd. 1, S. 77–102.

45 *Weltner/Nagy* (Fn. 39), Bd. 1, S. 66–75.

46 Begründung zur Vorlage der Verordnung mit Gesetzeskraft 1979/29 über die Änderung des Arbeitsgesetzbuchs, Teil „Allgemeine Begründung“. Zum ideologischen Tabu Arbeitslosigkeit s. *Burant* (Fn. 38), S. 116–117.

sich in einem gewissen Rahmen ihren Arbeitsplatz unter den angebotenen freien Stellen aussuchen.[47]

c) Das Nachwende-Arbeitsgesetzbuch von 1992[48]

Nach der Wende und der Einführung einer Marktwirtschaft war das alte Arbeitsgesetzbuch nicht mehr brauchbar. Eine der ersten großen Nachwende-Kodifikationen betraf daher das Arbeitsrecht: 1992 erging ein neues Arbeitsgesetzbuch,[49] das bis zu der Neuregelung der Materie im Zuge der generellen Umgestaltung der Rechtsordnung nach 2010, d.h. bis zum Inkrafttreten des ArbGB 2012[50] in Geltung blieb. Der Hauptunterschied zu den sozialistischen Vorgängerregelungen lag darin, dass der Gesetzgeber nun offiziell anerkannte, dass es einen Interessengegensatz zwischen Arbeitgeber und Arbeitnehmer gibt.[51]

Parallel zum Erlass eines neuen Arbeitsrechts wurde das öffentliche Dienstrecht in eigene Gesetze ausgelagert, die dogmatisch weiterhin als Sonderarbeitsrecht und nicht als Verwaltungsrecht klassifiziert wurden, aber von teils anderen Prinzipien ausgingen (und bis heute ausgehen) als das Arbeitsrecht. Dazu gehört das Beamtenrecht[52] ebenso wie das Recht der öffentlichen Angestellten.[53] Weitere Sondergesetze regeln die Arbeits- und Dienstverhältnisse in bestimmten Teilen des öffentlichen Dienstes wie z.B. im Militär. Dementsprechend beschränkte § 2

---

47 Näher s.u. Punkt I. 6.

48 Eine umfassendere Darstellung des ArbGB 1992 in der Zeit von 2009/2010 liefert *Hainz, Bernhard* (Hrsg.): Arbeits- und Sozialrecht in Mittel- und Osteuropa, 2. Aufl., Wien 2010, S. 249–285. Etwas älteren Datums sind die Überblicke von *Gobert, Arne*: Europäische Rechtsangleichung in Ungarn, Berlin 1997, S. 387–421, und von *Pajor-Bytomski, Magdalena*: Arbeitsrecht in Ungarn, München 1998.

49 Gesetz 1992:XXII über das Arbeitsgesetzbuch v. 4.5.1992, MK 1992 Nr. 45 (ArbGB 1992). Hierzu s. *Radnay, József*: Die arbeitsrechtliche Gesetzgebung in Ungarn in der Transformationsphase, in: *Adomeit, Klaus* u.a. (Hrsg.): Das Arbeitsrecht im Übergang vom Sozialismus zur Marktwirtschaft, Berlin 1996, S. 30–43.

50 Gesetz 2012:I über das Arbeitsgesetzbuch v. 6.1.2012, MK 2012 Nr. 2 (ArbGB 2012).

51 *Radnay* in *Adomeit* (Fn. 49), S. 36. Kritisch *Kiss, György*/*Berke, Gyula*: Arbeitsrecht als Vertragsrecht: Vorsichtige Öffnung oder wesentlicher Konzeptionswechsel im neuen ungarischen Arbeitsgesetzbuch?, JOR 54 (2013), S. 355–375 (S. 356–357).

52 Gesetz 1992:XXIII über die Rechtsstellung der öffentlichen Beamten v. 5.5.1992, MK 1992 Nr. 46, hierzu *Küpper, Herbert*: Das Beamtenrecht in Ungarn, ZBR 2004, S. 239–246, ergänzt durch Gesetz 2010:LVIII über die Rechtsstellung der Regierungsbeamten v. 28.6.2010, MK 2010 Nr. 108; beide ersetzt durch Gesetz 2011:CXCIX über die Beamten des öffentlichen Dienstes v. 30.12.2011, MK 2011 Nr. 164, dieses wurde ergänzt durch Gesetz 2016:LII über die Staatsbeamten v. 1.6.2016, MK 2016 Nr. 76. Zum Sonderarbeitsrecht für den öffentlichen Dienst s. auch *Küpper, Herbert*: Einführung in das ungarische Recht, München, Wien 2011, S. 270–271.

53 Gesetz 1992:XXXIII über die Rechtsstellung der öffentlichen Angestellten v. 2.6.1992, MK 1992 Nr. 56, bis heute in Geltung.

ArbGB 1992 dessen Geltungsbereich auf Arbeitsverhältnisse außerhalb des öffentlichen Dienstes.[54] In der Folge wird nur auf das für privatrechtliche Arbeitgeber geltende Arbeitsrecht (ArbGB und Nebenregelungen) eingegangen.

Das staatliche und tarifliche Arbeitsrecht war für den individuellen Arbeitsvertrag asymmetrisch zwingend bzw. asymmetrisch dispositiv: Der Arbeitsvertrag konnte von einem Tarifvertrag nur zugunsten des Arbeitnehmers abweichen (§ § 76 Abs. 2 ArbGB 1992). Eine vergleichbare Vorschrift zum Abweichen von gesetzlichen Regelungen fehlte, aber da die Vorschriften des ArbGB 1992 über das Arbeitsverhältnis meist als Mindeststandard zugunsten des Arbeitgebers gedacht waren, ergab sich hieraus auch ein Abweichungsverbot nach unten und eine Abweichungsmöglichkeit nach oben zugunsten des Arbeitnehmers. Die Neufassung des § 76 ArbGB von 2001 stellte dies in § 76 Abs. 4 Satz 2 klar: Ein Arbeitsvertrag durfte nur zugunsten des Arbeitnehmers von Rechtsvorschriften oder Tarifverträgen abweichen.[55] Damit eröffnete das ArbGB 1992 für individuelle und tarifliche Verhandlungen einen wesentlich weiteren Spielraum, als dies das sozialistische Recht getan hatte.[56]

Eine individuelle Vereinbarung, die gegen eine zwingende höherrangige Quelle des Arbeitsrechts einschließlich der Tarifverträge und Betriebsvereinbarungen oder allgemein gegen eine Rechtsvorschrift verstieß, war grundsätzlich nichtig (§ 8 Abs. 1 ArbGB 1992), und ein vorheriger Verzicht des Arbeitnehmers auf wesentliche Rechte war unzulässig (§ 8 Abs. 2 ArbGB).

Strenger als bisher waren die Formvorschriften: Während nach altem Recht ein Arbeitsvertrag grundsätzlich in jeder Form geschlossen werden konnte, d.h. schriftlich, mündlich oder durch konkludentes Verhalten,[57] schrieb § 76 Abs. 4 ArbGB 1992 die Schriftform vor. Auf ein Unterbleiben der Schriftform konnte sich allerdings nur der Arbeitnehmer berufen, und dies auch nur innerhalb von 30

---

54 Das ArbGB 2012 enthält keine vergleichbare Regelung; hier ergibt sich die Nichtgeltung des ArbGB für den öffentlichen Dienst aus dem allgemeinen Verhältnis von lex generalis (ArbGB) und lex specialis (Sondergesetze für den öffentlichen Dienst). Zudem ist im Schrifttum die Auffassung im Vordringen begriffen, dass zumindest das Recht der Beamten rechtssystematisch kein Sonderarbeitsrecht bilde, sondern Bestandteil des Verwaltungsrechts sei. Damit einher gehen Diskussionen, den Rechtsschutz für Beamte oder sogar für alle öffentlichen Bediensteten weg von der Arbeitsgerichtsbarkeit und hin zur Verwaltungsgerichtsbarkeit zu verlagern: *Küpper, Herbert*: § 13. Verwaltungsgerichtsbarkeit in Ungarn, in: *von Bogdandy, Armin/Huber, Peter M./Paužaitė-Kulvinskienė, Jurgita* (Hrsg.): Handbuch Ius Publicum Europaeum, Bd. 8: Staatliche Verwaltungsgerichtsbarkeit, zur Veröffentlichung vorgesehen 2018.

55 *Radnay, József* (Hrsg.): A Magyar Munkajog. Kommentár a gyakorlat számára [Das ungarische Arbeitsrecht. Kommentar für die Praxis], Loseblatt, Budapest, S. 130.

56 *Miholics, Tivadar*: Arbeitsrechtliche Lösungen im ungarischen Arbeitsrecht, in *Adomeit* (Fn. 49).

57 OG, AZ: Legf. Bír. Mfv. II. 10.316/1996, BH 1997 Nr. 152. Üblich war allerdings auch im Sozialismus der schriftliche Arbeitsvertrag.

Tagen ab Arbeitsantritt. Nach Ablauf dieser Frist galt der Arbeitsvertrag als gültig zustande gekommen.[58]

Tarifverträge konnten nunmehr für alle Branchen und Arbeitgeber sowie für jede Frage des Arbeitsverhältnisses Regelungen treffen. Auch für sie galt eine asymmetrische Dispositivität: Von den meisten Regelungen des staatlichen Arbeitsrechts in Bezug auf das Arbeitsverhältnis durften Tarifverträge zugunsten des Arbeitnehmers abweichen, während ihnen ein Abweichen zuungunsten des Arbeitnehmers grundsätzlich verboten war (§§ 13, 30–41 ArbGB 1992). In der Praxis beschränkten sich allerdings die meisten Tarifverträge darauf, die gesetzlichen Mindestbestimmungen zu wiederholen oder auf sie zu verweisen;[59] genuine eigene Regelungen trafen viele Tarifverträge nur in Bezug auf die Lohnhöhe.

In der Praxis wichtiger waren oft die Betriebsvereinbarungen, die die Vorgaben des staatlichen Rechts und des Tarifvertrags an die Umstände des jeweiligen Betriebs anpassten; sie wurden zwischen Betriebsrat und Arbeitgeber abgeschlossen. Insoweit sie Fragen betrafen, die in Arbeitsverträgen geregelt waren, durfte der individuelle Arbeitsvertrag nicht gegen die Betriebsvereinbarung verstoßen, d.h. die Betriebsvereinbarung genoss höheren Rang und setzte individuellen Vereinbarungen insofern einen Rahmen. Die zwischen Arbeitgeber und Arbeitnehmervertretung ausgehandelten Betriebsvereinbarungen traten in gewisser Weise an die von der Betriebsleitung erlassenen Normativakte des sozialistischen Rechts. Daneben blieben Betriebssatzungen als einseitig durch den Arbeitgeber festgelegte Regelungen eine Rechtsquelle des Arbeitsrechts, die auch Individualarbeitsverträge einzuhalten hatten.

Wie schon zuvor im Verfassungsrecht wurden die Gewerkschaften nunmehr auch im einfachen Arbeitsrecht aus der Kuratel des Staates entlassen und durften eine echte Interessenvertretung betreiben. Das ArbGB 1992 widmete den kollektiven Arbeitsbeziehungen ein ganzes Kapitel (§§ 14–70 ArbGB 1992), das die Tripartität, die Gewerkschaften und die auch in Ungarn sogenannte Betriebsverfassung (*üzemi alkotmány*), d.h. die Arbeitnehmermitwirkung u.a. im Betriebsrat regelte. Nunmehr konnten mehrere Gewerkschaften in einem Betrieb miteinander konkurrieren, allerdings konnte pro Arbeitgeber nur ein Tarifvertrag geschlossen werden, zu dessen Abschluss die im Betrieb vertretenen Gewerkschaften gemeinsam berechtigt waren. Konnten sich die Gewerkschaften nicht einigen, war die Gewerkschaft mit der Mehrheit im Betriebsrat vertretungsberechtigt für den Tarifvertrag (§§ 30–41 ArbGB 1992). Die Gewerkschaften hatten das Recht, im Betrieb präsent zu sein und Kontakt zu ihren Mitgliedern zu halten; aufgrund einer individuellen Vollmacht durften sie ein Mitglied auch gegenüber dem Arbeitgeber und sonst im Rechtsverkehr vertreten (§§ 18–19 ArbGB 1992). Des Weiteren konnten

58 *Pajor-Bytomski* (Fn. 48), S. 17.
59 *Kiss/Berke* (Fn. 51), S. 356–357.

die Gewerkschaften Auskunft vom Arbeitgeber verlangen und war der Arbeitgeber ebenso wie die Gewerkschaft zur Zusammenarbeit verpflichtet.[60]

Neu war die Beteiligung der Arbeitnehmer an unternehmerischen Entscheidungen; das Forum hierfür war der Betriebsrat (§§ 42–70 ArbGB 1992).[61] Diese Form der Arbeitnehmerbeteiligung hatte allerdings keinen Einfluss auf die Vertragsfreiheit und Vertragsstabilität auf individueller Ebene.

Eine weitere Neuerung des ArbGB 1992 war die Einführung der Figur eines „Arbeitnehmers in leitender Stellung" (*vezető állású munkavállaló*). Nachdem im alten Recht seit 1983 einzelne punktuelle Sonderregelungen zugunsten dieser Arbeitnehmergruppe eingeführt worden waren, gestalteten §§ 188–193 ArbGB 1992 sie zu einem dogmatisch selbstständigen Institut aus. Auf Arbeitnehmer in leitender Stellung fanden zahlreiche gesetzliche Arbeitnehmerschutzvorschriften sowie pauschal die Tarifverträge keine Anwendung. Diese Ausdifferenzierung im Status trug der Tatsache Rechnung, dass einige Arbeitnehmer zugleich Arbeitgeberfunktionen gegenüber anderen Arbeitnehmern ausübten; diese arbeitsweltliche Ausdifferenzierung sollte sich in der Ausdifferenzierung des gesetzlichen Status widerspiegeln. Im Ergebnis eröffneten sich damit für Angestellte in leitender Stellung deutlich weitere Räume zur individuellen Ausgestaltung ihrer Arbeitsverträge.[62]

Im Laufe seiner Geltung wurde das ArbGB 1992 häufig verändert. So erfuhren z.B. die Rechtsnachfolge auf Arbeitgeberseite und ihre Auswirkungen auf die Arbeitsverhältnisse, Massenentlassungen, Einzelheiten der Lohnzahlung oder auch der Kündigungsschutz eine detailliertere Regelung. Neu eingeführt wurden 2001 Regelungen über die Leiharbeit (§§ 193/B-193/P ArbGB 1992) und 2004 über die Telearbeit (§§ 192/C-193/A ArbGB 1992).[63]

Das Antidiskriminierungsgesetz von 1993[64] sieht die Ausarbeitung von Chancengleichheitsplänen durch Arbeitgeber und Gewerkschaft(en) vor. Solche Pläne sollten die faktische Chancengleichheit benachteiligter Gruppen wie Frauen, ältere Arbeitnehmer, Roma, Behinderte, kinderreiche und alleinerziehende Arbeitnehmer fördern. Damit wurde die positive Diskriminierung zugunsten der genannten Gruppen erlaubt. Einen Eingriff in individuelle Arbeitsverträge oder deren Durchsetzungsmöglichkeiten ermöglicht das Antidiskriminierungsgesetz nicht, wohl aber Klagemöglichkeiten von Arbeitsplatzbewerbern, die der Ansicht sind,

---

60 Hierzu *Küpper*, Einführung in das ungarische Recht (Fn. 52), S. 266–269; *Pajor-Bytomski* (Fn. 48), S. 117–121.

61 Näher *Hainz* (Fn. 48), S. 278–282; *Pajor-Bytomski* (Fn. 48), S. 131–137.

62 *Pajor-Bytomski* (Fn. 48), S. 8–9; *Radnay* (Fn. 55), S. 420–448.

63 Näher hierzu Punkte II. 2. (Rechtsnachfolge auf Arbeitgeberseite), IV. 4. (Massenentlassungen), III. 4. (Kündigungsschutz), II. 5. c) (Leiharbeit, Telearbeit).

64 Gesetz 2003:CXXV über die Gleichbehandlung und die Förderung der Chancengleichheit v. 28.12.2003, MK 2003 Nr. 157.

aus unzulässigen Gründen bei der Bewerbung um einen Arbeitsplatz benachteiligt worden zu sein. Das Antidiskriminierungsgesetz gilt bis heute.[65]

d) Das gültige Arbeitsgesetzbuch von 2012

Parallel zu den Kodifikationsarbeiten zu einem neuen ArbGB liefen auch die Arbeiten an einem neuen Bürgerlichen Gesetzbuch. Insbesondere die Ziviljuristen drängten darauf, den Individualarbeitsvertrag aus dem ArbGB herauszunehmen und in das neu zu schaffende BGB zu integrieren. Sie begründeten ihre Ansicht v.a. damit, dass es sich um einen klassisch zweiseitigen Vertrag handele und ein umfassendes BGB alle Vertragstypen umfassen solle. Auf diese Weise würde auch das allgemeine Vertragsrecht des BGB automatisch für den Arbeitsvertrag gelten. Hiergegen wehrten sich die Arbeitsrechtler: Sie sahen im Arbeitsvertrag eine genuin arbeitsrechtliche Regelung, die im ArbGB verbleiben sollte. Auch bezweifelten sie, ob das allgemeine Vertragsrecht des BGB auf den Arbeitsvertrag passe. Vermittelnde Meinungen schlugen vor, einige Teile des Arbeitsvertragsrechts ins BGB zu übernehmen und andere im ArbGB zu belassen. Der Gesetzgeber schließlich folgte der Ansicht der Arbeitsrechtler: Der Individualarbeitsvertrag bleibt im ArbGB 2012 geregelt; dieses schottet den Arbeitsvertrag sogar weitgehend vom allgemeinen Vertragsrecht des BGB ab, indem § 31 ArbGB die (vergleichsweise wenigen) BGB-Vorschriften ausdrücklich aufzählt, die im ArbGB 2012 Anwendung finden.[66]

Das ArbGB 2012 führt in vieler Hinsicht das ArbGB 1992 fort. Es weist jedoch dem Arbeitgeber in weniger starkem Umfang hoheitsähnliche (vertikale) Befugnisse gegenüber dem Arbeitnehmer zu, sondern betont stärker das vertragliche Verhältnis zwischen beiden Parteien, d.h. die – jedenfalls theoretische – Gleichordnung.[67] Zugleich baut es Arbeitnehmerschutzvorschriften ab, z.B. im Kündigungsschutz oder bei befristeten Arbeitsverhältnissen; außerdem müssen Arbeitnehmer stärker als bisher, z.B. auch in ihrem außerdienstlichen Verhalten, Interessen des Arbeitgebers berücksichtigen. Diese können gemäß § 8 Abs. 3 ArbGB sogar zur Einschränkung der Meinungsfreiheit des Arbeitnehmers führen.[68] Insofern findet

---

65 Näher hierzu *Radnay, József*: Az egyenlő bánásmód egyes kérdései [Einige Fragen der Gleichbehandlung], Gazdaság és Jog 12/2006, S. 9–12.

66 *Kiss/Berke* (Fn. 51); *Küpper, Herbert*: Ungarns neues BGB, Teil 1: Entstehung und Inhalt, WiRO 2014, S. 129–135 (133); *Szalma, József*: Arbeitsvertrag – Kodexfrage oder einheitliches Arbeitsrecht im ungarischen Recht, Annales Universitatis Scientiarum Budapestinensis de Rolando Eötvös Nominatæ. Sectio Iuridica, Tomus LIV, 2013, S. 441–452.

67 Zu den sozial- und arbeitsmarktpolitischen Aspekten des ArbGB 2012 s. *Prugberger, Tamás*: Az új Munka Törvénykönyv többszempontú vizsgálata és értékelése [Eine Prüfung und Bewertung des neuen Arbeitsgesetzbuchs unter mehreren Gesichtspunkten], Magyar Jog 2012, S. 513–525.

68 *Kiss/Berke* (Fn. 51); *Kun, Attila*: A puha jog (soft law) szerepe és hatékonysága a munkajogban – Az új Munka Törvénykönyve apropóján [Die Rolle des weichen Rechts

es sich im Gegensatz zur zumindest rhetorischen Aufwertung der Arbeit und der arbeitsbasierten Gesellschaft im Grundgesetz von 2011.[69]

Das ArbGB 2012 geht grundsätzlich von der Dispositivität seiner Vorschriften aus. Der Arbeitsvertrag darf gemäß der Generalklausel in § 43 ArbGB 2012 grundsätzlich zugunsten des Arbeitnehmers vom Gesetz abweichen. An etlichen Stellen legt das ArbGB 2012 aber fest, dass der Arbeitsvertrag von bestimmten Regeln nicht abweichen kann, d.h. diese gesetzlichen Regeln dürfen weder über- noch unterschritten werden. Daneben definiert das ArbGB 2012 auch die Vorschriften, von denen ein Tarifvertrag grundsätzlich oder nur zugunsten des Arbeitnehmers abweichen kann. Schließlich erlauben eine Reihe von Vorschriften Abweichungen in beide Richtungen. Im Ergebnis schafft es damit im Vergleich zum ArbGB 1992 weiter gehende Rechtssicherheit im Hinblick auf den (asymmetrisch oder symmetrisch) dispositiven oder zwingenden Charakter der einzelnen Vorschriften und weitet im Ergebnis die Dispositivität leicht aus, was auch zulasten der Arbeitnehmer gehen kann, denn das neue Recht erlaubt stärker als das alte Abweichungen auch zu ihren Ungunsten.[70]

Zur Rechtssicherheit trägt auch die Auslegungsregel in § 43 Abs. 2 ArbGB 2012 bei, dass eine Abweichung vom Gesetz „durch den Vergleich der miteinander zusammenhängenden Bestimmungen" festzustellen ist.[71]

Ausgeweitet wurde die Rechtsfolge der Nichtigkeit von arbeitsrechtlichen Verträgen: § 27 ArbGB 2012 knüpft diese Rechtsfolge nicht nur an den Verstoß gegen höherrangiges Recht, sondern auch an die Umgehung einer arbeitsrechtlichen Regel und an den offensichtlichen Verstoß gegen die guten Sitten. Gerade die Generalklausel der guten Sitten ist geeignet, der Justiz eine allgemeine Aufsicht über den Inhalt von Arbeitsverträgen in einem Umfang zu eröffnen, der unter dem ArbGB 1992 nicht gegeben war. Da es noch keine veröffentlichte Rechtsprechung zu dem ArbGB 2012 gibt, ist noch nicht abzusehen, ob der gesetzliche Verweis auf die guten Sitten zu einer Einschränkung der Dispositionsfreiheit der Parteien führen wird.

(soft law) und seine Effektivität im Arbeitsrecht – aus Anlass des neuen Arbeitsgesetzbuchs], Pázmány Law Working Paper 2012/41, einzusehen unter http://plwp.eu/evfolyamok/2012/59-2012-41, S. 21; *Miholics, Tivadar*: A munkavállaló kötelezettségei a munkaviszonyban [Die Pflichten des Arbeitnehmers im Arbeitsverhältnis], Magyar Jog 2016, S. 120–128 (128).

69 Dazu oben Punkt I. 2. d). Zur Schlechterstellung der Arbeitnehmer im ArbGB 2012 im Vergleich zum ArbGB 1992 s. *Unterrieder, Matthias/Buzási, Barnabás*: Das neue ungarische Arbeitsgesetzbuch, eastlex 2012/5, S. 181–184.

70 *Unterrieder/Buzási* (Fn. 69), S. 181.

71 *Berke, Gyula/Kiss, György* (Hrsg.): Kommentár a munka törvénykönyvéhez [Kommentar zum Arbeitsgesetzbuch], Budapest 2012, § 43. Diese ungarische Form des „Günstigkeitsprinzips" sehen sehr kritisch *Kiss/Berke* (Fn. 51): Ihnen zufolge ist die ungarische Regel dysfunktional und erreicht eher das Gegenteil des Gewollten.

Der Tarifvertrag bildet auch gemäß dem ArbGB 2012 den Rahmen für den Individualarbeitsvertrag. Per Tarifvertrag können viele gesetzliche Vorschriften konkretisiert, präzisiert oder auch zugunsten (in manchen Fällen auch zulasten) des Arbeitnehmers verbessert sowie Lücken des staatlichen Rechts geschlossen werden.[72] Jedoch machen auch unter dem neuen Recht nur wenige Tarifverträge hiervon Gebrauch. Es bleibt auch unter dem neuen ArbGB bei dem Grundsatz, dass jeder Arbeitgeber nur einen Tarifvertrag schließen kann. Auf Gewerkschaftsseite sind nunmehr nur noch Gewerkschaften tarifvertragsabschlussberechtigt, deren Mitgliedschaft mindestens 10% der Arbeitnehmer des Arbeitgebers ausmacht (§ 276 ArbGB 2012). Erfüllen mehrere Gewerkschaften diese Voraussetzung, können und müssen sie den Tarifvertrag gemeinsam abschließen. Können sich die Gewerkschaften untereinander nicht auf eine Position einigen, kommt ggf. kein Tarifvertrag zustande.[73]

Betriebsvereinbarungen und einseitige Betriebssatzungen sind auch im ArbGB 2012 anerkannte Rechtsquellen, die zumindest für den Individualarbeitsvertrag verbindliche Rahmen setzen.[74]

Die Rechtsstellung der Gewerkschaften im Betrieb und gegenüber dem Arbeitgeber ist im ArbGB 2012 zurückhaltender ausgestaltet als in der Vorgängerregelung.

Zentrales Instrument der Arbeitnehmerbeteiligung im Betrieb ist auch unter dem Arbeitsgesetzbuch von 2012 der Betriebsrat, der v.a. in §§ 235–269 ArbGB 2012 geregelt ist. Eine der Hauptaufgaben des Betriebsrats ist auch weiterhin der Abschluss von Betriebsvereinbarungen, die Fragen der Arbeitsbedingungen etc. mit zwingender Wirkung auch im Hinblick auf den Individualarbeitsvertrag regeln können (§§ 267–268 ArbGB 2012).

4 Der Tarifvertrag[75]

Zwischen dem Tarifvertrag des sozialistischen Arbeitsrechts und dem Tarifvertrag im postsozialistischen Arbeitsrecht gibt es teilweise Kontinuitäten und teilweise Brüche. Zu den Elementen, die in beiden Systemen vorzufinden sind, gehören die Vertragsparteien (Arbeitgeber[76] – Arbeitnehmervertretung), die Erstreckung auch

---

72 Die zentrale, aber nicht die einzige Vorschrift ist § 277 ArbGB 2012.

73 *Berke/Kiss* (Fn. 71), § 276 Rn. 4; *Kiss/Berke* (Fn. 51), S. 373–374.

74 *Berke/Kiss* (Fn. 71), § 13 Rn. 5, § 17; *Gyulavári, Tamás/Kun, Attila*: Munkáltatói jogalkotás? A munkáltatói szabályzatok szerepe a munkajogi szabályozásban [Rechtsetzung durch den Arbeitgeber? Satzungen des Arbeitgebers in der arbeitsrechtlichen Regelung], Magyar Jog 2012, S. 157–170; *Gyulavári, Tamás/Kun, Attila*: A munkáltatói szabályzat az új Munka Törvénykönyvében [Die arbeitgeberseitige Satzung im neuen Arbeitsgesetzbuch], Magyar Jog 2013, S. 556–566; *Kiss/Berke* (Fn. 51), S. 374–375.

75 Umfassender *Pajor-Bytomski* (Fn. 48), S. 125–131.

76 Allerdings brachte erst die Wende die Erstreckung der Tariffähigkeit auf alle Arbeitgeber.

auf nicht gewerkschaftsangehörige Arbeitnehmer des tarifgebundenen Arbeitgebers und die Stellung im arbeitsrechtlichen Rechtsquellensystem zwischen staatlichem Recht und Individualarbeitsvertrag.

Allerdings ist v.a. auf der Arbeitgeberseite durch die Wende eine Ausdifferenzierung der möglichen Parteien festzustellen: Während im Sozialismus der einzelne Arbeitgeber (Betrieb) der Vertragspartner des Tarifvertrags war (§§ 7–8 ArbGB 1951, § 10 ArbGB 1967[77]), gehen § 31 ArbGB 1992, § 276 ArbGB 2012 davon aus, dass auf der Arbeitgeberseite ein Arbeitgeber, mehrere Arbeitgeber oder auch ein Arbeitgeberverband stehen können. Dem entspricht auf der Arbeitnehmerseite die bereits erwähnte Möglichkeit, dass ein Tarifvertrag von mehreren Gewerkschaften oder auch durch einen Gewerkschaftsbund abgeschlossen wird.

Neu hingegen ist die Funktion des Tarifvertrags, der durch die Entstaatlichung sowohl der Arbeitgeberseite als auch der Arbeitnehmervertretungen erreicht wurde: Von einem Instrument staatlicher Steuerung der Arbeitsverhältnisse verwandelte er sich in ein Forum zur Aushandlung der kollektiven Interessen der Tarifparteien. Daher wird seit 1992 präziser als zuvor zwischen dem normativen und dem schuldrechtlichen Teil differenziert.[78]

Dennoch spielt der ungarische Tarifvertrag nicht die kodifikationsersetzende Rolle wie z.B. sein deutsches oder österreichisches Pendant. Obwohl Tarifverträge spätestens seit 1992 günstigere Bedingungen für Arbeitnehmer festschreiben dürfen als durch das staatliche Recht gewährt, gehen nur wenige Tarifverträge über die Mindestgarantien des jeweils geltenden Arbeitsgesetzbuchs hinaus. Am ehesten machen noch die Tarifverträge für den öffentlichen Sektor von der Möglichkeit zur Günstigerstellung Gebrauch. Im Übrigen beschränken sich viele Tarifverträge auf die Regelung dessen, was das staatliche Recht offen lässt: die Lohnhöhe. Auch diese kann der Tarifvertrag erst seit der Wende autonom bestimmen: Während es im Sozialismus differenzierte Lohntabellen gab, innerhalb derer sich der Tarifvertrag zu halten hatte, d.h. der staatliche Normgeber den Lohn bestimmte, schreibt seit der Wende der Staat nur noch den Mindestlohn vor. Darüber hinaus ist es Sache der Tarifpartner, den Lohn festzulegen.[79]

---

77 1989 fanden die ersten Ausdifferenzierungen auf Arbeitgeberseite Eingang in das ArbGB 1967; diese wurden dann im ArbGB 1992 fortgeführt. Vorübergehend wurde das Rechtsinstrument des sog. Rahmentarifvertrags eingeführt, der nicht von einem einzelnen Arbeitgeber, sondern von einem Arbeitgeberverband geschlossen wurde (§ 9/A ArbGB 1967 mit Wirkung ab dem 25.3.1989). Im ArbGB 1992 und im ArbGB 2012 heißen auch die Tarifverträge, die ein Arbeitgeberverband schließt, wieder einfach „Tarifvertrag".

78 *Miholics* in *Adomeit* (Fn. 49), S. 136–142; *Radnay* in *Adomeit* (Fn. 49), S. 37–38.

79 *Miholics* in *Adomeit* (Fn. 49), S. 138; *Radnay* in *Adomeit* (Fn. 49), S. 41.
Zu der vergleichbaren Lage im heutigen Polen s. die Studie „Paradigmenwechsel ohne Wandel: Vertragsfreiheit, Vertragsstabilität und Vertragsdurchsetzung im polnischen Arbeitsrecht" in diesem Band, Punkt IV. 2.

Daher modifizieren die Tarifverträge kaum den Spielraum für individuelle Vereinbarungen der Parteien im Arbeitsvertrag. Soweit Tarifverträge höhere Schutzstandards für Arbeitnehmer als das staatliche Recht festlegen, dürfen Individualverträge nicht nur nicht hinter das staatliche Schutzniveau zurückfallen, sondern auch nicht hinter das tarifvertragliche.

5 Das Zustandekommen von Arbeitsrecht im Rahmen der Tripartität

Raum für eine echte Tripartität, d.h. das Zusammenwirken von Staat (Regierung) und Tarifpartnern, war erstmals nach dem Ende des Sozialismus möglich. Zwar waren die Gewerkschaften bereits vor der Wende formal in die Formulierung arbeitsrechtlicher Rechtsvorschriften einbezogen. Sie waren allerdings Teil des Systems und insofern keine echte, d.h. unabhängige Vertretung der Arbeitnehmerinteressen. Die Arbeitgeberinteressen waren als solche überhaupt nicht organisiert und wurden teils vom Staat als der Instanz, die direkt oder indirekt die meisten Arbeitsplätze vorhielt, vertreten, teils waren sie unrepräsentiert, soweit es den im Zuge des „Neuen Ökonomischen Mechanismus“ langsam wachsenden Bereich der Arbeitsverhältnisse außerhalb des Staates und der verstaatlichten Wirtschaft betraf.

Daher wurde die Tripartität in dem genannten Sinne erstmals im ArbGB 1992 geregelt. §§ 16–17 ArbGB 1992 errichteten den sog. Landesweiten Interessenausgleichsrat (*Országos Érdekegyeztető Tanács*), in dem die Regierung und die Vertretungen der Arbeitgeber und der Arbeitnehmer zusammenwirkten. Der Interessenausgleichsrat hatte ein Mitwirkungsrecht beim Erlass von Regeln über die Massenentlassung und die Arbeitsbewertung sowie bei der Festlegung des Mindestlohns, der Höchstarbeitszeiten und der Feiertage. 2009 erhielt der Interessenausgleichsrat eine eigenständige Rechtsgrundlage außerhalb des ArbGB 1992 in Gestalt des Gesetzes 2009:LXXIII über den Landesweiten Interessenausgleichsrat.[80] Der Unterbau des Landesweiten Interessenausgleichsrats wurde separat in Gesetz 2009:LXXIV[81] geregelt.

Der Interessenausgleichsrat war auch das Forum, in dem die Tarifparteien auf Initiative der Regierung Lohnverhandlungen führten. Da seit der Wende sowohl die Arbeitgeber- als auch die Arbeitnehmerseite unter einer starken Schwäche der Selbstorganisation litten und bis heute leiden,[82] wurden auch die

80 Gesetz 2009:LXXIII über den Landesweiten Interessenausgleichsrat v. 6.7.2009, MK 2009 Nr. 93.

81 Gesetz 2009:LXXIV über die Ausschüsse für den Branchendialog und über einzelne Fragen des sozialen Dialogs auf mittlerer Ebene v. 6.7.2009, MK 2009 Nr. 93.

82 *Körösényi, András*: Das politische System Ungarns, in: *Ismayr, Wolfgang* (Hrsg.): Die politischen Systeme Osteuropas, Opladen 2002, S. 309–353 (339–340); *Pajor-Bytomski* (Fn. 48), S. 117–122. Länderübergreifend *Nohlen* u.a. (Fn. 38), Stichwort Gewerkschaften (östliche Länder), S. 226–228.

Tarifverhandlungen über Lohnhöhe etc. faktisch von der Regierung dominiert, deren Rolle über die eines bloßen Moderators hinauswuchs.

Kurz vor dem Erlass des ArbGB 2012 wurde die Tripartität grundlegend umgestaltet. Gesetz 2011:XCIII über den Nationalen Wirtschafts- und Sozialrat[83] hob Gesetz 2009:LXXIII auf und errichtete an der Stelle des Landesweiten Interessenausgleichsrats den namensgebenden Nationalen Wirtschafts- und Sozialrat (*Nemzeti Gazdasági és Társadalmi Tanács*). In diesem Rat sind nicht mehr nur die Tarifparteien vertreten, sondern seine Mitgliedschaft setzt sich aus Vertretern der Interessenvertretungen der Arbeitgeber und Arbeitnehmer, der Wirtschaftskammern, der auf dem Gebiet der Nationspolitik tätigen Vereinigungen, der historischen Kirchen sowie der Wissenschaft in Ungarn und bei den ungarischen Minderheiten im Ausland zusammen; 2016 kamen noch Vertreter des künstlerischen Lebens in Ungarn und bei den ungarischen Minderheiten im Ausland hinzu. Andererseits ist die Regierung nun nicht mehr unmittelbar beteiligt. Durch die Öffnung gegenüber Nichttarifpartnern und ausländischen Wissenschaftlern und Künstlern hat der Rat seinen bisherigen Charakter der Tripartität verloren und ist nun eine Art gesamtgesellschaftliches Diskussionsgremium für ethnische Ungarn innerhalb und außerhalb Ungarns. Nichtsdestoweniger liegen seine Initiativ- und Konsultationsrechte in weiten Teilen weiterhin im Bereich der Beschäftigungspolitik und der Arbeitsbedingungen, allerdings nicht in der Förderung des Zustandekommens von Tarifverträgen. Der Nationale Wirtschafts- und Sozialrat kann in weitem Umfang Vorhaben der Regierung im Bereich des Arbeitsrechts und der Arbeitsbedingungen vorschlagen, begutachten und debattieren. In der Praxis ist seine Bedeutung gering; er wird von der Regierung v.a. dann eingeschaltet, wenn sie eine Akklamation durch dieses Gremium wünscht.

Der Dialog der Tarifpartner findet seit der Abschaffung des Interessenausgleichsrats in einem System unterschiedlicher Gremien gemäß dem nach wie vor in Kraft befindlichen Gesetz 2009:LXXIV[84] statt. Ein Teilbereich dieses Dialogs ist die Beratung arbeitsrechtsrelevanter Normsetzungsvorhaben und entsprechende Empfehlungen an den Normgeber, d.h. an das Parlament oder die Regierung. Der Dialog leidet bis zum heutigen Tag unter der Organisationsschwäche beider Seiten, die u.a. darauf zurückzuführen ist, dass es in vielen Branchen und Bereichen konkurrierende Arbeitgeber- und Arbeitnehmervertretungen mit kollidierenden

---

83 Gesetz 2011:XCIII über den Nationalen Wirtschafts- und Sozialrat v. 14.7.2011, MK 2011 Nr. 81.

84 Nachgewiesen in Fn. 81. Zur Praxis *Prugberger, Tamás*: Az országos, az ágazati és a területi érdekegyeztetés, valamint az üzemi tanács jövője és jogi szabályozásuk megreformálásának kérdései [Die Zukunft des landesweiten, des Branchen- und des regionalen Interessenausgleichs sowie des Betriebsrats und Fragen der Reformierung ihrer rechtlichen Regelung], Magyar Jog 2012, S. 28–35; *Prugberger, Tamás*: A munkaügyi kapcsolatok új szabályai az érdekkiegyenlítés jegyében [Die neuen Regeln der Arbeitsbeziehungen im Licht des Interessenausgleichs], Gazdaság és Jog 2013/3, S. 3–10.

Geltungsansprüchen gibt. Die Einbeziehung beider Tarifpartner oder einer Seite in den Normsetzungsprozess läuft daher weniger im Rahmen der Ausschüsse für den Branchendialog ab, sondern die Regierung nimmt Konsultationen mit den von ihr gewünschten Partnern auf. Diese Konsultationen sind nicht rechtlich geregelt, sondern laufen informell ab. Hinzu kommt die Anhörung der Arbeitnehmer- oder Arbeitgebervertretungen, die im Rahmen des parlamentarischen Verfahrens gemäß der Geschäftsordnung[85] möglich ist.

Neben diesen beiden Spezialgesetzen enthält das ArbGB 2012 selbst keine weiteren Regeln mehr zu den Foren, wo Tarifverhandlungen stattfinden und Tarifverträge ausgehandelt werden können.

6 Kontrahierungszwang

Die sozialistische Verfassungsordnung statuierte bis zum Schluss eine Arbeitspflicht aller Arbeitsfähigen. Diese Arbeitspflicht spiegelte sich nicht in den Arbeitsgesetzbüchern wider: § 14 ArbGB 1951, § 22 ArbGB 1967 gingen unausgesprochen von einem freiwilligen Abschluss des Arbeitsvertrags aus.[86] Jedenfalls reichten zum Zustandekommen eines Arbeitsvertrags die Willenserklärungen der beiden Parteien, die nicht durch behördliche Akte o.ä. ersetzt werden konnten. § 18 Abs. 1 ArbGB 1967 sprach sogar ausdrücklich vom „Recht" des Staatsbürgers, ein Arbeitsverhältnis einzugehen. Das Finden einer angemessenen Beschäftigung sollte der Staat v.a. durch Arbeitsvermittlung erleichtern (§ 21 ArbGB 1967); auch aus diesen Formulierungen kann kein Zwang zum Eingehen eines bestimmten Arbeitsverhältnisses abgeleitet werden.[87]

Die Unternehmen waren durch die staatliche Planung gehalten, eine bestimmte Anzahl von Arbeitnehmern zu beschäftigen. Auch wenn die Planung spätestens seit dem „Neuen Ökonomischen Mechanismus" v.a. indikativer Natur war, so übten auch diese indirekten staatlichen Planungs- und Lenkungsziele auf das Unternehmen einen gewissen Druck aus, eine bestimmte Belegschaft zu halten. Eine konkrete Pflicht zur Beschäftigung konkreter Arbeitnehmer entstand hieraus jedoch nicht.

Ebenso unterlagen die Arbeitnehmer einem eher indirekten Zwang zur Arbeitsaufnahme.[88] Vermögen, von denen man leben konnte, gab es nicht mehr, sodass

---

85 Zurzeit Parlamentsbeschluss 10/2014. (II. 24.) OGY über einige Geschäftsordnungsbestimmungen v. 24.2.2014, MK 2014 Nr. 27.

86 *Csanádi, György*: Munkajog [Arbeitsrecht], Budapest 1975, S. 78; *Weltner* (Fn. 37), S. 67–70.

87 Zu den vergleichbaren Bedingungen im sozialistischen Polen s. die Studie „Paradigmenwechsel ohne Wandel: Vertragsfreiheit, Vertragsstabilität und Vertragsdurchsetzung im polnischen Arbeitsrecht" in diesem Band, Punkt I. 3. a.

88 Bereits für das stalinistische Arbeitsrecht sprach das arbeitsschriftliche Schrifttum davon, dass die Umsetzung der Arbeitspflicht ausschließlich durch „mittelbare rechtliche Sanktionen" umgesetzt werde: *Weltner* (Fn. 37), S. 69–70.

praktisch jedermann gezwungen war, seinen Lebensunterhalt durch Arbeit zu bestreiten. Die Arbeitspflicht galt als moralische, nicht jedoch als unmittelbar rechtliche Pflicht.[89] Eine äußere Grenze zog das Strafrecht, das die „gemeingefährliche Arbeitsvermeidung“ (*közveszélyes munkakerülés*) unter Strafe stellte.[90] Um die Nachfrage der Arbeitgeber und das Bemühen der Arbeitnehmer, einen passenden Arbeitsplatz zu finden, zu koordinieren, sah § 21 Abs. 1 ArbGB 1967 „Beratung bei der Berufswahl, Arbeitsvermittlung und andere geeignete Mittel“ vor, d.h. nicht mit Zwang wirkende Instrumente. Zudem konnte ein Unternehmen junge Menschen durch einen sog. Studienvertrag (*tanulmányi szerződés*) an sich binden: Das Unternehmen finanzierte dem Lernenden seine Lern- oder Studienzeit, wofür dieser sich verpflichtete, nach Erwerb seiner Qualifikation eine bestimmte Zeit lang bei dem Unternehmen zu arbeiten. Diese erstmals 1967 normierte vertragliche Konstruktion[91] besteht bis zum heutigen Tage.[92] Auch wenn sich aus dem Studienvertrag eine gewisse Arbeitspflicht bei dem Unternehmen ergab und ergibt, so war und ist das Eingehen eines solchen Vertrags freiwillig; ein Kontrahierungszwang besteht nicht. Eine Art Zwangsvertrag kam im sozialistischen Arbeitsrecht bei der behördlich angeordneten Umsetzung eines Arbeitnehmers von einem Arbeitgeber zu einem anderen vor. Diese Umsetzung erfolge im Zuge der sog. Arbeitskräftebewirtschaftung. §§ 133–138 ArbGB 1951 ermöglichten eine solche Umsetzung über den Kopf des Betroffenen hinweg durch einen Vertrag zwischen altem und neuem Arbeitgeber (Unternehmen); der Arbeitgeber konnte höchstens nachträglich hiergegen Beschwerde einlegen. § 25 Abs. 2 ArbGB 1967 stärkte die Stellung des Arbeitnehmers insoweit, als nunmehr zur Umsetzung ein dreiseitiger Vertrag zwischen altem und neuem Arbeitgeber und dem Arbeitnehmer notwendig war, d.h. formal war die Zustimmung des Arbeitnehmers notwendig. Zugleich stieg durch die Neue Ökonomische Politik die Notwendigkeit von Umsetzungen, weil nunmehr auch die Schließung unrentabler Werke und Unternehmen vorkommen konnte: Um Arbeitslosigkeit zu verhindern, wurden die betroffenen Arbeitnehmer in rentablere Bereiche der Wirtschaft umgesetzt. Mit dem Sozialismus endete diese Art der zwangsweisen Bewirtschaftung von Arbeitsplätzen.

Eine recht sonderbare Regelung enthielt § 80 ArbGB 1992: Falls ein Arbeitgeber einen Arbeitsplatz ausschrieb, konnte er den Arbeitsvertrag nur mit einem Bewerber schließen, der sich auf die Ausschreibung beworben hatte und den Vorgaben

---

89 *Weltner/Nagy* (Fn. 39), Bd. 1, S. 43.

90 § 214 Gesetz 1961:V über das Strafgesetzbuch der Volksrepublik Ungarn v. 22.12.1961, MK 1961 Nr. 97; ersetzt durch § 266 Gesetz 1978:IV über das Strafgesetzbuch v. 31.12.1978, MK 1978 Nr. 92; diese Strafvorschrift wurde mit Wirkung v. 7.7.1989 ersatzlos gestrichen. Zu dieser Strafvorschrift als Zwangsmittel der staatlichen Arbeitskräftebewirtschaftung s. *Juhász, Gábor* in *Jakab* (Fn. 13), § 70/B Rn. 3.

91 § 21 Abs. 2 ArbGB 1967. Zu diesen Mitteln im Rahmen des Neuen Ökonomischen Sozialismus s. *Csanádi* (Fn. 86), S. 82–86; *Weltner/Nagy* (Fn. 39), Bd. 1, S. 124–130.

92 Zur Bedeutung seit der Wende s. *Gobert* (Fn. 48), S. 403; *Miholics* in *Adomeit* (Fn. 49), S. 140.

entsprach, d.h. die Einstellung eines Außenseiters – auch eines besser qualifizierten Außenseiters – war unzulässig. Warum diese in sonstigen Ländern nur im öffentlichen Dienst praktizierte Pflicht auch privaten Arbeitgebern vorgeschrieben wurde, ist nicht klar; die Begründung zur Regierungsvorlage beschreibt § 80 nur, erklärt aber nicht den regelungspolitischen Hintergrund. Möglicherweise war der Gesetzgeber 1992 gedanklich noch zu sehr in den Bedingungen der staatlichen Verfügung über die Arbeitsplätze befangen und konnte sich nicht hinreichend auf die Bedingungen der Marktwirtschaft einstellen. Immerhin blieb diese Vorschrift bis zum Außerkrafttreten des ArbGB 1992 in Geltung. In gewissem Rahmen ergab sich aus ihr ein Kontrahierungszwang zulasten des Arbeitgebers, der ggf. mit dem besten Bewerber den Vertrag abschließen – oder aber vom Eingehen eines Arbeitsverhältnisses komplett absehen – musste. Die praktische Bedeutung von § 80 ArbGB 1992 scheint allerdings gering gewesen zu sein; die veröffentlichte Rechtsprechung ist äußerst spärlich.[93] Das ArbGB 2012 enthält keine vergleichbare Bestimmung mehr; damit endete diese arbeitsrechtliche Anomalie 2012.

Ergänzend sei erwähnt, dass sich aus dem Antidiskriminierungsrecht i.V.m. dem zivilrechtlichen Schutz der Persönlichkeitsrechte gegen Diskriminierung kein Anspruch des diskriminierten Arbeitsplatzbewerbers auf Einstellung ergibt. Ein Kontrahierungszwang wird mithin auch nicht durch das Antidiskriminierungsrecht vermittelt. Dasselbe gilt für die Rechtsfolgen einer rechtswidrigen Kündigung seitens des Arbeitgebers gemäß ArbGB 2012: Während das ArbGB 1992 dem rechtswidrig gekündigten Arbeitnehmer einen Wiedereinstellungsanspruch einräumte, beschränkt sich das ArbGB auf moderate Schadensersatzpflichten des Arbeitgebers.[94]

Keinen Kontrahierungs-, aber einen Verhandlungszwang kennt das kollektive Arbeitsvertragsrecht. Ein Angebot, einen Tarifvertrag auszuhandeln, darf nicht zurückgewiesen werden (§ 37 Abs. 1 ArbGB 1992; § 276 Abs. 7 ArbGB 2012). Diese Vorschriften verlangen nur Verhandlungen, eine Pflicht zum Abschluss eines Tarifvertrags sehen sie nicht vor.[95] Das sozialistische Recht kannte vergleichbare Regelungen nicht, da der Abschluss von Tarifverträgen ohnehin politisch gesteuert wurde; daher war die positive Statuierung einer Verhandlungspflicht überflüssig: Da politisch gewünscht, gab es überall dort Tarifverträge, wo es zulässig war. Auch unter den Verhältnissen nach der Wende ist die Verhandlungspflicht wohl eher symbolischer Natur. In der veröffentlichten arbeitsrechtlichen Rechtsprechung spielt sie keine Rolle.

---

93 *Küpper, Herbert*: Ungarn: Arbeitsrecht, BayME Schriftenreihe International Bd. 17, München 2007, S. 17–18; *Küpper*, Einführung in das ungarische Recht (Fn. 52), S. 263; *Pajor-Bytomski* (Fn. 48), S. 15; *Radnay* (Fn. 55), S. 139–140.

94 Näher dazu unten Punkt III. 4. b).

95 *Berke/Kiss* (Fn. 71), § 276 Rn. 7; *Hainz* (Fn. 48), S. 282; *Miholics* in *Adomeit* (Fn. 49), S. 136.

II Die Stellung des Arbeitgebers: vom Misstrauen zur Akzeptanz

1 Die Rehabilitierung des privaten Arbeitgebers

Nach der reinen Lehre des Sozialismus sowjetischer Prägung sollten alle wesentlichen Produktionsmittel in der Hand des Staates oder anderer sozialistischer Subjekte liegen. Dies wurde in Ungarn im Zuge der Verstaatlichungen in den 1940er und 1950er-Jahren mehr oder weniger weitgehend durchgesetzt. Die Frage, ob private Arbeitgeber zulässig waren, war somit keine Frage des Arbeitsrechts, sondern vielmehr eine solche der Eigentumsordnung: Wo es kein Produktionseigentum in privater Hand gab, stellte sich die Frage nach einem privaten Arbeitgeber kaum.

Während das ArbGB 1951 zunächst in § 150 noch die privaten Arbeitgeber ausdrücklich erwähnte und der Geltung des Gesetzes unterstelle, entfiel dieser Verweis durch die umfangreiche ArbGB-Novelle von 1964. Hierin spiegelt sich das Fortschreiten der Verstaatlichung aller Produktionsmittel wider: Private Produktionsmittel und somit private Arbeitgeber gab es praktisch nicht mehr, sodass der Verweis auf sie entfallen konnte. Im ArbGB 1967 findet sich kein Hinweis mehr auf private Arbeitgeber. Verboten waren sie durch das ArbGB 1967 aber auch nicht: Soweit es sie noch oder wieder gab, unterfielen sie wie die staatlichen Arbeitgeber auch dem allgemeinen Arbeitsrecht.[96]

Der ungarische Sozialismus einschließlich des „Neuen Ökonomischen Mechanismus“ akzeptierte Private als Arbeitgeber lange Zeit nur am Rande der Wirtschaftstätigkeit. So durften private Handwerker bis zu drei, private Händler einen Arbeitnehmer beschäftigen.[97] Das änderte sich erst in den 1980er-Jahren. Aber selbst 1984 waren nur 1,4% der Beschäftigten der Industrie in nicht staatlichen Arbeitsverhältnissen beschäftigt; 1975 hatte dieser Wert 0,7% betragen.[98]

Mitte der 1980er-Jahre wurden immer mehr Joint Ventures zwischen ungarischen und ausländischen Unternehmen zugelassen. Diese standen naturgemäß nicht oder jedenfalls nur zum Teil im Eigentum des ungarischen Staates. Aus arbeitsrechtlicher Sicht waren sie private Arbeitgeber, und soweit bei ihnen Arbeitsverhältnisse in Ungarn mit ungarischen Arbeitnehmern bestanden, unterstanden diese ungarischem Arbeitsrecht. Eine Änderung des Arbeitsrechts wegen der Zunahme privater Arbeitgeber erfolgte nicht; für staatliche und private Arbeitgeber galten dieselben arbeitsrechtlichen Vorschriften.

---

96 Zu den Besonderheiten der sofortigen Kündigung bei privaten Arbeitgebern s. *Weltner/Nagy* (Fn. 39), Bd. 1, S. 254.

97 *Csanádi* (Fn. 86), S. 79.

98 *Wass v. Czege, Andreas*: Industrie und Handwerk, in *Grothusen* (Fn. 43), S. 302–316 (313).

1988 wurden ausländische Investitionen auch in Gestalt von Gesellschaften ungarischen Rechts in rein ausländischem Eigentum gestattet,[99] und im selben Jahr erging das erste Gesellschaftsgesetz, das nunmehr die Gründung von Gesellschaften privaten Rechts erlaubte.[100] Auch durch diese Reformen stieg die Anzahl privater, d.h. nicht staatlicher Arbeitgeber weiter an.

1989 begann die Privatisierung der ungarischen Wirtschaft, zunächst der Klein-, später auch der Großbetriebe. Zunächst wurden die bislang staatlichen Betriebe in privatrechtliche Formen des Gesellschaftsrechts umgewandelt, und in einem zweiten Schritt verkaufte der Staat seine Beteiligungen an diesen neuen Gesellschaften an Private.[101]

Damit waren spätestens seit 1988 private Arbeitgeber – wenn auch eher stillschweigend – rehabilitiert. Die Akzeptanz privater Arbeitsverhältnisse war nicht zentraler Punkt der Reformen, sondern eher deren Nebenprodukt. Im Mittelpunkt stand zunächst die Zulassung eines privaten Wirtschaftssektors und ab 1989 die Umgestaltung der Wirtschaft von einer Planwirtschaft mit Staatseigentum an Produktionsmitteln hin zu einer Marktwirtschaft, in der Produktionsmittel weitest gehend im Privateigentum stehen. Während die Vermehrung privater Arbeitgeber und privater Arbeitsverhältnisse in den 1980er-Jahren das Arbeitsrecht noch weitgehend unbeeinflusst ließen, machte das Umschwenken von Plan- auf Marktwirtschaft ein neues Arbeitsrecht notwendig.

2 Änderungen in der Person des Arbeitgebers

Im Sozialismus kam eine Änderung in der Person des Arbeitgebers überaus selten vor. Ein staatliches Unternehmen behielt in der Regel seine Rechtsform und seine rechtliche Identität. Sofern der Arbeitnehmer nicht den Betrieb wechselte oder zu einem anderen Betrieb (Arbeitgeber) versetzt wurde, änderte sich in der Person des Arbeitgebers nichts. Falls der Arbeitnehmer im Rahmen der Arbeitskräftebewirtschaftung o.ä. einem anderen Arbeitgeber zugeteilt wurde, gewährten ihm § 138 ArbGB 1951, § 25 Abs. 3 ArbGB 1967 den Schutz seiner erworbenen Rechte dergestalt, dass beim früheren Arbeitgeber verbrachte Zeiten bei der Berechnung von relevanten Arbeitszeiten der Zeit beim neuen Arbeitgeber zugerechnet wurden. Dank dieser Besitzstandswahrung entstanden dem Arbeitnehmer keine Nachteile durch die Umsetzung.

---

99 Gesetz 1988:XXIV über die Investitionen von Ausländern in Ungarn v. 31.12.1988, MK 1988 Nr. 69. Bis kurz vor dem EU-Beitritt Ungarns unterstellte §§ 26, 28 dieses Gesetzes die inländischen Arbeitsverhältnisse bei den erfassten Firmen ungarischem Sozialversicherungs- und Arbeitsrecht.

100 Gesetz 1988:VI über die Wirtschaftsgesellschaften v. 10.10.1988, MK 1988 Nr. 47. Näher hierzu s. „Von der liberalen Planwirtschaft zur illiberalen Marktwirtschaft: Vertragsstabilität und Vertragsdurchsetzung in Ungarn“ in diesem Band, Punkt I. 1. a) ii.

101 Dazu s. „Von der liberalen Planwirtschaft zur illiberalen Marktwirtschaft: Vertragsstabilität und Vertragsdurchsetzung in Ungarn“ in diesem Band, Punkt I. 1. c).

Die Frage nach einer Änderung in der Person des Arbeitgebers stellte sich erstmals in den 1980er-Jahren, als die Anzahl nicht staatlicher Arbeitgeber – zunächst Joint Ventures, später Wirtschaftsgesellschaften – zunahmen. Seit der Wende[102] schreiben § 27/A Abs. 1 ArbGB 1967 i.d.F. ab dem 29.10.1991, § 86 Buchst. b) ArbGB 1992, § 63 Abs. 1 Buchst. b) ArbGB 2012 vor, dass das rechtsnachfolgerlose Ende des Arbeitgebers per se zu einem Ende des Arbeitsvertrags führt. E contrario ergibt sich hieraus, dass ein nicht rechtsnachfolgerloses Ende des Arbeitgebers, d.h. eine Rechtsnachfolge beim Arbeitgeber, die Arbeitsverhältnisse nicht beendet. Das Oberste Gericht klärte hierzu in seiner Stellungnahme in Arbeitssachen MK 154 v. 15.11.1992, dass eine Rechtsnachfolge beim Arbeitgeber die Arbeitsverhältnisse unberührt lässt[103]: Sie bestehen bei dem neuen Arbeitgeber weiter,[104] und beim alten Arbeitgeber erworbene Besitzstände (wie z.B. Dienstjahre) gelten auch gegenüber dem neuen Arbeitgeber.

In der Vorbereitung des EU-Beitritts hielt man die Stellungnahme des Obersten Gerichts nicht mehr für ausreichend. Zur Anpassung des Arbeitsrechts an die Betriebsübergangsrichtlinie[105] wurde 1997 § 85/A in das ArbGB 1992 eingefügt, der 2003 um §§ 85/B-85/C ergänzt wurde.[106] Im ArbGB 2012 enthalten §§ 36–41, 282 die entsprechenden Regelungen, die von einem gesetzlichen Übergang des Arbeitsverhältnisses vom alten auf den neuen Arbeitgeber ausgehen. Den vorhandenen Tarifvertrag muss der neue Arbeitgeber noch ein Jahr aufrechterhalten.

3 Rechte und Pflichten des Arbeitgebers im Arbeitsverhältnis

Das ungarische Arbeitsrecht unterscheidet im Arbeitsverhältnis zwischen Haupt- und Nebenpflichten. Diese treffen den Arbeitgeber immer dann, wenn ein Arbeitsverhältnis im materiellen Sinn vorliegt. Hierbei kommt es auf den Inhalt des Vereinbarten an, nicht auf die Bezeichnung, die die Parteien in ihrem Vertrag

---

102 Gemäß § 29 Abs. 1 Buchst. a) ArbGB 1951 war es ein Kündigungsgrund für den Arbeitgeber, falls das Unternehmen endete; diese Vorschrift wurde im ArbGB 1967 nicht fortgeführt.

103 Besonderheiten galten allerdings, wenn der übernehmende Arbeitgeber nicht dem Arbeitsgesetzbuch unterfiel, sondern ein öffentlicher Arbeitgeber war: OG, AZ.: Legf. Bír. Mfv. II. 10.911/2008, BH 2010 Nr. 259.

104 So in der Folge auch die höchstrichterliche Rechtsprechung, etwa in OG, AZ.: Legf. Bír. Mfv. I. 10. 277/1993, BH 1994 Nr. 403; AZ.: Legf. Bír. Mfv. I. 10. 493/1994, BH 1995 Nr. 375.

105 Richtlinie 77/187/EWG des Rates vom 14. Februar 1977 zur Angleichung der Rechtsvorschriften der Mitgliedstaaten über die Wahrung von Ansprüchen der Arbeitnehmer beim Übergang von Unternehmen, Betrieben oder Betriebsteilen.

106 ArbGB-Änderungsgesetze 1997:LI v. 20.5.1997, MK 1997 Nr. 53, und 2003:XX v. 16.4.2003, MK 2003 Nr. 38. Hierzu *Pataki*, *Béla*/*Kühl*, *Cessy*: Der Betriebsübergang in Ungarn, WiRO 2007, S. 332–338.

gewählt haben.[107] Damit versucht die Rechtsprechung, eine Umgehung der arbeitsrechtlichen Schutzstandards durch Ausweichen auf scheinbar andere Vertragsverhältnisse zu verhindern.

Die Hauptpflicht des Arbeitnehmers besteht darin, zur Arbeitsleistung zur Verfügung zu stehen und gemäß den Weisungen des Arbeitgebers Arbeit zu verrichten, wobei die Arbeitsverrichtungspflicht grundsätzlich an die Person des Arbeitnehmers gebunden, d.h. höchstpersönlich ist [§ 14 ArbGB 1951; § 34 ArbGB 1967; § 103 ArbGB 1992,[108] §§ 42 Abs. 2 Buchst. a), 52 ArbGB 2012[109]].

Den Arbeitgeber treffen zwei Hauptpflichten. Zunächst muss er die Arbeitsleistung vergüten. Die Höhe der Vergütung muss der geleisteten Arbeit entsprechen und darf bei gleicher Arbeit nicht zwischen persönlichen Merkmalen der Arbeitnehmer differenzieren. Während im Sozialismus der Staat die Lohnhöhe direkt durch Rechtsvorschrift oder indirekt im Wege von Tarifverträgen festlegte, ist sie seit der Wende Gegenstand von Tarifverhandlungen und wird zwischen Arbeitgebern und Arbeitnehmervertretern ausgehandelt und anschließend in Tarifverträgen niedergelegt. Der Lohn oder jedenfalls die Eingruppierung in die Lohntabelle ist aber auch obligatorischer Bestandteil des individuellen Arbeitsvertrags [§§ 14, 18 ArbGB 1951; § 22 Abs. 2 Satz 1 ArbGB 1967; §§ 5, 76 Abs. 3, 141–164 ArbGB 1992;[110] §§ 12, 42 Abs. 2 Buchst. b), § 45 Abs. 1 ArbGB 2012]. Außerdem kann der Arbeitnehmer nicht auf seinen Vergütungsanspruch verzichten (§ 141 ArbGB 1992; § 163 Abs. 1 ArbGB 2012).

Die zweite Hauptpflicht des Arbeitgebers besteht darin, den Arbeitnehmer vertragsgemäß zu beschäftigen, d.h. ihn mit Arbeit zu versehen (§ 33 ArbGB 1967; § 102 Abs. 1 ArbGB 1992; § 51 Abs. 1 ArbGB 2012).[111] Damit einher geht auch die Pflicht des Arbeitgebers, für sichere und gesunde Arbeitsbedingungen zu sorgen.[112] Sanktioniert wird die Verletzung der Pflicht, den Arbeitnehmer zu beschäftigen, nicht: Das Gesetz lässt die Folgen der Pflichtverletzung offen, und Rechtsprechung zur Durchsetzung des Arbeitnehmeranspruchs auf Beschäftigung ist nicht nachweisbar.[113] Gegen eine nicht vertragsgemäße oder rechtswidrige Beschäftigung oder Weisung zur Arbeit hingegen kann der Arbeitnehmer sich wehren.

---

107 OG, AZ.: Legf. Bír. Mfv. I. 10.720/1999, BH 2001 Nr. 445; AZ.: Legf. Bír. Mfv. II. 11.083/2000, BH 2002 Nr. 504; AZ.: Legf. Bír. Mfv. I. 10.949/2007, BH 2009 Nr. 220; Hauptstädtisches Tafelgericht, AZ.: 6 Pf. 21.002/2004, BH 2005 Nr. 102.

108 Hierzu *Pajor-Bytomski* (Fn. 48), S. 22–24.

109 Hierzu *Miholics* (Fn. 68), S. 120–124.

110 Hierzu *Pajor-Bytomski* (Fn. 48), S. 33–41.

111 § 14 ArbGB 1951, der die Grundpflichten der Parteien regelte, kannte eine solche Beschäftigungspflicht noch nicht. Zum sozialistischen Recht *Weltner/Nagy* (Fn. 39), Bd. 1, S. 193–194; zur heutigen Bedeutung der Beschäftigungspflicht *Berke/Kiss* (Fn. 71), § 51 Rn. 1.

112 *Pajor-Bytomski* (Fn. 48), S. 54–55.

113 Zur relativen Bedeutungslosigkeit dieser Pflicht s. *Pajor-Bytomski* (Fn. 48), S. 44–46.

Die Nebenpflichten sind vielfältiger Natur und reichen von einer allgemeinen Kooperations-, Informations- und Rücksichtnahmepflicht über die Pflicht zur Einhaltung der arbeitsrechtlichen Mindeststandards bis hin zu gegenseitigen Schadensersatzpflichten. Seit der Wende ist die Sensibilität gegenüber dem Datenschutz gewachsen, was zu einer laufenden Verschärfung der Pflichten des Arbeitgebers zum Schutz der Arbeitnehmerdaten geführt hat. Die Entwicklung der wichtigsten Nebenpflichten wird in den nachfolgenden Punkten behandelt.[114]

4 Behördliche Aufsicht über den Arbeitgeber

Zu sozialistischen Zeiten waren v.a. staatliche Unternehmen Arbeitgeber. Sie unterstanden einer umfassenden staatlichen Lenkung und Aufsicht,[115] was sich grundsätzlich auch auf die Arbeitsverhältnisse erstrecken konnte. Im Rahmen des „Neuen Ökonomischen Mechanismus“ wurde die staatliche Lenkung und Aufsicht häufig nur zurückhaltend ausgeübt, um den Unternehmen den gewünschten ökonomischen Spielraum zu lassen. Auch Plan- und ähnliche Behörden konnten indirekt auf die Unternehmen einwirken, u.a. in Bezug auf die Arbeitsverhältnisse, etwa durch die Vorgabe von Beschäftigungszahlen u.ä.

Speziell in Bezug auf die Arbeitsverhältnisse gab es verschiedene Organe des Arbeitsschutzes, die teils staatliche, teils gewerkschaftliche Einrichtungen waren. Sie waren an dem Erlass von Vorschriften zur Arbeitssicherheit beteiligt und hatten deren Einhaltung zu überwachen. Im Zuge dessen konnten sie dem einzelnen Betrieb auch konkrete Vorschriften machen.[116]

Mit der Wende endeten die quasi öffentlich-rechtliche Stellung der staatlichen Unternehmen sowie die letzten Reste der Wirtschaftsplanung. Alle Unternehmen und somit alle Arbeitgeber können sich seitdem grundsätzlich frei auf dem Markt bewegen. Dennoch sind sie nicht frei von staatlicher Aufsicht. In Bezug auf die Arbeitsverhältnisse ist v.a. der Arbeitsschutz von Bedeutung. Parallel zum ArbGB 1992 wurde der Arbeitsschutz in einem gesonderten Gesetz geregelt, das bis heute in Kraft ist.[117] Es gewährt den unterschiedlichen Arbeitsschutzbehörden Eingriffsbefugnisse gegenüber Arbeitgebern, die den Vorgaben des Arbeitsschutzes nicht gehörig nachkommen. Die Neuregelung der allgemeinen behördlichen Aufsicht gegenüber Arbeitgebern erfolgte 1996: Danach ist die Kontrolle der Einhaltung

---

114 Einen Überblick über die Nebenpflichten des Arbeitnehmers bietet *Miholics* (Fn. 68), S. 125–128.

115 §§ 31–41 Gesetz 1977:VI über die staatlichen Unternehmen v. 27.12.1977, MK 1977 Nr. 98.

116 § 92 ArbGB 1951; §§ 51–54 ArbGB 1967 i.V.m. §§ 74–86 Regierungsverordnung 34/1967. (X. 8.) Korm. über die Durchführung des Gesetzes 1967:II über das Arbeitsgesetzbuch v. 8.10.1967, MK 1967 Nr. 67.

117 Gesetz 1993:XCIII über den Arbeitsschutz v. 3.11.1993, MK 1993 Nr. 160 (ArbSchG). Hierzu *Pajor-Bytomski* (Fn. 48), S. 79–115.

aller arbeitsrechtlichen Vorschriften durch Arbeitgeber grundsätzlich eine staatliche Aufgabe.[118] Bestimmte Aspekte arbeitgeberischen Verhaltens können zudem von weiteren Behörden kontrolliert werden, z.B. Datenschutz (Datenschutzbehörden) oder Gleichbehandlung (Amt für Chancengleichheit).

Mit dem Auf- und Ausbau des Steuersystems in den 1980er-Jahren ergaben sich neue Aufgaben auch für den Arbeitgeber; die Erfüllung dieser Aufgaben wird von staatlichen Behörden überwacht. 1987 wurde die Einkommenssteuer auf persönliche Arbeitseinkommen eingeführt.[119] Bei Arbeitnehmern wird die Einkommenssteuer seit ihrer Einführung durch den Arbeitgeber berechnet, vom Lohn einbehalten und abgeführt.[120] Hierbei unterlagen und unterliegen die Arbeitgeber der Aufsicht der Steuerbehörden, die sich allerdings im Fall von Streitigkeiten regelmäßig mit dem steuerpflichtigen Arbeitnehmer und nur in Ausnahmefällen mit dem Arbeitgeber auseinandersetzen.

Weiter reichen die Befugnisse der Aufsichtsbehörden der Sozialversicherung gegenüber dem Arbeitgeber im Hinblick auf die Abführung von Sozialversicherungsbeiträgen. Diese Beiträge setzen sich aus Arbeitnehmer- und Arbeitgeberbestandteilen zusammen, die der Arbeitgeber beide an die Sozialversicherung zahlt. Da im Gegensatz zur Einkommenssteuer der Arbeitgeber nicht nur eine Abschlagszahlung auf eine fremde Schuld abführt, sondern auch eine eigene Schuld zur Leistung der Arbeitgeberanteile befriedigt, können die Sozialversicherungsbehörden sich unmittelbar mit dem Arbeitgeber auseinandersetzen, wenn Zweifel an der Abführung dieser Beiträge aufkommen.[121]

Insgesamt ist festzustellen, dass die Rolle des Arbeitgebers sich von einer quasi behördlichen Stellung zu der eines Rechtsunterworfenen wandelte. Im wichtigsten Bereich der staatlichen Eingriffsbefugnisse, dem Arbeitsschutz, verschoben sich die Zuständigkeiten weg von der Gewerkschaft und hin zu staatlichen Organen.

5 Obligatorische soziale Mindeststandards

a) Verfassungsebene

Der Sozialismus nahm für sich in Anspruch, den Werktätigen vor Ausbeutung zu schützen. Daher spielten soziale Schutzstandards zugunsten der Arbeitnehmer im

118 Gesetz 1996:LXXV über die Arbeitskontrolle v. 18.10.1996, MK 1996 Nr. 89.

119 Gesetz 1987:VI über die Einkommenssteuer von Privatpersonen v. 29.9.1987, MK 1987 Nr. 42; ersetzt durch Gesetz 1989:XLV über die Einkommenssteuer von Privatpersonen v. 16.12.1989, MK 1989 Nr. 92; ersetzt durch Gesetz 1991:XC über die Einkommenssteuer von Privatpersonen v. 29.12.1991, MK 1991 Nr. 148; ersetzt durch Gesetz 1995:CXVII über die persönliche Einkommenssteuer v. 22.12.1995, MK 1995 Nr. 113.

120 § 21 EStG 1987, § 41 EstG 1989, § 41 EStG 1991, §§ 12/A-15 EStG 1995 (die Gesetze sind nachgewiesen in Fn. 119).

121 *Hainz* (Fn. 48), S. 284.

sozialistischen Recht aus ideologischen Gründen eine große Rolle. Einige dieser Standards waren bereits auf Verfassungsebene niedergelegt.[122] Dass die Nachwende-Verfassungen von 1989/90 und 2011 viele dieser Standards beibehalten und sogar noch ausgebaut haben, zeigt, dass die Bevölkerung diese Standards auch im neuen marktwirtschaftlichen System nicht missen will – ein Phänomen, das in zahlreichen ehemals sozialistischen Staaten zu beobachten ist.

b) „Klassische" Mindeststandards in den Arbeitsgesetzbüchern

Der Hauptregelungsort für soziale Schutzstandards war und ist jedoch das staatliche Arbeitsrecht, allen voran das Arbeitsgesetzbuch.

Das ArbGB 1951 enthielt Schutzbestimmungen zu den folgenden Aspekten des Arbeitsverhältnisses[123]:

- Gleichberechtigung v.a. der Geschlechter;
- Arbeitssicherheit, gesunde Arbeitsbedingungen;
- Kündigungsschutz zugunsten des Arbeitnehmers;
- Schutz besonders gefährdeter Arbeitnehmer (Minderjährige, Frauen, insbes. Schwangere und Mütter, Arbeiter in gesundheitsgefährdenden Stellungen, Inhaber befristeter Arbeitsverhältnisse);
- Probezeit;
- Arbeitszeit, Pausen, Ruhezeiten, Überstunden, Urlaub;
- Lohnsystem und der Grundsatz der leistungsangemessenen Vergütung.[124]

Diese klassischen Schutzstandards finden sich durchgängig in allen Arbeitsgesetzbüchern von 1951 bis heute. Sie erfuhren im Laufe der Zeit und erfahren immer noch Modifikationen im Detail. So wurden z.B. etliche Schutzbestimmungen zugunsten von Müttern umformuliert in Schutzbestimmungen zugunsten von Kinder erziehenden Eltern, ggf. von alleinerziehenden Eltern, unabhängig vom Geschlecht. 1991 wurde den sozialen Mindeststandards ein Anspruch des Arbeitnehmers auf Abfindung (*végkielégítés*) bei Ende des Arbeitsverhältnisses hinzugefügt.

Die Funktion dieser gesetzlichen Standards ist im Laufe der Zeit bis heute gleich geblieben: Sie formulieren ein Mindestmaß, hinter das weder der Individualarbeitsvertrag noch der Tarifvertrag zurückfallen können. Zwar ist im Laufe der Zeit der Bewegungsspielraum für Tarifverträge zur Gewährung arbeitnehmergünstigerer Bestimmungen gestiegen, und mittlerweile kann auch der Individualarbeitsvertrag in mancher Hinsicht von den gesetzlichen Standards zugunsten des

---

122 Näher hierzu Punkt I. 2. mit Unterpunkten.

123 Einzelheiten zu wichtigen Bereichen finden sich unter Punkt III.

124 Die leistungsangemessene Vergütung wird durch die Bestimmungen der Tarifverträge u.ä. konkretisiert; aus dem Grundsatz selbst lassen sich keine subjektiven Ansprüche auf einen höheren Lohn ableiten.

Arbeitnehmers abweichen. Hiervon macht die ungarische Praxis aber nur wenig Gebrauch, sodass die gesetzlichen Bestimmungen nicht nur das Mindestmaß vorgeben, sondern zugleich auch das Normalmaß bilden.

Des Weiteren bestimmen alle Arbeitsgesetzbücher von 1951 bis 2012, dass im Arbeitsvertrag zwingend der Grundlohn und der Arbeitsbereich zu regeln sind; beide obligatorischen Vertragsbestandteile haben eine grundlegende Bedeutung v.a. für den Arbeitnehmer.

§§ 75–77 ArbGB 1951 enthielt des Weiteren auch Schutzstandards bei der Organisation des Urlaubs und der Schaffung von Urlaubsmöglichkeiten für Werktätige. Diese Schutzvorschriften verpflichteten aber weniger den Arbeitgeber als vielmehr die Gewerkschaften. § 17 Abs. 2 ArbGB 1967 enthielt nur noch einen kurzen Verweis auf die Rolle der Gewerkschaften, ohne dies als Anspruch der Werktätigen zu formulieren. Mit dem ArbGB 1992 ist diese Rolle der Gewerkschaften im positiven Recht entfallen. Die Gestaltung seines Urlaubs liegt seitdem allein in den Händen des Arbeitnehmers.

c) *Neue Herausforderungen seit der Wende*

Die neuen Verhältnisse seit der Wende machten an manchen Punkten eine Ausweitung der Schutzstandards nötig.

Ein erstes Feld, in dem der Gesetzgeber neue bindende Schutzvorschriften zugunsten des Arbeitnehmers entwickelte, war der Datenschutz. Diese Schutzvorschriften betreffen die Vertragsfreiheit und Vertragsstabilität im Arbeitsrecht bestenfalls indirekt, weil sie v.a. Verhaltensregeln für den Arbeitgeber im Hinblick auf die Erhebung, die Sammlung, die Speicherung, die Verwendung und die Weitergabe von Daten mit Bezug auf den Arbeitnehmer vorgeben. Für das individuelle Vertragsverhältnis sind die Datenschutzvorschriften insofern von Bedeutung, als sie einen Mindestschutz gewährleisten, der in manchen Teilen auch individualvertraglich nicht abbedungen werden kann.

Ein weiterer Bereich, der neue Regeln notwendig machte, ist die Leiharbeit (*munkaerő-kölcsönzés*). Dieses Phänomen war im Sozialismus unbekannt und daher ungeregelt. Nach der Wende entstanden Leiharbeitsverhältnisse zunächst in einer rechtlichen Grauzone. Eine erste Regelung erging 2001; diese wurde dann in das ArbGB 2012 übernommen.[125] Das Schutzniveau von Leiharbeitnehmern ist insgesamt niedriger als das von anderen Arbeitnehmern. Wichtig ist die Verteilung der konkreten Arbeitgeberpflichten zwischen den beiden potenziellen Arbeitgebern: der Leiharbeitsfirma, bei der das Arbeitsverhältnis besteht, und dem Ausleiher, in dessen Betrieb sich der Leiharbeitnehmer einzuordnen hat. Diese Zuweisung der einzelnen Arbeitgeberpflichten an einen konkreten Arbeitgeber

125 §§ 193/B-193/P ArbGB 1992 i.d.F. ab dem 1.7.2001; ersetzt durch §§ 214–222 ArbGB 2012.

hat für den Arbeitnehmer eine wichtige Garantiefunktion, weil klar ist, an wen er sich mit einem gegebenen Anspruch halten kann.[126]

Auch die Telearbeit gehörte zu den neuen Phänomenen, die der Gesetzgeber regeln musste, v.a. um die klassischen Arbeitnehmerschutzstandards an den technischen Fortschritt und dessen Einfluss auf die Arbeitswelt anzupassen. Im Jahr 2004 wurden §§ 192/C-193/A in das ArbGB 1992 eingefügt, die v.a. die Integration des Telearbeitnehmers in den Betrieb des Arbeitgebers, ungeachtet der räumlichen Dislozierung, gewährleisten sollten. Außerdem regelten sie die Kontrollrechte des Arbeitgebers, v.a. dessen Einblickrechte in die von ihm zur Verfügung gestellten Arbeitsmittel wie Computer etc. Ähnlich ist die Stoßrichtung der Nachfolgeregelungen in §§ 196–197 ArbGB 2012. Im Widerspruch zu der Regelung in § 192/D ArbGB 1992, § 197 Abs. 1 ArbGB, wonach der Telearbeitnehmer selbst den Ort der Arbeitserbringung bestimmt, steht der ebenfalls 2004 eingeführte § 86/A ArbSchG, der die Verantwortung für die Arbeitssicherheit des so gewählten Arbeitsplatzes dem Arbeitgeber zuweist. Diese unangemessene und wirklichkeitsfremde Regelung steht dem Ausbau der Telearbeit in Ungarn entgegen.

III Die Stellung des Arbeitnehmers: von einer repressiven ideologischen Überhöhung zum geschützten Vertragspartner

Im arbeitsvertraglichen Synallagma hat sich im Übergang von der sozialistischen Planwirtschaft zur postsozialistischen Marktwirtschaft nicht nur die Position des Arbeitgebers verändert. Auch der Arbeitnehmer genießt nunmehr eine in Teilen veränderte Stellung.

1 Von der Arbeitspflicht zur freien Wahl des Arbeitsplatzes

Die sozialistische Verfassung sprach eine allgemeine Arbeitspflicht aus. Diese wurde jedoch vor allem moralisch aufgefasst, weniger als konkrete Rechtspflicht. Daher gab es keine Vorschriften zur unmittelbaren Durchsetzung der Arbeitspflicht. Der Staat sorgte vielmehr mit informellen Mitteln und „sanftem Zwang“ dafür, dass jeder arbeitete. Im Hintergrund stand dabei aber der harte Zwang der Strafbarkeit der gemeingefährlichen Arbeitsvermeidung.

Im Rahmen der Möglichkeiten und der – wenn auch nur weich durchgesetzten – Arbeitspflicht konnte der Einzelne sich seinen Arbeitsplatz aussuchen. Diese Möglichkeit eröffnete sich v.a. gut qualifizierten Arbeitnehmern, die oft nach Abschluss ihrer Ausbildung oder auch im Laufe ihrer Karriere Angebote mehrerer

---

126 *Bankó, Zoltán*: A munkaerő-kölcsönzés keretében foglalkoztatott munkavállaló jogállásának alakulása a magyar munkajogban [Die Entwicklung der Rechtsstellung von im Rahmen der Leiharbeit beschäftigten Arbeitnehmern im ungarischen Arbeitsrecht], Jura 2013/2, S. 157–160; *Berke*/*Kiss* (Fn. 71), § 218.

Arbeitgeber erhielten und dazwischen frei wählen konnten. Eine förmliche Garantie, den Arbeitsplatz auszusuchen, gab es nicht. Stattdessen galt im Sozialismus das Recht auf Arbeit, d.h. das Recht, überhaupt zu arbeiten; auf die Wahl eines konkreten Arbeitsplatzes wurde dieses Recht jedoch nicht bezogen.[127]

Weniger frei war im Sozialismus der Arbeitnehmer bei einer Umsetzung auf einen anderen Arbeitsplatz: Das ArbGB 1951 erlaubte die Umsetzung nach den Notwendigkeiten des Arbeitgebers und der Volkswirtschaft auch ohne Zustimmung des Arbeitnehmers; der Arbeitnehmer hatte lediglich ein nachträgliches Beschwerderecht. Das ArbGB 1967 hingegen knüpfte die Umsetzung formal an die vertragliche Zustimmung des Arbeitnehmers. Da derartige Maßnahmen u.a. zur Vermeidung von Arbeitslosigkeit getroffen wurden, war die faktische Möglichkeit des Arbeitnehmers, dies abzulehnen, beschränkt und ergab sich bestenfalls dann, wenn er in eigener Initiative einen anderen Arbeitsplatz gefunden hatte.[128] Diese Möglichkeit des Arbeitgebers (und dahinter stehend des die Wirtschaft planenden Staates), wesentliche Inhalte des Arbeitsvertrags einseitig abzuändern, brachte ein einseitig instabiles Element in das Arbeitsvertragsverhältnis. Im Übrigen konnten die Parteien in gegenseitigem Einvernehmen den Arbeitsvertrag jederzeit abändern, mussten und müssen hierbei aber das obligatorische höherrangige Recht beachten.

Eine förmliche Garantie der Freiheit der Wahl des Arbeitsplatzes wurde erstmals 1989 in der Verfassung verankert.[129] Im seinerzeit geltenden ArbGB 1967 ergab sich hierdurch kein Anpassungsbedarf, da auch die sozialistischen Arbeitsgesetzbücher von 1951 und 1967 formal von der Vertragsfreiheit beim Abschluss eines Arbeitsvertrags ausgingen. Diese Vertragsfreiheit liegt auch den seit der Wende erlassenen Arbeitsgesetzbüchern von 1992 und 2012 zugrunde, sodass jedermann ohne rechtlichen Zwang[130] den Arbeitsplatz wählen und ein Arbeitsverhältnis seiner Wahl eingehen kann.

Faktisch haben sich die Verhältnisse vom Sozialismus zum Postsozialismus in gewisser Weise gewandelt. Der sozialistische Staat sorgte mit unterschiedlichen Strategien dafür, dass jeder einen Arbeitsplatz bekam. Wer auf dem Arbeitsmarkt attraktiv war, der konnte häufig zwischen mehreren Angeboten wählen. „Unattraktive“ Arbeitnehmer wurden durch den Staat in Arbeitsverhältnisse gegeben, um das ideologische Tabu der Arbeitslosigkeit zu vermeiden. Seit der Wende ist die Suche nach einem Arbeitsplatz in erster Linie Angelegenheit des einzelnen Arbeitnehmers. Der Staat unterstützt die Suche von Arbeitgebern und Arbeitnehmern nach geeigneten Arbeitsverhältnissen durch seine Arbeitsmarktpolitik und eine staatliche Arbeitsvermittlung; jedoch ist dies eine bloße Hilfsfunktion

127 Näher hierzu Punkt I. 6.

128 Näher hierzu Punkt I. 2. a) und b).

129 § 70/B Abs. 1 Verf. i.d.F. ab dem 23.10.1989; ersetzt durch Art. XII. Abs. 1 Satz 1 GrundG.

130 Dass auf dem Arbeitsmarkt faktische Zwänge bestehen, stellt die rechtliche Wahlfreiheit nicht infrage.

zur Unterstützung der primären privaten Initiative. Für Personen, die dennoch außerhalb eines Arbeitsverhältnisses verbleiben, wurde nach der Wende als soziale Sicherung die Arbeitslosenhilfe aufgebaut, für die es im Sozialismus keinen Vorläufer, da keinen Bedarf gab.[131]

2 Perioden der Unsicherheit: Probezeit, Befristung

Der Standardfall des sozialen Schutzes knüpft an ein unbefristetes Arbeitsverhältnis an. Sowohl eine Probezeit als auch eine Befristung bringen für den Arbeitnehmer Unsicherheit in seiner Lebensplanung. Daher enthalten alle ungarischen Arbeitsgesetzbücher Vorschriften, die diese Elemente der Unsicherheit möglichst einhegen. Als Arbeitnehmerschutzvorschriften sind sie für die Parteien des Arbeitsverhältnisses verbindlich und können auch durch Individualvertrag nicht unterschritten werden.

Eine Probezeit kannten und kennen alle ungarischen Arbeitsgesetzbücher. Die Funktion der diesbezüglichen Vorschriften bestand und besteht darin, ein Gleichgewicht zwischen dem Interesse v.a. des Arbeitgebers, den neuen Arbeitnehmer zu testen und ihn bei Ungeeignetheit unproblematisch wieder loszuwerden, und dem Interesse v.a. des Arbeitnehmers an einer verlässlichen dauerhaften Vertragsgrundlage in Einklang zu bringen. Das Mittel hierzu war und ist eine gesetzliche Höchstdauer der Probezeit, die im Laufe der Zeit stieg:

- § 24 ArbGB 1951 begrenzte sie auf sieben Tage, bei Inhabern wichtiger Arbeitsbereiche auf 30 Tage;
- § 23 ArbGB 1967 erhöhte sie auf 30 Tage mit der Möglichkeit, sie im Individualarbeitsvertrag bis auf drei Monate zu verlängern;[132]
- § 81 ArbGB 1992 blieb bei der Regeldauer von 30 Tagen, gestattet aber eine individualvertragliche Verlängerung auf bis zu drei Monate und eine tarifvertragliche Verlängerung auf höchstens sechs Monate;
- §§ 45 Abs. 5, 50 Abs. 4 ArbGB 2012 nehmen Abschied von der Regeldauer und erklären drei Monate zur Höchstgrenze für eine individualvertraglich und sechs Monate für eine tarifvertraglich aushandelbare Probezeit.

Gemeinsam ist allen Regelungen, dass während und am Ende der Probezeit beide Parteien das Arbeitsverhältnis ohne Weiteres, insbesondere ohne Angabe von Gründen,[133] kündigen können. Geschieht dies nicht, besteht das Arbeitsverhältnis weiter.

Problematischer aus Arbeitnehmersicht ist ein befristetes Arbeitsverhältnis, weil nach dessen Ende die Suche nach einem neuen Arbeitsverhältnis notwendig wird. Dennoch verschloss sich auch das seinem Anspruch nach arbeitnehmerschützende

---

131 Näher hierzu Punkt III. 7.
132 Hierzu *Weltner/Nagy* (Fn. 39), Bd. 1, S. 174–176.
133 OG, AZ.: Legf. Bír. Mfv. I. 10.470/1995, BH 1996 Nr. 341.

sozialistische Arbeitsrecht nicht der Erkenntnis, dass es anerkennenswerte Gründe auf der Arbeitnehmerseite geben kann, ein Arbeitsverhältnis von vornherein zu befristen.

§ 22 ArbGB 1951 erlaubte dem Arbeitgeber noch ohne Vorliegen besonderer Gründe, ein Arbeitsverhältnis von vornherein befristet einzugehen. Die zulässige zeitliche Obergrenze für eine Begrenzung sollte der Ministerrat in einer Verordnung festlegen. Leistete der Arbeitnehmer nach Ablauf der Befristung auf seinem Arbeitsplatz weiter Arbeit und geschah dies mit Wissen des Betriebs, so verwandelte sich sein Arbeitsverhältnis in ein unbefristetes.

Neben einer zeitmäßigen Befristung kannte das ArbGB 1951 auch noch eine Begrenzung des Arbeitsverhältnisses durch die Bestimmung der zu leistenden Arbeit: § 23 ArbGB 1951 regelte das „für die Durchführung einer bestimmten Arbeit begründete Arbeitsverhältnis" und schrieb vor, dass die zu erledigende Arbeit genau umschrieben sein müsse. Ein solches Arbeitsverhältnis konnte auch für die Dauer einer Produktionsphase eingegangen werden. Mit dem Erlass des BGB 1959 stellte sich theoretisch die Frage nach der Abgrenzung zum Beauftragungsvertrag; da § 23 ArbGB 1951 von einem „Arbeitsverhältnis" sprach, war aber meistens klar, worum es sich handelte. Ordnete sich der Arbeitnehmer in den Betrieb ein, kam ein Arbeitsverhältnis für eine bestimmte Arbeit zustande. Auch hier galt, dass sich bei einer Weiterarbeit mit Wissen des Betriebs das Arbeitsverhältnis in ein unbefristetes verwandelte.

§ 23 ArbGB 1967 änderte an dem Rechtszustand der Befristung kaum etwas. Die Ausführungsvorschriften stellten klar, dass die Vertretung eines erkrankten Arbeitnehmers ein legitimer Grund für die Befristung des Arbeitsverhältnisses des Vertreters sein konnte.[134] Das Rechtsinstitut des Arbeitsverhältnisses für eine bestimmte Arbeit wurde im ArbGB 1967 nicht fortgeführt; eine Begründung hierfür ist aus der Regierungsbegründung zur Gesetzesvorlage nicht ersichtlich.

§ 79 ArbGB 1992 erklärte das unbefristete Arbeitsverhältnis zum Regelfall und die Befristung zur Ausnahme, die ausdrücklich im Vertrag festgeschrieben werden muss. Eine Befristung war kalendarisch oder durch andere Faktoren, z.B. die Umschreibung einer zu erledigenden Arbeit, möglich. Die Höchstdauer einer Befristung betrug fünf Jahre. Einen Grund brauchte der Arbeitgeber nicht für die Befristung, aber wenn ein befristetes Arbeitsverhältnis verlängert oder erneut befristet eingegangen wurde, galt es als unbefristet, wenn der Arbeitgeber keine berechtigten Interessen an der Befristung geltend machen konnte. Ebenfalls wandelte sich ein befristetes in ein unbefristetes Arbeitsverhältnis um, wenn der Arbeitnehmer nach Ablauf der Befristung mit Wissen seines Vorgesetzten auch nur einen Tag weiter arbeitete.[135] Sonderregeln galten für behördliche Befristungen

---

134 § 17 Abs. 2 Ministerratsverordnung 48/1979. (XII. 1.) MT über die Durchführung des Arbeitsgesetzbuchs v. 1.12.1979, MK 1979 Nr. 84; hierzu *Weltner/Nagy* (Fn. 39), Bd. 1, S. 177–179.

135 *Pajor-Bytomski* (Fn. 48), S. 20–21.

von Arbeitsverhältnissen (z.B. im Fall einer befristeten Arbeitserlaubnis für Ausländer) sowie für Arbeitsverhältnisse, die durch Wahl entstehen. Die Anzahl befristeter Arbeitsverhältnisse nahm v.a. seit dem EU-Beitritt Ungarns 2004 zu.[136]

§ 192 ArbGB 2012 verbleibt im Wesentlichen auf dem dargestellten Rechtszustand, präzisiert aber den Schutz des Arbeitnehmers bei Verlängerungen und beim Eingehen erneuter befristeter Arbeitsverhältnisse ein wenig, indem er die zum ArbGB 1992 ergangene einschlägige Rechtsprechung kodifiziert. Die immer wieder angemahnte durchlässig von befristeter zu unbefristeter Arbeit befördert das ArbGB 2012 nur unvollständig.[137] Die Umwandlung in ein unbefristetes Arbeitsverhältnis, falls der Arbeitnehmer auch nur einen Tag nach dem Ende des befristeten Verhältnisses weiterarbeitet, ist hingegen im ArbGB 2012 entfallen.

Insgesamt ist zwischen den einzelnen Arbeitsgesetzbüchern bei der Probezeit eine kontinuierliche Verringerung des Arbeitnehmerschutzstandards, verbunden mit einer Ausweitung der vertraglichen Möglichkeiten, festzustellen. Bei der Befristung hingegen galt die Vertragsfreiheit schon immer, und das Schutzniveau für den Arbeitnehmer blieb im Laufe der Zeit stabil.

3 Zulassung ausländischer Arbeitnehmer auf den heimischen Arbeitsmarkt

Zu sozialistischen Zeiten war der ungarische Arbeitsmarkt grundsätzlich nur ungarischen Staatsbürgern und in Ungarn dauerhaft legal ansässigen Ausländern offen. Ausländer benötigten eine Arbeitsgenehmigung, um bei einem ungarischen Arbeitgeber ein Arbeitsverhältnis eingehen zu können; die Voraussetzungen waren restriktiv und betonten die staatliche Kontrolle.[138] Insbesondere auf der Grundlage bilateraler völkerrechtlicher Verträge gab es aber Kontingente für bestimmte Arbeitnehmer meist aus sozialistischen Bruderstaaten. So waren Mitte der 1980er-Jahre ca. 10.000 ausländische Arbeitnehmer in Ungarn beschäftigt, darunter ca. 3.000 Bergleute aus Polen, ca. 1.300 Kubaner in verschiedenen Branchen und eine größere Anzahl vietnamesischer Textilarbeiter.[139]

---

136 *Lugosi, József*: Átjárhatóság a rész- és teljes munkaidejű, illetve a határozott és határozatlan idejű munkaviszonyban [Durchlässigkeit in Teil- und Ganzzeit- beziehungsweise befristeten und unbefristeten Arbeitsverhältnissen], Magyar Jog 2008, S. 288–298.

137 *Lugosi* (Fn. 136).

138 Regierungsverordnung 40/1970. (X. 24.) Korm. über die Regelung der Arbeitsaufnahme von Ausländern in Ungarn v. 24.10.1970, MK 1970 Nr. 90, traf selbst keine Regelungen, sondern ermächtigte den Arbeitsminister zur Regelung; dieser erließ die Verordnung des Arbeitsministers 10/1970. (X. 24.) MüM v. 24.10.1970, MK 1970 Nr. 90. Hierzu *Bogyay, Géza*: Vállalati munkajogi kézikönyv [Arbeitsrechtshandbuch für Unternehmen], 2. Aufl. Budapest 1974, S. 129–130.

139 *Burant* (Fn. 38), S. 118.

Umgekehrt durften Bürger des sozialistischen Ungarn nur mit gesonderter Genehmigung eine Beschäftigung im Ausland aufnehmen.[140] Diese Beschränkung wurde erst 1983 gelockert.

Eine zusammenhängende Regelung der Beschäftigung von Ausländern erfolge nach der Wende durch das Arbeitsförderungsgesetz von 1991.[141] § 7 ArbFördG verwendet die dogmatische Rechtsfigur eines Verbots der Ausländerbeschäftigung mit Erlaubnisvorbehalt, wobei insbesondere in Ungarn dauerhaft ansässige Ausländer einschließlich anerkannter Asylberechtigter und Flüchtlinge von der Erlaubnis befreit sind. 2001 wurde das ArbGB darauf abgestimmt; seitdem machen § 76 ArbGB 1992 i.d.F. ab dem 1.7.2001 und später § 192 Abs. 3 ArbGB 2012 das Vorliegen der notwendigen behördlichen Genehmigung zu einer Voraussetzung für den Abschluss des Arbeitsvertrags. Den Antrag auf Arbeitserlaubnis stellt der prospektive Arbeitgeber, nicht der zukünftige Arbeitnehmer. Die Genehmigung wird erteilt, falls eine konkrete offene Stelle nicht mit ungarischen, EU- oder sonstigen bevorrechtigten Bürgern besetzt werden kann.[142]

Mit dem ungarischen EU-Beitritt und dem Ablauf der – v.a. von einigen Altmitgliedern wie Deutschland und Österreich geforderten – Übergangsfristen bei der Beschäftigung sind EWG-Bürger ungarischen Staatsbürgern in der Beschäftigung grundsätzlich gleichgestellt: Sie benötigen keine Arbeitsgenehmigung, und sie genießen Vorrang vor der Beschäftigung von Drittausländern. Der Arbeitgeber muss allerdings ihre Beschäftigung der Staatsverwaltung melden.[143]

Die genannten weiter gehenden Beschränkungen für Ausländer gelten nur für die sog. Drittausländer, d.h. für Bürger von Staaten, die nicht der EU und nicht dem EWR angehören. Einzelne völkerrechtliche Verträge sehen Modifikationen für die Bürger

---

140 *Bogyay* (Fn. 138), S. 131–132.

141 Gesetz 1991:IV über die Förderung der Beschäftigung und über die Versorgung der Arbeitslosen v. 23.2.1991, MK 1991 Nr. 20 (ArbFördG).

142 Einzelheiten regelt die Regierungsverordnung 445/2013. (XI. 28.) Korm. über die Genehmigung der Beschäftigung von Drittstaatsangehörigen in Ungarn aufgrund eines nicht zusammengezogenen Antragsverfahrens, über die Befreiung von der Genehmigungspflicht, über die fachbehördliche Mitwirkung der Arbeitszentren der Regierungsämter der Hauptstadt und der Komitate an dem zusammengezogenen Antragsverfahren sowie über die Meldung einer Beschäftigung von in Ungarn genehmigungsfrei beschäftigbaren Drittstaatsangehörigen in Ungarn und die Erstattung ihres Arbeitslohns v. 28.11.2013, MK 2013 Nr. 198 (Drittausländer-BeschäftigungsVO). Hierzu *Hainz* (Fn. 48), S. 255–257; *Küpper*, Einführung in das ungarische Recht (Fn. 52), S. 275; *Pajor-Bytomski* (Fn. 48), S. 18–19.

143 § 7 Abs. 4 Buchst. a) ArbFördG i.V.m. Regierungsverordnung 355/2007. (XII. 23.) Korm. über die Übergangsregeln im Zusammenhang mit dem freien Verkehr von Arbeitskräften, die von der Republik Ungarn im Hinblick auf Personen, die über das Recht der Bewegungs- und Aufenthaltsfreiheit verfügen, angewandt, werden, v. 23.12.2007, MK 2007 Nr. 183 (EU-Bürger-BeschäftigungsVO).

der Vertragsparteien vor; solche völkervertragsrechtlichen Privilegierungen sind im innerstaatlichen Recht zu beachten.

Ungarische Staatsbürger können ohne rechtliche Einschränkungen Arbeit im Ausland suchen und annehmen. Innerhalb der EU gelten dann die unionsrechtlichen Harmonisierungen für Arbeitsbedingungen und soziale Absicherung.[144]

4 Die Beendigung eines Arbeitsverhältnisses: Kündigung und Abfindung

Bereits die sozialistischen Arbeitsgesetzbücher gingen formal von der Vertragsfreiheit im Arbeitsrecht aus. Dazu gehörte nicht nur die Freiheit, ein Arbeitsverhältnis einzugehen, sondern auch die korrespondierende Freiheit, dieses wieder zu beenden. Diese Freiheit genossen sowohl der Arbeitgeber als auch der Arbeitnehmer. In beiderseitigem Einverständnis war jederzeit die Aufhebung möglich; das gilt bis zum heutigen Tag.[145] Problematischer als der Beendigungsvertrag ist die Beendigung durch eine Partei, d.h. die Kündigung.

a) Kündigung durch den Arbeitnehmer

Die Kündigung seitens des Arbeitnehmers ist entweder fristgemäß oder mit sofortiger Wirkung möglich. Ursprünglich betrug die Frist für eine ordentliche Kündigung des Arbeitnehmers 15 Tage; einen Grund brauchte er nicht (§§ 30–31 ArbGB 1951). In bestimmten, eng umrissenen Fällen stand ihm ein sofortiges Kündigungsrecht zu, das wenig praktische Bedeutung hatte (§ 32 ArbGB 1951). Allerdings qualifizierte § 36 ArbGB 1951 die regelwidrige Kündigung des Arbeitnehmers als Verletzung der Arbeitsdisziplin und bedrohte sie mit negativen Konsequenzen, was das Kündigungsrecht des Arbeitnehmers stark relativierte.

Das ArbGB 1967 erwähnte die arbeitnehmerseitige Kündigung in § 26 Abs. 1 nur kurz als jederzeitige Möglichkeit und drohte in § 31 Abs. 2 Nachteile auch für den Fall an, dass der Arbeitnehmer seinen Arbeitsplatz ohne Kündigung verließ. Im Übrigen konzentrierte es sich auf die Regulierung der arbeitgeberseitigen Kündigung. Die Regelung der Kündigungsfrist überließ es Tarifverträgen.

Auch § 89 Abs. 1 ArbGB 1992 beschränkte sich auf eine kurze Erwähnung der Möglichkeit des Arbeitnehmers, das Arbeitsverhältnis jederzeit ordentlich zu

---

144 *Fehér, Dániel/Ruppert, Éva*: Entsendung im Hinblick auf das Verhältnis zwischen Deutschland und Ungarn, WiRO 2014, S. 199–202; *Fehér, Dániel/Ruppert, Éva*: Vortrag zum Thema „Entsendung im Hinblick auf das Verhältnis zwischen Deutschland und Ungarn. Insbesondere steuer- und sozialversicherungsrechtliche Aspekte", Publicationes Universitatis Miskolcinensis. Sectio Juricica et Politica 2013, S. 319–327.

145 Lediglich vom 1.1.1965 bis zum 31.12.1967 enthielt das novellierte ArbGB 1951 keine Erwähnung der beiderseitigen Aufhebung; das danach in Kraft tretende ArbGB 1967 hingegen normierte die Aufhebung im beiderseitigen Einverständnis wieder.

kündigen; die nach Betriebszugehörigkeit gestaffelten Kündigungsfristen waren jetzt im Gesetz geregelt (§ 92 ArbGB 1992) und galten für beide Seiten gleichermaßen. Die Regelung der außerordentlichen (fristlosen) Kündigung in § 96 ArbGB 1992 galt für beide Seiten und ermöglichte ihnen eine sofortige Kündigung wegen schwerer Vertragsverletzung der anderen Partei innerhalb einer Frist von drei Tagen ab Kenntnis von dem Grund.[146]

Schließlich lässt auch § 65 Abs. 1 ArbGB 2012 die Kündigung seitens des Arbeitnehmers weitgehend ungeregelt; sie benötigt keinen Grund und unterliegt einer 30-tägigen Frist (§ 69 Abs. 1 ArbGB 2012). Die Kündigung mit sofortiger Wirkung regelt § 78 ArbGB 2012 ähnlich wie seine Vorgängerkodifikation und für beide Seiten gleich.

b) Kündigung durch den Arbeitgeber

Die Kündigung seitens des Arbeitgebers war im stalinistischen Arbeitsrecht während des ersten Jahres der Beschäftigung recht weitgehend möglich (§ 29 Abs. 2 ArbGB 1951). Im Übrigen konnte ein unbefristet eingestellter Arbeitnehmer nur aufgrund eines Disziplinarverfahrens entlassen werden (§ 33 ArbGB 1951), während die Entlassung eines befristeten Arbeitnehmers voraussetzte, dass dieser seine Arbeit wiederholt nicht ordnungsgemäß erledigt hatte oder zu der Arbeit ungeeignet war.

§ 26 ArbGB 1967 schrieb für die Kündigung durch den Arbeitgeber die Schriftform und eine ausführliche Begründung vor. An die Kündigungsgründe stellte die Vorschrift keine Anforderungen, aber im Streitfall konnte der Arbeitnehmer überprüfen lassen, ob die genannten Gründe der Wahrheit entsprachen (§ 29 ArbGB 1967). Kündigungsverbote gab es nun zugunsten von Wehrpflichtigen, Kranken und Schwangeren; die Kündigung von lange beim Unternehmen beschäftigten bewährten Arbeitnehmern war nur eingeschränkt möglich.

Das ArbGB 1992 unterschied systematischer als seine Vorgänger zwischen der ordentlichen und der außerordentlichen Kündigung. Eine ordentliche Kündigung seitens des Arbeitgebers setzte erstmals das Vorliegen eines gesetzlich geregelten Kündigungsgrunds voraus: Dieser konnte gemäß § 89 ArbGB 1992 mit den Fähigkeiten des Arbeitnehmers, mit seinem Verhalten in Verbindung mit dem Arbeitsverhältnis oder mit dem Betrieb des Arbeitgebers stehen.[147] Kein Kündigungsgrund war die Weigerung des Arbeitnehmers, einer Vertragsänderung zuzustimmen: Die Vertragsfreiheit erlaubt dem Arbeitnehmer, frei über die Zustimmung zu einer Änderung zu entscheiden, und diese Freiheit würde eingeschränkt, wenn seine Weigerung durch eine Kündigung sanktioniert werden könnte.[148]

---

146 *Küpper*, Einführung in das ungarische Recht (Fn. 52), S. 266; *Pajor-Bytomski* (Fn. 48), S. 66–68; *Radnay* (Fn. 55), S. 199–219.

147 Hierzu *Gobert* (Fn. 48), S. 408–414; *Küpper*, Einführung in das ungarische Recht (Fn. 52), S. 265; *Pajor-Bytomski* (Fn. 48), S. 62–66, 70–77; *Radnay* (Fn. 55), S. 168–179.

148 OG, AZ.: Legf. Bír. Mfv. I. 10.161/2001.

Das Kündigungsverbot wurde auf Eltern nach der Geburt und während der Pflege kranker Kinder erweitert, und Arbeitnehmer in den letzten fünf Jahren vor Erreichen der Rente wurden unter verstärkten Kündigungsschutz gestellt. Die bereits erwähnte fristlose Kündigung gemäß § 96 ArbGB 1992 konnte auch durch den Arbeitgeber ausgesprochen werden, falls eine schwere Vertragsverletzung vorlag oder das Verhalten des Arbeitnehmers die Fortsetzung des Arbeitsverhältnisses unzumutbar machte. In beiden Fällen der Kündigung war der Arbeitgeber verpflichtet, den Arbeitnehmer zuvor anzuhören. 1997 wurde das ArbGB 1992 um Regelungen über Massenentlassungen ergänzt.

§§ 65–70 ArbGB 2012 regeln die arbeitgeberseitige Kündigung ähnlich wie das ArbGB 1992. Die ordentliche Kündigung bedarf eines der genannten Gründe,[149] während die Kündigung mit sofortiger Wirkung nur bei schweren Vertragsverletzungen der anderen Seite zulässig ist. Die Frist bei einer ordentlichen Kündigung verlängert sich bei einer arbeitgeberseitigen Kündigung je nach Betriebszugehörigkeit des Arbeitnehmers stufenweise, während sie für den Arbeitnehmer immer gleich ist. Wesentlich arbeitgeberfreundlicher sind die Regeln über die Konsequenzen einer rechtswidrigen Kündigung. Während das ArbGB 1992 einen Wiedereinstellungsanspruch des Arbeitnehmers vorsah, beschränkt sich das ArbGB 2012 auf recht moderate finanzielle Schadensersatzzahlungen des Arbeitgebers. Hierbei ist in Teilen das Deliktsrecht des BGB[150] einzubeziehen, weshalb die Rechtslage zersplittert und die arbeitsgerichtliche Rechtsprechung verunsichert ist.[151]

Massenentlassungen sind gemäß §§ 71–76 ArbGB 2012 unter vereinfachten Bedingungen, aber unter Beteiligung des Betriebsrats und mit Unterrichtung der Arbeitsverwaltung möglich.[152]

c) *Rechtswirklichkeit*

Die relative Ähnlichkeit der Rechtsvorschriften[153] darf nicht über einen bedeutenden faktischen Unterschied hinwegtäuschen. Im Sozialismus war die Möglichkeit

---

149 *Berke/Kiss* (Fn. 71), § 66 Abs. 1–3, Rn. 3–7; *Kiss/Berke* (Fn. 51), S. 369–372.

150 Gesetz 2013:V über das Bürgerliche Gesetzbuch v. 26.2.2013, MK 2013 Nr. 31.

151 Kúria Joggyakorlat-elemző Csoport [Rechtspraxisanalysegruppe der Kurie (oberstes Gericht)]: Összefoglaló vélemény: A munkaviszony jogellenes megszüntetése jogkövetkezményei [Zusammenfassende Stellungnahme: Rechtsfolgen der rechtswidrigen Beendigung eines Arbeitsverhältnisses], 6.6.2016, kostenfrei einzusehen auf der Webseite der Kurie http://www.kuria-birosag.hu/sites/default/files/joggyak/osszefoglalo_velemeny_-_a_munkaviszony_jogellenes_megszuntetese_jogkovetkezmenyei_-_vegleges.pdf; *Kiss/Berke* (Fn. 51), S. 372; *Küpper, Herbert*: Die ungarische Rechtsprechung zum Kündigungsschutz, WiRO 2017, S. 1–7; *Unterrieder/Buzási* (Fn. 69), S. 182–184.

152 Näher hierzu Punkt IV. 4.

153 Die einschneidendste Änderung war wohl die Einführung von Vorkehrungen bei Massenentlassungen; dieses Phänomen war im Sozialismus unbekannt, denn bei Betriebsstilllegungen wurden die Beschäftigten umgesetzt.

der Kündigung ein „zahnloser Tiger", da aus ideologischen Gründen keine Arbeitslosigkeit entstehen durfte. Das betraf v.a. die arbeitgeberseitige Kündigung: Falls sie wirksam war, konnte der Arbeitnehmer sicher sein, dass der Staat ihm notfalls einen neuen Arbeitsplatz besorgte – den er allerdings auch annehmen musste. Aber auch die Kündigung durch den Arbeitnehmer stand unter dem Vorbehalt, dass keine Arbeitslosigkeit entstehen konnte. Daher konnte sich der Arbeitnehmer ggf. von einem konkreten Arbeitgeber verabschieden, nicht aber vom Arbeitsmarkt insgesamt. Eine Kündigung war nur akzeptabel, wenn ein neues Arbeitsverhältnis bereitstand.

Mit dem Ende der Planwirtschaft fiel auch das Tabu der Arbeitslosigkeit.[154] Arbeitslosigkeit war nun möglich, wenn auch gesellschaftlich und politisch unerwünscht. Das bedeutet, dass seit der Wende eine Kündigung ernst zu nehmen ist, weil sie zur Arbeitslosigkeit des Arbeitnehmers führen kann. Falls dieser keine neue Stelle findet, ist er auf die sozialen Sicherungssysteme für Arbeitslose[155] angewiesen.

Dadurch hat sich die Verhandlungsmacht hin zum Arbeitgeber verschoben: Er kann nunmehr ernsthaft mit Entlassung drohen und somit einen gewissen Zwang auf den Arbeitnehmer ausüben, der Arbeitslosigkeit vermeiden will. Eine vergleichbare Verhandlungsmacht haben auf Arbeitnehmerseite nur einige wenige gesuchte Spezialisten. Daher haben die Kündigungsschutzvorschriften zugunsten des Arbeitnehmers mit der Wende eine neue, für den Arbeitnehmer existenzielle Bedeutung erhalten. Das vertragliche Arbeitsverhältnis ist für den Arbeitnehmer deutlich instabiler geworden. Andererseits wird ein Arbeitnehmer es sich genau überlegen, ob er ein bestehendes Arbeitsverhältnis kündigt, bevor er nicht eine neue Stelle gefunden hat. Wegen dieses faktischen Zwangs ist die Freiheit des Arbeitnehmers nur eine relative. Der Arbeitgeber kann wesentlich stärker als der Arbeitnehmer auf die Stabilität des Arbeitsverhältnisses vertrauen.

d) Abfindung

Seit 1991 gehört zu den gesetzlichen Rechten des Arbeitnehmers bei Beendigung des Arbeitsverhältnisses das Recht auf eine Abfindung. § 27/A ArbGB 1967 i.d.F. ab dem 29.10.1991 erwähnte erstmals das Recht des Arbeitnehmers auf Zahlung einer Abfindung, falls das Arbeitsverhältnis durch Kündigung oder das rechtsnachfolgerlose Ende des Arbeitgebers endete. Kein Anrecht auf Abfindung bestand, falls

---

154 Eine mehr oder weniger offizielle Einräumung, dass es in der Volksrepublik Ungarn Arbeitslose gibt, erfolgte bereits Mitte der 1980er-Jahre, allerdings waren die offiziellen Zahlen noch niedrig: *Orgoványi, Emília*: Foglalkoztatás és munkanélküliség Magyarországon, einzusehen auf der Webseite des Zentralen Statistikamtes http://www.ksh.hu/statszemle_archive/1997/1997_12/1997_12_1022.pdf.

155 Hier ist insbesondere das ArbFördG zu nennen, das auch die Arbeitslosenversicherung regelt (nachgewiesen in Fn. 141). Hierzu *Küpper*, Einführung in das ungarische Recht (Fn. 52), S. 275.

der Arbeitgeber aus Gründen in der Person des Arbeitnehmers kündigte oder der Arbeitnehmer in Rente ging. Die Abfindung betrug je nach Betriebszugehörigkeit zwischen einem und fünf Monatsgehältern; allerdings war das berücksichtigungsfähige Monatsgehalt auf das Fünffache des Mindestlohns gedeckelt.

§ 95 ArbGB 1992 führte diese Regelung fast unverändert fort; nur die Höchstgrenze stieg auf sechs Monatsgehälter, und die Deckelung des anrechnungsfähigen Monatsgehalts entfiel.[156] § 77 ArbGB 2012 bleibt in dem geschilderten Rahmen und führt Änderungen nur an Details durch.[157]

5 Nebenbeschäftigung und nachvertragliches Wettbewerbsverbot

a) Nebenbeschäftigung

Die Nebenbeschäftigung war bereits durch das sozialistische Arbeitsrecht eingeschränkt, während sich nach der Wende die Frage des nachvertraglichen Wettbewerbsverbots mit dem Wandel zur Marktwirtschaft stellte.

Während das ArbGB 1957 sich zu mehrfachen Arbeitsverhältnissen noch nicht äußerte,[158] verbot § 32 ArbGB 1967 bis zur Wende das Eingehen eines weiteren Arbeitsverhältnisses oder sonstigen Vertragsverhältnisses zur Erledigung von Arbeiten, welches mit der Arbeit im ersten Arbeitsverhältnis unvereinbar war. Die Durchführungsvorschriften banden den Arbeitnehmer an die schriftliche Zustimmung des ersten Arbeitgebers und schlossen ein weiteres Arbeitsverhältnis beim Erstarbeitgeber aus.

1990 wurden die Regeln der Unvereinbarkeit präzisiert. Danach war eine Zweitbeschäftigung v.a. dann unvereinbar mit der ersten, falls dies gegen das Verbot einer unlauteren Wirtschaftstätigkeit verstieß. Zugleich wurde der Spielraum für Arbeitnehmer in Bezug auf weitere Beschäftigungen etwas erweitert. Das Verbot, bei einem Arbeitgeber mehrere Arbeitsverhältnisse einzugehen, blieb bestehen.

§ 108 Abs. 2 ArbGB 1992 verpflichtete den Arbeitgeber nur noch, weitere Arbeitsverhältnisse dem Arbeitgeber anzuzeigen. Dieser konnte das weitere Arbeitsverhältnis verbieten, wenn dieses seine wirtschaftlichen Interessen gefährdete. Eine Verletzung der Pflicht, weitere Arbeitsverhältnisse wahrheitsgemäß anzuzeigen und die wirtschaftlichen Interessen des Arbeitgebers zu wahren, konnte ggf. eine fristlose Kündigung rechtfertigen.[159] § 211 Abs. 1 ArbGB 2012 verbietet nur noch dem leitenden Angestellten das Eingehen weiterer Beschäftigungsverhältnisse. § 52 Abs. 3 ArbGB 2012 ergänzt diese Regel um das Verbot an alle Arbeitnehmer,

---

156 *Küpper*, Einführung in das ungarische Recht (Fn. 52), S. 265; *Pajor-Bytomski* (Fn. 48), S. 68–69; *Radnay* (Fn. 55), S. 194/1–199.

157 *Berke/Kiss* (Fn. 71), § 77.

158 Zur damaligen Rechtsansicht s. *Weltner* (Fn. 37), S. 182.

159 OG, AZ.: Legf. Bír. Mfv. I. 10.980/1995, BH 1996 Nr. 450; *Pajor-Bytomski* (Fn. 48), S. 24–25.

für die Leistung im Arbeitsverhältnis Vorteile von Dritten ohne Zustimmung des Arbeitgebers anzunehmen.[160]

Insgesamt erweiterte sich der rechtliche Spielraum des Arbeitnehmers stufenweise. Faktisch waren zweite und weitere Arbeitsverhältnisse bereits in den 1980er-Jahren weit verbreitet; diese bestanden häufig in dem expandierenden privaten Sektor. So entstand eine besondere Form der „sozialistischen Arbeitsteilung“: Während man über das erste Arbeitsverhältnis im staatlichen Sektor eine v.a. soziale Grundabsicherung – bei meist recht niedrigem Gehalt – erhielt, wurde in dem zweiten und in den weiteren Arbeitsverhältnissen das Geld verdient, das der Familie das Überleben und ggf. ein gewisses Lebensniveau sicherte. Gerade in Budapest und den anderen Großstädten explodierten die Lebenshaltungskosten, insbesondere die Kosten für Wohnen stiegen für die vielen jungen Familien, die keinen staatlichen Mietvertrag ergattern konnten.

b) Nachvertragliches Wettbewerbsverbot

Da im Sozialismus ein Arbeitsplatzwechsel häufig auf Initiative des Staates, z.B. im Wege der Umsetzung, jedenfalls aber meist mit seiner Beteiligung ablief, stellte sich die Frage einer nachvertraglichen Treuepflicht ehemaliger Arbeitnehmer nicht. Hinzu kam, dass auch die verschiedenen Arbeitgeber nur in einem „sozialistischen“, nicht aber in einem echten Wettbewerb miteinander standen und alle wirtschaftliche Aktivität ohnehin kraft Ideologie einheitlich dem werktätigen Volk diente: So wurden tatsächlich gegenläufige wirtschaftliche Interessen hinwegdefiniert. Folglich gab es auch keine Regeln zu nachvertraglichen Wettbewerbsverboten.

§ 3 Abs. 4 ArbGB 1992[161] erstreckte die für das Arbeitsverhältnis geltende Pflicht des Arbeitnehmers, die wirtschaftlichen Interessen des Arbeitgebers nicht zu gefährden, auf die Zeit nach dem Arbeitsverhältnis, falls die Parteien dies vereinbarten. Die Vorschrift begrenzte den Zeitraum des vertraglich vereinbarten Wettbewerbsverbots auf maximal drei Jahre und setzte zudem einen „angemessenen Gegenwert“ voraus. Im Ernstfall konnte der Arbeitgeber seinem ehemaligen Arbeitnehmer verbotsverletzende Tätigkeiten oder Vertragsbeziehungen verbieten.[162] Im Übrigen unterstellte die Vorschrift die Wettbewerbsverbotsvereinbarung dem BGB. Veröffentlichte Rechtsprechung zur „Angemessenheit“ der Vergütung gibt es praktisch nicht.[163] Auf Arbeitgeberseite ist die Abwehr tatsächlicher Risiken

160 Zu dieser „Trinkgeldklausel“ s. *Berke/Kiss* (Fn. 71), § 52 Rn. 5.

161 Seit der ArbGB-Novelle von 1997 fand sich die Vorschrift in § 3 Abs. 6 ArbGB.

162 OG, AZ.: Legf. Bír. Mfv. I. 10.077/2004, BH 2005 Nr. 31.

163 Immerhin betonte das OG, AZ.: Legf. Bír. Mfv. I. 11.056/1998, BH 2001 Nr. 84, dass die Angemessenheit der Vergütung eine Gültigkeitsvoraussetzung für die Vereinbarung eines nachvertraglichen Wettbewerbsverbots ist. Zum Wettbewerbsverbot gemäß dem ArbGB 1992 s. *Pajor-Bytomski* (Fn. 48), S. 27–28; *Radnay* (Fn. 55), S. 15–17.

ein ausreichender Grund für den Abschluss eines rechtlich gültigen Wettbewerbverbotsabkommens.[164]

§ 228 ArbGB 2012 führte einige wesentliche Änderungen und gesetzgeberische Präzisierungen ein. So reduzierte er die maximale Dauer der Verbotsvereinbarung auf zwei Jahre. Auch wurde klargestellt, dass im Fall einer Betriebsübernahme etc. die Rechte des Arbeitgebers aus der Vereinbarung auf den Rechtsnachfolger übergehen.

Am wichtigsten war aber die gesetzgeberische Präzisierung der Angemessenheit des Gegenwerts. Dieser hat sich v.a. danach zu richten, wie weit die Vereinbarung den Arbeitnehmer an seiner weiteren Karriere hindert. Außerdem darf er nicht weniger als ein Drittel des Grundlohns, der dem Arbeitnehmer für die Zeit zugestanden hätte, betragen.[165]

6 Einseitige Befugnisse des Arbeitgebers gegenüber dem Arbeitnehmer

Der sozialistische Arbeitgeber konnte eine Reihe einseitiger Maßnahmen treffen. Auf die Möglichkeit des Arbeitgebers gemäß dem ArbGB 1951, den Arbeitnehmer innerhalb des Betriebs oder zu einem anderen Arbeitgeber umzusetzen, wurde bereits hingewiesen. Hierzu reichte eine einseitige Maßnahme des Arbeitgebers bzw. eine Vereinbarung zwischen altem und neuem Arbeitgeber. Der Arbeitnehmer konnte sich bestenfalls nachträglich über diese wesentliche Änderung seines Arbeitsvertrags beschweren. Das ArbGB 1967 setzte einen Vertrag oder eine Vertragsänderung unter Beteiligung des Arbeitnehmers voraus, auf den der Arbeitszwang jedoch einen sanften Druck ausübte, den behördlichen Anordnungen zu folgen.[166]

Auch sonst ermöglichte § 28 Satz 3 ArbGB 1951 die einseitige Modifizierung eines Arbeitsvertrags in den Fällen, in denen der Ministerrat dies bestimmt hatte. Dem Wortlaut nach betraf dies einseitige Änderungen seitens jedweder Vertragspartei; gemeint waren aber einseitige Änderungen seitens des Arbeitgebers, mit denen dieser auf veränderte Planvorgaben etc. durch Modifizierung der Arbeitsverhältnisse reagieren können sollte. Allerdings wirkte sich der praktisch wichtigste Fall einer solchen einseitigen Abänderung eher zugunsten des Arbeitnehmers aus: Lohnerhöhungen, die auf der Umsetzung neuer Lohndirektiven etc. beruhten,

---

164 OG, AZ.: Legf, Bír. Mfv. I. 10.260/2005, BH 2006 Nr. 334.

165 Näher hierzu *Berke/Kiss* (Fn. 71), § 228 Rn. 5; *Prugberger, Tamás*: A versenykizárási szerződés és a munkajog [Der Wettbewerbsverbotsvertrag und das Arbeitsrecht], Gazdaság és Jog 2014/9, S. 8–11; *Prugberger, Tamás/Zaccaria, Márton Leo*: A versenytilalmi megállapodás elméleti és gyakorlati problémái a megváltozott munkajogi környezetben [Theoretische und praktische Probleme der Wettbewerbsverbotsvereinbarung in dem geänderten arbeitsrechtlichen Umfeld], Jogtudományi Közlöny 2015, S. 244–255.

166 Näher hierzu oben Punkte II. 2. und III. 1.

konnten so ohne umständliche Vertragsänderung dem Arbeitnehmer zugutekommen. Das ArbGB 1967 führte nicht diese Regel, wohl aber die Praxis fort.

Der Arbeitgeber konnte auch einseitig in seine Leistungen an den Arbeitnehmer eingreifen. So ermächtigte und verpflichtete ihn § 54 ArbGB 1951, unentschuldigte Fehltage vom Urlaubsanspruch abzuziehen. § 73 ArbGB 1951, § 49 Abs. 3 ArbGB 1967 gestatteten dem Arbeitgeber, Lohnvorschüsse, irrtümlich ausgezahlte Summen und einen festgestellten Schadensersatz vom Lohn abzuziehen; weitere Abzüge waren dem Arbeitgeber nicht aus eigener Rechtskraft, sondern nur aufgrund einer Rechtsvorschrift oder behördlichen Anordnung – etwa bei der Zwangsvollstreckung in das Einkommen des Arbeitnehmers – gestattet. Prämien u.ä. konnte der Arbeitgeber einseitig als Reaktion auf arbeitnehmerisches Fehlverhalten einbehalten (§ 92 Abs. 2 ArbGB 1951). Arbeitgeber führten für ihre Arbeitnehmer den Beitrag für die (mehr oder weniger obligatorische) Gewerkschaftsmitgliedschaft unmittelbar an die Gewerkschaft ab.[167]

Das Disziplinarrecht in §§ 110–120 ArbGB 1951, §§ 55–62 ArbGB 1967 erlaubten dem Arbeitgeber sehr weitreichende Eingriffe in die Rechtssphäre des Arbeitnehmers bis hin zur Kündigung.[168]

Auch den Gewerkschaften standen Eingriffsrechte in die Sphäre des Arbeitnehmers zu. Sie organisierten seinen Urlaub und weitere soziale Vergünstigungen (§ 77 ArbGB 1951, § 17 Abs. 2 ArbGB 1967). Außerdem stand ihnen das Recht zu, den Arbeitnehmer in arbeitsrechtlichen Fragen auch ohne individuelle Bevollmächtigung zu vertreten (§ 4/A ArbGB 1951, § 15 Abs. 2 ArbGB 1967[169]).

Nach der Wende endeten alle quasihoheitlichen Befugnisse der Gewerkschaften gegenüber den Arbeitnehmern. Die Eingriffsbefugnisse des Arbeitgebers wurden den neuen Verhältnissen angepasst. So wurden die Disziplinarbefugnisse der privaten Arbeitgeber 1992 ersatzlos gestrichen. Gemäß § 161 ArbGB 1992, § 161 ArbGB 2012 setzt ein Abzug des Arbeitgebers vom Lohn des Arbeitnehmers eine Rechtsvorschrift, einen vollziehbaren behördlichen Beschluss oder die Einwilligung des Arbeitnehmers voraus. Die Aufnahme der Einwilligung des Arbeitnehmers in den Katalog der Erlaubnistatbestände war neu und trägt der ausgeweiteten Vertragsfreiheit Rechnung.

Gesetzliche Eingriffsbefugnisse bestanden z.B. in Zusammenhang mit Steuern und Sozialabgaben. Seit der Einführung der Einkommenssteuer 1987 hat der Arbeitgeber die Aufgabe, Abschlagszahlungen auf die Einkommenssteuerschuld seiner Arbeitnehmer vom Lohn einzubehalten und an die Finanzbehörden abzuführen. Hierzu gewährt ihm das Steuerrecht die Befugnis, diese Zahlungen zu

---

167 Mit dieser Praxis machte nach der Wende Gesetz 1991:XXIX über die Freiwilligkeit der Zahlung von Mitgliedsbeiträgen in den Interessenvertretungen der Arbeitnehmer v. 17.7.1991, MK 1991 Nr. 80, Schluss.

168 *Weltner/Nagy* (Fn. 39), Bd. 2, S. 166–206.

169 Diese Vorschrift erklärte nach der Wende VerfGE 8/1990. (IV. 23.) AB v. 23.4.1990, ABH 1990 S. 42, für verfassungswidrig.

berechnen, die berechnete Summe einzubehalten und an den Staat weiterzuleiten. Eventuelle Streitigkeiten über die Steuerhöhe werden hingegen unmittelbar zwischen dem steuerpflichtigen Arbeitnehmer und den Finanzbehörden ausgetragen; der Arbeitgeber hat keine Befugnisse, die Steuerschuld des Arbeitnehmers verbindlich festzusetzen.[170] Vergleichbares gilt für die Abführung des – vergleichsweise geringen – Arbeitnehmeranteils an die Sozialversicherungen: Auch dies ist eine Aufgabe des Arbeitgebers. Das ArbGB selbst gestattet dem Arbeitgeber, geleistete Vorschüsse auf den Lohn und Überzahlungen vom Lohn abzuziehen (§§ 161, 162 ArbGB 1992, § 155 Abs. 4, § 161 Abs. 2 ArbGB 2012). Seine Schadensersatzforderungen hingegen konnte der Arbeitgeber zwischen 1992 und 2012 nicht mehr eigenmächtig vom Lohn des Arbeitnehmers abziehen, wohl aber wieder seit 2012 (§ 285 ArbGB 2012).

Ein wichtiges Beispiel für die Eingriffsbefugnis des Arbeitgebers aufgrund eines vollziehbaren behördlichen Beschlusses bildet die Zwangsvollstreckung, die 1994 umfassend neu gestaltet wurde.[171] § 7 ZwVollstrG schreibt den Vorrang der Vollstreckung in Geldforderungen des Schuldners (einschließlich des ausdrücklich erwähnten Arbeitslohns) vor der Vollstreckung in Vermögenswerte fest. Hierfür stellen §§ 24–27, 58–79 ZwVollstrG das Institut des Verbotsbeschlusses zu Verfügung, mit dem der Gerichtsvollzieher den Arbeitgeber anweist, einen Teil des Lohns einzubehalten und gemäß der Anweisung des Gerichtsvollziehers an den Gläubiger oder den Gerichtsvollzieher auszuzahlen. Zur Erfüllung von in der Praxis besonders problematischen Unterhaltsforderungen ermächtigt § 28 ZwVollstrG den Arbeitgeber, den einbehaltenen Lohnanteil im vereinfachten Verfahren unmittelbar an den Unterhaltsberechtigten auszuzahlen. Zugunsten des Arbeitnehmers gelten Pfändungsfreigrenzen, die v.a. der Gerichtsvollzieher, aber auch der Arbeitgeber zu beachten haben. Die Neuregelung 1994 brachte für beide Parteien des Arbeitsverhältnisses Rechtssicherheit über das Verfahren bei der Zwangsvollstreckung in Arbeitseinkommen.

Eine gesetzliche Regelung der Zustimmung des Arbeitnehmers bilden die Gewerkschaftsbeiträge. Als ein Überbleibsel des alten Systems scheint die Bestimmung in § 21 Abs. 6 ArbGB 1992 i.d.F. ab dem 1.9.2002, § 272 Abs. 9 ArbGB 2012, gemäß der der Arbeitgeber den Gewerkschaftsbeitrag vom Lohn abziehen und der Gewerkschaft überweisen darf. Das nach wie vor in Geltung befindliche Gesetz 1991:XXIX stellt allerdings klar, dass dies eines schriftlichen Antrags des Arbeitnehmers bedarf; insofern ist die Freiwilligkeit gewahrt.

170 Dazu oben Punkt II. 4.

171 Gesetz 1994:LIII über die Zwangsvollstreckung v. 11.5.1994, MK 1994 Nr. 51 (ZwVollstrG). Umfassend hierzu *Küpper, Herbert*: Die Vollstreckung von Gerichtsurteilen in Ungarn unter besonderer Berücksichtigung der Vollstreckung ausländischer Urteile, forost Arbeitspapier Nr. 28, München 2005, kostenfrei einzusehen unter http://www.forost.lmu.de/fo_library/forost_Arbeitspapier_28.pdf

Generell wandelte sich das Arbeitnehmerbild in den Arbeitsgesetzbüchern von einer paternalistischen Bevormundung hin zur Akzeptanz einer horizontalen Freiwilligkeitsbeziehung, unter Anerkennung der Schutzbedürftigkeit des strukturell schwächeren Teils, des Arbeitnehmers. Das stalinistische ArbGB 1951 behandelte den Arbeitnehmer in vielem noch als Objekt, nicht aber als Subjekt von Regelungen. Das besserte sich im ArbGB 1967, aber erst das ArbGB 1992 schuf ein grundsätzlich gleichberechtigtes Synallagma in horizontalen Vertragsbeziehungen. Allerdings war auch das ArbGB 1992 noch nicht frei von Paternalismus, denn es wies dem Arbeitgeber in vielen Dingen eine fürsorgliche Rolle zu, z.B. in zahlreichen Pflichten zur Aufklärung über die Arbeitnehmerrechte und zu Rechtsbehelfsbelehrungen. Dieser fortwirkende Paternalismus gegenüber dem Arbeitnehmer wurde durch das ArbGB 2012 etwas abgebaut, ist aber durchaus noch spürbar.

7 Die Verteilung der Abgabenlast

Seit der Einführung einer sozialen Absicherung für Arbeiter im späten 19. Jh. hat sich Ungarn für das Bismarck'sche Modell der Sozialversicherung entschieden.[172] Dies wurde auch unter dem Sozialismus beibehalten. Im Sozialismus existierten zwei große Sozialversicherungsbereiche: die Renten- und die Krankenversicherung. Nach der Wende kam die Arbeitslosenversicherung hinzu, die ein Risiko versicherte, das im Sozialismus offiziell nicht bestanden hatte.

Der sozialistische Arbeitgeber trug die Hauptlast der Sozialversicherungsbeiträge, die sich an der Höhe des Einkommens des Beschäftigten orientierten. Daneben waren die vom Beschäftigten selbst zu zahlenden Beiträge eher gering.[173]

Im Sozialismus unterhielten die Unternehmen zudem unterschiedliche Fonds, aus denen Auszahlungen zu sozialen Zwecken getätigt wurden. Die Verwaltung und Verteilung dieser Mittel oblag in Teilen den Gewerkschaften.[174]

Nach der Wende wurden – neben der Einführung der Arbeitslosenversicherung durch das ArbFördG – an den Details der sozialen Absicherung kontinuierlich zahlreiche Änderungen vorgenommen. Eine umfassende Reform erfolgte jedoch nicht, da dies politisch nicht durchsetzbar schien und scheint.[175] Daher bewegt sich

---

172 *Küpper*, Einführung in das ungarische Recht (Fn. 52), S. 273–275.

173 *Csanádi* (Fn. 86), S. 238–239; *Weltner/Nagy* (Fn. 39), Bd. 2, S. 299–303.

174 Einzelheiten bei *Weltner/Nagy* (Fn. 39), Bd. 2, S. 91–99.

175 So scheiterte bereits das sog. Bokros-Paket von 1993, eine vorsichtige Umgestaltung einiger sozialer Sicherungsinstrumente, in Teilen am Verfassungsgericht, das den Schutz der erworbenen Rechte betonte und die Frage der zukünftigen Funktionsfähigkeit des überkommenen Sozialsystems beiseiteschob: *Küpper, Herbert*: Der Sparkurs der ungarischen Regierung auf dem Prüfstand des Verfassungsgerichts, ROW 1996, S. 101–112. Eine vorsichtige Pluralisierung innerhalb der staatlichen Einheitskrankenversicherung durch Gesetz 2008:I scheiterte 2008 an einem von der seinerzeitigen Opposition (die seit 2010 die Regierungspartei ist) organisierten Volksabstimmung; Gesetz 2008:XXIV hob daraufhin Gesetz 2008:I wieder auf.

das System heute noch auf dem Niveau von schwerfälligen und korruptionsanfälligen, verschwenderischen und gleichzeitig leistungsschwachen, aber die Reflexe einer pseudo-egalitären Gesellschaft befriedigenden Einheitsversicherungen für die drei Bereiche.

Seit einer größeren Reform 1997 tragen die Arbeitnehmer verstärkt zu ihrem Sozialversicherungsschutz bei. Die Arbeitnehmerbeiträge betragen für die Rentenversicherung 10%, für die Krankenversicherung 7% und für die Arbeitslosenversicherung 1,5% des Arbeitseinkommens.[176] Auch die Arbeitgeber sind verpflichtet, zur Sozialversicherung beizutragen, allerdings lassen ihre Zahlungen an die Sozialversicherung seit 2011 keine Ansprüche des versicherten Arbeitnehmers mehr entstehen (das tun nur die Beiträge des Arbeitnehmers), sondern dienen der solidarischen Kofinanzierung des Sozialsystems.[177] Der Arbeitgebersatz für die Kranken- und Rentenversicherung gemeinsam beträgt 27%,[178] hinzukommen weitere 1,5% Weiterbildungsabgabe. Außerdem trägt der Arbeitgeber einen Teil der Aufwendungen für das Krankengeld.[179] Insgesamt ist somit eine leichte Verschiebung der Lasten weg vom immer noch mit mehr als der Hälfte der Aufwendungen belasteten Arbeitgeber und hin zum Arbeitnehmer festzustellen.

IV Mechanismen des Interessenausgleichs

1 Verbandswesen der Tarifparteien

Das sozialistische Verbandswesen sieht auf den ersten Blick dem Nachwende-Verbandswesen recht ähnlich: Gewerkschaften vertreten die Interessen der Beschäftigten. Die sozialistischen Systeme gaben sich große Mühe, ihr Gewerkschaftssystem freiwillig und demokratisch aussehen zu lassen.

Die konstatierte Ähnlichkeit endete aber bei einem genaueren Blick: Es gab Monopolgewerkschaften, d.h. der Arbeitnehmer hatte keine Wahlmöglichkeit zwischen konkurrierenden Vertretungen. Die Mitgliedschaft war nicht rechtlich zwingend, aber politisch und sozial erwünscht und karriereförderlich. Die Gewerkschaften hatten quasihoheitliche Befugnisse gegenüber ihren Mitgliedern; so wurde der Mitgliedsbeitrag vom Arbeitgeber unmittelbar an die Gewerkschaft abgeführt, und die Gewerkschaften durften ihre Mitglieder auch im Einzelfall ohne formelle Bevollmächtigung vertreten.[180] Die Gewerkschaften verwalteten den Zugang zu sozialen Leistungen wie Plätzen in Urlaubsheimen etc. und hatten

---

176 § 19 Gesetz 1997:LXXX über die zu Sozialversicherungsleistungen und zu einer Privatrente Berechtigten sowie über die Deckung dieser Leistungen v. 25.7.1997, MK 1997 Nr. 68.

177 § 2 Abs. 6a Gesetz 1997:LXXX (nachgewiesen in Fn. 176) i.d.F. ab dem 1.12.2011.

178 § 3 Abs. 1 Gesetz 1998:LXVI über den Krankenversicherungsbeitrag v. 14.11.1998, MK 1998 Nr. 103.

179 § 18 Abs. 4, § 19 Abs. 5 Gesetz 1997:LXXX (nachgewiesen in Fn. 176).

180 Näher dazu oben Punkt III. 6.

damit noch weitere Macht über die Arbeitnehmer. Auf Arbeitgeberseite fehlten organisierte Strukturen völlig; dort stand nur der Staat.

Das änderte sich nach der Wende: Die Monopolgewerkschaft wurde durch konkurrierende Interessenvertretungen ersetzt, der einzelne Arbeitnehmer erhielt echte Tariffreiheit (auch negative), die quasihoheitlichen Befugnisse der Gewerkschaften endeten. Zugleich entstanden auf Arbeitgeberseite korrespondierende Interessenvertretungen.

Trotz der neuen Freiheit ist die Selbstorganisation der Tarifparteien bis heute schwach. An die Stelle der Einheitsgewerkschaften traten konkurrierende weltanschaulich und anders definierte Gewerkschaften, denen es oft schwerfällt zu kooperieren. Dasselbe gilt für die Arbeitgeberseite: Auch hier zerfällt das Verbandswesen in rivalisierende Branchen- und andere Verbände.[181] In der Schwäche der Selbstorganisation der Tarifparteien spiegelt sich für den Bereich der Arbeitsbeziehungen die allgemeine Schwäche der Zivilgesellschaft in Ungarn wider. Eine Konsequenz dieser Schwäche ist die Dominanz des Staates, v.a. der Regierung, die in Art. XVII. Abs. 1 GrundG in gewisser Weise normativen Niederschlag gefunden hat: Im Wege der Definition gemeinschaftlicher Ziele kann sie den Tarifparteien Inhalte u.ä. vorgeben oder auch verbieten.[182]

2 Kollektives Arbeitsrecht (Tarifverträge) als Mittel der Interessendurchsetzung

An der rechtlichen Regelung der Tarifverträge hat sich im Übergang vom Sozialismus zur Marktwirtschaft nicht allzu viel geändert. Das liegt v.a. daran, dass das sozialistische Recht bemüht war, den Schein einer autonomen Interessenorganisation und -durchsetzung zu wahren. In Wahrheit waren die Gewerkschaften Teil des Systems, die von ihnen abgeschlossenen Tarifverträge auf die Wünsche des die Wirtschaft lenkenden Staats abgestellt.

Durch die Herstellung einer realen Koalitionsfreiheit hätte sich die Chance geboten, diesen Schein in Wirklichkeit umzuwandeln. Aufgrund der dargestellten Organisationsschwäche der Tarifpartner haben Tarifverträge bis auf den heutigen Tag nur wenig eigenständige Regelungsbedeutung über die Lohnhöhe hinaus. Viele Tarifverträge machen von dem Spielraum der Abweichung, den die Arbeitsgesetzbücher seit 1992 einräumen, kaum Gebrauch und wiederholen lediglich die gesetzlichen Mindeststandards.

3 Bedeutung und Bedeutungslosigkeit der Betriebsverfassung

Bereits das stalinistische Arbeitsrecht kannte eine Art Betriebsverfassung. Der sog. Betriebsausschuss (*üzemi bizottság*) schloss für die Arbeitnehmerseite den

---

181 *Kiss/Berke* (Fn. 51).

182 Näher dazu oben Punkt I. 2. d).

Tarifvertrag mit der Betriebsleitung ab (§§ 8,9 ArbGB 1951) und hatte Konsultations- und Mitspracherechte bei etlichen innerbetrieblichen Angelegenheiten. Er wurde von den Gewerkschaften gesteuert und war mithin Teil des sozialistischen Systems.

Das ArbGB 1967 erwähnte die Betriebsausschüsse nicht mehr und übertrug innerbetriebliche Mitwirkungs- und Mitbestimmungsrechte auf die Gewerkschaften. Eine Gesetzesänderung von 1978 erlaubte es der Betriebsleitung, über die Gewerkschaften und deren gesetzliche Rechte hinausgehende Foren „der Betriebsdemokratie“[183] einzurichten.

Die ArbGB 1992 und ArbGB 2012 stellen die Betriebsräte (*üzemi tanács*) in den Mittelpunkt der innerbetrieblichen Mitbestimmung.[184] Anders als im Sozialismus werden die Betriebsräte nunmehr frei von der Belegschaft gewählt. Die Mitgliedschaft im Betriebsrat wurde und wird stark von den Gewerkschaften dominiert, denn diese haben ein Interesse daran, möglichst viele Mitglieder in den Betriebsrat zu entsenden. So hängt z.B. ihre Legitimation zum Abschluss des Tarifvertrags u.a. von ihrer Mehrheit im Betriebsrat ab. Aus dem europäischen Recht wurde das hierarchische System gestaffelter Betriebsratsebenen eingeführt.[185]

Die Aufgaben und Befugnisse des Betriebsrats erfuhren im Laufe der Jahre seit der Wende immer wieder Modifikationen. Im Wesentlichen stehen ihnen Konsultations- und einige Mitbestimmungsbefugnisse zu. In der betrieblichen Praxis der meisten Unternehmen scheint der Betriebsrat keine allzu große Rolle zu spielen. Verallgemeinernde Aussagen verbieten sich aber. So viel kann jedoch festgestellt werden, dass die stärksten Betriebsräte im öffentlichen Dienst und in einigen traditionellen Fertigungsbranchen wie die Metallindustrie bestehen. Das sind nicht zufällig auch die Bereiche der Wirtschaft, in der Tarifverträge die größte praktische Rolle spielen.

4 Massenentlassungen

Die Entlassung ist ein tief greifender Einschnitt in die Stabilität eines Arbeitsvertrags. Besondere Probleme wirft die Massenentlassung – die gleichzeitige Entlassung einer größeren Zahl von Arbeitnehmern – auf. Im Sozialismus war dieses Phänomen unbekannt und daher auch ungeregelt; im seltenen Fall einer Betriebsschließung sorgte der Staat durch Umsetzung u.ä. dafür, dass keine Arbeitslosigkeit entstand.

---

183 So § 10/A ArbGB 1967 i.d.F. ab dem 1.1.1978.

184 Zur Rechtsstellung der Betriebsräte im ArbGB 1992 s. *Küpper*, Einführung in das ungarische Recht (Fn. 52), S. 269–270; zum ArbGB 2012 s. *Prugberger*, Gazdaság és Jog (Fn. 84), S. 4–5.

185 Gesetz 2003:XXI über die Errichtung eines europäischen Betriebsrats beziehungsweise über die Einrichtung eines Verfahrens, das der Unterrichtung der Arbeitnehmer und der Konsultation mit ihnen dient, v. 16.4.2003, MK 2003 Nr. 38.

Die ersten Regelungen zur Massenentlassung, die in Ungarn „gruppenweiser Belegschaftsabbau" (*csoportos létszámcsökkentés*) genannt wird, wurde 1997 in Gestalt des § 94/A in das ArbGB 1992 eingefügt; zwischen 2001 und 2009 wurde diese Vorschrift um §§ 94/B-94/H ArbGB 1992 ergänzt, die letztlich der Umsetzung der entsprechenden EU-Richtlinie[186] dienten. Im ArbGB 2012 finden sich die diesbezüglichen Regelungen in §§ 71–76; ein wesentlicher Bruch ist zwischen den Arbeitsgesetzbüchern schon wegen der unionsrechtlichen Prägung der Materie nicht festzustellen.

Pläne zur Massenentlassung müssen mit dem Betriebsrat besprochen werden. Ziel dieser Verhandlung ist der Abschluss einer Vereinbarung zwischen dem Arbeitgeber und dem Betriebsrat. Kommt diese innerhalb von 15 Tagen nicht zustande, endet die Verhandlungspflicht des Arbeitgebers. Bei den Verhandlungen geht es v.a. um die Auswahl der Betroffenen. Auch die Arbeitsverwaltung ist im Vorfeld einzubeziehen; sie hat allerdings keine Mitbestimmungs- oder gar Vetorechte.

5 Streik

Der Streik war im Sozialismus nicht erlaubt, da der Staat und die staatliche Wirtschaft angeblich dem Wohl der Werktätigen dienten. Daher war ein Streik per Definition gemeinschaftsschädlich und widersprach den wohlverstandenen Interessen der Werktätigen.

Die Einführung des Streikrechts war eine der ersten Maßnahmen der Wende. § 70/C Abs. 2 Verf. garantierte auf Verfassungsebene das Streikrecht mit Wirkung ab dem 23.10.1989. Die Nachfolgerregelung in Art. XVII. GrundG spricht nicht mehr von „Streik" (*sztrájk*), sondern von „Arbeitseinstellung" (*munkabeszüntetés*), um aus einer sprachpuristischen Grundhaltung heraus den Anglizismus *sztrájk* zu vermeiden. Dies führte dazu, dass terminologisch auch die Aussperrung erfasst war; das zwang den Verfassunggeber, in der 4. GrundG-Änderung v. 25.3.2013 klarzustellen, dass das Recht der Arbeitseinstellung nur für Arbeitnehmer gilt.

Einfach-gesetzlich wurde der Streik noch vor seiner verfassungsrechtlichen Verankerung normiert: Das StreikG vom 12.4.1989 erlaubt den Streik recht weitgehend; nur im staatlichen Hoheitsbereich (Justiz, Polizei etc.) ist er unzulässig. Im Interesse der Versorgung der Bevölkerung mit Versorgungsdienstleistungen kann der Streik in diesen Sektoren beschränkt werden. Zunächst müssen die Parteien verhandeln. Erst nach dem Scheitern der Verhandlungen ist ein Streik möglich.

186 Richtlinie 98/59/EG des Rates vom 20. Juli 1998 zur Angleichung der Rechtsvorschriften der Mitgliedstaaten über Massenentlassungen. Zur Regelung im ArbGB 1992 s. *Hainz* (Fn. 48), S. 272–274; *Küpper*, Einführung in das ungarische Recht (Fn. 52), S. 265; *Pajor-Bytomski* (Fn. 48), S. 74–75; zur Regelung im ArbGB 2012 *Berke*/*Kiss* (Fn. 71), §§ 71–76.

Auf individueller Ebene ist die Entscheidung über die Teilnahme oder Nichtteilnahme am Streik frei. Der Solidaritätsstreik wird ausdrücklich zugelassen.[187]

Das Streikrecht unterlag seit seiner rechtlichen Verankerung einem tatsächlichen Wandel: 1989 war noch die Mehrheit der Arbeitsplätze in staatlicher Hand, sodass sich das Streikrecht v.a. gegen den Staat richtete. Damit verblieb es im Paradigma der klassischen staatsgerichteten Grundrechte. Im Laufe der Privatisierungen wanderten die meisten Arbeitsplätze in die Privatwirtschaft ab. Somit richtet sich das Streikrecht nunmehr in erster Linie gegen Privatunternehmer; das gilt auch für das auf Verfassungsebene ausgesprochene Grundrecht auf Streik. In der ungarischen verfassungsrechtlichen Literatur wird dieser Verfassungswandel durch die Änderung der tatsächlichen Umstände nicht thematisiert.

In der Praxis spielen Streiks keine große Rolle. Sie werden kaum als Mittel der Interessendurchsetzung in Tarifbeziehungen genutzt.

6 Arbeitsgerichtsbarkeit

Im Bereich der neutralen Entscheidung arbeitsrechtlicher Streitigkeiten ist im Laufe der Zeit eine Tendenz weg von innerbetrieblichen und eher informellen Mechanismen und hin zu einem vollwertigen Rechtsschutz durch unabhängige Gerichte festzustellen.

Bereits das ArbGB 1951 enthielt ein Kapitel „Erledigung von Arbeitsstreitigkeiten" (§§ 141–149). Es stellte drei Foren zur Verfügung: eine Schiedskommission (*egyeztető bizottság*), den Weg zum Gericht und den Dienstweg. Im Mittelpunkt standen die Schiedskommissionen, die in jedem Betrieb zu bilden waren. Von ihren vier Mitgliedern sollten zwei den Direktor und zwei die Werktätigen repräsentieren. Das bedeutete aber nicht, dass die Repräsentanten der Werktätigen auch von diesen gewählt wurden; sie wurden vielmehr durch die Gewerkschaft bestimmt. Die Schiedskommissionen waren für manche Streitigkeiten – u.a. die Umsetzung – ausschließlich zuständig und für die übrigen die erste Instanz. Gegen einen erstinstanzlichen Spruch einer Schiedskommission konnten der Betriebsdirektor und der Betriebsausschuss,[188] nicht aber der betroffene Werktätige, Berufung zu der regionalen Schiedskommission einlegen. Sofern die Zuständigkeit der Schiedskommissionen nicht ausschließlich war, konnten sowohl der Werktätige als auch der Betriebsdirektor nach Abschluss des erstinstanzlichen Schiedsverfahrens Klage vor Gericht erheben; derartige Klagen waren zu jener Zeit selten. Der Dienstweg zum übergeordneten Aufsichtsorgan (das ggf. das zuständige Ministerium war)

---

187 *Kajtár, Edit*/*Kun, Attila*: Right to Strike in a Changing Regulatory Environment, Pázmány Law Working Paper 2013/3; *Küpper*, Einführung in das ungarische Recht (Fn. 52), S. 268–269; *Pajor-Bytomski* (Fn. 48), S. 123–125; *Prugberger*, Gazdaság és Jog (Fn. 84), S. 9–10.

188 Zu diesem stalinistischen Vorläufer der Betriebsverfassung s.o. Punkt IV. 3.

war bei Arbeitsstreitigkeiten des Betriebsdirektors und des Führungspersonals gegeben.

1964 wurde das genannte Kapitel des ArbGB 1951 umfassend novelliert. So wurde die Schiedskommission in Arbeitsschiedsausschuss (*munkaügyi döntőbizottság*) umbenannt und hatte nur noch drei Mitglieder; ihre Zusammensetzung bestimmte die Regierung. Die Grundzüge des Verfahrens blieben erhalten: In erster Instanz wurden stets die Arbeitsschiedsausschüsse befasst, die allerdings keine ausschließlichen Zuständigkeiten mehr hatten. Gegen ihre Entscheidung war in einer taxativ aufgezählten, recht kleinen Anzahl von Streitigkeiten der Gerichtsweg zulässig; in den zahlreichen übrigen Fällen konnten die Parteien, d.h. nunmehr auch der betroffene Werktätige, Berufung zum regionalen Arbeitsschiedsausschuss einlegen. Neu war auch die Rechtsaufsicht durch die Staatsanwaltschaft: Sie konnte Protest gegen jede Entscheidung eines Arbeitsschiedsausschusses einlegen, wenn sie diesen für rechtswidrig hielt.[189] Der staatsanwaltliche Protest war der einzige Fall, in dem es den Arbeitsschiedsausschüssen gestattet war, ihre eigene Entscheidung abzuändern. Erfolgte der Protest der Staatsanwaltschaft länger als ein Jahr nach Eintritt der Rechtskraft, hatte die Änderung der Entscheidung keine Auswirkungen mehr auf die Parteien, d.h. ihre durch den Schiedsspruch erworbenen Rechte waren nach Ablauf eines Jahres sicher gegenüber Protesten der Staatsanwaltschaft.

Teil V. des ArbGB 1967 („Entscheidung von Arbeitsstreitigkeiten", §§ 63–66) verblieb auf dem Stand der Novelle von 1964, enthielt allerdings präzisere Vorgaben an das Verfahren, das somit eine gewisse Verrechtlichung erfuhr.[190] Die Mitglieder der Arbeitsschiedsausschüsse erhielten denselben arbeitsrechtlichen Schutz zugesprochen wie die Gewerkschaftsvertreter im Betrieb.

Im Jahr 1979 wurde der Rechtsweg gegen alle erstinstanzlichen Sprüche der Arbeitsschiedsausschüsse eröffnet; die bis dahin geltende Positivliste zur Eröffnung des Rechtswegs wurde mithin durch eine Generalklausel ersetzt. Bereits 1972 waren eigene Arbeitsgerichte gebildet worden, die auf derselben Hierarchiestufe wie die erstinstanzlichen ordentlichen Gerichte standen, aber durch ihre organisatorische Absonderung eine Spezialisierung der dort tätigen Richterschaft auf das Arbeitsrecht ermöglichten. In zweiter und dritter Instanz entschieden und entscheiden bis heute spezielle arbeitsrechtliche Spruchkörper in der ordentlichen Gerichtsbarkeit. In die ZPO wurde ein eigenes Kapitel über die Besonderheiten des arbeitsrechtlichen Prozesses eingefügt; griff keine dieser Sonderregeln, galt die allgemeine ZPO. Diese prozessrechtliche Lage hat sich bis heute nicht geändert und

---

189 Zum staatsanwaltlichen Protest als Mittel der sozialistischen Rechtspflege s. *Boros, László* u.a.: Die Staatsanwaltschaft in Ungarn während des Sozialismus, in: *Bender, Gerd*/*Falk, Ulrich* (Hrsg.): Recht im Sozialismus. Bd. 3: Sozialistische Gesetzlichkeit, Frankfurt/M. 1999, S. 365–395; *Küpper*, Rechtsgeschichte Osteuropas (Fn. 2), S. 504–506, 533, 563–567, 590.

190 *Weltner*/*Nagy* (Fn. 39), Bd. 2, S. 251–296.

soll auch in der zurzeit in Arbeit befindlichen neuen ZPO beibehalten werden. Dies alles trug zu einer weiteren Verrechtlichung der Arbeitsrechtspflege bei.

Während die sozialistischen Arbeitsgesetzbücher nur individuelle Streitigkeiten kannten, unterschied das ArbGB 1992 in seinem Vierten Teil „Arbeitsstreitigkeit" (§§ 194–202) erstmals zwischen kollektiven und individuellen Streitigkeiten. Für kollektive Streitigkeiten eröffnete das ArbGB 1992 zahlreiche Wege der Schlichtung, Vermittlung etc., die alle die Freiwilligkeit der Beteiligten voraussetzten.

Daneben war in kollektiven Streitigkeiten ebenso der Weg zum Gericht eröffnet wie in individuellen. Vor der Klage war ein Einigungsverfahren vorgeschrieben; führte dies allerdings innerhalb von acht Tagen nicht zum Erfolg, war der Weg zum Gericht offen. Im Laufe der Zeit wurde das ArbGB 1992 um Vorschriften angereichert, die Anreiz zur außergerichtlichen Streitbeilegung geben sollten.[191]

An diesen Grundstrukturen ändert auch Teil Vier des ArbGB 2012 („Arbeitsstreit", §§ 285–293) nichts Wesentliches. Allerdings scheint die institutionelle Zukunft der eigenständigen erstinstanzlichen Arbeitsgerichtsbarkeit seit 2010 ungesichert. Außerhalb Budapests ist das Fallaufkommen so gering, dass dies die Fortführung eigener Arbeitsgerichte infrage stellt. Im Jahr 2012 wurden die Verwaltungsrechtsabteilungen der ordentlichen Gerichte mit den Arbeitsgerichten zu „Verwaltungs- und Arbeitsgerichten" vereinigt, um so eine kritische Masse zu erhalten. Diese sachwidrige Zusammenlegung zweier wenig zusammengehöriger Materien wird aber wohl nicht von Dauer sein, zumal die Verwaltungsgerichtsbarkeit angesichts der Umwälzung des Verwaltungsprozessrechts ihrerseits tief greifender Veränderungen bedarf.[192] Allerdings droht den selbstständigen erstinstanzlichen Arbeitsgerichten nicht die Abschaffung, sondern schlimmstenfalls die Inkorporierung in die ordentliche Gerichtsbarkeit, wo sie als eigene Spruchkörper weiter bestehen können.

Der allgemeine Trend, formale Gerichtsverfahren durch alternative Formen der Streitbeilegung zu ersetzen, sofern die Parteien das wünschen, macht auch vor der Arbeitsgerichtsbarkeit nicht halt. Die Mediation in Arbeitssachen ist Teil der umfassenderen Mediation im Zivilprozess; während sie in einigen Sonderformen des Zivilprozesses unzulässig ist, gehört der Arbeitsprozess nicht zu den ausgeschlossenen Prozessformen.[193] Die Bedeutung der Mediation in Arbeitssachen steigt kontinuierlich.[194]

---

191 *Pajor-Bytomski* (Fn. 48), S. 139–144.

192 Näher hierzu *Küpper* in IPE (Fn. 54).

193 Gesetz 2002:LV über die Tätigkeit der Vermittler v. 17.12.2002, MK 2002 Nr. 156.

194 *Nádházy, Zsolt*: Alternatív vitafeloldás Európában – különös tekintettel a munkaügyi vitákra [Alternative Streitlösung in Europa – unter besonderer Berücksichtigung arbeitsrechtlicher Streitigkeiten], Jogtudományi Közlöny 2007, S. 314–323.

Abkürzungsverzeichnis

a.A.:	anderer Ansicht
a.a.O.:	am angegebenen Ort
ABGB:	Allgemeines Bürgerliches Gesetzbuch (Österreich)
ABH:	Az Alkotmánybíróság Határozatai (amtl. Entscheidungssammlung des Verfassungsgerichts in Jahresbänden)
ABK:	Az Alkotmánybíróság Határozatai (Mitteilungsblatt des ungarischen Verfassungsgerichts)
ABl.:	Amtsblatt der Europäischen Union
Abs.:	Absatz
ADR:	Alternative Dispute Resolution (alternative = außergerichtliche Streitbeilegung)
AG:	Aktiengesellschaft
AJRO:	Aus Justiz und Rechtsprechung in Osteuropa (Rubrik in OER)
AktG:	Aktiengesetz, Föderales Gesetz vom 26.12.1995 Nr. 208-FZ über die Aktiengesellschaften (Russland)
ArbFördG:	Arbeitsförderungsgesetz, Gesetz 1991:IV über die Förderung der Beschäftigung und über die Versorgung der Arbeitslosen (Ungarn)
ArbGB:	Arbeitsgesetzbuch
ArbSchG:	Arbeitsschutzgesetz, Gesetz 1993:XCIII über den Arbeitsschutz (Ungarn)
Art.:	Artikel
AußHandG:	Außenhandelsgesetz, Gesetz 1974:III über den Außenhandel (Ungarn)
AußHandVO:	Außenhandelsverordnung, Verordnung des Ministers für Außenhandel 7/1974. (X. 17.) KkM über die Durchführung einzelner Bestimmungen des Gesetzes 1974:III über den Außenhandel (Ungarn)
AZ.:	Aktenzeichen
BayME:	Bayerischer Unternehmensverband Metall und Elektro e.V.
BDT:	Bírósági Döntvények Tára (Entscheidungssammlung in Ungarn)
BGB:	Bürgerliches Gesetzbuch

BGBl.:	Bundesgesetzblatt
BH:	Bírósági Harátozatok (Entscheidungssammlung des obersten Gericht Ungarns bis 2012 – ab dann KD)
BSP:	Bruttosozialprodukt
BTI:	Büro für Technische Erfassung (Russland)
CEPEJ:	European Commission for the Efficiency of Justice
CISG:	UN Convention on Contracts for the International Sale of Goods (Wiener Kaufrecht)
Cro. Eliz.:	Croke's Report, the reign of Elizabeth
dt.:	deutsch
Dz. U.:	Dziennik Ustaw (polnisches Gesetzblatt)
EG:	Europäische Gemeinschaft(en)
EGBGB:	Einführungsgesetz zum BGB, Verordnung mit Gesetzeskraft 1960/11. über das Inkraftkreten und die Durchführung des Bürgerlichen Gesetzbuchs (Ungarn)
EGMR:	Europäischer Gerichtshof für Menschenrechte
EStG:	Einkommenssteuergesetz
EU:	Europäische Union
EVO-ZPO:	Einführungsverordnung zur ZPO, Verordnung mit Gesetzeskraft 1952/22. über das Inkraftsetzen und die Durchführung der Zivilprozessordnung (Ungarn)
EWR:	Europäischer Wirtschaftsraum
FAD:	Föderaler Antimonopoldienst (Russland)
FAZ:	Frankfurter Allgemeine Zeitung
Fidesz:	Fiatal Demokraták Szövetsége (Bund Junger Demokraten, politische Partei in Ungarn)
Fn.:	Fußnote
forost:	Forschungsverbund Ost- und Südosteuropa
FOWI:	Forschungsinstitut für mittel- und osteuropäisches Wirtschaftsrecht der Wirtschaftsuniversität Wien
FS:	Festschrift
FUS:	Fundusz Ubezpieczeń Społecznych (polnischer Sozialversicherungsfonds ab 1986)
FZ:	federal'nyj zakon (föderales Gesetz, Russland)
GATT:	General Agreement on Tariffs and Trade (Allgemeines Zoll- und Handelsabkommen)
GbR:	Gesellschaft bürgerlichen Rechts
geschlAG:	geschlossene Aktiengesellschaft
GLKK:	Gesetz über die Lösung kollektiver Konflikte (Polen)
GmbH:	Gesellschaft mit beschränkter Haftung

GmbHG:	GmbH-Gesetz, Föderales Gesetz vom 8.2.1998 Nr. 14-FZ über die Gesellschaft mit beschränkter Haftung (Russland)
GrundG:	Ungarns Grundgesetz (25. April 2011)
GUS:	Gemeinschaft unabhängiger Staaten
GVG 1972:	Gerichtsverfassungsgesetz, Gesetz 1972:IV über die Gerichte (Ungarn)
HGB:	Handelsgesetzbuch
HIK:	Internationales Handelsschiedsgericht und Maritime Schiedskommission bei der Handels- und Industriekammer Moskau
h.L.:	herrschende Lehre
ICAC:	International Commercial Arbitration Court (Internationales Schiedsgericht bei der Industrie- und Handelskammer der RF)
ICL Journal:	Vienna Journal on International Constitutional Law
i.d.F.:	in der Fassung
IK:	Igazságügyi Közlöny (Mitteilungsblatt des ungarischen Justizministeriums)
ILO:	International Labour Organisation (Internationale Arbeitsorganisation)
IOR:	Institut für Ostrecht München
IPE:	Bogandy, Armin v./Huber, Peter u.a. (Hrsg.): Handbuch Ius Publicum Europaeum, zurzeit 8 Bände, Heidelberg ab 2007
IPR:	Internationales Privatrecht
IPRax:	Praxis des Internationalen Privat- und Verfahrensrechts
IPR-G:	IPR-Gesetz, Gesetz 2017:XXVIII über das internationale Privatrecht (Ungarn)
IPR-VO:	Verordnung mit Gesetzeskraft 1979/13. über das internationale Privatrecht (Ungarn)
i.V.m.:	in Verbindung mit
JOR:	Jahrbuch für Ostrecht
KD:	Kúriai Döntések (Entscheidungssammlung des obersten Gerichts Ungarns ab 2013 – zuvor BH)
KPdSU:	Kommunistische Partei der Sowjetunion
KRUS:	Kasa Rolniczego Ubezpieczenia Społecznego (landwirtschaftliche Sozialversicherung in Polen)

MAC:	Maritime Arbitration Commission (Maritime Schiedskommission bei der Handels- und Industriekammer der RF)
MK:	Magyar Közlöny (ungarisches Gesetzblatt)
MKAS:	Meždunarodnyj kommerčeskij arbitražnyj sud (Internationales Schiedsgericht bei der Industrie- und Handelskammer der RF)
MMR:	Multi-Media und Recht
m.w.N.:	mit weiteren Nachweisen
NFZ:	Narodowy Fundusz Zdrowia, Nationaler Gesundheitsfonds (Polen)
OAG RF:	Oberstes Arbitragegericht der Russischen Föderation
OAO:	otkrytoe akcionernoe obščestvo, offene Aktiengesellschaft (Russland)
ODO:	obščestvo s dopolnitel'noj otvetstvennost'ju, Gesellschaft mit zusätzlicher Haftung (Russland)
OE:	Osteuropa (Zeitschrift)
OER:	Osteuropa-Recht
OFE:	Otwarte Fundusze Emerytalne, Offener Pensionsfonds (Polen)
OG:	Oberstes Gericht
OOO:	obščestvo s ograničennoj otvetstvennost'ju, Gesellschaft mit beschränkter Haftung (Russland)
OT:	Országos Törvénytár (ungarisches Gesetzblatt bis 1949)
Pkt.:	Punkt
PlanG:	Plangesetz, Gesetz 1972:VII über die volkswirtschaftliche Planung (Ungarn)
PLN:	polnische Złoty
PreisG:	Preisgesetz, Gesetz 1990:LXXXVII über die Festsetzung der Preise (Ungarn)
RabelsZ:	Rabels Zeitschrift für ausländisches und internationales Privatrecht
RCEEL:	Review of Central and East European Law
RF:	Russische Föderation, Russländische Föderation
RGW:	Rat für gegenseitige Wirtschaftshilfe
RIW:	Recht der Internationalen Wirtschaft
ROSREESTR:	Föderaler Dienst für staatliche Registrierung, Kataster und Kartographie (Russland)
ROW:	Recht in Ost und West
RSFSR:	Russische Sozialistische Föderative Sowjetrepublik

Rz:	Randziffer
s.:	siehe
S.:	Satz, Sätze
SchiedsVZ:	Zeitschrift für Schiedsverfahren
SOE:	Südosteuropa (Zeitschrift)
SOM:	Südosteuropa-Mitteilungen
StreikG:	Streikgesetz, Gesetz 1989:VII über den Streik (Ungarn)
StGB RF:	Strafgesetzbuch der Russischen Föderation vom 13.6.1996 Nr. 63-FZ
S.Z. R.F.:	Sobranie Zakonodatel'stva Rossijskoj Federacii (russisches Gesetzblatt)
UdSSR:	Union der Sozialistischen Sowjetrepubliken
UNCITRAL:	United Nations Commission on International Trade Law
Verf.:	Verfassung
VerfG:	Verfassungsgericht
VerfGE:	Verfassungsgerichtsentscheidung
VO:	Verordnung
VRP:	Volksrepublik Polen
VVAS RF:	Vedomosti Verchovnogo Arbitražnogo Suda RF (Mitteilungsblatt des Obersten Arbitragegerichts der Russischen Föderation)
VVS SSSR:	Vedomosti Verchovnogo Soveta SSSR (Verkündungsblatt des Obersten Sowjets der UdSSR)
WGO-MfOR:	Die wichtigsten Gesetzgebungsakte Osteuropas – Monatsschrift für Osteuropäisches Recht
WiRO:	Wirtschaft und Recht in Osteuropa
WiRO-Handbuch:	Institut für Ostrecht München (Hrsg.), Handbuch Wirtschaft und Recht in Osteuropa (Loseblatt, München)
Z:	Ziffer
ZAO:	zakrytoe akcionernoe obščestvo, geschlossene Aktiengesellschaft (Russland)
ZaöRV:	Zeitschrift für ausländisches öffentliches Recht und Völkerrecht
ZBR:	Zeitschrift für Beamtenrecht
ZGB:	Zivilgesetzbuch
-	Zivilgesetzbuch der RF Teil 1 Föderales Gesetz vom 30.11.1994 Nr. 51-FZ, Teil 2 Föderales Gesetz vom 26.1.1996 Nr. 14-FZ, Teil 3 Föderales Gesetz vom 26.11.2001 Nr. 146-FZ, Teil 4 Föderales Gesetz vom 18.12.2006 Nr. 230-FZ (Russland)

-	Zivilgesetzbuch vom 23.4.1964 (Polen)
ZPO:	Zivilprozessordnung
ZStW:	Zeitschrift für die gesamte Strafrechtswissenschaft
ZUS:	Zakład Ubezpieczeń Społecznych (polnische Sozialversicherungsanstalt)
ZwVollstrG:	Zwangsvollstreckungsgesetz, Gesetz 1994:LIII über die Zwangsvollstreckung (Ungarn)

Studien des Instituts für Ostrecht München

Begründet von Professor Dr. Reinhart Maurach
Herausgegeben von Professor Dr. Friedrich-Christian Schroeder, Dr. h.c. (Breslau), Regensburg

Band 41 Manfred Gratzl: Die Reform der tschechischen Strafprozeßordnung nach 1989. Im Spannungsfeld von Rechtsstaatlichkeit, Verfahrensökonomie und Effizienz. 2002.

Band 42 Thomas Paintner: Die Insolvenz des Unternehmers in Polen. 2003.

Band 43 Niels von Redecker (Hrsg.): Deutsch-Estnische Rechtsfragen. 2003.

Band 44 Niels von Redecker: Die polnischen Vertreibungsdekrete und die offenen Vermögensfragen zwischen Deutschland und Polen. 2003. 2., durchgesehene Auflage 2004.

Band 45 Niels von Redecker: Das polnische Beamtenrecht. Entwicklung und Stand beim Beitritt Polens zur Europäischen Gemeinschaft. 2003.

Band 46 Cornelia Stefanie Wölk: Das Deliktsrecht Rußlands nach dem neuen Zivilgesetzbuch. 2003.

Band 47 Petr Bohata: Untersuchungshaft im deutschen und tschechischen Recht. 2003.

Band 48 Attila Széchényi: Das neue ungarische Strafprozessrecht im Spannungsverhältnis zwischen Rechtsstaatsprinzip, Verfahrensökonomie und Effizienz. 2003.

Band 49 Agnes Balawejder: Das polnische Telekommunikationsrecht. Umsetzungsbemühungen und -stand des telekommunikationsrechtlichen acquis communautaire im polnischen TK-Recht vor dem Unionsbeitritt Polens. 2004.

Band 50 Sven I. Oksaar / Niels von Redecker (Hrsg.): Deutsch-Estnische Rechtsvergleichung und Europa. 2004.

Band 51 Friedrich-Christian Schroeder (Hrsg.): Justizreform in Osteuropa. 2004.

Band 52 Herbert Küpper: Kollektive Rechte in der Wiedergutmachung von Systemunrecht. Teil I und Teil II. 2004.

Band 53 Sören Langner: Der GmbH-Geschäftsführer im tschechischen Recht. Organstellung und Anstellung im Rechtsvergleich. 2005.

Band 54 Herbert Küpper: Einführung in die Rechtsgeschichte Osteuropas. 2005.

Band 55 Anja Spitzweg: Das russische föderale Gesetz „Über Investmentfonds“. 2007.

Band 56 Herbert Küpper: Die ungarische Verfassung nach zwei Jahrzehnten des Übergangs. Einführung mit Textübersetzung. 2007.

Band 57 Axel Boës: Die Gesellschaft mit beschränkter Haftung im russischen und deutschen Recht. 2007.

Band 58 Katrin Heinritz: „Defekte Demokratisierung“ – ein Weg zur Diktatur? Turkmenistan und die Republik Sacha (Jakutien) in der Russischen Förderation nach dem Ende der Sowjetunion. 2007.

Band 59 Stefan Hülshörster: Recht im Umbruch. Die Transformation des Rechtssystems in der Ukraine unter ausländischer Beratung. 2008.

Band 60 Carsten Dewald-Werner: Versicherungsmarkt und Versicherungsaufsicht in der Russischen Föderation. 2008.

Band 61 Oleksiy Feliv: Die Hypothek im deutschen und ukrainischen Recht. Der systematische Vergleich des Hypothekenrechts in Deutschland und der Ukraine einschließlich der rechtstheoretischen Grundlagen und der Ausblicke für das gemeinsame Hypothekenrecht. 2009.

Band 62 Christoph Kurzböck: Die Abwicklung deutsch-tschechischer Erbfälle. 2010.

Band 63 Friedrich-Christian Schroeder / Herbert Küpper (Hrsg.): Die rechtliche Aufarbeitung der kommunistischen Vergangenheit in Osteuropa. 2010.

Band 64 Herbert Küpper / Wolfgang Brenn (Hrsg.): Rechtstransfer und internationale rechtliche Zusammenarbeit. Deutsche und japanische Erfahrungen bei der Kooperation mit Osteuropa und Zentralasien. 2010.

Band 65 Daniela Horner / Dragan Bataveljić: Grundeigentum und Registrierung von Liegenschaften in Serbien. Eigentumsschutz in der Praxis. 2010.

Band 66 Nail Mammadov: Die Straffreistellungsgründe im russischen und aserbaidschanischen Strafrecht im Vergleich zur deutschen Strafrechtsdogmatik. 2010.

Band 67 Matthias Farian: Dingliche Nutzungsrechte an fremden Grundstücken im russischen Recht. 2010.

Band 68 Manuchehr Kudratov: Die Straftatausschließungsgründe nach tadschikischem Strafrecht. Eine Analyse aus deutscher Perspektive. 2011.

Band 69 Michael Holland: Die Staatsanwaltschaft im russischen Strafprozess. 2012.

Band 70 Herbert Küpper: Ungarns Verfassung vom 25. April 2011. Einführung – Übersetzung – Materialien. 2012.

Band 71 Friedrich-Christian Schroeder / Manuchehr Kudratov (Hrsg.): Das strafprozessuale Vorverfahren in Zentralasien zwischen inquisitorischem und adversatorischem Modell. 2012.

Band 72 Tina de Vries (Hrsg.): Mediation als Verfahren konsensualer Streitbeilegung. Die deutsche, polnische und ukrainische Perspektive. 2012.

Band 73 Monika Lipińska: Die Sexualstraftaten im polnischen Strafkodex im Vergleich zum deutschen Strafgesetzbuch. 2013.

Band 74 Mirona Marisch: Das System der Arbeitnehmervertretung und des Sozialen Dialogs im rumänischen Recht im Vergleich zum deutschen Recht. 2013.

Band 75 Friedrich-Christian Schroeder / Manuchehr Kudratov (Hrsg.): Die strafprozessuale Hauptverhandlung zwischen inquisitorischem und adversatorischem Modell. Eine rechtsvergleichende Analyse am Beispiel des deutschen und des zentralasiatischen Strafprozessrechts. 2014.

Band 76 Evren Somer: Direct Democracy in the Baltic States. Institutions, Procedures and Practice in Estonia, Latvia and Lithuania. 2014.

Band 77 Florian Plagemann: Die russische Aktiengesellschaft. Darstellung aus Sicht des ausländischen Investors. 2014.

Band 78 Tatjana Seibel: Das russische Zwangsvollstreckungsrecht. Darstellung des Föderalen Gesetzes vom 02.10.2007 Nr. 229-FZ „Über das Vollstreckungsverfahren" unter Hervorhebung der Gemeinsamkeiten und Unterschiede zum deutschen Zwangsvollstreckungsrecht. 2015.

Band 79 Friedrich-Christian Schroeder / Tina de Vries (Hrsg.): Neue Tendenzen im Strafprozessrecht – Deutschland, Polen und die Ukraine. 2015.

Band 80 Herbert Küpper / Zoltán Csehi / Csaba Láng (Hrsg.): Vier Jahre ungarisches Grundgesetz. 2016.

Band 81 Friedrich-Christian Schroeder / Herbert Küpper (Hrsg.): Ist die Transformation gelungen? Eigentum und Eigentumsordnung im postsozialistischen Europa. 2017.

Band 82 Tina de Vries (Hrsg.): Die Förderung der Rule of Law durch außergerichtliche Streitbeilegung. 2018.

Band 83 Herbert Küpper / Attila Vincze (Hrsg.): Verfassungsgerichte und Obergerichte in Mitteleuropa. 2018.

Band 84 Herbert Küpper / Friedrich-Christian Schroeder (Hrsg.): Rule of Law und institutioneller Wandel: Vertragsstabilität und Vertragsdurchsetzung in Osteuropa. 2021.

www.peterlang.com